팔리율 V

PALI VINAYA V

팔리율 V

PALI VINAYA V

釋 普雲 國譯

혜안

역자의 말
보운

    율장의 번역을 시작하고서 사문으로 수행하는 과정을 되돌아보니, 10년의 교학의 수학(修學)을 마친 뒤에 11년의 세월은 번역하는 현실에 묻혀있던 일상이 지속되었던 이유로 세상의 변화에 대한 사유는 많은 간극(間隙)이 내재하고 있는 것을 새삼스레 되새겨 본다. 더위도 많이 잦아들고 조석으로 찬바람이 얼굴을 스치는 것을 바라보니 지나간 가을과는 다른 가을이 다시 나의 곁에 다가오고 있다.

    인간 세상에서 살아가면서 단순하게 구도자의 길을 걷는 것은 쉽게 인식되고 있으나, 순간순간에 스치며 지나가는 현실은 많은 변화를 포함하고 있고, 이것을 쫓아서 일어나는 번뇌를 마주하고서 그때마다 스스로가 존재의 목적과 현실적인 해법에 대한 물음표를 던지게 된다. 어떠한 수행자의 표상이 나의 존재를 이끌어주는 본래의 실체이고, 나도 또한 어떻게 이것을 쫓아서 행·주·좌·와의 위의(威儀)를 어떻게 세워야 하는가? 학술적인 지식이 증장(增長)하는 것을 따라서 여러 사유가 증가하는 것도 역시 수행력의 부족함이리라.

    스스로가 지닌 역량을 모아서 율장의 번역 불사를 회향하였으므로 여러 상념들이 하나하나가 서로를 붙잡으며 여러 형상으로 눈의 주위를 맴돈다. 번역을 무사히 회향하였다는 안도감은 가슴을 짓누르던 압박감을 얼마만큼은 없애주었던 시간이었고, 육신의 고통을 잊게 하였던 소중한 시간이었다. 앞으로 학자로서의 지닌 여력이 있다면 다른 삼장의 역경 불사를 얼마만큼 수행할 수 있을까? 또한 현생에서 주어진 시간은 얼마나 남아있을까? 이러한 상념들에 묻혀서 한국불교를 지탱하고자

6

현대에 삼장의 역경을 위하여 노력하였던 사문들과 불교학자들에게 많은 경의와 감사를 드린다.

현재의 한역으로 번역된 율장과 비교한다면 팔리율은 연기(緣起)와 인명(人名) 등에서 여러 차이점을 보여주고 있다. 따라서 이러한 차이점은 세심하게 검토되고 학술적인 연구가 진행되어야 한다고 생각된다. 지난 11년의 시간을 되돌아보니, 몇 일간의 수학 과정처럼 빠르게 지나갔다. 더욱 증장된 수행력의 부족과 율장에 대한 이해와 지혜를 많이 증장하지 못한 어리석음을 깊이 참회하면서 머리 숙여 불보살님들께 간절하게 참회드리고, 나의 역경 불사에 대한 이해의 부족과 오류를 뒤에 역경하시는 사문과 불교학자들이 올바르게 수정하여 주시기를 간절하게 발원드린다.

또한 현재에 이르기까지 율장과 논장에 대한 번역 불사가 원만하게 회향할 수 있도록 동참하신 대중들은 현세에서 여러 이익을 얻고, 세간의 삼재팔난의 장애를 벗어나며, 지금의 생(生)의 인연을 마치신 영가들께서는 극락정토에 왕생하시기를 발원드린다.

또한 지금까지 후원과 격려를 보내주신 은사이신 세영 스님과 죽림불교문화연구원의 사부대중들께 감사드리면서, 이 불사에 동참하신 분들께 불보살들의 가호(加護)가 항상 가득하기를 발원드리면서 감사의 글을 마친다.

불기 2567년(2023) 12월에
서봉산 자락의 죽림불교문화연구원에서
사문 보운이 삼가 적다.

출판에 도움을 주신 분들

경 국丘　견 명丘　두 녑丘　등 현丘　혜 곡丘　설 안尼　지 정尼
이수진　이현수　이수영　황미옥　홍완표　이수빈　손영덕
오해정　손영상　이지은　손민하　이계철　유혜순　김양순
김혜진　고재형　고현주　김아인　채두석　황명옥　채수학
정송이　정영우　고연서　정지민　정윤민　홍기표　남장규
남이슬　남종구　하정효　허완봉　이명자　허윤정　김진섭
심성준　조윤주　심은기　조수민　조윤준　우경수　강석호
박혜경　강현구　홍태의　권태임　허 민　허 승　함용재
김미경　김봉수　이유진　김성도　김도연　정송순　최재연
하연지　하연주　김태현　김태욱　국윤부　전금란　최새암
한묵욱

손선군靈駕　우효순靈駕　김길환靈駕　손성호靈駕　이민두靈駕　여 씨靈駕　이학헌靈駕
오입분靈駕　이순범靈駕　김옥경靈駕　강성규靈駕　최재희靈駕　고예림靈駕　이기임靈駕
고장환靈駕　김두식靈駕　김차의靈駕　김창원靈駕　주영남靈駕　김경희靈駕　오오순靈駕
정 씨靈駕　박맹권靈駕　정남구靈駕　안병열靈駕　윤 씨靈駕　박 씨靈駕　윤 씨靈駕
박 씨靈駕　박광자靈駕　박순애靈駕　조인순靈駕　박충한靈駕　노성미靈駕　임응준靈駕
곽정준靈駕　이연숙靈駕　유순이靈駕　김승화靈駕　이경찬靈駕　이경섭靈駕　남무호靈駕
남장순靈駕　김경호靈駕　권만출靈駕　권만일靈駕

차 례

일러두기

————————————————————

1 이 책의 저본(底本)은 팔리성전협회(The Pali Text Society, 약칭 PTS)의『팔리율』이다.

2 번역은 한역 남전대장경과 PTS의 영문본에서 서술한 형식을 참고하여 번역하였고, 미얀마와 스리랑카의 팔리율도 참고하여 번역하였다.

3 PTS본의 팔리율의 구성은 건도는 전반부에, 바라제목차는 중간에, 부수는 후반부에 결집되고 있으나, 한역 율장의 번역형식과 같이 바라제목차, 건도, 부수의 순서로 구성하여 번역한다.

4 원문에는 없으나 독자의 이해를 위해 번역자의 주석이 필요한 경우 본문에서 ( ) 안에 삽입하여 번역하였다.

5 인명이나 지명은 사분율을 기본으로 설정하였고, 한역 남전대장경에 번역된 용어를 사용하였으며, 팔리어는 주석으로 처리하였다.

6 원문에서 사용한 용어 중에 현재는 뜻이 통하지 않는 용어는 원문의 뜻을 최대한 살려 번역하였으나 현저하게 의미가 달라진 용어의 경우 현재에 통용하는 용어로 바꾸어 번역하였다

부수
(Parivāra 附隨)

부수 제1권

그 분이신 여래(如來), 응공(應供),
정등각(正等覺)께 귀명(歸命)하옵니다.

제1장 대분별(大分別) : 비구 경분별

1. 제정(制定)의 처소[1]

1) 4바라이(波羅夷)의 계목(戒目)[2]

(1) 제1송출품(誦出品)

1-1 그 지자(智者)[3]이시고 견자(見者)[4]이시며 응공자(應供者)[5]이시고

---

1) 팔리어 Katthapaññattivāra(카따판냐띠바라)의 번역이다.
2) 팔리어 Pārājikakaṇḍa(파라지카칸다)의 번역이다.
3) 팔리어 Jānatā(자나타)의 번역이다.
4) 팔리어 Passatā(파싸타)의 번역이다.
5) 팔리어 Arahatā(아라하타)의 번역이다.

정등각자(等正覺者)6)이신 세존(世尊)7)께 의지한다면, 어느 처소에서 첫째의 바라이를 제정하여 세우셨는가? 누구를 인연으로 제정하셨는가? 무슨 일에 의지하여 제정하셨는가? 그것은 계목(戒目)8)이 있었는가? 보충하는 조목(條目)9)은 있었는가? 추가의 예비(豫備)적인 조목10)은 있었는가? 비구와 비구니에게 이부중(二部衆)의 조목11)은 있었는가? 비구와 비구니에게 일부중(一部衆)의 조목12)은 있었는가? 일체의 처소13)에 조목이 있었는가? 한 처소의 조목14)은 있었는가?

다섯 종류의 바라제목차(波羅提木叉)15)를 송출(誦出)하는 법의 가운데에서 어느 부분에 귀속(歸屬)되고, 어느 부분에 편입(編入)되는가? 어느 독송법(讀誦法)에 의지하여 송출해야 하는가? 네 가지를 깨트리는 것16)의 가운데에서 무엇을 깨트리는 것인가? 일곱 종류의 죄(罪)17) 가운데에서 무슨 죄의 종류인가? 여섯 종류의 범한 죄가 생겨나는 가운데에서 무슨 종류를 의지하여 생겨난 것인가? 네 종류의 쟁사(諍事)18)의 가운데에서

---

6) 팔리어 Sammāsambuddha(삼마삼부따)의 번역이다.

7) 팔리어 Bhagavatā(바가바타)의 번역이다.

8) 팔리어 paññatti(판나띠)의 번역이다.

9) 팔리어 anupaññatti(아누판나띠)의 번역이다.

10) 팔리어 anuppannapaññatti(아누빤나판나띠)의 번역이다.

11) 팔리어 Sabbatthapaññatti(사빠따판나띠)의 번역이고, Sabbattha와 paññatti의 합성어이다. Sabbattha는 '모든 곳'을 뜻하고 paññatti는 '관습적' 또는 '상대적'인 진실을 의미하므로, 곧 관습적인 '개념' 또는 '규정'으로 번역할 수 있다.

12) 팔리어 padesapaññatti(파데사판나띠)의 번역이고, Padesa는 '지역' 또는 '위치'를 뜻한다.

13) 팔리어 Sādhāraṇapaññatti(사다라나판나띠)의 번역이고, sādhāraṇa는 '공통적' 또는 '일반적'의 뜻이다.

14) 팔리어 asādhāraṇapaññatti(아사다라나판나띠)의 번역이고, asādhāraṇa는 '특별한.' 또는 '구체적인'의 뜻이다.

15) 팔리어 pātimokkha(파티모까)의 번역이다.

16) 계를 깨트리는 것, 행을 깨트리는 것, 견해를 깨트리는 것, 생활(命)을 깨트리는 것이다.

17) 바라이, 승잔, 니살기바일제, 바일제, 바라제제사니, 악작, 악설의 일곱 가지이다.

18) 논쟁쟁사(諍論諍事), 교계쟁사(敎誡諍事), 범죄쟁사(犯罪諍事), 사쟁사(事諍事) 등

무슨 종류의 쟁사인가? 일곱 종류의 멸쟁(滅諍)[19]의 가운데에서 무슨
종류의 멸쟁법으로써 소멸시켜야 하는가?

그 가운데에서 무엇이 비니(毘尼)[20]이고, 무엇이 아비비니(阿毘毘尼)[21]
인가? 무엇이 바라제목차이고, 무엇이 증상(增上)의 바라제목차[22]인가?
무엇이 깨트리는 것이고, 무엇이 성취한 것인가? 무엇이 관행(慣行)[23]인
가? 세존께서 무슨 종류의 뜻과 이익을 위하여 첫째의 바라제목차를
제정하여 세우셨는가? 누가 학처(學處)를 익혀야 하고, 누가 계율을 익히
는 것을 마쳤는가? 학처의 어느 것에 머물러야 하는가? 누가 호지(護持)하
였는가? 누가 말하였는가? 누가 전승(傳承)하였는가?

1-2 "그 지자이시고 견자이시며 응공자이시고 정등각자이신 세존께 의지
한다면, 어느 처소에서 첫째의 바라이를 제정하여 세우셨는가?"

"비사리(毘舍離制)[24]에서 제정하였다."

"누구를 인연하였는가?"

"수제나가란타자(須提那迦蘭陀子)[25]를 인연하였다."

"무슨 일을 의지하여 제정하셨는가?"

"수제나가란타자는 이전의 아내와 함께 음행(淫行)의 일을 행하였다."

이다.
19) 현전비니(現前毘尼), 억념비니(憶念毘尼), 불치비니(不癡毘尼), 자언치비니(自言治
毘尼), 다인어비니(多人語毘尼), 멱죄상비니(覓罪相毘尼), 여초부지비니(如草覆地
毘尼) 등이다.
20) 팔리어 Vinaya(비나야)의 번역이다.
21) 팔리어 Abhivinaya(아디비나야)의 번역이고, abhi와 vinaya의 합성어이다. abhi는
접미사로써 명확한 목적 또는 목표를 향한 움직임을 나타내는 방향을 뜻하고,
'위에', '추가로', '탁월한', '도달하다.', '추월하다.'의 뜻이므로 '계율의 해석'이라고
번역할 수 있겠다.
22) 팔리어 Adhipātimokkha(아디파티모까)의 번역이다.
23) 팔리어 paṭipatti(파티파띠)의 번역이다.
24) 팔리어 Vesāli(베사리)의 번역이다.
25) 팔리어 Sudinna kalandaputta(수딘나 카란다푸따)의 번역이다.

"그것에 계목이 있었는가? 보충하는 조목이 있었는가? 추가의 예비적인 조목이 있었는가?"

"하나의 계목이 있었고, 두 가지의 보충하는 조목이 있었으며, 추가의 예비적인 조목은 없었다."

"일체의 처소에 조목이 있었는가? 한 처소에 조목이 있었는가?"

"일체의 처소에 조목이 있었다."

"비구와 비구니에게 이부중의 조목이 있었는가? 비구와 비구니에게 일부중의 조목이 있었는가?"

"일부중의 조목이 있었다."

"다섯 종류의 바라제목차를 송출하는 법의 가운데에서 어느 부분에 귀속되고, 어느 부분에 편입되는가?"

"연기(緣起)에 귀속되고, 연기에 편입된다."

"어느 독송법에 의지하여 송출해야 하는가?"

"두 번째의 독송법에 의지하여 송출해야 한다."

"네 가지를 깨트리는 것의 가운데에서 무엇을 깨트리는 것인가?"

"계율을 깨트리는 것이다."

"일곱 종류의 죄 가운데에서 무슨 죄의 종류인가?"

"바라이죄의 종류이다."

"여섯 종류의 범한 죄가 생겨나는 가운데에서 무슨 종류를 의지하여 생겨난 것인가?"

"한 종류가 일어나는 것을 의지하여 생겨났나니, 곧 말로 생겨나는 것이 아니고, 몸을 이유로, 뜻을 이유로 생겨나는 것이다."

"네 종류의 쟁사(諍事)의 가운데에서 무슨 종류의 쟁사인가?"

"범죄쟁사이다."

"일곱 종류의 멸쟁(滅諍)의 가운데에서 무슨 종류의 멸쟁법으로써 소멸시켜야 하는가?"

"두 종류의 멸쟁법을 의지하여 그것을 소멸시켜야 하나니, 현전비니(現前毘尼)[26]와 자언비니(自言毘尼)[27]를 의지하여야 하느니라."

"그 가운데에서 무엇이 비니이고, 무엇이 아비비니인가?"

"제정하신 것은 비니이고, 자세히 설명한 것은 아비비니이다."

"무엇이 바라제목차이고, 무엇이 증상의 바라제목차인가?"

"제정하신 것은 바라제목차이고, 자세히 설명한 것은 증상의 바라제목차이다."

"무엇이 범한 것인가?"

"율의(律儀)[28]가 아니라면 범한 것이다."

"무엇이 성취한 것인가?"

"율의라면 성취한 것이다."

"무엇이 관행인가?"

"마땅히 이와 같이 짓지 않는 것이고, 학처(學處)[29]를 배우고 행(行)하면서 목숨을 마치도록 호지하는 것이다."

"무슨 종류의 뜻과 이익을 위하여 세존께서는 첫째의 바라제목차를 제정하여 세우셨는가?"

"승가(僧伽)를 섭수(攝受)하기 위하여, 승가의 안락(安樂)을 위하여, 악인(惡人)을 조복(調伏)하기 위하여, 선(善)한 비구를 안락하게 머무르게 시키기 위하여, 현세(現世)의 번뇌(漏)를 끊기 위하여, 후세(後世)의 번뇌를 소멸(消滅)하기 위하여, 믿지 않는 자에게 신심(信心)이 생겨나게 시키기 위하여, 이미 믿었던 자를 증장(增長)시키기 위하여, 정법(正法)이 오래 머무르게 시키기 위하여, 계율을 공경하고 존중하기 위한 것이다."

"누가 학처를 익혀야 하는가?"

"유학(有學)[30]과 선한 범부(凡夫)[31]이다."

"누가 계율을 익히는 것을 마쳤는가?"

---

26) 팔리어 Sammukhāvinaya(삼무카비나야)의 번역이다.

27) 팔리어 Paṭiññātakaraṇavinaya(파틴냐타카라나비나야)의 번역이다.

28) 팔리어 sampattī(삼파띠)의 번역이다.

29) 팔리어 sikkhāpada(시까파다)의 번역이다.

30) 팔리어 puthujjana(푸투짜나)의 번역이다.

31) 팔리어 kalyāṇa(카리아나)의 번역이다.

"아라한은 이미 계율을 배워서 마쳤다."

"학처의 어느 것에 머물러야 하는가?"

"학처를 좋아하는 것에 머물러야 한다."

"누가 호지하였는가?"

"율장과 주석을 아셨던 그분들께서 호지하였다."

"누가 말하였는가?"

"세존·응공·정등각자께서 말씀하셨다."

"누구에게 전승되었는가?"

"차례로 전승되었나니, 곧 우바리(優波離)[32], 제사가(提沙迦)[33], 나아가 소나가(蘇那迦)[34], 실가바(悉伽婆)[35], 다섯 번째의 목건련자제수(目犍連子帝須)[36]의 이분들은 염부제(閻浮提)[37]에서 길상(吉祥)한 사람이라고 찬탄되었던 분들이다.

그 뒤에 마신타(摩哂陀)[38], 이제나(伊提耶)[39], 울제가(鬱帝迦)[40], 참바라(參婆樓)[41], 나아가 박학(博學)하신 발타(拔陀)[42] 등의 이들은 용상(龍象)[43]으로 대지혜(大智慧)가 있었으며, 염부제에서 이땅(地)[44]에 오신 분들이고, 그들은 동섭주(銅鍱洲)[45]에서 율장을 송출하셨고, 5부(五部)의

---

32) 팔리어 Upāli(우파리)의 번역이다.

33) 팔리어 Dāsaka(다사카)의 번역이다.

34) 팔리어 Soṇaka(소나카)의 번역이다.

35) 팔리어 Siggava(시까바)의 번역이다.

36) 팔리어 Moggaliputtena(모까리푸떼나)의 음사이다.

37) 팔리어 Jambusirivhaya(잠부시리브하야)의 번역이다.

38) 팔리어 Mahinda(마힌다)의 음사이다.

39) 팔리어 Iṭṭiya(이띠야)의 음사이다.

40) 팔리어 Uttiya(우띠야)의 음사이다.

41) 팔리어 Sambala(삼바라)의 음사이다.

42) 팔리어 Bhadda(바따)의 음사이다.

43) 팔리어 Nāgā(나가)의 음사이다.

44) 현재의 스리랑카를 가리킨다.

45) 팔리어 tambapaṇṇiya(탐바판니야)의 번역이고, 스리랑카에 존재하였던 초기불교 학교의 하나이었고, Vibhajjavāda 학교의 한 분파였다. Tāmra(탐라)는 붉은 구리

니가야(尼柯耶)⁴⁶⁾와 칠론(七論)⁴⁷⁾을 교수(敎授)하셨다.

그 뒤에 현명(賢明)한 아율타(阿栗吒)⁴⁸⁾, 박학하신 제사발다(帝沙達多)⁴⁹⁾, 신념(信念)이 있는 가라수말나(伽羅須末那)⁵⁰⁾, 장로(長老)인 제가(帝加)⁵¹⁾, 박학한 지가수말나(地伽須末那)⁵²⁾ 등이 있다. 또한 가라수마나(伽羅須末那)⁵³⁾, 용상인 불호(佛護)⁵⁴⁾, 현명한 장로인 제수(帝須)⁵⁵⁾, 박학한 장로인 제바(提婆)⁵⁶⁾가 있다.

또한 현명하고 율장에 통달하였던 수마나(須摩那)⁵⁷⁾, 다문(多聞)이며 굴복시키기 어려운 코끼리왕과 같은 전나가우루혜나(專那伽于樓醯那)⁵⁸⁾, 차마(差摩)⁵⁹⁾의 제자이고, 잘 존경받는 담무파리(曇無波離)⁶⁰⁾ 등은 대지혜가 있었으며, 삼장에 통달하여 섬의 가운데에서 여러 별들의 왕과 같았으므로, 지혜로써 밝게 비추었다.

의 색을 가리키며 승가리의 색깔을 나타내고, 중국의 번역에 따르면 '구리'는 Tripitaka가 쓰여진 동판을 의미한다. Theravāda 전통은 이 학교에서 기원을 두고 있다고 생각되며, 남방불교의 삼장은 주로 팔리어로 작성되었다.

46) 팔리어 Nikāya(니카야)의 음사이고, 5부는 Dīgha Nikāya, Majjhima Nikāya, Samyutta Nikāya, Anguttara Nikāya, Khuddaka Nikāya 등이다.

47) 팔리어 satta ceva pakaraṇa(사따 세바 파카라마)의 번역이다. satta는 숫자 7을 뜻하고, cēva는 '흥분' 또는 '열정'을 뜻하며 pakaraṇa는 '문학 작품' 또는 '박람회'를 뜻하므로 '열정적인 칠론'으로 번역할 수 있다. 칠론은 Dhammasaṅgani, Vibhaṅga, Dhātukathā, Puggalapaññati, Kathāvatthu, Yamaka, Patthana 등이다.

48) 팔리어 Ariṭṭha(아리따)의 음사이다.

49) 팔리어 Tissadatta(티싸다따)의 음사이다.

50) 팔리어 Kāḷasumana(카라수마나)의 음사이다.

51) 팔리어 Dīghanāmaka(디가나마카)의 음사이다.

52) 팔리어 Dīghasumana(디가수마나)의 음사이다.

53) 팔리어 Kāḷasumana(카라수마나)의 음사이다.

54) 팔리어 Buddharakkhita(부따라끼타)의 번역이다.

55) 팔리어 Tissatthera(티싸떼라)의 음사이다.

56) 팔리어 Devatthera(데바떼라)의 음사이다.

57) 팔리어 Sumana(수마나)의 음사이다.

58) 팔리어 Cūḷanāga(추라나가)의 음사이다.

59) 팔리어 Khema(케마)의 음사이다.

60) 팔리어 Dhammapālita(담마파리타)의 음사이다.

박학하신 오파저사(鄔波底沙)[61], 대설법자(大說法者)이신 촉천(觸天)[62]
이 있고, 다시 현명한 수마나(須摩那)[63], 다문의 불파나마(佛波那摩)[64],
삼장에 통달하였고 대설법자인 마하수오(摩訶修奧)[65]가 있다.

다시 율장에 통달하고 현명한 우파리(優波離)[66], 대지혜자이고 정법(正
法)에 정통(精通)한 대룡(大龍)[67]이 있다. 다시 현명한 아파야(阿波耶)[68],
삼장에 통달하였고 현명한 장로 제사(帝沙)[69], 그의 제자인 불파(佛波)[70]
는 율장에 통달하였고 대지혜가 있었으며 다문이었는데, 그는 성스러운
가르침을 호지하면서 염부제에서 주석(註釋)하였다.

또한 현명하고 율에 통달한 주라바야(周羅婆耶)[71], 현명하고 정법(正法)
에 정통(精通)한 장로 제사(帝沙)[72], 현명하고 율장에 통달한 주라제와(周
羅帝瓦)[73], 현명하고 율장에 통달한 장로 사파(私波)[74]가 있다.

이러한 용상들은 대지혜가 있었고 율장을 이해하고 관행에 통달하였으
며 동섭주에서 율장을 널리 설하셨다.

1-3 "그 지자이시고 견자이시며 응공자이시고 정등각자이신 세존께 의지
한다면, 어느 처소에서 둘째의 바라이를 제정하여 세우셨는가?"

---

61) 팔리어 Upatissa(우파티싸)의 음사이다.
62) 팔리어 Phussadeva(푸싸데바)의 번역이다.
63) 팔리어 Sumana(수마나)의 음사이다.
64) 팔리어 Pupphanāma(푸빠나마)의 음사이다.
65) 팔리어 Mahāsiva(마하시바)의 음사이다.
66) 팔리어 Upāli(우파리)의 음사이다.
67) 팔리어 Mahānāga(마하나가)의 음사이다.
68) 팔리어 Abhay(아바이)의 음사이다.
69) 팔리어 Tissa(티싸)의 음사이다.
70) 팔리어 Puppha(푸빠)의 음사이다.
71) 팔리어 Cūlābhaya(추라바야)의 음사이다.
72) 팔리어 Tissa(티싸)의 음사이다.
73) 팔리어 Cūladeva(추라데바)의 음사이다.
74) 팔리어 Siva(시바)의 음사이다.

"왕사성(王舍城)[75)]에서 제정하였다."

"누구를 인연하였는가?"

"단니가도사자(檀尼迦陶師子)[76)]를 인연하였다."

"무슨 일을 의지하여 제정하셨는가?"

"단니가도사자는 주지 않았던 왕의 목재를 취(取)하였던 일이었다."

"그것에 계목이 있었는가? 보충하는 조목이 있었는가? 추가의 예비적 인 조목이 있었는가?"

"하나의 계목이 있었고, 한 가지의 보충하는 조목이 있었다."

"여섯 종류의 범한 죄가 생겨나는 가운데에서 무슨 종류를 의지하여 생겨난 것인가?"

"세 종류가 일어나는 것을 의지하여 생겨났나니, 곧 몸과 뜻을 이유로 생겨나는 것이고, 말을 이유로 생겨나는 것이 아니다. 말과 뜻을 이유로 생겨나는 것이고, 몸을 이유로 생겨나는 것이 아니다. 몸과 말과 뜻을 이유로 생겨나는 것이다."

"네 종류의 쟁사의 가운데에서 무슨 종류의 쟁사인가?"

"범죄쟁사이다."

"일곱 종류의 멸쟁의 가운데에서 무슨 종류의 멸쟁법으로써 소멸시켜 야 하는가?"

"두 종류의 멸쟁법을 의지하여 그것을 소멸시켜야 하나니, 현전비니와 자언비니를 의지하여야 하느니라."

…… "학처의 어느 것에 머물러야 하는가?"

"학처를 좋아하는 것에 머물러야 한다."

"누가 호지하였는가?"

"율장과 주석을 아셨던 그분들께서 호지하였다."

"누가 말하였는가?"

"세존·응공·정등각자께서 말씀하셨다."

---

75) 팔리어 Rājagaha(라자가하)의 번역이다.
76) 팔리어 Dhaniya kumbhakāraputta(다니야 쿰바카라푸따)의 번역이다.

"누구에게 전승되었는가?"

"차례로 전승되었나니, 곧 우바리, 제사가, 나아가 소나가, 실가바, 다섯 번째의 목건련자제수의 이분들은 염부제에서 길상한 사람이라고 찬탄되었던 분들이다.

…… 또한 현명하고 율에 통달한 주라바야, 현명하고 정법에 정통한 장로 제사, 현명하고 율장에 통달한 주라제와, 현명하고 율장에 통달한 장로 사파가 있다. 이러한 용상들은 대지혜가 있었고 율장을 이해하고 관행에 통달하였으며 동섭주에서 율장을 널리 설하셨다.

1-4 "그 지자이시고 견자이시며 응공자이시고 정등각자이신 세존께 의지한다면, 어느 처소에서 셋째의 바라이를 제정하여 세우셨는가?"

"비사리에서 제정하였다."

"누구를 인연하였는가?"

"많은 비구를 인연하였다."

"무슨 일을 의지하여 제정하셨는가?"

"많은 비구들이 서로 그들의 목숨을 끊었던 일이었다."

"그것에 계목이 있었는가? 보충하는 조목이 있었는가? 추가의 예비적인 조목이 있었는가?"

"하나의 계목이 있었고, 한 가지의 보충하는 조목이 있었다."

"여섯 종류의 범한 죄가 생겨나는 가운데에서 무슨 종류를 의지하여 생겨난 것인가?"

"세 종류가 일어나는 것을 의지하여 생겨났나니, 곧 몸과 뜻을 이유로 생겨나는 것이고, 말을 이유로 생겨나는 것이 아니다. 말과 뜻을 이유로 생겨나는 것이고, 몸을 이유로 생겨나는 것이 아니다. 몸과 말과 뜻을 이유로 생겨나는 것이다."

"네 종류의 쟁사의 가운데에서 무슨 종류의 쟁사인가?"

"범죄쟁사이다."

"일곱 종류의 멸쟁의 가운데에서 무슨 종류의 멸쟁법으로써 소멸시켜야 하는가?"

"두 종류의 멸쟁법을 의지하여 그것을 소멸시켜야 하나니, 현전비니와
자언비니를 의지하여야 하느니라."

······ "학처의 어느 것에 머물러야 하는가?"

"학처를 좋아하는 것에 머물러야 한다."

"누가 호지하였는가?"

"율장과 주석을 아셨던 그분들께서 호지하였다."

"누가 말하였는가?"

"세존·응공·정등각자께서 말씀하셨다."

"누구에게 전승되었는가?"

"차례로 전승되었나니, 곧 우바리, 제사가, 나아가 소나가, 실가바,
다섯 번째의 목건련자제수의 이분들은 염부제에서 길상한 사람이라고
찬탄되었던 분들이다. ······ 또한 현명하고 율에 통달한 주라바야, 현명하
고 정법에 정통한 장로 제사, 현명하고 율장에 통달한 주라제와, 현명하고
율장에 통달한 장로 사파가 있다. 이러한 용상들은 대지혜가 있었고
율장을 이해하고 관행에 통달하였으며 동섭주에서 율장을 널리 설하셨다.

1-5 "그 지자이시고 견자이시며 응공자이시고 정등각자이신 세존께 의지
한다면, 어느 처소에서 넷째의 바라이를 제정하여 세우셨는가?"

"비사리에서 제정하였다."

"누구를 인연하였는가?"

"바구강(婆裘河)77) 언덕의 많은 비구를 인연하였다."

"무슨 일을 의지하여 제정하셨는가?"

"바구강 언덕의 많은 비구들이 여러 거사들을 향하여 상인법(上人法)의
일을 서로가 찬탄하였던 일이었다."

"그것에 계목이 있었는가? 보충하는 조목이 있었는가? 추가의 예비적

---

77) 팔리어 Vaggumudā(바꾸무다)의 음사이다.

인 조목이 있었는가?"

"하나의 계목이 있었고, 한 가지의 보충하는 조목이 있었다."

"여섯 종류의 범한 죄가 생겨나는 가운데에서 무슨 종류를 의지하여 생겨난 것인가?"

"세 종류가 일어나는 것을 의지하여 생겨났나니, 곧 몸과 뜻을 이유로 생겨나는 것이고, 말을 이유로 생겨나는 것이 아니다. 말과 뜻을 이유로 생겨나는 것이고, 몸을 이유로 생겨나는 것이 아니다. 몸과 말과 뜻을 이유로 생겨나는 것이다."

"네 종류의 쟁사의 가운데에서 무슨 종류의 쟁사인가?"

"범죄쟁사이다."

"일곱 종류의 멸쟁의 가운데에서 무슨 종류의 멸쟁법으로써 소멸시켜야 하는가?"

"두 종류의 멸쟁법을 의지하여 그것을 소멸시켜야 하나니, 현전비니와 자언비니를 의지하여야 하느니라."

…… "학처의 어느 것에 머물러야 하는가?"

"학처를 좋아하는 것에 머물러야 한다."

"누가 호지하였는가?"

"율장과 주석을 아셨던 그분들께서 호지하였다."

"누가 말하였는가?"

"세존·응공·정등각자께서 말씀하셨다."

"누구에게 전승되었는가?"

"차례로 전승되었나니, 곧 우바리, 제사가, 나아가 소나가, 실가바, 다섯 번째의 목건련자제수의 이분들은 염부제에서 길상한 사람이라고 찬탄되었던 분들이다. …… 또한 현명하고 율에 통달한 주라바야, 현명하고 정법에 정통한 장로 제사, 현명하고 율장에 통달한 주라제와, 현명하고 율장에 통달한 장로 사파가 있다. 이러한 용상들은 대지혜가 있었고 율장을 이해하고 관행에 통달하였으며 동섭주에서 율장을 널리 설하셨다.

[4바라이를 마친다.]

○ **첫째의 송출품을 마친다.**

섭송으로 설하겠노라.

음행하는 것과
주지 않은 것을 취하는 것과
목숨을 끊는 것과
상인법을 말하는 것의
4바라이는 단두(斷頭)[78]의
일에서 의심이 없다네.

2) 13승잔(僧殘)의 계목[79]

(1) 제1송출품

2-1 그 지자이시고 견자이시며 응공자이시고 정등각자이신 세존께 의지
한다면, 어느 처소에서 첫째의 바라이를 제정하여 세우셨는가? 누구를
인연으로 제정하셨는가? 무슨 일에 의지하여 제정하셨는가? 그것은
계목이 있었는가? 보충하는 조목이 있었는가? 추가의 예비적인 조목이
있었는가? 비구와 비구니에게 이부중의 조목이 있었는가? 비구와 비구니

---

78) 팔리어 chejjavatthū(체짜바투)의 번역이고, chejja와 vatthū의 합성어이다. chejja
　　는 '잘라내는 것에 적합하다.'는 뜻이고, vatthū는 '객체' 또는 '땅'을 뜻하므로
　　나무의 새싹으로 번역할 수 있겠다.
79) 팔리어 Saṅghādisesakaṇḍa(산가디세사칸다)의 번역이다.

에게 일부중의 조목이 있었는가? 일체의 처소에 조목이 있었는가? 한 처소의 조목이 있었는가?

다섯 종류의 바라제목차를 송출하는 법의 가운데에서 어느 부분에 귀속되고, 어느 부분에 편입되는가? 어느 독송법에 의지하여 송출해야 하는가? 네 가지를 깨트리는 것의 가운데에서 무엇을 깨트리는 것인가? 일곱 종류의 죄 가운데에서 무슨 죄의 종류인가? 여섯 종류의 범한 죄가 생겨나는 가운데에서 무슨 종류를 의지하여 생겨난 것인가? 네 종류의 쟁사의 가운데에서 무슨 종류의 쟁사인가? 일곱 종류의 멸쟁의 가운데에서 무슨 종류의 멸쟁법으로써 소멸시켜야 하는가?

그 가운데에서 무엇이 비니이고, 무엇이 아비비니인가? 무엇이 바라제목차이고, 무엇이 증상의 바라제목차인가? 무엇이 범한 것이고, 무엇이 성취한 것인가? 무엇이 관행인가? 세존께서 무슨 종류의 뜻과 이익을 위하여 첫째의 바라제목차를 제정하여 세우셨는가? 누가 학처를 익혀야 하고, 누가 계율을 익히는 것을 마쳤는가? 학처의 어느 것에 머물러야 하는가? 누가 호지하였는가? 누가 말하였는가? 누가 전승하였는가?

2-2 "그 지자이시고 견자이시며 응공자이시고 정등각자이신 세존께 의지한다면, 어느 처소에서 고출정(故出精)의 승잔(僧殘)[80]에 관하여 제정하여 세우셨는가?"

"사위성(舍衛城)[81]에서 제정하였다."

"누구를 인연하였는가?"

"장로 시월(施越)[82]을 인연하였다."

"무슨 일을 의지하여 제정하셨는가?"

"장로 시월은 고의로 손으로써 부정(不淨)을 출정(出精)하였던 일이었다."

---

80) 팔리어 Saṅghādisesa(산가디세사)의 번역이다.
81) 팔리어 Sāvatthi(사바띠)의 번역이다.
82) 팔리어 Seyyasaka(세이야사카)의 번역이다.

"그것에 계목이 있었는가? 보충하는 조목이 있었는가? 추가의 예비적인 조목이 있었는가?"

"하나의 계목이 있었고, 한 가지의 보충하는 조목이 있었으나, 추가의 예비적인 조목은 없었다."

"일체의 처소에 조목이 있었는가? 한 처소에 조목이 있었는가?"

"일체의 처소에 조목이 있었다."

"비구와 비구니에게 이부중의 조목이 있었는가? 비구와 비구니에게 일부중의 조목이 있었는가?"

"일부중의 조목이 있었다."

"다섯 종류의 바라제목차를 송출하는 법의 가운데에서 어느 부분에 귀속되고, 어느 부분에 편입되는가?"

"연기에 귀속되고, 연기에 편입된다."

"어느 독송법에 의지하여 송출해야 하는가?"

"세 번째의 독송법에 의지하여 송출해야 한다."

"네 가지를 깨트리는 것의 가운데에서 무엇을 깨트리는 것인가?"

"계율을 깨트리는 것이다."

"일곱 종류의 죄 가운데에서 무슨 죄의 종류인가?"

"승잔죄의 종류이다."

"여섯 종류의 범한 죄가 생겨나는 가운데에서 무슨 종류를 의지하여 생겨난 것인가?"

"한 종류가 일어나는 것을 의지하여 생겨났나니, 곧 말로 생겨나는 것이 아니고, 몸을 이유로, 뜻을 이유로 생겨나는 것이다."

"네 종류의 쟁사의 가운데에서 무슨 종류의 쟁사인가?"

"범죄쟁사이다."

"일곱 종류의 멸쟁의 가운데에서 무슨 종류의 멸쟁법으로써 소멸시켜야 하는가?"

"두 종류의 멸쟁법을 의지하여 그것을 소멸시켜야 하나니, 현전비니와 자언비니를 의지하여야 하느니라."

"그 가운데에서 무엇이 비니이고, 무엇이 아비비니인가?"

"제정하신 것은 비니이고, 자세히 설명한 것은 아비비니이다."

"무엇이 바라제목차이고, 무엇이 증상의 바라제목차인가?"

"제정하신 것은 바라제목차이고, 자세히 설명한 것은 증상의 바라제목차이다."

"무엇이 범한 것인가?"

"율의가 아니라면 범한 것이다."

"무엇이 성취한 것인가?"

"율의라면 성취한 것이다."

"무엇이 관행인가?"

"마땅히 이와 같이 짓지 않는 것이고, 학처를 배우고 행하면서 목숨을 마치도록 호지하는 것이다."

"무슨 종류의 뜻과 이익을 위하여 세존께서는 첫째의 바라제목차를 제정하여 세우셨는가?"

"승가를 섭수하기 위하여, 승가의 안락을 위하여, 악인을 조복하기 위하여, 선한 비구를 안락하게 머물게 하기 위하여, 현세의 번뇌를 끊기 위하여, 후세의 번뇌를 소멸하기 위하여, 믿지 않는 자에게 신심이 생겨나게 하기 위하여, 이미 믿었던 자를 증장시키기 위하여, 정법이 오래 머무르게 하기 위하여, 계율을 공경하고 존중하기 위한 것이다."

"누가 학처를 익혀야 하는가?"

"유학과 선한 범부이다."

"누가 계율을 익히는 것을 마쳤는가?"

"아라한은 이미 계율을 배워서 마쳤다."

"학처의 어느 것에 머물러야 하는가?"

"학처를 좋아하는 것에 머물러야 한다."

"누가 호지하였는가?"

"율장과 주석을 아셨던 그분들께서 호지하였다."

"누가 말하였는가?"

"세존·응공·정등각자께서 말씀하셨다."

"누구에게 전승되었는가?"

"차례로 전승되었나니, 곧 우바리, 제사가, 나아가 소나가, 실가바, 다섯 번째의 목건련자제수의 이분들은 염부제에서 길상한 사람이라고 찬탄되었던 분들이다. 그 뒤에 마신타, 이제나, 울제가, 참바라, 나아가 박학하신 발타 등의 이들은 용상으로 대지혜가 있었으며, 염부제에서 이 땅에 오신 분들이고, 그들은 동섭주에서 율장을 송출하셨고, 5부의 니가야와 칠론을 교수하셨다.

그 뒤에 현명한 아율타, 박학하신 제사발다, 신념이 있는 가라수말나, 장로인 제가, 박학한 지가수말나 등이 있다. 또한 가라수마나, 용상인 불호, 현명한 장로인 제수, 박학한 장로인 제바 등이 있다. 또한 현명하고 율장에 통달하였던 수마나, 다문이며 굴복시키기 어려운 코끼리왕과 같은 전나가우루혜나, 차마의 제자이고, 잘 존경받는 담무파리 등은 대지혜가 있었으며, 삼장에 통달하여 섬의 가운데에서 여러 별들의 왕과 같았으므로, 지혜로써 밝게 비추었다.

박학하신 오파저사, 대설법자이신 촉천이 있고, 다시 현명한 수마나, 다문의 불파나마, 삼장에 통달하였고 대설법자인 마하수오가 있다.

다시 율장에 통달하고 현명한 우파리, 대지혜자이고 정법에 정통한 대룡이 있다. 다시 현명한 아파야, 삼장에 통달하였고 현명한 장로 제사, 그의 제자인 불파는 율장에 통달하였고 대지혜가 있었으며 다문이었는데, 그는 성스러운 가르침을 호지하면서 염부제에서 주석하였다. 또한 현명하고 율에 통달한 주라바야, 현명하고 정법에 정통한 장로 제사, 현명하고 율장에 통달한 주라제와, 현명하고 율장에 통달한 장로 사파가 있다.

이러한 용상들은 대지혜가 있었고 율장을 이해하고 관행에 통달하였으며 동섭주에서 율장을 널리 설하셨다.

2-3 "그 지자이시고 견자이시며 응공자이시고 정등각자이신 세존께 의지한다면, 어느 처소에서 여인과 함께 서로를 어루만지는 승잔에 관하여

제정하여 세우셨는가?”

“사위성에서 제정하였다.”

“누구를 인연하였는가?”

“장로 우타이(優陀夷)[83]를 인연하였다.”

“무슨 일을 의지하여 제정하셨는가?”

“장로 우타이는 여인과 함께 서로를 어루만졌던 일이었다.”

“하나의 계목이 있었다.”

“여섯 종류의 범한 죄가 생겨나는 가운데에서 무슨 종류를 의지하여 생겨난 것인가?”

“한 종류가 일어나는 것을 의지하여 생겨났나니, 곧 몸과 뜻을 이유로 생겨나는 것이고, 말을 이유로 생겨나는 것은 아니다.”

…… “학처의 어느 것에 머물러야 하는가?”

“학처를 좋아하는 것에 머물러야 한다.”

“누가 호지하였는가?”

“율장과 주석을 아셨던 그분들께서 호지하였다.”

“누가 말하였는가?”

“세존·응공·정등각자께서 말씀하셨다.”

“누구에게 전승되었는가?”

“차례로 전승되었나니, 곧 우바리, 제사가, 나아가 소나가, 실가바, 다섯 번째의 목건련자제수의 이분들은 염부제에서 길상한 사람이라고 찬탄되었던 분들이다.

…… 또한 현명하고 율에 통달한 주라바야, 현명하고 정법에 정통한 장로 제사, 현명하고 율장에 통달한 주라제와, 현명하고 율장에 통달한 장로 사파가 있다. 이러한 용상들은 대지혜가 있었고 율장을 이해하고 관행에 통달하였으며 동섭주에서 율장을 널리 설하셨다.

---

83) 팔리어 Udāyī(우다이)의 번역이다.

2-4 "그 지자이시고 견자이시며 응공자이시고 정등각자이신 세존께 의지한다면, 어느 처소에서 여인을 마주하고서 거칠고 악하게 말하는 승잔을 제정하여 세우셨는가?"

"사위성에서 제정하였다."

"누구를 인연하였는가?"

"장로 우타이를 인연하였다."

"무슨 일을 의지하여 제정하셨는가?"

"장로 우타이는 여인을 마주하고서 거칠고 악하게 말하였던 일이었다."

"하나의 계목이 있었다."

"여섯 종류의 범한 죄가 생겨나는 가운데에서 무슨 종류를 의지하여 생겨난 것인가?"

"세 종류가 일어나는 것을 의지하여 생겨났나니, 곧 몸과 뜻을 이유로 생겨나는 것이고, 말을 이유로 생겨나는 것은 아니다. 말과 뜻을 이유로 생겨나는 것이고, 몸을 이유로 생겨나는 것은 아니다. 몸과 말과 뜻을 이유로 생겨나는 것이다."

…… "학처의 어느 것에 머물러야 하는가?"

"학처를 좋아하는 것에 머물러야 한다."

"누가 호지하였는가?"

"율장과 주석을 아셨던 그분들께서 호지하였다."

"누가 말하였는가?"

"세존·응공·정등각자께서 말씀하셨다."

"누구에게 전승되었는가?"

"차례로 전승되었나니, 곧 우바리, 제사가, 나아가 소나가, 실가바, 다섯 번째의 목건련자제수의 이분들은 염부제에서 길상한 사람이라고 찬탄되었던 분들이다. …… 또한 현명하고 율에 통달한 주라바야, 현명하고 정법에 정통한 장로 제사, 현명하고 율장에 통달한 주라제와, 현명하고 율장에 통달한 장로 사파가 있다. 이러한 용상들은 대지혜가 있었고 율장을 이해하고 관행에 통달하였으며 동섭주에서 율장을 널리 설하셨다.

2-5 "그 지자이시고 견자이시며 응공자이시고 정등각자이신 세존께 의지한다면, 어느 처소에서 여인의 앞에서 스스로를 위하여 음욕(婬欲)으로 공양(供養)하는 것을 찬탄(讚歎)하는 승잔에 관하여 제정하여 세우셨는가?"

"사위성에서 제정하였다."

"누구를 인연하였는가?"

"장로 우타이를 인연하였다."

"무슨 일을 의지하여 제정하셨는가?"

"장로 우타이는 여인의 앞에서 스스로를 위하여 음욕으로 공양하는 것을 찬탄하였던 일이었다."

"하나의 계목이 있었다."

"여섯 종류의 범한 죄가 생겨나는 가운데에서 무슨 종류를 의지하여 생겨난 것인가?"

"세 종류가 일어나는 것을 의지하여 생겨났나니, 곧 몸과 뜻을 이유로 생겨나는 것이고, 말을 이유로 생겨나는 것이 아니다. 말과 뜻을 이유로 생겨나는 것이고, 몸을 이유로 생겨나는 것이 아니다. 몸과 말과 뜻을 이유로 생겨나는 것이다."

······ "학처의 어느 것에 머물러야 하는가?"

"학처를 좋아하는 것에 머물러야 한다."

"누가 호지하였는가?"

"율장과 주석을 아셨던 그분들께서 호지하였다."

"누가 말하였는가?"

"세존·응공·정등각자께서 말씀하셨다."

"누구에게 전승되었는가?"

"차례로 전승되었나니, 곧 우바리, 제사가, 나아가 소나가, 실가바, 다섯 번째의 목건련자제수의 이분들은 염부제에서 길상한 사람이라고 찬탄되었던 분들이다. ······ 또한 현명하고 율에 통달한 주라바야, 현명하고 정법에 정통한 장로 제사, 현명하고 율장에 통달한 주라제와, 현명하고 율장에 통달한 장로 사파가 있다. 이러한 용상들은 대지혜가 있었고 율장을 이해하고 관행에 통달하였으며 동섭주에서 율장을 널리 설하셨다.

2-6 "그 지자이시고 견자이시며 응공자이시고 정등각자이신 세존께 의지한다면, 어느 처소에서 중매(中媒)하는 승잔에 관하여 제정하여 세우셨는가?"

"사위성에서 제정하였다."

"누구를 인연하였는가?"

"장로 우타이를 인연하였다."

"무슨 일을 의지하여 제정하셨는가?"

"장로 우타이가 중매하였던 일이었다."

"하나의 계목이 있었고, 한 가지의 보충하는 조목이 있었다."

"여섯 종류의 범한 죄가 생겨나는 가운데에서 무슨 종류를 의지하여 생겨난 것인가?"

"여섯 종류가 일어나는 것을 의지하여 생겨났나니, 몸을 이유로 생겨나는 것이고, 말과 뜻을 이유로 생겨나는 것은 아니다. 말을 이유로 생겨나는 것이고, 몸과 뜻을 이유로 생겨나는 것은 아니다. 몸과 말을 이유로 생겨나는 것이고, 뜻을 이유로 생겨나는 것은 아니다. 몸과 뜻을 이유로 생겨나는 것이고, 말을 이유로 생겨나는 것은 아니다. 말과 뜻을 이유로 생겨나는 것이고, 몸을 이유로 생겨나는 것은 아니다. 몸과 말과 뜻을 이유로 생겨나는 것이다."

······ "학처의 어느 것에 머물러야 하는가?"

"학처를 좋아하는 것에 머물러야 한다."

"누가 호지하였는가?"

"율장과 주석을 아셨던 그분들께서 호지하였다."

"누가 말하였는가?"

"세존·응공·정등각자께서 말씀하셨다."

"누구에게 전승되었는가?"

"차례로 전승되었나니, 곧 우바리, 제사가, 나아가 소나가, 실가바, 다섯 번째의 목건련자제수의 이분들은 염부제에서 길상한 사람이라고 찬탄되었던 분들이다. …… 또한 현명하고 율에 통달한 주라바야, 현명하고 정법에 정통한 장로 제사, 현명하고 율장에 통달한 주라제와, 현명하고 율장에 통달한 장로 사파가 있다. 이러한 용상들은 대지혜가 있었고 율장을 이해하고 관행에 통달하였으며 동섭주에서 율장을 널리 설하셨다.

2-7 "그 지자이시고 견자이시며 응공자이시고 정등각자이신 세존께 의지한다면, 어느 처소에서 스스로가 구걸하여 정사(精舍)[84]를 조성(造成)하는 승잔에 관하여 제정하여 세우셨는가?"

"아라비국(阿羅毘國)[85]에서 제정하였다."

"누구를 인연하였는가?"

"아라비국의 여러 비구들을 인연하였다."

"무슨 일을 의지하여 제정하셨는가?"

"아라비국의 여러 비구들은 정사를 지으려고 스스로가 구걸하였던 일이었다."

"하나의 계목이 있었다."

"여섯 종류의 범한 죄가 생겨나는 가운데에서 무슨 종류를 의지하여 생겨난 것인가?"

"세 종류가 일어나는 것을 의지하여 생겨났나니, 곧 몸과 뜻을 이유로 생겨나는 것이고, 말을 이유로 생겨나는 것이 아니다. 말과 뜻을 이유로 생겨나는 것이고, 몸을 이유로 생겨나는 것이 아니다. 몸과 말과 뜻을 이유로 생겨나는 것이다."

…… "학처의 어느 것에 머물러야 하는가?"

"학처를 좋아하는 것에 머물러야 한다."

"누가 호지하였는가?"

---

84) 팔리어 Kuṭi(쿠티)의 번역이고, '오두막' 또는, '한 칸의 주거지'를 뜻한다.
85) 팔리어 Āḷavi(아라비)의 음사이다.

"율장과 주석을 아셨던 그분들께서 호지하였다."

"누가 말하였는가?"

"세존·응공·정등각자께서 말씀하셨다."

"누구에게 전승되었는가?"

"차례로 전승되었나니, 곧 우바리, 제사가, 나아가 소나가, 실가바, 다섯 번째의 목건련자제수의 이분들은 염부제에서 길상한 사람이라고 찬탄되었던 분들이다. …… 또한 현명하고 율에 통달한 주라바야, 현명하고 정법에 정통한 장로 제사, 현명하고 율장에 통달한 주라제와, 현명하고 율장에 통달한 장로 사파가 있다. 이러한 용상들은 대지혜가 있었고 율장을 이해하고 관행에 통달하였으며 동섭주에서 율장을 널리 설하셨다.

2-8 "그 지자이시고 견자이시며 응공자이시고 정등각자이신 세존께 의지한다면, 어느 처소에서 큰 정사[86]를 조성하는 승잔에 관하여 제정하여 세우셨는가?"

"구섬미국(拘睒彌國)[87]에서 제정하였다."

"누구를 인연하였는가?"

"장로 천타(闡陀)[88]를 인연하였다."

"무슨 일을 의지하여 제정하셨는가?"

"장로 천타는 정사를 지으려고 땅 위의 한 신묘수(神廟樹)[89]를 잘랐던 일이었다."

"하나의 계목이 있었다."

"여섯 종류의 범한 죄가 생겨나는 가운데에서 무슨 종류를 의지하여 생겨난 것인가?"

---

86) 팔리어 vihāra(비하라)의 번역이고, '주거를 위한 공간' 또는 '시설물의 배치'를 뜻한다.

87) 팔리어 Kosambi(코삼비)의 음사이다.

88) 팔리어 Channa(찬나)의 음사이다.

89) 팔리어 cetiyarukkha(세티야루까)의 번역이고, cetiya와 rukkha의 합성어이다. cetiya는 '무덤의 기념물' 또는 '탑'을 가리키고, rukkha는 '나무'를 뜻한다.

"세 종류가 일어나는 것을 의지하여 생겨났나니, 곧 몸과 뜻을 이유로 생겨나는 것이고, 말을 이유로 생겨나는 것이 아니다. 말과 뜻을 이유로 생겨나는 것이고, 몸을 이유로 생겨나는 것이 아니다. 몸과 말과 뜻을 이유로 생겨나는 것이다."

…… "학처의 어느 것에 머물러야 하는가?"

"학처를 좋아하는 것에 머물러야 한다."

"누가 호지하였는가?"

"율장과 주석을 아셨던 그분들께서 호지하였다."

"누가 말하였는가?"

"세존·응공·정등각자께서 말씀하셨다."

"누구에게 전승되었는가?"

"차례로 전승되었나니, 곧 우바리, 제사가, 나아가 소나가, 실가바, 다섯 번째의 목건련자제수의 이분들은 염부제에서 길상한 사람이라고 찬탄되었던 분들이다. …… 또한 현명하고 율에 통달한 주라바야, 현명하고 정법에 정통한 장로 제사, 현명하고 율장에 통달한 주라제와, 현명하고 율장에 통달한 장로 사파가 있다. 이러한 용상들은 대지혜가 있었고 율장을 이해하고 관행에 통달하였으며 동섭주에서 율장을 널리 설하셨다.

2-9 "그 지자이시고 견자이시며 응공자이시고 정등각자이신 세존께 의지한다면, 어느 처소에서 근거가 없는 바라이로써 비구를 비방(誹謗)하는 승잔에 관하여 제정하여 세우셨는가?"

"왕사성에서 제정하였다."

"누구를 인연하였는가?"

"자(慈)비구90)와 지(地)비구91)를 인연하였다."

"무슨 일을 의지하여 제정하셨는가?"

"자비구와 지비구는 근거가 없는 바라이로써 비구를 비방하였던 일이

---

90) 팔리어 Mettiya(메띠야)의 번역이다.
91) 팔리어 Bhūmajaka(부마자카)의 번역이다.

었다."

"하나의 계목이 있었다."

"여섯 종류의 범한 죄가 생겨나는 가운데에서 무슨 종류를 의지하여 생겨난 것인가?"

"세 종류가 일어나는 것을 의지하여 생겨났나니, 곧 몸과 뜻을 이유로 생겨나는 것이고, 말을 이유로 생겨나는 것이 아니다. 말과 뜻을 이유로 생겨나는 것이고, 몸을 이유로 생겨나는 것이 아니다. 몸과 말과 뜻을 이유로 생겨나는 것이다."

…… "학처의 어느 것에 머물러야 하는가?"

"학처를 좋아하는 것에 머물러야 한다."

"누가 호지하였는가?"

"율장과 주석을 아셨던 그분들께서 호지하였다."

"누가 말하였는가?"

"세존·응공·정등각자께서 말씀하셨다."

"누구에게 전승되었는가?"

"차례로 전승되었나니, 곧 우바리, 제사가, 나아가 소나가, 실가바, 다섯 번째의 목건련자제수의 이분들은 염부제에서 길상한 사람이라고 찬탄되었던 분들이다. …… 또한 현명하고 율에 통달한 주라바야, 현명하고 정법에 정통한 장로 제사, 현명하고 율장에 통달한 주라제와, 현명하고 율장에 통달한 장로 사파가 있다. 이러한 용상들은 대지혜가 있었고 율장을 이해하고 관행에 통달하였으며 동섭주에서 율장을 널리 설하셨다.

2-10 "그 지자이시고 견자이시며 응공자이시고 정등각자이신 세존께 의지한다면, 어느 처소에서 다른 일의 가운데에서 오직 비슷한 점을 취하였고, 근거가 없는 바라이로써 비구를 비방하는 승잔에 관하여 제정하여 세우셨는가?"

"왕사성에서 제정하였다."

"누구를 인연하였는가?"

"자비구와 지비구를 인연하였다."

"무슨 일을 의지하여 제정하셨는가?"

"자비구와 지비구는 다른 일의 가운데에서 오직 비슷한 점을 취하였고, 근거가 없는 바라이로써 비구를 비방하였던 일이었다."

"하나의 계목이 있었다."

"여섯 종류의 범한 죄가 생겨나는 가운데에서 무슨 종류를 의지하여 생겨난 것인가?"

"세 종류가 일어나는 것을 의지하여 생겨났나니, 곧 몸과 뜻을 이유로 생겨나는 것이고, 말을 이유로 생겨나는 것이 아니다. 말과 뜻을 이유로 생겨나는 것이고, 몸을 이유로 생겨나는 것이 아니다. 몸과 말과 뜻을 이유로 생겨나는 것이다."

…… "학처의 어느 것에 머물러야 하는가?"

"학처를 좋아하는 것에 머물러야 한다."

"누가 호지하였는가?"

"율장과 주석을 아셨던 그분들께서 호지하였다."

"누가 말하였는가?"

"세존·응공·정등각자께서 말씀하셨다."

"누구에게 전승되었는가?"

"차례로 전승되었나니, 곧 우바리, 제사가, 나아가 소나가, 실가바, 다섯 번째의 목건련자제수의 이분들은 염부제에서 길상한 사람이라고 찬탄되었던 분들이다. …… 나아가 …… 또한 현명하고 율에 통달한 주라바야, 현명하고 정법에 정통한 장로 제사, 현명하고 율장에 통달한 주라제와, 현명하고 율장에 통달한 장로 사파가 있다. 이러한 용상들은 대지혜가 있었고 율장을 이해하고 관행에 통달하였으며 동섭주에서 율장을 널리 설하셨다.

2-11 "그 지자이시고 견자이시며 응공자이시고 정등각자이신 세존께 의지한다면, 어느 처소에서 비구가 파승사를 시도(試圖)하였고, 세 번째의

충고를 받았던 때에도 그것을 버리지 않는 승잔에 관하여 제정하여 세우셨
는가?"

"왕사성에서 제정하였다."

"누구를 인연하였는가?"

"제바달다(提婆達多)[92]를 인연하였다."

"무슨 일을 의지하여 제정하셨는가?"

"제바달다는 파승사를 시도하였고, 세 번째의 충고를 받았던 때에도
그것을 버리지 않았던 일이었다."

"하나의 계목이 있었다."

"여섯 종류의 범한 죄가 생겨나는 가운데에서 무슨 종류를 의지하여
생겨난 것인가?"

"한 종류가 일어나는 것을 의지하여 생겨났나니, 곧 몸과 뜻을 이유로
생겨나는 것이고, 말을 이유로 생겨나는 것은 아니다."

······ "학처의 어느 것에 머물러야 하는가?"

"학처를 좋아하는 것에 머물러야 한다."

"누가 호지하였는가?"

"율장과 주석을 아셨던 그분들께서 호지하였다."

"누가 말하였는가?"

"세존·응공·정등각자께서 말씀하셨다."

"누구에게 전승되었는가?"

"차례로 전승되었나니, 곧 우바리, 제사가, 나아가 소나가, 실가바,
다섯 번째의 목건련자제수의 이분들은 염부제에서 길상한 사람이라고
찬탄되었던 분들이다. ······ 또한 현명하고 율에 통달한 주라바야, 현명하
고 정법에 정통한 장로 제사, 현명하고 율장에 통달한 주라제와, 현명하고
율장에 통달한 장로 사파가 있다. 이러한 용상들은 대지혜가 있었고
율장을 이해하고 관행에 통달하였으며 동섭주에서 율장을 널리 설하셨다.

---

92) 팔리어 Devadatta(데바다따)의 번역이다.

2-12 "그 지자이시고 견자이시며 응공자이시고 정등각자이신 세존께 의지한다면, 어느 처소에서 비구가 파승사를 시도하였고, 그를 따르던 여러 비구들이 세 번째의 충고를 받았던 때에도 그것을 버리지 않는 승잔에 관하여 제정하여 세우셨는가?"

"왕사성에서 제정하였다."

"누구를 인연하였는가?"

"많은 비구들을 인연하였다."

"무슨 일을 의지하여 제정하셨는가?"

"제바달다는 파승사를 시도하였고, 그를 따르던 여러 비구들이 세 번째의 충고를 받았던 때에도 그것을 버리지 않았던 일이었다."

"하나의 계목이 있었다."

"여섯 종류의 범한 죄가 생겨나는 가운데에서 무슨 종류를 의지하여 생겨난 것인가?"

"한 종류가 일어나는 것을 의지하여 생겨났나니, 곧 몸과 뜻을 이유로 생겨나는 것이고, 말을 이유로 생겨나는 것은 아니다."

…… "학처의 어느 것에 머물러야 하는가?"

"학처를 좋아하는 것에 머물러야 한다."

"누가 호지하였는가?"

"율장과 주석을 아셨던 그분들께서 호지하였다."

"누가 말하였는가?"

"세존·응공·정등각자께서 말씀하셨다."

"누구에게 전승되었는가?"

"차례로 전승되었나니, 곧 우바리, 제사가, 나아가 소나가, 실가바, 다섯 번째의 목건련자제수의 이분들은 염부제에서 길상한 사람이라고 찬탄되었던 분들이다. …… 또한 현명하고 율에 통달한 주라바야, 현명하고 정법에 정통한 장로 제사, 현명하고 율장에 통달한 주라제와, 현명하고 율장에 통달한 장로 사파가 있다. 이러한 용상들은 대지혜가 있었고 율장을 이해하고 관행에 통달하였으며 동섭주에서 율장을 널리 설하셨다.

2-13 "그 지자이시고 견자이시며 응공자이시고 정등각자이신 세존께 의지한다면, 어느 처소에서 비구가 악구(惡口)하였고, 세 번째의 충고를 받았던 때에도 그것을 버리지 않는 승잔에 관하여 제정하여 세우셨는가?"

"구섬미국에서 제정하였다."

"누구를 인연하였는가?"

"장로 천타를 인연하였다."

"무슨 일을 의지하여 제정하셨는가?"

"장로 천타는 여러 비구들이 여법(如法)하게 장로 천타에게 말하였으나, 스스로 위하는 까닭으로써 함께 말하지 않았던 일이었다."

"하나의 계목이 있었다."

"여섯 종류의 범한 죄가 생겨나는 가운데에서 무슨 종류를 의지하여 생겨난 것인가?"

"한 종류가 일어나는 것을 의지하여 생겨났나니, 곧 몸과 뜻을 이유로 생겨나는 것이고, 말을 이유로 생겨나는 것은 아니다."

…… "학처의 어느 것에 머물러야 하는가?"

"학처를 좋아하는 것에 머물러야 한다."

"누가 호지하였는가?"

"율장과 주석을 아셨던 그분들께서 호지하였다."

"누가 말하였는가?"

"세존·응공·정등각자께서 말씀하셨다."

"누구에게 전승되었는가?"

"차례로 전승되었나니, 곧 우바리, 제사가, 나아가 소나가, 실가바, 다섯 번째의 목건련자제수의 이분들은 염부제에서 길상한 사람이라고 찬탄되었던 분들이다. …… 또한 현명하고 율에 통달한 주라바야, 현명하고 정법에 정통한 장로 제사, 현명하고 율장에 통달한 주라제와, 현명하고 율장에 통달한 장로 사파가 있다. 이러한 용상들은 대지혜가 있었고 율장을 이해하고 관행에 통달하였으며 동섭주에서 율장을 널리 설하셨다.

2-14 "그 지자이시고 견자이시며 응공자이시고 정등각자이신 세존께 의지한다면, 어느 처소에서 비구가 속가(俗家)를 염오(染汚)시켰고, 세 번째의 충고를 받았던 때에도 그것을 버리지 않는 승잔에 관하여 제정하여 세우셨는가?"

"사위성에서 제정하였다."

"누구를 인연하였는가?"

"아습바(阿濕婆)93)와 부나바사(富那婆娑)94) 비구를 인연하였다."

"무슨 일을 의지하여 제정하셨는가?"

"승가는 아습바와 부나바사에게 구출갈마(驅出羯磨)95)를 행하였는데, 여러 비구들이 애욕을 따랐고, 성내는 것을 따랐으며, 어리석음을 따랐고, 두려움을 따랐다고 비방하였던 일이었다."

"하나의 계목이 있었다."

"여섯 종류의 범한 죄가 생겨나는 가운데에서 무슨 종류를 의지하여 생겨난 것인가?"

"한 종류가 일어나는 것을 의지하여 생겨났나니, 곧 몸과 뜻을 이유로 생겨나는 것이고, 말을 이유로 생겨나는 것은 아니다."

…… "학처의 어느 것에 머물러야 하는가?"

"학처를 좋아하는 것에 머물러야 한다."

"누가 호지하였는가?"

"율장과 주석을 아셨던 그분들께서 호지하였다."

"누가 말하였는가?"

"세존·응공·정등각자께서 말씀하셨다."

"누구에게 전승되었는가?"

"차례로 전승되었나니, 곧 우바리, 제사가, 나아가 소나가, 실가바, 다섯 번째의 목건련자제수의 이분들은 염부제에서 길상한 사람이라고

---

93) 팔리어 Assaji(아싸지)의 번역이다.
94) 팔리어 Punabbasuka(푸나빠수카)의 번역이다.
95) 팔리어 Pabbājanīyakamma(파빠자니야캄마)의 번역이다.

찬탄되었던 분들이다. ······ 또한 현명하고 율에 통달한 주라바야, 현명하고 정법에 정통한 장로 제사, 현명하고 율장에 통달한 주라제와, 현명하고 율장에 통달한 장로 사파가 있다. 이러한 용상들은 대지혜가 있었고 율장을 이해하고 관행에 통달하였으며 동섭주에서 율장을 널리 설하셨다.

[13승잔을 마친다.]

○ **첫째의 송출품을 마친다.**

섭송으로 설하겠노라.

고출정과 촉녀와 추악한 말과
스스로를 위하여 음욕법을 찬탄한 것과
중매한 것과 방사와 정사를 지은 것과
근거가 없는 것과 비슷한 것과
파승사와 파승사를 도운 것과
악구와 속가를 염오시킨 것 등의
이것은 13승잔이라네.

3) 2부정(不定)의 계목[96]

(1) 제1송출품

3-1 그 지자이시고 견자이시며 응공자이시고 정등각자이신 세존께 의지

---

96) 팔리어 Aniyatakaṇḍa(아니야타칸다)의 번역이다.

한다면, 어느 처소에서 첫째의 바라이를 제정하여 세우셨는가? 누구를 인연으로 제정하셨는가? 무슨 일에 의지하여 제정하셨는가? 그것은 계목이 있었는가? 보충하는 조목이 있었는가? 추가의 예비적인 조목이 있었는가? 비구와 비구니에게 이부중의 조목이 있었는가? 비구와 비구니에게 일부중의 조목이 있었는가? 일체의 처소에 조목이 있었는가? 한 처소의 조목이 있었는가?

다섯 종류의 바라제목차를 송출하는 법의 가운데에서 어느 부분에 귀속되고, 어느 부분에 편입되는가? 어느 독송법에 의지하여 송출해야 하는가? 네 종류를 깨트리는 것의 가운데에서 무엇을 깨트리는 것인가? 일곱 종류의 죄 가운데에서 무슨 죄의 종류인가? 여섯 종류의 범한 죄가 생겨나는 가운데에서 무슨 종류를 의지하여 생겨난 것인가? 네 종류의 쟁사의 가운데에서 무슨 종류의 쟁사인가? 일곱 종류의 멸쟁의 가운데에서 무슨 종류의 멸쟁법으로써 소멸시켜야 하는가?

그 가운데에서 무엇이 비니이고, 무엇이 아비비니인가? 무엇이 바라제목차이고, 무엇이 증상의 바라제목차인가? 무엇이 범한 것이고, 무엇이 성취한 것인가? 무엇이 관행인가? 세존께서 무슨 종류의 뜻과 이익을 위하여 첫째의 바라제목차를 제정하여 세우셨는가? 누가 학처를 익혀야 하고, 누가 계율을 익히는 것을 마쳤는가? 학처의 어느 것에 머물러야 하는가? 누가 호지하였는가? 누가 말하였는가? 누가 전승하였는가?

3-2 "그 지자이시고 견자이시며 응공자이시고 정등각자이신 세존께 의지한다면, 어느 처소에서 첫째의 부정에 관하여 제정하여 세우셨는가?"

"사위성에서 제정하였다."

"누구를 인연하였는가?"

"장로 우타이를 인연하였다."

"무슨 일을 의지하여 제정하셨는가?"

"장로 우타이는 여인과 함께 서로를 마주하고서 비밀스럽고 음행할 수 있는 가려진 처소에서 앉아 있었던 일이었다."

 "그것에 계목이 있었는가? 보충하는 조목이 있었는가? 추가의 예비적인 조목이 있었는가?"

 "하나의 계목이 있었으나, 보충하는 조목과 추가의 예비적인 조목은 없었다."

 "일체 처소의 조목이 있었는가? 한 처소의 조목이 있었는가?"

 "일체 처소의 조목이 있었다."

 "비구와 비구니에게 이부중의 조목이 있었는가? 비구와 비구니에게 일부중의 조목이 있었는가?"

 "일부중의 조목이 있었다."

 "다섯 종류의 바라제목차를 송출하는 법의 가운데에서 어느 부분에 귀속되고, 어느 부분에 편입되는가?"

 "연기에 귀속되고, 연기에 편입된다."

 "어느 독송법에 의지하여 송출해야 하는가?"

 "네 번째의 독송법에 의지하여 송출해야 한다."

 "네 종류를 깨트리는 것의 가운데에서 무엇을 깨트리는 것인가?"

 "계율을 깨트리는 것이고, 행(行)을 깨트리는 것이다."

 "일곱 종류의 죄 가운데에서 무슨 죄의 종류인가?"

 "바라이죄, 승잔죄, 바일제죄(波逸提罪) 등의 종류이다."

 "여섯 종류의 범한 죄가 생겨나는 가운데에서 무슨 종류를 의지하여 생겨난 것인가?"

 "한 종류가 일어나는 것을 의지하여 생겨났나니, 곧 말과 뜻을 이유로 생겨나는 것이고, 뜻을 이유로 생겨나는 것은 아니다."

 "네 종류의 쟁사의 가운데에서 무슨 종류의 쟁사인가?"

 "범죄쟁사이다."

 "일곱 종류의 멸쟁의 가운데에서 무슨 종류의 멸쟁법으로써 소멸시켜야 하는가?"

 "세 종류의 멸쟁법을 의지하여 그것을 소멸시켜야 하나니, 현전비니와 자언비니와 현전비니와 여초부지비니(如草覆地毘尼)[97]를 의지하여야 한다."

"그 가운데에서 무엇이 비니이고, 무엇이 아비비니인가?"

"제정하신 것은 비니이고, 자세히 설명한 것은 아비비니이다."

"무엇이 바라제목차이고, 무엇이 증상의 바라제목차인가?"

"제정하신 것은 바라제목차이고, 자세히 설명한 것은 증상의 바라제목차이다."

"무엇이 범한 것인가?"

"율의가 아니라면 범한 것이다."

"무엇이 성취한 것인가?"

"율의라면 성취한 것이다."

"무엇이 관행인가?"

"마땅히 이와 같이 짓지 않는 것이고, 학처를 배우고 행하면서 목숨을 마치도록 호지하는 것이다."

"무슨 종류의 뜻과 이익을 위하여 세존께서는 첫째의 바라제목차를 제정하여 세우셨는가?"

"승가를 섭수하기 위하여, 승가의 안락을 위하여, 악인을 조복하기 위하여, 선한 비구를 안락하게 머물게 하기 위하여, 현세의 번뇌를 끊기 위하여, 후세의 번뇌를 소멸하기 위하여, 믿지 않는 자에게 신심이 생겨나게 하기 위하여, 이미 믿었던 자를 증장시키기 위하여, 정법이 오래 머무르게 하기 위하여, 계율을 공경하고 존중하기 위한 것이다."

"누가 학처를 익혀야 하는가?"

"유학과 선한 범부이다."

"누가 계율을 익히는 것을 마쳤는가?"

"아라한은 이미 계율을 배워서 마쳤다."

"학처의 어느 것에 머물러야 하는가?"

"학처를 좋아하는 것에 머물러야 한다."

---

97) 팔리어 Tiṇavatthārakavinaya(티나바따라카비나야)의 번역이다.

"누가 호지하였는가?"

"율장과 주석을 아셨던 그분들께서 호지하였다."

"누가 말하였는가?"

"세존·응공·정등각자께서 말씀하셨다."

"누구에게 전승되었는가?"

"차례로 전승되었나니, 곧 우바리, 제사가, 나아가 소나가, 실가바, 다섯 번째의 목건련자제수의 이분들은 염부제에서 길상한 사람이라고 찬탄되었던 분들이다. 그 뒤에 마신타, 이제나, 울제가, 참바라, 나아가 박학하신 발타 등의 이들은 용상으로 대지혜가 있었으며, 염부제에서 이땅에 오신 분들이고, 그들은 동섭주에서 율장을 송출하셨고, 5부의 니가야와 칠론을 교수하셨다.

그 뒤에 현명한 아율타, 박학하신 제사발다, 신념이 있는 가라수말나, 장로인 제가, 박학한 지가수말나 등이 있다. 또한 가라수마나, 용상인 불호, 현명한 장로인 제수, 박학한 장로인 제바 등이 있다.

또한 현명하고 율장에 통달하였던 수마나, 다문이며 굴복시키기 어려운 코끼리왕과 같은 전나가우루혜나, 차마의 제자이고, 잘 존경받는 담무파리 등의 대지혜가 있었으며, 삼장에 통달하여 섬의 가운데에서 여러 별들의 왕과 같았으므로, 지혜로써 밝게 비추었다. 박학하신 오파저사, 대설법자이신 촉천이 있고, 다시 현명한 수마나, 다문의 불파나마, 삼장에 통달하였고 대설법자인 마하수오가 있다.

다시 율장에 통달하고 현명한 우파리, 대지혜자이고 정법에 정통한 대룡이 있다. 다시 현명한 아파야, 삼장에 통달하였고 현명한 장로 제사, 그의 제자인 불파는 율장에 통달하였고 대지혜가 있었으며 다문이었는데, 그는 성스러운 가르침을 호지하면서 염부제에서 주석하였다. 또한 현명하고 율에 통달한 주라바야, 현명하고 정법에 정통한 장로 제사, 현명하고 율장에 통달한 주라제와, 현명하고 율장에 통달한 장로 사파가 있다.

이러한 용상들은 대지혜가 있었고 율장을 이해하고 관행에 통달하였으며 동섭주에서 율장을 널리 설하셨다.

3-3 "그 지자이시고 견자이시며 응공자이시고 정등각자이신 세존께 의지한다면, 어느 처소에서 둘째의 부정에 관하여 제정하여 세우셨는가?"

"사위성에서 제정하였다."

"누구를 인연하였는가?"

"장로 우타이를 인연하였다."

"무슨 일을 의지하여 제정하셨는가?"

"장로 우타이는 한 여인과 함께 서로를 마주하고서 비밀스러운 처소에서 앉아 있었던 일이었다."

"그것에 계목이 있었는가? 보충하는 조목이 있었는가? 추가의 예비적인 조목이 있었는가?"

"하나의 계목이 있었으나, 보충하는 조목과 추가의 예비적인 조목은 없었다."

…… "일곱 종류의 죄 가운데에서 무슨 죄의 종류인가?"

"승잔죄와 바일제죄의 종류이다."

"여섯 종류의 범한 죄가 생겨나는 가운데에서 무슨 종류를 의지하여 생겨난 것인가?"

"세 종류가 일어나는 것을 의지하여 생겨났나니, 곧 몸과 뜻을 이유로 생겨나는 것이고, 말을 이유로 생겨나는 것이 아니다. 말과 뜻을 이유로 생겨나는 것이고, 몸을 이유로 생겨나는 것이 아니다. 몸과 말과 뜻을 이유로 생겨나는 것이다."

…… "일곱 종류의 멸쟁의 가운데에서 무슨 종류의 멸쟁법으로써 소멸시켜야 하는가?"

"세 종류의 멸쟁법을 의지하여 그것을 소멸시켜야 하나니, 현전비니와 자언비니와 현전비니와 여초부지비니를 의지하여야 하느니라."

…… "학처의 어느 것에 머물러야 하는가?"

"학처를 좋아하는 것에 머물러야 한다."

"누가 호지하였는가?"

"율장과 주석을 아셨던 그분들께서 호지하였다."

"누가 말하였는가?"

"세존·응공·정등각자께서 말씀하셨다."

"누구에게 전승되었는가?"

"차례로 전승되었나니, 곧 우바리, 제사가, 나아가 소나가, 실가바, 다섯 번째의 목건련자제수의 이분들은 염부제에서 길상한 사람이라고 찬탄되었던 분들이다. …… 또한 현명하고 율에 통달한 주라바야, 현명하고 정법에 정통한 장로 제사, 현명하고 율장에 통달한 주라제와, 현명하고 율장에 통달한 장로 사파가 있다. 이러한 용상들은 대지혜가 있었고 율장을 이해하고 관행에 통달하였으며 동섭주에서 율장을 널리 설하셨다.

[2부정을 마친다.]

○ **첫째의 송출품을 마친다.**

섭송으로 설하겠노라.

음행할 수 있는 처소와
그렇지 않은 처소는 부정이고
세존이신 최승존(最勝尊)[98]께서
잘 제정하셨다네.

---

98) 팔리어 buddhaseṭṭha(부따세따)의 번역이다.

4) 30사타(捨墮)의 계목[99]

(1) 제1송출품[100]

4-1 "그 지자이시고 견자이시며 응공자이시고 정등각자이신 세존께 의지한다면, 어느 처소에서 장의(長衣)[101]를 10일을 넘겨서 저축하는 것의 사타(捨墮)에 관하여 제정하여 세우셨는가?"

"비사리성에서 제정하였다."

"누구를 인연하였는가?"

"육군비구들을 인연하였다."

"무슨 일을 의지하여 제정하셨는가?"

"육군비구들이 장의를 저축하였던 일이었다."

"그것에 계목이 있었는가? 보충하는 조목이 있었는가? 추가의 예비적인 조목이 있었는가?"

"하나의 계목이 있었고, 한 가지의 보충하는 조목이 있었다."

"여섯 종류의 범한 죄가 생겨나는 가운데에서 무슨 종류를 의지하여 생겨난 것인가?"

"여섯 종류의 범한 죄가 생겨나는 가운데에서 두 종류가 일어나는 것을 의지하여 생겨났나니, 곧 몸과 말을 이유로 생겨나는 것이고, 뜻을 이유로 생겨나는 것은 아니다. 몸과 말과 뜻을 이유로 생겨나는 것이다."

4-2 "어느 처소에서 하룻밤에 3의(三衣)를 벗어나는 것의 사타에 관하여 제정하여 세우셨는가?"

"사위성에서 제정하였다."

"누구를 인연하였는가?"

---

99) 팔리어 Nissaggiyakaṇḍa(니싸끼야칸다)의 번역이다.
100) 팔리어 Kathinavagga(카티나바까)의 번역이고, 가치나의품(迦絺那衣品)을 뜻한다.
101) 여분의 옷을 가리킨다.

"여러 비구들을 인연하였다."

"무슨 일을 의지하여 제정하셨는가?"

"여러 비구들이 여러 비구들의 처소에 옷을 맡겼고, 오직 가벼운 옷[102]을 입고서 여러 나라를 유행하였던 일이었다."

"그것에 계목이 있었는가? 보충하는 조목이 있었는가? 추가의 예비적인 조목이 있었는가?"

"하나의 계목이 있었고, 한 가지의 보충하는 조목이 있었다."

"여섯 종류의 범한 죄가 생겨나는 가운데에서 두 종류가 일어나는 것을 의지하여 생겨났나니, 곧 몸과 말을 이유로 생겨나는 것이고, 뜻을 이유로 생겨나는 것은 아니다. 몸과 말과 뜻을 이유로 생겨나는 것이다."

4-3 "어느 처소에서 비시의(非時衣)[103]를 받고서 1개월을 넘겨서 저축하는 것의 사타에 관하여 제정하여 세우셨는가?"

"사위성에서 제정하였다."

"누구를 인연하였는가?"

"여러 비구들을 인연하였다."

"무슨 일을 의지하여 제정하셨는가?"

"여러 비구들이 비시의를 받고서 1개월을 넘겨서 저축하였던 일이었다."

"하나의 계목이 있었고, 한 가지의 보충하는 조목이 있었다."

"여섯 종류의 범한 죄가 생겨나는 가운데에서 두 종류가 일어나는 것을 의지하여 생겨났나니, 곧 몸과 말을 이유로 생겨나는 것이고, 뜻을 이유로 생겨나는 것은 아니다. 몸과 말과 뜻을 이유로 생겨나는 것이다."

4-4 "어느 처소에서 친족이 아닌 비구니에게 입었던 옷을 세탁하게 시켰던 것의 사타에 관하여 제정하여 세우셨는가?"

---

102) 팔리어 cīvara(치바라)의 번역이고, 비구의 복장으로 가운(gown)과 같은 가벼운 옷을 가리킨다.

103) 팔리어 akālacīvara(아카라치라바)의 번역이다.

"사위성에서 제정하였다."

"누구를 인연하였는가?"

"장로 우타이를 인연하였다."

"무슨 일을 의지하여 제정하셨는가?"

"장로 우타이가 친족이 아닌 비구니에게 입었던 옷을 세탁하게 시켰던 일이었다."

"하나의 계목이 있었다."

"여섯 종류가 일어나는 것을 의지하여 생겨났나니, 몸을 이유로 생겨나는 것이고, 말과 뜻을 이유로 생겨나는 것은 아니다. 말을 이유로 생겨나는 것이고, 몸과 뜻을 이유로 생겨나는 것은 아니다. 몸과 말을 이유로 생겨나는 것이고, 뜻을 이유로 생겨나는 것은 아니다. 몸과 뜻을 이유로 생겨나는 것이고, 말을 이유로 생겨나는 것은 아니다. 말과 뜻을 이유로 생겨나는 것이고, 몸을 이유로 생겨나는 것은 아니다. 몸과 말과 뜻을 이유로 생겨나는 것이다."

4-5 "어느 처소에서 친족이 아닌 비구니에게 옷을 받았던 것의 사타에 관하여 제정하여 세우셨는가?"

"사위성에서 제정하였다."

"누구를 인연하였는가?"

"장로 우타이를 인연하였다."

"무슨 일을 의지하여 제정하셨는가?"

"장로 우타이가 친족이 아닌 비구에게 옷을 받았던 일이었다."

"하나의 계목이 있었고, 한 가지의 보충하는 조목이 있었다."

"여섯 종류가 일어나는 것을 의지하여 생겨났나니, 몸을 이유로 생겨나는 것이고, 말과 뜻을 이유로 생겨나는 것은 아니다. 말을 이유로 생겨나는 것이고, 몸과 뜻을 이유로 생겨나는 것은 아니다. 몸과 말을 이유로 생겨나는 것이고, 뜻을 이유로 생겨나는 것은 아니다. 몸과 뜻을 이유로 생겨나는 것이고, 말을 이유로 생겨나는 것은 아니다. 말과 뜻을 이유로 생겨나는 것이고, 몸을 이유로 생겨나는 것은 아니다. 몸과 말과 뜻을 이유로 생겨나는 것이다."

4-6 "어느 처소에서 친족이 아닌 거사이거나, 혹은 거사의 아내에게 옷을 구걸하였던 것의 사타에 관하여 제정하여 세우셨는가?"

"사위성에서 제정하였다."

"누구를 인연하였는가?"

"장로 우파난타(優波難陀)104) 석자(釋子)105)를 인연하였다."

"무슨 일을 의지하여 제정하셨는가?"

"장로 우파난타 석자가 친족이 아닌 거사이거나, 혹은 거사의 아내에게 옷을 구걸하였던 일이었다."

"하나의 계목이 있었고, 한 가지의 보충하는 조목이 있었다."

"여섯 종류가 일어나는 것을 의지하여 생겨났나니, 몸을 이유로 생겨나는 것이고, 말과 뜻을 이유로 생겨나는 것은 아니다. 말을 이유로 생겨나는 것이고, 몸과 뜻을 이유로 생겨나는 것은 아니다. 몸과 말을 이유로 생겨나는 것이고, 뜻을 이유로 생겨나는 것은 아니다. 몸과 뜻을 이유로 생겨나는 것이고, 말을 이유로 생겨나는 것은 아니다. 말과 뜻을 이유로 생겨나는 것이고, 몸을 이유로 생겨나는 것은 아니다. 몸과 말과 뜻을 이유로 생겨나는 것이다."

4-7 "어느 처소에서 친족이 아닌 거사이거나, 혹은 거사의 아내에게 양을 넘겨서 옷을 구걸하였던 것의 사타에 관하여 제정하여 세우셨는가?"

"왕사성에서 제정하였다."

"누구를 인연하였는가?"

"육군비구들을 인연하였다."

"무슨 일을 의지하여 제정하셨는가?"

104) 팔리어 Upananda(우파난다)의 번역이다.
105) 팔리어 Sakyaputta(사키아푸따)의 번역이다.

"육군비구들이 친족이 아닌 거사이거나, 혹은 거사의 아내에게 양을 넘겨서 옷을 구걸하였던 일이었다."

"하나의 계목이 있었다."

"여섯 종류가 일어나는 것을 의지하여 생겨났나니, 몸을 이유로 생겨나는 것이고, 말과 뜻을 이유로 생겨나는 것은 아니다. 말을 이유로 생겨나는 것이고, 몸과 뜻을 이유로 생겨나는 것은 아니다. 몸과 말을 이유로 생겨나는 것이고, 뜻을 이유로 생겨나는 것은 아니다. 몸과 뜻을 이유로 생겨나는 것이고, 말을 이유로 생겨나는 것은 아니다. 말과 뜻을 이유로 생겨나는 것이고, 몸을 이유로 생겨나는 것은 아니다. 몸과 말과 뜻을 이유로 생겨나는 것이다."

4-8 "어느 처소에서 친족이 아닌 거사의 처소에서 먼저 청을 받지 않았으나, 나아가서 옷을 짓는 것을 지시(指示)하였던 것의 사타에 관하여 제정하여 세우셨는가?"

"사위성에서 제정하였다."

"누구를 인연하였는가?"

"장로 우파난타 석자를 인연하였다."

"무슨 일을 의지하여 제정하셨는가?"

"장로 우파난타 석자가 친족이 아닌 거사의 처소에서 먼저 청을 받지 않았으나, 나아가서 옷을 짓는 것을 지시하였던 일이었다."

"하나의 계목이 있었다."

"여섯 종류가 일어나는 것을 의지하여 생겨났나니, 몸을 이유로 생겨나는 것이고, 말과 뜻을 이유로 생겨나는 것은 아니다. 말을 이유로 생겨나는 것이고, 몸과 뜻을 이유로 생겨나는 것은 아니다. 몸과 말을 이유로 생겨나는 것이고, 뜻을 이유로 생겨나는 것은 아니다. 몸과 뜻을 이유로 생겨나는 것이고, 말을 이유로 생겨나는 것은 아니다. 말과 뜻을 이유로 생겨나는 것이고, 몸을 이유로 생겨나는 것은 아니다. 몸과 말과 뜻을 이유로 생겨나는 것이다."

4-9 "어느 처소에서 친족이 아닌 거사 등의 처소에서 먼저 청을 받지 않았으나, 나아가서 옷을 짓는 것을 지시하였던 것의 사타에 관하여 제정하여 세우셨는가?"

"사위성에서 제정하였다."

"누구를 인연하였는가?"

"장로 우파난타 석자를 인연하였다."

"무슨 일을 의지하여 제정하셨는가?"

"장로 우파난타 석자가 친족이 아닌 거사의 처소에서 먼저 청을 받지 않았으나, 친족이 아닌 여러 거사들의 처소에 이르렀으며, 나아가서 옷을 짓는 것을 지시하였던 일이었다."

"하나의 계목이 있었다."

"여섯 종류가 일어나는 것을 의지하여 생겨났나니, 몸을 이유로 생겨나는 것이고, 말과 뜻을 이유로 생겨나는 것은 아니다. 말을 이유로 생겨나는 것이고, 몸과 뜻을 이유로 생겨나는 것은 아니다. 몸과 말을 이유로 생겨나는 것이고, 뜻을 이유로 생겨나는 것은 아니다. 몸과 뜻을 이유로 생겨나는 것이고, 말을 이유로 생겨나는 것은 아니다. 말과 뜻을 이유로 생겨나는 것이고, 몸을 이유로 생겨나는 것은 아니다. 몸과 말과 뜻을 이유로 생겨나는 것이다."

4-10 "어느 처소에서 세 번의 이상을 재촉(催促)하고 무연히 여섯 번의 이상을 서 있으면서 옷을 얻었던 것의 사타에 관하여 제정하여 세우셨는가?"

"사위성에서 제정하였다."

"누구를 인연하였는가?"

"장로 우파난타 석자를 인연하였다."

"무슨 일을 의지하여 제정하셨는가?"

"장로 우파난타 석자는 우바새(優婆塞)106)가 '대덕(大德)이여. 하루를 기다리십시오.'라고 말하였으나, 기다리지 않았던 일이었다."

"하나의 계목이 있었다."

"여섯 종류가 일어나는 것을 의지하여 생겨났나니, 몸을 이유로 생겨나는 것이고, 말과 뜻을 이유로 생겨나는 것은 아니다. 말을 이유로 생겨나는 것이고, 몸과 뜻을 이유로 생겨나는 것은 아니다. 몸과 말을 이유로 생겨나는 것이고, 뜻을 이유로 생겨나는 것은 아니다. 몸과 뜻을 이유로 생겨나는 것이고, 말을 이유로 생겨나는 것은 아니다. 말과 뜻을 이유로 생겨나는 것이고, 몸을 이유로 생겨나는 것은 아니다. 몸과 말과 뜻을 이유로 생겨나는 것이다."

　○ **첫째의 송출품을 마친다.**

　(2) **제2송출품**[107]

4-11 "어느 처소에서 비단실(絹絲)[108]을 섞어서 와구(臥具)[109]를 짓는 것의 사타에 관하여 제정하여 세우셨는가?"

"비사리성에서 제정하였다."

"누구를 인연하였는가?"

"육군비구들을 인연하였다."

"무슨 일을 의지하여 제정하셨는가?"

"육군비구들이 양잠(養蠶)하는 집에 이르러서 '현자(賢者)여. 많은 누에고치를 삶아서 우리들에게 주시오. 우리들은 비단실을 섞어서 와구를 짓고자 하오.'라고 말하였던 일이었다."

"하나의 계목이 있었다."

"여섯 종류가 일어나는 것을 의지하여 생겨났나니, 몸을 이유로 생겨나

---

106) 팔리어 Upāsaka(우파사카)의 번역이다.
107) 팔리어 Kosiyavagga(코시야바까)의 번역이고, 잠면품(蠶綿品)을 뜻한다.
108) 팔리어 kosiyakāraka(코시야카라카)의 번역이다.
109) 팔리어 Santhata(산타타)의 번역이다.

는 것이고, 말과 뜻을 이유로 생겨나는 것은 아니다. 말을 이유로 생겨나는 것이고, 몸과 뜻을 이유로 생겨나는 것은 아니다. 몸과 말을 이유로 생겨나는 것이고, 뜻을 이유로 생겨나는 것은 아니다. 몸과 뜻을 이유로 생겨나는 것이고, 말을 이유로 생겨나는 것은 아니다. 말과 뜻을 이유로 생겨나는 것이고, 몸을 이유로 생겨나는 것은 아니다. 몸과 말과 뜻을 이유로 생겨나는 것이다.”

4-12 “어느 처소에서 완전히 검은색의 양털로 와구를 짓게 시켰던 것의 사타에 관하여 제정하여 세우셨는가?”

“비사리성에서 제정하였다.”

“누구를 인연하였는가?”

“육군비구들을 인연하였다.”

“무슨 일을 의지하여 제정하셨는가?”

“육군비구들이 완전히 검은색의 양털로 와구를 짓게 시켰던 일이었다.”

“하나의 계목이 있었다.”

“여섯 종류가 일어나는 것을 의지하여 생겨났나니, 몸을 이유로 생겨나는 것이고, 말과 뜻을 이유로 생겨나는 것은 아니다. 말을 이유로 생겨나는 것이고, 몸과 뜻을 이유로 생겨나는 것은 아니다. 몸과 말을 이유로 생겨나는 것이고, 뜻을 이유로 생겨나는 것은 아니다. 몸과 뜻을 이유로 생겨나는 것이고, 말을 이유로 생겨나는 것은 아니다. 말과 뜻을 이유로 생겨나는 것이고, 몸을 이유로 생겨나는 것은 아니다. 몸과 말과 뜻을 이유로 생겨나는 것이다.”

4-13 “어느 처소에서 1다라(多羅)[110]의 흰색의 양털을 취하여 사용하지 않았거나, 1다라의 갈색의 양털을 취하여 사용하지 않았으나, 새로운 와구를 짓게 시켰던 것의 사타에 관하여 제정하여 세우셨는가?”

---

110) 팔리어 Tula(투라)의 음사이고, 무게는 40g에 해당한다.

"사위성에서 제정하였다."

"누구를 인연하였는가?"

"육군비구들을 인연하였다."

"무슨 일을 의지하여 제정하셨는가?"

"육군비구들이 오직 흰색의 양털로 둘레의 연(緣)을 만들었고, 1다라의 완전히 검은색의 양털로 와구를 짓게 시켰던 일이었다."

"하나의 계목이 있었다."

"여섯 종류가 일어나는 것을 의지하여 생겨났나니, 몸을 이유로 생겨나는 것이고, 말과 뜻을 이유로 생겨나는 것은 아니다. 말을 이유로 생겨나는 것이고, 몸과 뜻을 이유로 생겨나는 것은 아니다. 몸과 말을 이유로 생겨나는 것이고, 뜻을 이유로 생겨나는 것은 아니다. 몸과 뜻을 이유로 생겨나는 것이고, 말을 이유로 생겨나는 것은 아니다. 말과 뜻을 이유로 생겨나는 것이고, 몸을 이유로 생겨나는 것은 아니다. 몸과 말과 뜻을 이유로 생겨나는 것이다."

4-14 "어느 처소에서 1년마다 와구를 짓게 시켰던 것의 사타에 관하여 제정하여 세우셨는가?"

"사위성에서 제정하였다."

"누구를 인연하였는가?"

"여러 비구들을 인연하였다."

"무슨 일을 의지하여 제정하셨는가?"

"여러 비구들이 1년마다 와구를 짓게 시켰던 일이었다."

"하나의 계목이 있었고, 한 가지의 보충하는 조목이 있었다."

"여섯 종류가 일어나는 것을 의지하여 생겨났나니, 몸을 이유로 생겨나는 것이고, 말과 뜻을 이유로 생겨나는 것은 아니다. 말을 이유로 생겨나는 것이고, 몸과 뜻을 이유로 생겨나는 것은 아니다. 몸과 말을 이유로 생겨나는 것이고, 뜻을 이유로 생겨나는 것은 아니다. 몸과 뜻을 이유로 생겨나는 것이고, 말을 이유로 생겨나는 것은 아니다. 말과 뜻을 이유로

생겨나는 것이고, 몸을 이유로 생겨나는 것은 아니다. 몸과 말과 뜻을
이유로 생겨나는 것이다."

4-15 "어느 처소에서 옛날 와구의 둘레에 세존의 1걸수(搩手)[111]의 연을
덧대지 않고서 새로운 와구를 지었던 것의 사타에 관하여 제정하여 세우셨
는가?"
　"비사리성에서 제정하였다."
　"누구를 인연하였는가?"
　"육군비구들을 인연하였다."
　"무슨 일을 의지하여 제정하셨는가?"
　"육군비구들이 완전히 검은색의 양털로 와구를 짓게 시켰던 일이었다."
　"하나의 계목이 있었다."
　"여섯 종류가 일어나는 것을 의지하여 생겨났나니, 몸을 이유로 생겨나
는 것이고, 말과 뜻을 이유로 생겨나는 것은 아니다. 말을 이유로 생겨나는
것이고, 몸과 뜻을 이유로 생겨나는 것은 아니다. 몸과 말을 이유로
생겨나는 것이고, 뜻을 이유로 생겨나는 것은 아니다. 몸과 뜻을 이유로
생겨나는 것이고, 말을 이유로 생겨나는 것은 아니다. 말과 뜻을 이유로
생겨나는 것이고, 몸을 이유로 생겨나는 것은 아니다. 몸과 말과 뜻을
이유로 생겨나는 것이다."

4-16 "어느 처소에서 양털을 지니고 3유순(由旬)[112]을 지나갔던 것의
사타에 관하여 제정하여 세우셨는가?"
　"사위성에서 제정하였다."
　"누구를 인연하였는가?"
　"한 비구를 인연하였다."
　"무슨 일을 의지하여 제정하셨는가?"

---

111) 세존의 한 뼘의 길이를 가리킨다.
112) 팔리어 Yojana(요자나)의 음사이다.

"한 비구가 양털을 지니고 3유순을 지나갔던 일이었다."

"하나의 계목이 있었다."

"여섯 종류의 범한 죄가 생겨나는 가운데에서 두 종류가 일어나는 것을 의지하여 생겨났나니, 곧 몸과 말을 이유로 생겨나는 것이고, 뜻을 이유로 생겨나는 것은 아니다. 몸과 말과 뜻을 이유로 생겨나는 것이다."

4-17 "어느 처소에서 친족이 아닌 비구니에게 양털을 세탁하게 시켰던 것의 사타에 관하여 제정하여 세우셨는가?"

"석가국(釋迦國)[113]에서 제정하였다."

"누구를 인연하였는가?"

"육군비구들을 인연하였다."

"무슨 일을 의지하여 제정하셨는가?"

"육군비구들이 친족이 아닌 비구니에게 양털을 세탁하게 시켰던 일이었다."

"하나의 계목이 있었다."

"여섯 종류가 일어나는 것을 의지하여 생겨났나니, 몸을 이유로 생겨나는 것이고, 말과 뜻을 이유로 생겨나는 것은 아니다. 말을 이유로 생겨나는 것이고, 몸과 뜻을 이유로 생겨나는 것은 아니다. 몸과 말을 이유로 생겨나는 것이고, 뜻을 이유로 생겨나는 것은 아니다. 몸과 뜻을 이유로 생겨나는 것이고, 말을 이유로 생겨나는 것은 아니다. 말과 뜻을 이유로 생겨나는 것이고, 몸을 이유로 생겨나는 것은 아니다. 몸과 말과 뜻을 이유로 생겨나는 것이다."

4-18 "어느 처소에서 금전을 받았던 것의 사타에 관하여 제정하여 세우셨는가?"

"왕사성에서 제정하였다."

---

113) 팔리어 Sakka(사까)의 음사이다.

"누구를 인연하였는가?"

"장로 우파난타 석자를 인연하였다."

"무슨 일을 의지하여 제정하셨는가?"

"장로 우파난타 석자가 금전을 받았던 일이었다."

"하나의 계목이 있었다."

"여섯 종류가 일어나는 것을 의지하여 생겨났나니, 몸을 이유로 생겨나는 것이고, 말과 뜻을 이유로 생겨나는 것은 아니다. 말을 이유로 생겨나는 것이고, 몸과 뜻을 이유로 생겨나는 것은 아니다. 몸과 말을 이유로 생겨나는 것이고, 뜻을 이유로 생겨나는 것은 아니다. 몸과 뜻을 이유로 생겨나는 것이고, 말을 이유로 생겨나는 것은 아니다. 말과 뜻을 이유로 생겨나는 것이고, 몸을 이유로 생겨나는 것은 아니다. 몸과 말과 뜻을 이유로 생겨나는 것이다."

4-19 "어느 처소에서 여러 종류의 금·은을 매매(買賣)하였던 것의 사타에 관하여 제정하여 세우셨는가?"

"사위성에서 제정하였다."

"누구를 인연하였는가?"

"육군비구들을 인연하였다."

"무슨 일을 의지하여 제정하셨는가?"

"육군비구들이 여러 종류의 금·은을 매매하였던 일이었다."

"하나의 계목이 있었다."

"여섯 종류가 일어나는 것을 의지하여 생겨났나니, 몸을 이유로 생겨나는 것이고, 말과 뜻을 이유로 생겨나는 것은 아니다. 말을 이유로 생겨나는 것이고, 몸과 뜻을 이유로 생겨나는 것은 아니다. 몸과 말을 이유로 생겨나는 것이고, 뜻을 이유로 생겨나는 것은 아니다. 몸과 뜻을 이유로 생겨나는 것이고, 말을 이유로 생겨나는 것은 아니다. 말과 뜻을 이유로 생겨나는 것이고, 몸을 이유로 생겨나는 것은 아니다. 몸과 말과 뜻을 이유로 생겨나는 것이다."

4-20 "어느 처소에서 여러 종류를 교역(交易)하였던 것의 사타에 관하여 제정하여 세우셨는가?"

"사위성에서 제정하였다."

"누구를 인연하였는가?"

"장로 우파난타 석자를 인연하였다."

"무슨 일을 의지하여 제정하셨는가?"

"장로 우파난타 석자가 유행자(遊行者)와 함께 교역하였던 일이었다."

"하나의 계목이 있었다."

"여섯 종류가 일어나는 것을 의지하여 생겨났나니, 몸을 이유로 생겨나는 것이고, 말과 뜻을 이유로 생겨나는 것은 아니다. 말을 이유로 생겨나는 것이고, 몸과 뜻을 이유로 생겨나는 것은 아니다. 몸과 말을 이유로 생겨나는 것이고, 뜻을 이유로 생겨나는 것은 아니다. 몸과 뜻을 이유로 생겨나는 것이고, 말을 이유로 생겨나는 것은 아니다. 말과 뜻을 이유로 생겨나는 것이고, 몸을 이유로 생겨나는 것은 아니다. 몸과 말과 뜻을 이유로 생겨나는 것이다."

○ 둘째의 송출품을 마친다.

(3) 제3송출품[114]

4-21 "어느 처소에서 장발(長鉢)[115]을 10일 넘겨서 저축하였던 것의 사타에 관하여 제정하여 세우셨는가?"

"사위성에서 제정하였다."

"누구를 인연하였는가?"

"육군비구들을 인연하였다."

"무슨 일을 의지하여 제정하셨는가?"

---

114) 팔리어 Pattavagga(파따바까)의 번역이고, 발우품(鉢盂品)을 뜻한다.
115) 여분의 발우를 가리킨다.

"육군비구들이 장발을 10일 넘겨서 저축하였던 일이었다."

"하나의 계목이 있었고, 한 가지의 보충하는 조목이 있었다."

"여섯 종류의 범한 죄가 생겨나는 가운데에서 두 종류가 일어나는 것을 의지하여 생겨났나니, 곧 몸과 말을 이유로 생겨나는 것이고, 뜻을 이유로 생겨나는 것은 아니다. 몸과 말과 뜻을 이유로 생겨나는 것이다."

4-22 "어느 처소에서 발우를 다섯 번을 꿰매지 않았으나, 그 다른 새로운 발우를 구하였던 것의 사타에 관하여 제정하여 세우셨는가?"

"석가국에서 제정하였다."

"누구를 인연하였는가?"

"육군비구들을 인연하였다."

"무슨 일을 의지하여 제정하셨는가?"

"육군비구들이 적게 갈라지고, 적게 부서졌으며, 적게 깨졌던 것을 의지하여 많은 발우를 구걸하였던 일이었다."

"하나의 계목이 있었다."

"여섯 종류가 일어나는 것을 의지하여 생겨났나니, 몸을 이유로 생겨나는 것이고, 말과 뜻을 이유로 생겨나는 것은 아니다. 말을 이유로 생겨나는 것이고, 몸과 뜻을 이유로 생겨나는 것은 아니다. 몸과 말을 이유로 생겨나는 것이고, 뜻을 이유로 생겨나는 것은 아니다. 몸과 뜻을 이유로 생겨나는 것이고, 말을 이유로 생겨나는 것은 아니다. 말과 뜻을 이유로 생겨나는 것이고, 몸을 이유로 생겨나는 것은 아니다. 몸과 말과 뜻을 이유로 생겨나는 것이다."

4-23 "어느 처소에서 약을 얻고서 7일을 넘겨서 저축하였던 것의 사타에 관하여 제정하여 세우셨는가?"

"사위에서 제정하였다."

"누구를 인연하였는가?"

"여러 비구들을 인연하였다."

"무슨 일을 의지하여 제정하셨는가?"

"여러 비구들이 약을 얻고서 7일을 넘겨서 저축하였던 일이었다."

"하나의 계목이 있었다."

"가치나의(迦絺那衣)[116]의 계율에서와 같이, 두 종류가 일어나는 것을 의지하여 생겨났나니, 몸을 이유로 생겨나는 것이고, 말을 이유로 생겨나는 것은 아니며, 뜻을 이유로 생겨나는 것은 아니다. 몸과 말과 뜻을 이유로 생겨나는 것이다."

4-24 "어느 처소에서 여름의 마지막 1개월의 이전에 우기의(雨期衣)를 구하였던 것의 사타에 관하여 제정하여 세우셨는가?"

"사위성에서 제정하였다."

"누구를 인연하였는가?"

"육군비구들을 인연하였다."

"무슨 일을 의지하여 제정하셨는가?"

"육군비구들이 여름의 마지막 1개월의 이전에 우기의(雨期衣)를 구하였던 일이었다."

"하나의 계목이 있었다."

"여섯 종류가 일어나는 것을 의지하여 생겨났나니, 몸을 이유로 생겨나는 것이고, 말과 뜻을 이유로 생겨나는 것은 아니다. 말을 이유로 생겨나는 것이고, 몸과 뜻을 이유로 생겨나는 것은 아니다. 몸과 말을 이유로 생겨나는 것이고, 뜻을 이유로 생겨나는 것은 아니다. 몸과 뜻을 이유로 생겨나는 것이고, 말을 이유로 생겨나는 것은 아니다. 말과 뜻을 이유로 생겨나는 것이고, 몸을 이유로 생겨나는 것은 아니다. 몸과 말과 뜻을 이유로 생겨나는 것이다."

4-25 "어느 처소에서 비구가 스스로 옷을 주었으나, 뒤에 분노하고 즐겁지

---

116) 팔리어 Kathina(카티나)의 음사이다.

않아서 다시 옷을 빼앗았던 것의 사타에 관하여 제정하여 세우셨는가?”

　“사위성에서 제정하였다.”

　“누구를 인연하였는가?”

　“장로 우파난타 석자를 인연하였다.”

　“무슨 일을 의지하여 제정하셨는가?”

　“장로 우파난타 석자가 스스로 옷을 주었으나, 뒤에 분노하고 즐겁지 않아서 다시 옷을 빼앗았던 일이었다.”

　“하나의 계목이 있었다.”

　“세 종류가 일어나는 것을 의지하여 생겨났나니, 곧 몸과 뜻을 이유로 생겨나는 것이고, 말을 이유로 생겨나는 것이 아니다. 말과 뜻을 이유로 생겨나는 것이고, 몸을 이유로 생겨나는 것이 아니다. 몸과 말과 뜻을 이유로 생겨나는 것이다.”

4-26 “어느 처소에서 스스로가 실(絲)을 구걸하여 직사(織師)에게 옷을 짜게 시켰던 것의 사타에 관하여 제정하여 세우셨는가?”

　“사위성에서 제정하였다.”

　“누구를 인연하였는가?”

　“장로 우파난타 석자를 인연하였다.”

　“무슨 일을 의지하여 제정하셨는가?”

　“장로 우파난타 석자가 스스로가 실을 구걸하여 직사에게 옷을 짜게 시켰던 일이었다.”

　“하나의 계목이 있었다.”

　“여섯 종류가 일어나는 것을 의지하여 생겨났나니, 몸을 이유로 생겨나는 것이고, 말과 뜻을 이유로 생겨나는 것은 아니다. 말을 이유로 생겨나는 것이고, 몸과 뜻을 이유로 생겨나는 것은 아니다. 몸과 말을 이유로 생겨나는 것이고, 뜻을 이유로 생겨나는 것은 아니다. 몸과 뜻을 이유로 생겨나는 것이고, 말을 이유로 생겨나는 것은 아니다. 말과 뜻을 이유로 생겨나는 것이고, 몸을 이유로 생겨나는 것은 아니다. 몸과 말과 뜻을

이유로 생겨나는 것이다."

4-27 "어느 처소에서 먼저 청을 받지 않았으나, 친족이 아닌 직사인 거사의 처소에서 이르렀고, 나아가서 옷을 짓는 것을 지시하였던 것의 사타에 관하여 제정하여 세우셨는가?"
　"사위성에서 제정하였다."
　"누구를 인연하였는가?"
　"장로 우파난타 석자를 인연하였다."
　"무슨 일을 의지하여 제정하셨는가?"
　"장로 우파난타 석자는 먼저 청을 받지 않았으나, 친족이 아닌 직사인 거사의 처소에서 이르렀고, 나아가서 옷을 짓는 것을 지시하였던 일이었다."
　"하나의 계목이 있었다."
　"여섯 종류가 일어나는 것을 의지하여 생겨났나니, 몸을 이유로 생겨나는 것이고, 말과 뜻을 이유로 생겨나는 것은 아니다. 말을 이유로 생겨나는 것이고, 몸과 뜻을 이유로 생겨나는 것은 아니다. 몸과 말을 이유로 생겨나는 것이고, 뜻을 이유로 생겨나는 것은 아니다. 몸과 뜻을 이유로 생겨나는 것이고, 말을 이유로 생겨나는 것은 아니다. 말과 뜻을 이유로 생겨나는 것이고, 몸을 이유로 생겨나는 것은 아니다. 몸과 말과 뜻을 이유로 생겨나는 것이다."

4-28 "어느 처소에서 특별히 보시받았던 옷을 때를 넘겨서 저축하였던 것의 사타에 관하여 제정하여 세우셨는가?"
　"사위성에서 제정하였다."
　"누구를 인연하였는가?"
　"여러 비구들을 인연하였다."
　"무슨 일을 의지하여 제정하셨는가?"
　"여러 비구들이 특별히 보시받았던 옷을 때를 넘겨서 저축하였던 일이었다.”

“하나의 계목이 있었다.”

“가치나의의 계율에서와 같이, 두 종류가 일어나는 것을 의지하여 생겨났나니, 몸과 뜻을 이유로 생겨나는 것이고, 말을 이유로 생겨나는 것은 아니다. 몸과 말과 뜻을 이유로 생겨나는 것이다.”

4-29 “어느 처소에서 3의의 가운데에서 하나의 옷을 재가에 맡겨두었으나, 그 옷을 벗어나서 6일 밤을 넘겼던 것의 사타에 관하여 제정하여 세우셨는가?”

“사위성에서 제정하였다.”

“누구를 인연하였는가?”

“여러 비구들을 인연하였다.”

“무슨 일을 의지하여 제정하셨는가?”

“여러 비구들이 3의(衣)의 가운데에서 하나의 옷을 재가에 맡겨두었으나, 그 옷을 벗어나서 6일 밤을 넘겼던 일이었다.”

“하나의 계목이 있었다.”

“가치나의의 계율에서와 같이, 두 종류가 일어나는 것을 의지하여 생겨났나니, 몸과 뜻을 이유로 생겨나는 것이고, 말을 이유로 생겨나는 것은 아니다. 몸과 말과 뜻을 이유로 생겨나는 것이다.”

4-30 “어느 처소에서 승가에 공양한 물건이라고 명확히 알았으나, 스스로를 위하여 되돌렸던 것의 사타에 관하여 제정하여 세우셨는가?”

“사위성에서 제정하였다.”

“누구를 인연하였는가?”

“육군비구들을 인연하였다.”

“무슨 일을 의지하여 제정하셨는가?”

“육군비구들이 이것은 승가에 공양한 물건이라고 명확히 알았으나, 스스로를 위하여 되돌렸던 일이었다.”

"하나의 계목이 있었다."

"세 종류가 일어나는 것을 의지하여 생겨났나니, 곧 몸과 뜻을 이유로 생겨나는 것이고, 말을 이유로 생겨나는 것이 아니다. 말과 뜻을 이유로 생겨나는 것이고, 몸을 이유로 생겨나는 것이 아니다. 몸과 말과 뜻을 이유로 생겨나는 것이다."

[30사타를 마친다.]

○ **셋째의 송출품을 마친다.**

섭송으로 설하겠노라.

10일과 하룻밤과
1개월과 세탁과 취하는 것과
친족이 아닌 것과 지시와
두 사람과 사자를 보낸 것과

양잠과 실과 순수한 두 가지와
6년과 와구와 좌구와
양털을 잡거나 취하는 것과
두 종류를 교역하는 것과

두 가지 발우와 약과 우기의와
다섯 가지의 보시와
스스로와 직사와 특별한 보시와
어려움이 있는 것과 승가의 물건이 있다.

5) 92바일제(波逸提)의 계목[117]

(1) 제1송출품[118]

5-1 "어느 처소에서 고의로 망어하였던 것의 바일제(波逸提)에 관하여 제정하여 세우셨는가?"

"사위성에서 제정하였다."

"누구를 인연하였는가?"

"갈타가(喝陀伽)[119] 석자를 인연하였다."

"무슨 일을 의지하여 제정하셨는가?"

"갈타가 석자가 외도와 함께 논의하였고 이것으로써 시비(是非)하였던 일이었다."

"하나의 계목이 있었다."

"세 종류가 일어나는 것을 의지하여 생겨났나니, 곧 몸과 뜻을 이유로 생겨나는 것이고, 말을 이유로 생겨나는 것이 아니다. 말과 뜻을 이유로 생겨나는 것이고, 몸을 이유로 생겨나는 것이 아니다. 몸과 말과 뜻을 이유로 생겨나는 것이다."

5-2 "어느 처소에서 욕설하였던 것의 바일제에 관하여 제정하여 세우셨는가?"

"사위성에서 제정하였다."

"누구를 인연하였는가?"

"육군비구들을 인연하였다."

"무슨 일을 의지하여 제정하셨는가?"

"육군비구들이 논쟁하면서 선한 비구들을 욕설하였던 일이었다."

---

117) 팔리어 Pācittiyakaṇḍa(파시티야칸다)의 번역이다.
118) 팔리어 Musāvādavagga(무사바다바까)의 번역이고, 망어품(妄語品)을 뜻한다.
119) 팔리어 Hatthaka(하따카)의 번역이다.

"하나의 계목이 있었다."

"세 종류가 일어나는 것을 의지하여 생겨났나니, 곧 몸과 뜻을 이유로 생겨나는 것이고, 말을 이유로 생겨나는 것이 아니다. 말과 뜻을 이유로 생겨나는 것이고, 몸을 이유로 생겨나는 것이 아니다. 몸과 말과 뜻을 이유로 생겨나는 것이다."

5-3 "어느 처소에서 이간질하였던 것의 바일제에 관하여 제정하여 세우셨는가?"

"사위성에서 제정하였다."

"누구를 인연하였는가?"

"육군비구들을 인연하였다."

"무슨 일을 의지하여 제정하셨는가?"

"육군비구들이 투쟁하고 논쟁하면서 여러 비구들을 이간질하였던 일이었다."

"하나의 계목이 있었다."

"세 종류가 일어나는 것을 의지하여 생겨났나니, 곧 몸과 뜻을 이유로 생겨나는 것이고, 말을 이유로 생겨나는 것이 아니다. 말과 뜻을 이유로 생겨나는 것이고, 몸을 이유로 생겨나는 것이 아니다. 몸과 말과 뜻을 이유로 생겨나는 것이다."

5-4 "어느 처소에서 구족계를 받지 않았던 자에게 한 구절·한 구절을 따라서 독송하게 시켰던 것의 바일제에 관하여 제정하여 세우셨는가?"

"사위성에서 제정하였다."

"누구를 인연하였는가?"

"육군비구들을 인연하였다."

"무슨 일을 의지하여 제정하셨는가?"

"육군비구들이 우바새들에게 한 구절·한 구절을 따라서 독송하게 시켰던 일이었다."

"하나의 계목이 있었다."

"여섯 종류의 범한 죄가 생겨나는 가운데에서 두 종류가 일어나는 것을 의지하여 생겨났나니, 곧 몸과 말을 이유로 생겨나는 것이고, 뜻을 이유로 생겨나는 것은 아니다. 몸과 말과 뜻을 이유로 생겨나는 것이다."

5-5 "어느 처소에서 구족계를 받지 않았던 자와 2·3일 넘겨서 같이 묵었던 것의 바일제에 관하여 제정하여 세우셨는가?"

"아라비(阿羅毘)[120]에서 제정하였다."

"누구를 인연하였는가?"

"여러 비구들을 인연하였다."

"무슨 일을 의지하여 제정하셨는가?"

"여러 비구들이 구족계를 받지 않았던 자와 2·3일 넘겨서 같이 묵었던 일이었다."

"하나의 계목이 있었고, 한 가지의 보충하는 조목이 있었다."

"여섯 종류의 범한 죄가 생겨나는 가운데에서 두 종류가 일어나는 것을 의지하여 생겨났나니, 곧 몸과 말을 이유로 생겨나는 것이고, 뜻을 이유로 생겨나는 것은 아니다. 몸과 말과 뜻을 이유로 생겨나는 것이다."

5-6 "어느 처소에서 여인과 같이 묵었던 것의 바일제에 관하여 제정하여 세우셨는가?"

"사위성에서 제정하였다."

"누구를 인연하였는가?"

"장로 아나율(阿那律)[121]을 인연하였다."

"무슨 일을 의지하여 제정하셨는가?"

"장로 아나율이 여인과 같이 묵었던 일이었다."

"하나의 계목이 있었고, 한 가지의 보충하는 조목이 있었다."

---

120) 팔리어 Ālavi(아라비)의 음사이다.
121) 팔리어 Anuruddha(아누루따)의 음사이다.

"가치나의의 계율에서와 같이, 두 종류가 일어나는 것을 의지하여 생겨났나니, 몸과 뜻을 이유로 생겨나는 것이고, 말을 이유로 생겨나는 것은 아니다. 몸과 말과 뜻을 이유로 생겨나는 것이다."

5-7 "어느 처소에서 여인을 마주하고서 다섯·여섯 구절을 설법하였던 것의 바일제에 관하여 제정하여 세우셨는가?"

"사위성에서 제정하였다."

"누구를 인연하였는가?"

"장로 우타이를 인연하였다."

"무슨 일을 의지하여 제정하셨는가?"

"장로 우타이가 인을 마주하고서 설법하였던 일이었다."

"하나의 계목이 있었고, 두 가지의 보충하는 조목이 있었다."

"구법(句法)의 계율에서와 같이, 두 종류가 일어나는 것을 의지하여 생겨났나니, 말을 이유로 생겨나는 것이고, 몸과 뜻을 이유로 생겨나는 것은 아니다. 말과 뜻을 이유로 생겨나는 것이고, 몸을 이유로 생겨나는 것은 아니다."

5-8 "어느 처소에서 구족계를 받지 않았던 자를 마주하고서 진실로 상인법(上人法)이 있다고 설하였던 것의 바일제에 관하여 제정하여 세우셨는가?"

"비사리에서 제정하였다."

"누구를 인연하였는가?"

"바구강 언덕의 여러 비구들을 인연하였다."

"무슨 일을 의지하여 제정하셨는가?"

"바구강 언덕의 여러 비구들이 거사들을 향하여 상인법을 서로 찬탄하였던 일이었다."

"하나의 계목이 있었다."

"세 종류가 일어나는 것을 의지하여 생겨났나니, 곧 몸과 뜻을 이유로

생겨나는 것이고, 말을 이유로 생겨나는 것이 아니다. 말과 뜻을 이유로
생겨나는 것이고, 몸을 이유로 생겨나는 것이 아니다. 몸과 말과 뜻을
이유로 생겨나는 것이다."

5-9 "어느 처소에서 구족계를 받지 않았던 자를 마주하고서 비구의
추죄(麤罪)[122]를 말하였던 것의 바일제에 관하여 제정하여 세우셨는가?"
　"비사리에서 제정하였다."
　"누구를 인연하였는가?"
　"육군비구들을 인연하였다."
　"무슨 일을 의지하여 제정하셨는가?"
　"육군비구들이 구족계를 받지 않았던 자를 마주하고서 비구의 추죄를
말하였던 일이었다."
　"하나의 계목이 있었다."
　"세 종류가 일어나는 것을 의지하여 생겨났나니, 곧 몸과 뜻을 이유로
생겨나는 것이고, 말을 이유로 생겨나는 것이 아니다. 말과 뜻을 이유로
생겨나는 것이고, 몸을 이유로 생겨나는 것이 아니다. 몸과 말과 뜻을
이유로 생겨나는 것이다."

5-10 "어느 처소에서 땅을 팠던 것의 바일제에 관하여 제정하여 세우셨는
가?"
　"아라비에서 제정하였다."
　"누구를 인연하였는가?"
　"아라비의 여러 비구들을 인연하였다."
　"무슨 일을 의지하여 제정하셨는가?"
　"아라비의 여러 비구들이 땅을 팠던 일이었다."
　"하나의 계목이 있었다."

---

122) 바라이나 승잔 등의 무거운 죄를 가리킨다.

"세 종류가 일어나는 것을 의지하여 생겨났나니, 곧 몸과 뜻을 이유로 생겨나는 것이고, 말을 이유로 생겨나는 것이 아니다. 말과 뜻을 이유로 생겨나는 것이고, 몸을 이유로 생겨나는 것이 아니다. 몸과 말과 뜻을 이유로 생겨나는 것이다."

○ **첫째의 송출품을 마친다.**

(2) 제2송출품[123]

5-11 "어느 처소에서 초목(草木)을 베었던 것의 바일제에 관하여 제정하여 세우셨는가?"
"아라비에서 제정하였다."
"누구를 인연하였는가?"
"아라비의 여러 비구들을 인연하였다."
"무슨 일을 의지하여 제정하셨는가?"
"아라비의 여러 비구들이 초목을 베었던 일이었다."
"하나의 계목이 있었다."
"세 종류가 일어나는 것을 의지하여 생겨났나니, 곧 몸과 뜻을 이유로 생겨나는 것이고, 말을 이유로 생겨나는 것이 아니다. 말과 뜻을 이유로 생겨나는 것이고, 몸을 이유로 생겨나는 것이 아니다. 몸과 말과 뜻을 이유로 생겨나는 것이다."

5-12 "어느 처소에서 다른 말을 지어서 다른 사람을 고뇌시켰던 것의 바일제에 관하여 제정하여 세우셨는가?"
"구섬미국에서 제정하였다."
"누구를 인연하였는가?"

---

123) 팔리어 Bhūtagāmavagga(부타가마바까)의 번역이고, 초목품(草木品)을 뜻한다.

"장로 천타를 인연하였다."

"무슨 일을 의지하여 제정하셨는가?"

"장로 천타는 승가의 가운데에서 죄를 거론하였으나, 다른 말을 지어서 다른 사람을 고뇌시켰던 일이었다."

"하나의 계목이 있었고, 한 가지의 보충하는 조목이 있었다."

"세 종류가 일어나는 것을 의지하여 생겨났나니, 곧 몸과 뜻을 이유로 생겨나는 것이고, 말을 이유로 생겨나는 것이 아니다. 말과 뜻을 이유로 생겨나는 것이고, 몸을 이유로 생겨나는 것이 아니다. 몸과 말과 뜻을 이유로 생겨나는 것이다."

5-13 "어느 처소에서 조롱하고 멸시하였던 것의 바일제에 관하여 제정하여 세우셨는가?"

"왕사성에서 제정하였다."

"누구를 인연하였는가?"

"자비구와 지비구를 인연하였다."

"무슨 일을 의지하여 제정하셨는가?"

"자비구와 지비구는 장로 답바마라자(沓婆摩羅子)[124]를 조롱하고 멸시하였던 일이었다."

"하나의 계목이 있었고, 한 가지의 보충하는 조목이 있었다."

"세 종류가 일어나는 것을 의지하여 생겨났나니, 곧 몸과 뜻을 이유로 생겨나는 것이고, 말을 이유로 생겨나는 것이 아니다. 말과 뜻을 이유로 생겨나는 것이고, 몸을 이유로 생겨나는 것이 아니다. 몸과 말과 뜻을 이유로 생겨나는 것이다."

5-14 "어느 처소에서 승가의 와상(臥牀), 좌상(坐牀), 부구(敷具), 요(褥) 등을 노지(露地)에 펼쳐놓고 거두지 않았거나, 혹은 다른 사람에게 부탁하

---

124) 팔리어 Dabba mallaputta(다빠 말라푸따)의 음사이다.

지 않고서 떠났던 것의 바일제에 관하여 제정하여 세우셨는가?”

“사위성에서 제정하였다.”

“누구를 인연하였는가?”

“여러 비구들을 인연하였다.”

“무슨 일을 의지하여 제정하셨는가?”

“여러 비구들이 승가의 와상, 좌상, 부구, 요 등을 가지고 노지에 펼쳐놓고 거두지 않았거나, 혹은 다른 사람에게 부탁하지 않고서 떠났던 일이었다.”

“하나의 계목이 있었고, 한 가지의 보충하는 조목이 있었다.”

“가치나의의 계율에서와 같이, 두 종류가 일어나는 것을 의지하여 생겨났나니, 몸과 뜻을 이유로 생겨나는 것이고, 말을 이유로 생겨나는 것은 아니다. 몸과 말과 뜻을 이유로 생겨나는 것이다.”

5-15 “어느 처소에서 승가 정사(精舍)의 가운데에서 와구(臥具)를 펼쳐놓고 거두지 않았거나, 혹은 다른 사람에게 부탁하지 않고서 떠났던 것의 바일제에 관하여 제정하여 세우셨는가?”

“사위성에서 제정하였다.”

“누구를 인연하였는가?”

“십칠군(十七群) 비구들을 인연하였다.”

“무슨 일을 의지하여 제정하셨는가?”

“십칠군 비구들이 승가 정사의 가운데에서 와구를 펼쳐놓고 거두지 않았거나, 혹은 다른 사람에게 부탁하지 않고서 떠났던 일이었다.”

“하나의 계목이 있었다.”

“가치나의의 계율에서와 같이, 두 종류가 일어나는 것을 의지하여 생겨났나니, 몸과 뜻을 이유로 생겨나는 것이고, 말을 이유로 생겨나는 것은 아니다. 몸과 말과 뜻을 이유로 생겨나는 것이다.”

5-16 “어느 처소에서 승가 정사의 가운데에서 먼저 왔다고 알았으나,

비구들의 사이를 밀치고 좌상을 펼쳤던 것의 바일제에 관하여 제정하여
세우셨는가?"

"사위성에서 제정하였다."

"누구를 인연하였는가?"

"육군비구들을 인연하였다."

"무슨 일을 의지하여 제정하셨는가?"

"육군비구들이 승가 정사의 가운데에서 먼저 왔다고 알았으나, 장로
비구들의 사이를 밀치고 좌상을 펼쳤던 일이었다."

"하나의 계목이 있었다."

"한 종류가 일어나는 것을 의지하여 생겨났나니, 몸과 뜻을 이유로
생겨나는 것이고, 말을 이유로 생겨나는 것은 아니다."

5-17 "어느 처소에서 성내고 즐거워하지 않았던 이유로 승가의 정사에서
비구들을 끌어냈던 것의 바일제에 관하여 제정하여 세우셨는가?"

"사위성에서 제정하였다."

"누구를 인연하였는가?"

"육군비구들을 인연하였다."

"무슨 일을 의지하여 제정하셨는가?"

"육군비구들이 성내고 즐거워하지 않았던 이유로 승가의 정사에서
비구들을 끌어냈던 일이었다."

"하나의 계목이 있었다."

"세 종류가 일어나는 것을 의지하여 생겨났나니, 곧 몸과 뜻을 이유로
생겨나는 것이고, 말을 이유로 생겨나는 것이 아니다. 말과 뜻을 이유로
생겨나는 것이고, 몸을 이유로 생겨나는 것이 아니다. 몸과 말과 뜻을
이유로 생겨나는 것이다."

5-18 "어느 처소에서 승가 정사의 누각 위에서 탈각상(脫脚牀)에 갑자기
앉았거나, 혹은 갑자기 누웠던 것의 바일제에 관하여 제정하여 세우셨는

가?"

"사위성에서 제정하였다."

"누구를 인연하였는가?"

"한 비구를 인연하였다."

"무슨 일을 의지하여 제정하셨는가?"

"한 비구가 승가 정사의 누각 위에서 탈각상에 힘을 사용하여 갑자기 앉았던 일이었다."

"하나의 계목이 있었다."

"여섯 종류의 범한 죄가 생겨나는 가운데에서 두 종류가 일어나는 것을 의지하여 생겨났나니, 곧 몸과 말을 이유로 생겨나는 것이고, 뜻을 이유로 생겨나는 것은 아니다. 몸과 말과 뜻을 이유로 생겨나는 것이다."

5-19 "어느 처소에서 두 겹·세 겹으로 덮도록 지시하였거나, 이것을 넘겨서 지시하였던 것의 바일제에 관하여 제정하여 세우셨는가?"

"구섬미국에서 제정하였다."

"누구를 인연하였는가?"

"장로 천타를 인연하였다."

"무슨 일을 의지하여 제정하셨는가?"

"장로 천타가 정사를 조성하면서 두·세 겹으로 발라서 꾸몄으므로, 무거운 압력을 인연으로 정사가 무너졌던 일이었다."

"하나의 계목이 있었다."

"여섯 종류가 일어나는 것을 의지하여 생겨났나니, 몸을 이유로 생겨나는 것이고, 말과 뜻을 이유로 생겨나는 것은 아니다. 말을 이유로 생겨나는 것이고, 몸과 뜻을 이유로 생겨나는 것은 아니다. 몸과 말을 이유로 생겨나는 것이고, 뜻을 이유로 생겨나는 것은 아니다. 몸과 뜻을 이유로 생겨나는 것이고, 말을 이유로 생겨나는 것은 아니다. 말과 뜻을 이유로 생겨나는 것이고, 몸을 이유로 생겨나는 것은 아니다. 몸과 말과 뜻을 이유로 생겨나는 것이다."

5-20 "어느 처소에서 물속에 벌레가 있다고 알았으나, 풀과 흙에 뿌렸던 것의 바일제에 관하여 제정하여 세우셨는가?"

"아라비에서 제정하였다."

"누구를 인연하였는가?"

"아라비의 비구들을 인연하였다."

"무슨 일을 의지하여 제정하셨는가?"

"아라비의 여러 비구들이 물속에 벌레가 있다고 알았으나, 풀과 흙에 뿌렸던 일이었다."

"하나의 계목이 있었다."

"세 종류가 일어나는 것을 의지하여 생겨났나니, 곧 몸과 뜻을 이유로 생겨나는 것이고, 말을 이유로 생겨나는 것이 아니다. 말과 뜻을 이유로 생겨나는 것이고, 몸을 이유로 생겨나는 것이 아니다. 몸과 말과 뜻을 이유로 생겨나는 것이다."

○ 둘째의 송출품을 마친다.

(3) 제3송출품[125]

5-21 "어느 처소에서 뽑히지 않았으나 비구니를 교계(敎誡)하였던 것의 바일제에 관하여 제정하여 세우셨는가?"

"사위성에서 제정하였다."

"누구를 인연하였는가?"

"육군비구들을 인연하였다."

"무슨 일을 의지하여 제정하셨는가?"

"육군비구들이 뽑히지 않았으나 비구니를 교계하였던 일이었다."

"그것에 계목이 있었는가? 보충하는 조목이 있었는가? 추가의 예비적

---

125) 팔리어 Ovādavagga(오바다바까)의 번역이고, 교계품(敎誡品)을 뜻한다.

인 조목이 있었는가?"

"하나의 계목이 있었고, 한 가지의 보충하는 조목이 있었으나, 추가의 예비적인 조목은 없었다."

"여섯 종류의 범한 죄가 생겨나는 가운데에서 두 종류가 일어나는 것을 의지하여 생겨났나니, 곧 몸과 말을 이유로 생겨나는 것이고, 뜻을 이유로 생겨나는 것은 아니다. 몸과 말과 뜻을 이유로 생겨나는 것이다."

5-22 "어느 처소에서 일몰(日沒)에 이르도록 비구니를 교계하였던 것의 바일제에 관하여 제정하여 세우셨는가?"

"사위성에서 제정하였다."

"누구를 인연하였는가?"

"장로 주리반특(周利槃特)126)을 인연하였다."

"무슨 일을 의지하여 제정하셨는가?"

"장로 주리반특이 일몰(日沒)에 이르도록 비구니를 교계하였던 일이었다."

"하나의 계목이 있었고, 한 가지의 보충하는 조목이 있었으나, 추가의 예비적인 조목은 없었다."

"그 처소에서 하나의 계목이 있었다."

"구법의 계율에서와 같이, 두 종류가 일어나는 것을 의지하여 생겨났나니, 말을 이유로 생겨나는 것이고, 몸과 뜻을 이유로 생겨나는 것은 아니다. 말과 뜻을 이유로 생겨나는 것이고, 몸을 이유로 생겨나는 것은 아니다."

5-23 "어느 처소에서 비구니들의 주처에 이르러 비구니를 교계하였던 것의 바일제에 관하여 제정하여 세우셨는가?"

"석가국에서 제정하였다."

---

126) 팔리어 Cūḷapanthaka(추라판타카)의 번역이고, 교계품(敎誡品)을 뜻한다.

"누구를 인연하였는가?"

"육군비구들을 인연하였다."

"무슨 일을 의지하여 제정하셨는가?"

"육군비구들이 비구니들의 주처에 이르러 비구니를 교계하였던 일이었다."

"하나의 계목이 있었고, 한 가지의 보충하는 조목이 있었다."

"가치나의의 계율에서와 같이, 두 종류가 일어나는 것을 의지하여 생겨났나니, 몸과 뜻을 이유로 생겨나는 것이고, 말을 이유로 생겨나는 것은 아니다. 몸과 말과 뜻을 이유로 생겨나는 것이다."

5-24 "어느 처소에서 '여러 비구들은 이양(利養)을 위하여 비구니들을 교계하였다.'라고 말하였던 것의 바일제에 관하여 제정하여 세우셨는가?"

"사위성에서 제정하였다."

"누구를 인연하였는가?"

"육군비구들을 인연하였다."

"무슨 일을 의지하여 제정하셨는가?"

"육군비구들이 '여러 비구들은 이양을 위하여 비구니들을 교계하였다.'라고 말하였던 일이었다."

"하나의 계목이 있었다."

"세 종류가 일어나는 것을 의지하여 생겨났나니, 곧 몸과 뜻을 이유로 생겨나는 것이고, 말을 이유로 생겨나는 것이 아니다. 말과 뜻을 이유로 생겨나는 것이고, 몸을 이유로 생겨나는 것이 아니다. 몸과 말과 뜻을 이유로 생겨나는 것이다."

5-25 "어느 처소에서 옷을 가지고 친족이 아니었던 비구니에 주었던 것의 바일제에 관하여 제정하여 세우셨는가?"

"사위성에서 제정하였다."

"누구를 인연하였는가?"

"한 비구를 인연하였다."

"무슨 일을 의지하여 제정하셨는가?"

"한 비구가 옷을 가지고 친족이 아니었던 비구니에 주었던 일이었다."

"하나의 계목이 있었고, 한 가지의 보충하는 조목이 있었다."

"여섯 종류가 일어나는 것을 의지하여 생겨났나니, 몸을 이유로 생겨나는 것이고, 말과 뜻을 이유로 생겨나는 것은 아니다. 말을 이유로 생겨나는 것이고, 몸과 뜻을 이유로 생겨나는 것은 아니다. 몸과 말을 이유로 생겨나는 것이고, 뜻을 이유로 생겨나는 것은 아니다. 몸과 뜻을 이유로 생겨나는 것이고, 말을 이유로 생겨나는 것은 아니다. 말과 뜻을 이유로 생겨나는 것이고, 몸을 이유로 생겨나는 것은 아니다. 몸과 말과 뜻을 이유로 생겨나는 것이다."

5-26 "어느 처소에서 친족이 아니었던 비구니에게 옷을 꿰매게 시켰던 것의 바일제에 관하여 제정하여 세우셨는가?"

"사위성에서 제정하였다."

"누구를 인연하였는가?"

"장로 우타이를 인연하였다."

"무슨 일을 의지하여 제정하셨는가?"

"장로 우타이가 친족이 아니었던 비구니에게 옷을 꿰매게 시켰던 일이었다."

"하나의 계목이 있었다."

"여섯 종류가 일어나는 것을 의지하여 생겨났나니, 몸을 이유로 생겨나는 것이고, 말과 뜻을 이유로 생겨나는 것은 아니다. 말을 이유로 생겨나는 것이고, 몸과 뜻을 이유로 생겨나는 것은 아니다. 몸과 말을 이유로 생겨나는 것이고, 뜻을 이유로 생겨나는 것은 아니다. 몸과 뜻을 이유로 생겨나는 것이고, 말을 이유로 생겨나는 것은 아니다. 말과 뜻을 이유로 생겨나는 것이고, 몸을 이유로 생겨나는 것은 아니다. 몸과 말과 뜻을 이유로 생겨나는 것이다."

5-27 "어느 처소에서 비구니와 함께 먼저 약속하고서 같이 길을 떠나갔던 것의 바일제에 관하여 제정하여 세우셨는가?"

"사위성에서 제정하였다."

"누구를 인연하였는가?"

"육군비구들을 인연하였다."

"무슨 일을 의지하여 제정하셨는가?"

"육군비구들이 비구니와 함께 먼저 약속하고서 같이 길을 떠나갔던 일이었다."

"하나의 계목이 있었다."

"여섯 종류의 범한 죄가 생겨나는 가운데에서 네 종류가 일어나는 것을 의지하여 생겨났나니, 몸을 이유로 생겨나는 것이고, 말과 뜻을 이유로 생겨나는 것은 아니다. 몸과 말을 이유로 생겨나는 것이고, 뜻을 이유로 생겨나는 것은 아니다. 몸과 뜻을 이유로 생겨나는 것이고, 말을 이유로 생겨나는 것은 아니다. 몸과 말과 뜻을 이유로 생겨나는 것이다."

5-28 "어느 처소에서 비구니와 함께 먼저 약속하고서 하나의 배를 탔던 것의 바일제에 관하여 제정하여 세우셨는가?"

"사위성에서 제정하였다."

"누구를 인연하였는가?"

"육군비구들을 인연하였다."

"무슨 일을 의지하여 제정하셨는가?"

"육군비구들이 비구니와 함께 먼저 약속하고서 하나의 배를 탔던 일이었다."

"하나의 계목이 있었고, 한 가지의 보충하는 조목이 있었다."

"여섯 종류가 일어나는 것을 의지하여 생겨났나니, 몸을 이유로 생겨나는 것이고, 말과 뜻을 이유로 생겨나는 것은 아니다. 말을 이유로 생겨나는 것이고, 몸과 뜻을 이유로 생겨나는 것은 아니다. 몸과 말을 이유로 생겨나는 것이고, 뜻을 이유로 생겨나는 것은 아니다. 몸과 뜻을 이유로 생겨나는 것이고, 말을 이유로 생겨나는 것은 아니다. 말과 뜻을 이유로 생겨나는 것이고, 몸을 이유로 생겨나는 것은 아니다. 몸과 말과 뜻을 이유로 생겨나는 것이다."

5-29 "어느 처소에서 비구니가 주선(周旋)[127]하였던 것을 알았으나, 음식을 취하였던 것의 바일제에 관하여 제정하여 세우셨는가?"

"왕사성에서 제정하였다."

"누구를 인연하였는가?"

"제바달다를 인연하였다."

"무슨 일을 의지하여 제정하셨는가?"

"제바달다는 비구니가 주선하였다고 알았으나, 음식을 취하였던 일이었다."

"하나의 계목이 있었고, 한 가지의 보충하는 조목이 있었다."

"한 종류가 일어나는 것을 의지하여 생겨났나니, 몸과 뜻을 이유로 생겨나는 것이고, 말을 이유로 생겨나는 것은 아니다."

5-30 "어느 처소에서 혼자서 비구니와 함께 한 비밀스러운 처소에서 같이 앉아 있었던 것의 바일제에 관하여 제정하여 세우셨는가?"

"사위성에서 제정하였다."

"누구를 인연하였는가?"

"장로 우타이를 인연하였다."

"무슨 일을 의지하여 제정하셨는가?"

"장로 우타이가 혼자서 비구니와 함께 한 비밀스러운 처소에서 같이 앉아 있었던 일이었다."

"하나의 계목이 있었다."

"한 종류가 일어나는 것을 의지하여 생겨났나니, 몸과 뜻을 이유로

---

127) 일이 잘 성사되도록 노력하는 일이다.

생겨나는 것이고, 말을 이유로 생겨나는 것은 아니다."

○ **셋째의 송출품을 마친다.**

(4) 제4송출품[128]

5-31 "어느 처소에서 보시하는 음식을 지나치게 취하여 먹었던 것의 바일제에 관하여 제정하여 세우셨는가?"

"사위성에서 제정하였다."

"누구를 인연하였는가?"

"육군비구들을 인연하였다."

"무슨 일을 의지하여 제정하셨는가?"

"육군비구들이 날마다 음식을 보시하는 처소에 가서 취하여 먹었던 일이었다."

"하나의 계목이 있었고, 한 가지의 보충하는 조목이 있었다."

"양털의 계율에서와 같이, 두 종류가 일어나는 것을 의지하여 생겨났나니, 몸을 이유로 생겨나는 것이고, 말과 뜻을 이유로 생겨나는 것은 아니다. 몸과 뜻을 이유로 생겨나는 것이고, 말을 이유로 생겨나는 것이 아니다."

5-32 "어느 처소에서 별중식(別衆食)[129]을 먹었던 것의 바일제에 관하여 제정하여 세우셨는가?"

"왕사성에서 제정하였다."

"누구를 인연하였는가?"

"제바달다를 인연하였다."

"무슨 일을 의지하여 제정하셨는가?"

---

128) 팔리어 Bhojanavagga(바조나바까)의 번역이고, 식품(食品)을 뜻한다.

129) 팔리어 Gaṇabhojana(가나보자나)의 번역이다.

"제바달다가 도중(徒衆)에게 여러 집에서 걸식하게 하였고 음식을 먹었
던 일이었다."

"하나의 계목이 있었고, 일곱 가지의 보충하는 조목이 있었다."

"양털의 계율에서와 같이, 두 종류가 일어나는 것을 의지하여 생겨났나
니, 몸을 이유로 생겨나는 것이고, 말과 뜻을 이유로 생겨나는 것은
아니다. 몸과 뜻을 이유로 생겨나는 것이고, 말을 이유로 생겨나는 것이
아니다."

5-33 "어느 처소에서 삭삭식(數數食)[130]을 먹었던 것의 바일제에 관하여
제정하여 세우셨는가?"

"비사리에서 제정하였다."

"누구를 인연하였는가?"

"여러 비구들을 인연하였다."

"무슨 일을 의지하여 제정하셨는가?"

"여러 비구들이 한 처소에서 청식(請食)을 받았고, 또한 다른 처소에서
음식을 받았던 일이었다."

"하나의 계목이 있었고, 세 가지의 보충하는 조목이 있었다."

"가치나의의 계율에서와 같이, 두 종류가 일어나는 것을 의지하여
생겨났나니, 몸과 뜻을 이유로 생겨나는 것이고, 말을 이유로 생겨나는
것은 아니다. 몸과 말과 뜻을 이유로 생겨나는 것이다."

5-34 "어느 처소에서 두·세 발우의 떡을 취하고서, 그 이상을 취하였던
것의 바일제에 관하여 제정하여 세우셨는가?"

"사위성에서 제정하였다."

"누구를 인연하였는가?"

"여러 비구들을 인연하였다."

---

130) 팔리어 Paramparabhojana(파람파라보자나)의 번역이다.

"무슨 일을 의지하여 제정하셨는가?"

"많은 비구들이 양을 알지 못하고서 취하였던 일이었다."

"하나의 계목이 있었다."

"여섯 종류가 일어나는 것을 의지하여 생겨났나니, 몸을 이유로 생겨나는 것이고, 말과 뜻을 이유로 생겨나는 것은 아니다. 말을 이유로 생겨나는 것이고, 몸과 뜻을 이유로 생겨나는 것은 아니다. 몸과 말을 이유로 생겨나는 것이고, 뜻을 이유로 생겨나는 것은 아니다. 몸과 뜻을 이유로 생겨나는 것이고, 말을 이유로 생겨나는 것은 아니다. 말과 뜻을 이유로 생겨나는 것이고, 몸을 이유로 생겨나는 것은 아니다. 몸과 말과 뜻을 이유로 생겨나는 것이다."

5-35 "어느 처소에서 충분하게 먹고서, 다시 잔식(殘食)[131]이 아니었던 작식(嚼食)[132], 혹은 담식(噉食)[133]을 취하였던 것의 바일제에 관하여 제정하여 세우셨는가?"

"사위성에서 제정하였다."

"누구를 인연하였는가?"

"여러 비구들을 인연하였다."

"무슨 일을 의지하여 제정하셨는가?"

"많은 비구들이 충분하게 먹고서, 다른 처소에서 음식을 취하였던 일이었다."

"하나의 계목이 있었고, 한 가지의 보충하는 조목이 있었다."

"가치나의의 계율에서와 같이, 두 종류가 일어나는 것을 의지하여 생겨났나니, 몸과 뜻을 이유로 생겨나는 것이고, 말을 이유로 생겨나는 것은 아니다. 몸과 말과 뜻을 이유로 생겨나는 것이다."

---

131) 팔리어 Anatiritta(아나티리따)의 번역이다.

132) 팔리어 Khādanīya(카다니야)의 번역이고, 씹어서 먹는 음식이다.

133) 팔리어 Bhojanīya(보자니야)의 번역이고, 삼켜서 먹는 음식이다.

5-36 "어느 처소에서 충분하게 먹었던 비구들에게 잔식이 아니었던 작식, 혹은 담식을 주었고, 그것을 취하게 하였던 것의 바일제에 관하여 제정하여 세우셨는가?"

"사위성에서 제정하였다."

"누구를 인연하였는가?"

"한 비구를 인연하였다."

"무슨 일을 의지하여 제정하셨는가?"

"한 비구가 충분하게 먹었던 비구들에게 잔식이 아니었던 작식, 혹은 담식을 주었고, 그것을 취하게 하였던 일이었다."

"하나의 계목이 있었다."

"세 종류가 일어나는 것을 의지하여 생겨났나니, 곧 몸과 뜻을 이유로 생겨나는 것이고, 말을 이유로 생겨나는 것이 아니다. 말과 뜻을 이유로 생겨나는 것이고, 몸을 이유로 생겨나는 것이 아니다. 몸과 말과 뜻을 이유로 생겨나는 것이다."

5-37 "어느 처소에서 때가 아니었던 때에 작식, 혹은 담식을 먹었던 것의 바일제에 관하여 제정하여 세우셨는가?"

"왕사성에서 제정하였다."

"누구를 인연하였는가?"

"십칠군비구들을 인연하였다."

"무슨 일을 의지하여 제정하셨는가?"

"십칠군비구들이 때가 아니었던 때에 작식, 혹은 담식을 먹었던 일이었다."

"하나의 계목이 있었다."

"양털의 계율에서와 같이, 두 종류가 일어나는 것을 의지하여 생겨났나니, 몸을 이유로 생겨나는 것이고, 말과 뜻을 이유로 생겨나는 것은 아니다. 몸과 뜻을 이유로 생겨나는 것이고, 말을 이유로 생겨나는 것이 아니다."

5-38 "어느 처소에서 작식, 혹은 담식을 저장하고서 먹었던 것의 바일제에 관하여 제정하여 세우셨는가?"

"사위성에서 제정하였다."

"누구를 인연하였는가?"

"장로 비랍타시사(毘拉陀施沙)[134]를 인연하였다."

"무슨 일을 의지하여 제정하셨는가?"

"장로 비랍타시사가 음식을 저장하고서 먹었던 일이었다."

"하나의 계목이 있었다."

"양털의 계율에서와 같이, 두 종류가 일어나는 것을 의지하여 생겨났나니, 몸을 이유로 생겨나는 것이고, 말과 뜻을 이유로 생겨나는 것은 아니다. 몸과 뜻을 이유로 생겨나는 것이고, 말을 이유로 생겨나는 것이 아니다."

5-39 "어느 처소에서 스스로를 위하여 맛있는 음식을 구하였던 것의 바일제에 관하여 제정하여 세우셨는가?"

"사위성에서 제정하였다."

"누구를 인연하였는가?"

"육군비구들을 인연하였다."

"무슨 일을 의지하여 제정하셨는가?"

"육군비구들이 스스로를 위하여 맛있는 음식을 구하였던 일이었다."

"하나의 계목이 있었고, 한 가지의 보충하는 조목이 있었다."

"여섯 종류의 범한 죄가 생겨나는 가운데에서 네 종류가 일어나는 것을 의지하여 생겨났나니, 몸을 이유로 생겨나는 것이고, 말과 뜻을 이유로 생겨나는 것은 아니다. 몸과 말을 이유로 생겨나는 것이고, 뜻을 이유로 생겨나는 것은 아니다. 몸과 뜻을 이유로 생겨나는 것이고, 말을 이유로 생겨나는 것은 아니다. 몸과 말과 뜻을 이유로 생겨나는 것이다."

---

134) 팔리어 Belaṭṭhasīsa(베라따시사)의 음사이다.

5-40 "어느 처소에서 주지 않았던 음식을 입으로 가져왔던 것의 바일제에 관하여 제정하여 세우셨는가?"

"비사리에서 제정하였다."

"누구를 인연하였는가?"

"한 비구를 인연하였다."

"무슨 일을 의지하여 제정하셨는가?"

"한 비구가 음식을 저장하고서 먹었던 일이었다."

"하나의 계목이 있었다."

"양털의 계율에서와 같이, 두 종류가 일어나는 것을 의지하여 생겨났나니, 몸을 이유로 생겨나는 것이고, 말과 뜻을 이유로 생겨나는 것은 아니다. 몸과 뜻을 이유로 생겨나는 것이고, 말을 이유로 생겨나는 것이 아니다."

○ 넷째의 송출품을 마친다.

(5) 제5송출품[135]

5-41 "어느 처소에서 스스로가 손으로 작식이나 담식을 나형외도(裸行外道)[136]이거나, 혹은 변행외도남(遍行外道男)[137]이거나, 혹은 변행외도녀(遍行外道女)[138]에게 음식을 베풀어 주었던 것의 바일제에 관하여 제정하여 세우셨는가?"

"비사리에서 제정하였다."

"누구를 인연하였는가?"

"장로 아난(阿難)[139]을 인연하였다."

---

135) 팔리어 Acelakavagga(아체라카바까)의 번역이고, 나행품(裸行品)을 뜻한다.

136) 팔리어 Acelaka(아체라카)의 번역이다.

137) 팔리어 Paribbājaka(파리빠자카)의 번역이다.

138) 팔리어 Paribbājikā(파리빠지카)의 번역이다.

"무슨 일을 의지하여 제정하셨는가?"

"장로 아난이 한 변행외도녀에게 두 개의 떡을 하나의 떡이라고 주었던 일이었다."

"하나의 계목이 있었다."

"양털의 계율에서와 같이, 두 종류가 일어나는 것을 의지하여 생겨났나니, 몸을 이유로 생겨나는 것이고, 말과 뜻을 이유로 생겨나는 것은 아니다. 몸과 뜻을 이유로 생겨나는 것이고, 말을 이유로 생겨나는 것이 아니다."

5-42 "어느 처소에서 다른 비구에게 '비구여. 오십시오. 취락(聚落)이나 읍성(邑城)으로 들어가서 걸식합시다.'라고 말하였으나, 취락이나 읍성을 나와서 음식을 주었거나, 혹은 주지 않고서 떠나가게 하였던 것의 바일제에 관하여 제정하여 세우셨는가?"

"사위성에서 제정하였다."

"누구를 인연하였는가?"

"장로 우파난타를 인연하였다."

"무슨 일을 의지하여 제정하셨는가?"

"장로 우파난타가 다른 비구에게 '비구여. 오십시오. 취락이나 읍성으로 들어가서 걸식합시다.'라고 말하였으나, 취락이나 읍성을 나와서 음식을 주었거나, 혹은 주지 않고서 떠나가게 하였던 일이었다."

"하나의 계목이 있었다."

"세 종류가 일어나는 것을 의지하여 생겨났나니, 곧 몸과 뜻을 이유로 생겨나는 것이고, 말을 이유로 생겨나는 것이 아니다. 말과 뜻을 이유로 생겨나는 것이고, 몸을 이유로 생겨나는 것이 아니다. 몸과 말과 뜻을 이유로 생겨나는 것이다."

---

139) 팔리어 Ananda(아난다)의 번역이다.

5-43 "어느 처소에서 음식을 먹고 있는 속가(俗家)에 들어가서 자리에 강제로 앉았던 것의 바일제에 관하여 제정하여 세우셨는가?"

"사위성에서 제정하였다."

"누구를 인연하였는가?"

"장로 우파난타를 인연하였다."

"무슨 일을 의지하여 제정하셨는가?"

"장로 우파난타가 음식을 먹고 있는 속가에 들어가서 자리에 강제로 앉았던 일이었다."

"하나의 계목이 있었다."

"한 종류가 일어나는 것을 의지하여 생겨났나니, 몸과 뜻을 이유로 생겨나는 것이고, 말을 이유로 생겨나는 것은 아니다."

5-44 "어느 처소에서 여인과 함께 비밀스러운 곳에 앉아 있었던 것의 바일제에 관하여 제정하여 세우셨는가?"

"사위성에서 제정하였다."

"누구를 인연하였는가?"

"장로 우파난타를 인연하였다."

"무슨 일을 의지하여 제정하셨는가?"

"장로 우파난타가 여인과 함께 비밀스럽게 가려진 곳에 앉아 있었던 일이었다."

"하나의 계목이 있었다."

"한 종류가 일어나는 것을 의지하여 생겨났나니, 몸과 뜻을 이유로 생겨나는 것이고, 말을 이유로 생겨나는 것은 아니다."

5-45 "어느 처소에서 혼자서 한 여인과 함께 앉아 있었던 것의 바일제에 관하여 제정하여 세우셨는가?"

"사위성에서 제정하였다."

"누구를 인연하였는가?"

"장로 우파난타를 인연하였다."

"무슨 일을 의지하여 제정하셨는가?"

"장로 우파난타가 혼자서 한 여인과 함께 앉아 있었던 일이었다."

"하나의 계목이 있었다."

"한 종류가 일어나는 것을 의지하여 생겨났나니, 몸과 뜻을 이유로 생겨나는 것이고, 말을 이유로 생겨나는 것은 아니다."

5-46 "어느 처소에서 청식을 받았고 다른 비구들이 있었던 때에 식전(食前)이나, 혹은 식후(食後)에 알리지 않고서 다른 집을 방문하였던 것의 바일제에 관하여 제정하여 세우셨는가?"

"왕사성에서 제정하였다."

"누구를 인연하였는가?"

"장로 우파난타를 인연하였다."

"무슨 일을 의지하여 제정하셨는가?"

"장로 우파난타가 청식을 받았고 다른 비구들이 있었던 때에 식전이나, 혹은 식후에 알리지 않고서 다른 집을 방문하였던 일이었다."

"하나의 계목이 있었고, 네 가지의 보충하는 조목이 있었다."

"한 종류가 일어나는 것을 의지하여 생겨났나니, 몸과 뜻을 이유로 생겨나는 것이고, 말을 이유로 생겨나는 것은 아니다."

5-47 "어느 처소에서 양(量)을 넘겨서 약을 구걸하였던 것의 바일제에 관하여 제정하여 세우셨는가?"

"석가국에서 제정하였다."

"누구를 인연하였는가?"

"육군비구들을 인연하였다."

"무슨 일을 의지하여 제정하셨는가?"

"육군비구들을 인연으로 석마하남(釋摩訶男)[140]이 '대덕이여. 청하건대 하루를 기다려 주십시오.'라고 말하였으나, 능히 기다리지 못하였던 일이었다.”

“하나의 계목이 있었다.”

“여섯 종류가 일어나는 것을 의지하여 생겨났나니, 몸을 이유로 생겨나는 것이고, 말과 뜻을 이유로 생겨나는 것은 아니다. 말을 이유로 생겨나는 것이고, 몸과 뜻을 이유로 생겨나는 것은 아니다. 몸과 말을 이유로 생겨나는 것이고, 뜻을 이유로 생겨나는 것은 아니다. 몸과 뜻을 이유로 생겨나는 것이고, 말을 이유로 생겨나는 것은 아니다. 말과 뜻을 이유로 생겨나는 것이고, 몸을 이유로 생겨나는 것은 아니다. 몸과 말과 뜻을 이유로 생겨나는 것이다.”

5-48 “어느 처소에서 출정(出征)하는 군대를 보려고 갔던 것의 바일제에 관하여 제정하여 세우셨는가?”

“사위성에서 제정하였다.”

“누구를 인연하였는가?”

“육군비구들을 인연하였다.”

“무슨 일을 의지하여 제정하셨는가?”

“육군비구들이 출정하는 군대를 보려고 갔던 일이었다.”

“하나의 계목이 있었고, 한 가지의 보충하는 조목이 있었다.”

“양털의 계율에서와 같이, 두 종류가 일어나는 것을 의지하여 생겨났나니, 몸을 이유로 생겨나는 것이고, 말과 뜻을 이유로 생겨나는 것은 아니다. 몸과 뜻을 이유로 생겨나는 것이고, 말을 이유로 생겨나는 것이 아니다.”

5-49 “어느 처소에서 군진(軍陣)의 가운데에서 3일을 넘겨서 묵었던 것의 바일제에 관하여 제정하여 세우셨는가?”

“사위성에서 제정하였다.”

---

140) 팔리어 Mahānāma sakka(마하나마 사까)의 음사이다.

"누구를 인연하였는가?"

"육군비구들을 인연하였다."

"무슨 일을 의지하여 제정하셨는가?"

"육군비구들이 군진의 가운데에서 3일을 넘겨서 묵었던 일이었다."

"하나의 계목이 있었다."

"양털의 계율에서와 같이, 두 종류가 일어나는 것을 의지하여 생겨났나니, 몸을 이유로 생겨나는 것이고, 말과 뜻을 이유로 생겨나는 것은 아니다. 몸과 뜻을 이유로 생겨나는 것이고, 말을 이유로 생겨나는 것이 아니다."

5-50 "어느 처소에서 군대의 훈련을 보려고 갔던 것의 바일제에 관하여 제정하여 세우셨는가?"

"사위성에서 제정하였다."

"누구를 인연하였는가?"

"육군비구들을 인연하였다."

"무슨 일을 의지하여 제정하셨는가?"

"육군비구들이 군대의 훈련을 보려고 갔던 일이었다."

"하나의 계목이 있었다."

"양털의 계율에서와 같이, 두 종류가 일어나는 것을 의지하여 생겨났나니, 몸을 이유로 생겨나는 것이고, 말과 뜻을 이유로 생겨나는 것은 아니다. 몸과 뜻을 이유로 생겨나는 것이고, 말을 이유로 생겨나는 것이 아니다."

○ **다섯째의 송출품을 마친다.**

(6) 제6송출품[141]

5-51 "어느 처소에서 수라(須羅)[142]와 면라야(面羅耶)[143]의 술을 마셨던 것의 바일제에 관하여 제정하여 세우셨는가?"

"구섬미국에서 제정하였다."

"누구를 인연하였는가?"

"장로 사가타(娑伽陀)[144]를 인연하였다."

"무슨 일을 의지하여 제정하셨는가?"

"장로 사가타가 술을 마셨던 일이었다."

"하나의 계목이 있었다."

"여섯 종류의 범한 죄가 생겨나는 가운데에서 두 종류가 일어나는 것을 의지하여 생겨났나니, 몸을 이유로 생겨나는 것이고, 말과 뜻을 이유로 생겨나는 것은 아니다. 몸과 말과 뜻을 이유로 생겨나고 말을 이유로 생겨나지 않는 것이다."

5-52 "어느 처소에서 겨드랑이를 간지럽혔던 것의 바일제에 관하여 제정하여 세우셨는가?"

"사위성에서 제정하였다."

"누구를 인연하였는가?"

"육군비구들을 인연하였다."

"무슨 일을 의지하여 제정하셨는가?"

"육군비구들이 다른 비구의 겨드랑이를 간지럽혀서 웃기었던 일이었다."

"하나의 계목이 있었다."

---

141) 팔리어 Surāpānavagga(수라파나바까)의 번역이고, 주품(酒品)을 뜻한다.
142) 팔리어 Surā(수라)의 음사이고, 증류한 술을 가리킨다.
143) 팔리어 Meraya(메라야)의 음사이고, 발효한 술을 가리킨다.
144) 팔리어 Sāgata(사가타)의 번역이다.

"한 종류가 일어나는 것을 의지하여 생겨났나니, 몸과 뜻을 이유로 생겨나는 것이고, 말을 이유로 생겨나는 것은 아니다."

5-53 "어느 처소에서 물속에서 희롱하였던 것의 바일제에 관하여 제정하여 세우셨는가?"

"사위성에서 제정하였다."

"누구를 인연하였는가?"

"십칠군비구들을 인연하였다."

"무슨 일을 의지하여 제정하셨는가?"

"십칠군비구들이 아치라발저강(阿致羅筏底河)145)의 물속에서 희롱하였던 일이었다."

"하나의 계목이 있었다."

"한 종류가 일어나는 것을 의지하여 생겨났나니, 몸과 뜻을 이유로 생겨나는 것이고, 말을 이유로 생겨나는 것은 아니다."

5-54 "어느 처소에서 업신여기고 조롱하였던 것의 바일제에 관하여 제정하여 세우셨는가?"

"구섬미국에서 제정하였다."

"누구를 인연하였는가?"

"장로 천타를 인연하였다."

"무슨 일을 의지하여 제정하셨는가?"

"장로 천타가 업신여기고 조롱하였던 일이었다."

"하나의 계목이 있었다."

"세 종류가 일어나는 것을 의지하여 생겨났나니, 곧 몸과 뜻을 이유로 생겨나는 것이고, 말을 이유로 생겨나는 것이 아니다. 말과 뜻을 이유로 생겨나는 것이고, 몸을 이유로 생겨나는 것이 아니다. 몸과 말과 뜻을

---

145) 팔리어 Aciravati(아치라바티)의 번역이다.

이유로 생겨나는 것이다."

5-55 "어느 처소에서 비구를 두렵게 하였던 것의 바일제에 관하여 제정하여 세우셨는가?"

"사위성에서 제정하였다."

"누구를 인연하였는가?"

"육군비구들을 인연하였다."

"무슨 일을 의지하여 제정하셨는가?"

"육군비구들이 다른 비구를 두렵게 하였던 일이었다."

"하나의 계목이 있었다."

"한 종류가 일어나는 것을 의지하여 생겨났나니, 몸과 뜻을 이유로 생겨나는 것이고, 말을 이유로 생겨나는 것은 아니다."

5-56 "어느 처소에서 불을 피워서 몸을 따뜻하게 하였던 것의 바일제에 관하여 제정하여 세우셨는가?"

"바기국(婆祇國)146)에서 제정하였다."

"누구를 인연하였는가?"

"여러 비구들을 인연하였다."

"무슨 일을 의지하여 제정하셨는가?"

"여러 비구들이 불을 피워서 몸을 따뜻하게 하였던 일이었다."

"하나의 계목이 있었고, 두 가지의 조목이 있었다."

"여섯 종류가 일어나는 것을 의지하여 생겨났나니, 몸을 이유로 생겨나는 것이고, 말과 뜻을 이유로 생겨나는 것은 아니다. 말을 이유로 생겨나는 것이고, 몸과 뜻을 이유로 생겨나는 것은 아니다. 몸과 말을 이유로 생겨나는 것이고, 뜻을 이유로 생겨나는 것은 아니다. 몸과 뜻을 이유로 생겨나는 것이고, 말을 이유로 생겨나는 것은 아니다. 말과 뜻을 이유로

---

146) 팔리어 Pācitti(파시띠)의 음사이다.

생겨나는 것이고, 몸을 이유로 생겨나는 것은 아니다. 몸과 말과 뜻을
이유로 생겨나는 것이다."

5-57 "어느 처소에서 보름 안에 목욕하였던 것의 바일제에 관하여 제정하
여 세우셨는가?"

"왕사성에서 제정하였다."

"누구를 인연하였는가?"

"여러 비구들을 인연하였다."

"무슨 일을 의지하여 제정하셨는가?"

"여러 비구들이 왕을 보았으나, 적절한 때를 알지 못하고 목욕하였던
일이었다."

"하나의 계목이 있었고, 여섯 가지의 조목이 있었다."

"보편적으로 통용되는가? 제한적으로 통용되는가?"

"제한적으로 통용된다."

"여섯 종류가 일어나는 것을 의지하여 생겨났나니, 몸을 이유로 생겨나
는 것이고, 말과 뜻을 이유로 생겨나는 것은 아니다. 말을 이유로 생겨나는
것이고, 몸과 뜻을 이유로 생겨나는 것은 아니다. 몸과 말을 이유로
생겨나는 것이고, 뜻을 이유로 생겨나는 것은 아니다. 몸과 뜻을 이유로
생겨나는 것이고, 말을 이유로 생겨나는 것은 아니다. 말과 뜻을 이유로
생겨나는 것이고, 몸을 이유로 생겨나는 것은 아니다. 몸과 말과 뜻을
이유로 생겨나는 것이다."

5-58 "어느 처소에서 세 종류의 괴색(壞色)을 취하지 않고, 한 가지의
색으로 새로운 옷의 가운데에서 입었던 것의 바일제에 관하여 제정하여
세우셨는가?"

"사위성에서 제정하였다."

"누구를 인연하였는가?"

"여러 비구들을 인연하였다."

"무슨 일을 의지하여 제정하셨는가?"

"여러 비구들이 스스로의 옷을 알지 못하였던 일이었다."

"하나의 계목이 있었고, 두 가지의 조목이 있었다."

"여섯 종류가 일어나는 것을 의지하여 생겨났나니, 몸을 이유로 생겨나는 것이고, 말과 뜻을 이유로 생겨나는 것은 아니다. 말을 이유로 생겨나는 것이고, 몸과 뜻을 이유로 생겨나는 것은 아니다. 몸과 말을 이유로 생겨나는 것이고, 뜻을 이유로 생겨나는 것은 아니다. 몸과 뜻을 이유로 생겨나는 것이고, 말을 이유로 생겨나는 것은 아니다. 말과 뜻을 이유로 생겨나는 것이고, 몸을 이유로 생겨나는 것은 아니다. 몸과 말과 뜻을 이유로 생겨나는 것이다."

5-59 "어느 처소에서 스스로가 옷으로써, 비구·비구니·식차마나(式叉摩那)[147]·사미(沙彌)[148]·사미니(沙彌尼)[149]에게 정시(淨施)하였으나, 돌려주지 않고서 그것을 입었던 것의 바일제에 관하여 제정하여 세우셨는가?"

"사위성에서 제정하였다."

"누구를 인연하였는가?"

"장로 우파난타 석자를 인연하였다."

"무슨 일을 의지하여 제정하셨는가?"

"장로 우파난타 석자가 스스로의 옷으로써, 비구에게 정시하였으나, 돌려주지 않고서 그것을 입었던 일이었다."

"하나의 계목이 있었고, 두 가지의 조목이 있었다."

"가치나의의 계율에서와 같이, 두 종류가 일어나는 것을 의지하여 생겨났나니, 몸과 뜻을 이유로 생겨나는 것이고, 말을 이유로 생겨나는 것은 아니다. 몸과 말과 뜻을 이유로 생겨나는 것이다."

---

147) 팔리어 Sikkhamānā(시까마나)의 음사이다.

148) 팔리어 Sāmaṇera(사마네라)의 음사이다.

149) 팔리어 Sāmaṇeri(사마네리)의 음사이다.

5-60 "어느 처소에서 비구들의 발우, 옷, 좌구, 침통(針筒), 허리띠 등을 감추었던 것의 바일제에 관하여 제정하여 세우셨는가?"

"사위성에서 제정하였다."

"누구를 인연하였는가?"

"육군비구들을 인연하였다."

"무슨 일을 의지하여 제정하셨는가?"

"육군비구들이 비구들의 발우, 옷, 좌구, 침통, 허리띠 등을 감추었던 일이었다."

"하나의 계목이 있었다."

"세 종류가 일어나는 것을 의지하여 생겨났나니, 곧 몸과 뜻을 이유로 생겨나는 것이고, 말을 이유로 생겨나는 것이 아니다. 말과 뜻을 이유로 생겨나는 것이고, 몸을 이유로 생겨나는 것이 아니다. 몸과 말과 뜻을 이유로 생겨나는 것이다."

○ **여섯째의 송출품을 마친다.**

(7) 제7송출품[150)]

5-61 "어느 처소에서 고의로 생물(生物)의 목숨을 빼앗았던 것의 바일제에 관하여 제정하여 세우셨는가?"

"사위성에서 제정하였다."

"누구를 인연하였는가?"

"장로 우타이를 인연하였다."

"무슨 일을 의지하여 제정하셨는가?"

"장로 우타이가 고의로 생물의 목숨을 빼앗았던 일이었다."

"하나의 계목이 있었다."

---

150) 팔리어 Sappāṇakavagga(사빠나카바까)의 번역이고, 유충수품(有蟲水品)을 뜻한다.

"세 종류가 일어나는 것을 의지하여 생겨났나니, 곧 몸과 뜻을 이유로 생겨나는 것이고, 말을 이유로 생겨나는 것이 아니다. 말과 뜻을 이유로 생겨나는 것이고, 몸을 이유로 생겨나는 것이 아니다. 몸과 말과 뜻을 이유로 생겨나는 것이다."

5-62 "어느 처소에서 물속에 벌레가 있다고 알고서도 마셨던 것의 바일제에 관하여 제정하여 세우셨는가?"
"사위성에서 제정하였다."
"누구를 인연하였는가?"
"육군비구들을 인연하였다."
"무슨 일을 의지하여 제정하셨는가?"
"육군비구들이 물속에 벌레가 있다고 알고서도 마셨던 일이었다."
"하나의 계목이 있었다."
"세 종류가 일어나는 것을 의지하여 생겨났나니, 곧 몸과 뜻을 이유로 생겨나는 것이고, 말을 이유로 생겨나는 것이 아니다. 말과 뜻을 이유로 생겨나는 것이고, 몸을 이유로 생겨나는 것이 아니다. 몸과 말과 뜻을 이유로 생겨나는 것이다."

5-63 "어느 처소에서 쟁사(諍事)가 이미 여법(如法)하게 판결되었다고 알았으나, 다시 갈마를 하게 하고자 요란(擾亂)스럽게 하였던 것의 바일제에 관하여 제정하여 세우셨는가?"
"사위성에서 제정하였다."
"누구를 인연하였는가?"
"육군비구들을 인연하였다."
"무슨 일을 의지하여 제정하셨는가?"
"육군비구들이 쟁사가 이미 여법하게 판결되었다고 알았으나, 다시 갈마를 하게 하고자 요란스럽게 하였던 일이었다."
"하나의 계목이 있었다."

"세 종류가 일어나는 것을 의지하여 생겨났나니, 곧 몸과 뜻을 이유로 생겨나는 것이고, 말을 이유로 생겨나는 것이 아니다. 말과 뜻을 이유로 생겨나는 것이고, 몸을 이유로 생겨나는 것이 아니다. 몸과 말과 뜻을 이유로 생겨나는 것이다."

5-64 "어느 처소에서 다른 비구의 추죄를 알았으나, 덮어서 감추었던 것의 바일제에 관하여 제정하여 세우셨는가?"

"사위성에서 제정하였다."

"누구를 인연하였는가?"

"한 비구를 인연하였다."

"무슨 일을 의지하여 제정하셨는가?"

"한 비구가 다른 비구의 추죄를 알았으나, 덮어서 감추었던 일이었다."

"하나의 계목이 있었다."

"한 종류가 일어나는 것을 의지하여 생겨났나니, 몸과 뜻을 이유로 생겨나는 것이고, 말을 이유로 생겨나는 것은 아니다."

5-65 "어느 처소에서 20살을 채우지 않았던 자라고 알았으나, 구족계를 주었던 것의 바일제에 관하여 제정하여 세우셨는가?"

"왕사성에서 제정하였다."

"누구를 인연하였는가?"

"여러 비구들을 인연하였다."

"무슨 일을 의지하여 제정하셨는가?"

"여러 비구들이 20살을 채우지 않았던 자라고 알았으나, 구족계를 주었던 일이었다."

"하나의 계목이 있었다."

"세 종류가 일어나는 것을 의지하여 생겨났나니, 곧 몸과 뜻을 이유로 생겨나는 것이고, 말을 이유로 생겨나는 것이 아니다. 말과 뜻을 이유로 생겨나는 것이고, 몸을 이유로 생겨나는 것이 아니다. 몸과 말과 뜻을

이유로 생겨나는 것이다."

5-66 "어느 처소에서 도둑들의 무리라고 알았으나, 먼저 약속하고서 같이 도로를 갔던 것의 바일제에 관하여 제정하여 세우셨는가?"

"사위성에서 제정하였다."

"누구를 인연하였는가?"

"한 비구를 인연하였다."

"무슨 일을 의지하여 제정하셨는가?"

"한 비구가 도둑들의 무리라고 알았으나, 먼저 약속하고서 같이 도로를 갔던 일이었다."

"하나의 계목이 있었다."

"여섯 종류의 범한 죄가 생겨나는 가운데에서 두 종류가 일어나는 것을 의지하여 생겨났나니, 곧 몸과 말을 이유로 생겨나는 것이고, 뜻을 이유로 생겨나는 것은 아니다. 몸과 말과 뜻을 이유로 생겨나는 것이다."

5-67 "어느 처소에서 여인과 함께 먼저 약속하고서 같이 도로를 갔던 것의 바일제에 관하여 제정하여 세우셨는가?"

"사위성에서 제정하였다."

"누구를 인연하였는가?"

"한 비구를 인연하였다."

"무슨 일을 의지하여 제정하셨는가?"

"한 비구가 도둑들의 무리라고 알았으나, 먼저 약속하고서 같이 도로를 갔던 일이었다."

"하나의 계목이 있었다."

"여섯 종류의 범한 죄가 생겨나는 가운데에서 네 종류가 일어나는 것을 의지하여 생겨났나니, 몸을 이유로 생겨나는 것이고, 말과 뜻을 이유로 생겨나는 것은 아니다. 몸과 말을 이유로 생겨나는 것이고, 뜻을 이유로 생겨나는 것은 아니다. 몸과 뜻을 이유로 생겨나는 것이고, 말을 이유로 생겨나는 것은 아니다. 몸과 말과 뜻을 이유로 생겨나는 것이다."

5-68 "어느 처소에서 악한 견해를 세 번을 충고하였으나 버리지 않았던 것의 바일제에 관하여 제정하여 세우셨는가?"

"사위성에서 제정하였다."

"누구를 인연하였는가?"

"본래 매의 조련사이었던 아리타(阿利吒)[151] 비구를 인연하였다."

"무슨 일을 의지하여 제정하셨는가?"

"본래 매의 조련사이었던 아리타 비구가 악한 견해가 있었고, 세 번을 충고하였어도 버리지 않았던 일이었다."

"하나의 계목이 있었다."

"한 종류가 일어나는 것을 의지하여 생겨났나니, 몸과 뜻을 이유로 생겨나는 것이고, 말을 이유로 생겨나는 것은 아니다."

5-69 "어느 처소에서 그가 이와 같은 악한 견해를 말하고 법을 따라서 다스렸던 것을 따르지 않으며, 악한 견해를 버리지 않았다고 알았으나, 함께 법사(法事)하였던 것의 바일제에 관하여 제정하여 세우셨는가?"

"사위성에서 제정하였다."

"누구를 인연하였는가?"

"육군비구들을 인연하였다."

"무슨 일을 의지하여 제정하셨는가?"

"육군비구들이 그가 이와 같은 악한 견해를 말하고 법을 따라서 다스렸던 것을 따르지 않으며, 악한 견해를 버리지 않았다고 알았으나, 함께 법사하였던 일이었다."

"하나의 계목이 있었다."

"세 종류가 일어나는 것을 의지하여 생겨났나니, 곧 몸과 뜻을 이유로

---

151) 팔리어 Ariṭṭha(아리따)의 음사이다.

생겨나는 것이고, 말을 이유로 생겨나는 것이 아니다. 말과 뜻을 이유로
생겨나는 것이고, 몸을 이유로 생겨나는 것이 아니다. 몸과 말과 뜻을
이유로 생겨나는 것이다.”

5-70 “어느 처소에서 이와 같이 멸빈(滅擯)되었던 사미라고 알았으나,
위로하였던 것의 바일제에 관하여 제정하여 세우셨는가?”
 “사위성에서 제정하였다.”
 “누구를 인연하였는가?”
 “육군비구들을 인연하였다.”
 “무슨 일을 의지하여 제정하셨는가?”
 “육군비구들이 이와 같이 멸빈되었던 사미라고 알았으나, 위로하였던
일이었다.”
 “하나의 계목이 있었다.”
 “세 종류가 일어나는 것을 의지하여 생겨났나니, 곧 몸과 뜻을 이유로
생겨나는 것이고, 말을 이유로 생겨나는 것이 아니다. 말과 뜻을 이유로
생겨나는 것이고, 몸을 이유로 생겨나는 것이 아니다. 몸과 말과 뜻을
이유로 생겨나는 것이다.”

 ○ **일곱째의 송출품을 마친다.**

 (8) 제8송출품[152]

5-71 “어느 처소에서 다른 비구에게 여법하게 충고를 받는데 오히려
‘장로여. 나는 그 다른 능력있는 지율(持律)의 비구에게 묻지 않았으므로,
나는 마땅히 이러한 학처를 지닐 수 없습니다.’라고 말하였던 것의 바일제
에 관하여 제정하여 세우셨는가?”

---

152) 팔리어 Sahadhammikavagga(사하담미카바까)의 번역이고, 여법품(如法品)을 뜻
   한다.

“구섬미국에서 제정하였다.”

“누구를 인연하였는가?”

“장로 천타를 인연하였다.”

“무슨 일을 의지하여 제정하셨는가?”

“장로 천타가 다른 비구에게 여법하게 충고를 받았는데 오히려 ‘장로여. 나는 그 다른 능력있는 지율의 비구에게 묻지 않았으므로, 나는 마땅히 이러한 학처를 지닐 수 없습니다.’라고 말하였던 일이었다.”

“하나의 계목이 있었다.”

“세 종류가 일어나는 것을 의지하여 생겨났나니, 곧 몸과 뜻을 이유로 생겨나는 것이고, 말을 이유로 생겨나는 것이 아니다. 말과 뜻을 이유로 생겨나는 것이고, 몸을 이유로 생겨나는 것이 아니다. 몸과 말과 뜻을 이유로 생겨나는 것이다.”

5-72 “어느 처소에서 계율을 비방하였던 것의 바일제에 관하여 제정하여 세우셨는가?”

“사위성에서 제정하였다.”

“누구를 인연하였는가?”

“육군비구들을 인연하였다.”

“무슨 일을 의지하여 제정하셨는가?”

“육군비구들이 계율을 비방하였던 일이었다.”

“하나의 계목이 있었다.”

“세 종류가 일어나는 것을 의지하여 생겨났나니, 곧 몸과 뜻을 이유로 생겨나는 것이고, 말을 이유로 생겨나는 것이 아니다. 말과 뜻을 이유로 생겨나는 것이고, 몸을 이유로 생겨나는 것이 아니다. 몸과 말과 뜻을 이유로 생겨나는 것이다.”

5-73 “어느 처소에서 무지(無知)하였던 것의 바일제에 관하여 제정하여 세우셨는가?”

"사위성에서 제정하였다."

"누구를 인연하였는가?"

"육군비구들을 인연하였다."

"무슨 일을 의지하여 제정하셨는가?"

"육군비구들이 무지하였던 일이었다."

"하나의 계목이 있었다."

"세 종류가 일어나는 것을 의지하여 생겨났나니, 곧 몸과 뜻을 이유로 생겨나는 것이고, 말을 이유로 생겨나는 것이 아니다. 말과 뜻을 이유로 생겨나는 것이고, 몸을 이유로 생겨나는 것이 아니다. 몸과 말과 뜻을 이유로 생겨나는 것이다."

5-74 "어느 처소에서 분노하고 즐겁지 않아서 비구를 때렸던 것의 바일제에 관하여 제정하여 세우셨는가?"

"사위성에서 제정하였다."

"누구를 인연하였는가?"

"육군비구들을 인연하였다."

"무슨 일을 의지하여 제정하셨는가?"

"육군비구들이 분노하고 즐겁지 않아서 비구를 때렸던 일이었다."

"하나의 계목이 있었다."

"한 종류가 일어나는 것을 의지하여 생겨났나니, 몸과 뜻을 이유로 생겨나는 것이고, 말을 이유로 생겨나는 것은 아니다."

5-75 "어느 처소에서 분노하고 즐겁지 않아서 비구를 마주하고서 손을 들어 칼의 자세를 지었던 것의 바일제에 관하여 제정하여 세우셨는가?"

"사위성에서 제정하였다."

"누구를 인연하였는가?"

"육군비구들을 인연하였다."

"무슨 일을 의지하여 제정하셨는가?"

"육군비구들이 분노하고 즐겁지 않아서 비구를 마주하고서 손을 들어 칼의 자세를 지었던 일이었다."

"하나의 계목이 있었다."

"한 종류가 일어나는 것을 의지하여 생겨났나니, 몸과 뜻을 이유로 생겨나는 것이고, 말을 이유로 생겨나는 것은 아니다."

5-76 "어느 처소에서 근거가 없는 승잔으로 비구를 비방하였던 것의 바일제에 관하여 제정하여 세우셨는가?"

"사위성에서 제정하였다."

"누구를 인연하였는가?"

"육군비구들을 인연하였다."

"무슨 일을 의지하여 제정하셨는가?"

"육군비구들이 근거가 없는 승잔으로 비구를 비방하였던 일이었다."

"하나의 계목이 있었다."

"세 종류가 일어나는 것을 의지하여 생겨났나니, 곧 몸과 뜻을 이유로 생겨나는 것이고, 말을 이유로 생겨나는 것이 아니다. 말과 뜻을 이유로 생겨나는 것이고, 몸을 이유로 생겨나는 것이 아니다. 몸과 말과 뜻을 이유로 생겨나는 것이다."

5-77 "어느 처소에서 고의로 다른 비구를 뇌란(惱亂)시켰던 것의 바일제에 관하여 제정하여 세우셨는가?"

"사위성에서 제정하였다."

"누구를 인연하였는가?"

"육군비구들을 인연하였다."

"무슨 일을 의지하여 제정하셨는가?"

"육군비구들이 고의로 다른 비구를 뇌란시켰던 일이었다."

"하나의 계목이 있었다."

"세 종류가 일어나는 것을 의지하여 생겨났나니, 곧 몸과 뜻을 이유로

생겨나는 것이고, 말을 이유로 생겨나는 것이 아니다. 말과 뜻을 이유로
생겨나는 것이고, 몸을 이유로 생겨나는 것이 아니다. 몸과 말과 뜻을
이유로 생겨나는 것이다."

5-78 "어느 처소에서 스스로와 쟁론하여 화합하지 못하였던 비구들의
근처의 가려진 곳에 서 있으면서 엿들었던 것의 바일제에 관하여 제정하여
세우셨는가?"

"사위성에서 제정하였다."

"누구를 인연하였는가?"

"육군비구들을 인연하였다."

"무슨 일을 의지하여 제정하셨는가?"

"육군비구들이 스스로와 쟁론하여 화합하지 못하였던 비구들의 근처의
가려진 곳에 서 있으면서 엿들었던 일이었다."

"하나의 계목이 있었다."

"여섯 종류의 범한 죄가 생겨나는 가운데에서 두 종류가 일어나는
것을 의지하여 생겨났나니, 곧 몸과 말을 이유로 생겨나는 것이고, 뜻을
이유로 생겨나는 것은 아니다. 몸과 말과 뜻을 이유로 생겨나는 것이다."

5-79 "어느 처소에서 여법한 갈마에 욕(欲)을 주고서 뒤에 불평하였던
것의 바일제에 관하여 제정하여 세우셨는가?"

"사위성에서 제정하였다."

"누구를 인연하였는가?"

"육군비구들을 인연하였다."

"무슨 일을 의지하여 제정하셨는가?"

"육군비구들이 여법한 갈마에 욕을 주고서 뒤에 불평하였던 일이었다."

"하나의 계목이 있었다."

"세 종류가 일어나는 것을 의지하여 생겨났나니, 곧 몸과 뜻을 이유로
생겨나는 것이고, 말을 이유로 생겨나는 것이 아니다. 말과 뜻을 이유로

생겨나는 것이고, 몸을 이유로 생겨나는 것이 아니다. 몸과 말과 뜻을 이유로 생겨나는 것이다."

5-80 "어느 처소에서 승가가 판결하는 때에 욕을 주지 않고서 자리에서 일어나서 떠나갔던 것의 바일제에 관하여 제정하여 세우셨는가?"

"사위성에서 제정하였다."

"누구를 인연하였는가?"

"한 비구를 인연하였다."

"무슨 일을 의지하여 제정하셨는가?"

"한 비구가 승가가 판결하는 때에 욕을 주지 않고서 자리에서 일어나서 떠나갔던 일이었다."

"하나의 계목이 있었다."

"한 종류가 일어나는 것을 의지하여 생겨났나니, 오직 몸과 말과 뜻을 이유로 생겨나는 것이다."

5-81 "어느 처소에서 화합승가(和合僧伽)에서 옷이 분배된 뒤에 불평하였던 것의 바일제에 관하여 제정하여 세우셨는가?"

"왕사성에서 제정하였다."

"누구를 인연하였는가?"

"육군비구들을 인연하였다."

"무슨 일을 의지하여 제정하셨는가?"

"육군비구들이 화합승가에서 옷이 분배된 뒤에 불평하였던 일이었다."

"하나의 계목이 있었다."

"한 종류가 일어나는 것을 의지하여 생겨났나니, 몸과 뜻을 이유로 생겨나는 것이고, 말을 이유로 생겨나는 것은 아니다."

5-82 "어느 처소에서 승가에 공양하는 물건으로 결정되었다고 이미 알았으나, 되돌려서 개인에게 주었던 것의 바일제에 관하여 제정하여

세우셨는가?"

"사위성에서 제정하였다."

"누구를 인연하였는가?"

"육군비구들을 인연하였다."

"무슨 일을 의지하여 제정하셨는가?"

"육군비구들이 승가에 공양하는 물건으로 결정되었다고 이미 알았으나, 되돌려서 개인에게 주었던 일이었다."

"하나의 계목이 있었다."

"한 종류가 일어나는 것을 의지하여 생겨났나니, 오직 몸과 말과 뜻을 이유로 생겨나는 것이다."

○ **여덟째의 송출품을 마친다.**

(9) 제9송출품[153]

5-83 "어느 처소에서 먼저 알리지 않고 왕의 후궁(後宮)에 들어갔던 것의 바일제에 관하여 제정하여 세우셨는가?"

"사위성에서 제정하였다."

"누구를 인연하였는가?"

"장로 아난을 인연하였다."

"무슨 일을 의지하여 제정하셨는가?"

"장로 아난이 먼저 알리지 않고 왕의 후궁에 들어갔던 일이었다."

"하나의 계목이 있었다."

"가치나의의 계율에서와 같이, 두 종류가 일어나는 것을 의지하여 생겨났나니, 몸과 뜻을 이유로 생겨나는 것이고, 말을 이유로 생겨나는 것은 아니다. 몸과 말과 뜻을 이유로 생겨나는 것이다."

---

153) 팔리어 Rājavagga(라자바까)의 번역이고, 왕품(王品)을 뜻한다.

5-84 "어느 처소에서 보물을 잡았던 것의 바일제에 관하여 제정하여 세우셨는가?"

"사위성에서 제정하였다."

"누구를 인연하였는가?"

"한 비구를 인연하였다."

"무슨 일을 의지하여 제정하셨는가?"

"한 비구가 보물을 잡았던 일이었다."

"하나의 계목이 있었고, 두 가지의 조목이 있었다."

"여섯 종류가 일어나는 것을 의지하여 생겨났나니, 몸을 이유로 생겨나는 것이고, 말과 뜻을 이유로 생겨나는 것은 아니다. 말을 이유로 생겨나는 것이고, 몸과 뜻을 이유로 생겨나는 것은 아니다. 몸과 말을 이유로 생겨나는 것이고, 뜻을 이유로 생겨나는 것은 아니다. 몸과 뜻을 이유로 생겨나는 것이고, 말을 이유로 생겨나는 것은 아니다. 말과 뜻을 이유로 생겨나는 것이고, 몸을 이유로 생겨나는 것은 아니다. 몸과 말과 뜻을 이유로 생겨나는 것이다."

5-85 "어느 처소에서 같이 머무르는 비구에게 알리지 않고 때가 아닌 때에 추락에 들어갔던 것의 바일제에 관하여 제정하여 세우셨는가?"

"사위성에서 제정하였다."

"누구를 인연하였는가?"

"육군비구들을 인연하였다."

"무슨 일을 의지하여 제정하셨는가?"

"육군비구들이 머무르는 비구에게 알리지 않고 때가 아닌 때에 추락에 들어갔던 일이었다."

"하나의 계목이 있었고, 세 가지의 조목이 있었다."

"가치나의의 계율에서와 같이, 두 종류가 일어나는 것을 의지하여 생겨났나니, 몸과 뜻을 이유로 생겨나는 것이고, 말을 이유로 생겨나는 것은 아니다. 몸과 말과 뜻을 이유로 생겨나는 것이다."

5-86 "어느 처소에서 침통(針筒)을 뼈로 만들었거나, 상아로 만들었거나, 뿔로 만들었던 것의 바일제에 관하여 제정하여 세우셨는가?"

"석가국에서 제정하였다."

"누구를 인연하였는가?"

"여러 비구들을 인연하였다."

"무슨 일을 의지하여 제정하셨는가?"

"여러 비구들이 양을 알지 못하고서 침통을 구걸하였던 일이었다."

"하나의 계목이 있었다."

"여섯 종류가 일어나는 것을 의지하여 생겨났나니, 몸을 이유로 생겨나는 것이고, 말과 뜻을 이유로 생겨나는 것은 아니다. 말을 이유로 생겨나는 것이고, 몸과 뜻을 이유로 생겨나는 것은 아니다. 몸과 말을 이유로 생겨나는 것이고, 뜻을 이유로 생겨나는 것은 아니다. 몸과 뜻을 이유로 생겨나는 것이고, 말을 이유로 생겨나는 것은 아니다. 말과 뜻을 이유로 생겨나는 것이고, 몸을 이유로 생겨나는 것은 아니다. 몸과 말과 뜻을 이유로 생겨나는 것이다."

5-87 "어느 처소에서 양을 넘겨서 와상, 의자를 지었던 것의 바일제에 관하여 제정하여 세우셨는가?"

"사위성에서 제정하였다."

"누구를 인연하였는가?"

"장로 우파난타 석자를 인연하였다."

"무슨 일을 의지하여 제정하셨는가?"

"장로 우파난타 석자가 양을 알지 못하고 넘겨서 높은 와상을 지었던 일이었다."

"하나의 계목이 있었다."

"여섯 종류가 일어나는 것을 의지하여 생겨났나니, 몸을 이유로 생겨나는 것이고, 말과 뜻을 이유로 생겨나는 것은 아니다. 말을 이유로 생겨나는 것이고, 몸과 뜻을 이유로 생겨나는 것은 아니다. 몸과 말을 이유로

생겨나는 것이고, 뜻을 이유로 생겨나는 것은 아니다. 몸과 뜻을 이유로
생겨나는 것이고, 말을 이유로 생겨나는 것은 아니다. 말과 뜻을 이유로
생겨나는 것이고, 몸을 이유로 생겨나는 것은 아니다. 몸과 말과 뜻을
이유로 생겨나는 것이다."

5-88 "어느 처소에서 솜을 넣어서 와상이거나, 혹은 의자를 지었던 것의
바일제에 관하여 제정하여 세우셨는가?"

  "사위성에서 제정하였다."

  "누구를 인연하였는가?"

  "육군비구들을 인연하였다."

  "무슨 일을 의지하여 제정하셨는가?"

  "육군비구들이 솜을 넣어서 와상이거나, 혹은 의자를 지었던 일이었
다."

  "하나의 계목이 있었다."

  "여섯 종류가 일어나는 것을 의지하여 생겨났나니, 몸을 이유로 생겨나
는 것이고, 말과 뜻을 이유로 생겨나는 것은 아니다. 말을 이유로 생겨나는
것이고, 몸과 뜻을 이유로 생겨나는 것은 아니다. 몸과 말을 이유로
생겨나는 것이고, 뜻을 이유로 생겨나는 것은 아니다. 몸과 뜻을 이유로
생겨나는 것이고, 말을 이유로 생겨나는 것은 아니다. 말과 뜻을 이유로
생겨나는 것이고, 몸을 이유로 생겨나는 것은 아니다. 몸과 말과 뜻을
이유로 생겨나는 것이다."

5-89 "어느 처소에서 양을 넘겨서 좌구(坐具)를 지었던 것의 바일제에
관하여 제정하여 세우셨는가?"

  "사위성에서 제정하였다."

  "누구를 인연하였는가?"

  "육군비구들을 인연하였다."

  "무슨 일을 의지하여 제정하셨는가?"

"육군비구들이 양을 헤아리지 않고서 큰 좌구를 지었던 일이었다."

"하나의 계목이 있었고, 한 가지의 조목이 있었다."

"여섯 종류가 일어나는 것을 의지하여 생겨났나니, 몸을 이유로 생겨나는 것이고, 말과 뜻을 이유로 생겨나는 것은 아니다. 말을 이유로 생겨나는 것이고, 몸과 뜻을 이유로 생겨나는 것은 아니다. 몸과 말을 이유로 생겨나는 것이고, 뜻을 이유로 생겨나는 것은 아니다. 몸과 뜻을 이유로 생겨나는 것이고, 말을 이유로 생겨나는 것은 아니다. 말과 뜻을 이유로 생겨나는 것이고, 몸을 이유로 생겨나는 것은 아니다. 몸과 말과 뜻을 이유로 생겨나는 것이다."

5-90 "어느 처소에서 양을 넘겨서 부창의(覆瘡衣)154)를 지었던 것의 바일제에 관하여 제정하여 세우셨는가?"

"사위성에서 제정하였다."

"누구를 인연하였는가?"

"육군비구들을 인연하였다."

"무슨 일을 의지하여 제정하셨는가?"

"육군비구들이 양을 헤아리지 않고서 부창의를 지었던 일이었다."

"하나의 계목이 있었다."

"여섯 종류가 일어나는 것을 의지하여 생겨났나니, 몸을 이유로 생겨나는 것이고, 말과 뜻을 이유로 생겨나는 것은 아니다. 말을 이유로 생겨나는 것이고, 몸과 뜻을 이유로 생겨나는 것은 아니다. 몸과 말을 이유로 생겨나는 것이고, 뜻을 이유로 생겨나는 것은 아니다. 몸과 뜻을 이유로 생겨나는 것이고, 말을 이유로 생겨나는 것은 아니다. 말과 뜻을 이유로 생겨나는 것이고, 몸을 이유로 생겨나는 것은 아니다. 몸과 말과 뜻을 이유로 생겨나는 것이다."

---

154) 팔리어 Kaṇḍuppaṭicchādi(칸두빠티짜디)의 번역이다.

5-91 "어느 처소에서 양을 넘겨서 우의(雨衣)[155]를 지었던 것의 바일제에 관하여 제정하여 세우셨는가?"

"사위성에서 제정하였다."

"누구를 인연하였는가?"

"육군비구들을 인연하였다."

"무슨 일을 의지하여 제정하셨는가?"

"육군비구들이 양을 헤아리지 않고서 우의를 지었던 일이었다."

"하나의 계목이 있었다."

"여섯 종류가 일어나는 것을 의지하여 생겨났나니, 몸을 이유로 생겨나는 것이고, 말과 뜻을 이유로 생겨나는 것은 아니다. 말을 이유로 생겨나는 것이고, 몸과 뜻을 이유로 생겨나는 것은 아니다. 몸과 말을 이유로 생겨나는 것이고, 뜻을 이유로 생겨나는 것은 아니다. 몸과 뜻을 이유로 생겨나는 것이고, 말을 이유로 생겨나는 것은 아니다. 말과 뜻을 이유로 생겨나는 것이고, 몸을 이유로 생겨나는 것은 아니다. 몸과 말과 뜻을 이유로 생겨나는 것이다."

5-92 "어느 처소에서 세존의 양으로 옷을 지었던 것의 바일제에 관하여 제정하여 세우셨는가?"

"사위성에서 제정하였다."

"누구를 인연하였는가?"

"장로 난타(難陀)[156]를 인연하였다."

"무슨 일을 의지하여 제정하셨는가?"

"장로 난타가 세존의 양으로 옷을 지었던 일이었다."

"하나의 계목이 있었다."

"여섯 종류가 일어나는 것을 의지하여 생겨났나니, 몸을 이유로 생겨나는 것이고, 말과 뜻을 이유로 생겨나는 것은 아니다. 말을 이유로 생겨나는

---

155) 팔리어 Vassikasāṭika(바씨카사티카)의 번역이다.
156) 팔리어 Nanda(난다)의 음사이다.

것이고, 몸과 뜻을 이유로 생겨나는 것은 아니다. 몸과 말을 이유로
생겨나는 것이고, 뜻을 이유로 생겨나는 것은 아니다. 몸과 뜻을 이유로
생겨나는 것이고, 말을 이유로 생겨나는 것은 아니다. 말과 뜻을 이유로
생겨나는 것이고, 몸을 이유로 생겨나는 것은 아니다. 몸과 말과 뜻을
이유로 생겨나는 것이다."

[92바일제를 마친다.]

○ **아홉째의 송출품을 마친다.**

섭송으로 설하겠노라.

망어와 욕설과 이간질과
구절을 따르는 것과 묵는 것과
여인과 지혜로 없애는 것과
진실과 추악한 말과 파는 것과

초목과 다른 말과
비난과 평상과 와상과
먼저 이른 것과 끌어낸 것과
쫓아낸 것과 탈각상과

창문과 벌레와
뽑지 않은 것과 일몰과
비구니 처소의 이익과 옷과
옷을 꿰매는 것과 도로와

배와 음식을 취하는 것과 혼자와
음식의 보시와 별중과 삭삭식과
떡과 충분하게 먹은 것과
때가 아닌 때와 우유를 저축하는 것과
치목의 이러한 열 가지의 일이 있다.

나행과 침해와 가려진 곳과
비밀스러운 곳과 청식과
생활용품과 묵는 것과
출정군과 군대와 군대훈련과

술과 간지럼과 물장난과
업신여김과 공포와
불과 목욕과 괴색과
스스로와 감추지 않은 것과

고의의 살생과 물속의 생물과
갈마와 거친 죄와 20세 미만과
도둑과 여인과 가르치지 않는 것과
함께 머무는 것과 멸빈된 것과

여법한 것과 요란과 무지와
때렸던 것과 손을 쳐든 것과
근거가 없는 것과 고의와
엿들었던 것과 불평과

일어나서 떠난 것과 승가와
옷을 준 것과

되돌려서 개인에게 주었던 것과
왕과 보물과 같이 머무는 것과
침통과 와상과 솜과 좌구와 부창의와
우욕의와 불의가 있다.

여러 품을 모두 섭송으로 설하겠노라.

망어와 초목과
교계와 음식과 나행과
여법과 술과 생물과
왕품의 이러한 아홉 가지가 있다.

6) 4제사니(提舍尼)의 계목157)

(1) 제1송출품158)

6-1 "그 지자이시고 견자이시며 응공자이시고 정등각자이신 세존께 의지
한다면, 시정(市井)159)에 들어가서 친족이 아닌 비구니가 손으로 걸식하였
던 것을 스스로의 손으로 단단한 음식이거나, 혹은 부드러운 음식을
받아서 먹었던 제사니에 관하여 어느 곳에서 제정하여 세우셨는가?"
"사위성에서 제정하였다."

---

157) 팔리어 Pāṭidesanīyakaṇḍa(파티데사니야칸다)의 번역이다.
158) 팔리어 Kathinavagga(카티나바까)의 번역이고, 가치나의품(迦絺那衣品)을 뜻한
    다.
159) 팔리어 Antaraghara(안타라가라)의 번역이고, '인가(人家)가 모인 거리' 또는 '사람
    이 모여 사는 곳'을 가리킨다.

"누구를 인연하였는가?"

"한 비구를 인연하였다."

"무슨 일을 의지하여 제정하셨는가?"

"한 비구가 시정에 들어가서 친족이 아닌 비구니가 손으로 걸식하였던 것을 스스로의 손으로 단단한 음식이거나, 혹은 부드러운 음식을 받아서 먹었던 일이었다."

"그것에 계목이 있었는가? 보충하는 조목이 있었는가? 추가의 예비적인 조목이 있었는가?"

"하나의 계목이 있었다."

"여섯 종류의 범한 죄가 생겨나는 가운데에서 무슨 종류를 의지하여 생겨난 것인가?"

"여섯 종류의 범한 죄가 생겨나는 가운데에서 두 종류가 일어나는 것을 의지하여 생겨났나니, 곧 몸과 말을 이유로 생겨나는 것이고, 뜻을 이유로 생겨나는 것은 아니다. 몸과 말과 뜻을 이유로 생겨나는 것이다."

6-2 "비구니가 지시하였으나, 거부하지 않고서 음식을 취하였던 제사니에 관하여 어느 곳에서 제정하여 세우셨는가?"

"왕사성에서 제정하였다."

"누구를 인연하였는가?"

"육군비구들을 인연하였다."

"무슨 일을 의지하여 제정하셨는가?"

"육군비구들이 비구니가 지시하였으나, 거부하지 않고서 음식을 취하였던 일이었다."

"그것에 계목이 있었는가? 보충하는 조목이 있었는가? 추가의 예비적인 조목이 있었는가?"

"하나의 계목이 있었다."

"여섯 종류의 범한 죄가 생겨나는 가운데에서 무슨 종류를 의지하여 생겨난 것인가?"

"여섯 종류의 범한 죄가 생겨나는 가운데에서 두 종류가 일어나는 것을 의지하여 생겨났나니, 곧 몸과 말을 이유로 생겨나는 것이고, 뜻을 이유로 생겨나는 것은 아니다. 몸과 말과 뜻을 이유로 생겨나는 것이다."

6-3 "학가(學家)160)이었던 여러 집에서 스스로의 손으로 단단한 음식이거나, 혹은 부드러운 음식을 받아서 먹었던 제사니에 관하여 어느 곳에서 제정하여 세우셨는가?"

"사위성에서 제정하였다."

"누구를 인연하였는가?"

"여러 비구들을 인연하였다."

"무슨 일을 의지하여 제정하셨는가?"

"여러 비구들이 양을 알지 못하고 받았던 일이었다."

"그것에 계목이 있었는가? 보충하는 조목이 있었는가? 추가의 예비적인 조목이 있었는가?"

"하나의 계목이 있었고, 두 가지의 조목이 있었다."

"여섯 종류의 범한 죄가 생겨나는 가운데에서 무슨 종류를 의지하여 생겨난 것인가?"

"여섯 종류의 범한 죄가 생겨나는 가운데에서 두 종류가 일어나는 것을 의지하여 생겨났나니, 곧 몸과 말을 이유로 생겨나는 것이고, 뜻을 이유로 생겨나는 것은 아니다. 몸과 말과 뜻을 이유로 생겨나는 것이다."

6-4 "아란야(阿蘭若)161)의 주처에서, 승원의 가운데에서, 먼저 알리지 않고 스스로가 손으로 단단한 음식이거나, 혹은 부드러운 음식을 받아서 먹었던 제사니에 관하여 어느 곳에서 제정하여 세우셨는가?"

"석가국에서 제정하였다."

"누구를 인연하였는가?"

---

160) 팔리어 Sekkhasammatesu kulesu(세카삼마테수 쿠레수)의 번역이다.
161) 팔리어 Araññā(아란나)의 음사이다.

"여러 비구들을 인연하였다."

"무슨 일을 의지하여 제정하셨는가?"

"여러 비구들이 도둑들이 승원의 가운데에 있는 것을 알고서도 알리지 않았던 일이었다."

"그것에 계목이 있었는가? 보충하는 조목이 있었는가? 추가의 예비적인 조목이 있었는가?"

"하나의 계목이 있었고, 두 가지의 조목이 있었다."

"여섯 종류의 범한 죄가 생겨나는 가운데에서 무슨 종류를 의지하여 생겨난 것인가?"

"여섯 종류의 범한 죄가 생겨나는 가운데에서 두 종류가 일어나는 것을 의지하여 생겨났나니, 곧 몸과 말을 이유로 생겨나는 것이고, 뜻을 이유로 생겨나는 것은 아니다. 몸과 말과 뜻을 이유로 생겨나는 것이다."

[4제사니를 마친다.]

○ **첫째의 송출품을 마친다.**

섭송으로 설하겠노라.

친족이 아닌 것과 지시와
학가와 아란야와
정각(正覺)162)께서
마땅히 설하신 4제사니가 있다.

---

162) 팔리어 Sambuddha(삼부따)의 번역이다.

7) 중학법(衆學法)의 계목[163]

(1) 제1송출품[164]

7-1 "그 지자이시고 견자이시며 응공자이시고 정등각자이신 세존께 의지한다면, 어느 곳에서 공경하지 않았던 까닭으로 앞과 뒤로 늘어트려서 하의(內衣)를 입었던 돌길라(突吉羅)[165]에 관하여 제정하여 세우셨는가?"

"사위성에서 제정하였다."

"누구를 인연하였는가?"

"육군비구들을 인연하였다."

"무슨 일을 의지하여 제정하셨는가?"

"육군비구들이 앞과 뒤로 늘어트려서 내의를 입었던 일이었다."

"그것에 계목이 있었는가? 보충하는 조목이 있었는가? 추가의 예비적인 조목이 있었는가?"

"하나의 계목이 있었다."

"여섯 종류의 범한 죄가 생겨나는 가운데에서 무슨 종류를 의지하여 생겨난 것인가?"

"한 종류가 일어나는 것을 의지하여 생겨났나니, 몸과 말과 뜻을 이유로 생겨나는 것이다."

7-2 "어느 곳에서 공경하지 않았던 까닭으로 앞과 뒤로 늘어트려서 상의(上衣)를 입었던 돌길라에 관하여 제정하여 세우셨는가?"

"사위성에서 제정하였다."

"누구를 인연하였는가?"

"육군비구들을 인연하였다."

---

163) 팔리어 Sekhiyakaṇḍa(세키야칸다)의 번역이다.

164) 팔리어 Parimaṇḍalavagga(파리만다라바까)의 번역이고, 전원품(全圓品)을 뜻한다.

165) 팔리어 Dukkaṭa(두까타)의 번역이다.

"무슨 일을 의지하여 제정하셨는가?"

"육군비구들이 앞과 뒤로 늘어트려서 상의를 입었던 일이었다."

"그것에 계목이 있었는가? 보충하는 조목이 있었는가? 추가의 예비적인 조목이 있었는가?"

"하나의 계목이 있었다."

"여섯 종류의 범한 죄가 생겨나는 가운데에서 무슨 종류를 의지하여 생겨난 것인가?"

"한 종류가 일어나는 것을 의지하여 생겨났나니, 몸과 말과 뜻을 이유로 생겨나는 것이다."

7-3 "어느 곳에서 공경하지 않았던 까닭으로 몸을 드러내고서 시정에서 돌아다녔던 돌길라에 관하여 제정하여 세우셨는가?"

"사위성에서 제정하였다."

"누구를 인연하였는가?"

"육군비구들을 인연하였다."

"무슨 일을 의지하여 제정하셨는가?"

"육군비구들이 몸을 드러내고서 시정에서 돌아다녔던 일이었다."

"그것에 계목이 있었는가? 보충하는 조목이 있었는가? 추가의 예비적인 조목이 있었는가?"

"하나의 계목이 있었다."

"여섯 종류의 범한 죄가 생겨나는 가운데에서 무슨 종류를 의지하여 생겨난 것인가?"

"한 종류가 일어나는 것을 의지하여 생겨났나니, 몸과 말과 뜻을 이유로 생겨나는 것이다."

7-4 "어느 곳에서 공경하지 않았던 까닭으로 몸을 드러내고서 시정에 앉았던 돌길라에 관하여 제정하여 세우셨는가?"

"사위성에서 제정하였다."

"누구를 인연하였는가?"

"육군비구들을 인연하였다."

"무슨 일을 의지하여 제정하셨는가?"

"육군비구들이 시정에서 앉았던 일이었다."

"그것에 계목이 있었는가? 보충하는 조목이 있었는가? 추가의 예비적인 조목이 있었는가?"

"하나의 계목이 있었다."

"여섯 종류의 범한 죄가 생겨나는 가운데에서 무슨 종류를 의지하여 생겨난 것인가?"

"한 종류가 일어나는 것을 의지하여 생겨났나니, 몸과 말과 뜻을 이유로 생겨나는 것이다."

7-5 "어느 곳에서 공경하지 않았던 까닭으로 시정에서 손발을 흔들면서 돌아다녔던 돌길라에 관하여 제정하여 세우셨는가?"

"사위성에서 제정하였다."

"누구를 인연하였는가?"

"육군비구들을 인연하였다."

"무슨 일을 의지하여 제정하셨는가?"

"육군비구들이 시정에서 손발을 흔들면서 돌아다녔던 일이었다."

"그것에 계목이 있었는가? 보충하는 조목이 있었는가? 추가의 예비적인 조목이 있었는가?"

"하나의 계목이 있었다."

"여섯 종류의 범한 죄가 생겨나는 가운데에서 무슨 종류를 의지하여 생겨난 것인가?"

"한 종류가 일어나는 것을 의지하여 생겨났나니, 몸과 말과 뜻을 이유로 생겨나는 것이다."

7-6 "어느 곳에서 공경하지 않았던 까닭으로 시정에서 손발을 흔들면서

앉았던 돌길라에 관하여 제정하여 세우셨는가?”

 “사위성에서 제정하였다.”

 “누구를 인연하였는가?”

 “육군비구들을 인연하였다.”

 “무슨 일을 의지하여 제정하셨는가?”

 “육군비구들이 시정에서 손발을 흔들면서 앉았던 일이었다.”

 “그것에 계목이 있었는가? 보충하는 조목이 있었는가? 추가의 예비적인 조목이 있었는가?”

 “하나의 계목이 있었다.”

 “여섯 종류의 범한 죄가 생겨나는 가운데에서 무슨 종류를 의지하여 생겨난 것인가?”

 “한 종류가 일어나는 것을 의지하여 생겨났나니, 몸과 말과 뜻을 이유로 생겨나는 것이다.”

7-7 “어느 곳에서 공경하지 않았던 까닭으로 시정에서 두리번거리면서 돌아다녔던 돌길라에 관하여 제정하여 세우셨는가?”

 “사위성에서 제정하였다.”

 “누구를 인연하였는가?”

 “육군비구들을 인연하였다.”

 “무슨 일을 의지하여 제정하셨는가?”

 “육군비구들이 시정에서 두리번거리면서 돌아다녔던 일이었다.”

 “그것에 계목이 있었는가? 보충하는 조목이 있었는가? 추가의 예비적인 조목이 있었는가?”

 “하나의 계목이 있었다.”

 “여섯 종류의 범한 죄가 생겨나는 가운데에서 무슨 종류를 의지하여 생겨난 것인가?”

 “한 종류가 일어나는 것을 의지하여 생겨났나니, 몸과 말과 뜻을 이유로 생겨나는 것이다.”

7-8 "어느 곳에서 공경하지 않았던 까닭으로 시정에서 두리번거리면서 앉았던 돌길라에 관하여 제정하여 세우셨는가?"

"사위성에서 제정하였다."

"누구를 인연하였는가?"

"육군비구들을 인연하였다."

"무슨 일을 의지하여 제정하셨는가?"

"육군비구들이 시정에서 두리번거리면서 앉았던 일이었다."

"그것에 계목이 있었는가? 보충하는 조목이 있었는가? 추가의 예비적 인 조목이 있었는가?"

"하나의 계목이 있었다."

"여섯 종류의 범한 죄가 생겨나는 가운데에서 무슨 종류를 의지하여 생겨난 것인가?"

"한 종류가 일어나는 것을 의지하여 생겨났나니, 몸과 말과 뜻을 이유로 생겨나는 것이다."

7-9 "어느 곳에서 공경하지 않았던 까닭으로 시정에서 옷을 걷어 올리고 돌아다녔던 돌길라에 관하여 제정하여 세우셨는가?"

"사위성에서 제정하였다."

"누구를 인연하였는가?"

"육군비구들을 인연하였다."

"무슨 일을 의지하여 제정하셨는가?"

"육군비구들이 시정에서 옷을 걷어 올리고 돌아다녔던 일이었다."

"그것에 계목이 있었는가? 보충하는 조목이 있었는가? 추가의 예비적 인 조목이 있었는가?"

"하나의 계목이 있었다."

"여섯 종류의 범한 죄가 생겨나는 가운데에서 무슨 종류를 의지하여 생겨난 것인가?"

"한 종류가 일어나는 것을 의지하여 생겨났나니, 몸과 말과 뜻을 이유로

생겨나는 것이다."

7-10 "어느 곳에서 공경하지 않았던 까닭으로 시정에서 옷을 걷어 올리고 앉았던 돌길라에 관하여 제정하여 세우셨는가?"

"사위성에서 제정하였다."

"누구를 인연하였는가?"

"육군비구들을 인연하였다."

"무슨 일을 의지하여 제정하셨는가?"

"육군비구들이 시정에서 옷을 걷어 올리고 앉았던 일이었다."

"그것에 계목이 있었는가? 보충하는 조목이 있었는가? 추가의 예비적인 조목이 있었는가?"

"하나의 계목이 있었다."

"여섯 종류의 범한 죄가 생겨나는 가운데에서 무슨 종류를 의지하여 생겨난 것인가?"

"한 종류가 일어나는 것을 의지하여 생겨났나니, 몸과 말과 뜻을 이유로 생겨나는 것이다."

○ **첫째의 송출품을 마친다.**

(2) 제2송출품[166]

7-11 "어느 곳에서 공경하지 않았던 까닭으로 시정에서 크게 웃으면서 돌아다녔던 돌길라에 관하여 제정하여 세우셨는가?"

"사위성에서 제정하였다."

"누구를 인연하였는가?"

"육군비구들을 인연하였다."

---

166) 팔리어Ujjagghikavagga(우짜끼카바까)의 번역이고, 홍소품(哄笑品)을 뜻한다.

"무슨 일을 의지하여 제정하셨는가?"

"육군비구들이 시정에서 크게 웃으면서 돌아다녔던 일이었다."

"그것에 계목이 있었는가? 보충하는 조목이 있었는가? 추가의 예비적인 조목이 있었는가?"

"하나의 계목이 있었다."

"여섯 종류의 범한 죄가 생겨나는 가운데에서 무슨 종류를 의지하여 생겨난 것인가?"

"한 종류가 일어나는 것을 의지하여 생겨났나니, 몸과 말과 뜻을 이유로 생겨나는 것이다."

7-12 "어느 곳에서 공경하지 않았던 까닭으로 시정에서 크게 웃으면서 앉았던 돌길라에 관하여 제정하여 세우셨는가?"

"사위성에서 제정하였다."

"누구를 인연하였는가?"

"육군비구들을 인연하였다."

"무슨 일을 의지하여 제정하셨는가?"

"육군비구들이 시정에서 크게 웃으면서 앉았던 일이었다."

"그것에 계목이 있었는가? 보충하는 조목이 있었는가? 추가의 예비적인 조목이 있었는가?"

"하나의 계목이 있었다."

"여섯 종류의 범한 죄가 생겨나는 가운데에서 무슨 종류를 의지하여 생겨난 것인가?"

"한 종류가 일어나는 것을 의지하여 생겨났나니, 몸과 말과 뜻을 이유로 생겨나는 것이다."

7-13 "어느 곳에서 공경하지 않았던 까닭으로 시정에서 크게 소리를 지르면서 돌아다녔던 돌길라에 관하여 제정하여 세우셨는가?"

"사위성에서 제정하였다."

“누구를 인연하였는가?”

“육군비구들을 인연하였다.”

“무슨 일을 의지하여 제정하셨는가?”

“육군비구들이 시정에서 크게 소리를 지르면서 돌아다녔던 일이었다.”

“그것에 계목이 있었는가? 보충하는 조목이 있었는가? 추가의 예비적인 조목이 있었는가?”

“하나의 계목이 있었다.”

“여섯 종류의 범한 죄가 생겨나는 가운데에서 무슨 종류를 의지하여 생겨난 것인가?”

“한 종류가 일어나는 것을 의지하여 생겨났나니, 몸과 말과 뜻을 이유로 생겨나는 것이다.”

7-14 “어느 곳에서 공경하지 않았던 까닭으로 시정에서 크게 소리를 지르면서 앉았던 돌길라에 관하여 제정하여 세우셨는가?”

“사위성에서 제정하였다.”

“누구를 인연하였는가?”

“육군비구들을 인연하였다.”

“무슨 일을 의지하여 제정하셨는가?”

“육군비구들이 시정에서 크게 소리를 지르면서 앉았던 일이었다.”

“그것에 계목이 있었는가? 보충하는 조목이 있었는가? 추가의 예비적인 조목이 있었는가?”

“하나의 계목이 있었다.”

“여섯 종류의 범한 죄가 생겨나는 가운데에서 무슨 종류를 의지하여 생겨난 것인가?”

“한 종류가 일어나는 것을 의지하여 생겨났나니, 몸과 말과 뜻을 이유로 생겨나는 것이다.”

7-15 “어느 곳에서 공경하지 않았던 까닭으로 시정에서 몸을 흔들면서

돌아다녔던 돌길라에 관하여 제정하여 세우셨는가?”

“사위성에서 제정하였다.”

“누구를 인연하였는가?”

“육군비구들을 인연하였다.”

“무슨 일을 의지하여 제정하셨는가?”

“육군비구들이 시정에서 몸을 흔들면서 돌아다녔던 일이었다.”

“그것에 계목이 있었는가? 보충하는 조목이 있었는가? 추가의 예비적인 조목이 있었는가?”

“하나의 계목이 있었다.”

“여섯 종류의 범한 죄가 생겨나는 가운데에서 무슨 종류를 의지하여 생겨난 것인가?”

“한 종류가 일어나는 것을 의지하여 생겨났나니, 몸과 말과 뜻을 이유로 생겨나는 것이다.”

7-16 “어느 곳에서 공경하지 않았던 까닭으로 시정에서 몸을 흔들면서 앉았던 돌길라에 관하여 제정하여 세우셨는가?”

“사위성에서 제정하였다.”

“누구를 인연하였는가?”

“육군비구들을 인연하였다.”

“무슨 일을 의지하여 제정하셨는가?”

“육군비구들이 시정에서 몸을 흔들면서 앉았던 일이었다.”

“그것에 계목이 있었는가? 보충하는 조목이 있었는가? 추가의 예비적인 조목이 있었는가?”

“하나의 계목이 있었다.”

“여섯 종류의 범한 죄가 생겨나는 가운데에서 무슨 종류를 의지하여 생겨난 것인가?”

“한 종류가 일어나는 것을 의지하여 생겨났나니, 몸과 말과 뜻을 이유로 생겨나는 것이다.”

7-17 "어느 곳에서 공경하지 않았던 까닭으로 시정에서 어깨를 흔들면서 돌아다녔던 돌길라에 관하여 제정하여 세우셨는가?"

"사위성에서 제정하였다."

"누구를 인연하였는가?"

"육군비구들을 인연하였다."

"무슨 일을 의지하여 제정하셨는가?"

"육군비구들이 시정에서 어깨를 흔들면서 돌아다녔던 일이었다."

"그것에 계목이 있었는가? 보충하는 조목이 있었는가? 추가의 예비적인 조목이 있었는가?"

"하나의 계목이 있었다."

"여섯 종류의 범한 죄가 생겨나는 가운데에서 무슨 종류를 의지하여 생겨난 것인가?"

"한 종류가 일어나는 것을 의지하여 생겨났나니, 몸과 말과 뜻을 이유로 생겨나는 것이다."

7-18 "어느 곳에서 공경하지 않았던 까닭으로 시정에서 어깨를 흔들면서 앉았던 돌길라에 관하여 제정하여 세우셨는가?"

"사위성에서 제정하였다."

"누구를 인연하였는가?"

"육군비구들을 인연하였다."

"무슨 일을 의지하여 제정하셨는가?"

"육군비구들이 시정에서 어깨를 흔들면서 앉았던 일이었다."

"그것에 계목이 있었는가? 보충하는 조목이 있었는가? 추가의 예비적인 조목이 있었는가?"

"하나의 계목이 있었다."

"여섯 종류의 범한 죄가 생겨나는 가운데에서 무슨 종류를 의지하여 생겨난 것인가?"

"한 종류가 일어나는 것을 의지하여 생겨났나니, 몸과 말과 뜻을 이유로

생겨나는 것이다.”

7-19 “어느 곳에서 공경하지 않았던 까닭으로 시정에서 머리를 흔들면서 돌아다녔던 돌길라에 관하여 제정하여 세우셨는가?”

“사위성에서 제정하였다.”

“누구를 인연하였는가?”

“육군비구들을 인연하였다.”

“무슨 일을 의지하여 제정하셨는가?”

“육군비구들이 시정에서 머리를 흔들면서 돌아다녔던 일이었다.”

“그것에 계목이 있었는가? 보충하는 조목이 있었는가? 추가의 예비적인 조목이 있었는가?”

“하나의 계목이 있었다.”

“여섯 종류의 범한 죄가 생겨나는 가운데에서 무슨 종류를 의지하여 생겨난 것인가?”

“한 종류가 일어나는 것을 의지하여 생겨났나니, 몸과 말과 뜻을 이유로 생겨나는 것이다.”

7-20 “어느 곳에서 공경하지 않았던 까닭으로 시정에서 머리를 흔들면서 앉았던 돌길라에 관하여 제정하여 세우셨는가?”

“사위성에서 제정하였다.”

“누구를 인연하였는가?”

“육군비구들을 인연하였다.”

“무슨 일을 의지하여 제정하셨는가?”

“육군비구들이 시정에서 머리를 흔들면서 앉았던 일이었다.”

“그것에 계목이 있었는가? 보충하는 조목이 있었는가? 추가의 예비적인 조목이 있었는가?”

“하나의 계목이 있었다.”

“여섯 종류의 범한 죄가 생겨나는 가운데에서 무슨 종류를 의지하여

생겨난 것인가?"

"한 종류가 일어나는 것을 의지하여 생겨났나니, 몸과 말과 뜻을 이유로 생겨나는 것이다."

○ **둘째의 송출품을 마친다.**

(3) 제3송출품[167]

7-21 "어느 곳에서 공경하지 않았던 까닭으로 시정에서 손을 허리에 얹고 팔꿈치를 벌리면서 돌아다녔던 돌길라에 관하여 제정하여 세우셨는가?"

"사위성에서 제정하였다."

"누구를 인연하였는가?"

"육군비구들을 인연하였다."

"무슨 일을 의지하여 제정하셨는가?"

"육군비구들이 시정에서 손을 허리에 얹고 팔꿈치를 벌리면서 돌아다녔던 일이었다."

"그것에 계목이 있었는가? 보충하는 조목이 있었는가? 추가의 예비적인 조목이 있었는가?"

"하나의 계목이 있었다."

"여섯 종류의 범한 죄가 생겨나는 가운데에서 무슨 종류를 의지하여 생겨난 것인가?"

"한 종류가 일어나는 것을 의지하여 생겨났나니, 몸과 말과 뜻을 이유로 생겨나는 것이다."

7-22 "어느 곳에서 공경하지 않았던 까닭으로 시정에서 손을 허리에 얹고 팔꿈치를 벌리면서 앉았던 돌길라에 관하여 제정하여 세우셨는가?"

---

167) 팔리어 Khambhakatavagga(캄바카타바까)의 번역이고, 차요품(叉腰品)을 뜻한다.

"사위성에서 제정하였다."

"누구를 인연하였는가?"

"육군비구들을 인연하였다."

"무슨 일을 의지하여 제정하셨는가?"

"육군비구들이 시정에서 손을 허리에 얹고 팔꿈치를 벌리면서 앉았던 일이었다."

"그것에 계목이 있었는가? 보충하는 조목이 있었는가? 추가의 예비적인 조목이 있었는가?"

"하나의 계목이 있었다."

"여섯 종류의 범한 죄가 생겨나는 가운데에서 무슨 종류를 의지하여 생겨난 것인가?"

"한 종류가 일어나는 것을 의지하여 생겨났나니, 몸과 말과 뜻을 이유로 생겨나는 것이다."

7-23 "어느 곳에서 공경하지 않았던 까닭으로 시정에서 머리를 감싸고서 돌아다녔던 돌길라에 관하여 제정하여 세우셨는가?"

"사위성에서 제정하였다."

"누구를 인연하였는가?"

"육군비구들을 인연하였다."

"무슨 일을 의지하여 제정하셨는가?"

"육군비구들이 시정에서 머리를 감싸고서 돌아다녔던 일이었다."

"그것에 계목이 있었는가? 보충하는 조목이 있었는가? 추가의 예비적인 조목이 있었는가?"

"하나의 계목이 있었다."

"여섯 종류의 범한 죄가 생겨나는 가운데에서 무슨 종류를 의지하여 생겨난 것인가?"

"한 종류가 일어나는 것을 의지하여 생겨났나니, 몸과 말과 뜻을 이유로 생겨나는 것이다."

7-24 "어느 곳에서 공경하지 않았던 까닭으로 시정에서 머리를 감싸고서 앉았던 돌길라에 관하여 제정하여 세우셨는가?"

"사위성에서 제정하였다."

"누구를 인연하였는가?"

"육군비구들을 인연하였다."

"무슨 일을 의지하여 제정하셨는가?"

"육군비구들이 시정에서 머리를 감싸고서 앉았던 일이었다."

"그것에 계목이 있었는가? 보충하는 조목이 있었는가? 추가의 예비적인 조목이 있었는가?"

"하나의 계목이 있었다."

"여섯 종류의 범한 죄가 생겨나는 가운데에서 무슨 종류를 의지하여 생겨난 것인가?"

"한 종류가 일어나는 것을 의지하여 생겨났나니, 몸과 말과 뜻을 이유로 생겨나는 것이다."

7-25 "어느 곳에서 공경하지 않았던 까닭으로 시정에서 웅크리고서 돌아다녔던 돌길라에 관하여 제정하여 세우셨는가?"

"사위성에서 제정하였다."

"누구를 인연하였는가?"

"육군비구들을 인연하였다."

"무슨 일을 의지하여 제정하셨는가?"

"육군비구들이 시정에서 웅크리고서 돌아다녔던 일이었다."

"그것에 계목이 있었는가? 보충하는 조목이 있었는가? 추가의 예비적인 조목이 있었는가?"

"하나의 계목이 있었다."

"여섯 종류의 범한 죄가 생겨나는 가운데에서 무슨 종류를 의지하여 생겨난 것인가?"

"한 종류가 일어나는 것을 의지하여 생겨났나니, 몸과 말과 뜻을 이유로

생겨나는 것이다."

7-26 "어느 곳에서 공경하지 않았던 까닭으로 시정에서 산란(散亂)한 모습으로 앉았던 돌길라에 관하여 제정하여 세우셨는가?"

"사위성에서 제정하였다."

"누구를 인연하였는가?"

"육군비구들을 인연하였다."

"무슨 일을 의지하여 제정하셨는가?"

"육군비구들이 시정에서 산란한 모습으로 앉았던 일이었다."

"그것에 계목이 있었는가? 보충하는 조목이 있었는가? 추가의 예비적인 조목이 있었는가?"

"하나의 계목이 있었다."

"여섯 종류의 범한 죄가 생겨나는 가운데에서 무슨 종류를 의지하여 생겨난 것인가?"

"한 종류가 일어나는 것을 의지하여 생겨났나니, 몸과 말과 뜻을 이유로 생겨나는 것이다."

7-27 "어느 곳에서 공경하지 않았던 까닭으로 주의하지 않고서 음식을 받았던 돌길라에 관하여 제정하여 세우셨는가?"

"사위성에서 제정하였다."

"누구를 인연하였는가?"

"육군비구들을 인연하였다."

"무슨 일을 의지하여 제정하셨는가?"

"육군비구들이 주의하지 않고서 음식을 받았던 일이었다."

"그것에 계목이 있었는가? 보충하는 조목이 있었는가? 추가의 예비적인 조목이 있었는가?"

"하나의 계목이 있었다."

"여섯 종류의 범한 죄가 생겨나는 가운데에서 무슨 종류를 의지하여

생겨난 것인가?"

　"한 종류가 일어나는 것을 의지하여 생겨났나니, 몸과 말과 뜻을 이유로 생겨나는 것이다."

7-28 "어느 곳에서 공경하지 않았던 까닭으로 좌우를 두리번거리면서 음식을 받았던 돌길라에 관하여 제정하여 세우셨는가?"

　"사위성에서 제정하였다."

　"누구를 인연하였는가?"

　"육군비구들을 인연하였다."

　"무슨 일을 의지하여 제정하셨는가?"

　"육군비구들이 좌우를 두리번거리면서 음식을 받았던 일이었다."

　"그것에 계목이 있었는가? 보충하는 조목이 있었는가? 추가의 예비적인 조목이 있었는가?"

　"하나의 계목이 있었다."

　"여섯 종류의 범한 죄가 생겨나는 가운데에서 무슨 종류를 의지하여 생겨난 것인가?"

　"한 종류가 일어나는 것을 의지하여 생겨났나니, 몸과 말과 뜻을 이유로 생겨나는 것이다."

7-29 "어느 곳에서 공경하지 않았던 까닭으로 많은 양의 국(汁)168)을 받았던 돌길라에 관하여 제정하여 세우셨는가?"

　"사위성에서 제정하였다."

　"누구를 인연하였는가?"

　"육군비구들을 인연하였다."

　"무슨 일을 의지하여 제정하셨는가?"

　"육군비구들이 좌우를 두리번거리면서 음식을 받았던 일이었다."

---

168) 팔리어 sūpa(수파)의 번역이고, 카레(curry)를 가리킨다.

"그것에 계목이 있었는가? 보충하는 조목이 있었는가? 추가의 예비적인 조목이 있었는가?"

"하나의 계목이 있었다."

"여섯 종류의 범한 죄가 생겨나는 가운데에서 무슨 종류를 의지하여 생겨난 것인가?"

"한 종류가 일어나는 것을 의지하여 생겨났나니, 몸과 말과 뜻을 이유로 생겨나는 것이다."

7-30 "어느 곳에서 공경하지 않았던 까닭으로 발우를 넘치도록 베푸는 음식을 받았던 돌길라에 관하여 제정하여 세우셨는가?"

"사위성에서 제정하였다."

"누구를 인연하였는가?"

"육군비구들을 인연하였다."

"무슨 일을 의지하여 제정하셨는가?"

"육군비구들이 발우를 넘치도록 베푸는 음식을 받았던 일이었다."

"그것에 계목이 있었는가? 보충하는 조목이 있었는가? 추가의 예비적인 조목이 있었는가?"

"하나의 계목이 있었다."

"여섯 종류의 범한 죄가 생겨나는 가운데에서 무슨 종류를 의지하여 생겨난 것인가?"

"한 종류가 일어나는 것을 의지하여 생겨났나니, 몸과 말과 뜻을 이유로 생겨나는 것이다."

○ **셋째의 송출품을 마친다.**

(4) 제4송출품[169]

7-31 "어느 곳에서 공경하지 않았던 까닭으로 주의하지 않고서 보시한 음식을 먹었던 돌길라에 관하여 제정하여 세우셨는가?"

"사위성에서 제정하였다."

"누구를 인연하였는가?"

"육군비구들을 인연하였다."

"무슨 일을 의지하여 제정하셨는가?"

"육군비구들이 주의하지 않고서 보시한 음식을 먹었던 일이었다."

"그것에 계목이 있었는가? 보충하는 조목이 있었는가? 추가의 예비적인 조목이 있었는가?"

"하나의 계목이 있었다."

"여섯 종류의 범한 죄가 생겨나는 가운데에서 무슨 종류를 의지하여 생겨난 것인가?"

"한 종류가 일어나는 것을 의지하여 생겨났나니, 몸과 말과 뜻을 이유로 생겨나는 것이다."

7-32 "어느 곳에서 공경하지 않았던 까닭으로 좌우를 두리번거리면서 보시한 음식을 먹었던 돌길라에 관하여 제정하여 세우셨는가?"

"사위성에서 제정하였다."

"누구를 인연하였는가?"

"육군비구들을 인연하였다."

"무슨 일을 의지하여 제정하셨는가?"

"육군비구들이 좌우를 두리번거리면서 보시한 음식을 먹었던 일이었다."

"그것에 계목이 있었는가? 보충하는 조목이 있었는가? 추가의 예비적인 조목이 있었는가?"

---

169) 팔리어 Piṇḍapātavagga(핀다파타바까)의 번역이고, 시식품(施食品)을 뜻한다.

"하나의 계목이 있었다."

"여섯 종류의 범한 죄가 생겨나는 가운데에서 무슨 종류를 의지하여 생겨난 것인가?"

"한 종류가 일어나는 것을 의지하여 생겨났나니, 몸과 말과 뜻을 이유로 생겨나는 것이다."

7-33 "어느 곳에서 공경하지 않았던 까닭으로 여러 곳을 주물럭거리면서 보시한 음식을 먹었던 돌길라에 관하여 제정하여 세우셨는가?"

"사위성에서 제정하였다."

"누구를 인연하였는가?"

"육군비구들을 인연하였다."

"무슨 일을 의지하여 제정하셨는가?"

"육군비구들이 여러 곳을 주물럭거리면서 보시한 음식을 먹었던 일이었다."

"그것에 계목이 있었는가? 보충하는 조목이 있었는가? 추가의 예비적인 조목이 있었는가?"

"하나의 계목이 있었다."

"여섯 종류의 범한 죄가 생겨나는 가운데에서 무슨 종류를 의지하여 생겨난 것인가?"

"한 종류가 일어나는 것을 의지하여 생겨났나니, 몸과 말과 뜻을 이유로 생겨나는 것이다."

7-34 "어느 곳에서 공경하지 않았던 까닭으로 많은 양의 국을 먹었던 돌길라에 관하여 제정하여 세우셨는가?"

"사위성에서 제정하였다."

"누구를 인연하였는가?"

"육군비구들을 인연하였다."

"무슨 일을 의지하여 제정하셨는가?"

"육군비구들이 많은 양의 국을 먹었던 일이었다."

"그것에 계목이 있었는가? 보충하는 조목이 있었는가? 추가의 예비적인 조목이 있었는가?"

"하나의 계목이 있었다."

"여섯 종류의 범한 죄가 생겨나는 가운데에서 무슨 종류를 의지하여 생겨난 것인가?"

"한 종류가 일어나는 것을 의지하여 생겨났나니, 몸과 말과 뜻을 이유로 생겨나는 것이다."

7-35 "어느 곳에서 공경하지 않았던 까닭으로 가운데를 주물럭거리면서 보시한 음식을 먹었던 돌길라에 관하여 제정하여 세우셨는가?"

"사위성에서 제정하였다."

"누구를 인연하였는가?"

"육군비구들을 인연하였다."

"무슨 일을 의지하여 제정하셨는가?"

"육군비구들이 가운데를 주물럭거리면서 보시한 음식을 먹었던 일이었다."

"그것에 계목이 있었는가? 보충하는 조목이 있었는가? 추가의 예비적인 조목이 있었는가?"

"하나의 계목이 있었다."

"여섯 종류의 범한 죄가 생겨나는 가운데에서 무슨 종류를 의지하여 생겨난 것인가?"

"한 종류가 일어나는 것을 의지하여 생겨났나니, 몸과 말과 뜻을 이유로 생겨나는 것이다."

7-36 "어느 곳에서 공경하지 않았던 까닭으로 더욱 많은 국을 얻고자 밥으로 국을 덮었던 돌길라에 관하여 제정하여 세우셨는가?"

"사위성에서 제정하였다."

"누구를 인연하였는가?"

"육군비구들을 인연하였다."

"무슨 일을 의지하여 제정하셨는가?"

"육군비구들이 더욱 많은 국을 얻고자 밥으로 국을 덮었던 일이었다."

"그것에 계목이 있었는가? 보충하는 조목이 있었는가? 추가의 예비적인 조목이 있었는가?"

"하나의 계목이 있었다."

"여섯 종류의 범한 죄가 생겨나는 가운데에서 무슨 종류를 의지하여 생겨난 것인가?"

"한 종류가 일어나는 것을 의지하여 생겨났나니, 몸과 말과 뜻을 이유로 생겨나는 것이다."

7-37 "어느 곳에서 공경하지 않았던 까닭으로 병자가 아니었으나, 스스로를 위하여 국과 밥을 구걸하여서 먹었던 돌길라에 관하여 제정하여 세우셨는가?"

"사위성에서 제정하였다."

"누구를 인연하였는가?"

"육군비구들을 인연하였다."

"무슨 일을 의지하여 제정하셨는가?"

"육군비구들이 병자가 아니었으나, 스스로를 위하여 국과 밥을 구걸하여서 먹었던 일이었다."

"그것에 계목이 있었는가? 보충하는 조목이 있었는가? 추가의 예비적인 조목이 있었는가?"

"하나의 계목이 있었고, 한 가지의 조목이 있었다."

"여섯 종류의 범한 죄가 생겨나는 가운데에서 무슨 종류를 의지하여 생겨난 것인가?"

"한 종류가 일어나는 것을 의지하여 생겨났나니, 몸과 말과 뜻을 이유로 생겨나는 것이다."

7-38 "어느 곳에서 공경하지 않았던 까닭으로 마음에 불만이 있었으므로 다른 사람의 발우를 바라보았던 돌길라에 관하여 제정하여 세우셨는가?"

"사위성에서 제정하였다."

"누구를 인연하였는가?"

"육군비구들을 인연하였다."

"무슨 일을 의지하여 제정하셨는가?"

"육군비구들이 마음에 불만이 있었으므로 다른 사람의 발우를 바라보았던 일이었다."

"그것에 계목이 있었는가? 보충하는 조목이 있었는가? 추가의 예비적인 조목이 있었는가?"

"하나의 계목이 있었다."

"여섯 종류의 범한 죄가 생겨나는 가운데에서 무슨 종류를 의지하여 생겨난 것인가?"

"한 종류가 일어나는 것을 의지하여 생겨났나니, 몸과 말과 뜻을 이유로 생겨나는 것이다."

7-38 "어느 곳에서 공경하지 않았던 까닭으로 마음에 불만이 있었으므로 다른 사람의 발우를 바라보았던 돌길라에 관하여 제정하여 세우셨는가?"

"사위성에서 제정하였다."

"누구를 인연하였는가?"

"육군비구들을 인연하였다."

"무슨 일을 의지하여 제정하셨는가?"

"육군비구들이 마음에 불만이 있었으므로 다른 사람의 발우를 바라보았던 일이었다."

"그것에 계목이 있었는가? 보충하는 조목이 있었는가? 추가의 예비적인 조목이 있었는가?"

"하나의 계목이 있었다."

"여섯 종류의 범한 죄가 생겨나는 가운데에서 무슨 종류를 의지하여

생겨난 것인가?"

"한 종류가 일어나는 것을 의지하여 생겨났나니, 몸과 말과 뜻을 이유로
생겨나는 것이다."

7-39 "어느 곳에서 공경하지 않았던 까닭으로 크게 음식의 덩어리를
지었던 돌길라에 관하여 제정하여 세우셨는가?"

"사위성에서 제정하였다."

"누구를 인연하였는가?"

"육군비구들을 인연하였다."

"무슨 일을 의지하여 제정하셨는가?"

"육군비구들이 크게 음식의 덩어리를 지었던 일이었다."

"그것에 계목이 있었는가? 보충하는 조목이 있었는가? 추가의 예비적
인 조목이 있었는가?"

"하나의 계목이 있었다."

"여섯 종류의 범한 죄가 생겨나는 가운데에서 무슨 종류를 의지하여
생겨난 것인가?"

"한 종류가 일어나는 것을 의지하여 생겨났나니, 몸과 말과 뜻을 이유로
생겨나는 것이다."

7-40 "어느 곳에서 공경하지 않았던 까닭으로 긴 타원형의 음식 덩어리를
지었던 돌길라에 관하여 제정하여 세우셨는가?"

"사위성에서 제정하였다."

"누구를 인연하였는가?"

"육군비구들을 인연하였다."

"무슨 일을 의지하여 제정하셨는가?"

"육군비구들이 긴 타원형의 음식 덩어리를 지었던 일이었다."

"그것에 계목이 있었는가? 보충하는 조목이 있었는가? 추가의 예비적
인 조목이 있었는가?"

"하나의 계목이 있었다."

"여섯 종류의 범한 죄가 생겨나는 가운데에서 무슨 종류를 의지하여 생겨난 것인가?"

"한 종류가 일어나는 것을 의지하여 생겨났나니, 몸과 말과 뜻을 이유로 생겨나는 것이다."

○ **넷째의 송출품을 마친다.**

(5) 제5송출품[170]

7-41 "어느 곳에서 공경하지 않았던 까닭으로 음식 덩어리가 입의 주변에 오지 않았으나, 크게 입을 벌렸던 돌길라에 관하여 제정하여 세우셨는가?"

"사위성에서 제정하였다."

"누구를 인연하였는가?"

"육군비구들을 인연하였다."

"무슨 일을 의지하여 제정하셨는가?"

"육군비구들이 음식 덩어리가 입의 주변에 오지 않았으나, 크게 입을 벌렸던 일이었다."

"그것에 계목이 있었는가? 보충하는 조목이 있었는가? 추가의 예비적인 조목이 있었는가?"

"하나의 계목이 있었다."

"여섯 종류의 범한 죄가 생겨나는 가운데에서 무슨 종류를 의지하여 생겨난 것인가?"

"한 종류가 일어나는 것을 의지하여 생겨났나니, 몸과 말과 뜻을 이유로 생겨나는 것이다."

---

170) 팔리어 Kabalavagga(카바라바까)의 번역이고, 반구품(飯球品)을 뜻한다.

7-42 "어느 곳에서 공경하지 않았던 까닭으로 음식을 먹는 때에 손을 가지고 입을 모두 막았던 돌길라에 관하여 제정하여 세우셨는가?"

"사위성에서 제정하였다."

"누구를 인연하였는가?"

"육군비구들을 인연하였다."

"무슨 일을 의지하여 제정하셨는가?"

"육군비구들이 음식을 먹는 때에 손을 가지고 입을 모두 막았던 일이었다."

"그것에 계목이 있었는가? 보충하는 조목이 있었는가? 추가의 예비적인 조목이 있었는가?"

"하나의 계목이 있었다."

"여섯 종류의 범한 죄가 생겨나는 가운데에서 무슨 종류를 의지하여 생겨난 것인가?"

"한 종류가 일어나는 것을 의지하여 생겨났나니, 몸과 말과 뜻을 이유로 생겨나는 것이다."

7-43 "어느 곳에서 공경하지 않았던 까닭으로 음식을 입에 가득히 머금고서 말하였던 돌길라에 관하여 제정하여 세우셨는가?"

"사위성에서 제정하였다."

"누구를 인연하였는가?"

"육군비구들을 인연하였다."

"무슨 일을 의지하여 제정하셨는가?"

"육군비구들이 음식을 입에 가득히 머금고서 말하였던 일이었다."

"그것에 계목이 있었는가? 보충하는 조목이 있었는가? 추가의 예비적인 조목이 있었는가?"

"하나의 계목이 있었다."

"여섯 종류의 범한 죄가 생겨나는 가운데에서 무슨 종류를 의지하여 생겨난 것인가?"

"한 종류가 일어나는 것을 의지하여 생겨났나니, 몸과 말과 뜻을 이유로

생겨나는 것이다."

7-44 "어느 곳에서 공경하지 않았던 까닭으로 음식을 입속에 던져서 먹었던 돌길라에 관하여 제정하여 세우셨는가?"

"사위성에서 제정하였다."

"누구를 인연하였는가?"

"육군비구들을 인연하였다."

"무슨 일을 의지하여 제정하셨는가?"

"육군비구들이 음식을 입속에 던져서 먹었던 일이었다."

"그것에 계목이 있었는가? 보충하는 조목이 있었는가? 추가의 예비적인 조목이 있었는가?"

"하나의 계목이 있었다."

"여섯 종류의 범한 죄가 생겨나는 가운데에서 무슨 종류를 의지하여 생겨난 것인가?"

"한 종류가 일어나는 것을 의지하여 생겨났나니, 몸과 말과 뜻을 이유로 생겨나는 것이다."

7-45 "어느 곳에서 공경하지 않았던 까닭으로 음식을 뭉치고서 갉아먹었던 돌길라에 관하여 제정하여 세우셨는가?"

"사위성에서 제정하였다."

"누구를 인연하였는가?"

"육군비구들을 인연하였다."

"무슨 일을 의지하여 제정하셨는가?"

"육군비구들이 음식을 뭉치고서 갉아먹었던 일이었다."

"그것에 계목이 있었는가? 보충하는 조목이 있었는가? 추가의 예비적인 조목이 있었는가?"

"하나의 계목이 있었다."

"여섯 종류의 범한 죄가 생겨나는 가운데에서 무슨 종류를 의지하여

생겨난 것인가?"

"한 종류가 일어나는 것을 의지하여 생겨났나니, 몸과 말과 뜻을 이유로 생겨나는 것이다."

7-46 "어느 곳에서 공경하지 않았던 까닭으로 입안을 부풀리고서 음식을 먹었던 돌길라에 관하여 제정하여 세우셨는가?"

"사위성에서 제정하였다."

"누구를 인연하였는가?"

"육군비구들을 인연하였다."

"무슨 일을 의지하여 제정하셨는가?"

"육군비구들이 입안을 부풀리고서 음식을 먹었던 일이었다."

"그것에 계목이 있었는가? 보충하는 조목이 있었는가? 추가의 예비적인 조목이 있었는가?"

"하나의 계목이 있었다."

"여섯 종류의 범한 죄가 생겨나는 가운데에서 무슨 종류를 의지하여 생겨난 것인가?"

"한 종류가 일어나는 것을 의지하여 생겨났나니, 몸과 말과 뜻을 이유로 생겨나는 것이다."

7-47 "어느 곳에서 공경하지 않았던 까닭으로 손을 흔들면서 음식을 먹었던 돌길라에 관하여 제정하여 세우셨는가?"

"사위성에서 제정하였다."

"누구를 인연하였는가?"

"육군비구들을 인연하였다."

"무슨 일을 의지하여 제정하셨는가?"

"육군비구들이 손을 흔들면서 음식을 먹었던 일이었다."

"그것에 계목이 있었는가? 보충하는 조목이 있었는가? 추가의 예비적인 조목이 있었는가?"

"하나의 계목이 있었다."

"여섯 종류의 범한 죄가 생겨나는 가운데에서 무슨 종류를 의지하여 생겨난 것인가?"

"한 종류가 일어나는 것을 의지하여 생겨났나니, 몸과 말과 뜻을 이유로 생겨나는 것이다."

7-48 "어느 곳에서 공경하지 않았던 까닭으로 밥 알갱이를 떨어트리면서 먹었던 돌길라에 관하여 제정하여 세우셨는가?"

"사위성에서 제정하였다."

"누구를 인연하였는가?"

"육군비구들을 인연하였다."

"무슨 일을 의지하여 제정하셨는가?"

"육군비구들이 밥 알갱이를 떨어트리면서 먹었던 일이었다."

"그것에 계목이 있었는가? 보충하는 조목이 있었는가? 추가의 예비적인 조목이 있었는가?"

"하나의 계목이 있었다."

"여섯 종류의 범한 죄가 생겨나는 가운데에서 무슨 종류를 의지하여 생겨난 것인가?"

"한 종류가 일어나는 것을 의지하여 생겨났나니, 몸과 말과 뜻을 이유로 생겨나는 것이다."

7-49 "어느 곳에서 공경하지 않았던 까닭으로 혀를 내밀면서 음식을 먹었던 돌길라에 관하여 제정하여 세우셨는가?"

"사위성에서 제정하였다."

"누구를 인연하였는가?"

"육군비구들을 인연하였다."

"무슨 일을 의지하여 제정하셨는가?"

"육군비구들이 혀를 내밀면서 먹었던 일이었다."

"그것에 계목이 있었는가? 보충하는 조목이 있었는가? 추가의 예비적인 조목이 있었는가?"

"하나의 계목이 있었다."

"여섯 종류의 범한 죄가 생겨나는 가운데에서 무슨 종류를 의지하여 생겨난 것인가?"

"한 종류가 일어나는 것을 의지하여 생겨났나니, 몸과 말과 뜻을 이유로 생겨나는 것이다."

7-50 "어느 곳에서 공경하지 않았던 까닭으로 쩝쩝거리면서 음식을 먹었던 돌길라에 관하여 제정하여 세우셨는가?"

"사위성에서 제정하였다."

"누구를 인연하였는가?"

"육군비구들을 인연하였다."

"무슨 일을 의지하여 제정하셨는가?"

"육군비구들이 쩝쩝거리면서 음식을 먹었던 일이었다."

"그것에 계목이 있었는가? 보충하는 조목이 있었는가? 추가의 예비적인 조목이 있었는가?"

"하나의 계목이 있었다."

"여섯 종류의 범한 죄가 생겨나는 가운데에서 무슨 종류를 의지하여 생겨난 것인가?"

"한 종류가 일어나는 것을 의지하여 생겨났나니, 몸과 말과 뜻을 이유로 생겨나는 것이다."

○ **다섯째의 송출품을 마친다.**

(6) 제6송출품[171]

7-51 "어느 곳에서 공경하지 않았던 까닭으로 후루룩·후루룩 소리를 내면서 음식을 먹었던 돌길라에 관하여 제정하여 세우셨는가?"

"사위성에서 제정하였다."

"누구를 인연하였는가?"

"육군비구들을 인연하였다."

"무슨 일을 의지하여 제정하셨는가?"

"육군비구들이 후루룩·후루룩 소리를 내면서 음식을 먹었던 일이었다."

"그것에 계목이 있었는가? 보충하는 조목이 있었는가? 추가의 예비적 인 조목이 있었는가?"

"하나의 계목이 있었다."

"여섯 종류의 범한 죄가 생겨나는 가운데에서 무슨 종류를 의지하여 생겨난 것인가?"

"한 종류가 일어나는 것을 의지하여 생겨났나니, 몸과 말과 뜻을 이유로 생겨나는 것이다."

7-52 "어느 곳에서 공경하지 않았던 까닭으로 손을 핥으면서 음식을 먹었던 돌길라에 관하여 제정하여 세우셨는가?"

"사위성에서 제정하였다."

"누구를 인연하였는가?"

"육군비구들을 인연하였다."

"무슨 일을 의지하여 제정하셨는가?"

"육군비구들이 손을 핥으면서 음식을 먹었던 일이었다."

"그것에 계목이 있었는가? 보충하는 조목이 있었는가? 추가의 예비적 인 조목이 있었는가?"

---

171) 팔리어 Surusuruvagga(수루수루바까)의 번역이고, 흡식품(吸食品)을 뜻한다.

"하나의 계목이 있었다."

"여섯 종류의 범한 죄가 생겨나는 가운데에서 무슨 종류를 의지하여 생겨난 것인가?"

"한 종류가 일어나는 것을 의지하여 생겨났나니, 몸과 말과 뜻을 이유로 생겨나는 것이다."

7-53 "어느 곳에서 공경하지 않았던 까닭으로 발우를 핥으면서 음식을 먹었던 돌길라에 관하여 제정하여 세우셨는가?"

"사위성에서 제정하였다."

"누구를 인연하였는가?"

"육군비구들을 인연하였다."

"무슨 일을 의지하여 제정하셨는가?"

"육군비구들이 발우를 핥으면서 음식을 먹었던 일이었다."

"그것에 계목이 있었는가? 보충하는 조목이 있었는가? 추가의 예비적인 조목이 있었는가?"

"하나의 계목이 있었다."

"여섯 종류의 범한 죄가 생겨나는 가운데에서 무슨 종류를 의지하여 생겨난 것인가?"

"한 종류가 일어나는 것을 의지하여 생겨났나니, 몸과 말과 뜻을 이유로 생겨나는 것이다."

7-54 "어느 곳에서 공경하지 않았던 까닭으로 입술을 핥으면서 음식을 먹었던 돌길라에 관하여 제정하여 세우셨는가?"

"사위성에서 제정하였다."

"누구를 인연하였는가?"

"육군비구들을 인연하였다."

"무슨 일을 의지하여 제정하셨는가?"

"육군비구들이 입술을 핥으면서 음식을 먹었던 일이었다."

"그것에 계목이 있었는가? 보충하는 조목이 있었는가? 추가의 예비적인 조목이 있었는가?"

"하나의 계목이 있었다."

"여섯 종류의 범한 죄가 생겨나는 가운데에서 무슨 종류를 의지하여 생겨난 것인가?"

"한 종류가 일어나는 것을 의지하여 생겨났나니, 몸과 말과 뜻을 이유로 생겨나는 것이다."

7-55 "어느 곳에서 공경하지 않았던 까닭으로 음식으로 더럽혀진 손으로 물병을 잡았던 돌길라에 관하여 제정하여 세우셨는가?"

"사위성에서 제정하였다."

"누구를 인연하였는가?"

"육군비구들을 인연하였다."

"무슨 일을 의지하여 제정하셨는가?"

"육군비구들이 음식으로 더럽혀진 손으로 물병을 잡았던 일이었다."

"그것에 계목이 있었는가? 보충하는 조목이 있었는가? 추가의 예비적인 조목이 있었는가?"

"하나의 계목이 있었다."

"여섯 종류의 범한 죄가 생겨나는 가운데에서 무슨 종류를 의지하여 생겨난 것인가?"

"한 종류가 일어나는 것을 의지하여 생겨났나니, 몸과 말과 뜻을 이유로 생겨나는 것이다."

7-56 "어느 곳에서 공경하지 않았던 까닭으로 밥 알갱이가 섞여 있는 발우를 씻은 물을 가지고 시정에 버렸던 돌길라에 관하여 제정하여 세우셨는가?"

"사위성에서 제정하였다."

"누구를 인연하였는가?"

"여러 비구들을 인연하였다."

"무슨 일을 의지하여 제정하셨는가?"

"여러 비구들이 밥 알갱이가 섞여 있는 발우를 씻은 물을 가지고 시정에 버렸던 일이었다."

"그것에 계목이 있었는가? 보충하는 조목이 있었는가? 추가의 예비적인 조목이 있었는가?"

"하나의 계목이 있었다."

"여섯 종류의 범한 죄가 생겨나는 가운데에서 무슨 종류를 의지하여 생겨난 것인가?"

"한 종류가 일어나는 것을 의지하여 생겨났나니, 몸과 말과 뜻을 이유로 생겨나는 것이다."

7-57 "어느 곳에서 공경하지 않았던 까닭으로 병이 없었으나, 일산(日傘)[172]을 지녔던 자를 마주하고서 설법하였던 돌길라에 관하여 제정하여 세우셨는가?"

"사위성에서 제정하였다."

"누구를 인연하였는가?"

"육군비구들을 인연하였다."

"무슨 일을 의지하여 제정하셨는가?"

"육군비구들이 질병이 없었으나, 일산을 지녔던 자를 마주하고서 설법하였던 일이었다."

"그것에 계목이 있었는가? 보충하는 조목이 있었는가? 추가의 예비적인 조목이 있었는가?"

"하나의 계목이 있었고, 한 가지의 조목이 있었다."

"여섯 종류의 범한 죄가 생겨나는 가운데에서 무슨 종류를 의지하여 생겨난 것인가?"

---

172) 팔리어 Chatta(차따)의 번역이다.

"한 종류가 일어나는 것을 의지하여 생겨났나니, 말과 뜻을 이유로 생겨나는 것이고, 몸을 이유로 생겨나는 것은 아니다."

7-58 "어느 곳에서 공경하지 않았던 까닭으로 병이 없었으나, 지팡이[173]를 지녔던 자를 마주하고서 설법하였던 돌길라에 관하여 제정하여 세우셨는가?"

"사위성에서 제정하였다."

"누구를 인연하였는가?"

"육군비구들을 인연하였다."

"무슨 일을 의지하여 제정하셨는가?"

"육군비구들이 질병이 없었으나, 지팡이를 지녔던 자를 마주하고서 설법하였던 일이었다."

"그것에 계목이 있었는가? 보충하는 조목이 있었는가? 추가의 예비적인 조목이 있었는가?"

"하나의 계목이 있었고, 한 가지의 조목이 있었다."

"여섯 종류의 범한 죄가 생겨나는 가운데에서 무슨 종류를 의지하여 생겨난 것인가?"

"한 종류가 일어나는 것을 의지하여 생겨났나니, 말과 뜻을 이유로 생겨나는 것이고, 몸을 이유로 생겨나는 것은 아니다."

7-59 "어느 곳에서 공경하지 않았던 까닭으로 병이 없었으나, 칼[174]을 지녔던 자를 마주하고서 설법하였던 돌길라에 관하여 제정하여 세우셨는가?"

"사위성에서 제정하였다."

"누구를 인연하였는가?"

"육군비구들을 인연하였다."

---

173) 팔리어 Daṇḍa(단다)의 번역이다.
174) 팔리어 Sattha(사따)의 번역이다.

"무슨 일을 의지하여 제정하셨는가?"

"육군비구들이 질병이 없었으나, 칼을 지녔던 자를 마주하고서 설법하였던 일이었다."

"그것에 계목이 있었는가? 보충하는 조목이 있었는가? 추가의 예비적인 조목이 있었는가?"

"하나의 계목이 있었고, 한 가지의 조목이 있었다."

"여섯 종류의 범한 죄가 생겨나는 가운데에서 무슨 종류를 의지하여 생겨난 것인가?"

"한 종류가 일어나는 것을 의지하여 생겨났나니, 말과 뜻을 이유로 생겨나는 것이고, 몸을 이유로 생겨나는 것은 아니다."

7-60 "어느 곳에서 공경하지 않았던 까닭으로 병이 없었으나, 무기(武器)[175]를 지녔던 자를 마주하고서 설법하였던 돌길라에 관하여 제정하여 세우셨는가?"

"사위성에서 제정하였다."

"누구를 인연하였는가?"

"육군비구들을 인연하였다."

"무슨 일을 의지하여 제정하셨는가?"

"육군비구들이 질병이 없었으나, 지팡이를 지녔던 자를 마주하고서 설법하였던 일이었다."

"그것에 계목이 있었는가? 보충하는 조목이 있었는가? 추가의 예비적인 조목이 있었는가?"

"하나의 계목이 있었고, 한 가지의 조목이 있었다."

"여섯 종류의 범한 죄가 생겨나는 가운데에서 무슨 종류를 의지하여 생겨난 것인가?"

"한 종류가 일어나는 것을 의지하여 생겨났나니, 말과 뜻을 이유로

---

175) 팔리어 Āvudha(아부다)의 번역이다.

생겨나는 것이고, 몸을 이유로 생겨나는 것은 아니다."

○ **여섯째의 송출품을 마친다.**

(7) 제7송출품[176)]

7-61 "어느 곳에서 공경하지 않았던 까닭으로 풀로 만든 신발[177)]을 신었던 자를 마주하고서 설법하였던 돌길라에 관하여 제정하여 세우셨는가?"

"사위성에서 제정하였다."

"누구를 인연하였는가?"

"육군비구들을 인연하였다."

"무슨 일을 의지하여 제정하셨는가?"

"육군비구들이 나무 신발을 신은 자를 마주하고서 설법하였던 일이었다."

"그것에 계목이 있었는가? 보충하는 조목이 있었는가? 추가의 예비적인 조목이 있었는가?"

"하나의 계목이 있었고, 한 가지의 조목이 있었다."

"여섯 종류의 범한 죄가 생겨나는 가운데에서 무슨 종류를 의지하여 생겨난 것인가?"

"한 종류가 일어나는 것을 의지하여 생겨났나니, 말과 뜻을 이유로 생겨나는 것이고, 몸을 이유로 생겨나는 것은 아니다."

7-62 "어느 곳에서 공경하지 않았던 까닭으로 샌들[178)]을 신었던 자를

---

176) 팔리어 Pādukavagga(파두카바까)의 번역이고, 초리품(草履品)을 뜻한다.

177) 팔리어 Pādukāruḷha(파두카루르하)의 번역이고, 풀 또는 나무로 만든 샌들과 같은 신발이다.

178) 팔리어 Upāhanāruḷha(우파하나루르하)의 번역이고, 가죽으로 만든 샌들과 같은 신발이다.

마주하고서 설법하였던 돌길라에 관하여 제정하여 세우셨는가?"

"사위성에서 제정하였다."

"누구를 인연하였는가?"

"육군비구들을 인연하였다."

"무슨 일을 의지하여 제정하셨는가?"

"육군비구들이 샌들을 신은 자를 마주하고서 설법하였던 일이었다."

"그것에 계목이 있었는가? 보충하는 조목이 있었는가? 추가의 예비적인 조목이 있었는가?"

"하나의 계목이 있었고, 한 가지의 조목이 있었다."

"여섯 종류의 범한 죄가 생겨나는 가운데에서 무슨 종류를 의지하여 생겨난 것인가?"

"한 종류가 일어나는 것을 의지하여 생겨났나니, 말과 뜻을 이유로 생겨나는 것이고, 몸을 이유로 생겨나는 것은 아니다."

7-63 "어느 곳에서 공경하지 않았던 까닭으로 수레[179]에 앉아 있던 자를 마주하고서 설법하였던 돌길라에 관하여 제정하여 세우셨는가?"

"사위성에서 제정하였다."

"누구를 인연하였는가?"

"육군비구들을 인연하였다."

"무슨 일을 의지하여 제정하셨는가?"

"육군비구들이 수레에 앉아 있던 자를 마주하고서 설법하였던 일이었다."

"그것에 계목이 있었는가? 보충하는 조목이 있었는가? 추가의 예비적인 조목이 있었는가?"

"하나의 계목이 있었고, 한 가지의 조목이 있었다."

"여섯 종류의 범한 죄가 생겨나는 가운데에서 무슨 종류를 의지하여 생겨난 것인가?"

---

179) 팔리어 Yānagata(야나가타)의 번역이다.

"한 종류가 일어나는 것을 의지하여 생겨났나니, 말과 뜻을 이유로 생겨나는 것이고, 몸을 이유로 생겨나는 것은 아니다."

7-64 "어느 곳에서 공경하지 않았던 까닭으로 평상[180]에 누워 있었던 자를 마주하고서 설법하였던 돌길라에 관하여 제정하여 세우셨는가?"

"사위성에서 제정하였다."

"누구를 인연하였는가?"

"육군비구들을 인연하였다."

"무슨 일을 의지하여 제정하셨는가?"

"육군비구들이 평상에 누워 있었던 자를 마주하고서 설법하였던 일이었다."

"그것에 계목이 있었는가? 보충하는 조목이 있었는가? 추가의 예비적인 조목이 있었는가?"

"하나의 계목이 있었고, 한 가지의 조목이 있었다."

"여섯 종류의 범한 죄가 생겨나는 가운데에서 무슨 종류를 의지하여 생겨난 것인가?"

"한 종류가 일어나는 것을 의지하여 생겨났나니, 말과 뜻을 이유로 생겨나는 것이고, 몸을 이유로 생겨나는 것은 아니다."

7-65 "어느 곳에서 공경하지 않았던 까닭으로 산란한 모습으로 앉아 있었던 자를 마주하고서 설법하였던 돌길라에 관하여 제정하여 세우셨는가?"

"사위성에서 제정하였다."

"누구를 인연하였는가?"

"육군비구들을 인연하였다."

"무슨 일을 의지하여 제정하셨는가?"

---

180) 팔리어 Sayanagata(사야나가타)의 번역이다.

"육군비구들이 산란한 모습으로 앉아 있었던 자를 마주하고서 설법하였던 일이었다."

"그것에 계목이 있었는가? 보충하는 조목이 있었는가? 추가의 예비적인 조목이 있었는가?"

"하나의 계목이 있었고, 한 가지의 조목이 있었다."

"여섯 종류의 범한 죄가 생겨나는 가운데에서 무슨 종류를 의지하여 생겨난 것인가?"

"한 종류가 일어나는 것을 의지하여 생겨났나니, 말과 뜻을 이유로 생겨나는 것이고, 몸을 이유로 생겨나는 것은 아니다."

7-66 "어느 곳에서 공경하지 않았던 까닭으로 머리를 감싸고서 묶었던 자를 마주하고서 설법하였던 돌길라에 관하여 제정하여 세우셨는가?"

"사위성에서 제정하였다."

"누구를 인연하였는가?"

"육군비구들을 인연하였다."

"무슨 일을 의지하여 제정하셨는가?"

"육군비구들이 머리를 감싸고서 묶었던 자를 마주하고서 설법하였던 일이었다."

"그것에 계목이 있었는가? 보충하는 조목이 있었는가? 추가의 예비적인 조목이 있었는가?"

"하나의 계목이 있었고, 한 가지의 조목이 있었다."

"여섯 종류의 범한 죄가 생겨나는 가운데에서 무슨 종류를 의지하여 생겨난 것인가?"

"한 종류가 일어나는 것을 의지하여 생겨났나니, 말과 뜻을 이유로 생겨나는 것이고, 몸을 이유로 생겨나는 것은 아니다."

7-67 "어느 곳에서 공경하지 않았던 까닭으로 복면(覆面)하였던 자를 마주하고서 설법하였던 돌길라에 관하여 제정하여 세우셨는가?"

"사위성에서 제정하였다."

"누구를 인연하였는가?"

"육군비구들을 인연하였다."

"무슨 일을 의지하여 제정하셨는가?"

"육군비구들이 복면하였던 자를 마주하고서 설법하였던 일이었다."

"그것에 계목이 있었는가? 보충하는 조목이 있었는가? 추가의 예비적인 조목이 있었는가?"

"하나의 계목이 있었고, 한 가지의 조목이 있었다."

"여섯 종류의 범한 죄가 생겨나는 가운데에서 무슨 종류를 의지하여 생겨난 것인가?"

"한 종류가 일어나는 것을 의지하여 생겨났나니, 말과 뜻을 이유로 생겨나는 것이고, 몸을 이유로 생겨나는 것은 아니다."

7-68 "어느 곳에서 공경하지 않았던 까닭으로 땅 위에 앉아서 평상에 앉은 자를 위하여 설법하였던 돌길라에 관하여 제정하여 세우셨는가?"

"사위성에서 제정하였다."

"누구를 인연하였는가?"

"육군비구들을 인연하였다."

"무슨 일을 의지하여 제정하셨는가?"

"육군비구들이 땅 위에 앉아서 평상에 앉은 자를 위하여 설법하였던 일이었다."

"그것에 계목이 있었는가? 보충하는 조목이 있었는가? 추가의 예비적인 조목이 있었는가?"

"하나의 계목이 있었고, 한 가지의 조목이 있었다."

"여섯 종류의 범한 죄가 생겨나는 가운데에서 무슨 종류를 의지하여 생겨난 것인가?"

"한 종류가 일어나는 것을 의지하여 생겨났나니, 말과 뜻을 이유로 생겨나는 것이고, 몸을 이유로 생겨나는 것은 아니다."

7-69 "어느 곳에서 공경하지 않았던 까닭으로 낮은 곳에 앉아서 높은 곳에 앉은 자를 위하여 설법하였던 돌길라에 관하여 제정하여 세우셨는가?"

"사위성에서 제정하였다."

"누구를 인연하였는가?"

"육군비구들을 인연하였다."

"무슨 일을 의지하여 제정하셨는가?"

"육군비구들이 낮은 곳에 앉아서 높은 곳에 앉은 자를 위하여 설법하였던 일이었다."

"그것에 계목이 있었는가? 보충하는 조목이 있었는가? 추가의 예비적인 조목이 있었는가?"

"하나의 계목이 있었고, 한 가지의 조목이 있었다."

"여섯 종류의 범한 죄가 생겨나는 가운데에서 무슨 종류를 의지하여 생겨난 것인가?"

"한 종류가 일어나는 것을 의지하여 생겨났나니, 말과 뜻을 이유로 생겨나는 것이고, 몸을 이유로 생겨나는 것은 아니다."

7-70 "어느 곳에서 공경하지 않았던 까닭으로 서 있으면서 앉아 있는 자를 위하여 설법하였던 돌길라에 관하여 제정하여 세우셨는가?"

"사위성에서 제정하였다."

"누구를 인연하였는가?"

"육군비구들을 인연하였다."

"무슨 일을 의지하여 제정하셨는가?"

"육군비구들이 서 있으면서 앉아 있는 자를 위하여 설법하였던 일이었다."

"그것에 계목이 있었는가? 보충하는 조목이 있었는가? 추가의 예비적인 조목이 있었는가?"

"하나의 계목이 있었고, 한 가지의 조목이 있었다."

"여섯 종류의 범한 죄가 생겨나는 가운데에서 무슨 종류를 의지하여

생겨난 것인가?"

"한 종류가 일어나는 것을 의지하여 생겨났나니, 말과 뜻을 이유로 생겨나는 것이고, 몸을 이유로 생겨나는 것은 아니다."

7-71 "어느 곳에서 공경하지 않았던 까닭으로 뒤에 가면서 앞에 가는 자를 위하여 설법하였던 돌길라에 관하여 제정하여 세우셨는가?"

"사위성에서 제정하였다."

"누구를 인연하였는가?"

"육군비구들을 인연하였다."

"무슨 일을 의지하여 제정하셨는가?"

"육군비구들이 뒤에 가면서 앞에 가는 자를 위하여 설법하였던 일이었다."

"그것에 계목이 있었는가? 보충하는 조목이 있었는가? 추가의 예비적인 조목이 있었는가?"

"하나의 계목이 있었고, 한 가지의 조목이 있었다."

"여섯 종류의 범한 죄가 생겨나는 가운데에서 무슨 종류를 의지하여 생겨난 것인가?"

"한 종류가 일어나는 것을 의지하여 생겨났나니, 말과 뜻을 이유로 생겨나는 것이고, 몸을 이유로 생겨나는 것은 아니다."

7-72 "어느 곳에서 공경하지 않았던 까닭으로 도로의 밖으로 가면서 도로의 가운데를 가는 자를 위하여 설법하였던 돌길라에 관하여 제정하여 세우셨는가?"

"사위성에서 제정하였다."

"누구를 인연하였는가?"

"육군비구들을 인연하였다."

"무슨 일을 의지하여 제정하셨는가?"

"육군비구들이 도로의 밖으로 가면서 도로의 가운데를 가는 자를 위하여 설법하였던 일이었다."

"그것에 계목이 있었는가? 보충하는 조목이 있었는가? 추가의 예비적인 조목이 있었는가?"

"하나의 계목이 있었고, 한 가지의 조목이 있었다."

"여섯 종류의 범한 죄가 생겨나는 가운데에서 무슨 종류를 의지하여 생겨난 것인가?"

"한 종류가 일어나는 것을 의지하여 생겨났나니, 말과 뜻을 이유로 생겨나는 것이고, 몸을 이유로 생겨나는 것은 아니다."

7-73 "어느 곳에서 공경하지 않았던 까닭으로 서 있으면서 대·소변을 보았던 돌길라에 관하여 제정하여 세우셨는가?"

"사위성에서 제정하였다."

"누구를 인연하였는가?"

"육군비구들을 인연하였다."

"무슨 일을 의지하여 제정하셨는가?"

"육군비구들이 서 있으면서 대·소변을 보았던 일이었다."

"그것에 계목이 있었는가? 보충하는 조목이 있었는가? 추가의 예비적인 조목이 있었는가?"

"하나의 계목이 있었고, 한 가지의 조목이 있었다."

"여섯 종류의 범한 죄가 생겨나는 가운데에서 무슨 종류를 의지하여 생겨난 것인가?"

"한 종류가 일어나는 것을 의지하여 생겨났나니, 몸과 뜻을 이유로 생겨나는 것이고, 말을 이유로 생겨나는 것은 아니다."

7-74 "어느 곳에서 공경하지 않았던 까닭으로 푸른 풀의 위에 대·소변을 보았던 돌길라에 관하여 제정하여 세우셨는가?"

"사위성에서 제정하였다."

"누구를 인연하였는가?"

"육군비구들을 인연하였다."

"무슨 일을 의지하여 제정하셨는가?"

"육군비구들이 푸른 풀의 위에 대·소변을 보았던 일이었다."

"그것에 계목이 있었는가? 보충하는 조목이 있었는가? 추가의 예비적인 조목이 있었는가?"

"하나의 계목이 있었고, 한 가지의 조목이 있었다."

"여섯 종류의 범한 죄가 생겨나는 가운데에서 무슨 종류를 의지하여 생겨난 것인가?"

"한 종류가 일어나는 것을 의지하여 생겨났나니, 말과 뜻을 이유로 생겨나는 것이고, 몸을 이유로 생겨나는 것은 아니다."

7-75 "어느 곳에서 공경하지 않았던 까닭으로 물 위에서 대·소변을 보았고 가래침을 뱉었던 돌길라에 관하여 제정하여 세우셨는가?"

"사위성에서 제정하였다."

"누구를 인연하였는가?"

"육군비구들을 인연하였다."

"무슨 일을 의지하여 제정하셨는가?"

"육군비구들이 물 위에서 대·소변을 보았고 가래침을 뱉었던 일이었다."

"그것에 계목이 있었는가? 보충하는 조목이 있었는가? 추가의 예비적인 조목이 있었는가?"

"하나의 계목이 있었고, 한 가지의 조목이 있었다."

"여섯 종류의 범한 죄가 생겨나는 가운데에서 무슨 종류를 의지하여 생겨난 것인가?"

"한 종류가 일어나는 것을 의지하여 생겨났나니, 말과 뜻을 이유로 생겨나는 것이고, 몸을 이유로 생겨나는 것은 아니다."

[75중학법을 마친다.]

○ 일곱째의 송출품을 마친다.

섭송으로 설하겠노라.

둥글게 입는 것과 몸을 덮는 것과
위의와 아래를 바라보는 것과
치켜올리는 것과 크게 웃는 것과
큰 소리와 흔드는 세 가지와

허리에 얹는 것과 머리를 감싼 것과
웅크리고 가는 것과 요란한 모습과
유의하는 것과 발우를 바라보는 것과
차례와 국과 적당한 양과

꼭대기와 덮는 것과
구걸하는 것과 불만을 나타내는 것과
크게 짓지 않는 것과 둥근 것과
입과 손과 말하지 않는 것과

던지는 것과 갈아먹는 것과 부풀리는 것과
흔드는 것과 밥 알갱이를 떨어트리는 것과
혀를 내미는 것과 쩝쩝거리는 것과
후루룩 후루룩거리는 것과

손과 발우와 입술과 음식이 묻은 것과
밥 알갱이가 섞여 있는 물을 버리는 것과
일산을 지닌 자를 마주하고서
세존께서 설법하지 않으셨네.

일산을 지닌 자와 칼을 지닌 자와

무기를 지닌 자와
풀의 신발과 샌들을 신은 자와
탈 것과 평상에 앉은 자와

소란하고 머리를 감싼 자와
복면한 자와 땅 위와 낮은 곳과
서 있는 것과 뒤에 가는 것과
옆의 길과 서서 대·소변을 보는 것과
풀 위와 물 위가 있네.

여러 품을 모두 섭송으로 설하겠노라.

전원과 홍소와
차요와 시식과
반구와 흡식과
일곱째는 초리품이라네.

◉ 대분별의 가운데에서 학처의 제장(制章)을 마친다.

2. 죄(罪)의 숫자[181]

1) 4바라이(波羅夷)[182]

(1) 제1송출품(誦出品)

1-1 "부정법(不淨法)을 행(行)하는 자는 몇 종류의 죄를 범하는가? 부정법을 행하는 자는 세 종류의 죄를 범하느니라. 부패하지 않은 몸에 부정법을 행하는 자는 바라이를 범하고, 부패한 몸에 부정법을 행하는 자는 투란차를 범하며, 벌어진 입속에 생지(生支)를 삽입하면 돌길라를 범한다. 부정법을 행하는 자는 이러한 세 종류의 죄를 범하느니라."

1-2 "주지 않았는데 취(取)하는 자는 몇 종류의 죄를 범하는가? 주지 않았는데 취하는 자는 세 종류의 죄를 범하느니라. 값이 5마사가(摩沙迦)[183]이거나, 혹은 5마사가의 이상(以上)이었는데, 주지 않은 물건을 취하는 자는 바라이를 범하고, 값이 하나는 1마사가의 이상이었고, 혹은 값이 하나는 5마사가의 이하이었는데, 주지 않은 물건을 취하는 자는 투란차를 범하며, 값이 하나는 1마사가이었고, 혹은 값이 하나는 1마사가의 이하이었는데, 주지 않은 물건을 취하는 자는 돌길라를 범한다. 부정법을 행하는 자는 이러한 세 종류의 죄를 범하느니라."

1-3 "고의로 목숨을 빼앗는 자는 몇 종류의 죄를 범하는가? 고의로 사람의 목숨을 빼앗는 자는 세 종류의 죄를 범하느니라. 고의로 누구인 사람을 위하여 함정을 팠고, '그가 빠진다면 죽을 것이다.'라고 말하였다

---

181) 팔리어 Katāpattivāra(카타파띠바라)의 번역이다.
182) 팔리어 Pārājikakaṇḍa(파라지카칸다)의 번역이다.
183) 팔리어 Māsaka(마사카)의 음사이다.

면, 돌길라를 범한다. 함정에서 살아났으나 고통을 받았다면 투란차를 범하며, 죽었다면 바라이를 범한다. 부정법을 행하는 자는 이러한 세 종류의 죄를 범하느니라."

1-4 "헛되고 없었던 상인법을 주장하는 자는 몇 종류의 죄를 범하는가? 헛되고 없었던 상인법을 주장하는 자는 세 종류의 죄를 범하느니라. 선하지 않은 욕망과 탐욕의 성품을 가지고서 헛되고 없었던 상인법을 주장하는 자는 바라이를 범하고, '그대의 정사에 머무르는 비구는 아라한 이다.'라고 말하였고, 곧 이해하였던 자라면 투란차를 범하며, 이해하지 못하였던 자라면 돌길라를 범한다. 헛되고 없었던 상인법을 주장하는 자는 이러한 세 종류의 죄를 범하느니라."

[4바라이를 마친다.]

○ **첫째의 송출품을 마친다.**

2) 13승잔(僧殘)[184]

(1) **제1송출품(誦出品)**

2-1 "고의로 부정을 출정하는 세 종류의 죄를 범하느니라. 출정하겠다고 생각하고서 출정하는 자는 승잔을 범하고, 출정하겠다고 생각하고서 출정하지 않은 자는 투란차를 범하며, 출정하려고 행하였던 자는 돌길라 를 범한다."

---

184) 팔리어 Saṅghādisesakaṇḍa(산가디세사칸다)의 번역이다.

2-2 "여인과 함께 서로가 어루만지는 자는 세 종류의 죄를 범하느니라. 몸과 몸을 서로가 어루만지는 자는 승잔을 범하고, 몸과 몸에 부착된 물건으로 서로를 어루만지는 자는 투란차를 범하며, 출정하려고 몸에 부착된 물건과 몸에 부착된 물건으로 서로를 어루만지는 자는 돌길라를 범한다."

2-3 "여인을 마주하고서 추악(醜惡)하게 말하는 자는 세 종류를 범하느니라. 대변도(大便道)와 소변도(小便道)를 좋거나, 나쁘다고 말하는 자는 승잔을 범하고, 대변도와 소변도를 제외하고서 무릎의 이상에서 목의 이하를 말하는 자는 투란차를 범하며, 출정하려고 몸에 부착된 물건을 말하는 자는 돌길라를 범한다."

2-4 "스스로를 위하여 음욕의 공양을 찬탄하는 자는 세 종류의 죄를 범하느니라. 여인의 앞에서 스스로를 위하여 음욕의 공양을 찬탄하는 자는 승잔을 범하고, 황문(黃門)185)의 앞에서 음욕의 공양을 찬탄하는 자는 투란차를 범하며, 축생(畜生)의 앞에서 음욕의 공양을 찬탄하는 자는 돌길라를 범한다."

2-5 "사람을 중매(中媒)하는 자는 세 종류의 죄를 범하느니라. 말을 받아서 다른 사람에게 알렸고 돌아와서 알리는 자는 승잔을 범하고, 말을 받아서 다른 사람에게 알렸고 돌아와서 알리지 않는 자는 투란차를 범하며, 말을 받아서 다른 사람에게 알리지 않았고 돌아와서 알리는 자는 돌길라를 범한다."

2-6 "스스로가 구걸하여 방사를 조성하는 자는 세 종류의 죄를 범하느니라. 지으려고 행하였던 자는 돌길라를 범하고, 마지막의 진흙 덩어리를 바르지 않은 자는 투란차를 범하며, 마지막의 진흙 덩어리를 바른 자는

---

185) 팔리어 paṇḍaka(판다카)의 번역이다.

바라이를 범한다."

2-7 "스스로가 구걸하여 큰 정사를 조성하는 자는 세 종류의 죄를 범하느니라. 지으려고 행하였던 자는 돌길라를 범하고, 마지막의 진흙 덩어리를 바르지 않은 자는 투란차를 범하며, 마지막의 진흙 덩어리를 바른 자는 바라이를 범한다."

2-8 "근거가 없는 바라이로써 다른 비구를 비방하는 자는 세 종류의 죄를 범하느니라. 동의(同意)하지 않았는데 쫓아내려고 비방하는 자는 하나의 승잔과 하나의 돌길라를 범하고, 동의하였어도 꾸짖으려는 뜻으로 비방하는 자는 비난어죄(非難語罪)를 범한다."

2-9 "오직 다른 일의 가운데에서 어느 비슷한 점을 취하여 바라이로써 다른 비구를 비방하는 자는 세 종류의 죄를 범하느니라. 동의하지 않았는데 쫓아내려고 비방하는 자는 하나의 승잔과 하나의 돌길라를 범하고, 동의하였어도 꾸짖으려는 뜻으로 비방하는 자는 비난어죄를 범한다."

2-10 "파승사의 비구를 마주하고서 세 번을 충고하였으나, 버리지 않는 비구는 세 종류의 죄를 범하느니라. 갈마를 의지하여 아뢰었다면 돌길라를 범하고, 두 번째의 갈마를 의지하여 아뢰었다면 투란차를 범하며, 갈마를 마치면서 아뢰었다면 바라이를 범한다."

2-11 "파승사를 도왔던 비구를 마주하고서 세 번을 충고하였으나, 버리지 않는 비구는 세 종류의 죄를 범하느니라. 갈마를 의지하여 아뢰었다면 돌길라를 범하고, 두 번째의 갈마를 의지하여 아뢰었다면 투란차를 범하며, 갈마를 마치면서 아뢰었다면 바라이를 범한다."

2-12 "악구(惡口)하는 비구를 마주하고서 세 번을 충고하였으나, 버리지

않는 비구는 세 종류의 죄를 범하느니라. 갈마를 의지하여 아뢰었다면 돌길라를 범하고, 두 번째의 갈마를 의지하여 아뢰었다면 투란차를 범하며, 갈마를 마치면서 아뢰었다면 바라이를 범한다."

2-13 "속가를 염오시키는 비구를 마주하고서 세 번을 충고하였으나, 버리지 않는 비구는 세 종류의 죄를 범하느니라. 갈마를 의지하여 아뢰었다면 돌길라를 범하고, 두 번째의 갈마를 의지하여 아뢰었다면 투란차를 범하며, 갈마를 마치면서 아뢰었다면 바라이를 범한다."

　[13승잔을 마친다.]

　○ **첫째의 송출품을 마친다.**

　3) 30사타(捨墮)[186]

(1) 제1송출품(誦出品)[187]

3-1 "장의(長衣)를 10일을 넘겨서 저축하는 자는 한 종류의 죄를 범하나니, 사타(捨墮)이니라."

3-2 "하룻밤이라도 3의를 벗어나는 자는 한 종류의 죄를 범하나니, 사타이니라."

3-3 "때가 아닌 옷을 받았고, 2개월을 넘겨서 옷을 저축하는 자는 한 종류의 죄를 범하나니, 사타이니라."

---

186) 팔리어 Nissaggiyakaṇḍa(니싸끼야칸다)의 번역이다.
187) 가치나의품(迦絺那衣品)을 가리킨다.

3-4 "친족이 아닌 비구니에게 입었던 옷을 세탁하게 시켰던 자는 두 종류의 죄를 범하나니, 세탁하게 시켰다면 돌길라이고 이미 세탁하였던 자는 사타이니라."

3-5 "친족이 아닌 비구니에게 손으로 옷을 받는 자는 두 종류의 죄를 범하나니, 받으려고 하였다면 돌길라이고 이미 받았던 자는 사타이니라."

3-6 "친족이 아닌 거사이거나, 혹은 거사의 부인을 향하여 옷을 구걸하는 자는 두 종류의 죄를 범하나니, 구걸하려고 하였다면 돌길라이고 이미 구걸하였던 자는 사타이니라."

3-7 "친족이 아닌 거사이거나, 혹은 거사의 부인을 향하여 양을 넘겨서 옷을 구걸하는 자는 두 종류의 죄를 범하나니, 구걸하려고 하였다면 돌길라이고 이미 구걸하였다면 사타이니라."

3-8 "청을 받지 않았는데 먼저 친족이 아닌 거사의 처소에 이르렀고, 나아가서 옷을 지시하는 자는 두 종류의 죄를 범하나니, 지시하려고 하였다면 돌길라이고 이미 지시하였던 자는 사타이니라."

3-9 "청을 받지 않았는데 먼저 친족이 아닌 거사들의 처소에 이르렀고, 나아가서 옷을 지시하는 자는 두 종류의 죄를 범하나니, 지시하려고 하였다면 돌길라이고 이미 지시하였던 자는 사타이니라."

3-10 "세 번의 이상을 재촉하고 여섯 번의 이상을 서 있으면서 옷을 얻는 자는 두 종류의 죄를 범하나니, 재촉하려고 하였다면 돌길라이고 이미 재촉하였던 자는 사타이니라."

　○ **첫째의 송출품을 마친다.**

(2) 제2송출품(誦出品)[188]

3-11 "비단실을 섞어서 와구를 짓는 자는 두 종류의 죄를 범하나니, 지으려고 하였다면 돌길라이고 이미 지었던 자는 사타이니라."

3-12 "순수하게 검은 양털로 와구를 짓는 자는 두 종류의 죄를 범하나니, 지으려고 하였다면 돌길라이고 이미 지었던 자는 사타이니라."

3-13 "1다라의 흰 양털과 1다라의 갈색 양털을 사용하지 않고 새로운 와구를 짓는 자는 두 종류의 죄를 범하나니, 지으려고 하였다면 돌길라이고 이미 지었던 자는 사타이니라."

3-14 "해마다 와구를 짓게 시키는 자는 두 종류의 죄를 범하나니, 지으려고 하였다면 돌길라이고 이미 지었던 자는 사타이니라."

3-15 "옛 와구의 둘레에 세존 1걸수의 연(緣)을 취하지 않고 새로운 와구를 짓는 자는 두 종류의 죄를 범하나니, 지으려고 하였다면 돌길라이고 이미 지었던 자는 사타이니라."

3-16 "양털을 가지고 3유순을 떠나가는 자는 두 종류의 죄를 범하나니, 첫째의 발걸음이 3유순을 넘었다면 돌길라이고, 둘째의 발걸음이 넘었던 자는 사타이니라."

3-17 "친족이 아닌 비구니에게 양털을 세탁하게 시키는 자는 두 종류의 죄를 범하나니, 세탁하게 시켰다면 돌길라이고 이미 세탁하였다면 사타이니라."

---

188) 잠면품(蠶綿品)을 가리킨다.

3-18 "금전(金錢)을 받아서 지니는 자는 두 종류의 죄를 범하나니, 받으려고 하였다면 돌길라이고 이미 받아서 지녔던 자는 사타이니라."

3-19 "여러 종류의 금·은을 매매하는 자는 두 종류의 죄를 범하나니, 매매하려고 하였다면 돌길라이고 이미 매매하였던 자는 사타이니라."

3-20 "여러 종류의 물건을 교역하는 자는 두 종류의 죄를 범하나니, 교역하려고 하였다면 돌길라이고 이미 교역하였던 자는 사타이니라."

○ 둘째의 송출품을 마친다.

(3) 제3송출품(誦出品)[189]

3-21 "여분의 발우를 저축하면서 10일을 넘기는 자는 한 종류의 죄를 범하나니 사타이니라."

3-22 "발우를 다섯 번을 꿰매지 않았는데, 다른 새로운 발우를 구하는 자는 두 종류의 죄를 범하나니, 구하려고 하였다면 돌길라이고 이미 구하여 얻은 자는 사타이니라."

3-23 "약을 얻어 저축하면서 7일을 넘기는 자는 한 종류의 죄를 범하나니 사타이니라."

3-24 "여름의 최후의 1개월 이전에 우욕의를 구하는 자는 두 종류의 죄를 범하나니, 구하려고 하였다면 돌길라이고 이미 구하여 얻은 때라면 사타이니라."

---

189) 발우품(鉢盂品)을 가리킨다.

3-25 "비구가 스스로 옷을 주었으나, 분노하고 기쁘지 않아서 다시 빼앗는 자는 두 종류의 죄를 범하나니, 빼앗으려고 하였다면 돌길라이고 이미 빼앗았었던 자는 사타이니라."

3-26 "스스로가 실을 구하여서 직공에게 옷을 짜게 시키는 자는 두 종류의 죄를 범하나니, 구걸하려고 하였다면 돌길라이고 이미 구걸하였던 자는 사타이니라."

3-27 "청을 받지 않았으나 먼저 친족이 아닌 거사의 직공 처소에 나아가서 옷을 짓는 것을 지시하는 자는 두 종류의 죄를 범하나니, 지시하려고 하였다면 돌길라이고 이미 지시하였던 자는 사타이니라."

3-28 "특별히 보시받은 옷을 저축하면서 때를 넘기는 자는 한 종류의 죄를 범하나니 사타이니라."

3-29 "3의의 가운데에서 하나의 옷을 속가에 맡기고서 그 옷을 6일밤을 넘겨서 벗어나는 자는 한 종류의 죄를 범하나니 사타이니라."

3-30 "승가에 공양한 물건이라고 명백하게 알았으나, 스스로에 되돌리는 자는 두 종류의 죄를 범하나니, 되돌리려고 하였다면 돌길라이고 이미 되돌렸던 자는 사타이니라."

[30사타를 마친다.]

○ 셋째의 송출품을 마친다.

4) 92바일제(波逸提)[190]

(1) 제1송출품[191]

4-1 "고의로 망어하는 자는 몇 종류의 죄를 범하는가? 고의로 망어하는 자는 다섯 종류의 죄를 범하느니라. 선하지 않은 희망을 지니고서 탐욕의 성품으로 공허한 상인법을 말하는 자는 바라이를 범하고, 근거가 없는 바라이로써 다른 비구를 비방하는 자는 승잔을 범하며, 마주하고서 '그대의 정사에 머무르는 비구는 아라한이다.'라고 말하였는데 이해한 자라면 투란차를 범하고, 이해하지 못한 자라면 돌길라를 범한다. 고의로 망어하는 자는 바일제이니라. 고의로 망어하는 자는 이러한 다섯 종류의 죄를 범하느니라."

4-2 "욕설하는 자는 두 종류의 죄를 범하나니, 구족계를 받는 자에게 욕설하였다면 바일제이고 구족계를 받지 않은 자에게 욕설하였다면 돌길라이니라."

4-3 "이간질하는 자는 두 종류의 죄를 범하나니, 구족계를 받는 자에게 이간질하였다면 바일제이고 구족계를 받지 않은 자에게 이간질하였다면 돌길라이니라."

4-4 "구족계를 받지 않은 자와 구절을 따라서 같이 독송하는 자는 두 종류의 죄를 범하나니, 독송하고자 하였다면 돌길라이고 이미 독송하였다면 바일제이니라."

4-5 "구족계를 받지 않은 자와 함께 2·3일을 넘겨서 같이 묵는 자는

---

190) 팔리어 Pācittiyakaṇḍa(파시띠야칸다)의 번역이다.
191) 망어품(妄語品)을 가리킨다.

두 종류의 죄를 범하나니, 구족계를 받는 자에게 눕고자 하였다면 돌길라이고 이미 누웠다면 바일제이니라."

4-6 "여인과 함께 같이 묵는 자는 두 종류의 죄를 범하나니, 구족계를 받는 자에게 눕고자 하였다면 돌길라이고 이미 누웠다면 바일제이니라."

4-7 "여인을 마주하고서 다섯·여섯 마디를 넘겨서 설법하는 자는 두 종류의 죄를 범하나니, 설법하려고 하였다면 돌길라이고 설법하는 구절마다 바일제이니라."

4-8 "구족계를 받지 않은 자를 마주하고서 진실로 상인법이 있다고 말하는 자는 두 종류의 죄를 범하나니, 말하려고 하였다면 돌길라이고 이미 말하였다면 바일제이니라."

4-9 "비구의 추악한 죄를 구족계를 받지 않은 자를 마주하고서 말하는 자는 두 종류의 죄를 범하나니, 말하려고 하였다면 돌길라이고 이미 말하였다면 바일제이니라."

4-10 "땅을 파는 자는 두 종류의 죄를 범하나니, 파고자 하였다면 돌길라이고 이미 팠다면 바일제이니라."

○ **첫째의 송출품을 마친다.**

(2) **제2송출품**[192]

4-11 "초목을 자르는 자는 두 종류의 죄를 범하나니, 자르고자 하였다면

---

192) 초목품(草木品)을 가리킨다.

돌길라이고 매번 자르는 것마다 바일제이니라."

4-12 "다른 말을 지어서 변명하는 자는 두 종류의 죄를 범하나니, 아직 다른 말을 짓지 않고 변명하고자 하였다면 돌길라이고 다른 말을 지어서 변명하였다면 바일제이니라."

4-13 "다른 비구를 조롱하는 자는 두 종류의 죄를 범하나니, 조롱하려고 하였다면 돌길라이고 이미 조롱하였다면 바일제이니라."

4-14 "승가의 평상, 좌상, 요, 부구 등을 노지에 펼쳐놓고서 거두어들이지 않았고, 또한 다른 사람에게 부탁하지 않고 떠나가는 자는 두 종류의 죄를 범하나니, 첫째의 발걸음이 흙덩이를 던져서 이르는 곳을 지나갔다면 돌길라이고, 둘째의 발걸음이 지나갔다면 바일제이니라."

4-15 "정사의 가운데에서 부구와 와구를 거두어들이지 않았고, 또한 다른 사람에게 부탁하지 않고 떠나가는 자는 두 종류의 죄를 범하나니, 첫째의 발걸음이 울타리를 지나갔다면 돌길라이고, 둘째의 발걸음이 울타리를 지나갔다면 바일제이니라."

4-16 "정사의 가운데에서 먼저 왔던 비구를 알면서도 펼쳐진 평상의 사이에 앉는 자는 두 종류의 죄를 범하나니, 눕고자 하였다면 돌길라이고 이미 누웠다면 바일제이니라."

4-17 "성내고 즐겁지 않아서 승가의 정사에서 비구를 끌어내는 자는 두 종류의 죄를 범하나니, 끌어내려고 하였다면 돌길라이고 이미 끌어냈다면 바일제이니라."

4-18 "승가의 정사에서 누각의 탈각상이거나, 탈각 의자에 갑자기 앉는

자는 두 종류의 죄를 범하나니, 앉으려고 하였다면 돌길라이고 이미 앉았다면 바일제이니라."

4-19 "두 겹·세 겹으로 덮으라고 지시하였고, 이것을 넘겨서 지시하는 자는 두 종류의 죄를 범하나니, 지시하려고 하였다면 돌길라이고 이미 지시하였다면 바일제이니라."

4-20 "벌레가 물속에 있는 것을 알고서도 초목에 뿌리는 자는 두 종류의 죄를 범하나니, 뿌리려고 하였다면 돌길라이고 이미 뿌렸다면 바일제이니라."

○ 둘째의 송출품을 마친다.

(3) 제3송출품[193)

4-21 "뽑히지 않았는데 비구니를 교계하는 자는 두 종류의 죄를 범하나니, 교계하려고 하였다면 돌길라이고 이미 교계하였다면 바일제이니라."

4-22 "일몰에 이를 때까지 비구니를 교계하는 자는 두 종류의 죄를 범하나니, 교계하려고 하였다면 돌길라이고 이미 교계하였다면 바일제이니라."

4-23 "비구니의 주처에 이르러 비구니를 교계하는 자는 두 종류의 죄를 범하나니, 교계하려고 하였다면 돌길라이고 이미 교계하였다면 바일제이니라."

---

193) 교계품(敎誡品)을 가리킨다.

4-24 "'여러 비구들은 이양을 위하여 비구니를 교계한다.'라고 말하는 자는 두 종류의 죄를 범하나니, 말하려고 하였다면 돌길라이고 이미 말하였다면 바일제이니라."

4-25 "옷으로써 친족이 아닌 비구니에게 주는 자는 두 종류의 죄를 범하나니, 주려고 하였다면 돌길라이고 이미 주었다면 바일제이니라."

4-26 "친족이 아닌 비구니에게 옷을 꿰매게 시키는 자는 두 종류의 죄를 범하나니, 꿰매려고 하였다면 돌길라이고 이미 꿰매는 때에는 한 번·한 번의 바느질마다 바일제이니라."

4-27 "비구니와 먼저 약속하고서 같이 도로를 다니는 자는 두 종류의 죄를 범하나니, 다니려고 하였다면 돌길라이고 이미 다녔던 때에는 바일제이니라."

4-28 "비구니와 먼저 약속하고서 같이 하나의 배를 타는 자는 두 종류의 죄를 범하나니, 타려고 하였다면 돌길라이고 이미 탔던 때에는 바일제이니라."

4-29 "비구니가 주선하였다고 알고서도 음식을 취하는 자는 두 종류의 죄를 범하나니, '나는 먹겠다.'라고 말하고서 취하려고 하였다면 돌길라이고 이미 취하였다면 바일제이니라."

4-30 "혼자서 비구니와 함께 비밀스러운 곳에 같이 앉는 자는 두 종류의 죄를 범하나니, 앉으려고 하였다면 돌길라이고 이미 앉았다면 바일제이니라."

○ **셋째의 송출품을 마친다.**

(4) 제4송출품[194]

4-31 "음식을 베풀어주었던 곳에서 지나치게 먹는 자는 두 종류의 죄를 범하나니, '나는 먹겠다.'라고 말하고서 먹으려고 하였다면 돌길라이고 이미 먹었다면 바일제이니라."

4-32 "별중으로 먹는 자는 두 종류의 죄를 범하나니, '나는 먹겠다.'라고 말하고서 먹으려고 하였다면 돌길라이고 이미 먹었다면 바일제이니라."

4-33 "삭삭식을 먹는 자는 두 종류의 죄를 범하나니, '나는 먹겠다.'라고 말하고서 먹으려고 하였다면 돌길라이고 이미 먹었다면 바일제이니라."

4-34 "두·세 발우의 떡을 채워서 취할 수 있으나, 그 이상을 취하는 자는 두 종류의 죄를 범하나니, 취하려고 하였다면 돌길라이고 이미 취하였다면 바일제이니라."

4-35 "만족하게 먹고서 다시 잔식이 아닌 작식이거나, 혹은 담식을 취하는 자는 두 종류의 죄를 범하나니, '나는 먹겠다.'라고 말하고서 먹으려고 하였다면 돌길라이고 이미 먹었다면 바일제이니라."

4-36 "잔식이 아닌 작식이거나, 혹은 담식을 가지고 만족하게 먹었던 비구에게 주면서 마음대로 취하게 하는 자는 두 종류의 죄를 범하나니, '나는 먹겠다.'라고 말하고서 먹으려고 하였다면 돌길라이고 이미 먹었던 때라면 바일제이니라."

4-37 "때가 아닌 때에 작식이거나, 혹은 담식을 먹는 자는 두 종류의

---

194) 식품(食品)을 가리킨다.

죄를 범하나니, '나는 먹겠다.'라고 말하고서 먹으려고 하였다면 돌길라이고 이미 먹었던 때라면 바일제이니라."

4-38 "음식을 저장하고서 작식이거나, 혹은 담식을 먹는 자는 두 종류의 죄를 범하나니, '나는 먹겠다.'라고 말하고서 먹으려고 하였다면 돌길라이고 이미 먹었던 때라면 바일제이니라."

4-39 "스스로를 위하여 맛있는 음식을 구걸하여 먹는 자는 두 종류의 죄를 범하나니, '나는 먹겠다.'라고 말하고서 먹으려고 하였다면 돌길라이고 이미 먹었던 때라면 바일제이니라."

4-40 "주지 않았던 음식을 입으로 가져오는 자는 두 종류의 죄를 범하나니, '나는 먹겠다.'라고 말하고서 먹으려고 하였다면 돌길라이고 이미 먹었던 때라면 바일제이니라."

○ **넷째의 송출품을 마친다.**

(5) 제5송출품[195)]

4-41 "나행외도와 혹은 변행외도남이거나, 변행외도녀에게 스스로의 손으로 직식이거나, 혹은 담식을 주는 자는 두 종류의 죄를 범하나니, 주려고 하였다면 돌길라이고 이미 주었던 때라면 바일제이니라."

4-42 "다른 비구에게 '비구여 오십시오. 취락이나 혹은 읍성에서 걸식합시다.'라고 말하고서 장차 음식을 보시하였거나, 혹은 주지 않았는데 떠나가게 하는 자는 두 종류의 죄를 범하나니, 떠나가게 시켰다면 돌길라

---

195) 나행품(裸行品)을 가리킨다.

이고 이미 떠나갔던 때라면 바일제이니라."

4-43 "음식을 먹고 있는 속가에 들어가서 강제로 앉는 자는 두 종류의 죄를 범하나니, 앉으려고 하였다면 돌길라이고 이미 앉았다면 바일제이니라."

4-44 "여인과 함께 비밀스럽게 가려진 곳에서 같이 앉는 자는 두 종류의 죄를 범하나니, 앉으려고 하였다면 돌길라이고 이미 앉았다면 바일제이니라."

4-45 "혼자서 여인과 함께 비밀스럽게 같이 앉는 자는 두 종류의 죄를 범하나니, 앉으려고 하였다면 돌길라이고 이미 앉았다면 바일제이니라."

4-46 "청식을 받고서 다른 비구들이 있었던 때에 그 비구에게 알리지 않았는데, 식전이거나, 식후에 다른 집을 방문하는 자는 두 종류의 죄를 범하나니, 첫째의 발걸음이 문을 지나갔다면 돌길라이고, 둘째의 발걸음이 문을 지나갔다면 바일제이니라."

4-47 "의약품을 지나치게 구걸하는 자는 두 종류의 죄를 범하나니, 구걸하려고 하였다면 돌길라이고 이미 구걸하였다면 바일제이니라."

4-48 "출정하는 군대를 구경하려고 가는 자는 두 종류의 죄를 범하나니, 구경하려고 갔다면 돌길라이고 그곳에 서서 구경하였다면 바일제이니라."

4-49 "군진의 가운데에서 2·3일을 넘겨서 묵는 자는 두 종류의 죄를 범하나니, 구경하려고 갔다면 돌길라이고 그곳에 서서 구경하였다면 바일제이니라."

4-50 "훈련하는 군대를 구경하려고 가는 자는 두 종류의 죄를 범하나니, 구경하려고 갔다면 돌길라이고 그곳에 서서 구경하였다면 바일제이니라."

○ **다섯째의 송출품을 마친다.**

(6) 제6송출품[196]

4-51 "음주하는 자는 두 종류의 죄를 범하나니, '나는 마시겠다.'라고 말하고서 마시려고 하였다면 돌길라이고 매번 마시는 것마다 바일제이니라."

4-52 "비구를 간지럽혀서 웃게 하는 자는 두 종류의 죄를 범하나니, 웃기려고 하였다면 돌길라이고 이미 웃었다면 바일제이니라."

4-53 "물속에서 희롱하는 자는 두 종류의 죄를 범하나니, 발목 이하의 물속에서 희롱하였다면 돌길라이고 발목 이상의 물속에서 희롱하였다면 바일제이니라."

4-54 "업신여기는 자는 두 종류의 죄를 범하나니, 업신여기려고 하였다면 돌길라이고 업신여겼다면 바일제이니라."

4-55 "다른 비구를 두렵게 하는 자는 두 종류의 죄를 범하나니, 두렵게 하려고 하였다면 돌길라이고 두렵게 하였다면 바일제이니라."

4-56 "몸을 따뜻하게 하고자 불을 피우는 자는 두 종류의 죄를 범하나니,

196) 나행품(裸行品)을 가리킨다.

불을 피우려고 하였다면 돌길라이고 불을 피웠던 때라면 바일제이니라."

4-57 "보름 안에 목욕하는 자는 두 종류의 죄를 범하나니, 목욕하려고 하였다면 돌길라이고 목욕하였다면 바일제이니라."

4-58 "세 가지의 괴색의 가운데에서 한 가지의 괴색도 취하지 않고 새로운 옷을 착용하는 자는 두 종류의 죄를 범하나니, 착용하려고 하였다면 돌길라이고 착용하였다면 바일제이니라."

4-59 "비구, 비구니, 식차마나, 사미, 사미니에게 스스로가 옷을 정시하였으나, 돌려주지 않고 옷을 착용하는 자는 두 종류의 죄를 범하나니, 착용하려고 하였다면 돌길라이고 착용하였다면 바일제이니라."

4-60 "비구의 발우, 옷, 좌구, 침통, 혹은 허리띠 등을 숨기는 자는 두 종류의 죄를 범하나니, 숨기려고 하였다면 돌길라이고 숨겼던 때라면 바일제이니라."

○ **여섯째의 송출품을 마친다.**

(7) **제7송출품**[197]

4-61 "고의로 생명을 빼앗는 자는 몇 종류의 죄를 범하는가? 고의로 생명을 빼앗는 자는 네 종류의 죄를 범하나니, 함정을 파고서 '누구라도 빠진다면 마땅히 죽을 것이다.'라고 지정하지 않고서 말하였다면 돌길라를 범하고, 빠졌던 사람이 그 안에서 죽었다면 바라이를 범하며, 야차(夜叉)[198], 귀신[199], 인간의 모습과 비슷한 축생[200]이 함정에 빠졌고 그

---

197) 유충수품(有蟲水品)을 가리킨다.
198) 팔리어 Yakkha(야까)의 음사이고, 인간이 아닌 것으로 묘사되는 인간의 부류를

안에서 죽었다면 투란차를 범하고, 축생이 그 안에서 죽었다면 바일제를 범한다. 고의로 망어하는 자는 이러한 네 종류의 죄를 범하느니라."

4-62 "물속에 벌레가 있다고 알았으나, 마시는 자는 두 종류의 죄를 범하나니, 마시려고 하였다면 돌길라이고 마신 때라면 바일제이니라."

4-63 "여법하게 판결하는 일이라고 알고서도 다시 갈마를 하려고 요란시키는 자는 두 종류의 죄를 범하나니, 요란시키려고 하였다면 돌길라이고 요란시켰다면 바일제이니라."

4-64 "다른 비구의 거친 죄를 알았으나, 덮어서 감추는 자는 한 종류의 죄를 범하나니, 바일제이니라."

4-65 "20세를 채우지 않았다고 알았으나, 구족계를 주는 자는 두 종류의 죄를 범하나니, 주려고 하였다면 돌길라이고 주었다면 바일제이니라."

4-66 "도둑들이라고 알았으나, 먼저 약속하고서 같이 길을 가는 자는 두 종류의 죄를 범하나니, 같이 가려고 하였다면 돌길라이고 같이 갔다면 바일제이니라."

가리킨다. 그들은 데바(Devas), 락카사(Rakkhasas), 다나바(Dānavas), 간다바스(Gandhabbas), 킨나라스(Kinnaras), 마호라가스(Mahoragas) 등이 있고, 영혼, 오우거(ogre), 드라이어드(Dryad), 유령 등의 다양한 종류가 있다.

199) 팔리어 Peta(페타)의 음사이고, '죽은', '떠난 영혼'을 가리킨다. 불교에서는 '아버지의 영혼'인 pitryajña(피트랴즈나)와 인간의 이전의 탐욕의 악행에 대한 처벌을 이끌어내는 Brāhmaṇic preta(브라흐마닉 프레타)가 있다.

200) 팔리어 Tiracchānagatamanussaviggaha(티리짜나가타마누싸비까하)의 음사이고, tiracchānagata와 manussa와 viggaha의 합성어이다. 'tiracchānagata'는 축생의 뜻이고, 'manussa'는 인간을 뜻하며, 'viggaha'는 몸을 뜻하므로, 인간의 모습과 비슷한 축생으로 해석할 수 있다.

4-67 "여인과 함께 먼저 약속하고서 같이 길을 가는 자는 두 종류의 죄를 범하나니, 같이 가려고 하였다면 돌길라이고 같이 갔다면 바일제이니라."

4-68 "악한 견해를 마주하고서 세 번을 충고하였어도 버리지 않는 자는 두 종류의 죄를 범하나니, 아뢰었던 것에 의지한다면 돌길라이고 갈마를 마쳤다면 바일제이니라."

4-69 "이와 같은 악한 견해를 말하였고, 여법한 판결을 받아들이지 않았으며, 견해를 버리지 않았다고 알았으나, 그 비구와 함께 법사(法事)하는 자는 두 종류의 죄를 범하나니, 법사하려고 하였다면 돌길라이고 이미 함께 법사하였다면 바일제이니라."

4-70 "이와 같이 쫓겨났던 사미라고 알았으나, 함께 위로(慰勞)하는 자는 두 종류의 죄를 범하나니, 위로하려고 하였다면 돌길라이고 이미 함께 위로하였다면 바일제이니라."

○ **일곱째의 송출품을 마친다.**

(8) **제8송출품**[201]

4-71 "여러 비구들이 여법하게 충고하였는데, '장로여. 나는 그것을 능히 감당할 수 있는 지율비구에게 묻지 않았으므로, 마땅히 이러한 학처를 배우지 않겠습니다.'라고 말하였다면, 두 종류의 죄를 범하나니, 말하려고 하였던 자는 돌길라이고 이미 함께 말하였던 자는 바일제이니라."

---

201) 여법품(如法品)을 가리킨다.

4-72 "지율비구를 비방하는 자는 두 종류의 죄를 범하나니, 비방하려고 하였다면 돌길라이고 비방하는 때라면 바일제이니라."

4-73 "무지(無知)한 자는 두 종류의 죄를 범하나니, 거론되지 않은 죄를 알지 못하였다고 말하였던 자는 돌길라이고 이미 거론되었던 죄를 오히려 알지 못하였다고 말하였던 자는 바일제이니라."

4-74 "성내고 기쁘지 않아서 비구를 구타(毆打)하는 자는 두 종류의 죄를 범하나니, 구타하려고 하였다면 돌길라이고 구타하는 때라면 바일제이니라."

4-75 "비구를 마주하고 성내고 기쁘지 않아서 손을 들어서 칼의 모습을 짓는 자는 두 종류의 죄를 범하나니, 손을 들고자 하였다면 돌길라이고 손을 들었던 때라면 바일제이니라."

4-76 "근거가 없는 승잔으로써 비구를 비방하는 자는 두 종류의 죄를 범하나니, 비방하려고 하였다면 돌길라이고 비방하는 때라면 바일제이니라."

4-77 "고의로 비구를 뇌란시키는 자는 두 종류의 죄를 범하나니, 뇌란시키려고 하였던 자는 돌길라이고 이미 뇌란시켰던 자는 바일제이니라."

4-78 "쟁론이 발생한 곳에 서 있으면서 투쟁하고 화합하지 않는 비구들의 근처의 가려진 곳에서 엿듣는 자는 두 종류의 죄를 범하나니, 가려진 곳으로 가는 자는 돌길라이고 그곳에 서 있으며 엿듣는 자는 바일제이니라."

4-79 "여법한 갈마에 욕을 주고서 뒤에 불평하여 말하는 자는 두 종류의 죄를 범하나니, 불평하려고 하였던 자는 돌길라이고 이미 불평하였던 자는 바일제이니라."

4-80 "승가가 판결하는 때에 욕을 주지 않고 자리에서 일어나서 떠나가는 자는 두 종류의 죄를 범하나니, 대중에서 떠나가면서 팔을 펼치는 안으로 떨어져 있었던 자는 돌길라이고 팔을 펼치는 바깥으로 떨어져 있었던 자는 바일제이니라."

4-81 "승가가 화합하여 옷을 베풀어주었는데, 뒤에 불평하는 자는 두 종류의 죄를 범하나니, 불평하려고 하였던 자는 돌길라이고 이미 불평하였던 자는 바일제이니라."

4-82 "승가에게 공양한 물건이라고 이미 알았으나, 되돌려서 개에게 베풀어주는 자는 두 종류의 죄를 범하나니, 베풀어주려고 하였던 자는 돌길라이고 이미 베풀어주었던 자는 바일제이니라."

○ **여덟째의 송출품을 마친다.**

(9) **제9송출품**[202]

4-83 "먼저 알리지 않고서 왕의 내궁(內宮)에 들어가는 자는 두 종류의 죄를 범하나니, 첫째의 발걸음이 문을 지나가는 자는 돌길라이고, 둘째의 발걸음이 문을 지나가는 자는 바일제이니라."

4-84 "금·은을 붙잡는 자는 두 종류의 죄를 범하나니, 붙잡으려고 하였던 자는 돌길라이고 이미 붙잡았던 자는 바일제이니라."

4-85 "같이 머무르는 비구에게 알리지 않고 때가 아닌 때에 취락에 들어가는 자는 두 종류의 죄를 범하나니, 첫째의 발걸음이 울타리를

---

202) 보품(寶品)을 가리킨다.

지나가는 자는 돌길라이고, 둘째의 발걸음이 울타리를 지나가는 자는
바일제이니라."

4-86 "뼈로 짓거나, 상아로 짓거나, 뿔로 바늘통을 짓게 시키는 자는
두 종류의 죄를 범하나니, 지으려고 시켰던 자는 돌길라이고 짓게 시켰던
자는 바일제이니라."

4-87 "양을 넘겨서 와상을 짓거나, 혹은 좌상을 짓게 시키는 자는 두
종류의 죄를 범하나니, 지으려고 시켰던 자는 돌길라이고 이미 지었던
자는 바일제이니라."

4-88 "목화솜을 넣어서 와상을 짓거나, 혹은 좌상을 짓게 시키는 자는
두 종류의 죄를 범하나니, 지으려고 시켰던 자는 돌길라이고 이미 지었던
자는 바일제이니라."

4-89 "양을 넘겨서 좌구를 짓게 시키는 자는 두 종류의 죄를 범하나니,
지으려고 시켰던 자는 돌길라이고 이미 지었던 자는 바일제이니라."

4-90 "양을 넘겨서 좌구를 짓게 시키는 자는 두 종류의 죄를 범하나니,
지으려고 시켰던 자는 돌길라이고 이미 지었던 자는 바일제이니라."

4-91 "양을 넘겨서 우욕의를 짓게 시키는 자는 두 종류의 죄를 범하나니,
지으려고 시켰던 자는 돌길라이고 이미 지었던 자는 바일제이니라."

4-92 "세존 옷의 양으로 옷을 짓게 시키는 자는 몇 종류의 죄를 범하는가?
세존 옷의 양으로 옷을 짓게 시키는 자는 두 종류의 죄를 범하나니,
지으려고 시켰던 자는 돌길라이고 이미 지었던 자는 바일제이니라. 세존
옷의 양으로 옷을 짓게 시키는 자는 이러한 두 종류의 죄를 범하느니라."

[92바일제를 마친다.]

○ 아홉째의 송출품을 마친다.

5) 4제사니(提舍尼)[203]

(1) 제1송출품

5-1 "시정에 들어가서 친족이 아닌 비구니가 손으로 걸식하였던 것을 스스로의 손으로 단단한 음식이거나, 혹은 부드러운 음식을 받아서 먹었던 자는 두 종류의 죄를 범하나니, '그것을 먹겠다.라고 말하고서 잡았던 자는 돌길라이고 목으로 삼키는 것마다 바일제이니라. 시정에 들어가서 친족이 아닌 비구니가 손으로 걸식하였던 것을 스스로의 손으로 단단한 음식이거나, 혹은 부드러운 음식을 받아서 먹었던 자는 이러한 두 종류의 죄를 범하느니라."

5-2 "비구니가 지시하였으나, 거부하지 않고서 음식을 취하였던 자는 두 종류의 죄를 범하나니, '그것을 먹겠다.라고 말하고서 잡았던 자는 돌길라이고 목으로 삼키는 것마다 바일제이니라. 비구니가 지시하였으나, 거부하지 않고서 음식을 취하였던 자는 이러한 두 종류의 죄를 범하느니라."

5-3 "학가이었던 여러 집에서 스스로의 손으로 단단한 음식이거나, 혹은 부드러운 음식을 받아서 먹었던 자는 두 종류의 죄를 범하나니, '그것을 먹겠다.'라고 말하고서 잡았던 자는 돌길라이고 목으로 삼키는 것마다 바일제이니라. 학가이었던 여러 집에서 스스로의 손으로 단단한 음식이

---

203) 팔리어 Pāṭidesanīyakaṇḍa(파티데사니야칸다)의 번역이다.

거나, 혹은 부드러운 음식을 받아서 먹었던 자는 이러한 두 종류의 죄를 범하느니라."

5-4 "아련야의 주처에서, 승원의 가운데에서, 먼저 알리지 않고 스스로의 손으로 단단한 음식이거나, 혹은 부드러운 음식을 받아서 먹었던 자는 몇 종류의 죄를 범하는가? 아련야의 주처에서, 승원의 가운데에서, 먼저 알리지 않고 스스로의 손으로 단단한 음식이거나, 혹은 부드러운 음식을 받아서 먹었던 자는 두 종류의 죄를 범하나니, '그것을 먹겠다.라고 말하고서 잡았던 자는 돌길라이고 목으로 삼키는 것마다 바일제이니라. 아란야의 주처에서, 승원의 가운데에서, 먼저 알리지 않고 스스로의 손으로 단단한 음식이거나, 혹은 부드러운 음식을 받아서 먹었던 자는 이러한 두 종류의 죄를 범하느니라."

[4제사니를 마친다.]

○ 첫째의 송출품을 마친다.

6) 중학법(衆學法)

(1) 제1송출품[204]

6-1 "공경하지 않았던 까닭으로 앞과 뒤로 늘어트려서 하의(內衣)를 입었던 자는 한 종류의 죄를 범하나니 돌길라이니라. 공경하지 않았던 까닭으로 앞과 뒤로 늘어트려서 하의를 입었던 자는 이러한 한 종류의 죄를 범하느니라."

---

204) 팔리어 Parimaṇḍalavagga(파리만다라바까)의 번역이고, 전원품(全圓品)을 뜻한다.

6-2 "공경하지 않았던 까닭으로 앞과 뒤로 늘어트려서 상의(上衣)를 입었던 자는 한 종류의 죄를 범하나니 돌길라이니라."

6-3 "공경하지 않았던 까닭으로 몸을 드러내고서 시정에서 돌아다녔던 자는 한 종류의 죄를 범하나니 돌길라이니라."

6-4 "공경하지 않았던 까닭으로 몸을 드러내고서 시정에 앉았던 자는 한 종류의 죄를 범하나니 돌길라이니라."

6-5 "공경하지 않았던 까닭으로 시정에서 손발을 흔들면서 돌아다녔던 자는 한 종류의 죄를 범하나니 돌길라이니라."

6-6 "어느 곳에서 공경하지 않았던 까닭으로 시정에서 손발을 흔들면서 앉았던 자는 한 종류의 죄를 범하나니 돌길라이니라."

6-7 "공경하지 않았던 까닭으로 시정에서 두리번거리면서 돌아다녔던 자는 한 종류의 죄를 범하나니 돌길라이니라."

6-8 "공경하지 않았던 까닭으로 시정에서 두리번거리면서 앉았던 자는 한 종류의 죄를 범하나니 돌길라이니라."

6-9 "어느 곳에서 공경하지 않았던 까닭으로 시정에서 옷을 걷어 올리고 돌아다녔던 자는 한 종류의 죄를 범하나니 돌길라이니라."

6-10 "어느 곳에서 공경하지 않았던 까닭으로 시정에서 옷을 걷어 올리고 앉았던 자는 한 종류의 죄를 범하나니 돌길라이니라."

○ **첫째의 송출품을 마친다.**

(2) 제2송출품[205]

6-11 "공경하지 않았던 까닭으로 시정에서 크게 웃으면서 돌아다녔던 자는 한 종류의 죄를 범하나니 돌길라이니라."

6-12 "공경하지 않았던 까닭으로 시정에서 크게 웃으면서 앉았던 자는 한 종류의 죄를 범하나니 돌길라이니라."

6-13 "공경하지 않았던 까닭으로 시정에서 크게 소리를 지르면서 돌아다녔던 자는 한 종류의 죄를 범하나니 돌길라이니라."

6-14 "공경하지 않았던 까닭으로 시정에서 크게 소리를 지르면서 앉았던 자는 한 종류의 죄를 범하나니 돌길라이니라."

6-15 "공경하지 않았던 까닭으로 시정에서 몸을 흔들면서 돌아다녔던 자는 한 종류의 죄를 범하나니 돌길라이니라."

6-16 "공경하지 않았던 까닭으로 시정에서 몸을 흔들면서 앉았던 자는 한 종류의 죄를 범하나니 돌길라이니라."

6-17 "어느 곳에서 공경하지 않았던 까닭으로 시정에서 어깨를 흔들면서 돌아다녔던 자는 한 종류의 죄를 범하나니 돌길라이니라."

6-18 "공경하지 않았던 까닭으로 시정에서 어깨를 흔들면서 앉았던 자는 한 종류의 죄를 범하나니 돌길라이니라."

---

205) 홍소품(哄笑品)을 뜻한다.

6-19 "공경하지 않았던 까닭으로 시정에서 머리를 흔들면서 돌아다녔던 자는 한 종류의 죄를 범하나니 돌길라이니라."

6-20 "어느 곳에서 공경하지 않았던 까닭으로 시정에서 머리를 흔들면서 앉았던 자는 한 종류의 죄를 범하나니 돌길라이니라."

○ **둘째의 송출품을 마친다.**

(3) 제3송출품[206]

6-21 "공경하지 않았던 까닭으로 시정에서 손을 허리에 얹고 팔꿈치를 벌리면서 돌아다녔던 자는 한 종류의 죄를 범하나니 돌길라이니라."

6-22 "공경하지 않았던 까닭으로 시정에서 손을 허리에 얹고 팔꿈치를 벌리면서 앉았던 자는 한 종류의 죄를 범하나니 돌길라이니라."

6-23 "공경하지 않았던 까닭으로 시정에서 머리를 감싸고서 돌아다녔던 자는 한 종류의 죄를 범하나니 돌길라이니라."

6-24 "어느 곳에서 공경하지 않았던 까닭으로 시정에서 머리를 감싸고서 앉았던 자는 한 종류의 죄를 범하나니 돌길라이니라."

6-25 "공경하지 않았던 까닭으로 시정에서 웅크리고서 돌아다녔던 자는 한 종류의 죄를 범하나니 돌길라이니라."

6-26 "공경하지 않았던 까닭으로 시정에서 산란한 모습으로 앉았던

---

206) 팔리어 Khambhakatavagga(캄바카타바까)의 번역이고, 차요품(叉腰品)을 뜻한다.

자는 한 종류의 죄를 범하나니 돌길라이니라."

6-27 "공경하지 않았던 까닭으로 주의하지 않고서 음식을 받았던 자는 한 종류의 죄를 범하나니 돌길라이니라."

6-28 "공경하지 않았던 까닭으로 좌우를 두리번거리면서 음식을 받았던 자는 한 종류의 죄를 범하나니 돌길라이니라."

6-29 "공경하지 않았던 까닭으로 많은 양의 국(汁)을 받았던 자는 한 종류의 죄를 범하나니 돌길라이니라."

6-30 "어느 곳에서 공경하지 않았던 까닭으로 발우를 넘치도록 베푸는 음식을 받았던 자는 한 종류의 죄를 범하나니 돌길라이니라."

○ **셋째의 송출품을 마친다.**

(4) 제4송출품[207]

6-31 "공경하지 않았던 까닭으로 주의하지 않고서 보시한 음식을 먹었던 자는 한 종류의 죄를 범하나니 돌길라이니라."

6-32 "공경하지 않았던 까닭으로 좌우를 두리번거리면서 보시한 음식을 먹었던 자는 한 종류의 죄를 범하나니 돌길라이니라."

6-33 "공경하지 않았던 까닭으로 여러 곳을 주물럭거리면서 보시한 음식을 먹었던 자는 한 종류의 죄를 범하나니 돌길라이니라."

---

207) 시식품(施食品)을 뜻한다.

6-34 "공경하지 않았던 까닭으로 많은 양의 국을 먹었던 자는 한 종류의 죄를 범하나니 돌길라이니라."

6-35 "공경하지 않았던 까닭으로 가운데를 주물럭거리면서 보시한 음식을 먹었던 자는 한 종류의 죄를 범하나니 돌길라이니라."

6-36 "공경하지 않았던 까닭으로 더욱 많은 국을 얻고자 밥으로 국을 덮었던 자는 한 종류의 죄를 범하나니 돌길라이니라."

6-37 "공경하지 않았던 까닭으로 병자가 아니었으나, 스스로를 위하여 국과 밥을 구걸하여서 먹었던 자는 한 종류의 죄를 범하나니 돌길라이니라."

6-38 "공경하지 않았던 까닭으로 마음에 불만이 있었으므로 다른 사람의 발우를 바라보았던 자는 한 종류의 죄를 범하나니 돌길라이니라."

6-39 "공경하지 않았던 까닭으로 크게 음식의 덩어리를 지었던 자는 한 종류의 죄를 범하나니 돌길라이니라."

6-40 "공경하지 않았던 까닭으로 긴 타원형의 음식 덩어리를 지었던 자는 한 종류의 죄를 범하나니 돌길라이니라."

   ○ **넷째의 송출품을 마친다.**

(5) 제5송출품[208]

6-41 "공경하지 않았던 까닭으로 음식 덩어리가 입의 주변에 오지 않았으나, 크게 입을 벌렸던 자는 한 종류의 죄를 범하나니 돌길라이니라."

6-42 "공경하지 않았던 까닭으로 음식을 먹는 때에 손을 가지고 입을 모두 막았던 자는 한 종류의 죄를 범하나니 돌길라이니라."

6-43 "공경하지 않았던 까닭으로 음식을 입에 가득히 머금고서 말하였던 자는 한 종류의 죄를 범하나니 돌길라이니라."

6-44 "공경하지 않았던 까닭으로 음식을 입속에 던져서 먹었던 자는 한 종류의 죄를 범하나니 돌길라이니라."

6-45 "공경하지 않았던 까닭으로 음식을 뭉치고서 갉아먹었던 자는 한 종류의 죄를 범하나니 돌길라이니라."

6-46 "공경하지 않았던 까닭으로 입안을 부풀리고서 음식을 먹었던 자는 한 종류의 죄를 범하나니 돌길라이니라."

6-47 "공경하지 않았던 까닭으로 손을 흔들면서 음식을 먹었던 자는 한 종류의 죄를 범하나니 돌길라이니라."

6-48 "공경하지 않았던 까닭으로 밥 알갱이를 떨어트리면서 먹었던 자는 한 종류의 죄를 범하나니 돌길라이니라."

---

208) 반구품(飯球品)을 뜻한다.

6-49 "공경하지 않았던 까닭으로 혀를 내밀면서 음식을 먹었던 자는 한 종류의 죄를 범하나니 돌길라이니라."

6-50 "공경하지 않았던 까닭으로 쩝쩝거리면서 음식을 먹었던 자는 한 종류의 죄를 범하나니 돌길라이니라."

○ 다섯째의 송출품을 마친다.

(6) 제6송출품[209]

6-51 "공경하지 않았던 까닭으로 후루룩·후루룩 소리를 내면서 음식을 먹었던 자는 한 종류의 죄를 범하나니 돌길라이니라."

6-52 "공경하지 않았던 까닭으로 손을 핥으면서 음식을 먹었던 자는 한 종류의 죄를 범하나니 돌길라이니라."

6-53 "어느 곳에서 공경하지 않았던 까닭으로 발우를 핥으면서 음식을 먹었던 자는 한 종류의 죄를 범하나니 돌길라이니라."

6-54 "공경하지 않았던 까닭으로 입술을 핥으면서 음식을 먹었던 자는 한 종류의 죄를 범하나니 돌길라이니라."

6-55 "공경하지 않았던 까닭으로 음식으로 더럽혀진 손으로 물병을 잡았던 자는 한 종류의 죄를 범하나니 돌길라이니라."

6-56 "공경하지 않았던 까닭으로 밥 알갱이가 섞여 있는 발우를 씻은

209) 흡식품(吸食品)을 뜻한다.

물을 가지고 시정에 버렸던 자는 한 종류의 죄를 범하나니 돌길라이니라."

6-57 "공경하지 않았던 까닭으로 병이 없었으나, 일산을 지녔던 자를 마주하고서 설법하였던 자는 한 종류의 죄를 범하나니 돌길라이니라."

6-58 "공경하지 않았던 까닭으로 병이 없었으나, 지팡이를 지녔던 자를 마주하고서 설법하였던 자는 한 종류의 죄를 범하나니 돌길라이니라."

6-59 "공경하지 않았던 까닭으로 병이 없었으나, 칼을 지녔던 자를 마주하고서 설법하였던 자는 한 종류의 죄를 범하나니 돌길라이니라."

6-60 "공경하지 않았던 까닭으로 병이 없었으나, 무기(武器)를 지녔던 자를 마주하고서 설법하였던 자는 한 종류의 죄를 범하나니 돌길라이니라."

○ **여섯째의 송출품을 마친다.**

(7) 제7송출품[210]

6-61 "공경하지 않았던 까닭으로 풀로 만든 신발을 신었던 자를 마주하고서 설법하였던 자는 한 종류의 죄를 범하나니 돌길라이니라."

6-62 "공경하지 않았던 까닭으로 샌들을 신었던 자를 마주하고서 설법하였던 자는 한 종류의 죄를 범하나니 돌길라이니라."

6-63 "공경하지 않았던 까닭으로 탈 것에 앉아 있던 자를 마주하고서 설법하였던 자는 한 종류의 죄를 범하나니 돌길라이니라."

---

210) 팔리어 Pādukavagga(파두카바까)의 번역이고, 초리품(草履品)을 뜻한다.

6-64 "공경하지 않았던 까닭으로 평상에 누워있었던 자를 마주하고서 설법하였던 자는 한 종류의 죄를 범하나니 돌길라이니라."

6-65 "공경하지 않았던 까닭으로 산란한 모습으로 앉아 있었던 자를 마주하고서 설법하였던 자는 한 종류의 죄를 범하나니 돌길라이니라."

6-66 "공경하지 않았던 까닭으로 머리를 감싸고서 묶었던 자를 마주하고서 설법하였던 자는 한 종류의 죄를 범하나니 돌길라이니라."

6-67 "공경하지 않았던 까닭으로 복면하였던 자를 마주하고서 설법하였던 자는 한 종류의 죄를 범하나니 돌길라이니라."

6-68 "공경하지 않았던 까닭으로 땅 위에 앉아서 평상에 앉은 자를 위하여 설법하였던 자는 한 종류의 죄를 범하나니 돌길라이니라."

6-69 "공경하지 않았던 까닭으로 낮은 곳에 앉아서 높은 곳에 앉은 자를 위하여 설법하였던 자는 한 종류의 죄를 범하나니 돌길라이니라."

6-70 "공경하지 않았던 까닭으로 서 있으면서 앉아 있는 자를 위하여 설법하였던 자는 한 종류의 죄를 범하나니 돌길라이니라."

6-71 "공경하지 않았던 까닭으로 뒤에 가면서 앞에 가는 자를 위하여 설법하였던 자는 한 종류의 죄를 범하나니 돌길라이니라."

6-72 "공경하지 않았던 까닭으로 도로의 밖으로 가면서 도로의 가운데를 가는 자를 위하여 설법하였던 자는 한 종류의 죄를 범하나니 돌길라이니라."

6-73 "공경하지 않았던 까닭으로 서 있으면서 대·소변을 보았던 자는

한 종류의 죄를 범하나니 돌길라이니라."

6-74 "공경하지 않았던 까닭으로 푸른 풀의 위에 대·소변을 보았던 자는 한 종류의 죄를 범하나니 돌길라이니라."

6-75 "공경하지 않았던 까닭으로 물 위에서 대·소변을 보았고 가래침을 뱉었던 자는 한 종류의 죄를 범하나니 돌길라이니라."

　[75중학법을 마친다.]

　○ 일곱째의 송출품을 마친다.

　● 대분별의 가운데에서 죄 숫자의 장(章)을 마친다.

3. 죄(罪)의 종류[211]

1) 4바라이(波羅夷)[212]

(1) 제1송출품(誦出品)

1-1 "부정법(不淨法)을 행(行)하는 자는 몇 종류의 죄를 범하는가? 부정법을 행하는 자는 세 종류의 죄를 범하느니라. 부패하지 않은 몸에 부정법을 행하는 자는 바라이를 범하고, 부패한 몸에 부정법을 행하는 자는 투란차

---

211) 팔리어 Katāpattivāra(카타파띠바라)의 번역이다.
212) 팔리어 Pārājikakaṇḍa(파라지카칸다)의 번역이다.

를 범하며, 벌어진 입속에 생지(生支)를 삽입하면 돌길라를 범한다. 부정법을 행하는 자는 이러한 세 종류의 죄를 범하느니라."

1-2 "주지 않았는데 취(取)하는 자는 몇 종류의 죄를 범하는가? 주지 않았는데 취하는 자는 세 종류의 죄를 범하느니라. 값이 5마사가(摩沙迦)이거나, 혹은 5마사가의 이상(以上)이었는데, 주지 않은 물건을 취하는 자는 바라이를 범하고, 값이 하나는 1마사가의 이상이었고, 혹은 값이 하나는 5마사가의 이하이었는데, 주지 않은 물건을 취하는 자는 투란차를 범하며, 값이 하나는 1마사가이었고, 혹은 값이 하나는 1마사가의 이하이었는데, 주지 않은 물건을 취하는 자는 돌길라를 범한다. 부정법을 행하는 자는 이러한 세 종류의 죄를 범하느니라."

1-3 "고의로 목숨을 빼앗는 자는 몇 종류의 죄를 범하는가? 고의로 사람의 목숨을 빼앗는 자는 세 종류의 죄를 범하느니라. 고의로 누구인 사람을 위하여 함정을 팠고, '그가 빠진다면 죽을 것이다.'라고 말하였다면, 돌길라를 범한다. 함정에서 살아났으나 고통을 받았다면 투란차를 범하며, 주었다면 바라이를 범한다. 부정법을 행하는 자는 이러한 세 종류의 죄를 범하느니라."

1-4 "헛되고 없었던 상인법을 주장하는 자는 몇 종류의 죄를 범하는가? 헛되고 없었던 상인법을 주장하는 자는 세 종류의 죄를 범하느니라. 선하지 않은 욕망과 탐욕의 성품을 가지고서 헛되고 없었던 상인법을 주장하는 자는 바라이를 범하고, '그대의 정사에 머무른 비구는 아라한이다.'라고 말하였고, 곧 이해하였던 자라면 투란차를 범하며, 이해하지 못하였던 자라면 돌길라를 범한다. 헛되고 없었던 상인법을 주장하는 자는 이러한 세 종류의 죄를 범하느니라."

[4바라이를 마친다.]

○ **첫째의 송출품을 마친다.**

　2) 13승잔(僧殘)[213]

(1) 제1송출품(誦出品)

2-1 "고의로 부정을 출정하는 세 종류의 죄를 범하느니라. 출정하겠다고 생각하고서 출정하는 자는 승잔을 범하고, 출정하겠다고 생각하고서 출정하지 않은 자는 투란차를 범하며, 출정하려고 행하였던 자는 돌길라를 범한다."

2-2 "여인과 함께 서로가 어루만지는 자는 세 종류의 죄를 범하느니라. 몸과 몸을 서로가 어루만지는 자는 승잔을 범하고, 몸과 몸에 부착된 물건으로 서로를 어루만지는 자는 투란차를 범하며, 출정하려고 몸에 부착된 물건과 몸에 부착된 물건으로 서로를 어루만지는 자는 돌길라를 범한다."

2-3 "여인을 마주하고서 추악(醜惡)하게 말하는 자는 세 종류를 범하느니라. 대변도(大便道)와 소변도(小便道)를 좋거나, 나쁘다고 말하는 자는 승잔을 범하고, 대변도와 소변도를 제외하고서 무릎의 이상에서 목의 이하를 말하는 자는 투란차를 범하며, 출정하려고 몸에 부착된 물건을 말하는 자는 돌길라를 범한다."

2-4 "스스로를 위하여 음욕의 공양을 찬탄하는 자는 세 종류의 죄를 범하느니라. 여인의 앞에서 스스로를 위하여 음욕의 공양을 찬탄하는

---

213) 팔리어 Saṅghādisesakaṇḍa(산가디세사칸다)의 번역이다.

자는 승잔을 범하고, 황문(黃門)214)의 앞에서 음욕의 공양을 찬탄하는 자는 투란차를 범하며, 축생(畜生)의 앞에서 음욕의 공양을 찬탄하는 자는 돌길라를 범한다.”

2-5 “사람을 중매(中媒)하는 자는 세 종류의 죄를 범하느니라. 말을 받아서 다른 사람에게 알렸고 돌아와서 알리는 자는 승잔을 범하고, 말을 받아서 다른 사람에게 알렸고 돌아와서 알리지 않는 자는 투란차를 범하며, 말을 받아서 다른 사람에게 알리지 않았고 돌아와서 알리는 자는 돌길라를 범한다.”

2-6 “스스로가 구걸하여 방사를 조성하는 자는 세 종류의 죄를 범하느니라. 지으려고 행하였던 자는 돌길라를 범하고, 마지막의 진흙 덩어리를 바르지 않은 자는 투란차를 범하며, 마지막의 진흙 덩어리를 바른 자는 바라이를 범한다.”

2-7 “스스로가 구걸하여 큰 정사를 조성하는 자는 세 종류의 죄를 범하느니라. 지으려고 행하였던 자는 돌길라를 범하고, 마지막의 진흙 덩어리를 바르지 않은 자는 투란차를 범하며, 마지막의 진흙 덩어리를 바른 자는 바라이를 범한다.”

2-8 “근거가 없는 바라이로써 다른 비구를 비방하는 자는 세 종류의 죄를 범하느니라. 동의(同意)하지 않았는데 쫓아내려고 비방하는 자는 하나의 승잔과 하나의 돌길라를 범하고, 동의하였어도 꾸짖으려는 뜻으로 비방하는 자는 비난어죄(非難語罪)를 범한다.”

2-9 “오직 다른 일의 가운데에서 어느 비슷한 점을 취하여 바라이로써

---

214) 팔리어 Paṇḍaka(판다카)의 번역이다.

다른 비구를 비방하는 자는 세 종류의 죄를 범하느니라. 동의하지 않았는데 쫓아내려고 비방하는 자는 하나의 승잔과 하나의 돌길라를 범하고, 동의하였어도 꾸짖으려는 뜻으로 비방하는 자는 비난어죄를 범한다."

2-10 "파승사의 비구를 마주하고서 세 번을 충고하였으나, 버리지 않는 비구는 세 종류의 죄를 범하느니라. 갈마를 의지하여 아뢰었다면 돌길라를 범하고, 두 번째의 갈마를 의지하여 아뢰었다면 투란차를 범하며, 갈마를 마치면서 아뢰었다면 바라이를 범한다."

2-11 "파승사를 도왔던 비구를 마주하고서 세 번을 충고하였으나, 버리지 않는 비구는 세 종류의 죄를 범하느니라. 갈마를 의지하여 아뢰었다면 돌길라를 범하고, 두 번째의 갈마를 의지하여 아뢰었다면 투란차를 범하며, 갈마를 마치면서 아뢰었다면 바라이를 범한다."

2-12 "악구(惡口)하는 비구를 마주하고서 세 번을 충고하였으나, 버리지 않는 비구는 세 종류의 죄를 범하느니라. 갈마를 의지하여 아뢰었다면 돌길라를 범하고, 두 번째의 갈마를 의지하여 아뢰었다면 투란차를 범하며, 갈마를 마치면서 아뢰었다면 바라이를 범한다."

2-13 "속가를 염오시키는 비구를 마주하고서 세 번을 충고하였으나, 버리지 않는 비구는 세 종류의 죄를 범하느니라. 갈마를 의지하여 아뢰었다면 돌길라를 범하고, 두 번째의 갈마를 의지하여 아뢰었다면 투란차를 범하며, 갈마를 마치면서 아뢰었다면 바라이를 범한다."

[13승잔을 마친다.]

　○ **첫째의 송출품을 마친다.**

3) 30사타(捨墮)[215]

(1) 제1송출품(誦出品)[216]

3-1 "장의(長衣)를 10일을 넘겨서 저축하는 자는 한 종류의 죄를 범하나니, 사타(捨墮)이니라."

3-2 "하룻밤이라도 3의를 벗어나는 자는 한 종류의 죄를 범하나니, 사타이니라."

3-3 "때가 아닌 옷을 받았고, 2개월을 넘겨서 옷을 저축하는 자는 한 종류의 죄를 범하나니, 사타이니라."

3-4 "친족이 아닌 비구니에게 입었던 옷을 세탁하게 시켰던 자는 두 종류의 죄를 범하나니, 세탁하게 시켰다면 돌길라이고 이미 세탁하였던 자는 사타이니라."

3-5 "친족이 아닌 비구니에게 손으로 옷을 받는 자는 두 종류의 죄를 범하나니, 받으려고 하였다면 돌길라이고 이미 받았던 자는 사타이니라."

3-6 "친족이 아닌 거사이거나, 혹은 거사의 부인을 향하여 옷을 구걸하는 자는 두 종류의 죄를 범하나니, 구걸하려고 하였다면 돌길라이고 이미 구걸하였던 자는 사타이니라."

3-7 "친족이 아닌 거사이거나, 혹은 거사의 부인을 향하여 양을 넘겨서 옷을 구걸하는 자는 두 종류의 죄를 범하나니, 구걸하려고 하였다면

---

215) 팔리어 Nissaggiyakaṇḍa(니싸끼야칸다)의 번역이다.
216) 가치나의품(迦絺那衣品)을 가리킨다.

돌길라이고 이미 구걸하였다면 사타이니라."

3-8 "청을 받지 않았는데 먼저 친족이 아닌 거사의 처소에 이르렀고, 나아가서 옷을 지시하는 자는 두 종류의 죄를 범하나니, 지시하려고 하였다면 돌길라이고 이미 지시하였던 자는 사타이니라."

3-9 "청을 받지 않았는데 먼저 친족이 아닌 거사들의 처소에 이르렀고, 나아가서 옷을 지시하는 자는 두 종류의 죄를 범하나니, 지시하려고 하였다면 돌길라이고 이미 지시하였던 자는 사타이니라."

3-10 "세 번의 이상을 재촉하고 여섯 번의 이상을 서 있으면서 옷을 얻는 자는 두 종류의 죄를 범하나니, 재촉하려고 하였다면 돌길라이고 이미 재촉하였던 자는 사타이니라."

○ **첫째의 송출품을 마친다.**

(2) 제2송출품(誦出品)[217]

3-11 "비단실을 섞어서 와구를 짓는 자는 두 종류의 죄를 범하나니, 지으려고 하였다면 돌길라이고 이미 지었던 자는 사타이니라."

3-12 "순수하게 검은 양털로 와구를 짓는 자는 두 종류의 죄를 범하나니, 지으려고 하였다면 돌길라이고 이미 지었던 자는 사타이니라."

3-13 "1다라의 흰 양털과 1다라의 갈색 양털을 사용하지 않고 새로운

---

217) 잠면품(蠶綿品)을 가리킨다.

와구를 짓는 자는 두 종류의 죄를 범하나니, 지으려고 하였다면 돌길라이고 이미 지었던 자는 사타이니라."

3-14 "해마다 와구를 짓게 시키는 자는 두 종류의 죄를 범하나니, 지으려고 하였다면 돌길라이고 이미 지었던 자는 사타이니라."

3-15 "옛 와구의 둘레에 세존 1걸수의 연(緣)을 취하지 않고 새로운 와구를 짓는 자는 두 종류의 죄를 범하나니, 지으려고 하였다면 돌길라이고 이미 지었던 자는 사타이니라."

3-16 "양털을 가지고 3유순을 떠나가는 자는 두 종류의 죄를 범하나니, 첫째의 발걸음이 3유순을 넘었다면 돌길라이고, 둘째의 발걸음이 넘었던 자는 사타이니라."

3-17 "친족이 아닌 비구니에게 양털을 세탁하게 시키는 자는 두 종류의 죄를 범하나니, 세탁하게 시켰다면 돌길라이고 이미 세탁하였다면 사타이니라."

3-18 "금전(金錢)을 받아서 지니는 자는 두 종류의 죄를 범하나니, 받으려고 하였다면 돌길라이고 이미 받아서 지녔던 자는 사타이니라."

3-19 "여러 종류의 금·은을 매매하는 자는 두 종류의 죄를 범하나니, 매매하려고 하였다면 돌길라이고 이미 매매하였던 자는 사타이니라."

3-20 "여러 종류의 물건을 교역하는 자는 두 종류의 죄를 범하나니, 교역하려고 하였다면 돌길라이고 이미 교역하였던 자는 사타이니라."

○ 둘째의 송출품을 마친다.

(3) 제3송출품(誦出品)[218]

3-21 "여분의 발우를 저축하면서 10일을 넘기는 자는 한 종류의 죄를 범하나니 사타이니라."

3-22 "발우를 다섯 번을 꿰매지 않았는데, 다른 새로운 발우를 구하는 자는 두 종류의 죄를 범하나니, 구하려고 하였다면 돌길라이고 이미 구하여 얻은 자는 사타이니라."

3-23 "약을 얻어 저축하면서 7일을 넘기는 자는 한 종류의 죄를 범하나니 사타이니라."

3-24 "여름의 최후의 1개월 이전에 우욕의를 구하는 자는 두 종류의 죄를 범하나니, 구하려고 하였다면 돌길라이고 이미 구하여 얻은 때라면 사타이니라."

3-25 "비구가 스스로 옷을 주었으나, 분노하고 기쁘지 않아서 다시 빼앗는 자는 두 종류의 죄를 범하나니, 빼앗으려고 하였다면 돌길라이고 이미 빼앗았던 자는 사타이니라."

3-26 "스스로가 실을 구하여서 직공에게 옷을 짜게 시키는 자는 두 종류의 죄를 범하나니, 구걸하려고 하였다면 돌길라이고 이미 구걸하였던 자는 사타이니라."

3-27 "청을 받지 않았으나 먼저 친족이 아닌 거사의 직공 처소에 나아가서 옷을 짓는 것을 지시하는 자는 두 종류의 죄를 범하나니, 지시하려고

---

218) 발우품(鉢盂品)을 가리킨다.

하였다면 돌길라이고 이미 지시하였던 자는 사타이니라."

3-28 "특별히 보시받은 옷을 저축하면서 때를 넘기는 자는 한 종류의 죄를 범하나니 사타이니라."

3-29 "3의의 가운데에서 하나의 옷을 속가에 맡기고서 그 옷을 6일밤을 넘겨서 벗어나는 자는 한 종류의 죄를 범하나니 사타이니라."

3-30 "승가에 공양한 물건이라고 명백하게 알았으나, 스스로에 되돌리는 자는 두 종류의 죄를 범하나니, 되돌리려고 하였다면 돌길라이고 이미 되돌렸던 자는 사타이니라."

  [30사타를 마친다.]

  ○ **셋째의 송출품을 마친다.**

  4) 92바일제(波逸提)[219]

(1) 제1송출품[220]

4-1 "고의로 망어하는 자는 몇 종류의 죄를 범하는가? 고의로 망어하는 자는 다섯 종류의 죄를 범하느니라. 선하지 않은 희망을 지니고서 탐욕의 성품으로 공허한 상인법을 말하는 자는 바라이를 범하고, 근거가 없는 바라이로써 다른 비구를 비방하는 자는 승잔을 범하며, 마주하고서 '그대의 정사에 머무르는 비구는 아라한이다.'라고 말하였는데 이해한 자라면

───────────────
219) 팔리어 Pācittiyakaṇḍa(파시띠야칸다)의 번역이다.
220) 망어품(妄語品)을 가리킨다.

투란차를 범하고, 이해하지 못한 자라면 돌길라를 범한다. 고의로 망어하는 자는 바일제이니라. 고의로 망어하는 자는 이러한 다섯 종류의 죄를 범하느니라."

4-2 "욕설하는 자는 두 종류의 죄를 범하나니, 구족계를 받는 자에게 욕설하였다면 바일제이고 구족계를 받지 않은 자에게 욕설하였다면 돌길라이니라."

4-3 "이간질하는 자는 두 종류의 죄를 범하나니, 구족계를 받는 자에게 이간질하였다면 바일제이고 구족계를 받지 않은 자에게 이간질하였다면 돌길라이니라."

4-4 "구족계를 받지 않은 자와 구절을 따라서 같이 독송하는 자는 두 종류의 죄를 범하나니, 독송하고자 하였다면 돌길라이고 이미 독송하였다면 바일제이니라."

4-5 "구족계를 받지 않은 자와 함께 2·3일을 넘겨서 같이 묵는 자는 두 종류의 죄를 범하나니, 구족계를 받는 자에게 눕고자 하였다면 돌길라이고 이미 누웠다면 바일제이니라."

4-6 "여인과 함께 같이 묵는 자는 두 종류의 죄를 범하나니, 구족계를 받는 자에게 눕고자 하였다면 돌길라이고 이미 누웠다면 바일제이니라."

4-7 "여인을 마주하고서 다섯·여섯 마디를 넘겨서 설법하는 자는 두 종류의 죄를 범하나니, 설법하려고 하였다면 돌길라이고 설법하는 구절마다 바일제이니라."

4-8 "구족계를 받지 않은 자를 마주하고서 진실로 상인법이 있다고

말하는 자는 두 종류의 죄를 범하나니, 말하려고 하였다면 돌길라이고 이미 말하였다면 바일제이니라."

4-9 "비구의 추악한 죄를 구족계를 받지 않은 자를 마주하고서 말하는 자는 두 종류의 죄를 범하나니, 말하려고 하였다면 돌길라이고 이미 말하였다면 바일제이니라."

4-10 "땅을 파는 자는 두 종류의 죄를 범하나니, 파고자 하였다면 돌길라이고 이미 팠다면 바일제이니라."

○ **첫째의 송출품을 마친다.**

(2) **제2송출품**[221]

4-11 "초목을 자르는 자는 두 종류의 죄를 범하나니, 자르고자 하였다면 돌길라이고 매번 자르는 것마다 바일제이니라."

4-12 "다른 말을 지어서 변명하는 자는 두 종류의 죄를 범하나니, 아직 다른 말을 짓지 않고 변명하고자 하였다면 돌길라이고 다른 말을 지어서 변명하였다면 바일제이니라."

4-13 "다른 비구를 조롱하는 자는 두 종류의 죄를 범하나니, 조롱하려고 하였다면 돌길라이고 이미 조롱하였다면 바일제이니라."

4-14 "승가의 평상, 좌상, 요, 부구 등을 노지에 펼쳐놓고서 거두어들이지 않았고, 또한 다른 사람에게 부탁하지 않고 떠나가는 자는 두 종류의

---

221) 초목품(草木品)을 가리킨다.

죄를 범하나니, 첫째의 발걸음이 흙덩이를 던져서 이르는 곳을 지나갔다면 돌길라이고 둘째의 발걸음이 지나갔다면 바일제이니라."

4-15 "정사의 가운데에서 부구와 와구를 거두어들이지 않았고, 또한 다른 사람에게 부탁하지 않고 떠나가는 자는 두 종류의 죄를 범하나니, 첫째의 발걸음이 울타리를 지나갔다면 돌길라이고, 둘째의 발걸음이 울타리를 지나갔다면 바일제이니라."

4-16 "정사의 가운데에서 먼저 왔던 비구를 알면서도 펼쳐진 평상의 사이에 앉는 자는 두 종류의 죄를 범하나니, 눕고자 하였다면 돌길라이고 이미 누웠다면 바일제이니라."

4-17 "성내고 즐겁지 않아서 승가의 정사에서 비구를 끌어내는 자는 두 종류의 죄를 범하나니, 끌어내려고 하였다면 돌길라이고 이미 끌어냈다면 바일제이니라."

4-18 "승가의 정사에서 누각의 탈각상이거나, 탈각 의자에 갑자기 앉는 자는 두 종류의 죄를 범하나니, 앉으려고 하였다면 돌길라이고 이미 앉았다면 바일제이니라."

4-19 "두 겹·세 겹으로 덮으라고 지시하였고, 이것을 넘겨서 지시하는 자는 두 종류의 죄를 범하나니, 지시하려고 하였다면 돌길라이고 이미 지시하였다면 바일제이니라."

4-20 "벌레가 물속에 있는 것을 알고서도 초목에 뿌리는 자는 두 종류의 죄를 범하나니, 뿌리려고 하였다면 돌길라이고 이미 뿌렸다면 바일제이니라."

○ 둘째의 송출품을 마친다.

(3) 제3송출품[222]

4-21 "뽑히지 않았는데 비구니를 교계하는 자는 두 종류의 죄를 범하나니, 교계하려고 하였다면 돌길라이고 이미 교계하였다면 바일제이니라."

4-22 "일몰에 이를 때까지 비구니를 교계하는 자는 두 종류의 죄를 범하나니, 교계하려고 하였다면 돌길라이고 이미 교계하였다면 바일제이니라."

4-23 "비구니의 주처에 이르러 비구니를 교계하는 자는 두 종류의 죄를 범하나니, 교계하려고 하였다면 돌길라이고 이미 교계하였다면 바일제이니라."

4-24 "'여러 비구들은 이양을 위하여 비구니를 교계한다.'라고 말하는 자는 두 종류의 죄를 범하나니, 말하려고 하였다면 돌길라이고 이미 말하였다면 바일제이니라."

4-25 "옷으로써 친족이 아닌 비구니에게 주는 자는 두 종류의 죄를 범하나니, 주려고 하였다면 돌길라이고 이미 주었다면 바일제이니라."

4-26 "친족이 아닌 비구니에게 옷을 꿰매게 시키는 자는 두 종류의 죄를 범하나니, 꿰매려고 하였다면 돌길라이고 이미 꿰매는 때에는 한 번·한 번의 바느질마다 바일제이니라."

4-27 "비구니와 먼저 약속하고서 같이 도로를 다니는 자는 두 종류의 죄를 범하나니, 다니려고 하였다면 돌길라이고 이미 다녔던 때에는 바일

---

222) 교계품(教誡品)을 가리킨다.

제이니라.”

4-28 “비구니와 먼저 약속하고서 같이 하나의 배를 타는 자는 두 종류의 죄를 범하나니, 타려고 하였다면 돌길라이고 이미 탔던 때에는 바일제이니라.”

4-29 “비구니가 주선하였다고 알고서도 음식을 취하는 자는 두 종류의 죄를 범하나니, ‘나는 먹겠다.’라고 말하고서 취하려고 하였다면 돌길라이고 이미 취하였다면 바일제이니라.”

4-30 “혼자서 비구니와 함께 비밀스러운 곳에 같이 앉는 자는 두 종류의 죄를 범하나니, 앉으려고 하였다면 돌길라이고 이미 앉았다면 바일제이니라.”

○ **셋째의 송출품을 마친다.**

(4) **제4송출품**[223)]

4-31 “음식을 베풀어주었던 곳에서 지나치게 먹는 자는 두 종류의 죄를 범하나니, ‘나는 먹겠다.’라고 말하고서 먹으려고 하였다면 돌길라이고 이미 먹었다면 바일제이니라.”

4-32 “별중으로 먹는 자는 두 종류의 죄를 범하나니, ‘나는 먹겠다.’라고 말하고서 먹으려고 하였다면 돌길라이고 이미 먹었다면 바일제이니라.”

4-33 “삭삭식을 먹는 자는 두 종류의 죄를 범하나니, ‘나는 먹겠다.’라고

---

223) 식품(食品)을 가리킨다.

말하고서 먹으려고 하였다면 돌길라이고 이미 먹었다면 바일제이니라.”

4-34 “두·세 발우의 떡을 채워서 취할 수 있으나, 그 이상을 취하는 자는 두 종류의 죄를 범하나니, 취하려고 하였다면 돌길라이고 이미 취하였다면 바일제이니라.”

4-35 “만족하게 먹고서 다시 잔식이 아닌 작식이거나, 혹은 담식을 취하는 자는 두 종류의 죄를 범하나니, ‘나는 먹겠다.’라고 말하고서 먹으려고 하였다면 돌길라이고 이미 먹었다면 바일제이니라.”

4-36 “잔식이 아닌 작식이거나, 혹은 담식을 가지고 만족하게 먹었던 비구에게 주면서 마음대로 취하게 하는 자는 두 종류의 죄를 범하나니, ‘나는 먹겠다.’라고 말하고서 먹으려고 하였다면 돌길라이고 이미 먹었던 때라면 바일제이니라.”

4-37 “때가 아닌 때에 작식이거나, 혹은 담식을 먹는 자는 두 종류의 죄를 범하나니, ‘나는 먹겠다.’라고 말하고서 먹으려고 하였다면 돌길라이고 이미 먹었던 때라면 바일제이니라.”

4-38 “음식을 저장하고서 작식이거나, 혹은 담식을 먹는 자는 두 종류의 죄를 범하나니, ‘나는 먹겠다.’라고 말하고서 먹으려고 하였다면 돌길라이고 이미 먹었던 때라면 바일제이니라.”

4-39 “스스로를 위하여 맛있는 음식을 구걸하여 먹는 자는 두 종류의 죄를 범하나니, ‘나는 먹겠다.’라고 말하고서 먹으려고 하였다면 돌길라이고 이미 먹었던 때라면 바일제이니라.”

4-40 “주지 않았던 음식을 입으로 가져오는 자는 두 종류의 죄를 범하나니,

'나는 먹겠다.'라고 말하고서 먹으려고 하였다면 돌길라이고 이미 먹었던 때라면 바일제이니라."

○ **넷째의 송출품을 마친다.**

(5) 제5송출품[224]

4-41 "나행외도와 혹은 변행외도남이거나, 변행외도녀에게 스스로의 손으로 직식이거나, 혹은 담식을 주는 자는 두 종류의 죄를 범하나니, 주려고 하였다면 돌길라이고 이미 주었던 때라면 바일제이니라."

4-42 "다른 비구에게 '비구여 오십시오. 취락이나 혹은 읍성에서 걸식합시다.'라고 말하고서 장차 음식을 보시하였거나, 혹은 주지 않았는데 떠나가게 하는 자는 두 종류의 죄를 범하나니, 떠나가게 시켰다면 돌길라이고 이미 떠나갔던 때라면 바일제이니라."

4-43 "음식을 먹고 있는 속가에 들어가서 강제로 앉는 자는 두 종류의 죄를 범하나니, 앉으려고 하였다면 돌길라이고 이미 앉았다면 바일제이니라."

4-44 "여인과 함께 비밀스럽게 가려진 곳에서 같이 앉는 자는 두 종류의 죄를 범하나니, 앉으려고 하였다면 돌길라이고 이미 앉았다면 바일제이니라."

4-45 "혼자서 여인과 함께 비밀스럽게 같이 앉는 자는 두 종류의 죄를 범하나니, 앉으려고 하였다면 돌길라이고 이미 앉았다면 바일제이니라."

4-46 "청식을 받고서 다른 비구들이 있었던 때에 그 비구에게 알리지

---

224) 나행품(裸行品)을 가리킨다.

않았는데, 식전이거나, 식후에 다른 집을 방문하는 자는 두 종류의 죄를 범하나니, 첫째의 발걸음이 문을 지나갔다면 돌길라이고, 둘째의 발걸음이 문을 지나갔다면 바일제이니라."

4-47 "의약품을 지나치게 구걸하는 자는 두 종류의 죄를 범하나니, 구걸하려고 하였다면 돌길라이고 이미 구걸하였다면 바일제이니라."

4-48 "출정하는 군대를 구경하려고 가는 자는 두 종류의 죄를 범하나니, 구경하려고 갔다면 돌길라이고 그곳에 서서 구경하였다면 바일제이니라."

4-49 "군진의 가운데에서 2·3일을 넘겨서 묵는 자는 두 종류의 죄를 범하나니, 구경하려고 갔다면 돌길라이고 그곳에 서서 구경하였다면 바일제이니라."

4-50 "훈련하는 군대를 구경하려고 가는 자는 두 종류의 죄를 범하나니, 구경하려고 갔다면 돌길라이고 그곳에 서서 구경하였다면 바일제이니라."

○ **다섯째의 송출품을 마친다.**

(6) **제6송출품**[225)

4-51 "음주하는 자는 두 종류의 죄를 범하나니, '나는 마시겠다.'라고 말하고서 마시려고 하였다면 돌길라이고 매번 마시는 것마다 바일제이니라."

4-52 "비구를 간지럽혀서 웃게 하는 자는 두 종류의 죄를 범하나니,

---

225) 나행품(裸行品)을 가리킨다.

웃기려고 하였다면 돌길라이고 이미 웃었다면 바일제이니라.”

4-53 “물속에서 희롱하는 자는 두 종류의 죄를 범하나니, 발목 이하의 물속에서 희롱하였다면 돌길라이고 발목 이상의 물속에서 희롱하였다면 바일제이니라.”

4-54 “업신여기는 자는 두 종류의 죄를 범하나니, 업신여기려고 하였다면 돌길라이고 업신여겼다면 바일제이니라.”

4-55 “다른 비구를 두렵게 하는 자는 두 종류의 죄를 범하나니, 두렵게 하려고 하였다면 돌길라이고 두렵게 하였다면 바일제이니라.”

4-56 “몸을 따뜻하게 하고자 불을 피우는 자는 두 종류의 죄를 범하나니, 불을 피우려고 하였다면 돌길라이고 불을 피웠던 때라면 바일제이니라.”

4-57 “보름 안에 목욕하는 자는 두 종류의 죄를 범하나니, 목욕하려고 하였다면 돌길라이고 목욕하였다면 바일제이니라.”

4-58 “세 가지의 괴색의 가운데에서 한 가지의 괴색도 취하지 않고 새로운 옷을 착용하는 자는 두 종류의 죄를 범하나니, 착용하려고 하였다면 돌길라이고 착용하였다면 바일제이니라.”

4-59 “비구, 비구니, 식차마나, 사미, 사미니에게 스스로가 옷을 정시하였으나, 돌려주지 않고 옷을 착용하는 자는 두 종류의 죄를 범하나니, 착용하려고 하였다면 돌길라이고 착용하였다면 바일제이니라.”

4-60 “비구의 발우, 옷, 좌구, 침통, 혹은 허리띠 등을 숨기는 자는 두 종류의 죄를 범하나니, 숨기려고 하였다면 돌길라이고 숨겼던 때라면

바일제이니라."

○ **여섯째의 송출품을 마친다.**

(7) 제7송출품[226]

4-61 "고의로 생명을 빼앗는 자는 몇 종류의 죄를 범하는가? 고의로 생명을 빼앗는 자는 네 종류의 죄를 범하나니, 함정을 파고서 '누구라도 빠진다면 마땅히 죽을 것이다.'라고 지정하지 않고서 말하였다면 돌길라를 범하고, 빠졌던 사람이 그 안에서 죽었다면 바라이를 범하며, 야차, 귀신, 인간의 모습과 비슷한 축생이 함정에 빠졌고 그 안에서 죽었다면 투란차를 범하고, 축생이 그 안에서 죽었다면 바일제를 범한다. 고의로 망어하는 자는 이러한 네 종류의 죄를 범하느니라."

4-62 "물속에 벌레가 있다고 알았으나, 마시는 자는 두 종류의 죄를 범하나니, 마시려고 하였다면 돌길라이고 마신 때라면 바일제이니라."

4-63 "여법하게 판결하는 일이라고 알고서도 다시 갈마를 하려고 요란시키는 자는 두 종류의 죄를 범하나니, 요란시키려고 하였다면 돌길라이고 요란시켰다면 바일제이니라."

4-64 "다른 비구의 거친 죄를 알았으나, 덮어서 감추는 자는 한 종류의 죄를 범하나니, 바일제이니라."

4-65 "20세를 채우지 않았다고 알았으나, 구족계를 주는 자는 두 종류의 죄를 범하나니, 주려고 하였다면 돌길라이고 주었다면 바일제이니라."

---

226) 유충수품(有蟲水品)을 가리킨다.

4-66 "도둑들이라고 알았으나, 먼저 약속하고서 같이 길을 가는 자는 두 종류의 죄를 범하나니, 같이 가려고 하였다면 돌길라이고 같이 갔다면 바일제이니라."

4-67 "여인과 함께 먼저 약속하고서 같이 길을 가는 자는 두 종류의 죄를 범하나니, 같이 가려고 하였다면 돌길라이고 같이 갔다면 바일제이니라."

4-68 "악한 견해를 마주하고서 세 번을 충고하였어도 버리지 않는 자는 두 종류의 죄를 범하나니, 아뢰었던 것에 의지한다면 돌길라이고 갈마를 마쳤다면 바일제이니라."

4-69 "이와 같은 악한 견해를 말하였고, 여법한 판결을 받아들이지 않았으며, 견해를 버리지 않았다고 알았으나, 그 비구와 함께 법사(法事)하는 자는 두 종류의 죄를 범하나니, 법사하려고 하였다면 돌길라이고 이미 함께 법사하였다면 바일제이니라."

4-70 "이와 같이 쫓겨났던 사미라고 알았으나, 함께 위로(慰勞)하는 자는 두 종류의 죄를 범하나니, 위로하려고 하였다면 돌길라이고 이미 함께 위로하였다면 바일제이니라."

○ **일곱째의 송출품을 마친다.**

(8) 제8송출품[227)]

4-71 "여러 비구들이 여법하게 충고하였는데, '장로여. 나는 그것을 능히

---

227) 여법품(如法品)을 가리킨다.

감당할 수 있는 지율비구에게 묻지 않았으므로, 마땅히 이러한 학처를 배우지 않겠습니다.'라고 말하였다면, 두 종류의 죄를 범하나니, 말하려고 하였던 자는 돌길라이고 이미 함께 말하였던 자는 바일제이니라."

4-72 "지율비구를 비방하는 자는 두 종류의 죄를 범하나니, 비방하려고 하였다면 돌길라이고 비방하는 때라면 바일제이니라."

4-73 "무지(無知)한 자는 두 종류의 죄를 범하나니, 거론되지 않은 죄를 알지 못하였다고 말하였던 자는 돌길라이고 이미 거론되었던 죄를 오히려 알지 못하였다고 말하였던 자는 바일제이니라."

4-74 "성내고 기쁘지 않아서 비구를 구타(毆打)하는 자는 두 종류의 죄를 범하나니, 구타하려고 하였다면 돌길라이고 구타하는 때라면 바일제이니라."

4-75 "비구를 마주하고 성내고 기쁘지 않아서 손을 들어서 칼의 모습을 짓는 자는 두 종류의 죄를 범하나니, 손을 들고자 하였다면 돌길라이고 손을 들었던 때라면 바일제이니라."

4-76 "근거가 없는 승잔으로써 비구를 비방하는 자는 두 종류의 죄를 범하나니, 비방하려고 하였다면 돌길라이고 비방하는 때라면 바일제이니라."

4-77 "고의로 비구를 뇌란시키는 자는 두 종류의 죄를 범하나니, 뇌란시키려고 하였던 자는 돌길라이고 이미 뇌란시켰던 자는 바일제이니라."

4-78 "쟁론이 발생한 곳에 서 있으면서 투쟁하고 화합하지 않는 비구들의 근처의 가려진 곳에서 엿듣는 자는 두 종류의 죄를 범하나니, 가려진 곳으로 가는 자는 돌길라이고 그곳에 서 있으며 엿듣는 자는 바일제이니라."

4-79 "여법한 갈마에 욕을 주고서 뒤에 불평하여 말하는 자는 두 종류의 죄를 범하나니, 불평하려고 하였던 자는 돌길라이고 이미 불평하였던 자는 바일제이니라."

4-80 "승가가 판결하는 때에 욕을 주지 않고 자리에서 일어나서 떠나가는 자는 두 종류의 죄를 범하나니, 대중에서 떠나가면서 팔을 펼치는 안으로 떨어져 있었던 자는 돌길라이고 팔을 펼치는 밖으로 떨어져 있었던 자는 바일제이니라."

4-81 "승가가 화합하여 옷을 베풀어주었는데, 뒤에 불평하는 자는 두 종류의 죄를 범하나니, 불평하려고 하였던 자는 돌길라이고 이미 불평하였던 자는 바일제이니라."

4-82 "승가에게 공양한 물건이라고 이미 알았으나, 되돌려서 개에게 베풀어주는 자는 두 종류의 죄를 범하나니, 베풀어주려고 하였던 자는 돌길라이고 이미 베풀어주었던 자는 바일제이니라."

   ○ **여덟째의 송출품을 마친다.**

   (9) 제9송출품[228]

4-83 "먼저 알리지 않고서 왕의 내궁(內宮)에 들어가는 자는 두 종류의 죄를 범하나니, 첫째의 발걸음이 문을 지나가는 자는 돌길라이고 둘째의 발걸음이 문을 지나가는 자는 바일제이니라."

4-84 "금·은을 붙잡는 자는 두 종류의 죄를 범하나니, 붙잡으려고 하였던

---

228) 보품(寶品)을 가리킨다.

자는 돌길라이고 이미 붙잡았던 자는 바일제이니라."

4-85 "같이 머무르는 비구에게 알리지 않고 때가 아닌 때에 취락에 들어가는 자는 두 종류의 죄를 범하나니, 첫째의 발걸음이 울타리를 지나가는 자는 돌길라이고, 둘째의 발걸음이 울타리를 지나가는 자는 바일제이니라."

4-86 "뼈로 짓거나, 상아로 짓거나, 뿔로 바늘통을 짓게 시키는 자는 두 종류의 죄를 범하나니, 지으려고 시켰던 자는 돌길라이고 짓게 시켰던 자는 바일제이니라."

4-87 "양을 넘겨서 와상을 짓거나, 혹은 좌상을 짓게 시키는 자는 두 종류의 죄를 범하나니, 지으려고 시켰던 자는 돌길라이고 이미 지었던 자는 바일제이니라."

4-88 "목화솜을 넣어서 와상을 짓거나, 혹은 좌상을 짓게 시키는 자는 두 종류의 죄를 범하나니, 지으려고 시켰던 자는 돌길라이고 이미 지었던 자는 바일제이니라."

4-89 "양을 넘겨서 좌구를 짓게 시키는 자는 두 종류의 죄를 범하나니, 지으려고 시켰던 자는 돌길라이고 이미 지었던 자는 바일제이니라."

4-90 "양을 넘겨서 좌구를 짓게 시키는 자는 두 종류의 죄를 범하나니, 지으려고 시켰던 자는 돌길라이고 이미 지었던 자는 바일제이니라."

4-91 "양을 넘겨서 우욕의를 짓게 시키는 자는 두 종류의 죄를 범하나니, 지으려고 시켰던 자는 돌길라이고 이미 지었던 자는 바일제이니라."

4-92 "세존 옷의 양으로 옷을 짓게 시키는 자는 몇 종류의 죄를 범하는가? 세존 옷의 양으로 옷을 짓게 시키는 자는 두 종류의 죄를 범하나니, 지으려고 시켰던 자는 돌길라이고 이미 지었던 자는 바일제이니라. 세존 옷의 양으로 옷을 짓게 시키는 자는 이러한 두 종류의 죄를 범하느니라."

[92바일제를 마친다.]

○ 아홉째의 송출품을 마친다.

◉ 대분별의 가운데에서 죄의 종류를 마친다.

4. 잡송(雜誦)[229]

1) 제정한 처소와 종류

(1) 실괴장(失壞章)[230]

1-1-1 부정법을 행하는 죄는 네 종류의 깨트리는 것(失壞)의 가운데에서 몇 종류의 깨트리는 것을 따라서 쫓는가? 부정법을 행하는 자는 네 종류의 깨트리는 것의 가운데에서 두 종류의 깨트리는 것을 따라서 쫓나니, 계를 깨트리는 것이 있고 행을 깨트리는 것이 있느니라.

[이하의 내용은 생략한다.] …… 나아가 ……

---

229) 원문에는 없으나 번역의 원활함을 위하여 목차를 삽입하여 번역한다.
230) 팔리어 Vipattivāra(비파띠바라)의 번역이다.

1-7-75 공경하지 않는 까닭으로 물 위에서 대·소변을 보았거나, 혹은 가래침을 뱉는 죄는 네 종류의 깨트리는 것의 가운데에서 몇 종류의 깨트리는 것을 따라서 쫓는가? 공경하지 않는 까닭으로 물 위에서 대·소변을 보았거나, 혹은 가래침을 뱉는 죄는 네 종류의 깨트리는 것의 가운데에서 한 종류의 깨트리는 것을 따라서 쫓나니, 행을 깨트리는 것이 있느니라.

[실괴장을 마친다.]

(2) 섭재장(攝在章)[231]

2-1-1 부정법을 행하는 죄는 일곱 종류의 죄목(罪目)의 가운데에서 몇 종류의 죄목에 귀속(歸屬)되는가? 부정법을 행하는 자는 일곱 종류의 죄목의 가운데에서 세 종류의 죄목에 귀속되나니, 바라이죄에 귀속되거나, 투란차죄에 귀속되거나, 돌길라죄에 귀속되느니라.

[이하의 내용은 생략한다.] …… 나아가 ……

2-7-75 공경하지 않는 까닭으로 물 위에서 대·소변을 보았거나, 혹은 가래침을 뱉는 죄는 일곱 종류의 죄목의 가운데에서 몇 종류의 죄목에 귀속되는가? 공경하지 않는 까닭으로 물 위에서 대·소변을 보았거나, 혹은 가래침을 뱉는 죄는 일곱 종류의 죄목의 가운데에서 한 종류의 죄목에 귀속되나니, 돌길라죄이니라.

[섭재장을 마친다.]

---

231) 팔리어 Saṅgahitavāra(산가히타바라)의 번역이다.

(3) 등기장(等起章)[232]

3-1-1 부정법을 행하는 죄는 여섯 종류의 죄가 생겨나는 가운데에서 몇 종류를 의지하여 생겨나는가? 부정법을 행하는 자는 여섯 종류의 죄의 가운데에서 한 종류를 의지하여 생겨나나니, 몸과 뜻을 이유로 생겨나는 것이고, 입을 이유로 생겨나지 않느니라.

[이하의 내용은 생략한다.] …… 나아가 ……

3-7-75 공경하지 않는 까닭으로 물 위에서 대·소변을 보았거나, 혹은 가래침을 뱉는 죄는 여섯 종류의 죄의 가운데에서 몇 종류를 의지하여 생겨나는가? 공경하지 않는 까닭으로 물 위에서 대·소변을 보았거나, 혹은 가래침을 뱉는 죄는 여섯 종류의 죄의 가운데에서 한 종류를 의지하여 생겨나나니, 몸과 뜻을 이유로 생겨나는 것이고, 입을 이유로 생겨나지 않느니라.

[등기장을 마친다.]

(4) 쟁사장(諍事章)[233]

4-1-1 부정법을 행하는 죄는 네 종류의 쟁사의 가운데에서 무슨 쟁사인가? 부정법을 행하는 자는 네 종류의 쟁사의 가운데에서 범죄쟁사이니라.

[이하의 내용은 생략한다.] …… 나아가 ……

4-7-75 공경하지 않는 까닭으로 물 위에서 대·소변을 보았거나, 혹은

---

232) 팔리어 Samuṭṭhānavāra(사뭇따나바라)의 번역이다.
233) 팔리어 Adhikaraṇavāra(아디카라나바라)의 번역이다.

가래침을 뱉는 죄는 네 종류의 쟁사의 가운데에서 무슨 쟁사인가? 공경하지 않는 까닭으로 물 위에서 대·소변을 보았거나, 혹은 가래침을 뱉는 죄는 네 종류의 쟁사 가운데에서 범죄쟁사이니라.

[쟁사장을 마친다.]

(5) 멸쟁장(滅諍章)[234]

5-1-1 부정법을 행하는 죄는 일곱 종류의 멸쟁법 가운데에서 무슨 멸쟁법으로 소멸시키는가? 부정법을 행하는 자는 세 종류의 멸쟁법에 의지하여 그것을 소멸시켜야 하느니라. 현전비니와 자언비니에 의지하는 것이 있고, 현전비니와 여초부지비니에 의지하는 것이 있느니라.

[이하의 내용은 생략한다.] …… 나아가 ……

5-7-75 공경하지 않는 까닭으로 물 위에서 대·소변을 보았거나, 혹은 가래침을 뱉는 죄는 멸쟁법 가운데에서 무슨 멸쟁법으로 소멸시키는가? 공경하지 않는 까닭으로 물 위에서 대·소변을 보았거나, 혹은 가래침을 뱉는 죄는 세 종류의 멸쟁법에 의지하여 그것을 소멸시켜야 하느니라. 현전비니와 자언비니에 의지하는 것이 있고, 현전비니와 여초부지비니에 의지하는 것이 있느니라.

[멸쟁장을 마친다.]

---

234) 팔리어 Samathavāra(사마타바라)의 번역이다.

(6) 집합장(集合章)[235]

6-1-1 부정법을 행하는 자는 몇 종류의 죄를 범하는가? 부정법을 행하는 자는 세 종류의 죄를 범하느니라. 부패하지 않은 몸에 부정법을 행하는 자는 바라이를 범하고, 부패한 몸에 부정법을 행하는 자는 투란차를 범하며, 벌어진 입속에 생지를 삽입하면 돌길라를 범한다. 부정법을 행하는 자는 이러한 세 종류의 죄를 범하느니라.

부정법을 행하는 죄는 네 종류의 깨트리는 것의 가운데에서 몇 종류의 깨트리는 것을 따라서 쫓는가? 부정법을 행하는 죄는 일곱 종류의 죄목의 가운데에서 몇 종류의 죄목에 귀속되는가? 부정법을 행하는 죄는 여섯 종류의 죄가 생겨나는 가운데에서 몇 종류를 의지하여 생겨나는가? 부정법을 행하는 죄는 네 종류의 쟁사 가운데에서 무슨 쟁사인가? 부정법을 행하는 죄는 일곱 종류의 멸쟁법 가운데에서 무슨 멸쟁법으로 소멸시키는가?

부정법을 행하는 자는 네 종류의 깨트리는 것의 가운데에서 두 종류의 깨트리는 것을 따라서 쫓나니, 계를 깨트리는 것이 있고 행을 깨트리는 것이 있느니라. 부정법을 행하는 자는 일곱 종류의 죄목의 가운데에서 세 종류의 죄목에 귀속되나니, 바라이죄에 귀속되거나, 투란차죄에 귀속되거나, 돌길라죄에 귀속되느니라. 부정법을 행하는 자는 여섯 종류의 죄의 가운데에서 한 종류를 의지하여 생겨나나니, 몸과 뜻을 이유로 생겨나는 것이고, 입을 이유로 생겨나지 않느니라. 부정법을 행하는 자는 네 종류의 쟁사 가운데에서 범죄쟁사이니라. 부정법을 행하는 자는 세 종류의 멸쟁법에 의지하여 그것을 소멸시켜야 하느니라. 현전비니와 자언비니에 의지하는 것이 있고, 현전비니와 여초부지비니에 의지하는 것이 있느니라.

[이하의 내용은 생략한다.] …… 나아가 ……

---

235) 팔리어 Samuccayavāra(사무짜야바라)의 번역이다.

6-7-75 공경하지 않았던 까닭으로 물 위에서 대·소변을 보았고 가래침을 뱉는 자는 몇 종류의 죄를 범하는가? 공경하지 않았던 까닭으로 물 위에서 대·소변을 보았고 가래침을 뱉는 자는 한 종류의 죄를 범하나니, 돌길라이니라.

공경하지 않는 까닭으로 물 위에서 대·소변을 보았거나, 혹은 가래침을 뱉는 죄는 네 종류의 깨트리는 것의 가운데에서 몇 종류의 깨트리는 것을 따라서 쫓는가? 공경하지 않는 까닭으로 물 위에서 대·소변을 보았거나, 혹은 가래침을 뱉는 죄는 일곱 종류의 죄목의 가운데에서 몇 종류의 죄목에 귀속되는가? 공경하지 않는 까닭으로 물 위에서 대·소변을 보았거나, 혹은 가래침을 뱉는 죄는 여섯 종류의 죄의 가운데에서 몇 종류를 의지하여 생겨나는가?

공경하지 않는 까닭으로 물 위에서 대·소변을 보았거나, 혹은 가래침을 뱉는 죄는 네 종류의 쟁사 가운데에서 무슨 쟁사인가? 공경하지 않는 까닭으로 물 위에서 대·소변을 보았거나, 혹은 가래침을 뱉는 죄는 멸쟁법 가운데에서 무슨 멸쟁법으로 소멸시키는가?

공경하지 않는 까닭으로 물 위에서 대·소변을 보았거나, 혹은 가래침을 뱉는 죄는 네 종류의 깨트리는 것의 가운데에서 한 종류의 깨트리는 것을 따라서 쫓나니, 행을 깨트리는 것이 있느니라. 공경하지 않는 까닭으로 물 위에서 대·소변을 보았거나, 혹은 가래침을 뱉는 죄는 일곱 종류의 죄목의 가운데에서 한 종류의 죄목에 귀속되나니, 돌길라이니라. 공경하지 않는 까닭으로 물 위에서 대·소변을 보았거나, 혹은 가래침을 뱉는 죄는 여섯 종류의 죄의 가운데에서 한 종류를 의지하여 생겨나나니, 몸과 뜻을 이유로 생겨나는 것이고, 입을 이유로 생겨나지 않느니라.

공경하지 않는 까닭으로 물 위에서 대·소변을 보았거나, 혹은 가래침을 뱉는 죄는 네 종류의 쟁사 가운데에서 범죄쟁사이니라. 공경하지 않는 까닭으로 물 위에서 대·소변을 보았거나, 혹은 가래침을 뱉는 죄는 세 종류의 멸쟁법에 의지하여 그것을 소멸시켜야 하느니라. 현전비니와 자언비니에 의지하는 것이 있고, 현전비니와 여초부지비니에 의지하는 것이 있느니라.

[집합장을 마친다.]

이러한 여덟 종류의 장(障)은 독송(讀誦)하는 방법(道)[236]에 의지하여 그것을 기록하였다.

섭송으로 설하겠노라.

제정한 처소와 종류와
깨트리는 것과 섭재와
등기와 쟁사와
멸쟁과 집합이 있다.

2) 제정의 연기(緣起)

(1) 제처장(制處章)[237]

① 4바라이

1-1-1 그 지자이시고 견자이시며 응공자이시고 정등각자이신 세존께 의지한다면, 어느 처소에서 첫째의 바라이를 제정하여 세우셨는가? 누구를 인연으로 제정하셨는가? 무슨 일에 의지하여 제정하셨는가? 그것은 계목이 있었는가? 보충하는 조목은 있었는가? 추가의 예비적인 조목은

---

236) 팔리어 magga(마까)의 번역이다.
237) 팔리어 Katthapaññattivāra(카따판냐띠바라)의 번역이다.

있었는가? 비구와 비구니에게 이부중의 조목은 있었는가? 비구와 비구니에게 일부중의 조목은 있었는가? 일체의 처소에 조목이 있었는가? 한 처소의 조목은 있었는가?

다섯 종류의 바라제목차를 송출하는 법의 가운데에서 어느 부분에 귀속되고, 어느 부분에 편입되는가? 어느 독송법에 의지하여 송출해야 하는가? 네 가지를 깨트리는 것의 가운데에서 무엇을 깨트리는 것인가? 일곱 종류의 죄 가운데에서 무슨 죄의 종류인가? 여섯 종류의 범한 죄가 생겨나는 가운데에서 무슨 종류를 의지하여 생겨난 것인가? 네 종류의 쟁사의 가운데에서 무슨 종류의 쟁사인가? 일곱 종류의 멸쟁의 가운데에서 무슨 종류의 멸쟁법으로써 소멸시켜야 하는가?

그 가운데에서 무엇이 비니이고, 무엇이 아비비니인가? 무엇이 바라제목차이고, 무엇이 증상의 바라제목차인가? 무엇이 범한 것이고, 무엇이 성취한 것인가? 무엇이 관행인가? 세존께서 무슨 종류의 뜻과 이익을 위하여 첫째의 바라제목차를 제정하여 세우셨는가? 누가 학처를 익혀야 하고, 누가 계율을 익히는 것을 마쳤는가? 학처의 어느 것에 머물러야 하는가? 누가 호지하였는가? 누가 말하였는가? 누가 전승하였는가?

1-1-2 "그 지자이시고 견자이시며 응공자이시고 정등각자이신 세존께 의지한다면, 어느 처소에서 첫째의 바라이를 제정하여 세우셨는가?"

"비사리에서 제정하였다."

"누구를 인연하였는가?"

"수제나가란타자를 인연하였다."

"무슨 일을 의지하여 제정하셨는가?"

"수제나가란타자는 이전의 아내와 함께 음행의 일을 행하였다."

"그것에 계목이 있었는가? 보충하는 조목이 있었는가? 추가의 예비적인 조목이 있었는가?"

"하나의 계목이 있었고, 두 가지의 보충하는 조목이 있었으며, 추가의 예비적인 조목은 없다."

"일체의 처소에 조목이 있었는가? 한 처소의 조목이 있었는가?"

"일체의 처소에 조목이 있었다."

"비구와 비구니에게 이부중의 조목이 있었는가? 비구와 비구니에게 일부중의 조목이 있었는가?"

"일부중의 조목이 있었다."

"다섯 종류의 바라제목차를 송출하는 법의 가운데에서 어느 부분에 귀속되고, 어느 부분에 편입되는가?"

"연기에 귀속되고, 연기에 편입된다."

"어느 독송법에 의지하여 송출해야 하는가?"

"두 번째의 독송법에 의지하여 송출해야 한다."

"네 가지를 깨트리는 것의 가운데에서 무엇을 깨트리는 것인가?"

"계율을 깨트리는 것이다."

"일곱 종류의 죄 가운데에서 무슨 죄의 종류인가?"

"바라이죄의 종류이다."

"여섯 종류의 범한 죄가 생겨나는 가운데에서 무슨 종류를 의지하여 생겨난 것인가?"

"한 종류가 일어나는 것을 의지하여 생겨났나니, 곧 말로 생겨나는 것이 아니고, 몸을 이유로, 뜻을 이유로 생겨나는 것이다."

"네 종류의 쟁사의 가운데에서 무슨 종류의 쟁사인가?"

"범죄쟁사이다."

"일곱 종류의 멸쟁의 가운데에서 무슨 종류의 멸쟁법으로써 소멸시켜야 하는가?"

"두 종류의 멸쟁법을 의지하여 그것을 소멸시켜야 하나니, 현전비니와 자언비니를 의지하여야 하느니라."

"그 가운데에서 무엇이 비니이고, 무엇이 아비비니인가?"

"제정하신 것은 비니이고, 자세히 설명한 것은 아비비니이다."

"무엇이 바라제목차이고, 무엇이 증상의 바라제목차인가?"

"제정하신 것은 바라제목차이고, 자세히 설명한 것은 증상의 바라제목

차이다."

"무엇이 범한 것인가?"

"율의가 아니라면 범한 것이다."

"무엇이 성취한 것인가?"

"율의라면 성취한 것이다."

"무엇이 관행인가?"

"마땅히 이와 같이 짓지 않는 것이고, 학처를 배우고 행하면서 목숨을 마치도록 호지하는 것이다."

"무슨 종류의 뜻과 이익을 위하여 세존께서는 첫째의 바라제목차를 제정하여 세우셨는가?"

"승가를 섭수하기 위하여, 승가의 안락을 위하여, 악인을 조복하기 위하여, 선한 비구를 안락하게 머무르게 하기 위하여, 현세의 번뇌를 끊기 위하여, 후세의 번뇌를 소멸하기 위하여, 믿지 않는 자에게 신심이 생겨나게 하기 위하여, 이미 믿었던 자를 증장시키기 위하여, 정법이 오래 머무르게 하기 위하여, 계율을 공경하고 존중하기 위한 것이다."

"누가 학처를 익혀야 하는가?"

"유학과 선한 범부이다."

"누가 계율을 익히는 것을 마쳤는가?"

"아라한은 이미 계율을 배워서 마쳤다."

"학처의 어느 것에 머물러야 하는가?"

"학처를 좋아하는 것에 머물러야 한다."

"누가 호지하였는가?"

"율장과 주석을 아셨던 그분들께서 호지하였다."

"누가 말하였는가?"

"세존·응공·정등각자께서 말씀하셨다."

"누구에게 전승되었는가?"

"차례로 전승되었나니, 곧 우바리, 제사가, 나아가 소나가, 실가바, 다섯 번째의 목건련자제수의 이분들은 염부제에서 길상한 사람이라고

찬탄되었던 분들이다. 그 뒤에 마신타, 이제나, 울제가, 참바라, 나아가 박학하신 발타 등의 이들은 용상으로 대지혜가 있었으며, 염부제에서 이 땅에 오신 분들이고, 그들은 동섭주에서 율장을 송출하셨고, 5부의 니가야와 칠론을 교수하셨다.

그 뒤에 현명한 아율타, 박학하신 제사발다, 신념이 있는 가라수말나, 장로인 제가, 박학한 지가수말나 등이 있다. 또한 가라수마나, 용상인 불호, 현명한 장로인 제수, 박학한 장로인 제바가 있다. 또한 현명하고 율장에 통달하였던 수마나, 다문이며 굴복시키기 어려운 코끼리왕과 같은 전나가우루혜나, 차마의 제자이고, 잘 존경받는 담무파리 등의 대지혜가 있었으며, 삼장에 통달하여 섬의 가운데에서 여러 별들의 왕과 같았으므로, 지혜로써 밝게 비추었다.

박학하신 오파저사, 대설법자이신 촉천이 있고, 다시 현명한 수마나, 다문의 불파나마, 삼장에 통달하였고 대설법인 마하수오가 있다. 다시 율장에 통달하고 현명한 우파리, 대지혜자이고 정법에 정통한 대룡이 있다. 다시 현명한 아파야, 삼장에 통달하였고 현명한 장로 제사, 그의 제자인 불파는 율장에 통달하였고 대지혜가 있었으며 다문이었는데, 그는 성스러운 가르침을 호지하면서 염부제에서 주석하였다.

또한 현명하고 율에 통달한 주라바야, 현명하고 정법에 정통한 장로 제사, 현명하고 율장에 통달한 주라제와, 현명하고 율장에 통달한 장로 사파가 있다. 이러한 용상들은 대지혜가 있었고 율장을 이해하고 관행에 통달하였으며 동섭주에서 율장을 널리 설하셨다.

1-1-3 "그 지자이시고 견자이시며 응공자이시고 정등각자이신 세존께 의지한다면, 어느 처소에서 둘째의 바라이를 제정하여 세우셨는가?"

"왕사성에서 제정하였다."

"누구를 인연하였는가?"

"단니가도사자를 인연하였다."

"무슨 일을 의지하여 제정하셨는가?"

"단니가도사자는 주지 않았던 왕의 목재를 취하였던 일이었다."

"그것에 계목이 있었는가? 보충하는 조목이 있었는가? 추가의 예비적인 조목이 있었는가?"

"하나의 계목이 있었고, 한 가지의 보충하는 조목이 있었다."

"여섯 종류의 범한 죄가 생겨나는 가운데에서 무슨 종류를 의지하여 생겨난 것인가?"

"세 종류가 일어나는 것을 의지하여 생겨났나니, 곧 몸과 뜻을 이유로 생겨나는 것이 아니고, 몸과 말을 이유로 생겨나는 것이 아니며, 말과 뜻을 이유로 생겨나는 것이 아니고, 말과 몸을 이유로 생겨나는 것이 아니며, 몸과 말과 뜻을 이유로 생겨나는 것이다."

…… [이하의 내용은 생략한다.]

1-1-4 "그 지자이시고 견자이시며 응공자이시고 정등각자이신 세존께 의지한다면, 어느 처소에서 셋째의 바라이를 제정하여 세우셨는가?"

"비사리에서 제정하였다."

"누구를 인연하였는가?"

"많은 비구를 인연하였다."

"무슨 일을 의지하여 제정하셨는가?"

"많은 비구들이 서로 그들의 목숨을 끊었던 일이었다."

"그것에 계목이 있었는가? 보충하는 조목이 있었는가? 추가의 예비적인 조목이 있었는가?"

"하나의 계목이 있었고, 한 가지의 보충하는 조목이 있었다."

"여섯 종류의 범한 죄가 생겨나는 가운데에서 무슨 종류를 의지하여 생겨난 것인가?"

"세 종류가 일어나는 것을 의지하여 생겨났나니, 곧 몸과 뜻을 이유로 생겨나는 것이고, 말을 이유로 생겨나는 것이 아니다. 말과 뜻을 이유로 생겨나는 것이고, 몸을 이유로 생겨나는 것이 아니다. 몸과 말과 뜻을

이유로 생겨나는 것이다."

   …… [이하의 내용은 생략한다.]

1-1-5 "그 지자이시고 견자이시며 응공자이시고 정등각자이신 세존께 의지한다면, 어느 처소에서 셋째의 바라이를 제정하여 세우셨는가?"
  "비사리에서 제정하였다."
  "누구를 인연하였는가?"
  "바구강 언덕의 많은 비구를 인연하였다."
  "무슨 일을 의지하여 제정하셨는가?"
  "바구강 언덕의 많은 비구들이 여러 거사들을 향하여 상인법(上人法)의 일을 서로가 찬탄하였던 일이었다."
  "그것에 계목이 있었는가? 보충하는 조목이 있었는가? 추가의 예비적인 조목이 있었는가?"
  "하나의 계목이 있었고, 한 가지의 보충하는 조목이 있었다."
  "여섯 종류의 범한 죄가 생겨나는 가운데에서 무슨 종류를 의지하여 생겨난 것인가?"
  "세 종류가 일어나는 것을 의지하여 생겨났나니, 곧 몸과 뜻을 이유로 생겨나는 것이고, 말을 이유로 생겨나는 것이 아니다. 말과 뜻을 이유로 생겨나는 것이고, 몸을 이유로 생겨나는 것이 아니다. 몸과 말과 뜻을 이유로 생겨나는 것이다."

   …… [이하의 내용은 생략한다.]

1-2-1 "그 지자이시고 견자이시며 응공자이시고 정등각자이신 세존께 의지한다면, 어느 처소에서 고출정의 승잔에 관하여 제정하여 세우셨는가?"
  "사위성에서 제정하였다."

"누구를 인연하였는가?"

"장로 시월을 인연하였다."

"무슨 일을 의지하여 제정하셨는가?"

"장로 시월은 고의로 손으로써 부정을 출정하였던 일이었다."

"그것에 계목이 있었는가? 보충하는 조목이 있었는가? 추가의 예비적인 조목이 있었는가?"

"하나의 계목이 있었고, 한 가지의 보충하는 조목이 있었으나, 추가의 예비적인 조목은 없었다."

"일체 처소의 조목이 있었는가? 한 처소의 조목이 있었는가?"

"일체 처소의 조목이 있었다."

"비구와 비구니에게 이부중의 조목이 있었는가? 비구와 비구니에게 일부중의 조목이 있었는가?"

"일부중의 조목이 있었다."

"다섯 종류의 바라제목차를 송출하는 법의 가운데에서 어느 부분에 귀속되고, 어느 부분에 편입되는가?"

"연기에 귀속되고, 연기에 편입된다."

"어느 독송법에 의지하여 송출해야 하는가?"

"세 번째의 독송법에 의지하여 송출해야 한다."

"네 가지를 깨트리는 것의 가운데에서 무엇을 깨트리는 것인가?"

"계율을 깨트리는 것이다."

"일곱 종류의 죄 가운데에서 무슨 죄의 종류인가?"

"승잔죄의 종류이다."

"여섯 종류의 범한 죄가 생겨나는 가운데에서 무슨 종류를 의지하여 생겨난 것인가?"

"한 종류가 일어나는 것을 의지하여 생겨났나니, 곧 말로 생겨나는 것이 아니고, 몸을 이유로, 뜻을 이유로 생겨나는 것이다."

"네 종류의 쟁사의 가운데에서 무슨 종류의 쟁사인가?"

"범죄쟁사이다."

"일곱 종류의 멸쟁의 가운데에서 무슨 종류의 멸쟁법으로써 소멸시켜야 하는가?"

"두 종류의 멸쟁법을 의지하여 그것을 소멸시켜야 하나니, 현전비니와 자언비니를 의지하여야 하느니라."

"그 가운데에서 무엇이 비니이고, 무엇이 아비비니인가?"

"제정하신 것은 비니이고, 자세히 설명한 것은 아비비니이다."

"무엇이 바라제목차이고, 무엇이 증상의 바라제목차인가?"

"제정하신 것은 바라제목차이고, 자세히 설명한 것은 증상의 바라제목차이다."

"무엇이 범한 것인가?"

"율의가 아니라면 범한 것이다."

"무엇이 성취한 것인가?"

"율의라면 성취한 것이다."

"무엇이 관행인가?"

"마땅히 이와 같이 짓지 않는 것이고, 학처를 배우고 행하면서 목숨을 마치도록 호지하는 것이다."

"무슨 종류의 뜻과 이익을 위하여 세존께서는 첫째의 바라제목차를 제정하여 세우셨는가?"

"승가를 섭수하기 위하여, 승가의 안락을 위하여, 악인을 조복하기 위하여, 선한 비구를 안락하게 머물게 하기 위하여, 현세의 번뇌를 끊기 위하여, 후세의 번뇌를 소멸하기 위하여, 믿지 않는 자에게 신심이 생겨나게 하기 위하여, 이미 믿었던 자를 증장시키기 위하여, 정법이 오래 머무르게 하기 위하여, 계율을 공경하고 존중하기 위한 것이다."

"누가 학처를 익혀야 하는가?"

"유학과 선한 범부이다."

"누가 계율을 익히는 것을 마쳤는가?"

"아라한은 이미 계율을 배워서 마쳤다."

"학처의 어느 것에 머물러야 하는가?"

"학처를 좋아하는 것에 머물러야 한다."

"누가 호지하였는가?"

"율장과 주석을 아셨던 그분들께서 호지하였다."

"누가 말하였는가?"

"세존·응공·정등각자께서 말씀하셨다."

"누구에게 전승되었는가?"

"차례로 전승되었나니, 곧 우바리, 제사가, 나아가 소나가, 실가바, 다섯 번째의 목건련자제수의 이분들은 염부제에서 길상한 사람이라고 찬탄되었던 분들이다. 그 뒤에 마신타, 이제나, 울제가, 참바라, 나아가 박학하신 발타 등의 이들은 용상으로 대지혜가 있었으며, 염부제에서 이 땅에 오신 분들이고, 그들은 동섭주에서 율장을 송출하셨고, 5부의 니가야와 칠론을 교수하셨다.

그 뒤에 현명한 아율타, 박학하신 제사발다, 신념이 있는 가라수말나, 장로인 제가, 박학한 지가수말나 등이 있다. 또한 가라수마나, 용상인 불호, 현명한 장로인 제수, 박학한 장로인 제바 등이 있다. 또한 현명하고 율장에 통달하였던 수마나, 다문이며 굴복시키기 어려운 코끼리왕과 같은 전나가우루혜나, 차마의 제자이고, 잘 존경받는 담무파리 등의 대지혜가 있었으며, 삼장에 통달하여 섬의 가운데에서 여러 별들의 왕과 같았으므로, 지혜로써 밝게 비추었다.

박학하신 오파저사, 대설법자이신 촉천이 있고, 다시 현명한 수마나, 다문의 불파나마, 삼장에 통달하였고 대설법자인 마하수오가 있다.

다시 율장에 통달하고 현명한 우파리, 대지혜자이고 정법에 정통한 대롱이 있다. 다시 현명한 아파야, 삼장에 통달하였고 현명한 장로 제사, 그의 제자인 불파는 율장에 통달하였고 대지혜가 있었으며 다문이었는데, 그는 성스러운 가르침을 호지하면서 염부제에서 주석하였다. 또한 현명하고 율에 통달한 주라바야, 현명하고 정법에 정통한 장로 제사, 현명하고 율장에 통달한 주라제와, 현명하고 율장에 통달한 장로 사파가 있다.

이러한 용상들은 대지혜가 있었고 율장을 이해하고 관행에 통달하였으며 동섭주에서 율장을 널리 설하셨다.

1-2-2 "그 지자이시고 견자이시며 응공자이시고 정등각자이신 세존께 의지한다면, 어느 처소에서 여인과 함께 서로를 어루만지는 승잔에 관하여 제정하여 세우셨는가?"

"사위성에서 제정하였다."

"누구를 인연하였는가?"

"장로 우타이를 인연하였다."

"무슨 일을 의지하여 제정하셨는가?"

"장로 우타이는 여인과 함께 서로를 어루만졌던 일이었다."

"하나의 계목이 있었다."

"여섯 종류의 범한 죄가 생겨나는 가운데에서 무슨 종류를 의지하여 생겨난 것인가?"

"한 종류가 일어나는 것을 의지하여 생겨났나니, 곧 몸과 뜻을 이유로 생겨나는 것이고, 말을 이유로 생겨나는 것은 아니다."

…… [이하의 내용은 생략한다.]

1-2-3 "그 지자이시고 견자이시며 응공자이시고 정등각자이신 세존께 의지한다면, 어느 처소에서 여인을 마주하고서 거칠고 악하게 말하는 승잔을 제정하여 세우셨는가?"

"사위성에서 제정하였다."

"누구를 인연하였는가?"

"장로 우타이를 인연하였다."

"무슨 일을 의지하여 제정하셨는가?"

"장로 우타이는 여인을 마주하고서 거칠고 악하게 말하였던 일이었다."

"하나의 계목이 있었다."

"여섯 종류의 범한 죄가 생겨나는 가운데에서 무슨 종류를 의지하여

생겨난 것인가?"

"세 종류가 일어나는 것을 의지하여 생겨났나니, 곧 몸과 뜻을 이유로 생겨나는 것이고, 말을 이유로 생겨나는 것이 아니다. 말과 뜻을 이유로 생겨나는 것이고, 몸을 이유로 생겨나는 것이 아니다. 몸과 말과 뜻을 이유로 생겨나는 것이다."

…… [이하의 내용은 생략한다.]

1-2-4 "그 지자이시고 견자이시며 응공자이시고 정등각자이신 세존께 의지한다면, 어느 처소에서 여인의 앞에서 스스로를 위하여 음욕의 공양을 찬탄하는 승잔에 관하여 제정하여 세우셨는가?"

"사위성에서 제정하였다."

"누구를 인연하였는가?"

"장로 우타이를 인연하였다."

"무슨 일을 의지하여 제정하셨는가?"

"장로 우타이는 여인의 앞에서 스스로를 위하여 음욕의 공양을 찬탄하였던 일이었다."

"하나의 계목이 있었다."

"여섯 종류의 범한 죄가 생겨나는 가운데에서 무슨 종류를 의지하여 생겨난 것인가?"

"세 종류가 일어나는 것을 의지하여 생겨났나니, 곧 몸과 뜻을 이유로 생겨나는 것이고, 말을 이유로 생겨나는 것이 아니다. 말과 뜻을 이유로 생겨나는 것이고, 몸을 이유로 생겨나는 것이 아니다. 몸과 말과 뜻을 이유로 생겨나는 것이다."

…… [이하의 내용은 생략한다.]

1-2-5 "그 지자이시고 견자이시며 응공자이시고 정등각자이신 세존께

의지한다면, 어느 처소에서 중매하는 승잔에 관하여 제정하여 세우셨는가?"

"사위성에서 제정하였다."

"누구를 인연하였는가?"

"장로 우타이를 인연하였다."

"무슨 일을 의지하여 제정하셨는가?"

"장로 우타이가 중매하였던 일이었다."

"하나의 계목이 있었고, 한 가지의 보충하는 조목이 있었다."

"여섯 종류의 범한 죄가 생겨나는 가운데에서 무슨 종류를 의지하여 생겨난 것인가?"

"여섯 종류가 일어나는 것을 의지하여 생겨났나니, 몸을 이유로 생겨나는 것이고, 말과 뜻을 이유로 생겨나는 것은 아니다. 말을 이유로 생겨나는 것이고, 몸과 뜻을 이유로 생겨나는 것은 아니다. 몸과 말을 이유로 생겨나는 것이고, 뜻을 이유로 생겨나는 것은 아니다. 몸과 뜻을 이유로 생겨나는 것이고, 말을 이유로 생겨나는 것은 아니다. 말과 뜻을 이유로 생겨나는 것이고, 몸을 이유로 생겨나는 것은 아니다. 몸과 말과 뜻을 이유로 생겨나는 것이다."

…… [이하의 내용은 생략한다.]

1-2-6 "그 지자이시고 견자이시며 응공자이시고 정등각자이신 세존께 의지한다면, 어느 처소에서 스스로가 구걸하여 정사를 조성하는 승잔에 관하여 제정하여 세우셨는가?"

"아라비국에서 제정하였다."

"누구를 인연하였는가?"

"아라비국의 여러 비구들을 인연하였다."

"무슨 일을 의지하여 제정하셨는가?"

"아라비국의 여러 비구들은 정사를 지으려고 스스로가 구걸하였던 일이었다.”

 “하나의 계목이 있었다.”

 “여섯 종류의 범한 죄가 생겨나는 가운데에서 무슨 종류를 의지하여
생겨난 것인가?”

 “세 종류가 일어나는 것을 의지하여 생겨났나니, 곧 몸과 뜻을 이유로
생겨나는 것이고, 말을 이유로 생겨나는 것이 아니다. 말과 뜻을 이유로
생겨나는 것이고, 몸을 이유로 생겨나는 것이 아니다. 몸과 말과 뜻을
이유로 생겨나는 것이다.”

1-2-7 “그 지자이시고 견자이시며 응공자이시고 정등각자이신 세존께
의지한다면, 어느 처소에서 큰 정사를 조성하는 승잔에 관하여 제정하여
세우셨는가?”

 “구섬미국에서 제정하였다.”

 “누구를 인연하였는가?”

 “장로 천타를 인연하였다.”

 “무슨 일을 의지하여 제정하셨는가?”

 “장로 천타는 정사를 지으려고 땅 위의 한 신묘수를 잘랐던 일이었다.”

 “하나의 계목이 있었다.”

 “여섯 종류의 범한 죄가 생겨나는 가운데에서 무슨 종류를 의지하여
생겨난 것인가?”

 “세 종류가 일어나는 것을 의지하여 생겨났나니, 곧 몸과 뜻을 이유로
생겨나는 것이고, 말을 이유로 생겨나는 것이 아니다. 말과 뜻을 이유로
생겨나는 것이고, 몸을 이유로 생겨나는 것이 아니다. 몸과 말과 뜻을
이유로 생겨나는 것이다.”

 ······ [이하의 내용은 생략한다.]

1-2-8 “그 지자이시고 견자이시며 응공자이시고 정등각자이신 세존께

의지한다면, 어느 처소에서 근거가 없는 바라이로써 비구를 비방하는 승잔에 관하여 제정하여 세우셨는가?"

"왕사성에서 제정하였다."

"누구를 인연하였는가?"

"자비구와 지비구를 인연하였다."

"무슨 일을 의지하여 제정하셨는가?"

"자비구와 지비구는 근거가 없는 바라이로써 비구를 비방하였던 일이었다."

"하나의 계목이 있었다."

"여섯 종류의 범한 죄가 생겨나는 가운데에서 무슨 종류를 의지하여 생겨난 것인가?"

"세 종류가 일어나는 것을 의지하여 생겨났나니, 곧 몸과 뜻을 이유로 생겨나는 것이고, 말을 이유로 생겨나는 것이 아니다. 말과 뜻을 이유로 생겨나는 것이고, 몸을 이유로 생겨나는 것이 아니다. 몸과 말과 뜻을 이유로 생겨나는 것이다."

…… [이하의 내용은 생략한다.]

1-2-9 "그 지자이시고 견자이시며 응공자이시고 정등각자이신 세존께 의지한다면, 어느 처소에서 다른 일의 가운데에서 오직 비슷한 점을 취하였고, 근거가 없는 바라이로써 비구를 비방하는 승잔에 관하여 제정하여 세우셨는가?"

"왕사성에서 제정하였다."

"누구를 인연하였는가?"

"자비구와 지비구를 인연하였다."

"무슨 일을 의지하여 제정하셨는가?"

"자비구와 지비구는 다른 일의 가운데에서 오직 비슷한 점을 취하였고, 근거가 없는 바라이로써 비구를 비방하였던 일이었다."

"하나의 계목이 있었다."

"여섯 종류의 범한 죄가 생겨나는 가운데에서 무슨 종류를 의지하여 생겨난 것인가?"

"세 종류가 일어나는 것을 의지하여 생겨났나니, 곧 몸과 뜻을 이유로 생겨나는 것이고, 말을 이유로 생겨나는 것이 아니다. 말과 뜻을 이유로 생겨나는 것이고, 몸을 이유로 생겨나는 것이 아니다. 몸과 말과 뜻을 이유로 생겨나는 것이다."

…… [이하의 내용은 생략한다.]

1-2-10 "그 지자이시고 견자이시며 응공자이시고 정등각자이신 세존께 의지한다면, 어느 처소에서 비구가 파승사를 시도하였고, 세 번째의 충고를 받는 때에도 그것을 버리지 않는 승잔에 관하여 제정하여 세우셨는가?"

"왕사성에서 제정하였다."

"누구를 인연하였는가?"

"제바달다를 인연하였다."

"무슨 일을 의지하여 제정하셨는가?"

"제바달다는 파승사를 시도하였고, 세 번째의 충고를 받는 때에도 그것을 버리지 않았던 일이었다."

"하나의 계목이 있었다."

"여섯 종류의 범한 죄가 생겨나는 가운데에서 무슨 종류를 의지하여 생겨난 것인가?"

"한 종류가 일어나는 것을 의지하여 생겨났나니, 곧 몸과 뜻을 이유로 생겨나는 것이고, 말을 이유로 생겨나는 것은 아니다."

…… [이하의 내용은 생략한다.]

1-2-11 "그 지자이시고 견자이시며 응공자이시고 정등각자이신 세존께

의지한다면, 어느 처소에서 비구가 파승사를 시도하였고, 그를 따르던 여러 비구들이 세 번째의 충고를 받는 때에도 그것을 버리지 않는 승잔에 관하여 제정하여 세우셨는가?"

"왕사성에서 제정하였다."

"누구를 인연하였는가?"

"많은 비구들을 인연하였다."

"무슨 일을 의지하여 제정하셨는가?"

"제바달다는 파승사를 시도하였고, 그를 따르던 여러 비구들이 세 번째의 충고를 받는 때에도 그것을 버리지 않았던 일이었다."

"하나의 계목이 있었다."

"여섯 종류의 범한 죄가 생겨나는 가운데에서 무슨 종류를 의지하여 생겨난 것인가?"

"한 종류가 일어나는 것을 의지하여 생겨났나니, 곧 몸과 뜻을 이유로 생겨나는 것이고, 말을 이유로 생겨나는 것은 아니다."

······ [이하의 내용은 생략한다.]

1-2-12 "그 지자이시고 견자이시며 응공자이시고 정등각자이신 세존께 의지한다면, 어느 처소에서 비구가 악구하였고, 세 번째의 충고를 받는 때에도 그것을 버리지 않는 승잔에 관하여 제정하여 세우셨는가?"

"구섬미국에서 제정하였다."

"누구를 인연하였는가?"

"장로 천타를 인연하였다."

"무슨 일을 의지하여 제정하셨는가?"

"장로 천타는 여러 비구들이 여법하게 장로 천타에게 말하였으나, 스스로 위하는 까닭으로써 함께 말하지 않았던 일이었다."

"하나의 계목이 있었다."

"여섯 종류의 범한 죄가 생겨나는 가운데에서 무슨 종류를 의지하여

생겨난 것인가?"

"한 종류가 일어나는 것을 의지하여 생겨났나니, 곧 몸과 뜻을 이유로 생겨나는 것이고, 말을 이유로 생겨나는 것은 아니다."

…… [이하의 내용은 생략한다.]

1-2-13 "그 지자이시고 견자이시며 응공자이시고 정등각자이신 세존께 의지한다면, 어느 처소에서 비구가 속가를 염오시켰고, 세 번째의 충고를 받는 때에도 그것을 버리지 않는 승잔에 관하여 제정하여 세우셨는가?"

"사위성에서 제정하였다."

"누구를 인연하였는가?"

"아습바와 부나바사 비구를 인연하였다."

"무슨 일을 의지하여 제정하셨는가?"

"승가는 아습바와 부나바사에게 구출갈마를 행하였는데, 여러 비구들이 애욕을 따랐고, 성내는 것을 따랐으며, 어리석음을 따랐고, 두려움을 따랐다고 비방하였던 일이었다."

"하나의 계목이 있었다."

"여섯 종류의 범한 죄가 생겨나는 가운데에서 무슨 종류를 의지하여 생겨난 것인가?"

"한 종류가 일어나는 것을 의지하여 생겨났나니, 곧 몸과 뜻을 이유로 생겨나는 것이고, 말을 이유로 생겨나는 것은 아니다."

[이하의 내용은 생략한다.] …… 나아가 ……

1-7-75 "어느 곳에서 공경하지 않았던 까닭으로 물 위에서 대·소변을 보았고 가래침을 뱉었던 돌길라에 관하여 제정하여 세우셨는가?"

"사위성에서 제정하였다."

"누구를 인연하였는가?"

"육군비구들을 인연하였다."

"무슨 일을 의지하여 제정하셨는가?"

"육군비구들이 물 위에서 대·소변을 보았고 가래침을 뱉었던 일이었다."

"그것에 계목이 있었는가? 보충하는 조목이 있었는가? 추가의 예비적인 조목이 있었는가?"

"하나의 계목이 있었고, 한 가지의 조목이 있었다."

"여섯 종류의 범한 죄가 생겨나는 가운데에서 무슨 종류를 의지하여 생겨난 것인가?"

"한 종류가 일어나는 것을 의지하여 생겨났나니, 말과 뜻을 이유로 생겨나는 것이고, 몸을 이유로 생겨나는 것은 아니다."

○ 제처장을 마친다.

(2) 죄수장(罪數章)

① 4바라이

2-1-1 "부정법을 행하는 자는 몇 종류의 죄를 범하는가? 부정법을 행하는 자는 세 종류의 죄를 범하느니라. 부패하지 않은 몸에 부정법을 행하는 자는 바라이를 범하고, 부패한 몸에 부정법을 행하는 자는 투란차를 범하며, 벌어진 입속에 생지를 삽입하면 돌길라를 범한다."

2-1-2 "주지 않았는데 취하는 자는 몇 종류의 죄를 범하는가? 주지 않았는데 취하는 자는 세 종류의 죄를 범하느니라. 값이 5마사가이거나, 혹은 5마사가의 이상이었는데, 주지 않은 물건을 취하는 자는 바라이를 범하고, 값이 하나는 1마사가의 이상이었고, 혹은 값이 하나는 5마사가의 이하이었는데, 주지 않은 물건을 취하는 자는 투란차를 범하며, 값이 하나는 1마사가이었고, 혹은 값이 하나는 1마사가의 이하이었는데, 주지

.

.

.

.

.

않은 물건을 취하는 자는 돌길라를 범한다.”

2-1-3 “고의로 목숨을 빼앗는 자는 몇 종류의 죄를 범하는가? 고의로 사람의 목숨을 빼앗는 자는 세 종류의 죄를 범하느니라. 고의로 누구인 사람을 위하여 함정을 팠고, ‘그가 빠진다면 죽을 것이다.’라고 말하였다면, 돌길라를 범한다. 함정에서 살아났으나 고통을 받았다면 투란차를 범하며, 주었다면 바라이를 범한다.”

2-1-4 “헛되고 없었던 상인법을 주장하는 자는 몇 종류의 죄를 범하는가? 헛되고 없었던 상인법을 주장하는 자는 세 종류의 죄를 범하느니라. 선하지 않은 욕망과 탐욕의 성품을 가지고서 헛되고 없었던 상인법을 주장하는 자는 바라이를 범하고, ‘그대의 정사에 머무른 비구는 아라한이다.’라고 말하였고, 곧 이해하였던 자라면 투란차를 범하며, 이해하지 못하였던 자라면 돌길라를 범한다.”

② 13승잔

2-2-1 “고의로 출정하겠다고 생각하고서 출정하는 자는 승잔을 범하고, 출정하겠다고 생각하고서 출정하지 않은 자는 투란차를 범하며, 출정하려고 행하였던 자는 돌길라를 범한다.”

2-2-2 “여인과 함께 서로가 몸과 몸을 서로가 어루만지는 자는 승잔을 범하고, 몸과 몸에 부착된 물건으로 서로를 어루만지는 자는 투란차를 범하며, 출정하려고 몸에 부착된 물건과 몸에 부착된 물건으로 서로를 어루만지는 자는 돌길라를 범한다.”

2-2-3 “여인을 마주하고서 대변도와 소변도를 좋거나, 나쁘다고 말하는 자는 승잔을 범하고, 대변도와 소변도를 제외하고서 무릎의 이상에서

목의 이하를 말하는 자는 투란차를 범하며, 출정하려고 몸에 부착된
물건을 말하는 자는 돌길라를 범한다."

2-2-4 "스스로를 위하여 여인의 앞에서 스스로를 위하여 음욕의 공양을
찬탄하는 자는 승잔을 범하고, 황문의 앞에서 음욕의 공양을 찬탄하는
자는 투란차를 범하며, 축생의 앞에서 음욕의 공양을 찬탄하는 자는
돌길라를 범한다."

2-2-5 "사람을 중매하면서 말을 받아서 다른 사람에게 알렸고 돌아와서
알리는 자는 승잔을 범하고, 말을 받아서 다른 사람에게 알렸고 돌아와서
알리지 않는 자는 투란차를 범하며, 말을 받아서 다른 사람에게 알리지
않았고 돌아와서 알리는 자는 돌길라를 범한다."

2-2-6 "스스로가 구걸하여 방사를 지으려고 행하였던 자는 돌길라를
범하고, 마지막의 진흙 덩어리를 바르지 않은 자는 투란차를 범하며,
마지막의 진흙 덩어리를 바른 자는 바라이를 범한다."

2-2-7 "스스로가 구걸하여 큰 정사를 지으려고 행하였던 자는 돌길라를
범하고, 마지막의 진흙 덩어리를 바르지 않은 자는 투란차를 범하며,
마지막의 진흙 덩어리를 바른 자는 바라이를 범한다."

2-2-8 "근거가 없는 바라이로써 동의하지 않았는데 쫓아내려고 비방하는
자는 하나의 승잔과 하나의 돌길라를 범하고, 동의하였어도 꾸짖으려는
뜻으로 비방하는 자는 비난어죄를 범한다."

2-2-9 "오직 다른 일의 가운데에서 어느 비슷한 점을 취하여 바라이로써
동의하지 않았는데 쫓아내려고 비방하는 자는 하나의 승잔과 하나의
돌길라를 범하고, 동의하였어도 꾸짖으려는 뜻으로 비방하는 자는 비난어

죄를 범한다.”

2-2-10 “파승사의 비구를 마주하고서 세 번을 충고하였으나, 버리지 않는 비구는 갈마를 의지하여 아뢰었다면 돌길라를 범하고, 두 번째의 갈마를 의지하여 아뢰었다면 투란차를 범하며, 갈마를 마치면서 아뢰었다면 바라이를 범한다.”

2-2-11 “파승사를 도왔던 비구를 마주하고서 세 번을 충고하였으나, 버리지 않는 비구는 갈마를 의지하여 아뢰었다면 돌길라를 범하고, 두 번째의 갈마를 의지하여 아뢰었다면 투란차를 범하며, 갈마를 마치면서 아뢰었다면 바라이를 범한다.”

2-2-12 “악구하는 비구를 마주하고서 세 번을 충고하였으나, 버리지 않는 비구는 갈마를 의지하여 아뢰었다면 돌길라를 범하고, 두 번째의 갈마를 의지하여 아뢰었다면 투란차를 범하며, 갈마를 마치면서 아뢰었다면 바라이를 범한다.”

2-2-13 “속가를 염오시키는 비구를 마주하고서 세 번을 충고하였으나, 버리지 않는 비구는 갈마를 의지하여 아뢰었다면 돌길라를 범하고, 두 번째의 갈마를 의지하여 아뢰었다면 투란차를 범하며, 갈마를 마치면서 아뢰었다면 바라이를 범한다.”

  [이하의 내용은 생략한다.] …… 나아가 ……

2-7-75 “공경하지 않는 까닭으로 물 위에서 대·소변을 보았거나, 혹은 가래침을 뱉는 죄는 한 종류의 죄를 범하나니, 돌길라이니라.”

(3) 실괴장(失壞章)

3-1-1 부정법을 행하는 죄는 네 종류의 깨트리는 것의 가운데에서 몇 종류의 깨트리는 것을 따라서 쫓는가? 부정법을 행하는 자는 네 종류의 깨트리는 것의 가운데에서 두 종류의 깨트리는 것을 따라서 쫓나니, 계를 깨트리는 것이 있고 행을 깨트리는 것이 있느니라."

[이하의 내용은 생략한다.] …… 나아가 ……

3-7-75 공경하지 않는 까닭으로 물 위에서 대·소변을 보았거나, 혹은 가래침을 뱉는 죄는 네 종류의 깨트리는 것의 가운데에서 몇 종류의 깨트리는 것을 따라서 쫓는가? 공경하지 않는 까닭으로 물 위에서 대·소변을 보았거나, 혹은 가래침을 뱉는 죄는 네 종류의 깨트리는 것의 가운데에서 한 종류의 깨트리는 것을 따라서 쫓나니, 행을 깨트리는 것이 있느니라.

[실괴장을 마친다.]

(4) 섭재장(攝在章)

4-1-1 부정법을 행하는 죄는 일곱 종류의 죄목(罪目)의 가운데에서 몇 종류의 죄목에 귀속(歸屬)되는가? 부정법을 행하는 자는 일곱 종류의 죄목의 가운데에서 세 종류의 죄목에 귀속되나니, 바라이죄에 귀속되거나, 투란차죄에 귀속되거나, 돌길라죄에 귀속되느니라.

[이하의 내용은 생략한다.] …… 나아가 ……

4-7-75 공경하지 않는 까닭으로 물 위에서 대·소변을 보았거나, 혹은 가래침을 뱉는 죄는 일곱 종류의 죄목의 가운데에서 몇 종류의 죄목에

귀속되는가? 공경하지 않는 까닭으로 물 위에서 대·소변을 보았거나,
혹은 가래침을 뱉는 죄는 일곱 종류의 죄목의 가운데에서 한 종류의
죄목에 귀속되나니, 돌길라죄이니라.

[섭재장을 마친다.]

(5) 등기장(等起章)

5-1-1 부정법을 행하는 죄는 여섯 종류의 죄가 생겨나는 가운데에서
몇 종류를 의지하여 생겨나는가? 부정법을 행하는 자는 여섯 종류의
죄의 가운데에서 한 종류를 의지하여 생겨나나니, 몸과 뜻을 이유로
생겨나는 것이고, 입을 이유로 생겨나지 않느니라.

[이하의 내용은 생략한다.] …… 나아가 ……

5-7-75 공경하지 않는 까닭으로 물 위에서 대·소변을 보았거나, 혹은
가래침을 뱉는 죄는 여섯 종류의 죄의 가운데에서 몇 종류를 의지하여
생겨나는가? 공경하지 않는 까닭으로 물 위에서 대·소변을 보았거나,
혹은 가래침을 뱉는 죄는 여섯 종류의 죄의 가운데에서 한 종류를 의지하
여 생겨나나니, 몸과 뜻을 이유로 생겨나는 것이고, 입을 이유로 생겨나지
않느니라.

[등기장을 마친다.]

(6) 쟁사장(諍事章)

6-1-1 부정법을 행하는 죄는 네 종류의 쟁사 가운데에서 무슨 쟁사인가?
부정법을 행하는 자는 네 종류의 쟁사 가운데에서 범죄쟁사이니라.

[이하의 내용은 생략한다.] …… 나아가 ……

6-7-75 공경하지 않는 까닭으로 물 위에서 대·소변을 보았거나, 혹은 가래침을 뱉는 죄는 네 종류의 쟁사 가운데에서 무슨 쟁사인가? 공경하지 않는 까닭으로 물 위에서 대·소변을 보았거나, 혹은 가래침을 뱉는 죄는 네 종류의 쟁사 가운데에서 범죄쟁사이니라.

[쟁사장을 마친다.]

(7) 멸쟁장(滅諍章)[238]

7-1-1 부정법을 행하는 죄는 일곱 종류의 멸쟁법 가운데에서 무슨 멸쟁법으로 소멸시키는가? 부정법을 행하는 자는 세 종류의 멸쟁법에 의지하여 그것을 소멸시켜야 하느니라. 현전비니와 자언비니에 의지하는 것이 있고, 현전비니와 여초부지비니에 의지하는 것이 있느니라.

[이하의 내용은 생략한다.] …… 나아가 ……

7-7-75 공경하지 않는 까닭으로 물 위에서 대·소변을 보았거나, 혹은 가래침을 뱉는 죄는 멸쟁법 가운데에서 무슨 멸쟁법으로 소멸시키는가? 공경하지 않는 까닭으로 물 위에서 대·소변을 보았거나, 혹은 가래침을 뱉는 죄는 세 종류의 멸쟁법에 의지하여 그것을 소멸시켜야 하느니라. 현전비니와 자언비니에 의지하는 것이 있고, 현전비니와 여초부지비니에 의지하는 것이 있느니라.

[멸쟁장을 마친다.]

---

238) 팔리어 Samathavāra(사마타바라)의 번역이다.

(8) 집합장(集合章)

8-1-1 부정법을 행하는 자는 몇 종류의 죄를 범하는가? 부정법을 행하는 자는 세 종류의 죄를 범하느니라. 부패하지 않은 몸에 부정법을 행하는 자는 바라이를 범하고, 부패한 몸에 부정법을 행하는 자는 투란차를 범하며, 벌어진 입속에 생지를 삽입하면 돌길라를 범한다. 부정법을 행하는 자는 이러한 세 종류의 죄를 범하느니라.

부정법을 행하는 죄는 네 종류의 깨트리는 것의 가운데에서 몇 종류의 깨트리는 것을 따라서 쫓는가? 부정법을 행하는 죄는 일곱 종류의 죄목의 가운데에서 몇 종류의 죄목에 귀속되는가? 부정법을 행하는 죄는 여섯 종류의 죄가 생겨나는 가운데에서 몇 종류를 의지하여 생겨나는가? 부정법을 행하는 죄는 네 종류의 쟁사 가운데에서 무슨 쟁사인가? 부정법을 행하는 죄는 일곱 종류의 멸쟁법 가운데에서 무슨 멸쟁법으로 소멸시키는가?

부정법을 행하는 자는 네 종류의 깨트리는 것의 가운데에서 두 종류의 깨트리는 것을 따라서 쫓나니, 계를 깨트리는 것이 있고 행을 깨트리는 것이 있느니라. 부정법을 행하는 자는 일곱 종류의 죄목의 가운데에서 세 종류의 죄목에 귀속되나니, 바라이죄에 귀속되거나, 투란차죄에 귀속되거나, 돌길라죄에 귀속되느니라. 부정법을 행하는 자는 여섯 종류의 죄의 가운데에서 한 종류를 의지하여 생겨나나니, 몸과 뜻을 이유로 생겨나는 것이고, 입을 이유로 생겨나지 않느니라. 부정법을 행하는 자는 네 종류의 쟁사 가운데에서 범죄쟁사이니라. 부정법을 행하는 자는 세 종류의 멸쟁법에 의지하여 그것을 소멸시켜야 하느니라. 현전비니와 자언비니에 의지하는 것이 있고, 현전비니와 여초부지비니에 의지하는 것이 있느니라.

[이하의 내용은 생략한다.] …… 나아가 ……

8-7-75 공경하지 않았던 까닭으로 물 위에서 대·소변을 보았고 가래침을

뱉는 자는 몇 종류의 죄를 범하는가? 공경하지 않았던 까닭으로 물 위에서 대·소변을 보았고 가래침을 뱉는 자는 한 종류의 죄를 범하나니, 돌길라이니라.

공경하지 않는 까닭으로 물 위에서 대·소변을 보았거나, 혹은 가래침을 뱉는 죄는 네 종류의 깨트리는 것의 가운데에서 몇 종류의 깨트리는 것을 따라서 쫓는가? 공경하지 않는 까닭으로 물 위에서 대·소변을 보았거나, 혹은 가래침을 뱉는 죄는 일곱 종류의 죄목의 가운데에서 몇 종류의 죄목에 귀속되는가? 공경하지 않는 까닭으로 물 위에서 대·소변을 보았거나, 혹은 가래침을 뱉는 죄는 여섯 종류의 죄의 가운데에서 몇 종류를 의지하여 생겨나는가?

공경하지 않는 까닭으로 물 위에서 대·소변을 보았거나, 혹은 가래침을 뱉는 죄는 네 종류의 쟁사 가운데에서 무슨 쟁사인가? 공경하지 않는 까닭으로 물 위에서 대·소변을 보았거나, 혹은 가래침을 뱉는 죄는 멸쟁법 가운데에서 무슨 멸쟁법으로 소멸시키는가?

공경하지 않는 까닭으로 물 위에서 대·소변을 보았거나, 혹은 가래침을 뱉는 죄는 네 종류의 깨트리는 것의 가운데에서 한 종류의 깨트리는 것을 따라서 쫓나니, 행을 깨트리는 것이 있느니라. 공경하지 않는 까닭으로 물 위에서 대·소변을 보았거나, 혹은 가래침을 뱉는 죄는 일곱 종류의 죄목의 가운데에서 한 종류의 죄목에 귀속되나니, 돌길라이니라. 공경하지 않는 까닭으로 물 위에서 대·소변을 보았거나, 혹은 가래침을 뱉는 죄는 여섯 종류의 죄의 가운데에서 한 종류를 의지하여 생겨나나니, 몸과 뜻을 이유로 생겨나는 것이고, 입을 이유로 생겨나지 않느니라.

공경하지 않는 까닭으로 물 위에서 대·소변을 보았거나, 혹은 가래침을 뱉는 죄는 네 종류의 쟁사 가운데에서 범죄쟁사이니라. 공경하지 않는 까닭으로 물 위에서 대·소변을 보았거나, 혹은 가래침을 뱉는 죄는 세 종류의 멸쟁법에 의지하여 그것을 소멸시켜야 하느니라. 현전비니와 자언비니에 의지하는 것이 있고, 현전비니와 여초부지비니에 의지하는 것이 있느니라.

[집합장을 마친다.]

○ 팔연장(八緣章)을 마친다.

● 대분별(大分別)의 대분해(大分解) 가운데에서 16장(章)을 마친다.

부수 제2권 제2장

대분별(大分別) : 비구니 경분별[1]

1. 제정(制定)의 처소

1) 4바라이(波羅夷)의 계목(戒目)[2]

(1) 제1송출품(誦出品)

1-1 그 지자이시고 견자이시며 응공자이시고 정등각자이신 세존께 의지한다면, 어느 처소에서 첫째의 바라이를 제정하여 세우셨는가? 누구를 인연으로 제정하셨는가? 무슨 일에 의지하여 제정하셨는가? 그것은 계목이 있었는가? 보충하는 조목은 있었는가? 추가의 예비적인 조목은 있었는가? 비구와 비구니에게 이부중의 조목은 있었는가? 비구와 비구니에게 일부중의 조목은 있었는가? 일체의 처소에 조목이 있었는가? 한 처소의 조목은 있었는가?

---

1) 팔리어 Bhikkhunīvibhaṅga(비꾸니비방가)의 번역이다.
2) 팔리어 Pārājikakaṇḍa(파라지카칸다)의 번역이다.

　다섯 종류의 바라제목차를 송출하는 법의 가운데에서 어느 부분에 귀속되고, 어느 부분에 편입되는가? 어느 독송법에 의지하여 송출해야 하는가? 네 가지를 깨트리는 것의 가운데에서 무엇을 깨트리는 것인가? 일곱 종류의 죄 가운데에서 무슨 죄의 종류인가? 여섯 종류의 범한 죄가 생겨나는 가운데에서 무슨 종류를 의지하여 생겨난 것인가? 네 종류의 쟁사의 가운데에서 무슨 종류의 쟁사인가? 일곱 종류의 멸쟁의 가운데에서 무슨 종류의 멸쟁법으로써 소멸시켜야 하는가?

　그 가운데에서 무엇이 비니이고, 무엇이 아비비니인가? 무엇이 바라제목차이고, 무엇이 증상의 바라제목차인가? 무엇이 범한 것이고, 무엇이 성취한 것인가? 무엇이 관행인가? 세존께서 무슨 종류의 뜻과 이익을 위하여 첫째의 바라제목차를 제정하여 세우셨는가? 누가 학처를 익혀야 하고, 누가 계율을 익히는 것을 마쳤는가? 학처의 어느 것에 머물러야 하는가? 누가 호지하였는가? 누가 말하였는가? 누가 전승하였는가?

1-2 "그 지자이시고 견자이시며 응공자이시고 정등각자이신 세존께 의지한다면, 어느 처소에서 다섯째의 바라이를 제정하여 세우셨는가?"

　"사위성에서 제정하였다."

　"누구를 인연하였는가?"

　"손다리난타(孫多利難陀)[3] 비구니를 인연하였다."

　"무슨 일을 의지하여 제정하셨는가?"

　"손다리난타는 염심(染心)으로써 염심이 있는 남자의 몸을 접촉하여 즐거움을 받았던 그러한 일이었다."

　"그것에 계목이 있었는가? 보충하는 조목이 있었는가? 추가의 예비적인 조목이 있었는가?"

　"하나의 계목이 있었으나, 보충하는 조목과 추가의 예비적인 조목은 없었다."

---

　3) 팔리어 Sundarīnandā(순다리난다)의 음사이다.

"일체의 처소에 조목이 있었는가? 한 처소의 조목이 있었는가?"

"일체의 처소에 조목이 있었다."

"비구와 비구니에게 이부중의 조목이 있었는가? 비구와 비구니에게 일부중의 조목이 있었는가?"

"일부중의 조목이 있었다."

"다섯 종류의 바라제목차를 송출하는 법의 가운데에서 어느 부분에 귀속되고, 어느 부분에 편입되는가?"

"연기에 귀속되고, 연기에 편입된다."

"어느 독송법에 의지하여 송출해야 하는가?"

"두 번째의 독송법에 의지하여 송출해야 한다."

"네 가지를 깨트리는 것의 가운데에서 무엇을 깨트리는 것인가?"

"계율을 깨트리는 것이다."

"일곱 종류의 죄 가운데에서 무슨 죄의 종류인가?"

"바라이죄의 종류이다."

"여섯 종류의 범한 죄가 생겨나는 가운데에서 무슨 종류를 의지하여 생겨난 것인가?"

"한 종류가 일어나는 것을 의지하여 생겨났나니, 곧 말로 생겨나는 것이 아니고, 몸을 이유로, 뜻을 이유로 생겨나는 것이다."

"네 종류의 쟁사의 가운데에서 무슨 종류의 쟁사인가?"

"범죄쟁사이다."

"일곱 종류의 멸쟁의 가운데에서 무슨 종류의 멸쟁법으로써 소멸시켜야 하는가?"

"두 종류의 멸쟁법을 의지하여 그것을 소멸시켜야 하나니, 현전비니와 자언비니를 의지하여야 하느니라."

"그 가운데에서 무엇이 비니이고, 무엇이 아비비니인가?"

"제정하신 것은 비니이고, 자세히 설명한 것은 아비비니이다."

"무엇이 바라제목차이고, 무엇이 증상의 바라제목차인가?"

"제정하신 것은 바라제목차이고, 자세히 설명한 것은 증상의 바라제목

차이다."
　"무엇이 범한 것인가?"
　"율의가 아니라면 범한 것이다."
　"무엇이 성취한 것인가?"
　"율의라면 성취한 것이다."
　"무엇이 관행인가?"
　"마땅히 이와 같이 짓지 않는 것이고, 학처를 배우고 행하면서 목숨을 마치도록 호지하는 것이다."
　"무슨 종류의 뜻과 이익을 위하여 세존께서는 첫째의 바라제목차를 제정하여 세우셨는가?"
　"승가를 섭수하기 위하여, 승가의 안락을 위하여, 악인을 조복하기 위하여, 선한 비구를 안락하게 머무르게 하기 위하여, 현세의 번뇌를 끊기 위하여, 후세의 번뇌를 소멸하기 위하여, 믿지 않는 자에게 신심이 생겨나게 하기 위하여, 이미 믿었던 자를 증장시키기 위하여, 정법이 오래 머무르게 하기 위하여, 계율을 공경하고 존중하기 위한 것이다."
　"누가 학처를 익혀야 하는가?"
　"유학과 선한 범부이다."
　"누가 계율을 익히는 것을 마쳤는가?"
　"아라한은 이미 계율을 배워서 마쳤다."
　"학처의 어느 것에 머물러야 하는가?"
　"학처를 좋아하는 것에 머물러야 한다."
　"누가 호지하였는가?"
　"율장과 주석을 아셨던 그분들께서 호지하였다."
　"누가 말하였는가?"
　"세존·응공·정등각자께서 말씀하셨다."
　"누구에게 전승되었는가?"
　"차례로 전승되었나니, 곧 우바리, 제사가, 나아가 소나가, 실가바, 다섯 번째의 목건련자제수의 이분들은 염부제에서 길상한 사람이라고

찬탄되었던 분들이다. 그 뒤에 마신타, 이제나, 울제가, 참바라, 나아가 박학하신 발타 등의 이들은 용상으로 대지혜가 있었으며, 염부제에서 이 땅에 오신 분들이고, 그들은 동섭주에서 율장을 송출하셨고, 5부의 니가야와 칠론을 교수하셨다.

그 뒤에 현명한 아율타, 박학하신 제사발다, 신념이 있는 가라수말나, 장로인 제가, 박학한 지가수말나 등이 있다. 또한 가라수마나, 용상인 불호, 현명한 장로인 제수, 박학한 장로인 제바가 있다. 또한 현명하고 율장에 통달하였던 수마나, 다문이며 굴복시키기 어려운 코끼리왕과 같은 전나가우루혜나, 차마의 제자이고, 잘 존경받는 담무파리 등의 대지혜가 있었으며, 삼장에 통달하여 섬의 가운데에서 여러 별들의 왕과 같았으므로, 지혜로써 밝게 비추었다.

박학하신 오파저사, 대설법자이신 촉천이 있고, 다시 현명한 수마나, 다문의 불파나마, 삼장에 통달하였고 대설법자인 마하수오가 있다. 다시 율장에 통달하고 현명한 우파리, 대지혜자이고 정법에 정통한 대룡이 있다. 다시 현명한 아파야, 삼장에 통달하였고 현명한 장로 제사, 그의 제자인 불파는 율장에 통달하였고 대지혜가 있었으며 다문이었는데, 그는 성스러운 가르침을 호지하면서 염부제에서 주석하였다.

또한 현명하고 율에 통달한 주라바야, 현명하고 정법에 정통한 장로 제사, 현명하고 율장에 통달한 주라제와, 현명하고 율장에 통달한 장로 사파가 있다. 이러한 용상들은 대지혜가 있었고 율장을 이해하고 관행에 통달하였으며 동섭주에서 율장을 널리 설하셨다.

1-3 "그 지자이시고 견자이시며 응공자이시고 정등각자이신 세존께 의지한다면, 어느 처소에서 여섯째의 바라이를 제정하여 세우셨는가?"

"사위성에서 제정하였다."

"누구를 인연하였는가?"

"투란난타(偸蘭難陀)4) 비구니를 인연하였다."

"무슨 일을 의지하여 제정하셨는가?"

"투란난타 비구니는 다른 비구니가 바라이법을 범하였다고 알았으나, 스스로가 거론하지 않았고 대중에게 알리지 않았던 그러한 일이었다."

"하나의 계목이 있었다."

"여섯 종류의 범한 죄가 생겨나는 가운데에서 한 종류가 일어나는 것을 의지하여 생겨났나니, 몸과 말과 뜻을 이유로 생겨나는 것이다."

1-4 "어느 처소에서 일곱째의 바라이를 제정하여 세우셨는가?"

"사위성에서 제정하였다."

"누구를 인연하였는가?"

"투란난타 비구니를 인연하였다."

"무슨 일을 의지하여 제정하셨는가?"

"투란난타 비구니는 화합승가에게 쫓겨났던 원래 독수리의 조련사이었던 아리타(阿利吒)⁵⁾ 비구를 수순(隨順)하였던 그러한 일이었다."

"하나의 계목이 있었다."

"여섯 종류의 범한 죄가 생겨나는 가운데에서 계율을 업신여기는 것의 한 종류가 일어나는 것을 의지하여 생겨났나니, 몸과 말과 뜻을 이유로 생겨나는 것이다."

1-5 "어느 처소에서 여덟째의 바라이를 제정하여 세우셨는가?"

"사위성에서 제정하였다."

"누구를 인연하였는가?"

"육군비구니⁶⁾들을 인연하였다."

"무슨 일을 의지하여 제정하셨는가?"

"육군비구니들이 여덟 가지의 일을 저질렀던 그러한 일이었다."

"하나의 계목이 있었다."

---

4) 팔리어 Thullananda(투란난다)의 음사이다.

5) 팔리어 Ariṭṭha(아리따)의 음사이다.

6) 팔리어 Chabbaggiyā bhikkhuni(차빠끼야 비꾸니)의 번역이다.

"여섯 종류의 범한 죄가 생겨나는 가운데에서 계율을 업신여기는 것의 한 종류가 일어나는 것을 의지하여 생겨났나니, 몸과 말과 뜻을 이유로 생겨나는 것이다."

[8바라이를 마친다.]

섭송으로 설하겠노라.

음행하는 것과 주지 않은 것을 취하는 것과
목숨을 끊는 것과 상인법을 말하는 것과
몸을 접촉하는 것과 죄를 덮는 것과
쫓겨난 자를 수순하는 것과 여덟 가지의 일은
대웅(大雄)[7])께서 제정하여 세우셨으니
단두(斷頭)의 일에서 의심이 없다네.

2) 승잔(僧殘)의 계목[8])

(1) 제1송출품(誦出品)

2-1 그 지자이시고 견자이시며 응공자이시고 정등각자이신 세존께 의지한다면, 어느 처소에서 첫째의 바라이를 제정하여 세우셨는가? 누구를 인연으로 제정하셨는가? 무슨 일에 의지하여 제정하셨는가? 그것은 계목이 있었는가? 보충하는 조목은 있었는가? 추가의 예비적인 조목은 있었는가? 비구와 비구니에게 이부중의 조목은 있었는가? 비구와 비구니에게 일부중의 조목은 있었는가? 일체의 처소에 조목이 있었는가? 한

---

7) 팔리어 Mahāvīra(마하비라)의 번역이다.
8) 팔리어 Saṅghādisesakaṇḍa(산가디세칸다)의 번역이다.

처소의 조목은 있었는가?

　다섯 종류의 바라제목차를 송출하는 법의 가운데에서 어느 부분에 귀속되고, 어느 부분에 편입되는가? 어느 독송법에 의지하여 송출해야 하는가? 네 가지를 깨트리는 것의 가운데에서 무엇을 깨트리는 것인가? 일곱 종류의 죄 가운데에서 무슨 죄의 종류인가? 여섯 종류의 범한 죄가 생겨나는 가운데에서 무슨 종류를 의지하여 생겨난 것인가? 네 종류의 쟁사의 가운데에서 무슨 종류의 쟁사인가? 일곱 종류의 멸쟁의 가운데에서 무슨 종류의 멸쟁법으로써 소멸시켜야 하는가?

　그 가운데에서 무엇이 비니이고, 무엇이 아비비니인가? 무엇이 바라제목차이고, 무엇이 증상의 바라제목차인가? 무엇이 범한 것이고, 무엇이 성취한 것인가? 무엇이 관행인가? 세존께서 무슨 종류의 뜻과 이익을 위하여 첫째의 바라제목차를 제정하여 세우셨는가? 누가 학처를 익혀야 하고, 누가 계율을 익히는 것을 마쳤는가? 학처의 어느 것에 머물러야 하는가? 누가 호지하였는가? 누가 말하였는가? 누가 전승하였는가?

2-2 "그 지자이시고 견자이시며 응공자이시고 정등각자이신 세존께 의지한다면, 어느 처소에서 소송을 행하였던 비구니의 승잔을 제정하여 세우셨는가?"

　"사위성에서 제정하였다."

　"누구를 인연하였는가?"

　"투란난타 비구니를 인연하였다."

　"무슨 일을 의지하여 제정하셨는가?"

　"투란난타 비구니가 소송을 행하였던 그러한 일이었다."

　"그것에 계목이 있었는가? 보충하는 조목이 있었는가? 추가의 예비적인 조목이 있었는가?"

　"하나의 계목이 있었으나, 보충하는 조목과 추가의 예비적인 조목은 없었다."

　"일체의 처소에 조목이 있었는가? 한 처소의 조목이 있었는가?"

"일체의 처소에 조목이 있었다."

"비구와 비구니에게 이부중의 조목이 있었는가? 비구와 비구니에게 일부중의 조목이 있었는가?"

"일부중의 조목이 있었다."

"다섯 종류의 바라제목차를 송출하는 법의 가운데에서 어느 부분에 귀속되고, 어느 부분에 편입되는가?"

"연기에 귀속되고, 연기에 편입된다."

"어느 독송법에 의지하여 송출해야 하는가?"

"세 번째의 독송법에 의지하여 송출해야 한다."

"네 가지를 깨트리는 것의 가운데에서 무엇을 깨트리는 것인가?"

"계율을 깨트리는 것이다."

"일곱 종류의 죄 가운데에서 무슨 죄의 종류인가?"

"승잔죄의 종류이다."

"여섯 종류의 범한 죄가 생겨나는 가운데에서 무슨 종류를 의지하여 생겨난 것인가?"

"여섯 종류의 범한 죄가 생겨나는 가운데에서 두 종류가 일어나는 것을 의지하여 생겨났나니, 곧 몸과 말을 이유로 생겨나는 것이고, 뜻을 이유로 생겨나는 것이 아니며, 몸과 말과 뜻을 이유로 생겨나는 것이다."

"네 종류의 쟁사의 가운데에서 무슨 종류의 쟁사인가?"

"범죄쟁사이다."

"일곱 종류의 멸쟁의 가운데에서 무슨 종류의 멸쟁법으로써 소멸시켜야 하는가?"

"두 종류의 멸쟁법을 의지하여 그것을 소멸시켜야 하나니, 현전비니와 자언비니를 의지하여야 하느니라."

"그 가운데에서 무엇이 비니이고, 무엇이 아비비니인가?"

"제정하신 것은 비니이고, 자세히 설명한 것은 아비비니이다."

"무엇이 바라제목차이고, 무엇이 증상의 바라제목차인가?"

"제정하신 것은 바라제목차이고, 자세히 설명한 것은 증상의 바라제목

차이다."

"무엇이 범한 것인가?"

"율의가 아니라면 범한 것이다."

"무엇이 성취한 것인가?"

"율의라면 성취한 것이다."

"무엇이 관행인가?"

"마땅히 이와 같이 짓지 않는 것이고, 학처를 배우고 행하면서 목숨을 마치도록 호지하는 것이다."

"무슨 종류의 뜻과 이익을 위하여 세존께서는 첫째의 바라제목차를 제정하여 세우셨는가?"

"승가를 섭수하기 위하여, 승가의 안락을 위하여, 악인을 조복하기 위하여, 선한 비구를 안락하게 머무르게 하기 위하여, 현세의 번뇌를 끊기 위하여, 후세의 번뇌를 소멸하기 위하여, 믿지 않는 자에게 신심이 생겨나게 하기 위하여, 이미 믿었던 자를 증장시키기 위하여, 정법이 오래 머무르게 하기 위하여, 계율을 공경하고 존중하기 위한 것이다."

"누가 학처를 익혀야 하는가?"

"유학과 선한 범부이다."

"누가 계율을 익히는 것을 마쳤는가?"

"아라한은 이미 계율을 배워서 마쳤다."

"학처의 어느 것에 머물러야 하는가?"

"학처를 좋아하는 것에 머물러야 한다."

"누가 호지하였는가?"

"율장과 주석을 아셨던 그분들께서 호지하였다."

"누가 말하였는가?"

"세존·응공·정등각자께서 말씀하셨다."

"누구에게 전승되었는가?"

"차례로 전승되었나니, 곧 우바리, 제사가, 나아가 소나가, 실가바, 다섯 번째의 목건련자제수의 이분들은 염부제에서 길상한 사람이라고

찬탄되었던 분들이다. 그 뒤에 마신타, 이제나, 울제가, 참바라, 나아가 박학하신 발타 등의 이들은 용상으로 대지혜가 있었으며, 염부제에서 이 땅에 오신 분들이고, 그들은 동섭주에서 율장을 송출하셨고, 5부의 니가야와 칠론을 교수하셨다.

그 뒤에 현명한 아율타, 박학하신 제사발다, 신념이 있는 가라수말나, 장로인 제가, 박학한 지가수말나 등이 있다. 또한 가라수마나, 용상인 불호, 현명한 장로인 제수, 박학한 장로인 제바가 있다. 또한 현명하고 율장에 통달하였던 수마나, 다문이며 굴복시키기 어려운 코끼리왕과 같은 전나가우루혜나, 차마의 제자이고, 잘 존경받는 담무파리 등의 대지혜가 있었으며, 삼장에 통달하여 섬의 가운데에서 여러 별들의 왕과 같았으므로, 지혜로써 밝게 비추었다.

박학하신 오파저사, 대설법자이신 촉천이 있고, 다시 현명한 수마나, 다문의 불파나마, 삼장에 통달하였고 대설법자인 마하수오가 있다. 다시 율장에 통달하고 현명한 우파리, 대지혜자이고 정법에 정통한 대룡이 있다. 다시 현명한 아파야, 삼장에 통달하였고 현명한 장로 제사, 그의 제자인 불파는 율장에 통달하였고 대지혜가 있었으며 다문이었는데, 그는 성스러운 가르침을 호지하면서 염부제에서 주석하였다.

또한 현명하고 율에 통달한 주라바야, 현명하고 정법에 정통한 장로 제사, 현명하고 율장에 통달한 주라제와, 현명하고 율장에 통달한 장로 사파가 있다. 이러한 용상들은 대지혜가 있었고 율장을 이해하고 관행에 통달하였으며 동섭주에서 율장을 널리 설하셨다.

2-3 "어느 처소에서 적녀(賊女)[9]에게 구족계를 받게 시켰던 승잔을 제정하여 세우셨는가?"

"사위성에서 제정하였다."

"누구를 인연하였는가?"

---

9) 팔리어 Cori(코리)의 번역이다.

"투란난타 비구니를 인연하였다."

"무슨 일을 의지하여 제정하셨는가?"

"투란난타 비구니가 적녀에게 구족계를 받게 시켰던 일이었다."

"하나의 계목이 있었다."

"여섯 종류의 범한 죄가 생겨나는 가운데에서 두 종류가 일어나는 것을 의지하여 생겨났나니, 곧 말과 뜻을 이유로 생겨나는 것이고, 몸을 이유로 생겨나는 것이 아니며, 몸과 말과 뜻을 이유로 생겨나는 것이다."

2-4 "어느 처소에서 혼자서 시정을 돌아다녔던 승잔을 제정하여 세우셨는가?"

"사위성에서 제정하였다."

"누구를 인연하였는가?"

"한 비구니를 인연하였다."

"무슨 일을 의지하여 제정하셨는가?"

"한 비구니가 혼자서 시정을 돌아다녔던 일이었다."

"하나의 계목이 있었고, 세 가지의 조목이 있었다."

"여섯 종류의 범한 죄가 생겨나는 가운데에서 첫째의 바라이에서와 같이, 한 종류가 일어나는 것을 의지하여 생겨났나니, 몸과 뜻을 이유로 생겨나는 것이고, 말을 이유로 생겨나는 것은 아니다."

2-5 "어느 처소에서 화합승가가 여법하고 율에 알맞으며, 스승의 가르침에 의지하여 비구니의 죄를 거론하였고, 승가의 갈마를 얻지 못하였으며, 승가가 인정하지 않았으나 죄를 풀어주었던 승잔을 제정하여 세우셨는가?"

"사위성에서 제정하였다."

"누구를 인연하였는가?"

"투란난타 비구니를 인연하였다."

"무슨 일을 의지하여 제정하셨는가?"

"투란난타 비구니가 화합승가가 여법하고 율에 알맞으며, 스승의 가르침에 의지하여 비구니의 죄를 거론하였고, 승가의 갈마를 얻지 못하였으며, 승가가 인정하지 않았으나 죄를 풀어주었던 일이었다."

"하나의 계목이 있었다."

"여섯 종류의 범한 죄가 생겨나는 가운데에서 계율을 업신여기는 것의 한 종류가 일어나는 것을 의지하여 생겨났나니, 몸과 말과 뜻을 이유로 생겨나는 것이다."

2-6 "어느 처소에서 비구니가 염심의 마음을 지니고서 염심이 있었던 남자의 손에 있었던 단단한 음식이거나, 혹은 부드러운 음식을 스스로가 손으로써 접촉하면서 받아서 먹었던 승잔을 제정하여 세우셨는가?"

"사위성에서 제정하였다."

"누구를 인연하였는가?"

"손다리난타 비구니를 인연하였다."

"무슨 일을 의지하여 제정하셨는가?"

"손다리난타 비구니가 염심의 마음을 지니고서 염심이 있었던 남자의 손에 있었던 단단한 음식이거나, 혹은 부드러운 음식을 스스로가 손으로써 접촉하면서 받아서 먹었던 일이었다."

"하나의 계목이 있었다."

"여섯 종류의 범한 죄가 생겨나는 가운데에서 첫째의 바라이에서와 같이, 한 종류가 일어나는 것을 의지하여 생겨났나니, 몸과 뜻을 이유로 생겨나는 것이고, 말을 이유로 생겨나는 것은 아니다."

2-7 "어느 처소에서 '존매(尊姉)여. 그대는 염심이 없는 까닭이라면, 그 남자가 염심이 있거나 없더라도 그대를 마주하고서 무엇을 하겠습니까? 그러므로 존매는 그 남자가 그대에게 주는 단단한 음식이거나, 혹은 부드러운 음식을 스스로가 손으로 받으세요.'라고 권유하여 말하였던 승잔을 제정하여 세우셨는가?"

"사위성에서 제정하였다."

"누구를 인연하였는가?"

"한 비구니를 인연하였다."

"무슨 일을 의지하여 제정하셨는가?"

"한 비구니가 '존매여. 그대는 염심이 없는 까닭이라면, 그 남자가 염심이 있거나 없더라도 그대를 마주하고서 무엇을 하겠습니까? 그러므로 존매는 그 남자가 그대에게 주는 단단한 음식이거나, 혹은 부드러운 음식을 스스로가 손으로 받으세요.'라고 권유하여 말하였던 일이었다."

"하나의 계목이 있었다."

"여섯 종류의 범한 죄가 생겨나는 가운데에서 세 종류가 일어나는 것을 의지하여 생겨났나니, 곧 몸과 뜻을 이유로 생겨나는 것이고, 말을 이유로 생겨나는 것이 아니다. 말과 뜻을 이유로 생겨나는 것이고, 몸을 이유로 생겨나는 것이 아니다. 몸과 말과 뜻을 이유로 생겨나는 것이다."

2-8 "어느 처소에서 성내고 기쁘지 않았던 비구니에게 세 번을 충고하였으나 그것을 버리지 않았던 승잔을 제정하여 세우셨는가?"

"사위성에서 제정하였다."

"누구를 인연하였는가?"

"전달가리(旃達加利)10) 비구니를 인연하였다."

"무슨 일을 의지하여 제정하셨는가?"

"전달가리 비구니가 성내고 기쁘지 않아서 '나는 세존을 버리고 나는 법을 버리며 나는 승가를 버리겠다.'라고 이와 같이 말을 지었던 일이었다."

"하나의 계목이 있었다."

"여섯 종류의 범한 죄가 생겨나는 가운데에서 계율을 업신여기는 것의 한 종류가 일어나는 것을 의지하여 생겨났나니, 몸과 말과 뜻을 이유로 생겨나는 것이다."

---

10) 팔리어 Caṇḍakāḷi(찬다카리)의 음사이다.

2-9 "어느 처소에서 어떠한 쟁사에서 비구니가 꾸짖음을 받았으므로 세 번을 충고하였으나 그것을 버리지 않았던 승잔을 제정하여 세우셨는가?"

"사위성에서 제정하였다."

"누구를 인연하였는가?"

"전달가리 비구니를 인연하였다."

"무슨 일을 의지하여 제정하셨는가?"

"전달가리 비구니가 어떤 쟁사를 인연하여 꾸짖음을 받았으므로 성내고 기쁘지 않아서 '여러 비구니들은 욕망을 따르고 성내는 것을 따랐으며 어리석음을 따랐고 두려움을 따랐다.'라고 이와 같이 말을 지었던 일이었다."

"하나의 계목이 있었다."

"여섯 종류의 범한 죄가 생겨나는 가운데에서 계율을 업신여기는 것의 한 종류가 일어나는 것을 의지하여 생겨났나니, 몸과 말과 뜻을 이유로 생겨나는 것이다."

2-10 "어느 처소에서 비구니가 재가인과 서로가 친근하였으므로 세 번을 충고하였으나 그것을 버리지 않았던 승잔을 제정하여 세우셨는가?"

"사위성에서 제정하였다."

"누구를 인연하였는가?"

"여러 비구니를 인연하였다."

"무슨 일을 의지하여 제정하셨는가?"

"여러 비구니들이 재가인과 서로가 친근하게 머물렀던 일이었다."

"하나의 계목이 있었다."

"여섯 종류의 범한 죄가 생겨나는 가운데에서 계율을 업신여기는 것의 한 종류가 일어나는 것을 의지하여 생겨났나니, 몸과 말과 뜻을 이유로 생겨나는 것이다."

2-11 "어느 처소에서 '대매(大姉)들이여. 그대들은 마땅히 친근하게 머무 십시오. 그대들은 각자 별도로 머무르지 마십시오.'라고 세 번을 충고하였

으나 그것을 버리지 않았던 승잔을 제정하여 세우셨는가?"

"사위성에서 제정하였다."

"누구를 인연하였는가?"

"투란난타 비구니를 인연하였다."

"무슨 일을 의지하여 제정하셨는가?"

"투란난타 비구니가 '대매들이여. 그대들은 마땅히 친근하게 머무십시오. 그대들은 각자 별도로 머무르지 마십시오.'라고 권유하였던 일이었다."

"하나의 계목이 있었다."

"여섯 종류의 범한 죄가 생겨나는 가운데에서 계율을 업신여기는 것의 한 종류가 일어나는 것을 의지하여 생겨났나니, 몸과 말과 뜻을 이유로 생겨나는 것이다."

[10승잔을 마친다.]

○ **첫째의 송출품을 마친다.**

섭송으로 설하겠노라.

소송하는 것과 적녀와
시정과 거론된 것과
담식과 그대가 성내는 것과
어떤 쟁사를 인연하는 것과
재가자와 친근하였던
이러한 열 가지가 있다네.

3) 사타(捨墮)의 계목[11]

(1) 제1송출품(誦出品)

3-1 "그 지자이시고 견자이시며 응공자이시고 정등각자이신 세존께 의지한다면, 어느 처소에서 발우를 저축하였던 것의 비구니의 사타를 제정하여 세우셨는가?"

"사위성에서 제정하였다."

"누구를 인연하였는가?"

"육군비구니들을 인연하였다."

"무슨 일을 의지하여 제정하셨는가?"

"육군비구니들이 발우를 저축하였던 일이었다."

"하나의 계목이 있었다."

"가치나의의 계율에서와 같이, 두 종류가 일어나는 것을 의지하여 생겨났나니, 몸과 뜻을 이유로 생겨나는 것이고, 말을 이유로 생겨나는 것은 아니다. 몸과 말과 뜻을 이유로 생겨나는 것이다."

3-2 "어느 처소에서 비시의(非時衣)를 시의(時衣)로 삼아서 분배하였던 것의 비구니의 사타를 제정하여 세우셨는가?"

"사위성에서 제정하였다."

"누구를 인연하였는가?"

"투란난타 비구니를 인연하였다."

"무슨 일을 의지하여 제정하셨는가?"

"투란난타 비구니가 비시의를 시의로 삼아서 분배하였던 일이었다."

"하나의 계목이 있었다."

"여섯 종류의 범한 죄가 생겨나는 가운데에서 세 종류가 일어나는

---

11) 팔리어 Nissaggiyakaṇḍa(니싸끼야칸다)의 번역이다.

것을 의지하여 생겨났나니, 곧 몸과 뜻을 이유로 생겨나는 것이고, 말을
이유로 생겨나는 것이 아니다. 말과 뜻을 이유로 생겨나는 것이고, 몸을
이유로 생겨나는 것이 아니다. 몸과 말과 뜻을 이유로 생겨나는 것이다.”

3-3 “어느 처소에서 비구니가 옷을 교환한 뒤에 그 옷을 빼앗았던 것의
사타를 제정하여 세우셨는가?”
　“사위성에서 제정하였다.”
　“누구를 인연하였는가?”
　“투란난타 비구니를 인연하였다.”
　“무슨 일을 의지하여 제정하셨는가?”
　“투란난타 비구니가 다른 비구니와 옷을 교환한 뒤에 그 옷을 빼앗았던
일이었다.”
　“하나의 계목이 있었다.”
　“여섯 종류의 범한 죄가 생겨나는 가운데에서 세 종류가 일어나는
것을 의지하여 생겨났나니, 곧 몸과 뜻을 이유로 생겨나는 것이고, 말을
이유로 생겨나는 것이 아니다. 말과 뜻을 이유로 생겨나는 것이고, 몸을
이유로 생겨나는 것이 아니다. 몸과 말과 뜻을 이유로 생겨나는 것이다.”

3-4 “어느 처소에서 이것을 구걸한 뒤에 저것을 구걸하였던 것의 사타를
제정하여 세우셨는가?”
　“사위성에서 제정하였다.”
　“누구를 인연하였는가?”
　“투란난타 비구니를 인연하였다.”
　“무슨 일을 의지하여 제정하셨는가?”
　“투란난타 비구니가 이것을 구걸한 뒤에 저것을 구걸하였던 일이었다.”
　“하나의 계목이 있었다.”
　“여섯 종류가 일어나는 것을 의지하여 생겨났나니, 몸을 이유로 생겨나
는 것이고, 말과 뜻을 이유로 생겨나는 것은 아니다. 말을 이유로 생겨나는

것이고, 몸과 뜻을 이유로 생겨나는 것은 아니다. 몸과 말을 이유로 생겨나는 것이고, 뜻을 이유로 생겨나는 것은 아니다. 몸과 뜻을 이유로 생겨나는 것이고, 말을 이유로 생겨나는 것은 아니다. 말과 뜻을 이유로 생겨나는 것이고, 몸을 이유로 생겨나는 것은 아니다. 몸과 말과 뜻을 이유로 생겨나는 것이다."

3-5 "어느 처소에서 이것을 교환하여 구매한 뒤에 저것을 교환하여 구매하였던 것의 사타를 제정하여 세우셨는가?"

"사위성에서 제정하였다."

"누구를 인연하였는가?"

"투란난타 비구니를 인연하였다."

"무슨 일을 의지하여 제정하셨는가?"

"투란난타 비구니가 이것을 교환하여 구매한 뒤에 저것을 교환하여 구매하였던 일이었다."

"하나의 계목이 있었다."

"여섯 종류가 일어나는 것을 의지하여 생겨났나니, 몸을 이유로 생겨나는 것이고, 말과 뜻을 이유로 생겨나는 것은 아니다. 말을 이유로 생겨나는 것이고, 몸과 뜻을 이유로 생겨나는 것은 아니다. …… 몸과 말과 뜻을 이유로 생겨나는 것이다."

3-6 "어느 처소에서 이미 승가를 위하여 무슨 물건으로 지정(指定)하여서 재물을 보시하여 주었는데, 다른 물건과 교환하였던 것의 사타를 제정하여 세우셨는가?"

"사위성에서 제정하였다."

"누구를 인연하였는가?"

"여러 비구니들을 인연하였다."

"무슨 일을 의지하여 제정하셨는가?"

"여러 비구니들이 이미 승가를 위하여 무슨 물건으로 지정하여서 재물을 보시하여 주었는데, 다른 물건과 교환하였던 일이었다."

"하나의 계목이 있었다."

"여섯 종류가 일어나는 것을 의지하여 생겨났나니, 몸을 이유로 생겨나는 것이고, 말과 뜻을 이유로 생겨나는 것은 아니다. 말을 이유로 생겨나는 것이고, 몸과 뜻을 이유로 생겨나는 것은 아니다. …… 몸과 말과 뜻을 이유로 생겨나는 것이다."

3-7 "어느 처소에서 이미 승가를 위하여 무슨 물건으로 지정하여서 재물을 보시하여 주었던 것과 또한 스스로가 구걸하여 다른 물건과 교환하였던 것의 사타를 제정하여 세우셨는가?"

"사위성에서 제정하였다."

"누구를 인연하였는가?"

"여러 비구니들을 인연하였다."

"무슨 일을 의지하여 제정하셨는가?"

"여러 비구니들이 이미 승가를 위하여 무슨 물건을 지정하여서 재물을 보시하여 주었던 것과 또한 스스로가 구걸하여 다른 물건과 교환하였던 일이었다."

"하나의 계목이 있었다."

"여섯 종류가 일어나는 것을 의지하여 생겨났나니, 몸을 이유로 생겨나는 것이고, 말과 뜻을 이유로 생겨나는 것은 아니다. 말을 이유로 생겨나는 것이고, 몸과 뜻을 이유로 생겨나는 것은 아니다. …… 몸과 말과 뜻을 이유로 생겨나는 것이다."

3-8 "어느 처소에서 이미 대중을 위하여 무슨 물건으로 지정하여서 재물을 보시하여 주었는데, 다른 물건과 교환하였던 것의 사타를 제정하여 세우셨는가?"

"사위성에서 제정하였다."

"누구를 인연하였는가?"

"여러 비구니들을 인연하였다."

"무슨 일을 의지하여 제정하셨는가?"

"여러 비구니들이 이미 대중을 위하여 무슨 물건으로 지정하여서 재물을 보시하여 주었는데, 다른 물건과 교환하였던 일이었다."

"하나의 계목이 있었다."

"여섯 종류가 일어나는 것을 의지하여 생겨났나니, 몸을 이유로 생겨나는 것이고, 말과 뜻을 이유로 생겨나는 것은 아니다. 말을 이유로 생겨나는 것이고, 몸과 뜻을 이유로 생겨나는 것은 아니다. …… 몸과 말과 뜻을 이유로 생겨나는 것이다."

3-9 "어느 처소에서 이미 대중을 위하여 무슨 물건으로 지정하여서 재물을 보시하여 주었던 것과 또한 스스로가 구걸하여 다른 물건과 교환하였던 것의 사타를 제정하여 세우셨는가?"

"사위성에서 제정하였다."

"누구를 인연하였는가?"

"여러 비구니들을 인연하였다."

"무슨 일을 의지하여 제정하셨는가?"

"여러 비구니들이 이미 대중을 위하여 무슨 물건을 지정하여서 재물을 보시하여 주었던 것과 또한 스스로가 구걸하여 다른 물건과 교환하였던 일이었다."

"하나의 계목이 있었다."

"여섯 종류가 일어나는 것을 의지하여 생겨났나니, 몸을 이유로 생겨나는 것이고, 말과 뜻을 이유로 생겨나는 것은 아니다. 말을 이유로 생겨나는 것이고, 몸과 뜻을 이유로 생겨나는 것은 아니다. …… 몸과 말과 뜻을 이유로 생겨나는 것이다."

3-10 "어느 처소에서 개인을 위하여 무슨 물건으로 지정하여서 재물을 보시하여 주었던 것과 또한 스스로가 구걸하여 다른 물건과 교환하였던

것의 사타를 제정하여 세우셨는가?"

"사위성에서 제정하였다."

"누구를 인연하였는가?"

"여러 비구니들을 인연하였다."

"무슨 일을 의지하여 제정하셨는가?"

"여러 비구니들이 개인을 위하여 무슨 물건을 지정하여서 재물을 보시하여 주었던 것과 또한 스스로가 구걸하여 다른 물건과 교환하였던 일이었다."

"하나의 계목이 있었다."

"여섯 종류가 일어나는 것을 의지하여 생겨났나니, 몸을 이유로 생겨나는 것이고, 말과 뜻을 이유로 생겨나는 것은 아니다. 말을 이유로 생겨나는 것이고, 몸과 뜻을 이유로 생겨나는 것은 아니다. …… 몸과 말과 뜻을 이유로 생겨나는 것이다."

3-11 "어느 처소에서 최고로 4강사(康沙)12)를 넘겼던 중의(重衣)13)의 사타를 제정하여 세우셨는가?"

"사위성에서 제정하였다."

"누구를 인연하였는가?"

"투란난타 비구니를 인연하였다."

"무슨 일을 의지하여 제정하셨는가?"

"투란난타 비구니가 왕의 털옷을 구걸하였던 일이었다."

"하나의 계목이 있었다."

"여섯 종류가 일어나는 것을 의지하여 생겨났나니, 몸을 이유로 생겨나는 것이고, 말과 뜻을 이유로 생겨나는 것은 아니다. 말을 이유로 생겨나는 것이고, 몸과 뜻을 이유로 생겨나는 것은 아니다. …… 몸과 말과 뜻을 이유로 생겨나는 것이다."

---

12) 팔리어 Kaṃsa(캄사)의 음사이고, 본래는 접시, 컵, 잔 등을 뜻하였으나, 다른 뜻으로 백색 구리의 뜻이 있으며, 금전의 단위로도 사용된다.
13) 팔리어 Garupāvuraṇa(가루파부라나)의 번역이다.

3-12 "어느 처소에서 최고로 2½ 강사를 넘겼던 가벼운 옷[14]의 사타를 제정하여 세우셨는가?"

"사위성에서 제정하였다."

"누구를 인연하였는가?"

"투란난타 비구니를 인연하였다."

"무슨 일을 의지하여 제정하셨는가?"

"투란난타 비구니가 왕의 삼베옷을 구걸하였던 일이었다."

"하나의 계목이 있었다."

"여섯 종류가 일어나는 것을 의지하여 생겨났나니, 몸을 이유로 생겨나는 것이고, 말과 뜻을 이유로 생겨나는 것은 아니다. 말을 이유로 생겨나는 것이고, 몸과 뜻을 이유로 생겨나는 것은 아니다. …… 몸과 말과 뜻을 이유로 생겨나는 것이다."

[12사타를 마친다.]

○ **첫째의 송출품을 마친다.**

섭송으로 설하겠노라.

방루와 때가 아닌 때와 시의와
교환하는 것과 구걸하는 것과
교역과 승가에게 보시한 것과
대중과 스스로가 구걸한 것과
개인과 4강사와 2½ 강사가 있다.

---

14) 팔리어 Lahupāvuraṇa(라후파부라나)의 번역이고, 가벼운 옷을 가리킨다.

4) 바일제(波逸提)의 계목[15]

(1) 제1송출품[16]

4-1 "그 지자이시고 견자이시며 응공자이시고 정등각자이신 세존께 의지한 다면, 어느 처소에서 마늘을 먹었던 것의 바일제를 제정하여 세우셨는가?"

"사위성에서 제정하였다."

"누구를 인연하였는가?"

"투란난타 비구니를 인연하였다."

"무슨 일을 의지하여 제정하셨는가?"

"투란난타 비구니가 양을 알지 못하고서 많은 마늘을 취하였던 일이었다."

"하나의 계목이 있었다."

"양털의 계율에서와 같이, 두 종류가 일어나는 것을 의지하여 생겨났나 니, 몸을 이유로 생겨나는 것이고, 말과 뜻을 이유로 생겨나는 것은 아니다. 몸과 뜻을 이유로 생겨나는 것이고, 말을 이유로 생겨나는 것이 아니다."

4-2 "어느 처소에서 은밀한 곳의 털을 깎았던 것의 바일제를 제정하여 세우셨는가?"

"사위성에서 제정하였다."

"누구를 인연하였는가?"

"육군비구니들을 인연하였다."

"무슨 일을 의지하여 제정하셨는가?"

"육군비구니들이 은밀한 곳의 털을 깎았던 일이었다."

"하나의 계목이 있었다."

"여섯 종류의 범한 죄가 생겨나는 가운데에서 네 종류가 일어나는

---

15) 팔리어 Pācittiyakaṇḍa(파시띠야칸다)의 번역이다.

16) 팔리어 Lasuṇavagga(라수나바까)의 번역이고, 산품(蒜品)을 뜻한다.

것을 의지하여 생겨났나니, 몸을 이유로 생겨나는 것이고, 말과 뜻을 이유로 생겨나는 것은 아니다. 몸과 말을 이유로 생겨나는 것이고, 뜻을 이유로 생겨나는 것은 아니다. 몸과 뜻을 이유로 생겨나는 것이고, 말을 이유로 생겨나는 것은 아니다. 몸과 말과 뜻을 이유로 생겨나는 것이다."

4-3 "어느 처소에서 손바닥으로써 서로를 두드렸던 것의 바일제를 제정하여 세우셨는가?"

"사위성에서 제정하였다."

"누구를 인연하였는가?"

"두 비구니들을 인연하였다."

"무슨 일을 의지하여 제정하셨는가?"

"두 비구니들이 손바닥으로써 서로를 두드렸던 일이었다."

"하나의 계목이 있었다."

"첫째의 바라이에서와 같이, 한 종류가 일어나는 것을 의지하여 생겨났나니, 몸과 뜻을 이유로 생겨나는 것이고, 말을 이유로 생겨나는 것은 아니다."

4-4 "어느 처소에서 수교(樹膠)의 생지(生支)[17]를 사용하였던 것의 바일제를 제정하여 세우셨는가?"

"사위성에서 제정하였다."

"누구를 인연하였는가?"

"한 비구니를 인연하였다."

"무슨 일을 의지하여 제정하셨는가?"

"한 비구니가 수교의 생지를 사용하였던 일이었다."

"하나의 계목이 있었다."

---

17) 팔리어 Jatumaṭṭhaka(자투마따카)의 번역이고 jatu와 maṭṭhaka의 합성어이다. jatu는 '나무의 수지(樹脂)'를 뜻하고, maṭṭhaka는 '막대'를 뜻하며, 나무 수지로 만든 보조적인 성기구(性器具)를 가리킨다.

"첫째의 바라이에서와 같이, 한 종류가 일어나는 것을 의지하여 생겨났나니, 몸과 뜻을 이유로 생겨나는 것이고, 말을 이유로 생겨나는 것은 아니다."

4-5 "어느 처소에서 깨끗한 물로 비밀스러운 곳을 씻으면서 최고로 두 마디의 손가락을 초과하는 것의 바일제를 제정하여 세우셨는가?"
"석가국에서 제정하였다."
"누구를 인연하였는가?"
"한 비구니를 인연하였다."
"무슨 일을 의지하여 제정하셨는가?"
"한 비구니가 너무 깊게 씻었던 일이었다."
"하나의 계목이 있었다."
"첫째의 바라이에서와 같이, 한 종류가 일어나는 것을 의지하여 생겨났나니, 몸과 뜻을 이유로 생겨나는 것이고, 말을 이유로 생겨나는 것은 아니다."

4-6 "어느 처소에서 음식과 부채로써 음식을 먹고 있던 비구를 시중들었던 것의 바일제를 제정하여 세우셨는가?"
"사위성에서 제정하였다."
"누구를 인연하였는가?"
"한 비구니를 인연하였다."
"무슨 일을 의지하여 제정하셨는가?"
"한 비구니가 음식과 부채로써 음식을 먹고 있던 비구를 시중들었던 일이었다."
"하나의 계목이 있었다."
"양털의 계율에서와 같이, 두 종류가 일어나는 것을 의지하여 생겨났나니, 몸을 이유로 생겨나는 것이고, 말과 뜻을 이유로 생겨나는 것은 아니다. 몸과 뜻을 이유로 생겨나는 것이고, 말을 이유로 생겨나는 것이

아니다."

4-7 "어느 처소에서 날곡식을 구걸하여 먹었던 것의 바일제를 제정하여 세우셨는가?"

"사위성에서 제정하였다."

"누구를 인연하였는가?"

"여러 비구니들을 인연하였다."

"무슨 일을 의지하여 제정하셨는가?"

"여러 비구니들이 날곡식을 구걸하여 먹었던 일이었다."

"하나의 계목이 있었다."

"여섯 종류의 범한 죄가 생겨나는 가운데에서 네 종류가 일어나는 것을 의지하여 생겨났나니, 몸을 이유로 생겨나는 것이고, 말과 뜻을 이유로 생겨나는 것은 아니다. 몸과 말을 이유로 생겨나는 것이고, 뜻을 이유로 생겨나는 것은 아니다. 몸과 뜻을 이유로 생겨나는 것이고, 말을 이유로 생겨나는 것은 아니다. 몸과 말과 뜻을 이유로 생겨나는 것이다."

4-8 "어느 처소에서 소변, 혹은 대변, 혹은 쓰레기, 혹은 음식 찌꺼기를 담장의 밖으로 버렸던 것의 바일제를 제정하여 세우셨는가?"

"사위성에서 제정하였다."

"누구를 인연하였는가?"

"한 비구니를 인연하였다."

"무슨 일을 의지하여 제정하셨는가?"

"한 비구니가 소변, 혹은 대변, 혹은 쓰레기, 혹은 음식 찌꺼기를 담장의 밖으로 버렸던 일이었다."

"하나의 계목이 있었다."

"여섯 종류가 일어나는 것을 의지하여 생겨났나니, 몸을 이유로 생겨나는 것이고, 말과 뜻을 이유로 생겨나는 것은 아니다. 말을 이유로 생겨나는 것이고, 몸과 뜻을 이유로 생겨나는 것은 아니다. …… 몸과 말과 뜻을

이유로 생겨나는 것이다."

4-9 "어느 처소에서 소변, 혹은 대변, 혹은 쓰레기, 혹은 음식 찌꺼기를 푸른 풀의 위에 버렸던 것의 바일제를 제정하여 세우셨는가?"

"사위성에서 제정하였다."

"누구를 인연하였는가?"

"여러 비구니들을 인연하였다."

"무슨 일을 의지하여 제정하셨는가?"

"여러 비구니들이 소변, 혹은 대변, 혹은 쓰레기, 혹은 음식 찌꺼기를 푸른 풀의 위에 버렸던 일이었다."

"하나의 계목이 있었다."

"여섯 종류가 일어나는 것을 의지하여 생겨났나니, 몸을 이유로 생겨나는 것이고, 말과 뜻을 이유로 생겨나는 것은 아니다. 말을 이유로 생겨나는 것이고, 몸과 뜻을 이유로 생겨나는 것은 아니다. …… 몸과 말과 뜻을 이유로 생겨나는 것이다."

4-10 "어느 처소에서 춤을 추었거나, 노래를 불렀거나, 연주하였던 것을 가서 보았고 들었던 것의 바일제를 제정하여 세우셨는가?"

"사위성에서 제정하였다."

"누구를 인연하였는가?"

"육군비구니들을 인연하였다."

"무슨 일을 의지하여 제정하셨는가?"

"육군비구니들이 춤을 추었거나, 노래를 불렀거나, 연주하였던 것을 가서 보았고 들었던 일이었다."

"하나의 계목이 있었다."

"양털의 계율에서와 같이, 두 종류가 일어나는 것을 의지하여 생겨났나니, 몸을 이유로 생겨나는 것이고, 말과 뜻을 이유로 생겨나는 것은 아니다. 몸과 뜻을 이유로 생겨나는 것이고, 말을 이유로 생겨나는 것이 아니다.”

　○ 첫째의 송출품을 마친다.

(2) 제2송출품[18]

4-11 “어느 처소에서 밤중에 불빛이 없던 곳에서 혼자서 남자와 함께 서 있으며 말하였던 것의 바일제를 제정하여 세우셨는가?”
　“사위성에서 제정하였다.”
　“누구를 인연하였는가?”
　“한 비구니를 인연하였다.”
　“무슨 일을 의지하여 제정하셨는가?”
　“한 비구니가 밤중에 불빛이 없던 곳에서 혼자서 남자와 함께 서 있으며 말하였던 일이었다.”
　“하나의 계목이 있었다.”
　“도둑의 계율에서와 같이, 두 종류가 일어나는 것을 의지하여 생겨났나니, 곧 몸과 말을 이유로 생겨나는 것이고, 뜻을 이유로 생겨나는 것이 아니다. 몸과 말과 뜻을 이유로 생겨나는 것이다.”

4-12 “어느 처소에서 가려진 곳에서 혼자서 남자와 함께 서 있으며 말하였던 것의 바일제를 제정하여 세우셨는가?”
　“사위성에서 제정하였다.”
　“누구를 인연하였는가?”
　“한 비구니를 인연하였다.”
　“무슨 일을 의지하여 제정하셨는가?”
　“한 비구니가 가려진 곳에서 혼자서 남자와 함께 서 있으며 말하였던

---

18) 팔리어 Rattandhakāravagga(라딴다카라바까)의 번역이고, 암야품(闇夜品)을 뜻한다.

일이었다."

"하나의 계목이 있었다."

"도둑의 계율에서와 같이, 두 종류가 일어나는 것을 의지하여 생겨났나니, 곧 몸과 말을 이유로 생겨나는 것이고, 뜻을 이유로 생겨나는 것이 아니다. 몸과 말과 뜻을 이유로 생겨나는 것이다."

4-13 "어느 처소에서 드러난 곳에서 혼자서 남자와 함께 서 있으며 말하였던 것의 바일제를 제정하여 세우셨는가?"

"사위성에서 제정하였다."

"누구를 인연하였는가?"

"한 비구니를 인연하였다."

"무슨 일을 의지하여 제정하셨는가?"

"한 비구니가 드러난 곳에서 혼자서 남자와 함께 서 있으며 말하였던 일이었다."

"하나의 계목이 있었다."

"도둑의 계율에서와 같이, 두 종류가 일어나는 것을 의지하여 생겨났나니, 곧 몸과 말을 이유로 생겨나는 것이고, 뜻을 이유로 생겨나는 것이 아니다. 몸과 말과 뜻을 이유로 생겨나는 것이다."

4-14 "어느 처소에서 차도(車道)에서, 혹은 골목에서, 혹은 네거리에서, 혼자서 남자와 함께 서 있으며 말하였던 것의 바일제를 제정하여 세우셨는가?"

"사위성에서 제정하였다."

"누구를 인연하였는가?"

"투란난타 비구니를 인연하였다."

"무슨 일을 의지하여 제정하셨는가?"

"투란난타 비구니가 차도에서, 혹은 골목에서, 혹은 네거리에서, 혼자서 남자와 함께 서 있으며 말하였던 일이었다."

"하나의 계목이 있었다."

"도둑의 계율에서와 같이, 두 종류가 일어나는 것을 의지하여 생겨났나니, 곧 몸과 말을 이유로 생겨나는 것이고, 뜻을 이유로 생겨나는 것이아니다. 몸과 말과 뜻을 이유로 생겨나는 것이다."

4-15 "어느 처소에서 식전(食前)에 속가에 이르렀고 좌상(座牀)에 앉았으나, 주인에게 알리지 않고서 떠나갔던 것의 바일제를 제정하여 세우셨는가?"

"사위성에서 제정하였다."

"누구를 인연하였는가?"

"한 비구니를 인연하였다."

"무슨 일을 의지하여 제정하셨는가?"

"한 비구니가 식전에 속가에 이르렀고 좌상에 앉았으나, 주인에게알리지 않고서 떠나갔던 일이었다."

"하나의 계목이 있었다."

"가치나의의 계율에서와 같이, 두 종류가 일어나는 것을 의지하여생겨났나니, 몸과 뜻을 이유로 생겨나는 것이고, 말을 이유로 생겨나는것은 아니다. 몸과 말과 뜻을 이유로 생겨나는 것이다."

4-16 "어느 처소에서 식전에 속가에 이르렀고 주인에게 알리지 않고서좌와상(臥牀)과 좌상에 앉았던 것의 바일제를 제정하여 세우셨는가?"

"사위성에서 제정하였다."

"누구를 인연하였는가?"

"투란난타 비구니를 인연하였다."

"무슨 일을 의지하여 제정하셨는가?"

"투란난타 비구니가 식전에 속가에 이르렀고 주인에게 알리지 않고서와상과 좌상에 앉았던 일이었다."

"하나의 계목이 있었다."

"가치나의의 계율에서와 같이, 두 종류가 일어나는 것을 의지하여 생겨났나니, 몸과 뜻을 이유로 생겨나는 것이고, 말을 이유로 생겨나는 것은 아니다. 몸과 말과 뜻을 이유로 생겨나는 것이다."

4-17 "어느 처소에서 때가 아닌 때에 속가에 이르렀고 주인에게 알리지 않고서 와상을 펼쳤거나, 펼치게 시키고서 앉았던 것의 바일제를 제정하여 세우셨는가?"

"사위성에서 제정하였다."

"누구를 인연하였는가?"

"여러 비구니들을 인연하였다."

"무슨 일을 의지하여 제정하셨는가?"

"여러 비구니들이 식전에 속가에 이르렀고 주인에게 알리지 않고서 때가 아닌 때에 속가에 이르렀고 주인에게 알리지 않고서 와상을 펼쳤거나, 펼치게 시키고서 앉았던 일이었다."

"하나의 계목이 있었다."

"가치나의의 계율에서와 같이, 두 종류가 일어나는 것을 의지하여 생겨났나니, 몸과 뜻을 이유로 생겨나는 것이고, 말을 이유로 생겨나는 것은 아니다. 몸과 말과 뜻을 이유로 생겨나는 것이다."

4-18 "어느 처소에서 말을 잘 받아들이지 못하여 오해(誤解)하였으나, 다른 사람을 원망하였던 것의 바일제를 제정하여 세우셨는가?"

"사위성에서 제정하였다."

"누구를 인연하였는가?"

"한 비구니를 인연하였다."

"무슨 일을 의지하여 제정하셨는가?"

"한 비구니가 말을 잘 받아들이지 못하여 오해하였으나, 다른 사람을 원망하였던 일이었다."

"하나의 계목이 있었다."

"여섯 종류의 범한 죄가 생겨나는 가운데에서 세 종류가 일어나는 것을 의지하여 생겨났나니, 곧 몸과 뜻을 이유로 생겨나는 것이고, 말을 이유로 생겨나는 것이 아니다. 말과 뜻을 이유로 생겨나는 것이고, 몸을 이유로 생겨나는 것이 아니다. 몸과 말과 뜻을 이유로 생겨나는 것이다."

4-19 "어느 처소에서 스스로와 다른 사람을 마주하고서 지옥이나, 범행으로써 저주하였던 것의 바일제를 제정하여 세우셨는가?"

"사위성에서 제정하였다."

"누구를 인연하였는가?"

"전달가리 비구니를 인연하였다."

"무슨 일을 의지하여 제정하셨는가?"

"전달가리 비구니가 말을 스스로와 다른 사람을 마주하고서 지옥이나, 범행으로써 저주하였던 일이었다."

"하나의 계목이 있었다."

"여섯 종류의 범한 죄가 생겨나는 가운데에서 세 종류가 일어나는 것을 의지하여 생겨났나니, 곧 몸과 뜻을 이유로 생겨나는 것이고, 말을 이유로 생겨나는 것이 아니다. 말과 뜻을 이유로 생겨나는 것이고, 몸을 이유로 생겨나는 것이 아니다. 몸과 말과 뜻을 이유로 생겨나는 것이다."

4-20 "어느 처소에서 스스로를 때리면서 울부짖었던 것의 바일제를 제정하여 세우셨는가?"

"사위성에서 제정하였다."

"누구를 인연하였는가?"

"전달가리 비구니를 인연하였다."

"무슨 일을 의지하여 제정하셨는가?"

"전달가리 비구니가 스스로를 때리면서 울부짖었던 일이었다."

"하나의 계목이 있었다."

"책무에 소홀하였던 계율에서와 같이, 한 종류가 일어나는 것을 의지하여 생겨났나니, 몸과 말과 뜻을 이유로 생겨나는 것이다."

○ 둘째의 송출품을 마친다.

(3) 제3송출품[19]

4-21 "어느 처소에서 나체로 목욕하였던 것의 바일제를 제정하여 세우셨는가?"
"사위성에서 제정하였다."
"누구를 인연하였는가?"
"여러 비구니들을 인연하였다."
"무슨 일을 의지하여 제정하셨는가?"
"여러 비구니들이 나체로 목욕하였던 일이었다."
"하나의 계목이 있었다."
"양털의 계율에서와 같이, 두 종류가 일어나는 것을 의지하여 생겨났나니, 몸을 이유로 생겨나는 것이고, 말과 뜻을 이유로 생겨나는 것은 아니다. 몸과 뜻을 이유로 생겨나는 것이고, 말을 이유로 생겨나는 것이 아니다."

4-22 "어느 처소에서 양을 넘겨서 목욕의(沐浴衣)를 지었던 것의 바일제를 제정하여 세우셨는가?"
"사위성에서 제정하였다."
"누구를 인연하였는가?"
"육군비구니들을 인연하였다."
"무슨 일을 의지하여 제정하셨는가?"
"육군비구니들이 양을 넘겨서 목욕의를 지었던 일이었다."

---

19) 팔리어 Nahānavagga(나하나바까)의 번역이고, 목욕품(沐浴品)을 뜻한다.

"하나의 계목이 있었다."

"여섯 종류가 일어나는 것을 의지하여 생겨났나니, 몸을 이유로 생겨나는 것이고, 말과 뜻을 이유로 생겨나는 것은 아니다. …… 말과 뜻을 이유로 생겨나는 것이고, 몸을 이유로 생겨나는 것은 아니다. 몸과 말과 뜻을 이유로 생겨나는 것이다."

4-23 "어느 처소에서 비구니의 옷을 풀어헤치거나, 풀어헤치게 시켰으나, 꿰매지 않았거나, 혹은 꿰매려고 노력하지 않았던 것의 바일제를 제정하여 세우셨는가?"

"사위성에서 제정하였다."

"누구를 인연하였는가?"

"투란난타 비구니를 인연하였다."

"무슨 일을 의지하여 제정하셨는가?"

"투란난타 비구니가 비구니의 옷을 풀어헤치거나, 풀어헤치게 시켰으나, 꿰매지 않았거나, 혹은 꿰매려고 노력하지 않았던 일이었다."

"하나의 계목이 있었다."

"책무에 소홀하였던 계율에서와 같이, 한 종류가 일어나는 것을 의지하여 생겨났나니, 몸과 말과 뜻을 이유로 생겨나는 것이다."

4-24 "어느 처소에서 승가리(僧伽梨)20)를 입지 않고서 5일밤이 지나갔던 것의 바일제를 제정하여 세우셨는가?"

"사위성에서 제정하였다."

"누구를 인연하였는가?"

"여러 비구니들을 인연하였다."

"무슨 일을 의지하여 제정하셨는가?"

"여러 비구니들이 옷을 가지고 여러 비구니들에 맡겼고, 하의와 상의를

20) 팔리어 Saṅghāṭi(산가티)의 음사이다.

입고서 여러 나라를 유행하였던 일이었다."

"하나의 계목이 있었다."

"가치나의의 계율에서와 같이, 두 종류가 일어나는 것을 의지하여 생겨났나니, 몸과 뜻을 이유로 생겨나는 것이고, 말을 이유로 생겨나는 것은 아니다. 몸과 말과 뜻을 이유로 생겨나는 것이다."

4-25 "어느 처소에서 다른 사람이 소유하였던 옷을 입었던 것의 바일제를 제정하여 세우셨는가?"

"사위성에서 제정하였다."

"누구를 인연하였는가?"

"한 비구니를 인연하였다."

"무슨 일을 의지하여 제정하셨는가?"

"한 비구니가 묻지 않고 다른 비구니의 옷을 입었던 일이었다."

"하나의 계목이 있었다."

"가치나의의 계율에서와 같이, 두 종류가 일어나는 것을 의지하여 생겨났나니, 몸과 뜻을 이유로 생겨나는 것이고, 말을 이유로 생겨나는 것은 아니다. 몸과 말과 뜻을 이유로 생겨나는 것이다."

4-26 "어느 처소에서 승가 대중이 옷을 얻는 것을 방해하였던 것의 바일제를 제정하여 세우셨는가?"

"사위성에서 제정하였다."

"누구를 인연하였는가?"

"투란난타 비구니를 인연하였다."

"무슨 일을 의지하여 제정하셨는가?"

"투란난타 비구니가 승가 대중이 옷을 얻는 것을 방해하였던 일이었다."

"하나의 계목이 있었다."

"여섯 종류의 범한 죄가 생겨나는 가운데에서 세 종류가 일어나는 것을 의지하여 생겨났나니, 곧 몸과 뜻을 이유로 생겨나는 것이고, 말을

이유로 생겨나는 것이 아니다. 말과 뜻을 이유로 생겨나는 것이고, 몸을
이유로 생겨나는 것이 아니다. 몸과 말과 뜻을 이유로 생겨나는 것이다."

4-27 "어느 처소에서 여법하게 옷을 분배하는 것을 막았던 것의 바일제를
제정하여 세우셨는가?"

"사위성에서 제정하였다."

"누구를 인연하였는가?"

"투란난타 비구니를 인연하였다."

"무슨 일을 의지하여 제정하셨는가?"

"투란난타 비구니가 여법하게 옷을 분배하는 것을 막았던 일이었다."

"하나의 계목이 있었다."

"여섯 종류의 범한 죄가 생겨나는 가운데에서 세 종류가 일어나는
것을 의지하여 생겨났나니, 곧 몸과 뜻을 이유로 생겨나는 것이고, 말을
이유로 생겨나는 것이 아니다. 말과 뜻을 이유로 생겨나는 것이고, 몸을
이유로 생겨나는 것이 아니다. 몸과 말과 뜻을 이유로 생겨나는 것이다."

4-28 "어느 처소에서 사문의 옷을 재가자, 혹은 변행외도남, 변행외도녀
등에게 주었던 것의 바일제를 제정하여 세우셨는가?"

"사위성에서 제정하였다."

"누구를 인연하였는가?"

"투란난타 비구니를 인연하였다."

"무슨 일을 의지하여 제정하셨는가?"

"투란난타 비구니가 사문의 옷을 재가자, 혹은 변행외도남, 변행외도녀
등에게 주었던 일이었다."

"하나의 계목이 있었다."

"여섯 종류가 일어나는 것을 의지하여 생겨났나니, 몸을 이유로 생겨나
는 것이고, 말과 뜻을 이유로 생겨나는 것은 아니다. …… 말과 뜻을
이유로 생겨나는 것이고, 몸을 이유로 생겨나는 것은 아니다. 몸과 말과

뜻을 이유로 생겨나는 것이다."

4-29 "어느 처소에서 확실하지 않은 옷을 희망하면서 옷의 때를 넘겼던 것의 바일제를 제정하여 세우셨는가?"

"사위성에서 제정하였다."

"누구를 인연하였는가?"

"투란난타 비구니를 인연하였다."

"무슨 일을 의지하여 제정하셨는가?"

"투란난타 비구니가 확실하지 않은 옷을 희망하면서 옷의 때를 넘겼던 일이었다."

"하나의 계목이 있었다."

"여섯 종류의 범한 죄가 생겨나는 가운데에서 세 종류가 일어나는 것을 의지하여 생겨났나니, 곧 몸과 뜻을 이유로 생겨나는 것이고, 말을 이유로 생겨나는 것이 아니다. 말과 뜻을 이유로 생겨나는 것이고, 몸을 이유로 생겨나는 것이 아니다. 몸과 말과 뜻을 이유로 생겨나는 것이다."

4-30 "어느 처소에서 여법하게 가치나의를 버리는 것을 막았던 것의 바일제를 제정하여 세우셨는가?"

"사위성에서 제정하였다."

"누구를 인연하였는가?"

"투란난타 비구니를 인연하였다."

"무슨 일을 의지하여 제정하셨는가?"

"투란난타 비구니가 여법하게 가치나의를 버리는 것을 막았던 일이었다."

"하나의 계목이 있었다."

"여섯 종류의 범한 죄가 생겨나는 가운데에서 세 종류가 일어나는 것을 의지하여 생겨났나니, 곧 몸과 뜻을 이유로 생겨나는 것이고, 말을 이유로 생겨나는 것이 아니다. 말과 뜻을 이유로 생겨나는 것이고, 몸을 이유로 생겨나는 것이 아니다. 몸과 말과 뜻을 이유로 생겨나는 것이다."

○ 셋째의 송출품을 마친다.

(4) 제4송출품[21]

4-31 "어느 처소에서 두 비구니가 함께 하나의 평상에 누웠던 것의 바일제를 제정하여 세우셨는가?"

"사위성에서 제정하였다."

"누구를 인연하였는가?"

"여러 비구니들을 인연하였다."

"무슨 일을 의지하여 제정하셨는가?"

"여러 비구니들 중 두 사람이 함께 하나의 평상에 누웠던 일이었다."

"하나의 계목이 있었다."

"양털의 계율에서와 같이, 두 종류가 일어나는 것을 의지하여 생겨났나니, 몸을 이유로 생겨나는 것이고, 말과 뜻을 이유로 생겨나는 것은 아니다. 몸과 뜻을 이유로 생겨나는 것이고, 말을 이유로 생겨나는 것이 아니다."

4-32 "어느 처소에서 두 비구니가 함께 하나의 요(褥)에 누웠던 것의 바일제를 제정하여 세우셨는가?"

"사위성에서 제정하였다."

"누구를 인연하였는가?"

"여러 비구니들을 인연하였다."

"무슨 일을 의지하여 제정하셨는가?"

"여러 비구니들 중 두 사람이 함께 하나의 요에 누웠던 일이었다."

"하나의 계목이 있었다."

"양털의 계율에서와 같이, 두 종류가 일어나는 것을 의지하여 생겨났나

---

21) 팔리어 Tuvaṭṭavagga(투바따바까)의 번역이고, 공와품(共臥品)을 뜻한다.

니, 몸을 이유로 생겨나는 것이고, 말과 뜻을 이유로 생겨나는 것은
아니다. 몸과 뜻을 이유로 생겨나는 것이고, 말을 이유로 생겨나는 것이
아니다."

4-33 "어느 처소에서 고의로 비구니를 뇌란(惱亂)시켰던 것의 바일제를
제정하여 세우셨는가?"
"사위성에서 제정하였다."
"누구를 인연하였는가?"
"투란난타 비구니를 인연하였다."
"무슨 일을 의지하여 제정하셨는가?"
"투란난타 비구니가 고의로 비구니를 뇌란시켰던 일이었다."
"하나의 계목이 있었다."
"여섯 종류의 범한 죄가 생겨나는 가운데에서 세 종류가 일어나는
것을 의지하여 생겨났나니, 곧 몸과 뜻을 이유로 생겨나는 것이고, 말을
이유로 생겨나는 것이 아니다. 말과 뜻을 이유로 생겨나는 것이고, 몸을
이유로 생겨나는 것이 아니다. 몸과 말과 뜻을 이유로 생겨나는 것이다."

4-34 "어느 처소에서 함께 머무르는 병든 비구니를 간병하지 않았거나,
또한 간병하지 않으려고 달아났던 것의 바일제를 제정하여 세우셨는가?"
"사위성에서 제정하였다."
"누구를 인연하였는가?"
"투란난타 비구니를 인연하였다."
"무슨 일을 의지하여 제정하셨는가?"
"투란난타 비구니가 함께 머무르는 병든 비구니를 간병하지 않았거나,
또한 간병하지 않으려고 달아났던 일이었다."
"하나의 계목이 있었다."
"책무에 소홀하였던 계율에서와 같이, 한 종류가 일어나는 것을 의지하
여 생겨났나니, 몸과 말과 뜻을 이유로 생겨나는 것이다."

4-35 "어느 처소에서 비구니와 함께 방사에 머물렀으나, 뒤에 성내고 기쁘지 않아서 곧 쫓아내거나, 혹은 쫓아내게 시켰던 것의 바일제를 제정하여 세우셨는가?"

"사위성에서 제정하였다."

"누구를 인연하였는가?"

"투란난타 비구니를 인연하였다."

"무슨 일을 의지하여 제정하셨는가?"

"투란난타 비구니가 비구니와 함께 방사에 머물렀으나, 뒤에 성내고 기쁘지 않아서 곧 쫓아냈거나, 혹은 쫓아내게 시켰던 일이었다."

"하나의 계목이 있었다."

"여섯 종류의 범한 죄가 생겨나는 가운데에서 세 종류가 일어나는 것을 의지하여 생겨났나니, 곧 몸과 뜻을 이유로 생겨나는 것이고, 말을 이유로 생겨나는 것이 아니다. 말과 뜻을 이유로 생겨나는 것이고, 몸을 이유로 생겨나는 것이 아니다. 몸과 말과 뜻을 이유로 생겨나는 것이다."

4-36 "어느 처소에서 재가자와 친근하였던 비구니에게 세 번을 충고하였으나, 버리지 않았던 것의 바일제를 제정하여 세우셨는가?"

"사위성에서 제정하였다."

"누구를 인연하였는가?"

"전달가리 비구니를 인연하였다."

"무슨 일을 의지하여 제정하셨는가?"

"전달가리 비구니가 재가자와 친근하게 머물렀으므로 세 번을 충고하였으나, 버리지 않았던 일이었다."

"하나의 계목이 있었다."

"책무에 소홀하였던 계율에서와 같이, 한 종류가 일어나는 것을 의지하여 생겨났나니, 몸과 말과 뜻을 이유로 생겨나는 것이다."

4-37 "어느 처소에서 국내(國內)에 위험이 있었고 공포가 있었는데, 상단

(商團)과 함께 다니지 않고 유행하였던 것의 바일제를 제정하여 세우셨는
가?"

"사위성에서 제정하였다."

"누구를 인연하였는가?"

"여러 비구니들을 인연하였다."

"무슨 일을 의지하여 제정하셨는가?"

"여러 비구니들이 나라 안에 위험이 있었고 공포가 있었는데, 상단과
함께 다니지 않고 유행하였던 일이었다."

"하나의 계목이 있었다."

"양털의 계율에서와 같이, 두 종류가 일어나는 것을 의지하여 생겨났나
니, 몸을 이유로 생겨나는 것이고, 말과 뜻을 이유로 생겨나는 것은
아니다. 몸과 뜻을 이유로 생겨나는 것이고, 말을 이유로 생겨나는 것이
아니다."

4-38 "어느 처소에서 국외(國外)에 위험이 있었고 공포가 있었는데, 상단
과 함께 다니지 않고 유행하였던 것의 바일제를 제정하여 세우셨는가?"

"사위성에서 제정하였다."

"누구를 인연하였는가?"

"여러 비구니들을 인연하였다."

"무슨 일을 의지하여 제정하셨는가?"

"여러 비구니들이 나라 안에 위험이 있었고 공포가 있었는데, 상단과
함께 다니지 않고 유행하였던 일이었다."

"하나의 계목이 있었다."

"양털의 계율에서와 같이, 두 종류가 일어나는 것을 의지하여 생겨났나
니, 몸을 이유로 생겨나는 것이고, 말과 뜻을 이유로 생겨나는 것은
아니다. 몸과 뜻을 이유로 생겨나는 것이고, 말을 이유로 생겨나는 것이
아니다."

4-38 "어느 처소에서 우기(雨期)의 중간에 유행하였던 것의 바일제를 제정하여 세우셨는가?"

"사위성에서 제정하였다."

"누구를 인연하였는가?"

"여러 비구니들을 인연하였다."

"무슨 일을 의지하여 제정하셨는가?"

"여러 비구니들이 우기의 중간에 유행하였던 일이었다."

"하나의 계목이 있었다."

"양털의 계율에서와 같이, 두 종류가 일어나는 것을 의지하여 생겨났나니, 몸을 이유로 생겨나는 것이고, 말과 뜻을 이유로 생겨나는 것은 아니다. 몸과 뜻을 이유로 생겨나는 것이고, 말을 이유로 생겨나는 것이 아니다."

4-40 "어느 처소에서 안거를 마치고서 비구니가 밖으로 유행하지 않았던 것의 바일제를 제정하여 세우셨는가?"

"사위성에서 제정하였다."

"누구를 인연하였는가?"

"여러 비구니들을 인연하였다."

"무슨 일을 의지하여 제정하셨는가?"

"여러 비구니들이 안거를 마치고서 비구니가 밖으로 유행하지 않았던 일이었다."

"하나의 계목이 있었다."

"첫째의 바라이에서와 같이, 한 종류가 일어나는 것을 의지하여 생겨났나니, 몸과 뜻을 이유로 생겨나는 것이고, 말을 이유로 생겨나는 것은 아니다."

○ **넷째의 송출품을 마친다.**

(5) 제5송출품[22]

4-41 "어느 처소에서 왕궁(王宮)[23], 미술관(美術館)[24], 혹은 공원(公園)[25], 혹은 원림(園林)[26], 혹은 연지(蓮池)[27] 등을 가서 구경하였던 것의 바일제를 제정하여 세우셨는가?"

"사위성에서 제정하였다."

"누구를 인연하였는가?"

"육군비구니들을 인연하였다."

"무슨 일을 의지하여 제정하셨는가?"

"육군비구니들이 왕궁, 미술관, 혹은 공원, 혹은 원림, 혹은 연지 등을 가서 구경하였던 일이었다."

"하나의 계목이 있었다."

"양털의 계율에서와 같이, 두 종류가 일어나는 것을 의지하여 생겨났나니, 몸을 이유로 생겨나는 것이고, 말과 뜻을 이유로 생겨나는 것은 아니다. 몸과 뜻을 이유로 생겨나는 것이고, 말을 이유로 생겨나는 것이 아니다."

4-42 "어느 처소에서 긴 의자[28]와 안락 의자[29]를 사용하였던 것의 바일제를 제정하여 세우셨는가?"

"사위성에서 제정하였다."

"누구를 인연하였는가?"

---

22) 팔리어 Cittāgāravagga(치따가라바까)의 번역이고, 서당품(書堂品)을 뜻한다.
23) 팔리어 Rājāgāra(라자가라)의 번역이다.
24) 팔리어 Cittāgāra(치따가라)의 번역이다.
25) 팔리어 Ārāma(아라마)의 번역이다.
26) 팔리어 Uyyāna(우이야나)의 번역이다.
27) 팔리어 Pokkharaṇi(포까라니)의 번역이다.
28) 팔리어 Āsandi(아산디)의 번역이다.
29) 팔리어 Pallaṅka(팔란카)의 번역이고, 소파를 가리킨다.

"여러 비구니들을 인연하였다."

"무슨 일을 의지하여 제정하셨는가?"

"여러 비구니들이 긴 의자와 안락 의자를 사용하였던 일이었다."

"하나의 계목이 있었다."

"양털의 계율에서와 같이, 두 종류가 일어나는 것을 의지하여 생겨났나니, 몸을 이유로 생겨나는 것이고, 말과 뜻을 이유로 생겨나는 것은 아니다. 몸과 뜻을 이유로 생겨나는 것이고, 말을 이유로 생겨나는 것이 아니다."

4-43 "어느 처소에서 실을 짰던 것의 바일제를 제정하여 세우셨는가?"

"사위성에서 제정하였다."

"누구를 인연하였는가?"

"육군비구니들을 인연하였다."

"무슨 일을 의지하여 제정하셨는가?"

"육군비구니들이 실을 짰던 일이었다."

"하나의 계목이 있었다."

"양털의 계율에서와 같이, 두 종류가 일어나는 것을 의지하여 생겨났나니, 몸을 이유로 생겨나는 것이고, 말과 뜻을 이유로 생겨나는 것은 아니다. 몸과 뜻을 이유로 생겨나는 것이고, 말을 이유로 생겨나는 것이 아니다."

4-44 "어느 처소에서 재가자의 일을 하였던 것의 바일제를 제정하여 세우셨는가?"

"사위성에서 제정하였다."

"누구를 인연하였는가?"

"육군비구니들을 인연하였다."

"무슨 일을 의지하여 제정하셨는가?"

"육군비구니들이 재가자의 일을 하였던 일이었다."

"하나의 계목이 있었다."

"양털의 계율에서와 같이, 두 종류가 일어나는 것을 의지하여 생겨났나니, 몸을 이유로 생겨나는 것이고, 말과 뜻을 이유로 생겨나는 것은 아니다. 몸과 뜻을 이유로 생겨나는 것이고, 말을 이유로 생겨나는 것이 아니다."

4-45 "어느 처소에서 비구니가 '존매여. 오시어 이러한 쟁사를 소멸시키십시오.'라고 말하였고, '알겠습니다.'라고 대답하였으나, 소멸시키지 않았거나, 혹은 소멸시키려고 노력하지도 않았던 것의 바일제를 제정하여 세우셨는가?"

"사위성에서 제정하였다."

"누구를 인연하였는가?"

"투란난타 비구니를 인연하였다."

"무슨 일을 의지하여 제정하셨는가?"

"투란난타 비구니가 다른 비구니가 '존매여. 오시어 이러한 쟁사를 소멸시키십시오.'라고 말하였고, '알겠습니다.'라고 대답하였으나, 소멸시키지 않았거나, 혹은 소멸시키려고 노력하지도 않았던 일이었다."

"하나의 계목이 있었다."

"책무에 소홀하였던 계율에서와 같이, 한 종류가 일어나는 것을 의지하여 생겨났나니, 몸과 말과 뜻을 이유로 생겨나는 것이다."

4-46 "어느 처소에서 스스로의 손으로 단단한 음식이거나, 혹은 부드러운 음식을 재가자, 혹은 변행외도남, 변행외도녀 등에게 주었던 것의 바일제를 제정하여 세우셨는가?"

"사위성에서 제정하였다."

"누구를 인연하였는가?"

"투란난타 비구니를 인연하였다."

"무슨 일을 의지하여 제정하셨는가?"

"투란난타 비구니가 스스로의 손으로 단단한 음식이거나, 혹은 부드러운 음식을 재가자, 혹은 변행외도남, 변행외도녀 등에게 주었던 일이었다."

"하나의 계목이 있었다."

"양털의 계율에서와 같이, 두 종류가 일어나는 것을 의지하여 생겨났나니, 몸을 이유로 생겨나는 것이고, 말과 뜻을 이유로 생겨나는 것은 아니다. 몸과 뜻을 이유로 생겨나는 것이고, 말을 이유로 생겨나는 것이 아니다."

4-47 "어느 처소에서 월기의(月期衣)를 계속하여 사용하였던 것의 바일제를 제정하여 세우셨는가?"

"사위성에서 제정하였다."

"누구를 인연하였는가?"

"투란난타 비구니를 인연하였다."

"무슨 일을 의지하여 제정하셨는가?"

"투란난타 비구니가 월기의를 계속하여 사용하였던 일이었다."

"하나의 계목이 있었다."

"가치나의의 계율에서와 같이, 두 종류가 일어나는 것을 의지하여 생겨났나니, 몸과 뜻을 이유로 생겨나는 것이고, 말을 이유로 생겨나는 것은 아니다. 몸과 말과 뜻을 이유로 생겨나는 것이다."

4-48 "어느 처소에서 주처를 버리지 않고서 유행하였던 것의 바일제를 제정하여 세우셨는가?"

"사위성에서 제정하였다."

"누구를 인연하였는가?"

"투란난타 비구니를 인연하였다."

"무슨 일을 의지하여 제정하셨는가?"

"투란난타 비구니가 주처를 버리지 않고서 유행하였던 일이었다."

"하나의 계목이 있었다."

"가치나의의 계율에서와 같이, 두 종류가 일어나는 것을 의지하여
생겨났나니, 몸과 뜻을 이유로 생겨나는 것이고, 말을 이유로 생겨나는
것은 아니다. 몸과 말과 뜻을 이유로 생겨나는 것이다."

4-49 "어느 처소에서 축생주를 배웠던 것의 바일제를 제정하여 세우셨는
가?"
　"사위성에서 제정하였다."
　"누구를 인연하였는가?"
　"육군비구니들을 인연하였다."
　"무슨 일을 의지하여 제정하셨는가?"
　"육군비구니들이 축생주를 배웠던 일이었다."
　"하나의 계목이 있었다."
　"구법의 계율에서와 같이, 두 종류가 일어나는 것을 의지하여 생겨났나
니, 말을 이유로 생겨나는 것이고, 몸과 뜻을 이유로 생겨나는 것은
아니다. 말과 뜻을 이유로 생겨나는 것이고, 몸을 이유로 생겨나는 것은
아니다."

4-50 "어느 처소에서 축생주를 가르쳤던 것의 바일제를 제정하여 세우셨
는가?"
　"사위성에서 제정하였다."
　"누구를 인연하였는가?"
　"육군비구니들을 인연하였다."
　"무슨 일을 의지하여 제정하셨는가?"
　"육군비구니들이 축생주를 가르쳤던 일이었다."
　"하나의 계목이 있었다."
　"구법의 계율에서와 같이, 두 종류가 일어나는 것을 의지하여 생겨났나
니, 말을 이유로 생겨나는 것이고, 몸과 뜻을 이유로 생겨나는 것은
아니다. 말과 뜻을 이유로 생겨나는 것이고, 몸을 이유로 생겨나는 것은

아니다."

○ **다섯째의 송출품을 마친다.**

(6) 제6송출품[30]

4-51 "어느 처소에서 비구가 있는 승원이라고 알았으나, 묻지 않고서 들어갔던 것의 바일제를 제정하여 세우셨는가?"

"사위성에서 제정하였다."

"누구를 인연하였는가?"

"여러 비구니들을 인연하였다."

"무슨 일을 의지하여 제정하셨는가?"

"여러 비구니들이 비구가 있는 승원이라고 알았으나, 묻지 않고서 들어갔던 일이었다."

"하나의 계목과 두 가지의 보충적인 조목이 있었다."

"책무에 소홀하였던 계율에서와 같이, 한 종류가 일어나는 것을 의지하여 생겨났나니, 몸과 말과 뜻을 이유로 생겨나는 것이다."

4-52 "어느 처소에서 비구를 욕하였고 꾸짖었던 것의 바일제를 제정하여 세우셨는가?"

"비사리성에서 제정하였다."

"누구를 인연하였는가?"

"육군비구니들을 인연하였다."

"무슨 일을 의지하여 제정하셨는가?"

"육군비구니들이 장로 우바리를 욕하였고 꾸짖었던 일이었다."

"하나의 계목이 있었다."

---

30) 팔리어 Ārāmavagga(아라마바까)의 번역이고, 승원품(僧園品)을 뜻한다.

"여섯 종류의 범한 죄가 생겨나는 가운데에서 세 종류가 일어나는 것을 의지하여 생겨났나니, 곧 몸과 뜻을 이유로 생겨나는 것이고, 말을 이유로 생겨나는 것이 아니다. 말과 뜻을 이유로 생겨나는 것이고, 몸을 이유로 생겨나는 것이 아니다. 몸과 말과 뜻을 이유로 생겨나는 것이다."

4-53 "어느 처소에서 성내면서 대중을 꾸짖었던 것의 바일제를 제정하여 세우셨는가?"

"사위성에서 제정하였다."

"누구를 인연하였는가?"

"투란난타 비구니를 인연하였다."

"무슨 일을 의지하여 제정하셨는가?"

"투란난타 비구니가 성내면서 대중을 꾸짖었던 일이었다."

"하나의 계목이 있었다."

"여섯 종류의 범한 죄가 생겨나는 가운데에서 네 종류가 일어나는 것을 의지하여 생겨났나니, 몸을 이유로 생겨나는 것이고, 말과 뜻을 이유로 생겨나는 것은 아니다. 몸과 말을 이유로 생겨나는 것이고, 뜻을 이유로 생겨나는 것은 아니다. 몸과 뜻을 이유로 생겨나는 것이고, 말을 이유로 생겨나는 것은 아니다. 몸과 말과 뜻을 이유로 생겨나는 것이다."

4-54 "어느 처소에서 청을 받고서 충분하게 먹었으나, 다시 작식을 먹었거나, 혹은 담식을 먹었던 것의 바일제를 제정하여 세우셨는가?"

"사위성에서 제정하였다."

"누구를 인연하였는가?"

"여러 비구니들을 인연하였다."

"무슨 일을 의지하여 제정하셨는가?"

"여러 비구니들이 청을 받고서 충분하게 먹었으나, 다시 작식을 먹었거나, 혹은 담식을 먹었던 일이었다."

"하나의 계목이 있었다."

"여섯 종류의 범한 죄가 생겨나는 가운데에서 네 종류가 일어나는 것을 의지하여 생겨났나니, 몸을 이유로 생겨나는 것이고, 말과 뜻을 이유로 생겨나는 것은 아니다. 몸과 말을 이유로 생겨나는 것이고, 뜻을 이유로 생겨나는 것은 아니다. 몸과 뜻을 이유로 생겨나는 것이고, 말을 이유로 생겨나는 것은 아니다. 몸과 말과 뜻을 이유로 생겨나는 것이다."

4-55 "어느 처소에서 속가를 간탐(慳貪)하였던 것의 바일제를 제정하여 세우셨는가?"

"사위성에서 제정하였다."

"누구를 인연하였는가?"

"한 비구니를 인연하였다."

"무슨 일을 의지하여 제정하셨는가?"

"한 비구니가 속가를 간탐하였던 일이었다."

"하나의 계목이 있었다."

"여섯 종류의 범한 죄가 생겨나는 가운데에서 세 종류가 일어나는 것을 의지하여 생겨났나니, 곧 몸과 뜻을 이유로 생겨나는 것이고, 말을 이유로 생겨나는 것이 아니다. 말과 뜻을 이유로 생겨나는 것이고, 몸을 이유로 생겨나는 것이 아니다. 몸과 말과 뜻을 이유로 생겨나는 것이다."

4-56 "어느 처소에서 비구가 없었던 주처에서 안거하였던 것의 바일제를 제정하여 세우셨는가?"

"사위성에서 제정하였다."

"누구를 인연하였는가?"

"여러 비구니들을 인연하였다."

"무슨 일을 의지하여 제정하셨는가?"

"여러 비구니들이 비구가 없었던 주처에서 안거하였던 일이었다."

"하나의 계목이 있었다."

"양털의 계율에서와 같이, 두 종류가 일어나는 것을 의지하여 생겨났나

니, 몸을 이유로 생겨나는 것이고, 말과 뜻을 이유로 생겨나는 것은
아니다. 몸과 뜻을 이유로 생겨나는 것이고, 말을 이유로 생겨나는 것이
아니다."

4-57 "어느 처소에서 비구니가 안거를 마치고서 2부승가(二部僧伽)의
가운데에서 3사(三事)의 일에 의지하여 자자(自恣)를 행하지 않았던 것의
바일제를 제정하여 세우셨는가?"

"사위성에서 제정하였다."

"누구를 인연하였는가?"

"여러 비구니들을 인연하였다."

"무슨 일을 의지하여 제정하셨는가?"

"여러 비구니들이 안거를 마치고서 2부승가의 가운데에서 3사의 일에
의지하여 자자를 행하지 않았던 일이었다."

"하나의 계목이 있었다."

"책무에 소홀하였던 계율에서와 같이, 한 종류가 일어나는 것을 의지하
여 생겨났나니, 몸과 말과 뜻을 이유로 생겨나는 것이다."

4-58 "어느 처소에서 교계하는 곳과 함께 머무르는 일에 가지 않았던
것의 바일제를 제정하여 세우셨는가?"

"석가국에서 제정하였다."

"누구를 인연하였는가?"

"육군비구니들을 인연하였다."

"무슨 일을 의지하여 제정하셨는가?"

"육군비구니들이 교계하는 곳과 함께 머무르는 일에 가지 않았던 일이
었다."

"하나의 계목이 있었다."

"첫째의 바라이에서와 같이, 한 종류가 일어나는 것을 의지하여 생겨났
나니, 몸과 뜻을 이유로 생겨나는 것이고, 말을 이유로 생겨나는 것은

아니다."

4-59 "어느 처소에서 포살을 묻지 않았고 교계를 애원하지 않았던 것의
바일제를 제정하여 세우셨는가?"

"사위성에서 제정하였다."

"누구를 인연하였는가?"

"여러 비구니들을 인연하였다."

"무슨 일을 의지하여 제정하셨는가?"

"여러 비구니들이 포살을 묻지 않았고 교계를 애원하지 않았던 일이었다."

"하나의 계목이 있었다."

"책무에 소홀하였던 계율에서와 같이, 한 종류가 일어나는 것을 의지하
여 생겨났나니, 몸과 말과 뜻을 이유로 생겨나는 것이다."

4-60 "어느 처소에서 하체(下體)에 생겨났던 종기나 부스럼을 승가의
허락을 받지 않았으나, 혼자서 한 남자와 함께 터트렸던 것의 바일제를
제정하여 세우셨는가?"

"사위성에서 제정하였다."

"누구를 인연하였는가?"

"한 비구니를 인연하였다."

"무슨 일을 의지하여 제정하셨는가?"

"한 비구니가 하체에 생겨났던 종기나 부스럼을 승가의 허락을 받지
않았으나, 혼자서 한 남자와 함께 터트렸던 일이었다."

"하나의 계목이 있었다."

"가치나의의 계율에서와 같이, 두 종류가 일어나는 것을 의지하여
생겨났나니, 몸과 말을 이유로 생겨나는 것이고, 뜻을 이유로 생겨나는
것은 아니다. 몸과 뜻과 말을 이유로 생겨나는 것이다."

○ **여섯째의 송출품을 마친다.**

(7) 제7송출품[31]

4-61 "어느 처소에서 임산부에게 구족계를 받게 시켰던 것의 바일제를 제정하여 세우셨는가?"

"사위성에서 제정하였다."

"누구를 인연하였는가?"

"여러 비구니들을 인연하였다."

"무슨 일을 의지하여 제정하셨는가?"

"여러 비구니들이 임산부에게 구족계를 받게 시켰던 일이었다."

"하나의 계목이 있었다."

"여섯 종류의 범한 죄가 생겨나는 가운데에서 세 종류가 일어나는 것을 의지하여 생겨났나니, 곧 몸과 뜻을 이유로 생겨나는 것이고, 말을 이유로 생겨나는 것이 아니다. 말과 뜻을 이유로 생겨나는 것이고, 몸을 이유로 생겨나는 것이 아니다. 몸과 말과 뜻을 이유로 생겨나는 것이다."

4-62 "어느 처소에서 어린아이가 있었던 여인에게 구족계를 받게 시켰던 것의 바일제를 제정하여 세우셨는가?"

"사위성에서 제정하였다."

"누구를 인연하였는가?"

"여러 비구니들을 인연하였다."

"무슨 일을 의지하여 제정하셨는가?"

"여러 비구니들이 어린아이가 있었던 여인에게 구족계를 받게 시켰던 일이었다."

"하나의 계목이 있었다."

"여섯 종류의 범한 죄가 생겨나는 가운데에서 세 종류가 일어나는 것을 의지하여 생겨났나니, 곧 몸과 뜻을 이유로 생겨나는 것이고, 말을

---

31) 팔리어 Gabbhinīvagga(가삐니바까)의 번역이고, 임부품(姙婦品)을 뜻한다.

이유로 생겨나는 것이 아니다. 말과 뜻을 이유로 생겨나는 것이고, 몸을 이유로 생겨나는 것이 아니다. 몸과 말과 뜻을 이유로 생겨나는 것이다."

4-63 "어느 처소에서 2년 동안에 6법(六法)을 배우지 않았던 식차마나(式叉摩那)[32])에게 구족계를 받게 시켰던 것의 바일제를 제정하여 세우셨는가?"
"사위성에서 제정하였다."
"누구를 인연하였는가?"
"여러 비구니들을 인연하였다."
"무슨 일을 의지하여 제정하셨는가?"
"여러 비구니들이 2년 동안에 6법을 배우지 않았던 식차마나에게 구족계를 받게 시켰던 일이었다."
"하나의 계목이 있었다."
"여섯 종류의 범한 죄가 생겨나는 가운데에서 세 종류가 일어나는 것을 의지하여 생겨났나니, 곧 몸과 뜻을 이유로 생겨나는 것이고, 말을 이유로 생겨나는 것이 아니다. 말과 뜻을 이유로 생겨나는 것이고, 몸을 이유로 생겨나는 것이 아니다. 몸과 말과 뜻을 이유로 생겨나는 것이다."

4-64 "어느 처소에서 2년 동안에 6법을 배웠던 식차마나가 승가의 허락을 얻지 않는데, 구족계를 받게 시켰던 것의 바일제를 제정하여 세우셨는가?"
"사위성에서 제정하였다."
"누구를 인연하였는가?"
"여러 비구니들을 인연하였다."
"무슨 일을 의지하여 제정하셨는가?"
"여러 비구니들이 2년 동안에 6법을 배우지 않았던 식차마나에게 구족계를 받게 시켰던 일이었다."
"하나의 계목이 있었다."

---

32) 팔리어 sikkhamāna(시까마나)의 음사이다.

"여섯 종류의 범한 죄가 생겨나는 가운데에서 세 종류가 일어나는 것을 의지하여 생겨났나니, 곧 몸과 뜻을 이유로 생겨나는 것이고, 말을 이유로 생겨나는 것이 아니다. 말과 뜻을 이유로 생겨나는 것이고, 몸을 이유로 생겨나는 것이 아니다. 몸과 말과 뜻을 이유로 생겨나는 것이다."

4-65 "어느 처소에서 20세를 채우지 않았고 일찍 시집갔던 여인에게 구족계를 받게 시켰던 것의 바일제를 제정하여 세우셨는가?"
"사위성에서 제정하였다."
"누구를 인연하였는가?"
"여러 비구니들을 인연하였다."
"무슨 일을 의지하여 제정하셨는가?"
"여러 비구니들이 20세를 채우지 않았고 일찍 시집갔던 여인에게 구족계를 받게 시켰던 일이었다."
"하나의 계목이 있었다."
"여섯 종류의 범한 죄가 생겨나는 가운데에서 세 종류가 일어나는 것을 의지하여 생겨났나니, 곧 몸과 뜻을 이유로 생겨나는 것이고, 말을 이유로 생겨나는 것이 아니다. 말과 뜻을 이유로 생겨나는 것이고, 몸을 이유로 생겨나는 것이 아니다. 몸과 말과 뜻을 이유로 생겨나는 것이다."

4-66 "어느 처소에서 20세를 채웠고 일찍 시집갔던 여인이 2년 동안에 6법을 배우지 않았는데, 구족계를 받게 시켰던 것의 바일제를 제정하여 세우셨는가?"
"사위성에서 제정하였다."
"누구를 인연하였는가?"
"여러 비구니들을 인연하였다."
"무슨 일을 의지하여 제정하셨는가?"
"여러 비구니들이 20세를 채웠고 일찍 시집갔던 여인이 2년 동안에 6법을 배우지 않았는데, 구족계를 받게 시켰던 일이었다."

"하나의 계목이 있었다."

"여섯 종류의 범한 죄가 생겨나는 가운데에서 세 종류가 일어나는 것을 의지하여 생겨났나니, 곧 몸과 뜻을 이유로 생겨나는 것이고, 말을 이유로 생겨나는 것이 아니다. 말과 뜻을 이유로 생겨나는 것이고, 몸을 이유로 생겨나는 것이 아니다. 몸과 말과 뜻을 이유로 생겨나는 것이다."

4-67 "어느 처소에서 20세를 채웠고 일찍 시집갔던 여인이 2년 동안에 6법을 배웠어도 승가의 허락을 얻지 않았는데, 구족계를 받게 시켰던 것의 바일제를 제정하여 세우셨는가?"

"사위성에서 제정하였다."

"누구를 인연하였는가?"

"여러 비구니들을 인연하였다."

"무슨 일을 의지하여 제정하셨는가?"

"여러 비구니들이 20세를 채웠고 일찍 시집갔던 여인이 2년 동안에 6법을 배웠어도 승가의 허락을 얻지 않았는데, 구족계를 받게 시켰던 일이었다."

"하나의 계목이 있었다."

"여섯 종류의 범한 죄가 생겨나는 가운데에서 세 종류가 일어나는 것을 의지하여 생겨났나니, 곧 몸과 뜻을 이유로 생겨나는 것이고, 말을 이유로 생겨나는 것이 아니다. 말과 뜻을 이유로 생겨나는 것이고, 몸을 이유로 생겨나는 것이 아니다. 몸과 말과 뜻을 이유로 생겨나는 것이다."

4-68 "어느 처소에서 제자에게 구족계를 받게 하고서 뒤에 2년 동안을 가르치고 보호하지 않았으며, 또한 가르치고 보호하게 시키지 않았던 것의 바일제를 제정하여 세우셨는가?"

"사위성에서 제정하였다."

"누구를 인연하였는가?"

"투란난타 비구니를 인연하였다."

"무슨 일을 의지하여 제정하셨는가?"

"투란난타 비구니가 제자에게 구족계를 받게 하고서 뒤에 2년 동안을 가르치고 보호하지 않았으며, 또한 가르치고 보호하게 시키지 않았던 일이었다."

"하나의 계목이 있었다."

"책무에 소홀하였던 계율에서와 같이, 한 종류가 일어나는 것을 의지하여 생겨났나니, 몸과 말과 뜻을 이유로 생겨나는 것이다."

4-69 "어느 처소에서 구족계를 받고서 뒤에 2년 동안을 스승을 따르면서 배우지 않았던 것의 바일제를 제정하여 세우셨는가?"

"사위성에서 제정하였다."

"누구를 인연하였는가?"

"여러 비구니들을 인연하였다."

"무슨 일을 의지하여 제정하셨는가?"

"여러 비구니들이 구족계를 받고서 뒤에 2년 동안을 스승을 따르면서 배우지 않았으며, 또한 가르치고 보호하게 시키지 않았던 일이었다."

"하나의 계목이 있었다."

"책무에 소홀하였던 계율에서와 같이, 한 종류가 일어나는 것을 의지하여 생겨났나니, 몸과 말과 뜻을 이유로 생겨나는 것이다."

4-70 "어느 처소에서 제자에게 구족계를 받게 하고서 떠나보내지 않았거나, 또한 떠나보내게 시키지 않았던 것의 바일제를 제정하여 세우셨는가?"

"사위성에서 제정하였다."

"누구를 인연하였는가?"

"투란난타 비구니를 인연하였다."

"무슨 일을 의지하여 제정하셨는가?"

"투란난타 비구니가 제자에게 구족계를 받게 하고서 떠나보내지 않았거나, 또한 떠나보내게 시키지 않았던 일이었다."

"하나의 계목이 있었다."

"책무에 소홀하였던 계율에서와 같이, 한 종류가 일어나는 것을 의지하여 생겨났나니, 몸과 말과 뜻을 이유로 생겨나는 것이다."

　○ **일곱째의 송출품을 마친다.**

(8) 제8송출품[33)

4-71 "어느 처소에서 20세를 채우지 않았던 동녀에게 구족계를 받게 시켰던 것의 바일제를 제정하여 세우셨는가?"

"사위성에서 제정하였다."

"누구를 인연하였는가?"

"여러 비구니들을 인연하였다."

"무슨 일을 의지하여 제정하셨는가?"

"여러 비구니들이 20세를 채우지 않았던 동녀에게 구족계를 받게 시켰던 일이었다."

"하나의 계목이 있었다."

"여섯 종류의 범한 죄가 생겨나는 가운데에서 세 종류가 일어나는 것을 의지하여 생겨났나니, 곧 몸과 뜻을 이유로 생겨나는 것이고, 말을 이유로 생겨나는 것이 아니다. 말과 뜻을 이유로 생겨나는 것이고, 몸을 이유로 생겨나는 것이 아니다. 몸과 말과 뜻을 이유로 생겨나는 것이다."

4-72 "어느 처소에서 20세를 채웠던 동녀가 2년 동안에 6법을 배우지 않는데, 구족계를 받게 시켰던 것의 바일제를 제정하여 세우셨는가?"

"사위성에서 제정하였다."

"누구를 인연하였는가?"

---

33) 팔리어 Kumārībhūtavagga(쿠마리부타바까)의 번역이고, 임부품(姙婦品)을 뜻한다.

"여러 비구니들을 인연하였다."

"무슨 일을 의지하여 제정하셨는가?"

"여러 비구니들이 20세를 채웠던 동녀가 2년 동안에 6법을 배우지 않았는데, 구족계를 받게 시켰던 일이었다."

"하나의 계목이 있었다."

"여섯 종류의 범한 죄가 생겨나는 가운데에서 세 종류가 일어나는 것을 의지하여 생겨났나니, 곧 몸과 뜻을 이유로 생겨나는 것이고, 말을 이유로 생겨나는 것이 아니다. 말과 뜻을 이유로 생겨나는 것이고, 몸을 이유로 생겨나는 것이 아니다. 몸과 말과 뜻을 이유로 생겨나는 것이다."

4-73 "어느 처소에서 20세를 채웠던 동녀가 2년 동안에 6법을 배웠어도 승가의 허락을 얻지 않았는데, 구족계를 받게 시켰던 것의 바일제를 제정하여 세우셨는가?"

"사위성에서 제정하였다."

"누구를 인연하였는가?"

"여러 비구니들을 인연하였다."

"무슨 일을 의지하여 제정하셨는가?"

"여러 비구니들이 20세를 채웠던 동녀가 2년 동안에 6법을 배웠어도 승가의 허락을 얻지 않았는데, 구족계를 받게 시켰던 일이었다."

"하나의 계목이 있었다."

"여섯 종류의 범한 죄가 생겨나는 가운데에서 세 종류가 일어나는 것을 의지하여 생겨났나니, 곧 몸과 뜻을 이유로 생겨나는 것이고, 말을 이유로 생겨나는 것이 아니다. 말과 뜻을 이유로 생겨나는 것이고, 몸을 이유로 생겨나는 것이 아니다. 몸과 말과 뜻을 이유로 생겨나는 것이다."

4-74 "어느 처소에서 구족계를 받은 뒤에 12년을 채우지 않았는데, 사람에게 구족계를 주게 시켰던 것의 바일제를 제정하여 세우셨는가?"

"사위성에서 제정하였다."

"누구를 인연하였는가?"

"여러 비구니들을 인연하였다."

"무슨 일을 의지하여 제정하셨는가?"

"여러 비구니들이 구족계를 받은 뒤에 12년을 채우지 않았는데, 사람에게 구족계를 주게 시켰던 일이었다."

"하나의 계목이 있었다."

"여섯 종류의 범한 죄가 생겨나는 가운데에서 세 종류가 일어나는 것을 의지하여 생겨났나니, 곧 몸과 뜻을 이유로 생겨나는 것이고, 말을 이유로 생겨나는 것이 아니다. 말과 뜻을 이유로 생겨나는 것이고, 몸을 이유로 생겨나는 것이 아니다. 몸과 말과 뜻을 이유로 생겨나는 것이다."

4-75 "어느 처소에서 구족계를 받은 뒤에 12년을 채웠어도 승가의 허락을 얻지 않았는데, 사람에게 구족계를 주게 시켰던 것의 바일제를 제정하여 세우셨는가?"

"사위성에서 제정하였다."

"누구를 인연하였는가?"

"여러 비구니들을 인연하였다."

"무슨 일을 의지하여 제정하셨는가?"

"여러 비구니들이 구족계를 받은 뒤에 12년을 채웠어도 승가의 허락을 얻지 않았는데, 사람에게 구족계를 주게 시켰던 일이었다."

"하나의 계목이 있었다."

"여섯 종류의 범한 죄가 생겨나는 가운데에서 세 종류가 일어나는 것을 의지하여 생겨났나니, 곧 몸과 뜻을 이유로 생겨나는 것이고, 말을 이유로 생겨나는 것이 아니다. 말과 뜻을 이유로 생겨나는 것이고, 몸을 이유로 생겨나는 것이 아니다. 몸과 말과 뜻을 이유로 생겨나는 것이다."

4-76 "어느 처소에서 '대매여. 진실로 구족계를 줄 수 있는 스승으로 충족되었습니다.'라고 말하였던 때에, '알겠습니다.'라고 대답하고서 뒤

에 성내고 비난하였던 것의 바일제를 제정하여 세우셨는가?"

"사위성에서 제정하였다."

"누구를 인연하였는가?"

"전달가리 비구니를 인연하였다."

"무슨 일을 의지하여 제정하셨는가?"

"전달가리 비구니가 '대매여. 진실로 구족계를 줄 수 있는 스승으로 충족되었습니다.'라고 말하였던 때에, '알겠습니다.'라고 대답하고서 뒤에 성내고 비난하였던 일이었다."

"하나의 계목이 있었다."

"여섯 종류의 범한 죄가 생겨나는 가운데에서 세 종류가 일어나는 것을 의지하여 생겨났나니, 곧 몸과 뜻을 이유로 생겨나는 것이고, 말을 이유로 생겨나는 것이 아니다. 말과 뜻을 이유로 생겨나는 것이고, 몸을 이유로 생겨나는 것이 아니다. 몸과 말과 뜻을 이유로 생겨나는 것이다."

4-77 "어느 처소에서 식차마나에게 '자매여. 그대가 만약 나에게 옷을 준다면 내가 그대에게 구족계를 주겠습니다.'라고 말하였으나, 구족계를 받게 시키지 않았거나, 또한 구족계를 받게 시키는 것을 노력하지 않았던 것의 바일제를 제정하여 세우셨는가?"

"사위성에서 제정하였다."

"누구를 인연하였는가?"

"투란난타 비구니를 인연하였다."

"무슨 일을 의지하여 제정하셨는가?"

"투란난타 비구니가 식차마나에게 '자매여. 그대가 만약 나에게 옷을 준다면 내가 그대에게 구족계를 주겠습니다.'라고 말하였으나, 구족계를 받게 시키지 않았거나, 또한 구족계를 받게 시키는 것을 노력하지 않았던 일이었다."

"하나의 계목이 있었다."

"여섯 종류의 범한 죄가 생겨나는 가운데에서 세 종류가 일어나는 것을 의지하여 생겨났나니, 곧 몸과 뜻을 이유로 생겨나는 것이고, 말을 이유로 생겨나는 것이 아니다. 말과 뜻을 이유로 생겨나는 것이고, 몸을 이유로 생겨나는 것이 아니다. 몸과 말과 뜻을 이유로 생겨나는 것이다."

4-78 "어느 처소에서 식차마나에게 '자매여. 그대가 만약 나를 따라서 2년을 배운다면 내가 그대에게 구족계를 주겠습니다.'라고 말하였으나, 구족계를 받게 시키지 않았거나, 또한 구족계를 받게 시키는 것을 노력하지 않았던 것의 바일제를 제정하여 세우셨는가?"

"사위성에서 제정하였다."

"누구를 인연하였는가?"

"투란난타 비구니를 인연하였다."

"무슨 일을 의지하여 제정하셨는가?"

"투란난타 비구니가 식차마나에게 '자매여. 그대가 만약 나를 따라서 2년을 배운다면 내가 그대에게 구족계를 주겠습니다.'라고 말하였으나, 구족계를 받게 시키지 않았거나, 또한 구족계를 받게 시키는 것을 노력하지 않았던 일이었다."

"하나의 계목이 있었다."

"여섯 종류의 범한 죄가 생겨나는 가운데에서 세 종류가 일어나는 것을 의지하여 생겨났나니, 곧 몸과 뜻을 이유로 생겨나는 것이고, 말을 이유로 생겨나는 것이 아니다. 말과 뜻을 이유로 생겨나는 것이고, 몸을 이유로 생겨나는 것이 아니다. 몸과 말과 뜻을 이유로 생겨나는 것이다."

4-79 "어느 처소에서 남자 및 동자와 교류하였던 인연으로 성내면서 근심하는 식차마나에게 구족계를 받게 시켰던 것의 바일제를 제정하여 세우셨는가?"

"사위성에서 제정하였다."

"누구를 인연하였는가?"

"투란난타 비구니를 인연하였다."

"무슨 일을 의지하여 제정하셨는가?"

"투란난타 비구니가 남자 및 동자와 교류하였던 인연으로 성내면서 근심하는 식차마나에게 구족계를 받게 시켰던 일이었다."

"하나의 계목이 있었다."

"여섯 종류의 범한 죄가 생겨나는 가운데에서 세 종류가 일어나는 것을 의지하여 생겨났나니, 곧 몸과 뜻을 이유로 생겨나는 것이고, 말을 이유로 생겨나는 것이 아니다. 말과 뜻을 이유로 생겨나는 것이고, 몸을 이유로 생겨나는 것이 아니다. 몸과 말과 뜻을 이유로 생겨나는 것이다."

4-80 "어느 처소에서 부모와 남편이 허락하지 않았던 식차마나에게 구족계를 받게 시켰던 것의 바일제를 제정하여 세우셨는가?"

"사위성에서 제정하였다."

"누구를 인연하였는가?"

"투란난타 비구니를 인연하였다."

"무슨 일을 의지하여 제정하셨는가?"

"투란난타 비구니가 부모와 남편이 허락하지 않았던 식차마나에게 구족계를 받게 시켰던 일이었다."

"하나의 계목이 있었다."

"여섯 종류의 범한 죄가 생겨나는 가운데에서 세 종류가 일어나는 것을 의지하여 생겨났나니, 곧 몸과 뜻을 이유로 생겨나는 것이고, 말을 이유로 생겨나는 것이 아니다. 말과 뜻을 이유로 생겨나는 것이고, 몸을 이유로 생겨나는 것이 아니다. 몸과 말과 뜻을 이유로 생겨나는 것이다."

4-81 "어느 처소에서 별주하였던 자들에게 욕을 주었던 이유로 식차마나에게 구족계를 받게 시켰던 것의 바일제를 제정하여 세우셨는가?"

"왕사성에서 제정하였다."

"누구를 인연하였는가?"

"투란난타 비구니를 인연하였다."

"무슨 일을 의지하여 제정하셨는가?"

"투란난타 비구니가 별주하였던 자들에게 욕을 주었던 이유로 식차마나에게 구족계를 받게 시켰던 일이었다."

"하나의 계목이 있었다."

"여섯 종류의 범한 죄가 생겨나는 가운데에서 세 종류가 일어나는 것을 의지하여 생겨났나니, 곧 몸과 뜻을 이유로 생겨나는 것이고, 말을 이유로 생겨나는 것이 아니다. 말과 뜻을 이유로 생겨나는 것이고, 몸을 이유로 생겨나는 것이 아니다. 몸과 말과 뜻을 이유로 생겨나는 것이다."

4-82 "어느 처소에서 해마다 구족계를 받게 시켰던 것의 바일제를 제정하여 세우셨는가?"

"사위성에서 제정하였다."

"누구를 인연하였는가?"

"여러 비구니들을 인연하였다."

"무슨 일을 의지하여 제정하셨는가?"

"여러 비구니들이 해마다 구족계를 받게 시켰던 일이었다."

"하나의 계목이 있었다."

"여섯 종류의 범한 죄가 생겨나는 가운데에서 세 종류가 일어나는 것을 의지하여 생겨났나니, 곧 몸과 뜻을 이유로 생겨나는 것이고, 말을 이유로 생겨나는 것이 아니다. 말과 뜻을 이유로 생겨나는 것이고, 몸을 이유로 생겨나는 것이 아니다. 몸과 말과 뜻을 이유로 생겨나는 것이다."

4-83 "어느 처소에서 1년에 두 사람을 구족계를 받게 시켰던 것의 바일제를 제정하여 세우셨는가?"

"사위성에서 제정하였다."

"누구를 인연하였는가?"

"여러 비구니들을 인연하였다."

"무슨 일을 의지하여 제정하셨는가?"

"여러 비구니들이 1년에 두 사람을 구족계를 받게 시켰던 일이었다."

"하나의 계목이 있었다."

"여섯 종류의 범한 죄가 생겨나는 가운데에서 세 종류가 일어나는 것을 의지하여 생겨났나니, 곧 몸과 뜻을 이유로 생겨나는 것이고, 말을 이유로 생겨나는 것이 아니다. 말과 뜻을 이유로 생겨나는 것이고, 몸을 이유로 생겨나는 것이 아니다. 몸과 말과 뜻을 이유로 생겨나는 것이다."

○ **여덟째의 송출품을 마친다.**

(9) 제9송출품[34]

4-84 "어느 처소에서 일산을 펼치고 신발을 신었던 것의 바일제를 제정하여 세우셨는가?"

"사위성에서 제정하였다."

"누구를 인연하였는가?"

"육군비구니들을 인연하였다."

"무슨 일을 의지하여 제정하셨는가?"

"육군비구니들이 일산을 펼치고 신발을 신었던 일이었다."

"하나의 계목이 있었다."

"양털의 계율에서와 같이, 두 종류가 일어나는 것을 의지하여 생겨났나니, 몸을 이유로 생겨나는 것이고, 말과 뜻을 이유로 생겨나는 것은 아니다. 몸과 뜻을 이유로 생겨나는 것이고, 말을 이유로 생겨나는 것이 아니다."

4-85 "어느 처소에서 수레에 타고 앉아서 갔던 것의 바일제를 제정하여 세우셨는가?"

---

34) 팔리어 Chattupāhanavagga(차뚜바하나바까)의 번역이고, 개품(蓋品)을 뜻한다.

"사위성에서 제정하였다."

"누구를 인연하였는가?"

"육군비구니들을 인연하였다."

"무슨 일을 의지하여 제정하셨는가?"

"육군비구니들이 수레에 타고 앉아서 갔던 일이었다."

"하나의 계목이 있었다."

"양털의 계율에서와 같이, 두 종류가 일어나는 것을 의지하여 생겨났나니, 몸을 이유로 생겨나는 것이고, 말과 뜻을 이유로 생겨나는 것은 아니다. 몸과 뜻을 이유로 생겨나는 것이고, 말을 이유로 생겨나는 것이 아니다."

4-86 "어느 처소에서 요포(腰布)35)를 입었던 것의 바일제를 제정하여 세우셨는가?"

"사위성에서 제정하였다."

"누구를 인연하였는가?"

"육군비구니들을 인연하였다."

"무슨 일을 의지하여 제정하셨는가?"

"육군비구니들이 탈 것에 타고 앉아서 갔던 일이었다."

"하나의 계목이 있었다."

"양털의 계율에서와 같이, 두 종류가 일어나는 것을 의지하여 생겨났나니, 몸을 이유로 생겨나는 것이고, 말과 뜻을 이유로 생겨나는 것은 아니다. 몸과 뜻을 이유로 생겨나는 것이고, 말을 이유로 생겨나는 것이 아니다."

4-87 "어느 처소에서 여인의 장엄구를 착용하였던 것의 바일제를 제정하여 세우셨는가?"

---

35) 팔리어 Saṅghāṇi(산가니)의 번역이고, '페티코트(petticoat)'를 가리키며 여성용 속치마로 겉에 입는 옷보다 짧은 옷이다.

"사위성에서 제정하였다."

"누구를 인연하였는가?"

"육군비구니들을 인연하였다."

"무슨 일을 의지하여 제정하셨는가?"

"육군비구니들이 여인의 장엄구를 착용하였던 일이었다."

"하나의 계목이 있었다."

"양털의 계율에서와 같이, 두 종류가 일어나는 것을 의지하여 생겨났나니, 몸을 이유로 생겨나는 것이고, 말과 뜻을 이유로 생겨나는 것은 아니다. 몸과 뜻을 이유로 생겨나는 것이고, 말을 이유로 생겨나는 것이 아니다."

4-88 "어느 처소에서 향수(香水)와 지분(脂粉)36)을 발랐던 것의 바일제를 제정하여 세우셨는가?"

"사위성에서 제정하였다."

"누구를 인연하였는가?"

"육군비구니들을 인연하였다."

"무슨 일을 의지하여 제정하셨는가?"

"육군비구니들이 향과 지분을 발랐던 일이었다."

"하나의 계목이 있었다."

"양털의 계율에서와 같이, 두 종류가 일어나는 것을 의지하여 생겨났나니, 몸을 이유로 생겨나는 것이고, 말과 뜻을 이유로 생겨나는 것은 아니다. 몸과 뜻을 이유로 생겨나는 것이고, 말을 이유로 생겨나는 것이 아니다."

4-89 "어느 처소에서 향가루37)와 호마(胡麻)의 가루38)를 몸에 발랐던

---

36) 팔리어 Gandhavaṇṇaka(간다반나카)의 번역이다.

37) 팔리어 Vāsitaka(바시타카)의 번역이다.

38) 팔리어 Piññāka(핀냐카)의 번역이고, 검은 참깨의 가루를 가리킨다.

것의 바일제를 제정하여 세우셨는가?"

"사위성에서 제정하였다."

"누구를 인연하였는가?"

"육군비구니들을 인연하였다."

"무슨 일을 의지하여 제정하셨는가?"

"육군비구니들이 향료와 호마의 찌꺼기를 몸에 발랐던 일이었다."

"하나의 계목이 있었다."

"양털의 계율에서와 같이, 두 종류가 일어나는 것을 의지하여 생겨났나니, 몸을 이유로 생겨나는 것이고, 말과 뜻을 이유로 생겨나는 것은 아니다. 몸과 뜻을 이유로 생겨나는 것이고, 말을 이유로 생겨나는 것이 아니다."

4-90 "어느 처소에서 비구니에게 몸을 주무르게 시키고 안마를 시켰던 것의 바일제를 제정하여 세우셨는가?"

"사위성에서 제정하였다."

"누구를 인연하였는가?"

"여러 비구니들을 인연하였다."

"무슨 일을 의지하여 제정하셨는가?"

"여러 비구니들이 비구니에게 몸을 주무르게 시키고 안마를 시켰던 일이었다."

"하나의 계목이 있었다."

"양털의 계율에서와 같이, 두 종류가 일어나는 것을 의지하여 생겨났나니, 몸을 이유로 생겨나는 것이고, 말과 뜻을 이유로 생겨나는 것은 아니다. 몸과 뜻을 이유로 생겨나는 것이고, 말을 이유로 생겨나는 것이 아니다."

4-91 "어느 처소에서 식차마나에게 몸을 주무르게 시키고 안마를 시켰던 것의 바일제를 제정하여 세우셨는가?"

"사위성에서 제정하였다."

"누구를 인연하였는가?"

"여러 비구니들을 인연하였다."

"무슨 일을 의지하여 제정하셨는가?"

"여러 비구니들이 식차마나에게 몸을 주무르게 시키고 안마를 시켰던 일이었다."

"하나의 계목이 있었다."

"양털의 계율에서와 같이, 두 종류가 일어나는 것을 의지하여 생겨났나니, 몸을 이유로 생겨나는 것이고, 말과 뜻을 이유로 생겨나는 것은 아니다. 몸과 뜻을 이유로 생겨나는 것이고, 말을 이유로 생겨나는 것이 아니다."

4-92 "어느 처소에서 사미니에게 몸을 주무르게 시키고 안마를 시켰던 것의 바일제를 제정하여 세우셨는가?"

"사위성에서 제정하였다."

"누구를 인연하였는가?"

"여러 비구니들을 인연하였다."

"무슨 일을 의지하여 제정하셨는가?"

"여러 비구니들이 사미니에게 몸을 주무르게 시키고 안마를 시켰던 일이었다."

"하나의 계목이 있었다."

"양털의 계율에서와 같이, 두 종류가 일어나는 것을 의지하여 생겨났나니, 몸을 이유로 생겨나는 것이고, 말과 뜻을 이유로 생겨나는 것은 아니다. 몸과 뜻을 이유로 생겨나는 것이고, 말을 이유로 생겨나는 것이 아니다."

4-93 "어느 처소에서 백의녀(白衣女)[39]에게 몸을 주무르게 시키고 안마를 시켰던 것의 바일제를 제정하여 세우셨는가?"

"사위성에서 제정하였다."

"누구를 인연하였는가?"

"여러 비구니들을 인연하였다."

"무슨 일을 의지하여 제정하셨는가?"

"여러 비구니들이 사미니에게 몸을 주무르게 시키고 안마를 시켰던 일이었다."

"하나의 계목이 있었다."

"양털의 계율에서와 같이, 두 종류가 일어나는 것을 의지하여 생겨났나니, 몸을 이유로 생겨나는 것이고, 말과 뜻을 이유로 생겨나는 것은 아니다. 몸과 뜻을 이유로 생겨나는 것이고, 말을 이유로 생겨나는 것이 아니다."

4-94 "어느 처소에서 비구의 앞에서 묻지 않고서 좌상의 위에 앉았던 것의 바일제를 제정하여 세우셨는가?"

"사위성에서 제정하였다."

"누구를 인연하였는가?"

"여러 비구니들을 인연하였다."

"무슨 일을 의지하여 제정하셨는가?"

"여러 비구니들이 비구의 앞에서 묻지 않고서 좌상의 위에 앉았던 일이었다."

"하나의 계목이 있었다."

"가치나의의 계율에서와 같이, 두 종류가 일어나는 것을 의지하여 생겨났나니, 몸과 말을 이유로 생겨나는 것이고, 뜻을 이유로 생겨나는 것은 아니다. 몸과 뜻과 말을 이유로 생겨나는 것이다."

4-95 "어느 처소에서 허락받지 않고서 비구에게 물었던 것의 바일제를

---

39) 팔리어 Gihini(기히니)의 번역이고, '집안의 여주인', '아내'를 뜻한다.

제정하여 세우셨는가?"

"사위성에서 제정하였다."

"누구를 인연하였는가?"

"여러 비구니들을 인연하였다."

"무슨 일을 의지하여 제정하셨는가?"

"여러 비구니들이 허락받지 않고서 비구에게 물었던 일이었다."

"하나의 계목이 있었다."

"구법의 계율에서와 같이, 두 종류가 일어나는 것을 의지하여 생겨났나니, 말을 이유로 생겨나는 것이고, 몸과 뜻을 이유로 생겨나는 것은 아니다. 말과 뜻을 이유로 생겨나는 것이고, 몸을 이유로 생겨나는 것은 아니다."

4-96 "어느 처소에서 승기지(僧祇支)40)를 입지 않고서 취락에 들어갔던 것의 바일제를 제정하여 세우셨는가?"

"사위성에서 제정하였다."

"누구를 인연하였는가?"

"한 비구니를 인연하였다."

"무슨 일을 의지하여 제정하셨는가?"

"한 비구니가 승기지를 입지 않고서 취락에 들어갔던 일이었다."

"하나의 계목이 있었다."

"구법의 계율에서와 같이, 두 종류가 일어나는 것을 의지하여 생겨났나니, 말을 이유로 생겨나는 것이고, 몸과 뜻을 이유로 생겨나는 것은 아니다. 말과 뜻을 이유로 생겨나는 것이고, 몸을 이유로 생겨나는 것은 아니다."

[96바일제를 마친다.]

---

40) 팔리어 Saṅkacchikā(산카찌카)의 번역이고, '엄액의(掩腋衣)', '부견의(覆肩衣)' 등으로 한역된다.

○ **아홉째의 송출품을 마친다.**

섭송으로 설하겠노라.

마늘과 은밀한 곳의 털과
손바닥과 수요의 생지와
뒷물과 음식과 날곡식과
두 음식물 찌꺼기와 보려고 가는 것과

어두운 곳과 가려진 곳과
노지와 차도와 묻지 않는 것과
때가 아닌 때와 잘못 받아들인 것과
지옥과 때리는 것과 나형과

목욕옷과 실을 뽑는 것과
5일과 돌려줄 옷과 대중승가와
분배하는 것과 사문의 옷과
확실하지 않은 것과 가치나의와

하나의 와상과 요와 고의로 행과
함께 머무르는 비구니와 방사와
친근함과 국내와 국외와
안거와 우기에 떠나는 것과

왕궁과 긴 의자와 실과
재가자의 일와 멸쟁과
음식을 주는 것과 월기의와

· 주처와 주문의 배움과 가르침과

　승원과 악구와 원한과 음식과
　속가의 간탐과 하안거와
　자자와 교계와 두 가지의 일과
　하체와 임산부와 아기가 있는 여인과

　6법과 허락을 얻지 않은 것과
　12년의 미만과 12년의 초과와
　승가와 구족계를 줄 수 있는 자와
　시봉과 5·6유순과

　동녀와 2년과 승가와 12년의 미만과
　허락을 얻은 것과 충족한 것과 2년과
　교류와 남편과 별주자와 매년과
　두 명에게 구족계를 줄 수 있는 것과

　일산과 탈 것과 요포와
　장엄구와 향과 지분과 호마가루와
　비구니와 식차마나와 사미니와
　백의녀와 묻지 않는 것과
　허락을 얻지 않은 것과 승기지가 있다.

　여러 품을 설하겠노라.

　마늘과 어둠과 밤과 목욕과
　함께 눕는 것과 서당(書堂)과

승원과 임산부와
동녀와 일산과 신발이 있다.

5) 제사니(提舍尼)의 계목[41]

(1) 제1송출품[42]

5-1 "어느 처소에서 소(酥)[43]를 구걸하여 먹었던 것의 제사니를 제정하여 세우셨는가?"

"사위성에서 제정하였다."

"누구를 인연하였는가?"

"육군비구니들을 인연하였다."

"무슨 일을 의지하여 제정하셨는가?"

"육군비구니들이 소를 구걸하여 먹었던 일이었다."

"하나의 계목이 있었고, 한 가지의 보충적인 조목이 있었다."

"여섯 종류가 일어나는 것을 의지하여 생겨났나니, 몸을 이유로 생겨나는 것이고, 말과 뜻을 이유로 생겨나는 것은 아니다. 말을 이유로 생겨나는 것이고, 몸과 뜻을 이유로 생겨나는 것은 아니다. 몸과 말을 이유로 생겨나는 것이고, 뜻을 이유로 생겨나는 것은 아니다. 몸과 뜻을 이유로 생겨나는 것이고, 말을 이유로 생겨나는 것은 아니다. 말과 뜻을 이유로 생겨나는 것이고, 몸을 이유로 생겨나는 것은 아니다. 몸과 말과 뜻을 이유로 생겨나는 것이다."

5-2 "어느 처소에서 기름(油)[44]을 구걸하여 먹었던 것의 제사니를 제정하

---

41) 팔리어 Pāṭidesanīyakaṇḍa(파티데사니야칸다)의 번역이다.
42) 팔리어 Lasuṇavagga(라수나바까)의 번역이고, 산품(蒜品)을 뜻한다.
43) 팔리어 Sappi(사삐)의 번역이고, '정제한 버터', '버터 기름'을 가리킨다.

여 세우셨는가?"

"사위성에서 제정하였다."

"누구를 인연하였는가?"

"육군비구니들을 인연하였다."

"무슨 일을 의지하여 제정하셨는가?"

"육군비구니들이 기름을 구걸하여 먹었던 일이었다."

"하나의 계목이 있었고, 한 가지의 보충적인 조목이 있었다."

"여섯 종류가 일어나는 것을 의지하여 생겨났나니, 몸을 이유로 생겨나는 것이고, 말과 뜻을 이유로 생겨나는 것은 아니다. 말을 이유로 생겨나는 것이고, 몸과 뜻을 이유로 생겨나는 것은 아니다. …… 몸과 말과 뜻을 이유로 생겨나는 것이다."

5-3 "어느 처소에서 꿀(蜜)[45]을 구걸하여 먹었던 것의 제사니를 제정하여 세우셨는가?"

"사위성에서 제정하였다."

"누구를 인연하였는가?"

"육군비구니들을 인연하였다."

"무슨 일을 의지하여 제정하셨는가?"

"육군비구니들이 꿀을 구걸하여 먹었던 일이었다."

"하나의 계목이 있었고, 한 가지의 보충적인 조목이 있었다."

"여섯 종류가 일어나는 것을 의지하여 생겨났나니, 몸을 이유로 생겨나는 것이고, 말과 뜻을 이유로 생겨나는 것은 아니다. 말을 이유로 생겨나는 것이고, 몸과 뜻을 이유로 생겨나는 것은 아니다. …… 몸과 말과 뜻을 이유로 생겨나는 것이다."

5-4 "어느 처소에서 사탕(砂糖)[46]을 구걸하여 먹었던 것의 제사니를

---

44) 팔리어 Tela(테라)의 번역이다.

45) 팔리어 Madhu(마두)의 번역이다.

제정하여 세우셨는가?"

"사위성에서 제정하였다."

"누구를 인연하였는가?"

"육군비구니들을 인연하였다."

"무슨 일을 의지하여 제정하셨는가?"

"육군비구니들이 사탕을 구걸하여 먹었던 일이었다."

"하나의 계목이 있었고, 한 가지의 보충적인 조목이 있었다."

"여섯 종류가 일어나는 것을 의지하여 생겨났나니, 몸을 이유로 생겨나는 것이고, 말과 뜻을 이유로 생겨나는 것은 아니다. 말을 이유로 생겨나는 것이고, 몸과 뜻을 이유로 생겨나는 것은 아니다. …… 몸과 말과 뜻을 이유로 생겨나는 것이다."

5-5 "어느 처소에서 물고기(魚)[47]를 구걸하여 먹었던 것의 제사니를 제정하여 세우셨는가?"

"사위성에서 제정하였다."

"누구를 인연하였는가?"

"육군비구니들을 인연하였다."

"무슨 일을 의지하여 제정하셨는가?"

"육군비구니들이 물고기를 구걸하여 먹었던 일이었다."

"하나의 계목이 있었고, 한 가지의 보충적인 조목이 있었다."

"여섯 종류가 일어나는 것을 의지하여 생겨났나니, 몸을 이유로 생겨나는 것이고, 말과 뜻을 이유로 생겨나는 것은 아니다. 말을 이유로 생겨나는 것이고, 몸과 뜻을 이유로 생겨나는 것은 아니다. …… 몸과 말과 뜻을 이유로 생겨나는 것이다."

5-6 "어느 처소에서 고기(肉)[48]를 구걸하여 먹었던 것의 제사니를 제정하

---

46) 팔리어 Phāṇita(파니타)의 번역이고, '사탕수수 즙', '원당', '당밀'을 가리킨다.
47) 팔리어 Maccha(마짜)의 번역이다.

여 세우셨는가?"

"사위성에서 제정하였다."

"누구를 인연하였는가?"

"육군비구니들을 인연하였다."

"무슨 일을 의지하여 제정하셨는가?"

"육군비구니들이 물고기를 구걸하여 먹었던 일이었다."

"하나의 계목이 있었고, 한 가지의 보충적인 조목이 있었다."

"여섯 종류가 일어나는 것을 의지하여 생겨났나니, 몸을 이유로 생겨나는 것이고, 말과 뜻을 이유로 생겨나는 것은 아니다. 말을 이유로 생겨나는 것이고, 몸과 뜻을 이유로 생겨나는 것은 아니다. …… 몸과 말과 뜻을 이유로 생겨나는 것이다."

5-7 "어느 처소에서 우유(乳)⁴⁹⁾를 구걸하여 먹었던 것의 제사니를 제정하여 세우셨는가?"

"사위성에서 제정하였다."

"누구를 인연하였는가?"

"육군비구니들을 인연하였다."

"무슨 일을 의지하여 제정하셨는가?"

"육군비구니들이 우유를 구걸하여 먹었던 일이었다."

"하나의 계목이 있었고, 한 가지의 보충적인 조목이 있었다."

"여섯 종류가 일어나는 것을 의지하여 생겨났나니, 몸을 이유로 생겨나는 것이고, 말과 뜻을 이유로 생겨나는 것은 아니다. 말을 이유로 생겨나는 것이고, 몸과 뜻을 이유로 생겨나는 것은 아니다. …… 몸과 말과 뜻을 이유로 생겨나는 것이다."

5-8 "어느 처소에서 락(酪)⁵⁰⁾을 구걸하여 먹었던 것의 제사니를 제정하여

---

48) 팔리어 Maṃsa(맘사)의 번역이다.

49) 팔리어 Khīra(키라)의 번역이다.

세우셨는가?"

"사위성에서 제정하였다."

"누구를 인연하였는가?"

"육군비구니들을 인연하였다."

"무슨 일을 의지하여 제정하셨는가?"

"육군비구니들이 락을 구걸하여 먹었던 일이었다."

"하나의 계목이 있었고, 한 가지의 보충적인 조목이 있었다."

"여섯 종류의 범한 죄가 생겨나는 가운데에서 네 종류가 일어나는 것을 의지하여 생겨났나니, 몸을 이유로 생겨나는 것이고, 말과 뜻을 이유로 생겨나는 것은 아니다. 몸과 말을 이유로 생겨나는 것이고, 뜻을 이유로 생겨나는 것은 아니다. 몸과 뜻을 이유로 생겨나는 것이고, 말을 이유로 생겨나는 것은 아니다. 몸과 말과 뜻을 이유로 생겨나는 것이다."

[제사니를 마친다.]

○ **첫째의 송출품을 마친다.**

섭송으로 설하겠노라.

소와 기름과 꿀과
사탕과 물고기와
고기와 우류와 락과
구걸하여 먹었던 비구니는
세존께서 설하셨나니
제사니가 되느니라.

---

50) 팔리어 Dadhi(다디)의 번역이고, 응고된 우유를 가리킨다.

◎ 비구 분별에서 중학법의 자세한 서술은 생략한다.

◉ 비구니의 분별제처장(分別制處章)을 마친다.

2. 죄수(罪數)[51]

1) 4바라이(波羅夷)[52]

(1) 제1송출품

1-1 "염심(染心)을 지녔던 비구니가 염심이 있는 남자의 몸을 접촉하여 즐거움을 받았던 자는 몇 종류의 죄를 범하는가? 염심을 지녔던 비구니가 염심이 있는 남자의 몸을 접촉하여 즐거움을 받았던 자는 세 종류의 죄를 범하느니라. 목뼈(頸骨)[53]의 아래부터 무릎의 위를 잡고서 어루만지면서 즐거움을 받는 자는 바라이이고, 목뼈의 위와 무릎의 아래를 잡고서 어루만지면서 즐거움을 받는 자는 투란차이며, 위의를 잃은 것을 덮어서 감추는 자는 돌길라이다. 염심을 지녔던 비구니가 염심이 있는 남자의 몸을 접촉하여 즐거움을 받았던 자는 이러한 세 종류의 죄를 범하느니라."

1-2 "비구니의 죄를 덮어서 감추었던 자는 몇 종류의 죄를 범하는가? 비구니가 비구니의 죄를 덮어서 감추었던 자는 세 종류의 죄를 범하느니라. 바라법을 범하였다고 알면서도 덮어서 감추는 자는 바라이이고, 경의심이 있었으나 덮어서 감추는 자는 투란차이고, 몸에 부착한 물건을

---

51) 팔리어 Katāpattivāra(카타파띠바라)의 번역이다.
52) 팔리어 Pārājikakaṇḍa(파라지카칸다)의 번역이다.
53) 척추뼈의 가운데에서 가장 위쪽 목에 있는 일곱 개의 뼈를 가리킨다.

어루만지면서 즐거움을 받는 자는 돌길라이다. 비구니의 죄를 덮어서 감추었던 자는 이러한 세 종류의 죄를 범하느니라."

1-3 "빈출(擯出)되었던 비구를 수순하였고, 세 번을 충고하였으나 버리지 않는 자는 몇 종류의 죄를 범하는가? 빈출되었던 비구를 수순하였고, 세 번을 충고하였으나 버리지 않는 자는 세 종류의 죄를 범하느니라. 갈마를 아뢰었다면 돌길라이고, 두 번을 갈마하였다면 투란차이고, 갈마를 마쳤다면 바라이이다. 빈출되었던 비구를 수순하였고, 세 번을 충고하였으나 버리지 않는 자는 이러한 세 종류의 죄를 범하느니라."

1-4 "8사(八事)가 성립된 자는 몇 종류의 죄를 범하는가? 8사가 성립된 자는 세 종류의 죄를 범하느니라. 남자가 어느 곳을 말하였으므로 갔던 자는 돌길라이고, 남자 팔을 펼치는 안으로 이르렀던 자는 투란차이고, 8사가 성립된 자는 바라이이다. 8사가 성립된 자는 이러한 세 종류의 죄를 범하느니라."

[바라이를 마친다.]

○ **첫째의 송출품을 마친다.**

2) 승잔(僧殘)[54]

(1) 제1송출품

2-1 "비구니가 소송하는 자는 세 종류의 죄를 범하느니라. 한 사람과

---

54) 팔리어 Pārājikakaṇḍa(파라지카칸다)의 번역이다.

소송하였던 자는 돌길라이고, 두 사람과 소송하였던 자는 투란차이고, 소송을 마쳤던 자는 바라이니라."

2-2 "적녀에게 구족계를 받게 시켰던 자는 세 종류의 죄를 범하느니라. 갈마를 아뢰었다면 돌길라이고, 두 번을 갈마하였다면 투란차이며, 갈마를 마쳤다면 승잔이니라."

2-3 "혼자서 취락 안으로 갔던 자는 세 종류의 죄를 범하느니라. 떠났다면 돌길라이고, 첫째의 발걸음이 울타리를 지났다면 투란차이며, 둘째의 발걸음이 울타리를 지났다면 승잔이니라."

2-4 "화합승가가 여법하고 율과 같으며 스승의 가르침과 같이 비구니의 죄를 거론하였고, 갈마가 승가의 허락을 얻지 못하였으며, 승가의 대중이 인정하지 않았는데, 죄를 풀어주는 자는 세 종류의 죄를 범하느니라. 갈마를 아뢰었다면 돌길라이고, 두 번을 갈마하였다면 투란차이며, 갈마를 마쳤다면 승잔이니라."

2-5 "비구니가 염심을 지니고 염심이 있는 남자의 손에서 스스로가 손으로써 단단한 음식이거나, 부드러운 음식을 받아서 먹었던 자는 세 종류의 죄를 범하느니라. '음식을 먹겠다.'라고 붙잡았다면 투란차이고, 목으로 삼키는 것마다 승잔이며, 치목을 잡았다면 돌길라이니라."

2-6 "존매여. 그대가 염심이 없는 까닭이라면, 그 남자가 염심이 있거나 없더라도 그대를 마주하고서 무엇을 하겠습니까? 그러므로 존매는 그 남자가 그대에게 주는 단단한 음식이거나, 혹은 부드러운 음식을 스스로가 손으로 받으세요.'라고 권유하여 말하였다면 세 종류의 죄를 범하느니라. 그 비구가 그녀의 말에 의지하여 '음식을 먹겠다.'라고 말하면서 붙잡았다면 돌길라이고, 목으로 삼켰다면 투란차이며, 음식을 먹었다면

승잔이니라.”

2-7 “성내고 기쁘지 않았던 비구니에게 세 번을 충고하였으나 그것을 버리지 않았던 자는 세 종류의 죄를 범하느니라. 갈마를 아뢰었다면 돌길라이고, 두 번을 갈마하였다면 투란차이며, 갈마를 마쳤다면 승잔이니라.”

2-8 “어떠한 쟁사에서 비구니가 꾸짖음을 받았으므로 세 번을 충고하였으나 그것을 버리지 않았던 자는 세 종류의 죄를 범하느니라. 갈마를 아뢰었다면 돌길라이고, 두 번을 갈마하였다면 투란차이며, 갈마를 마쳤다면 승잔이니라.”

2-9 “비구니가 재가인과 서로가 친근하였으므로 세 번을 충고하였으나 그것을 버리지 않았던 자는 세 종류의 죄를 범하느니라. 갈마를 아뢰었다면 돌길라이고, 두 번을 갈마하였다면 투란차이며, 갈마를 마쳤다면 승잔이니라.”

2-10 “‘대매들이여. 그대들은 마땅히 친근하게 머무십시오. 그대들은 각자 별도로 머무르지 마십시오.’라고 세 번을 충고하였으나 그것을 버리지 않았던 자는 세 종류의 죄를 범하느니라. 갈마를 아뢰었다면 돌길라이고, 두 번을 갈마하였다면 투란차이며, 갈마를 마쳤다면 승잔이니라.”

[승잔을 마친다.]

○ 첫째의 송출품을 마친다.

3) 사타(捨墮)[55]

(1) 제1송출품

3-1 "발우를 저축하는 자는 한 종류의 죄를 범하나니, 사타이니라."

3-2 "비시의를 시의로 삼아서 분배하는 자는 두 종류의 죄를 범하나니, 분배하고자 하였다면 돌길라이고, 분배하였다면 사타이니라."

3-3 "비구니와 함께 옷을 교환하고서 뒤에 빼앗아 취하는 자는 두 종류의 죄를 범하나니, 빼앗고자 하였다면 돌길라이고, 빼앗았다면 사타이니라."

3-4 "이것을 구걸하고서 뒤에 또한 구걸하는 자는 두 종류의 죄를 범하나니, 구걸하고자 하였다면 돌길라이고, 구걸하였다면 사타이니라."

3-5 "이것을 구매하고서 뒤에 또한 구매하는 자는 두 종류의 죄를 범하나니, 구매하고자 하였다면 돌길라이고, 구매하였다면 사타이니라."

3-6 "이미 승가를 위하여 지정하여 보시하여 주었던 재물로 다른 물건을 구매하는 자는 두 종류의 죄를 범하나니, 구매하고자 하였다면 돌길라이고, 구매하였다면 사타이니라."

3-7 "이미 승가를 위하여 지정하여 보시하여 주었던 재물과 스스로가 구걸한 재물로 다른 물건을 구매하는 자는 두 종류의 죄를 범하나니, 구매하고자 하였다면 돌길라이고, 구매하였다면 사타이니라."

---

55) 팔리어 Nissaggiyakaṇḍa(니싸끼야칸다)의 번역이다.

3-8 "이미 대중을 위하여 지정하여 보시하여 주었던 재물로 다른 물건을 구매하는 자는 두 종류의 죄를 범하나니, 구매하고자 하였다면 돌길라이고, 구매하였다면 사타이니라."

3-9 "이미 대중을 위하여 지정하여 보시하여 주었던 재물과 스스로가 구걸한 재물로 다른 물건을 구매하는 자는 두 종류의 죄를 범하나니, 구매하고자 하였다면 돌길라이고, 구매하였다면 사타이니라."

3-10 "이미 개인을 위하여 지정하여 보시하여 주었던 재물과 스스로가 구걸한 재물로 다른 물건을 구매하는 자는 두 종류의 죄를 범하나니, 구매하고자 하였다면 돌길라이고, 구매하였다면 사타이니라."

3-11 "두꺼운 옷을 구하면서 최고로 4강사를 넘기는 자는 두 종류의 죄를 범하나니, 구하고자 하였다면 돌길라이고, 구하였다면 사타이니라."

3-12 "얇은 옷을 구하면서 최고로 $2\frac{1}{2}$ 강사를 넘기는 자는 두 종류의 죄를 범하나니, 구하고자 하였다면 돌길라이고, 구하였다면 사타이니라."

[사타를 마친다.]

○ 첫째의 송출품을 마친다.

4) 바일제(波逸提)56)

(1) 제1송출품57)

4-1 "마늘을 먹는 자는 두 종류의 죄를 범하나니, 먹으려고 붙잡았던 자는 돌길라이고, 목으로 삼키는 것마다 바일제이니라."

4-2 "은밀한 곳의 털을 깎는 자는 두 종류의 죄를 범하나니, 깎으려고 하였던 자는 돌길라이고, 이미 깎았던 자는 바일제이니라."

4-3 "손바닥으로 두드리는 자는 두 종류의 죄를 범하나니, 두드리려고 하였던 자는 돌길라이고, 이미 두드렸던 자는 바일제이니라."

4-4 "수교의 생지를 사용하는 자는 두 종류의 죄를 범하나니, 사용하려고 하였던 자는 돌길라이고, 이미 사용하였던 자는 바일제이니라."

4-5 "물로써 은밀한 곳을 씻으면서 최고로 두 마디를 넘겼던 자는 두 종류의 죄를 범하나니, 넘기려고 하였던 자는 돌길라이고, 이미 넘겼던 자는 바일제이니라."

4-6 "음식이거나, 혹은 부채로써 비구를 시중드는 자는 두 종류의 죄를 범하나니, 손을 펼치는 안으로 떨어져 서 있었던 자는 바일제이고, 손을 펼치는 바깥으로 떨어져 서 있었던 자는 돌길라이니라."

4-7 "날곡식을 먹는 자는 두 종류의 죄를 범하나니, 먹으려고 붙잡았던 자는 돌길라이고, 목으로 삼키는 것마다 바일제이니라."

---

56) 팔리어 Pācittiyakaṇḍa(파시띠야칸다)의 번역이다.
57) 신품을 가리킨다.

4-8 "소변이거나, 혹은 대변이거나, 혹은 쓰레기이거나, 혹은 음식물 찌꺼기를 담장 밖으로 던지는 자는 두 종류의 죄를 범하나니, 던지려고 하였던 자는 돌길라이고, 던졌던 때라면 바일제이니라."

4-9 "소변이거나, 혹은 대변이거나, 혹은 쓰레기이거나, 혹은 음식물 찌꺼기를 푸른 풀의 위에 버리는 자는 두 종류의 죄를 범하나니, 버리려고 하였던 자는 돌길라이고, 버렸던 때라면 바일제이니라."

4-10 "춤추거나, 노래하거나, 연주하는 것을 보고 들으려고 갔던 자는 두 종류의 죄를 범하나니, 갔던 자는 돌길라이고, 그곳에 서 있으면서 듣고 구경하였던 자는 바일제이니라."

○ **첫째의 송출품을 마친다.**

(2) 제2송출품[58]

4-11 "어두운 밤의 가운데에 불빛이 없는 곳에서 남자와 함께 혼자서 서 있는 자는 두 종류의 죄를 범하나니, 손을 펼치는 안에 떨어져 있었던 자는 바일제이고, 손을 펼치는 바깥으로 떨어져 있었던 자는 돌길라이니라."

4-12 "가려진 곳에서 남자와 함께 혼자서 서 있는 자는 두 종류의 죄를 범하나니, 손을 펼치는 안에 떨어져 있었던 자는 바일제이고, 손을 펼치는 바깥으로 떨어져 있었던 자는 돌길라이니라."

4-13 "드러난 곳에서 남자와 함께 혼자서 서 있는 자는 두 종류의 죄를 범하나니, 손을 펼치는 안에 떨어져 있었던 자는 바일제이고, 손을 펼치는

---

58) 암야품을 가리킨다.

바깥으로 떨어져 있었던 자는 돌길라이니라."

4-14 "차도에서, 골목길에서, 네거리에서, 남자와 함께 혼자서 서 있는 자는 두 종류의 죄를 범하나니, 손을 펼치는 안에 떨어져 있었던 자는 바일제이고, 손을 펼치는 바깥으로 떨어져 있었던 자는 돌길라이니라."

4-15 "식전에 속가에 이르러 좌상 위에 앉았으나, 주인에게 알리지 않고서 떠나가는 자는 두 종류의 죄를 범하느니라. 첫째의 발걸음이 처마를 지났다면 돌길라이고, 둘째의 발걸음이 처마를 지났다면 바일제이니라."

4-16 "식후에 속가에 이르러 주인에게 알리지 않고서 좌상이거나, 와상에 앉는 자는 두 종류의 죄를 범하느니라. 앉으려고 하였던 자는 돌길라이고, 이미 앉았던 자는 바일제이니라."

4-17 "때가 아닌 때에 속가에 이르러 주인에게 알리지 않고서 와상을 펼치게 시키거나, 와상에 앉는 자는 두 종류의 죄를 범하느니라. 앉으려고 하였던 자는 돌길라이고, 이미 앉았던 자는 바일제이니라."

4-18 "말을 잘 받아들이지 못하여 오해하고서 다른 사람을 원망하는 자는 두 종류의 죄를 범하느니라. 원망하려고 하였던 자는 돌길라이고, 이미 원망하였던 자는 바일제이니라."

4-19 "스스로와 다른 사람을 마주하고서 지옥이나, 범행으로써 저주하였던 자는 두 종류의 죄를 범하느니라. 저주하려고 하였던 자는 돌길라이고, 이미 저주하였던 자는 바일제이니라."

4-20 "어느 처소에서 스스로를 때리면서 울부짖었던 자는 두 종류의 죄를 범하느니라. 때리면서 울부짖었던 자는 바일제이고, 때리면서 울부

짖지 않았던 자는 돌길라이니라."

○ **둘째의 송출품을 마친다.**

(3) 제3송출품[59]

4-21 "어느 처소에서 나체로 목욕하였던 자는 두 종류의 죄를 범하느니라. 목욕하려고 하였던 자는 돌길라이고, 이미 목욕하였다면 바일제이니라."

4-22 "양을 넘겨서 목욕의를 지었던 자는 두 종류의 죄를 범하느니라. 지으려고 하였던 자는 돌길라이고, 이미 지었다면 바일제이니라."

4-23 "비구니의 옷을 풀어헤치거나, 풀어헤치게 시켰으나, 꿰매지 않았거나, 혹은 꿰매려고 노력하지 않았던 자는 한 종류의 죄를 범하나니, 바일제이니라."

4-24 "승가리를 입지 않고서 5일밤이 지나갔던 자는 한 종류의 죄를 범하나니, 바일제이니라."

4-25 "다른 사람이 소유하였던 옷을 입었던 자는 두 종류의 죄를 범하느니라. 입으려고 하였던 자는 돌길라이고, 입었다면 바일제이니라."

4-26 "승가 대중이 옷을 얻는 것을 방해하였던 자는 두 종류의 죄를 범하느니라. 방해하려고 하였던 자는 돌길라이고, 이미 방해하였다면 바일제이니라."

---

59) 팔리어 Nahānavagga(나하나바까)의 번역이고, 목욕품(沐浴品)을 뜻한다.

4-27 "여법하게 옷을 분배하는 것을 막았던 자는 두 종류의 죄를 범하느니라. 막으려고 하였던 자는 돌길라이고, 막았다면 바일제이니라."

4-28 "사문의 옷을 재가자, 혹은 변행외도남, 변행외도녀 등에게 주었던 자는 두 종류의 죄를 범하느니라. 주려고 하였던 자는 돌길라이고, 이미 주었다면 바일제이니라."

4-29 "확실하지 않은 옷을 희망하면서 옷의 때를 넘겼던 자는 두 종류의 죄를 범하느니라. 넘기려고 하였던 자는 돌길라이고, 이미 넘겼다면 바일제이니라."

4-30 "여법하게 가치나의를 버리는 것을 막았던 자는 두 종류의 죄를 범하느니라. 막으려고 하였던 자는 돌길라이고, 막았다면 바일제이니라."

○ **셋째의 송출품을 마친다.**

(4) **제4송출품**[60]

4-31 "어느 처소에서 두 비구니가 함께 하나의 평상에 누웠던 자는 두 종류의 죄를 범하느니라. 누우려고 하였던 자는 돌길라이고, 이미 누웠다면 바일제이니라."

4-32 "두 비구니가 함께 하나의 요에 누웠던 자는 두 종류의 죄를 범하느니라. 누우려고 하였던 자는 돌길라이고, 이미 누웠다면 바일제이니라."

4-33 "고의로 비구니를 뇌란시켰던 자는 두 종류의 죄를 범하느니라.

---

60) 팔리어 Tuvaṭṭavagga(투바따바까)의 번역이고, 공와품(共臥品)을 뜻한다.

뇌란시키려고 하였던 자는 돌길라이고, 이미 뇌란시켰다면 바일제이니라."

4-34 "함께 머무르는 병든 비구니를 간병하지 않았거나, 또한 간병하지 않으려고 달아났던 자는 한 종류의 죄를 범하나니, 바일제이니라."

4-35 "비구니와 함께 방사에 머물렀으나, 뒤에 성내고 기쁘지 않아서 곧 쫓아내거나, 혹은 쫓아내게 시켰던 자는 두 종류의 죄를 범하느니라. 쫓아내려고 하였던 자는 돌길라이고, 이미 쫓아냈던 자는 바일제이니라."

4-36 "재가자와 친근하였던 비구니에게 세 번을 충고하였으나, 버리지 않았던 자는 두 종류의 죄를 범하느니라. 갈마를 아뢰었던 자는 돌길라이고, 갈마를 마쳤다면 바일제이니라."

4-37 "국내에 위험이 있었고 공포가 있었는데, 상단과 함께 다니지 않고 유행하였던 자는 두 종류의 죄를 범하느니라. 가려고 하였던 자는 돌길라이고, 갔다면 바일제이니라."

4-38 "국외에 위험이 있었고 공포가 있었는데, 상단과 함께 다니지 않고 유행하였던 자는 두 종류의 죄를 범하느니라. 가려고 하였던 자는 돌길라이고, 갔다면 바일제이니라."

4-39 "우기의 중간에 유행하였던 자는 두 종류의 죄를 범하느니라. 가려고 하였던 자는 돌길라이고, 갔다면 바일제이니라."

4-40 "안거를 마치고서 비구니가 밖으로 유행하지 않았던 자는 한 종류의 죄를 범하나니, 바일제이니라."

○ **넷째의 송출품을 마친다.**

(5) 제5송출품[61]

4-41 "왕궁, 미술관, 혹은 공원, 혹은 원림, 혹은 연지 등을 가서 구경하였던 자는 두 종류의 죄를 범하느니라. 갔던 자는 돌길라이고, 그곳에서 있으며 구경하였다면 바일제이니라."

4-42 "긴 의자와 안락 의자를 사용하였던 자는 두 종류의 죄를 범하느니라. 사용하려고 하였던 자는 돌길라이고, 사용하였다면 바일제이니라."

4-43 "실을 짰던 자는 두 종류의 죄를 범하느니라. 짜려고 하였던 자는 돌길라이고, 꼬아서 말았던 자는 바일제이니라."

4-44 "재가자의 일을 하였던 자는 두 종류의 죄를 범하느니라. 하려고 하였던 자는 돌길라이고, 하였던 때라면 바일제이니라."

4-45 "비구니가 '존매여. 오시어 이러한 쟁사를 소멸시키십시오.'라고 말하였고, '알겠습니다.'라고 대답하였으나, 소멸시키지 않았거나, 혹은 소멸시키려고 노력하지도 않았던 자는 한 종류의 죄를 범하나니, 바일제이니라."

4-46 "스스로의 손으로 단단한 음식이거나, 혹은 부드러운 음식을 재가자, 혹은 변행외도남, 변행외도녀 등에게 주었던 자는 두 종류의 죄를 범하느니라. 주려고 하였던 자는 돌길라이고, 주었다면 바일제이니라."

4-47 "월기의를 계속하여 사용하였던 자는 두 종류의 죄를 범하느니라. 사용하려고 하였던 자는 돌길라이고, 사용하였다면 바일제이니라."

---

61) 팔리어 Cittāgāravagga(치따가라바까)의 번역이고, 서당품(書堂品)을 뜻한다.

4-48 "주처를 버리지 않고서 유행하였던 자는 두 종류의 죄를 범하느니라. 첫째의 발걸음이 울타리를 지났다면 돌길라이고, 둘째의 발걸음이 울타리를 지났다면 바일제이니라."

4-49 "축생주를 배웠던 자는 두 종류의 죄를 범하느니라. 배우려고 하였던 자는 돌길라이고, 그것을 배우는 구절마다 바일제이니라."

4-50 "어느 축생주를 가르쳤던 자는 두 종류의 죄를 범하느니라. 가르치려고 하였던 자는 돌길라이고, 그것을 가르치는 구절마다 바일제이니라."

○ **다섯째의 송출품을 마친다.**

(6) **제6송출품**[62]

4-51 "비구가 있는 승원이라고 알았으나, 묻지 않고서 들어갔던 자는 두 종류의 죄를 범하느니라. 첫째의 발걸음이 울타리를 지났다면 돌길라이고, 둘째의 발걸음이 울타리를 지났다면 바일제이니라."

4-52 "비구를 욕하였고 꾸짖었던 자는 두 종류의 죄를 범하느니라. 욕하고 꾸짖으려고 하였던 자는 돌길라이고, 욕하고 꾸짖었다면 바일제이니라."

4-53 "성내면서 대중을 꾸짖었던 자는 두 종류의 죄를 범하느니라. 꾸짖으려고 하였던 자는 돌길라이고, 꾸짖었다면 바일제이니라."

4-54 "청을 받고서 충분하게 먹었으나, 다시 작식을 먹었거나, 혹은

---

62) 팔리어 Ārāmavagga(아라마바까)의 번역이고, 승원품(僧園品)을 뜻한다.

담식을 먹었던 자는 두 종류의 죄를 범하느니라. '음식을 먹겠다.'라고 붙잡았다면 돌길라이고, 목으로 삼키는 것마다 바일제이니라."

4-55 "속가를 간탐하였던 자는 두 종류의 죄를 범하느니라. 간탐하려고 하였던 자는 돌길라이고, 간탐하였다면 바일제이니라."

4-56 "비구가 없었던 주처에서 안거하였던 자는 두 종류의 죄를 범하느니라. '안거에 들어가겠다.'라고 처소, 음식, 마시는 물을 준비하고 방사를 청소하였던 자는 돌길라이고, 날이 밝아졌다면 바일제이니라."

4-57 "비구니가 안거를 마치고서 2부승가의 가운데에서 3사의 일에 의지하여 자자를 행하지 않았던 자는 한 종류의 죄를 범하나니, 바일제이니라."

4-58 "교계하는 곳과 함께 머무르는 일에 가지 않았던 자는 한 종류의 죄를 범하나니, 바일제이니라."

4-59 "포살을 묻지 않았고 교계를 애원하지 않았던 자는 한 종류의 죄를 범하나니, 바일제이니라."

4-60 "하체에 생겨났던 종기나 부스럼을 승가의 허락을 받지 않았으나, 혼자서 한 남자와 함께 터트렸던 자는 두 종류의 죄를 범하느니라. 터트리려고 하였던 자는 돌길라이고, 터트렸다면 바일제이니라."

○ **여섯째의 송출품을 마친다.**

(7) 제7송출품[63]

4-61 "임산부에게 구족계를 받게 시켰던 자는 두 종류의 죄를 범하느니라. 구족계를 받게 하려고 하였던 자는 돌길라이고, 구족계를 받게 하였다면 바일제이니라."

4-62 "어린 아이가 있었던 여인에게 구족계를 받게 시켰던 자는 두 종류의 죄를 범하느니라. 구족계를 받게 하려고 하였던 자는 돌길라이고, 구족계를 받게 하였다면 바일제이니라."

4-63 "2년 동안에 6법을 배우지 않았던 식차마나에게 구족계를 받게 시켰던 자는 두 종류의 죄를 범하느니라. 구족계를 받게 하려고 하였던 자는 돌길라이고, 구족계를 받게 하였다면 바일제이니라."

4-64 "2년 동안에 6법을 배웠던 식차마나가 승가의 허락을 얻지 않았는데, 구족계를 받게 시켰던 자는 두 종류의 죄를 범하느니라. 구족계를 받게 하려고 하였던 자는 돌길라이고, 구족계를 받게 하였다면 바일제이니라."

4-65 "20세를 채우지 않았고 일찍 시집갔던 여인에게 구족계를 받게 시켰던 자는 두 종류의 죄를 범하느니라. 구족계를 받게 하려고 하였던 자는 돌길라이고, 구족계를 받게 하였다면 바일제이니라."

4-66 "20세를 채웠고 일찍 시집갔던 여인이 2년 동안에 6법을 배우지 않았는데, 구족계를 받게 시켰던 자는 두 종류의 죄를 범하느니라. 구족계를 받게 하려고 하였던 자는 돌길라이고, 구족계를 받게 하였다면 바일제이니라."

---

63) 팔리어 Gabbhinīvagga(가삐니바까)의 번역이고, 임부품(妊婦品)을 뜻한다.

4-67 "20세를 채웠고 일찍 시집갔던 여인이 2년 동안에 6법을 배웠어도 승가의 허락을 얻지 않았는데, 구족계를 받게 시켰던 자는 두 종류의 죄를 범하느니라. 구족계를 받게 하려고 하였던 자는 돌길라이고, 구족계를 받게 하였다면 바일제이니라."

4-68 "제자에게 구족계를 받게 하고서 뒤에 2년 동안을 가르치고 보호하지 않았으며, 또한 가르치고 보호하게 시키지 않았던 자는 한 종류의 죄를 범하나니, 바일제이니라."

4-69 "구족계를 받고서 뒤에 2년 동안을 스승을 따르면서 배우지 않았던 자는 한 종류의 죄를 범하나니, 바일제이니라."

4-70 "어느 처소에서 제자에게 구족계를 받게 하고서 떠나보내지 않았거나, 또한 떠나보내게 시키지 않았던 자는 한 종류의 죄를 범하나니, 바일제이니라."

○ **일곱째의 송출품을 마친다.**

(8) 제8송출품[64]

4-71 "20세를 채우지 않았던 동녀에게 구족계를 받게 시켰던 자는 두 종류의 죄를 범하느니라. 구족계를 받게 하려고 하였던 자는 돌길라이고, 구족계를 받게 하였다면 바일제이니라."

4-72 "20세를 채웠던 동녀가 2년 동안에 6법을 배우지 않았는데, 구족계를 받게 시켰던 자는 두 종류의 죄를 범하느니라. 구족계를 받게 하려고

---

64) 팔리어 Kumārībhūtavagga(쿠마리부다바까)의 번역이고, 임부품(姙婦品)을 뜻한다.

하였던 자는 돌길라이고, 구족계를 받게 하였다면 바일제이니라.”

4-73 “20세를 채웠던 동녀가 2년 동안에 6법을 배웠어도 승가의 허락을 얻지 않았는데, 구족계를 받게 시켰던 자는 두 종류의 죄를 범하느니라. 구족계를 받게 하려고 하였던 자는 돌길라이고, 구족계를 받게 하였다면 바일제이니라.”

4-74 “구족계를 받은 뒤에 12년을 채우지 않았는데, 사람에게 구족계를 주게 시켰던 자는 두 종류의 죄를 범하느니라. 구족계를 받게 하려고 하였던 자는 돌길라이고, 구족계를 받게 하였다면 바일제이니라.”

4-75 “구족계를 받은 뒤에 12년을 채웠어도 승가의 허락을 얻지 않았는데, 사람에게 구족계를 주게 시켰던 자는 두 종류의 죄를 범하느니라. 구족계를 받게 하려고 하였던 자는 돌길라이고, 구족계를 받게 하였다면 바일제이니라.”

4-76 “대매여. 진실로 구족계를 줄 수 있는 스승으로 충족되었습니다.’라고 말하였던 때에, ‘알겠습니다.’라고 대답하고서 뒤에 성내고 비난하였던 자는 두 종류의 죄를 범하느니라. 성내려고 하였던 자는 돌길라이고, 성냈다면 바일제이니라.”

4-77 “식차마나에게 ‘자매여. 그대가 만약 나에게 옷을 준다면 내가 그대에게 구족계를 주겠습니다.’라고 말하였으나, 구족계를 받게 시키지 않았거나, 또한 구족계를 받게 시키는 것을 노력하지 않았던 자는 한 종류의 죄를 범하나니, 바일제이니라.”

4-78 “식차마나에게 ‘자매여. 그대가 만약 나를 따라서 2년을 배운다면 내가 그대에게 구족계를 주겠습니다.’라고 말하였으나, 구족계를 받게

시키지 않았거나, 또한 구족계를 받게 시키는 것을 노력하지 않았던 자는 한 종류의 죄를 범하나니, 바일제이니라."

4-79 "남자 및 동자와 교류하였던 인연으로 성내면서 근심하는 식차마나에게 구족계를 받게 시켰던 자는 두 종류의 죄를 범하느니라. 구족계를 받게 하려고 하였던 자는 돌길라이고, 구족계를 받게 하였다면 바일제이니라."

4-80 "부모와 남편이 허락하지 않았던 식차마나에게 구족계를 받게 시켰던 자는 두 종류의 죄를 범하느니라. 구족계를 받게 하려고 하였던 자는 돌길라이고, 구족계를 받게 하였다면 바일제이니라."

4-81 "별주하였던 자들에게 욕을 주었던 이유로 식차마나에게 구족계를 받게 시켰던 자는 두 종류의 죄를 범하느니라. 구족계를 받게 하려고 하였던 자는 돌길라이고, 구족계를 받게 하였다면 바일제이니라."

4-82 "해마다 구족계를 받게 시켰던 자는 두 종류의 죄를 범하느니라. 구족계를 받게 하려고 하였던 자는 돌길라이고, 구족계를 받게 하였다면 바일제이니라."

4-83 "1년에 두 사람을 구족계를 받게 시켰던 자는 두 종류의 죄를 범하느니라. 구족계를 받게 하려고 하였던 자는 돌길라이고, 구족계를 받게 하였다면 바일제이니라."

○ **여덟째의 송출품을 마친다.**

(9) 제9송출품[65]

4-84 "일산을 펼치고 신발을 신었던 자는 두 종류의 죄를 범하느니라. 일산을 펼치고 신발을 신으려고 하였던 자는 돌길라이고, 일산을 펼치고 신발을 신었다면 바일제이니라."

4-85 "탈 것에 타고 앉아서 갔던 자는 두 종류의 죄를 범하느니라. 타고서 가려고 하였던 자는 돌길라이고, 타고서 갔다면 바일제이니라."

4-86 "요포를 입었던 자는 두 종류의 죄를 범하느니라. 입으려고 하였던 자는 돌길라이고, 입었다면 바일제이니라."

4-87 "여인의 장엄구를 착용하였던 자는 두 종류의 죄를 범하느니라. 착용하려고 하였던 자는 돌길라이고, 착용하였다면 바일제이니라."

4-88 "향과 지분을 발랐던 자는 두 종류의 죄를 범하느니라. 바르려고 하였던 자는 돌길라이고, 발랐다면 바일제이니라."

4-89 "향료와 호마의 찌꺼기를 몸에 발랐던 자는 두 종류의 죄를 범하느니라. 바르려고 하였던 자는 돌길라이고, 발랐다면 바일제이니라."

4-90 "비구니에게 몸을 주무르게 시키고 안마를 시켰던 자는 두 종류의 죄를 범하느니라. 주무르고 안마하게 하려고 하였던 자는 돌길라이고, 주무르고 안마하였다면 바일제이니라."

4-91 "식차마나에게 몸을 주무르게 시키고 안마를 시켰던 자는 두 종류의

---

65) 팔리어 Chattupāhanavagga(차뚜바하나바까)의 번역이고, 개품(蓋品)을 뜻한다.

죄를 범하느니라. 주무르고 안마하게 하려고 하였던 자는 돌길라이고, 주무르고 안마하였다면 바일제이니라."

4-92 "사미니에게 몸을 주무르게 시키고 안마를 시켰던 자는 두 종류의 죄를 범하느니라. 주무르고 안마하게 하려고 하였던 자는 돌길라이고, 주무르고 안마하였다면 바일제이니라."

4-93 "백의녀에게 몸을 주무르게 시키고 안마를 시켰던 자는 두 종류의 죄를 범하느니라. 주무르고 안마하게 하려고 하였던 자는 돌길라이고, 주무르고 안마하였다면 바일제이니라."

4-94 "비구의 앞에서 묻지 않고서 좌상의 위에 앉았던 자는 두 종류의 죄를 범하느니라. 앉으려고 하였던 자는 돌길라이고, 앉았다면 바일제이니라."

4-95 "어느 처소에서 허락받지 않고서 비구에게 물었던 자는 두 종류의 죄를 범하느니라. 물으려고 하였던 자는 돌길라이고, 물었다면 바일제이니라."

4-96 "어느 처소에서 승기지를 입지 않고서 취락에 들어갔던 자는 두 종류의 죄를 범하느니라. 들어가려고 하였던 자는 돌길라이고, 들어갔다면 바일제이니라."

[96바일제를 마친다.]

　○ **아홉째의 송출품을 마친다.**

5) 제사니(提舍尼)의 계목[66]

(1) 제1송출품[67]

5-1 "소를 구걸하여 먹었던 자는 두 종류의 죄를 범하느니라. '음식을 먹겠다.' 라고 붙잡았다면 돌길라이고, 목으로 삼키는 것마다 바일제이니라."

5-2 "기름을 구걸하여 먹었던 자는 두 종류의 죄를 범하느니라. '음식을 먹겠다.'라고 붙잡았다면 돌길라이고, 목으로 삼키는 것마다 바일제이니라."

5-3 "꿀을 구걸하여 먹었던 자는 두 종류의 죄를 범하느니라. '음식을 먹겠다.'라고 붙잡았다면 돌길라이고, 목으로 삼키는 것마다 바일제이니라."

5-4 "사탕을 구걸하여 먹었던 자는 두 종류의 죄를 범하느니라. '음식을 먹겠다.'라고 붙잡았다면 돌길라이고, 목으로 삼키는 것마다 바일제이니라."

5-5 "물고기를 구걸하여 먹었던 자는 두 종류의 죄를 범하느니라. '음식을 먹겠다.'라고 붙잡았다면 돌길라이고, 목으로 삼키는 것마다 바일제이니라."

5-6 "고기를 구걸하여 먹었던 자는 두 종류의 죄를 범하느니라. '음식을 먹겠다.'라고 붙잡았다면 돌길라이고, 목으로 삼키는 것마다 바일제이니라."

5-7 "우유를 구걸하여 먹었던 자는 두 종류의 죄를 범하느니라. '음식을 먹겠다.'라고 붙잡았다면 돌길라이고, 목으로 삼키는 것마다 바일제이니라."

5-8 "락을 구걸하여 먹었던 자는 두 종류의 죄를 범하느니라. '음식을

---

66) 팔리어 Pāṭidesanīyakaṇḍa(파티데사니야칸다)의 번역이다.
67) 팔리어 Lasuṇavagga(라수나바까)의 번역이고, 산품(蒜品)을 뜻한다.

먹겠다.'라고 붙잡았다면 돌길라이고, 목으로 삼키는 것마다 바일제이니라."

[제사니를 마친다.]

○ 첫째의 송출품을 마친다.

◎ 죄수장을 마친다.

3. 잡송(雜誦)[68]

1) 제정한 처소와 종류

(1) 실괴장(失壞章)[69]

1-1-1 염심을 지녔던 비구니가 염심이 있는 남자의 몸을 접촉하여 즐거움을 받았던 죄는 네 종류의 깨트리는 것의 가운데에서 몇 종류의 깨트리는 것을 따라서 쫓는가? 부정법을 행하는 자는 네 종류의 깨트리는 것의 가운데에서 두 종류의 깨트리는 것을 따라서 쫓나니, 계를 깨트리는 것이 있고 행을 깨트리는 것이 있느니라.

[이하의 내용은 생략한다.] …… 나아가 ……

1-5-8 락을 구걸하여 먹었던 죄는 네 종류의 깨트리는 것의 가운데에서

---

68) 원문에는 없으나 번역의 원활함을 위하여 목차를 삽입하여 번역한다.
69) 팔리어 Vipattivāra(비파띠바라)의 번역이다.

한 종류의 깨트리는 것을 따라서 쫓나니, 행을 깨트리는 것이 있느니라.

[실괴장을 마친다.]

(2) 섭재장(攝在章)[70]

2-1-1 염심을 지녔던 비구니가 염심이 있는 남자의 몸을 접촉하여 즐거움을 받았던 죄는 일곱 종류의 죄목의 가운데에서 몇 종류의 죄목에 귀속되는가? 부정법을 행하는 자는 일곱 종류의 죄목의 가운데에서 세 종류의 죄목에 귀속되나니, 바라이죄에 귀속되거나, 투란차죄에 귀속되거나, 돌길라죄에 귀속되느니라.

[이하의 내용은 생략한다.] …… 나아가 ……

2-5-8 락을 구걸하여 먹었던 죄는 일곱 종류의 죄목의 가운데에서 한 종류의 죄목에 귀속되나니, 제사니죄이니라.

[섭재장을 마친다.]

(3) 등기장(等起章)[71]

3-1-1 염심을 지녔던 비구니가 염심이 있는 남자의 몸을 접촉하여 즐거움을 받았던 죄는 여섯 종류의 죄가 생겨나는 가운데에서 몇 종류를 의지하여 생겨나는가? 염심을 지녔던 비구니가 염심이 있는 남자의 몸을 접촉하여 즐거움을 받았던 죄는 여섯 종류의 죄의 가운데에서 한 종류를 의지하여 생겨나나니, 몸과 뜻을 이유로 생겨나는 것이고, 입을 이유로 생겨나지

---

70) 팔리어 Saṅgahitavāra(산가히타바라)의 번역이다.
71) 팔리어 Samuṭṭhānavāra(사무따나바라)의 번역이다.

않느니라.

　[이하의 내용은 생략한다.] …… 나아가 ……

3-5-8 락을 구걸하여 먹었던 죄는 여섯 종류의 죄의 가운데에서 네 종류가 일어나는 것을 의지하여 생겨났나니, 몸을 이유로 생겨나는 것이고, 말과 뜻을 이유로 생겨나는 것은 아니다. 몸과 말을 이유로 생겨나는 것이고, 뜻을 이유로 생겨나는 것은 아니다. 몸과 뜻을 이유로 생겨나는 것이고, 말을 이유로 생겨나는 것은 아니다. 몸과 말과 뜻을 이유로 생겨나는 것이다.

　[등기장을 마친다.]

　(4) 쟁사장(諍事章)[72]

4-1-1 염심을 지녔던 비구니가 염심이 있는 남자의 몸을 접촉하여 즐거움을 받았던 죄는 네 종류의 쟁사의 가운데에서 무슨 쟁사인가? 염심을 지녔던 비구니가 염심이 있는 남자의 몸을 접촉하여 즐거움을 받았던 자는 네 종류의 쟁사의 가운데에서 범죄쟁사이니라.

　[이하의 내용은 생략한다.] …… 나아가 ……

4-5-8 락을 구걸하여 먹었던 죄는 네 종류의 쟁사 가운데에서 범죄쟁사이니라.

　[쟁사장을 마친다.]

---

72) 팔리어 Adhikaraṇavāra(아디카라나바라)의 번역이다.

(5) 멸쟁장(滅諍章)[73]

5-1-1 염심을 지녔던 비구니가 염심이 있는 남자의 몸을 접촉하여 즐거움을 받았던 죄는 일곱 종류의 멸쟁법 가운데에서 무슨 멸쟁법으로 소멸시키는가? 염심을 지녔던 비구니가 염심이 있는 남자의 몸을 접촉하여 즐거움을 받았던 자는 세 종류의 멸쟁법에 의지하여 그것을 소멸시켜야 하느니라. 현전비니와 자언비니에 의지하는 것이 있고, 현전비니와 여초부지비니에 의지하는 것이 있느니라.

[이하의 내용은 생략한다.] …… 나아가 ……

5-5-8 락을 구걸하여 먹었던 죄는 세 종류의 멸쟁법에 의지하여 그것을 소멸시켜야 하느니라. 현전비니와 자언비니에 의지하는 것이 있고, 현전비니와 여초부지비니에 의지하는 것이 있느니라.

[멸쟁장을 마친다.]

(6) 집합장(集合章)[74]

6-1-1 염심을 지녔던 비구니가 염심이 있는 남자의 몸을 접촉하여 즐거움을 받았던 자는 몇 종류의 죄를 범하는가? 염심을 지녔던 비구니가 염심이 있는 남자의 몸을 접촉하여 즐거움을 받았던 자는 세 종류의 죄를 범하느니라. 목뼈의 아래부터 무릎의 위를 잡고서 어루만지면서 즐거움을 받는 자는 바라이이고, 목뼈의 위와 무릎의 아래를 잡고서 어루만지면서 즐거움을 받는 자는 투란차이며, 위의를 잃은 것을 덮어서 감추는 자는 돌길라이다. 염심을 지녔던 비구니가 염심이 있는 남자의

---

73) 팔리어 Samathavāra(사마타바라)의 번역이다.
74) 팔리어 Samuccayavāra(사무짜야바라)의 번역이다.

몸을 접촉하여 즐거움을 받았던 자는 이러한 세 종류의 죄를 범하느니라.

염심을 지녔던 비구니가 염심이 있는 남자의 몸을 접촉하여 즐거움을 받았던 죄는 네 종류의 깨트리는 것의 가운데에서 몇 종류의 깨트리는 것을 따라서 쫓는가? 염심을 지녔던 비구니가 염심이 있는 남자의 몸을 접촉하여 즐거움을 받았던 죄는 일곱 종류의 죄목의 가운데에서 몇 종류의 죄목에 귀속되는가? 염심을 지녔던 비구니가 염심이 있는 남자의 몸을 접촉하여 즐거움을 받았던 죄는 여섯 종류의 죄가 생겨나는 가운데에서 몇 종류를 의지하여 생겨나는가? 염심을 지녔던 비구니가 염심이 있는 남자의 몸을 접촉하여 즐거움을 받았던 죄는 네 종류의 쟁사 가운데에서 무슨 쟁사인가? 염심을 지녔던 비구니가 염심이 있는 남자의 몸을 접촉하여 즐거움을 받았던 죄는 일곱 종류의 멸쟁법 가운데에서 무슨 멸쟁법으로 소멸시키는가?

염심을 지녔던 비구니가 염심이 있는 남자의 몸을 접촉하여 즐거움을 받았던 자는 네 종류의 깨트리는 것의 가운데에서 두 종류의 깨트리는 것을 따라서 쫓나니, 계를 깨트리는 것이 있고 행을 깨트리는 것이 있느니라. 염심을 지녔던 비구니가 염심이 있는 남자의 몸을 접촉하여 즐거움을 받았던 자는 일곱 종류의 죄목의 가운데에서 세 종류의 죄목에 귀속되나니, 바라이죄에 귀속되거나, 투란차죄에 귀속되거나, 돌길라죄에 귀속되느니라. 염심을 지녔던 비구니가 염심이 있는 남자의 몸을 접촉하여 즐거움을 받았던 자는 여섯 종류의 죄의 가운데에서 한 종류를 의지하여 생겨나나니, 몸과 뜻을 이유로 생겨나는 것이고, 입을 이유로 생겨나지 않느니라. 염심을 지녔던 비구니가 염심이 있는 남자의 몸을 접촉하여 즐거움을 받았던 자는 네 종류의 쟁사 가운데에서 범죄쟁사이니라. 염심을 지녔던 비구니가 염심이 있는 남자의 몸을 접촉하여 즐거움을 받았던 자는 세 종류의 멸쟁법에 의지하여 그것을 소멸시켜야 하느니라. 현전비니와 자언비니에 의지하는 것이 있고, 현전비니와 여초부지비니에 의지하는 것이 있느니라.

[이하의 내용은 생략한다.] ······ 나아가 ······

6-5-8 락을 구걸하여 먹었던 자는 몇 종류의 죄를 범하는가? 락을 구걸하여 먹었던 자는 두 종류의 죄를 범하느니라. '음식을 먹겠다.'라고 붙잡았다면 돌길라이고, 목으로 삼키는 것마다 바일제이니라.

　락을 구걸하여 먹었던 죄는 네 종류의 깨트리는 것의 가운데에서 몇 종류의 깨트리는 것을 따라서 쫓는가? 공락을 구걸하여 먹었던 죄는 일곱 종류의 죄목의 가운데에서 몇 종류의 죄목에 귀속되는가? 락을 구걸하여 먹었던 죄는 여섯 종류의 죄의 가운데에서 몇 종류를 의지하여 생겨나는가? 락을 구걸하여 먹었던 죄는 네 종류의 쟁사 가운데에서 무슨 쟁사인가? 락을 구걸하여 먹었던 죄는 멸쟁법 가운데에서 무슨 멸쟁법으로 소멸시키는가? 락을 구걸하여 먹었던 죄는 네 종류의 깨트리는 것의 가운데에서 한 종류의 깨트리는 것을 따라서 쫓나니, 행을 깨트리는 것이 있느니라. 락을 구걸하여 먹었던 죄는 일곱 종류의 죄목의 가운데에서 한 종류의 죄목에 귀속되나니, 돌길라이니라. 락을 구걸하여 먹었던 죄는 여섯 종류의 죄의 가운데에서 한 종류를 의지하여 생겨나나니, 몸과 뜻을 이유로 생겨나는 것이고, 입을 이유로 생겨나지 않느니라.

　락을 구걸하여 먹었던 죄는 네 종류의 쟁사 가운데에서 범죄쟁사이니라. 락을 구걸하여 먹었던 죄는 세 종류의 멸쟁법에 의지하여 그것을 소멸시켜야 하느니라. 현전비니와 자언비니에 의지하는 것이 있고, 현전비니와 여초부지비니에 의지하는 것이 있느니라.

[집합장을 마친다.]

2) 제정의 연기(緣起)

(1) 제처장(制處章)[75]

① 바라이

1-1-1 그 지자이시고 견자이시며 응공자이시고 정등각자이신 세존께 의지한다면, 어느 처소에서 첫째의 바라이를 제정하여 세우셨는가? 누구를 인연으로 제정하셨는가? 무슨 일에 의지하여 제정하셨는가? 그것은 계목이 있었는가? 보충하는 조목은 있었는가? 추가의 예비적인 조목은 있었는가? 비구와 비구니에게 이부중의 조목은 있었는가? 비구와 비구니에게 일부중의 조목은 있었는가? 일체의 처소에 조목이 있었는가? 한 처소의 조목은 있었는가?

다섯 종류의 바라제목차를 송출하는 법의 가운데에서 어느 부분에 귀속되고, 어느 부분에 편입되는가? 어느 독송법에 의지하여 송출해야 하는가? 네 가지를 깨트리는 것의 가운데에서 무엇을 깨트리는 것인가? 일곱 종류의 죄 가운데에서 무슨 죄의 종류인가? 여섯 종류의 범한 죄가 생겨나는 가운데에서 무슨 종류를 의지하여 생겨난 것인가? 네 종류의 쟁사의 가운데에서 무슨 종류의 쟁사인가? 일곱 종류의 멸쟁의 가운데에서 무슨 종류의 멸쟁법으로써 소멸시켜야 하는가?

그 가운데에서 무엇이 비니이고, 무엇이 아비비니인가? 무엇이 바라제목차이고, 무엇이 증상의 바라제목차인가? 무엇이 범한 것이고, 무엇이 성취한 것인가? 무엇이 관행인가? 세존께서 무슨 종류의 뜻과 이익을 위하여 첫째의 바라제목차를 제정하여 세우셨는가? 누가 학처를 익혀야 하고, 누가 계율을 익히는 것을 마쳤는가? 학처의 어느 것에 머물러야 하는가? 누가 호지하였는가? 누가 말하였는가? 누가 전승하였는가?

---

75) 팔리어 Katthapaññattivāra(카따판나띠바라)의 번역이다.

1-1-2 "그 지자이시고 견자이시며 응공자이시고 정등각자이신 세존께 의지한다면, 어느 처소에서 염심으로써 염심이 있는 남자의 몸을 접촉하여 즐거움을 받았던 것의 바라이를 제정하여 세우셨는가?"

"사위성에서 제정하였다."

"누구를 인연하였는가?"

"손다리난타 비구니를 인연하였다."

"무슨 일을 의지하여 제정하셨는가?"

"손다리난타는 염심으로써 염심이 있는 남자의 몸을 접촉하여 즐거움을 받았던 그러한 일이었다."

"하나의 계목이 있었고, 두 가지의 보충하는 조목이 있었으며, 추가의 예비적인 조목은 없었다."

"일체의 처소에 조목이 있었는가? 한 처소의 조목이 있었는가?"

"일체의 처소에 조목이 있었다."

"비구와 비구니에게 이부중의 조목이 있었는가? 비구와 비구니에게 일부중의 조목이 있었는가?"

"일부중의 조목이 있었다."

"다섯 종류의 바라제목차를 송출하는 법의 가운데에서 어느 부분에 귀속되고, 어느 부분에 편입되는가?"

"연기에 귀속되고, 연기에 편입된다."

"어느 독송법에 의지하여 송출해야 하는가?"

"두 번째의 독송법에 의지하여 송출해야 한다."

"네 가지를 깨트리는 것의 가운데에서 무엇을 깨트리는 것인가?"

"계율을 깨트리는 것이다."

"일곱 종류의 죄 가운데에서 무슨 죄의 종류인가?"

"바라이죄의 종류이다."

"여섯 종류의 범한 죄가 생겨나는 가운데에서 무슨 종류를 의지하여 생겨난 것인가?"

"계율을 업신여기는 것을 의지하여 생겨났나니, 곧 몸과 뜻을 이유로

생겨나는 것이고, 말을 이유로 생겨나는 것은 아니다."

"네 종류의 쟁사의 가운데에서 무슨 종류의 쟁사인가?"

"범죄쟁사이다."

"일곱 종류의 멸쟁의 가운데에서 무슨 종류의 멸쟁법으로써 소멸시켜야 하는가?"

"두 종류의 멸쟁법을 의지하여 그것을 소멸시켜야 하나니, 현전비니와 자언비니를 의지하여야 하느니라."

"그 가운데에서 무엇이 비니이고, 무엇이 아비비니인가?"

"제정하신 것은 비니이고, 자세히 설명한 것은 아비비니이다."

"무엇이 바라제목차이고, 무엇이 증상의 바라제목차인가?"

"제정하신 것은 바라제목차이고, 자세히 설명한 것은 증상의 바라제목차이다."

"무엇이 범한 것인가?"

"율의가 아니라면 범한 것이다."

"무엇이 성취한 것인가?"

"율의라면 성취한 것이다."

"무엇이 관행인가?"

"마땅히 이와 같이 짓지 않는 것이고, 학처를 배우고 행하면서 목숨을 마치도록 호지하는 것이다."

"무슨 종류의 뜻과 이익을 위하여 세존께서는 첫째의 바라제목차를 제정하여 세우셨는가?"

"승가를 섭수하기 위하여, 승가의 안락을 위하여, 악인을 조복하기 위하여, 선한 비구를 안락하게 머무르게 하기 위하여, 현세의 번뇌를 끊기 위하여, 후세의 번뇌를 소멸하기 위하여, 믿지 않는 자에게 신심이 생겨나게 하기 위하여, 이미 믿었던 자를 증장시키기 위하여, 정법이 오래 머무르게 하기 위하여, 계율을 공경하고 존중하기 위한 것이다."

"누가 학처를 익혀야 하는가?"

"유학과 선한 범부이다."

"누가 계율을 익히는 것을 마쳤는가?"

"아라한은 이미 계율을 배워서 마쳤다."

"학처의 어느 것에 머물러야 하는가?"

"학처를 좋아하는 것에 머물러야 한다."

"누가 호지하였는가?"

"율장과 주석을 아셨던 그분들께서 호지하였다."

"누가 말하였는가?"

"세존·응공·정등각자께서 말씀하셨다."

"누구에게 전승되었는가?"

"차례로 전승되었나니, 곧 우바리, 제사가, 나아가 소나가, 실가바, 다섯 번째의 목건련자제수의 이분들은 염부제에서 길상한 사람이라고 찬탄되었던 분들이다. 그 뒤에 마신타, 이제나, 울제가, 참바라, 나아가 박학하신 발타 등의 이들은 용상으로 대지혜가 있었으며, 염부제에서 이 땅에 오신 분들이고, 그들은 동섭주에서 율장을 송출하셨고, 5부의 니가야와 칠론을 교수하셨다.

그 뒤에 현명한 아울타, 박학하신 제사발다, 신념이 있는 가라수말나, 장로인 제가, 박학한 지가수말나 등이 있다. 또한 가라수마나, 용상인 불호, 현명한 장로인 제수, 박학한 장로인 제바가 있다. 또한 현명하고 율장에 통달하였던 수마나, 다문이며 굴복시키기 어려운 코끼리왕과 같은 전나가우루혜나, 차마의 제자이고, 잘 존경받는 담무파리 등의 대지혜가 있었으며, 삼장에 통달하여 섬의 가운데에서 여러 별들의 왕과 같았으므로, 지혜로써 밝게 비추었다.

박학하신 오파저사, 대설법자이신 촉천이 있고, 다시 현명한 수마나, 다문의 불파나마, 삼장에 통달하였고 대설법자인 마하수오가 있다. 다시 율장에 통달하고 현명한 우파리, 대지혜자이고 정법에 정통한 대룡이 있다. 다시 현명한 아파야, 삼장에 통달하였고 현명한 장로 제사, 그의 제자인 불파는 율장에 통달하였고 대지혜가 있었으며 다문이었는데, 그는 성스러운 가르침을 호지하면서 염부제에서 주석하였다.

또한 현명하고 율에 통달한 주라바야, 현명하고 정법에 정통한 장로 제사, 현명하고 율장에 통달한 주라제와, 현명하고 율장에 통달한 장로 사파가 있다. 이러한 용상들은 대지혜가 있었고 율장을 이해하고 관행에 통달하였으며 동섭주에서 율장을 널리 설하셨다.

1-1-3 "어느 처소에서 다른 비구니가 바라이법을 범하였다고 알았으나, 스스로가 거론하지 않았고 대중에게 알리지 않았던 것의 바라이를 제정하여 세우셨는가?"

"사위성에서 제정하였다."

"누구를 인연하였는가?"

"투란난타 비구니를 인연하였다."

"무슨 일을 의지하여 제정하셨는가?"

"투란난타 비구니는 다른 비구니가 바라이법을 범하였다고 알았으나, 스스로가 거론하지 않았고 대중에게 알리지 않았던 그러한 일이었다."

"그것에 계목이 있었는가? 보충하는 조목이 있었는가? 추가의 예비적인 조목이 있었는가?"

"하나의 계목이 있었고, 한 가지의 보충하는 조목이 있었다."

"여섯 종류의 범한 죄가 생겨나는 가운데에서 무슨 종류를 의지하여 생겨난 것인가?"

"계율을 업신여기는 것을 의지하여 생겨났나니, 곧 몸과 뜻을 이유로 생겨나는 것이고, 말을 이유로 생겨나는 것은 아니다."

······ [이하의 내용은 생략한다.]

1-1-4 "어느 처소에서 화합승가에게 쫓겨났던 원래 독수리의 조련사였던 아리타 비구를 수순하였던 것의 바라이를 제정하여 세우셨는가?"

"사위성에서 제정하였다."

"누구를 인연하였는가?"

"투란난타 비구니를 인연하였다."

"무슨 일을 의지하여 제정하셨는가?"

"투란난타 비구니는 화합승가에게 쫓겨났던 원래 독수리의 조련사였던 아리타 비구를 수순하였던 그러한 일이었다."

"그것에 계목이 있었는가? 보충하는 조목이 있었는가? 추가의 예비적인 조목이 있었는가?"

"하나의 계목이 있었고, 한 가지의 보충하는 조목이 있었다."

"여섯 종류의 범한 죄가 생겨나는 가운데에서 무슨 종류를 의지하여 생겨난 것인가?"

"계율을 업신여기는 것을 의지하여 생겨났나니, 곧 몸과 뜻을 이유로 생겨나는 것이고, 말을 이유로 생겨나는 것은 아니다."

…… [이하의 내용은 생략한다.]

1-1-5 "그 지자이시고 견자이시며 응공자이시고 정등각자이신 세존께 의지한다면, 어느 처소에서 여덟 가지의 일을 범하였던 것의 바라이를 제정하여 세우셨는가?"

"사위성에서 제정하였다."

"누구를 인연하였는가?"

"육군비구니들을 인연하였다."

"무슨 일을 의지하여 제정하셨는가?"

"육군비구니들이 여덟 가지의 일을 범하였던 그러한 일이었다."

"그것에 계목이 있었는가? 보충하는 조목이 있었는가? 추가의 예비적인 조목이 있었는가?"

"하나의 계목이 있었고, 한 가지의 보충하는 조목이 있었다."

"여섯 종류의 범한 죄가 생겨나는 가운데에서 무슨 종류를 의지하여 생겨난 것인가?"

"계율을 업신여기는 것을 의지하여 생겨났나니, 곧 몸과 뜻을 이유로

생겨나는 것이고, 말을 이유로 생겨나는 것은 아니다."

[바라이를 마친다.]

② 승잔

1-2-1 그 지자이시고 견자이시며 응공자이시고 정등각자이신 세존께
의지한다면, 어느 처소에서 첫째의 바라이를 제정하여 세우셨는가? 누구
를 인연으로 제정하셨는가? 무슨 일에 의지하여 제정하셨는가? 그것은
계목이 있었는가? 보충하는 조목은 있었는가? 추가의 예비적인 조목은
있었는가? 비구와 비구니에게 이부중의 조목은 있었는가? 비구와 비구니
에게 일부중의 조목은 있었는가? 일체의 처소에 조목이 있었는가? 한
처소의 조목은 있었는가?

　다섯 종류의 바라제목차를 송출하는 법의 가운데에서 어느 부분에
귀속되고, 어느 부분에 편입되는가? 어느 독송법에 의지하여 송출해야
하는가? 네 가지를 깨트리는 것의 가운데에서 무엇을 깨트리는 것인가?
일곱 종류의 죄 가운데에서 무슨 죄의 종류인가? 여섯 종류의 범한
죄가 생겨나는 가운데에서 무슨 종류를 의지하여 생겨난 것인가? 네
종류의 쟁사의 가운데에서 무슨 종류의 쟁사인가? 일곱 종류의 멸쟁의
가운데에서 무슨 종류의 멸쟁법으로써 소멸시켜야 하는가?

　그 가운데에서 무엇이 비니이고, 무엇이 아비비니인가? 무엇이 바라제
목차이고, 무엇이 증상의 바라제목차인가? 무엇이 범한 것이고, 무엇이
성취한 것인가? 무엇이 관행인가? 세존께서 무슨 종류의 뜻과 이익을
위하여 첫째의 바라제목차를 제정하여 세우셨는가? 누가 학처를 익혀야
하고, 누가 계율을 익히는 것을 마쳤는가? 학처의 어느 것에 머물러야
하는가? 누가 호지하였는가? 누가 말하였는가? 누가 전승하였는가?

1-2-2 "어느 처소에서 소송을 행하였던 비구니의 승잔을 제정하여 세우셨

는가?"

"사위성에서 제정하였다."

"누구를 인연하였는가?"

"투란난타 비구니를 인연하였다."

"무슨 일을 의지하여 제정하셨는가?"

"투란난타 비구니가 소송을 행하였던 그러한 일이었다."

"그것에 계목이 있었는가? 보충하는 조목이 있었는가? 추가의 예비적
인 조목이 있었는가?"

"하나의 계목이 있었으나, 보충하는 조목과 추가의 예비적인 조목은
없었다."

"일체의 처소에 조목이 있었는가? 한 처소의 조목이 있었는가?"

"일체의 처소에 조목이 있었다."

"비구와 비구니에게 이부중의 조목이 있었는가? 비구와 비구니에게
일부중의 조목이 있었는가?"

"일부중의 조목이 있었다."

"다섯 종류의 바라제목차를 송출하는 법의 가운데에서 어느 부분에
귀속되고, 어느 부분에 편입되는가?"

"연기에 귀속되고, 연기에 편입된다."

"어느 독송법에 의지하여 송출해야 하는가?"

"세 번째의 독송법에 의지하여 송출해야 한다."

"네 가지를 깨트리는 것의 가운데에서 무엇을 깨트리는 것인가?"

"계율을 깨트리는 것이다."

"일곱 종류의 죄 가운데에서 무슨 죄의 종류인가?"

"승잔죄의 종류이다."

"여섯 종류의 범한 죄가 생겨나는 가운데에서 무슨 종류를 의지하여
생겨난 것인가?"

"여섯 종류의 범한 죄가 생겨나는 가운데에서 두 종류가 일어나는
것을 의지하여 생겨났나니, 곧 몸과 말을 이유로 생겨나는 것이고, 뜻을

이유로 생겨나는 것이 아니며, 몸과 말과 뜻을 이유로 생겨나는 것이다."

"네 종류의 쟁사의 가운데에서 무슨 종류의 쟁사인가?"

"범죄쟁사이다."

"일곱 종류의 멸쟁의 가운데에서 무슨 종류의 멸쟁법으로써 소멸시켜야 하는가?"

"두 종류의 멸쟁법을 의지하여 그것을 소멸시켜야 하나니, 현전비니와 자언비니를 의지하여야 하느니라."

"그 가운데에서 무엇이 비니이고, 무엇이 아비비니인가?"

"제정하신 것은 비니이고, 자세히 설명한 것은 아비비니이다."

"무엇이 바라제목차이고, 무엇이 증상의 바라제목차인가?"

"제정하신 것은 바라제목차이고, 자세히 설명한 것은 증상의 바라제목차이다."

"무엇이 범한 것인가?"

"율의가 아니라면 범한 것이다."

"무엇이 성취한 것인가?"

"율의라면 성취한 것이다."

"무엇이 관행인가?"

"마땅히 이와 같이 짓지 않는 것이고, 학처를 배우고 행하면서 목숨을 마치도록 호지하는 것이다."

"무슨 종류의 뜻과 이익을 위하여 세존께서는 첫째의 바라제목차를 제정하여 세우셨는가?"

"승가를 섭수하기 위하여, 승가의 안락을 위하여, 악인을 조복하기 위하여, 선한 비구를 안락하게 머무르게 하기 위하여, 현세의 번뇌를 끊기 위하여, 후세의 번뇌를 소멸하기 위하여, 믿지 않는 자에게 신심이 생겨나게 하기 위하여, 이미 믿었던 자를 증장시키기 위하여, 정법이 오래 머무르게 하기 위하여, 계율을 공경하고 존중하기 위한 것이다."

"누가 학처를 익혀야 하는가?"

"유학과 선한 범부이다."

"누가 계율을 익히는 것을 마쳤는가?"

"아라한은 이미 계율을 배워서 마쳤다."

"학처의 어느 것에 머물러야 하는가?"

"학처를 좋아하는 것에 머물러야 한다."

"누가 호지하였는가?"

"율장과 주석을 아셨던 그분들께서 호지하였다."

"누가 말하였는가?"

"세존·응공·정등각자께서 말씀하셨다."

"누구에게 전승되었는가?"

"차례로 전승되었나니, 곧 우바리, 제사가, 나아가 소나가, 실가바, 다섯 번째의 목건련자제수의 이분들은 염부제에서 길상한 사람이라고 찬탄되었던 분들이다. 그 뒤에 마신타, 이제나, 울제가, 참바라, 나아가 박학하신 발타 등의 이들은 용상으로 대지혜가 있었으며, 염부제에서 이 땅에 오신 분들이고, 그들은 동섭주에서 율장을 송출하셨고, 5부의 니가야와 칠론을 교수하셨다.

그 뒤에 현명한 아율타, 박학하신 제사발다, 신념이 있는 가라수말나, 장로인 제가, 박학한 지가수말나 등이 있다. 또한 가라수마나, 용상인 불호, 현명한 장로인 제수, 박학한 장로인 제바가 있다. 또한 현명하고 율장에 통달하였던 수마나, 다문이며 굴복시키기 어려운 코끼리왕과 같은 전나가우루혜나, 차마의 제자이고, 잘 존경받는 담무파리 등의 대지혜가 있었으며, 삼장에 통달하여 섬의 가운데에서 여러 별들의 왕과 같았으므로, 지혜로써 밝게 비추었다.

박학하신 오파저사, 대설법자이신 촉천이 있고, 다시 현명한 수마나, 다문의 불파나마, 삼장에 통달하였고 대설법자인 마하수오가 있다. 다시 율장에 통달하고 현명한 우파리, 대지혜자이고 정법에 정통한 대룡이 있다. 다시 현명한 아파야, 삼장에 통달하였고 현명한 장로 제사, 그의 제자인 불파는 율장에 통달하였고 대지혜가 있었으며 다문이었는데, 그는 성스러운 가르침을 호지하면서 염부제에서 주석하였다.

또한 현명하고 율에 통달한 주라바야, 현명하고 정법에 정통한 장로 제사, 현명하고 율장에 통달한 주라제와, 현명하고 율장에 통달한 장로 사파가 있다. 이러한 용상들은 대지혜가 있었고 율장을 이해하고 관행에 통달하였으며 동섭주에서 율장을 널리 설하셨다."

1-2-3 "어느 처소에서 적녀에게 구족계를 받게 시켰던 승잔을 제정하여 세우셨는가?"

"사위성에서 제정하였다."

"누구를 인연하였는가?"

"투란난타 비구니를 인연하였다."

"무슨 일을 의지하여 제정하셨는가?"

"투란난타 비구니가 적녀에게 구족계를 받게 시켰던 일이었다."

"하나의 계목이 있었다."

"여섯 종류의 범한 죄가 생겨나는 가운데에서 두 종류가 일어나는 것을 의지하여 생겨났나니, 곧 말과 뜻을 이유로 생겨나는 것이고, 몸을 이유로 생겨나는 것이 아니며, 몸과 말과 뜻을 이유로 생겨나는 것이다."

1-2-4 "어느 처소에서 혼자서 시정을 돌아다녔던 승잔을 제정하여 세우셨는가?"

"사위성에서 제정하였다."

"누구를 인연하였는가?"

"한 비구니를 인연하였다."

"무슨 일을 의지하여 제정하셨는가?"

"한 비구니가 혼자서 시정을 돌아다녔던 일이었다."

"하나의 계목이 있었고, 세 가지의 조목이 있었다."

"여섯 종류의 범한 죄가 생겨나는 가운데에서 첫째의 바라이에서와 같이, 한 종류가 일어나는 것을 의지하여 생겨났나니, 몸과 뜻을 이유로 생겨나는 것이고, 말을 이유로 생겨나는 것은 아니다."

1-2-5 "어느 처소에서 화합승가가 여법하고 율에 알맞으며, 스승의 가르침에 의지하여 비구니의 죄를 거론하였고, 승가의 갈마를 얻지 못하였으며, 승가가 인정하지 않았으나 죄를 풀어주었던 승잔을 제정하여 세우셨는가?"

"사위성에서 제정하였다."

"누구를 인연하였는가?"

"투란난타 비구니를 인연하였다."

"무슨 일을 의지하여 제정하셨는가?"

"투란난타 비구니가 화합승가가 여법하고 율에 알맞으며, 스승의 가르침에 의지하여 비구니의 죄를 거론하였고, 승가의 갈마를 얻지 못하였으며, 승가가 인정하지 않았으나 죄를 풀어주었던 일이었다."

"하나의 계목이 있었다."

"여섯 종류의 범한 죄가 생겨나는 가운데에서 계율을 업신여기는 것의 한 종류가 일어나는 것을 의지하여 생겨났나니, 몸과 말과 뜻을 이유로 생겨나는 것이다."

1-2-6 "어느 처소에서 비구니가 염심의 마음을 지니고서 염심이 있었던 남자의 손에 있었던 단단한 음식이거나, 혹은 부드러운 음식을 스스로가 손으로써 접촉하면서 받아서 먹었던 승잔을 제정하여 세우셨는가?"

"사위성에서 제정하였다."

"누구를 인연하였는가?"

"손다리난타 비구니를 인연하였다."

"무슨 일을 의지하여 제정하셨는가?"

"손다리난타 비구니가 염심의 마음을 지니고서 염심이 있었던 남자의 손에 있었던 단단한 음식이거나, 혹은 부드러운 음식을 스스로가 손으로써 접촉하면서 받아서 먹었던 일이었다."

"하나의 계목이 있었다."

"여섯 종류의 범한 죄가 생겨나는 가운데에서 첫째의 바라이에서와 같이, 한 종류가 일어나는 것을 의지하여 생겨났나니, 몸과 뜻을 이유로 생겨나는 것이고, 말을 이유로 생겨나는 것은 아니다."

1-2-7 "어느 처소에서 '존매(尊姊)여. 그대는 염심이 없는 까닭이라면, 그 남자가 염심이 있거나 없더라도 그대를 마주하고서 무엇을 하겠습니까? 그러므로 존매는 그 남자가 그대에게 주는 단단한 음식이거나, 혹은 부드러운 음식을 스스로가 손으로 받으세요.'라고 권유하여 말하였던 승잔을 제정하여 세우셨는가?"

"사위성에서 제정하였다."

"누구를 인연하였는가?"

"한 비구니를 인연하였다."

"무슨 일을 의지하여 제정하셨는가?"

"한 비구니가 '존매여. 그대는 염심이 없는 까닭이라면, 그 남자가 염심이 있거나 없더라도 그대를 마주하고서 무엇을 하겠습니까? 그러므로 존매는 그 남자가 그대에게 주는 단단한 음식이거나, 혹은 부드러운 음식을 스스로가 손으로 받으세요.'라고 권유하여 말하였던 일이었다."

"하나의 계목이 있었다."

"여섯 종류의 범한 죄가 생겨나는 가운데에서 세 종류가 일어나는 것을 의지하여 생겨났나니, 곧 몸과 뜻을 이유로 생겨나는 것이고, 말을 이유로 생겨나는 것이 아니다. 말과 뜻을 이유로 생겨나는 것이고, 몸을 이유로 생겨나는 것이 아니다. 몸과 말과 뜻을 이유로 생겨나는 것이다."

1-2-8 "어느 처소에서 성내고 기쁘지 않았던 비구니에게 세 번을 충고하였으나 그것을 버리지 않았던 승잔을 제정하여 세우셨는가?"

"사위성에서 제정하였다."

"누구를 인연하였는가?"

"전달가리 비구니를 인연하였다."

"무슨 일을 의지하여 제정하셨는가?"

"전달가리 비구니가 성내고 기쁘지 않아서 '나는 세존을 버리고 나는 법을 버리며 나는 승가를 버리겠다.'라고 이와 같이 말을 지었던 일이었다."

"하나의 계목이 있었다."

"여섯 종류의 범한 죄가 생겨나는 가운데에서 계율을 업신여기는 것의 한 종류가 일어나는 것을 의지하여 생겨났나니, 몸과 말과 뜻을 이유로 생겨나는 것이다."

1-2-9 "어느 처소에서 어떠한 쟁사에서 비구니가 꾸짖음을 받았으므로 세 번을 충고하였으나 그것을 버리지 않았던 승잔을 제정하여 세우셨는가?"

"사위성에서 제정하였다."

"누구를 인연하였는가?"

"전달가리 비구니를 인연하였다."

"무슨 일을 의지하여 제정하셨는가?"

"전달가리 비구니가 어떤 쟁사를 인연하여 꾸짖음을 받았으므로 성내고 기쁘지 않아서 '여러 비구니들은 욕망을 따르고 성내는 것을 따랐으며 어리석음을 따랐고 두려움을 따랐다.'라고 이와 같이 말을 지었던 일이었다."

"하나의 계목이 있었다."

"여섯 종류의 범한 죄가 생겨나는 가운데에서 계율을 업신여기는 것의 한 종류가 일어나는 것을 의지하여 생겨났나니, 몸과 말과 뜻을 이유로 생겨나는 것이다."

1-2-10 "어느 처소에서 비구니가 재가인과 서로가 친근하였으므로 세 번을 충고하였으나 그것을 버리지 않았던 승잔을 제정하여 세우셨는가?"

"사위성에서 제정하였다."

"누구를 인연하였는가?"

"여러 비구니들을 인연하였다."

"무슨 일을 의지하여 제정하셨는가?"

"여러 비구니들이 재가인과 서로가 친근하게 머물렀던 일이었다."

"하나의 계목이 있었다."

"여섯 종류의 범한 죄가 생겨나는 가운데에서 계율을 업신여기는 것의 한 종류가 일어나는 것을 의지하여 생겨났나니, 몸과 말과 뜻을 이유로 생겨나는 것이다."

1-2-11 "어느 처소에서 '대매들이여. 그대들은 마땅히 친근하게 머무십시오. 그대들은 각자 별도로 머무르지 마십시오.'라고 세 번을 충고하였으나 그것을 버리지 않았던 승잔을 제정하여 세우셨는가?"

"사위성에서 제정하였다."

"누구를 인연하였는가?"

"투란난타 비구니를 인연하였다."

"무슨 일을 의지하여 제정하셨는가?"

"투란난타 비구니가 '대매들이여. 그대들은 마땅히 친근하게 머무십시오. 그대들은 각자 별도로 머무르지 마십시오.'라고 권유하였던 일이었다."

"하나의 계목이 있었다."

"여섯 종류의 범한 죄가 생겨나는 가운데에서 계율을 업신여기는 것의 한 종류가 일어나는 것을 의지하여 생겨났나니, 몸과 말과 뜻을 이유로 생겨나는 것이다."

[승잔을 마친다.]

[이하의 내용은 생략한다.] …… 나아가 ……

1-5-8 "어느 처소에서 락을 구걸하여 먹었던 것의 제사니를 제정하여 세우셨는가?"

"사위성에서 제정하였다."

"누구를 인연하였는가?"

"육군비구니들을 인연하였다."

"무슨 일을 의지하여 제정하셨는가?"

"육군비구니들이 락을 구걸하여 먹었던 일이었다."

"하나의 계목이 있었고, 한 가지의 보충적인 조목이 있었다."

"여섯 종류의 범한 죄가 생겨나는 가운데에서 네 종류가 일어나는 것을 의지하여 생겨났나니, 몸을 이유로 생겨나는 것이고, 말과 뜻을 이유로 생겨나는 것은 아니다. 몸과 말을 이유로 생겨나는 것이고, 뜻을 이유로 생겨나는 것은 아니다. 몸과 뜻을 이유로 생겨나는 것이고, 말을 이유로 생겨나는 것은 아니다. 몸과 말과 뜻을 이유로 생겨나는 것이다."

[제사니를 마친다.]

○ 제처장을 마친다.

(2) 죄수장(罪數章)

① 4바라이

2-1-1 "몸을 접촉하였던 인연으로 즐거움을 받았던 자는 몇 종류의 죄를 범하는가? 몸을 접촉하였던 인연으로 즐거움을 받았던 자는 다섯 종류의 죄를 범하느니라. 비구니가 염심이 있었던 남자의 목뼈의 아래부터 무릎의 위를 잡고서 어루만지면서 즐거움을 받는 자는 바라이이고, 비구가 비구니의 몸을 잡고서 어루만진다면 승잔이며, 몸으로서 몸에 부착한 물건을 접촉한다면 투란차이고, 몸에 부착한 물건으로서 몸에 부착한 물건을 접촉한다면 돌길라이고, 손가락으로 간지럽힌다면 바일제이다. 몸을 접촉하였던 인연으로 즐거움을 받았던 자는 이러한 다섯 종류의 죄를 범하느니라."

2-1-2 "비구니의 죄를 덮어서 감추었던 자는 몇 종류의 죄를 범하는가? 비구니가 비구니의 죄를 덮어서 감추었던 자는 네 종류의 죄를 범하느니라. 바라법을 범하였다고 알면서도 덮어서 감추는 자는 바라이이고, 의심이 있었으나 덮어서 감추는 자는 투란차이고, 승잔을 덮어서 감추었던 자는 바일제이고, 위의를 잃은 것을 감추었던 자는 돌길라이다. 비구니의 죄를 덮어서 감추었던 자는 이러한 네 종류의 죄를 범하느니라."

2-1-3 "빈출되었던 비구를 수순하였고, 세 번을 충고하였으나 버리지 않는 자는 몇 종류의 죄를 범하는가? 빈출되었던 비구를 수순하였고, 세 번을 충고하였으나 버리지 않는 자는 세 종류의 죄를 범하느니라. 갈마를 아뢰었다면 돌길라이고, 두 번을 갈마하였다면 투란차이고, 갈마를 마쳤다면 바라이이다. 파승사의 비구니를 수순하였고, 세 번을 충고하였으나 버리지 않는 자는 승잔이고, 악한 견해를 세 번을 충고하였으나 버리지 않는 자는 바일제이니라. 세 번을 충고하였으나 버리지 않는 자는 이러한 다섯 종류의 죄를 범하느니라."

2-1-4 "8사가 성립된 자는 몇 종류의 죄를 범하는가? 8사가 성립된 자는 세 종류의 죄를 범하느니라. 남자가 어느 곳을 말하였으므로 갔던 자는 돌길라이고, 남자가 팔을 펼치는 안으로 이르렀던 자는 투란차이고, 8사가 성립된 자는 바라이이다. 8사가 성립된 자는 이러한 세 종류의 죄를 범하느니라."

② 승잔

2-2-1 "비구니가 소송하는 자는 세 종류의 죄를 범하느니라. 한 사람과 소송하였던 자는 돌길라이고, 두 사람과 소송하였던 자는 투란차이고, 소송을 마쳤던 자는 바라이니라."

2-2-2 "적녀에게 구족계를 받게 시켰던 자는 세 종류의 죄를 범하느니라. 갈마를 아뢰었다면 돌길라이고, 두 번을 갈마하였다면 투란차이며, 갈마를 마쳤다면 승잔이니라."

2-2-3 "혼자서 취락 안으로 갔던 자는 세 종류의 죄를 범하느니라. 떠났다면 돌길라이고, 첫째의 발걸음이 울타리를 지났다면 투란차이며, 둘째의 발걸음이 울타리를 지났다면 승잔이니라."

2-2-4 "화합승가가 여법하고 율과 같으며 스승의 가르침과 같이 비구니의 죄를 거론하였고, 갈마가 승가의 허락을 얻지 못하였으며, 승가의 대중이 인정하지 않았는데, 죄를 풀어주는 자는 세 종류의 죄를 범하느니라. 갈마를 아뢰었다면 돌길라이고, 두 번을 갈마하였다면 투란차이며, 갈마를 마쳤다면 승잔이니라."

2-2-5 "비구니가 염심을 지니고 염심이 있는 남자의 손에서 스스로가 손으로써 단단한 음식이거나, 부드러운 음식을 받아서 먹었던 자는 세 종류의 죄를 범하느니라. '음식을 먹겠다.'라고 붙잡았다면 투란차이고, 목으로 삼키는 것마다 승잔이며, 치목을 잡았다면 돌길라이니라."

2-2-6 "존매여. 그대가 염심이 없는 까닭이라면, 그 남자가 염심이 있거나 없더라도 그대를 마주하고서 무엇을 하겠습니까? 그러므로 존매는 그 남자가 그대에게 주는 단단한 음식이거나, 혹은 부드러운 음식을 스스로가 손으로 받으세요.'라고 권유하여 말하였다면 세 종류의 죄를 범하느니라. 그 비구가 그녀의 말에 의지하여 '음식을 먹겠다.'라고 말하면서 붙잡았다면 돌길라이고, 목으로 삼켰다면 투란차이며, 음식을 먹었다면 승잔이니라."

2-2-7 "성내고 기쁘지 않았던 비구니에게 세 번을 충고하였으나 그것을

버리지 않았던 자는 세 종류의 죄를 범하느니라. 갈마를 아뢰었다면 돌길라이고, 두 번을 갈마하였다면 투란차이며, 갈마를 마쳤다면 승잔이니라."

2-2-8 "어떠한 쟁사에서 비구니가 꾸짖음을 받았으므로 세 번을 충고하였으나 그것을 버리지 않았던 자는 세 종류의 죄를 범하느니라. 갈마를 아뢰었다면 돌길라이고, 두 번을 갈마하였다면 투란차이며, 갈마를 마쳤다면 승잔이니라."

2-2-9 "비구니가 재가인과 서로가 친근하였으므로 세 번을 충고하였으나 그것을 버리지 않았던 자는 세 종류의 죄를 범하느니라. 갈마를 아뢰었다면 돌길라이고, 두 번을 갈마하였다면 투란차이며, 갈마를 마쳤다면 승잔이니라."

2-2-10 "'대매들이여. 그대들은 마땅히 친근하게 머무십시오. 그대들은 각자 별도로 머무르지 마십시오.'라고 세 번을 충고하였으나 그것을 버리지 않았던 자는 세 종류의 죄를 범하느니라. 갈마를 아뢰었다면 돌길라이고, 두 번을 갈마하였다면 투란차이며, 갈마를 마쳤다면 승잔이니라."

[승잔을 마친다.]

[이하의 내용은 생략한다.] …… 나아가 ……

2-5-8 "락을 구걸하여 먹었던 자는 몇 종류의 죄를 범하는가? 락을 구걸하여 먹었던 자는 두 종류의 죄를 범하느니라. '음식을 먹겠다.'라고 붙잡았다면 돌길라이고, 목으로 삼키는 것마다 바일제이니라."

○ 죄수장을 마친다.

(3) 실괴장(失壞章)

3-1-1 염심을 지녔던 비구니가 염심이 있었던 남자의 몸을 접촉하였던 인연으로 즐거움을 받았던 죄는 네 종류의 깨트리는 것의 가운데에서 몇 종류의 죄를 범하는가? 염심을 지녔던 비구니가 염심이 있었던 남자의 몸을 접촉하였던 인연으로 즐거움을 받았던 죄는 깨트리는 것의 가운데에서 계율을 깨트리는 것과 행을 깨트리는 것이다.

　[이하의 내용은 생략한다.] …… 나아가 ……

3-5-8 락을 구걸하여 먹었던 죄는 네 종류의 깨트리는 것의 가운데에서 몇 종류의 죄를 범하는가? 락을 구걸하여 먹었던 죄는 네 종류의 깨트리는 것의 가운데에서 행을 깨트리는 것이다.

　○ 실괴장을 마친다.

(4) 섭재장(攝在章)

4-1-1 염심을 지녔던 비구니가 염심이 있었던 남자의 몸을 접촉하였던 인연으로 즐거움을 받았던 죄는 일곱 종류의 죄목의 가운데에서 몇 종류의 죄목에 귀속되는가? 염심을 지녔던 비구니가 염심이 있었던 남자의 몸을 접촉하였던 인연으로 즐거움을 받았던 죄는 일곱 종류의 죄목의 가운데에서 다섯 종류의 죄목에 귀속되나니, 바라이죄·승잔죄·투란차죄·바일제죄·돌길라죄에 귀속되느니라.

　[이하의 내용은 생략한다.] …… 나아가 ……

4-5-8 락을 구걸하여 먹었던 죄는 일곱 종류의 죄목의 가운데에서 몇

종류의 죄목에 귀속되는가? 락을 구걸하여 먹었던 죄는 일곱 종류의
죄목의 가운데에서 두 종류의 죄목에 귀속되나니, 바일제죄와 돌길라죄에
귀속되느니라.

[섭재장을 마친다.]

(5) 등기장(等起章)

5-1-1 염심을 지녔던 비구니가 염심이 있었던 남자의 몸을 접촉하였던
인연으로 즐거움을 받았던 죄는 여섯 종류의 죄가 생겨나는 가운데에서
몇 종류를 의지하여 생겨나는가? 염심을 지녔던 비구니가 염심이 있었던
남자의 몸을 접촉하였던 인연으로 즐거움을 받았던 죄는 여섯 종류의
죄의 가운데에서 한 종류를 의지하여 생겨나나니, 몸과 뜻을 이유로
생겨나는 것이고, 입을 이유로 생겨나지 않느니라.

[이하의 내용은 생략한다.] …… 나아가 ……

5-5-8 락을 구걸하여 먹었던 죄는 여섯 종류의 죄의 가운데에서 몇
종류를 의지하여 생겨나는가? 락을 구걸하여 먹었던 죄는 여섯 종류의
죄의 가운데에서 네 종류가 일어나는 것을 의지하여 생겨났나니, 몸을
이유로 생겨나는 것이고, 말과 뜻을 이유로 생겨나는 것은 아니다. 몸과
말을 이유로 생겨나는 것이고, 뜻을 이유로 생겨나는 것은 아니다. 몸과
뜻을 이유로 생겨나는 것이고, 말을 이유로 생겨나는 것은 아니다. 몸과
말과 뜻을 이유로 생겨나는 것이다.

[등기장을 마친다.]

(6) 쟁사장(諍事章)

6-1-1 염심을 지녔던 비구니가 염심이 있었던 남자의 몸을 접촉하였던 인연으로 즐거움을 받았던 죄는 네 종류의 쟁사 가운데에서 무슨 쟁사인가? 염심을 지녔던 비구니가 염심이 있었던 남자의 몸을 접촉하였던 인연으로 즐거움을 받았던 죄는 네 종류의 쟁사 가운데에서 범죄쟁사이니라.

[이하의 내용은 생략한다.] …… 나아가 ……

6-5-8 락을 구걸하여 먹었던 죄는 네 종류의 쟁사 가운데에서 무슨 쟁사인가? 락을 구걸하여 먹었던 죄는 네 종류의 쟁사 가운데에서 범죄쟁사이니라.

[쟁사장을 마친다.]

(7) 멸쟁장(滅諍章)[76)]

7-1-1 염심을 지녔던 비구니가 염심이 있었던 남자의 몸을 접촉하였던 인연으로 즐거움을 받았던 죄는 일곱 종류의 멸쟁법 가운데에서 무슨 멸쟁법으로 소멸시키는가? 염심을 지녔던 비구니가 염심이 있었던 남자의 몸을 접촉하였던 인연으로 즐거움을 받았던 죄는 세 종류의 멸쟁법에 의지하여 그것을 소멸시켜야 하느니라. 현전비니와 자언비니에 의지하는 것이 있고, 현전비니와 여초부지비니에 의지하는 것이 있느니라.

[이하의 내용은 생략한다.] …… 나아가 ……

---

76) 팔리어 Samathavāra(사마타바라)의 번역이다.

7-5-8 락을 구걸하여 먹었던 죄는 멸쟁법 가운데에서 무슨 멸쟁법으로 소멸시키는가? 락을 구걸하여 먹었던 죄는 세 종류의 멸쟁법에 의지하여 그것을 소멸시켜야 하느니라. 현전비니와 자언비니에 의지하는 것이 있고, 현전비니와 여초부지비니에 의지하는 것이 있느니라.

[멸쟁장을 마친다.]

(8) 집합장(集合章)

8-1-1 몸을 접촉하였던 인연으로 즐거움을 받았던 자는 몇 종류의 죄를 범하는가? 몸을 접촉하였던 인연으로 즐거움을 받았던 자는 다섯 종류의 죄를 범하느니라. 비구니가 염심이 있었던 남자의 목뼈의 아래부터 무릎의 위를 잡고서 어루만지면서 즐거움을 받는 자는 바라이이고, 비구가 비구니의 몸을 잡고서 어루만진다면 승잔이며, 몸으로써 몸에 부착한 물건을 접촉한다면 투란차이고, 몸에 부착한 물건으로써 몸에 부착한 물건을 접촉한다면 돌길라이고, 손가락으로 간지럽힌다면 바일제이다.
　염심을 지녔던 비구니가 염심이 있었던 남자의 몸을 접촉하였던 인연으로 즐거움을 받았던 죄는 네 종류의 깨트리는 것의 가운데에서 몇 종류의 깨트리는 것을 따라서 쫓는가? 염심을 지녔던 비구니가 염심이 있었던 남자의 몸을 접촉하였던 인연으로 즐거움을 받았던 죄는 일곱 종류의 죄목의 가운데에서 몇 종류의 죄목에 귀속되는가? 염심을 지녔던 비구니가 염심이 있었던 남자의 몸을 접촉하였던 인연으로 즐거움을 받았던 죄는 여섯 종류의 죄가 생겨나는 가운데에서 몇 종류를 의지하여 생겨나는가? 염심을 지녔던 비구니가 염심이 있었던 남자의 몸을 접촉하였던 인연으로 즐거움을 받았던 죄는 네 종류의 쟁사 가운데에서 무슨 쟁사인가? 염심을 지녔던 비구니가 염심이 있었던 남자의 몸을 접촉하였던 인연으로 즐거움을 받았던 죄는 일곱 종류의 멸쟁법 가운데에서 무슨 멸쟁법으로 소멸시키는가?

염심을 지녔던 비구니가 염심이 있었던 남자의 몸을 접촉하였던 인연으로 즐거움을 받았던 죄는 네 종류의 깨트리는 것의 가운데에서 두 종류의 깨트리는 것을 따라서 쫓나니, 계를 깨트리는 것이 있고 행을 깨트리는 것이 있느니라. 염심을 지녔던 비구니가 염심이 있었던 남자의 몸을 접촉하였던 인연으로 즐거움을 받았던 죄는 일곱 종류의 죄목의 가운데에서 다섯 종류의 죄목에 귀속되나니, 바라이·승잔·투란차·바일제·돌길라죄에 귀속되느니라. 염심을 지녔던 비구니가 염심이 있었던 남자의 몸을 접촉하였던 인연으로 즐거움을 받았던 죄는 여섯 종류의 죄의 가운데에서 한 종류를 의지하여 생겨나나니, 몸과 뜻을 이유로 생겨나는 것이고, 입을 이유로 생겨나지 않느니라. 염심을 지녔던 비구니가 염심이 있었던 남자의 몸을 접촉하였던 인연으로 즐거움을 받았던 죄는 네 종류의 쟁사 가운데에서 범죄쟁사이니라. 염심을 지녔던 비구니가 염심이 있었던 남자의 몸을 접촉하였던 인연으로 즐거움을 받았던 죄는 세 종류의 멸쟁법에 의지하여 그것을 소멸시켜야 하느니라. 현전비니와 자언비니에 의지하는 것이 있고, 현전비니와 여초부지비니에 의지하는 것이 있느니라.

　[이하의 내용은 생략한다.] …… 나아가 ……

8-5-8 락을 구걸하여 먹었던 죄는 몇 종류의 죄를 범하는가? 락을 구걸하여 먹었던 죄는 두 종류의 죄를 범하나니, '음식을 먹겠다.'라고 붙잡았다면 돌길라이고, 목으로 삼키는 것마다 바일제이니라.

　락을 구걸하여 먹었던 죄는 네 종류의 깨트리는 것의 가운데에서 몇 종류의 깨트리는 것을 따라서 쫓는가? 락을 구걸하여 먹었던 죄는 일곱 종류의 죄목의 가운데에서 몇 종류의 죄목에 귀속되는가? 락을 구걸하여 먹었던 죄는 여섯 종류의 죄의 가운데에서 몇 종류를 의지하여 생겨나는가? 락을 구걸하여 먹었던 죄는 네 종류의 쟁사 가운데에서 무슨 쟁사인가? 락을 구걸하여 먹었던 죄는 멸쟁법 가운데에서 무슨 멸쟁법으로 소멸시키는가?

락을 구걸하여 먹었던 죄는 네 종류의 깨트리는 것의 가운데에서 한 종류의 깨트리는 것을 따라서 쫓나니, 행을 깨트리는 것이 있느니라. 락을 구걸하여 먹었던 죄는 일곱 종류의 죄목의 가운데에서 두 종류의 죄목에 귀속되나니, 바일제와 돌길라에 귀속되느니라. 락을 구걸하여 먹었던 죄는 여섯 종류의 죄의 가운데에서 네 종류가 일어나는 것을 의지하여 생겨났나니, 몸을 이유로 생겨나는 것이고, 말과 뜻을 이유로 생겨나는 것은 아니다. 몸과 말을 이유로 생겨나는 것이고, 뜻을 이유로 생겨나는 것은 아니다. 몸과 뜻을 이유로 생겨나는 것이고, 말을 이유로 생겨나는 것은 아니다. 몸과 말과 뜻을 이유로 생겨나는 것이다.

락을 구걸하여 먹었던 죄는 네 종류의 쟁사의 가운데에서 범죄쟁사이니라. 락을 구걸하여 먹었던 죄는 세 종류의 멸쟁법에 의지하여 그것을 소멸시켜야 하느니라. 현전비니와 자언비니에 의지하는 것이 있고, 현전비니와 여초부지비니에 의지하는 것이 있느니라.

[집합장을 마친다.]

(9) 제처장(制處章)

9-1-1 그 지자이시고 견자이시며 응공자이시고 정등각자이신 세존께 의지한다면, 어느 처소에서 첫째의 바라이를 제정하여 세우셨는가? 누구를 인연으로 제정하셨는가? 무슨 일에 의지하여 제정하셨는가? 그것은 계목이 있었는가? 보충하는 조목은 있었는가? 추가의 예비적인 조목은 있었는가? 비구와 비구니에게 이부중의 조목은 있었는가? 비구와 비구니에게 일부중의 조목은 있었는가? 일체의 처소에 조목이 있었는가? 한 처소의 조목은 있었는가?

다섯 종류의 바라제목차를 송출하는 법의 가운데에서 어느 부분에 귀속되고, 어느 부분에 편입되는가? 어느 독송법에 의지하여 송출해야 하는가? 네 가지를 깨트리는 것의 가운데에서 무엇을 깨트리는 것인가?

일곱 종류의 죄 가운데에서 무슨 죄의 종류인가? 여섯 종류의 범한 죄가 생겨나는 가운데에서 무슨 종류를 의지하여 생겨난 것인가? 네 종류의 쟁사의 가운데에서 무슨 종류의 쟁사인가? 일곱 종류의 멸쟁의 가운데에서 무슨 종류의 멸쟁법으로써 소멸시켜야 하는가?

그 가운데에서 무엇이 비니이고, 무엇이 아비비니인가? 무엇이 바라제목차이고, 무엇이 증상의 바라제목차인가? 무엇이 범한 것이고, 무엇이 성취한 것인가? 무엇이 관행인가? 세존께서 무슨 종류의 뜻과 이익을 위하여 첫째의 바라제목차를 제정하여 세우셨는가? 누가 학처를 수습해야 하고, 누가 계율을 수습하는 것을 마쳤는가? 학처의 어느 것에 머물러야 하는가? 누가 호지하였는가? 누가 말하였는가? 누가 전승하였는가?

9-1-2 "그 지자이시고 견자이시며 응공자이시고 정등각자이신 세존께 의지한다면, 어느 처소에서 남자의 몸을 접촉하여 즐거움을 받았던 것의 바라이를 제정하여 세우셨는가?"

"사위성에서 제정하였다."

"누구를 인연하였는가?"

"손다리난타 비구니를 인연하였다."

"무슨 일을 의지하여 제정하셨는가?"

"손다리난타는 염심으로써 염심이 있는 남자의 몸을 접촉하여 즐거움을 받았던 그러한 일이었다."

"그것에 계목이 있었는가? 보충하는 조목이 있었는가? 추가의 예비적인 조목이 있었는가?"

"하나의 계목이 있었으나, 보충하는 조목과 추가의 예비적인 조목은 없었다."

"일체의 처소에 조목이 있었는가? 한 처소의 조목이 있었는가?"

"일체의 처소에 조목이 있었다."

"비구와 비구니에게 이부중의 조목이 있었는가? 비구와 비구니에게 일부중의 조목이 있었는가?"

"일부중의 조목이 있었다."

"다섯 종류의 바라제목차를 송출하는 법의 가운데에서 어느 부분에 귀속되고, 어느 부분에 편입되는가?"

"연기에 귀속되고, 연기에 편입된다."

"어느 독송법에 의지하여 송출해야 하는가?"

"두 번째의 독송법에 의지하여 송출해야 한다."

"네 가지를 깨트리는 것의 가운데에서 무엇을 깨트리는 것인가?"

"계율을 깨트리는 것이다."

"일곱 종류의 죄 가운데에서 무슨 죄의 종류인가?"

"바라이죄의 종류이다."

"여섯 종류의 범한 죄가 생겨나는 가운데에서 무슨 종류를 의지하여 생겨난 것인가?"

"계율을 업신여기는 것을 의지하여 한 종류가 일어나는 것을 의지하여 생겨났나니, 곧 말로 생겨나는 것이 아니고, 몸을 이유로, 뜻을 이유로 생겨나는 것이다."

"네 종류의 쟁사의 가운데에서 무슨 종류의 쟁사인가?"

"범죄쟁사이다."

"일곱 종류의 멸쟁의 가운데에서 무슨 종류의 멸쟁법으로써 소멸시켜야 하는가?"

"두 종류의 멸쟁법을 의지하여 그것을 소멸시켜야 하나니, 현전비니와 자언비니를 의지하여야 하느니라."

"그 가운데에서 무엇이 비니이고, 무엇이 아비비니인가?"

"제정하신 것은 비니이고, 자세히 설명한 것은 아비비니이다."

"무엇이 바라제목차이고, 무엇이 증상의 바라제목차인가?"

"제정하신 것은 바라제목차이고, 자세히 설명한 것은 증상의 바라제목차이다."

"무엇이 범한 것인가?"

"율의가 아니라면 범한 것이다."

"무엇이 성취한 것인가?"

"율의라면 성취한 것이다."

"무엇이 관행인가?"

"마땅히 이와 같이 짓지 않는 것이고, 학처를 배우고 행하면서 목숨을 마치도록 호지하는 것이다."

"무슨 종류의 뜻과 이익을 위하여 세존께서는 첫째의 바라제목차를 제정하여 세우셨는가?"

"승가를 섭수하기 위하여, 승가의 안락을 위하여, 악인을 조복하기 위하여, 선한 비구를 안락하게 머무르게 하기 위하여, 현세의 번뇌를 끊기 위하여, 후세의 번뇌를 소멸하기 위하여, 믿지 않는 자에게 신심이 생겨나게 하기 위하여, 이미 믿었던 자를 증장시키기 위하여, 정법이 오래 머무르게 하기 위하여, 계율을 공경하고 존중하기 위한 것이다."

"누가 학처를 익혀야 하는가?"

"유학과 선한 범부이다."

"누가 계율을 익히는 것을 마쳤는가?"

"아라한은 이미 계율을 배워서 마쳤다."

"학처의 어느 것에 머물러야 하는가?"

"학처를 좋아하는 것에 머물러야 한다."

"누가 호지하였는가?"

"율장과 주석을 아셨던 그분들께서 호지하였다."

"누가 말하였는가?"

"세존·응공·정등각자께서 말씀하셨다."

"누구에게 전승되었는가?"

"차례로 전승되었나니, 곧 우바리, 제사가, 나아가 소나가, 실가바, 다섯 번째의 목건련자제수의 이분들은 염부제에서 길상한 사람이라고 찬탄되었던 분들이다. 그 뒤에 마신타, 이제나, 울제가, 참바라, 나아가 박학하신 발타 등의 이들은 용상으로 대지혜가 있었으며, 염부제에서 이 땅에 오신 분들이고, 그들은 동섭주에서 율장을 송출하셨고, 5부의 니가야와 칠론을 교수하셨다.

　그 뒤에 현명한 아율타, 박학하신 제사발다, 신념이 있는 가라수말나, 장로인 제가, 박학한 지가수말나 등이 있다. 또한 가라수마나, 용상인 불호, 현명한 장로인 제수, 박학한 장로인 제바가 있다. 또한 현명하고 율장에 통달하였던 수마나, 다문이며 굴복시키기 어려운 코끼리왕과 같은 전나가우루혜나, 차마의 제자이고, 잘 존경받는 담무파리 등의 대지혜가 있었으며, 삼장에 통달하여 섬의 가운데에서 여러 별들의 왕과 같았으므로, 지혜로써 밝게 비추었다.

　박학하신 오파저사, 대설법자이신 촉천이 있고, 다시 현명한 수마나, 다문의 불파나마, 삼장에 통달하였고 대설법자인 마하수오가 있다. 다시 율장에 통달하고 현명한 우파리, 대지혜자이고 정법에 정통한 대룡이 있다. 다시 현명한 아파야, 삼장에 통달하였고 현명한 장로 제사, 그의 제자인 불파는 율장에 통달하였고 대지혜가 있었으며 다문이었는데, 그는 성스러운 가르침을 호지하면서 염부제에서 주석하였다.

　또한 현명하고 율에 통달한 주라바야, 현명하고 정법에 정통한 장로 제사, 현명하고 율장에 통달한 주라제와, 현명하고 율장에 통달한 장로 사파가 있다. 이러한 용상들은 대지혜가 있었고 율장을 이해하고 관행에 통달하였으며 동섭주에서 율장을 널리 설하셨다.

9-1-3 "그 지자이시고 견자이시며 응공자이시고 정등각자이신 세존께 의지한다면, 어느 처소에서 다른 비구니가 바라이법을 범하였다고 알았으나, 스스로가 거론하지 않았고 대중에게 알리지 않았던 것의 바라이를 제정하여 세우셨는가?"

　"사위성에서 제정하였다."

　"누구를 인연하였는가?"

　"투란난타 비구니를 인연하였다."

　"무슨 일을 의지하여 제정하셨는가?"

　"투란난타 비구니는 다른 비구니가 바라이법을 범하였다고 알았으나,

스스로가 거론하지 않았고 대중에게 알리지 않았던 일이었다."

"하나의 계목이 있었다."

"계율을 업신여기는 것을 의지하여 한 종류가 일어나는 것을 의지하여 생겨났나니, 몸과 말과 뜻을 이유로 생겨나는 것이다."

9-1-4 "어느 처소에서 화합승가에게 쫓겨났던 비구를 수순하였던 것의 바라이를 제정하여 세우셨는가?"

"사위성에서 제정하였다."

"누구를 인연하였는가?"

"투란난타 비구니를 인연하였다."

"무슨 일을 의지하여 제정하셨는가?"

"투란난타 비구니는 화합승가에게 쫓겨났던 원래 독수리의 조련사이었던 아리타 비구를 수순하였던 일이었다."

"하나의 계목이 있었다."

"계율을 업신여기는 것을 의지하여 한 종류가 일어나는 것을 의지하여 생겨났나니, 몸과 말과 뜻을 이유로 생겨나는 것이다."

9-2-1 "어느 처소에서 소송을 행하였던 비구니의 승잔을 제정하여 세우셨는가?"

"사위성에서 제정하였다."

"누구를 인연하였는가?"

"투란난타 비구니를 인연하였다."

"무슨 일을 의지하여 제정하셨는가?"

"투란난타 비구니가 소송을 행하였던 일이었다."

"하나의 계목이 있었으나, 보충하는 조목과 추가의 예비적인 조목은 없었다."

"여섯 종류의 범한 죄가 생겨나는 가운데에서 두 종류가 일어나는 것을 의지하여 생겨났나니, 곧 몸과 말을 이유로 생겨나는 것이고, 뜻을 이유로 생겨나는 것이 아니며, 몸과 말과 뜻을 이유로 생겨나는 것이다."

9-2-2 "어느 처소에서 적녀에게 구족계를 받게 시켰던 승잔을 제정하여 세우셨는가?"

"사위성에서 제정하였다."

"누구를 인연하였는가?"

"투란난타 비구니를 인연하였다."

"무슨 일을 의지하여 제정하셨는가?"

"투란난타 비구니가 적녀에게 구족계를 받게 시켰던 일이었다."

"하나의 계목이 있었다."

"여섯 종류의 범한 죄가 생겨나는 가운데에서 두 종류가 일어나는 것을 의지하여 생겨났나니, 곧 말과 뜻을 이유로 생겨나는 것이고, 몸을 이유로 생겨나는 것이 아니며, 몸과 말과 뜻을 이유로 생겨나는 것이다."

9-2-3 "어느 처소에서 혼자서 시정을 돌아다녔던 승잔을 제정하여 세우셨는가?"

"사위성에서 제정하였다."

"누구를 인연하였는가?"

"한 비구니를 인연하였다."

"무슨 일을 의지하여 제정하셨는가?"

"한 비구니가 혼자서 시정을 돌아다녔던 일이었다."

"하나의 계목이 있었고, 세 가지의 조목이 있었다."

"여섯 종류의 범한 죄가 생겨나는 가운데에서 첫째의 바라이에서와 같이, 한 종류가 일어나는 것을 의지하여 생겨났나니, 몸과 뜻을 이유로 생겨나는 것이고, 말을 이유로 생겨나는 것은 아니다."

9-2-4 "어느 처소에서 화합승가가 여법하고 율에 알맞으며, 스승의 가르침에 의지하여 비구니의 죄를 거론하였고, 승가의 갈마를 얻지 못하였으

며, 승가가 인정하지 않았으나 죄를 풀어주었던 승잔을 제정하여 세우셨는가?"

"사위성에서 제정하였다."

"누구를 인연하였는가?"

"투란난타 비구니를 인연하였다."

"무슨 일을 의지하여 제정하셨는가?"

"투란난타 비구니가 화합승가가 여법하고 율에 알맞으며, 스승의 가르침에 의지하여 비구니의 죄를 거론하였고, 승가의 갈마를 얻지 못하였으며, 승가가 인정하지 않았으나 죄를 풀어주었던 일이었다."

"하나의 계목이 있었다."

"여섯 종류의 범한 죄가 생겨나는 가운데에서 계율을 업신여기는 것의 한 종류가 일어나는 것을 의지하여 생겨났나니, 몸과 말과 뜻을 이유로 생겨나는 것이다."

9-2-5 "어느 처소에서 비구니가 염심의 마음을 지니고서 염심이 있었던 남자의 손에 있었던 단단한 음식이거나, 혹은 부드러운 음식을 스스로가 손으로써 접촉하면서 받아서 먹었던 승잔을 제정하여 세우셨는가?"

"사위성에서 제정하였다."

"누구를 인연하였는가?"

"손다리난타 비구니를 인연하였다."

"무슨 일을 의지하여 제정하셨는가?"

"손다리난타 비구니가 염심의 마음을 지니고서 염심이 있었던 남자의 손에 있었던 단단한 음식이거나, 혹은 부드러운 음식을 스스로가 손으로써 접촉하면서 받아서 먹었던 일이었다."

"하나의 계목이 있었다."

"여섯 종류의 범한 죄가 생겨나는 가운데에서 첫째의 바라이에서와 같이, 한 종류가 일어나는 것을 의지하여 생겨났나니, 몸과 뜻을 이유로 생겨나는 것이고, 말을 이유로 생겨나는 것은 아니다."

9-2-6 "어느 처소에서 '존매여. 그대는 염심이 없는 까닭이라면, 그 남자가 염심이 있거나 없더라도 그대를 마주하고서 무엇을 하겠습니까? 그러므로 존매는 그 남자가 그대에게 주는 단단한 음식이거나, 혹은 부드러운 음식을 스스로가 손으로 받으세요.'라고 권유하여 말하였던 승잔을 제정하여 세우셨는가?"

"사위성에서 제정하였다."

"누구를 인연하였는가?"

"한 비구니를 인연하였다."

"무슨 일을 의지하여 제정하셨는가?"

"한 비구니가 '존매여. 그대는 염심이 없는 까닭이라면, 그 남자가 염심이 있거나 없더라도 그대를 마주하고서 무엇을 하겠습니까? 그러므로 존매는 그 남자가 그대에게 주는 단단한 음식이거나, 혹은 부드러운 음식을 스스로가 손으로 받으세요.'라고 권유하여 말하였던 일이었다."

"하나의 계목이 있었다."

"여섯 종류의 범한 죄가 생겨나는 가운데에서 세 종류가 일어나는 것을 의지하여 생겨났나니, 곧 몸과 뜻을 이유로 생겨나는 것이고, 말을 이유로 생겨나는 것이 아니다. 말과 뜻을 이유로 생겨나는 것이고, 몸을 이유로 생겨나는 것이 아니다. 몸과 말과 뜻을 이유로 생겨나는 것이다."

9-2-7 "어느 처소에서 성내고 기쁘지 않았던 비구니에게 세 번을 충고하였으나 그것을 버리지 않았던 승잔을 제정하여 세우셨는가?"

"사위성에서 제정하였다."

"누구를 인연하였는가?"

"전달가리 비구니를 인연하였다."

"무슨 일을 의지하여 제정하셨는가?"

"전달가리 비구니가 성내고 기쁘지 않아서 '나는 세존을 버리고 나는 법을 버리며 나는 승가를 버리겠다.'라고 이와 같이 말을 지었던 일이었다."

"하나의 계목이 있었다."

"여섯 종류의 범한 죄가 생겨나는 가운데에서 계율을 업신여기는 것의 한 종류가 일어나는 것을 의지하여 생겨났나니, 몸과 말과 뜻을 이유로 생겨나는 것이다."

9-2-8 "어느 처소에서 어떠한 쟁사에서 비구니가 꾸짖음을 받았으므로 세 번을 충고하였으나 그것을 버리지 않았던 승잔을 제정하여 세우셨는가?"

"사위성에서 제정하였다."

"누구를 인연하였는가?"

"전달가리 비구니를 인연하였다."

"무슨 일을 의지하여 제정하셨는가?"

"전달가리 비구니가 어떤 쟁사를 인연하여 꾸짖음을 받았으므로 성내고 기쁘지 않아서 '여러 비구니들은 욕망을 따르고 성내는 것을 따랐으며 어리석음을 따랐고 두려움을 따랐다.'라고 이와 같이 말을 지었던 일이었다."

"하나의 계목이 있었다."

"여섯 종류의 범한 죄가 생겨나는 가운데에서 계율을 업신여기는 것의 한 종류가 일어나는 것을 의지하여 생겨났나니, 몸과 말과 뜻을 이유로 생겨나는 것이다."

9-2-9 "어느 처소에서 비구니가 재가인과 서로가 친근하였으므로 세 번을 충고하였으나 그것을 버리지 않았던 승잔을 제정하여 세우셨는가?"

"사위성에서 제정하였다."

"누구를 인연하였는가?"

"여러 비구니들을 인연하였다."

"무슨 일을 의지하여 제정하셨는가?"

"여러 비구니들이 재가인과 서로가 친근하게 머물렀던 일이었다."

"하나의 계목이 있었다."

"여섯 종류의 범한 죄가 생겨나는 가운데에서 계율을 업신여기는 것의 한 종류가 일어나는 것을 의지하여 생겨났나니, 몸과 말과 뜻을 이유로 생겨나는 것이다."

9-2-10 "어느 처소에서 '대매들이여. 그대들은 마땅히 친근하게 머무십시오. 그대들은 각자 별도로 머무르지 마십시오.'라고 세 번을 충고하였으나 그것을 버리지 않았던 승잔을 제정하여 세우셨는가?"

"사위성에서 제정하였다."

"누구를 인연하였는가?"

"투란난타 비구니를 인연하였다."

"무슨 일을 의지하여 제정하셨는가?"

"투란난타 비구니가 '대매들이여. 그대들은 마땅히 친근하게 머무십시오. 그대들은 각자 별도로 머무르지 마십시오.'라고 권유하였던 일이었다."

"하나의 계목이 있었다."

"여섯 종류의 범한 죄가 생겨나는 가운데에서 계율을 업신여기는 것의 한 종류가 일어나는 것을 의지하여 생겨났나니, 몸과 말과 뜻을 이유로 생겨나는 것이다."

[이하의 내용은 생략한다.] …… 나아가 ……

9-5-8 "어느 처소에서 락을 구걸하여 먹었던 것의 제사니를 제정하여 세우셨는가?"

"사위성에서 제정하였다."

"누구를 인연하였는가?"

"육군비구니들을 인연하였다."

"무슨 일을 의지하여 제정하셨는가?"

"육군비구니들이 락을 구걸하여 먹었던 일이었다."

"하나의 계목이 있었고, 한 가지의 보충적인 조목이 있었다."

"여섯 종류의 범한 죄가 생겨나는 가운데에서 네 종류가 일어나는 것을 의지하여 생겨났나니, 몸을 이유로 생겨나는 것이고, 말과 뜻을 이유로 생겨나는 것은 아니다. 몸과 말을 이유로 생겨나는 것이고, 뜻을 이유로 생겨나는 것은 아니다. 몸과 뜻을 이유로 생겨나는 것이고, 말을 이유로 생겨나는 것은 아니다. 몸과 말과 뜻을 이유로 생겨나는 것이다."

○ 제처장을 마친다.

(10) 제수장(罪數章)

10-1-1 "염심을 지녔던 비구니가 염심이 있는 남자의 몸을 접촉하여 즐거움을 받았던 자는 몇 종류의 죄를 범하는가? 염심을 지녔던 비구니가 염심이 있는 남자의 몸을 접촉하여 즐거움을 받았던 자는 세 종류의 죄를 범하느니라. 목뼈의 아래부터 무릎의 위를 잡고서 어루만지면서 즐거움을 받는 자는 바라이이고, 목뼈의 위와 무릎의 아래를 잡고서 어루만지면서 즐거움을 받는 자는 투란차이며, 위의를 잃은 것을 덮어서 감추는 자는 돌길라이다. 염심을 지녔던 비구니가 염심이 있는 남자의 몸을 접촉하여 즐거움을 받았던 자는 이러한 세 종류의 죄를 범하느니라."

10-1-2 "비구니의 죄를 덮어서 감추었던 자는 몇 종류의 죄를 범하는가? 비구니가 비구니의 죄를 덮어서 감추었던 자는 세 종류의 죄를 범하느니라. 바라법을 범하였다고 알면서도 덮어서 감추는 자는 바라이이고, 의심이 있었으나 덮어서 감추는 자는 투란차이고, 몸에 부착한 물건을 어루만지면서 즐거움을 받는 자는 돌길라이다. 비구니의 죄를 덮어서 감추었던 자는 이러한 세 종류의 죄를 범하느니라."

10-1-3 "빈출되었던 비구니를 수순하였고, 세 번을 충고하였으나 버리지 않는 자는 몇 종류의 죄를 범하는가? 빈출되었던 비구니를 수순하였고,

세 번을 충고하였으나 버리지 않는 자는 세 종류의 죄를 범하느니라. 갈마를 아뢰었다면 돌길라이고, 두 번을 갈마하였다면 투란차이고, 갈마를 마쳤다면 바라이이다. 빈출되었던 비구니를 수순하였고, 세 번을 충고하였으나 버리지 않는 자는 이러한 세 종류의 죄를 범하느니라."

10-1-4 "8사가 성립된 자는 몇 종류의 죄를 범하는가? 8사가 성립된 자는 세 종류의 죄를 범하느니라. 남자가 어느 곳을 말하였으므로 갔던 자는 돌길라이고, 남자 팔을 펼치는 안으로 이르렀던 자는 투란차이고, 8사가 성립된 자는 바라이이다. 8사가 성립된 자는 이러한 세 종류의 죄를 범하느니라."

10-2-1 "비구니가 소송하는 자는 세 종류의 죄를 범하느니라. 한 사람과 소송하였던 자는 돌길라이고, 두 사람과 소송하였던 자는 투란차이고, 소송을 마쳤던 자는 바라이니라."

10-2-2 "적녀에게 구족계를 받게 시켰던 자는 세 종류의 죄를 범하느니라. 갈마를 아뢰었다면 돌길라이고, 두 번을 갈마하였다면 투란차이며, 갈마를 마쳤다면 승잔이니라."

10-2-3 "혼자서 취락 안으로 갔던 자는 세 종류의 죄를 범하느니라. 떠났다면 돌길라이고, 첫째의 발걸음이 울타리를 지났다면 투란차이며, 둘째의 발걸음이 울타리를 지났다면 승잔이니라."

10-2-4 "화합승가가 여법하고 율과 같으며 스승의 가르침과 같이 비구니의 죄를 거론하였고, 갈마가 승가의 허락을 얻지 못하였으며, 승가의 대중이 인정하지 않았는데, 죄를 풀어주는 자는 세 종류의 죄를 범하느니라. 갈마를 아뢰었다면 돌길라이고, 두 번을 갈마하였다면 투란차이며, 갈마를 마쳤다면 승잔이니라."

10-2-5 "비구니가 염심을 지니고 염심이 있는 남자의 손에서 스스로가 손으로써 단단한 음식이거나, 부드러운 음식을 받아서 먹었던 자는 세 종류의 죄를 범하느니라. '음식을 먹겠다.'라고 붙잡았다면 투란차이고, 목으로 삼키는 것마다 승잔이며, 치목을 잡았다면 돌길라이니라."

10-2-6 "'존매여. 그대가 염심이 없는 까닭이라면, 그 남자가 염심이 있거나 없더라도 그대를 마주하고서 무엇을 하겠습니까? 그러므로 존매는 그 남자가 그대에게 주는 단단한 음식이거나, 혹은 부드러운 음식을 스스로가 손으로 받으세요.'라고 권유하여 말하였다면 세 종류의 죄를 범하느니라. 그 비구가 그녀의 말에 의지하여 '음식을 먹겠다.'라고 말하면서 붙잡았다면 돌길라이고, 목으로 삼켰다면 투란차이며, 음식을 먹었다면 승잔이니라."

10-2-7 "성내고 기쁘지 않았던 비구니에게 세 번을 충고하였으나 그것을 버리지 않았던 자는 세 종류의 죄를 범하느니라. 갈마를 아뢰었다면 돌길라이고, 두 번을 갈마하였다면 투란차이며, 갈마를 마쳤다면 승잔이니라."

10-2-8 "어떠한 쟁사에서 비구니가 꾸짖음을 받았으므로 세 번을 충고하였으나 그것을 버리지 않았던 자는 세 종류의 죄를 범하느니라. 갈마를 아뢰었다면 돌길라이고, 두 번을 갈마하였다면 투란차이며, 갈마를 마쳤다면 승잔이니라."

10-2-9 "비구니가 재가인과 서로가 친근하였으므로 세 번을 충고하였으나 그것을 버리지 않았던 자는 세 종류의 죄를 범하느니라. 갈마를 아뢰었다면 돌길라이고, 두 번을 갈마하였다면 투란차이며, 갈마를 마쳤다면 승잔이니라."

10-2-10 "대매들이여. 그대들은 마땅히 친근하게 머무십시오. 그대들은 각자 별도로 머무르지 마십시오.'라고 세 번을 충고하였으나 그것을 버리지 않았던 자는 세 종류의 죄를 범하느니라. 갈마를 아뢰었다면 돌길라이고, 두 번을 갈마하였다면 투란차이며, 갈마를 마쳤다면 승잔이니라."

[이하의 내용은 생략한다.] …… 나아가 ……

10-5-8 "락을 구걸하여 먹었던 자는 두 종류의 죄를 범하느니라. '음식을 먹겠다.'라고 붙잡았다면 돌길라이고, 목으로 삼키는 것마다 바일제이니라."

(11) 실괴장(失壞章)

11-1-1 염심을 지녔던 비구니가 염심이 있었던 남자의 몸을 접촉하였던 인연으로 즐거움을 받았던 죄는 네 종류의 깨트리는 것의 가운데에서 몇 종류의 죄를 범하는가? 염심을 지녔던 비구니가 염심이 있었던 남자의 몸을 접촉하였던 인연으로 즐거움을 받았던 죄는 깨트리는 것의 가운데에서 계율을 깨트리는 것과 행을 깨트리는 것이다.

[이하의 내용은 생략한다.] …… 나아가 ……

11-5-8 락을 구걸하여 먹었던 죄는 네 종류의 깨트리는 것의 가운데에서 몇 종류의 죄를 범하는가? 락을 구걸하여 먹었던 죄는 네 종류의 깨트리는 것의 가운데에서 행을 깨트리는 것이다.

○ 실괴장을 마친다.

(12) 섭재장(攝在章)

12-1-1 염심을 지녔던 비구니가 염심이 있었던 남자의 몸을 접촉하였던 인연으로 즐거움을 받았던 죄는 일곱 종류의 죄목의 가운데에서 몇 종류의 죄목에 귀속되는가? 염심을 지녔던 비구니가 염심이 있었던 남자의 몸을 접촉하였던 인연으로 즐거움을 받았던 죄는 일곱 종류의 죄목의 가운데에서 다섯 종류의 죄목에 귀속되나니, 바라이죄·승잔죄·투란차죄·바일제죄·돌길라죄에 귀속되느니라.

[이하의 내용은 생략한다.] ······ 나아가 ······

12-5-8 락을 구걸하여 먹었던 죄는 일곱 종류의 죄목의 가운데에서 몇 종류의 죄목에 귀속되는가? 락을 구걸하여 먹었던 죄는 일곱 종류의 죄목의 가운데에서 두 종류의 죄목에 귀속되나니, 바일제죄에 귀속되거나, 돌길라죄에 귀속되느니라.

○ 섭재장을 마친다.

(13) 등기장(等起章)

13-1-1 염심을 지녔던 비구니가 염심이 있었던 남자의 몸을 접촉하였던 인연으로 즐거움을 받았던 죄는 여섯 종류의 죄가 생겨나는 가운데에서 몇 종류를 의지하여 생겨나는가? 염심을 지녔던 비구니가 염심이 있었던 남자의 몸을 접촉하였던 인연으로 즐거움을 받았던 죄는 여섯 종류의 죄의 가운데에서 한 종류를 의지하여 생겨나나니, 몸과 뜻을 이유로 생겨나는 것이고, 입을 이유로 생겨나지 않느니라.

[이하의 내용은 생략한다.] ······ 나아가 ······

13-5-8 락을 구걸하여 먹었던 죄는 여섯 종류의 죄의 가운데에서 몇 종류를 의지하여 생겨나는가? 락을 구걸하여 먹었던 죄는 여섯 종류의 죄의 가운데에서 네 종류가 일어나는 것을 의지하여 생겨났나니, 몸을 이유로 생겨나는 것이고, 말과 뜻을 이유로 생겨나는 것은 아니다. 몸과 말을 이유로 생겨나는 것이고, 뜻을 이유로 생겨나는 것은 아니다. 몸과 뜻을 이유로 생겨나는 것이고, 말을 이유로 생겨나는 것은 아니다. 몸과 말과 뜻을 이유로 생겨나는 것이다.

○ 등기장을 마친다.

(14) 쟁사장(諍事章)

14-1-1 염심을 지녔던 비구니가 염심이 있었던 남자의 몸을 접촉하였던 인연으로 즐거움을 받았던 죄는 네 종류의 쟁사 가운데에서 무슨 쟁사인가? 염심을 지녔던 비구니가 염심이 있었던 남자의 몸을 접촉하였던 인연으로 즐거움을 받았던 죄는 네 종류의 쟁사 가운데에서 범죄쟁사이니라.

[이하의 내용은 생략한다.] …… 나아가 ……

14-5-8 락을 구걸하여 먹었던 죄는 네 종류의 쟁사 가운데에서 무슨 쟁사인가? 락을 구걸하여 먹었던 죄는 네 종류의 쟁사 가운데에서 범죄쟁사이니라.

○ 쟁사장을 마친다.

(15) 멸쟁장(滅諍章)

15-1-1 염심을 지녔던 비구니가 염심이 있었던 남자의 몸을 접촉하였던

인연으로 즐거움을 받았던 죄는 일곱 종류의 멸쟁법 가운데에서 무슨
멸쟁법으로 소멸시키는가? 염심을 지녔던 비구니가 염심이 있었던 남자
의 몸을 접촉하였던 인연으로 즐거움을 받았던 죄는 세 종류의 멸쟁법에
의지하여 그것을 소멸시켜야 하느니라. 현전비니와 자언비니에 의지하는
것이 있고, 현전비니와 여초부지비니에 의지하는 것이 있느니라.

　[이하의 내용은 생략한다.] …… 나아가 ……

15-5-8 락을 구걸하여 먹었던 죄는 멸쟁법 가운데에서 무슨 멸쟁법으로
소멸시키는가? 락을 구걸하여 먹었던 죄는 세 종류의 멸쟁법에 의지하여
그것을 소멸시켜야 하느니라. 현전비니와 자언비니에 의지하는 것이
있고, 현전비니와 여초부지비니에 의지하는 것이 있느니라.

　○ **멸쟁장을 마친다.**

　(16) 집합장(集合章)

16-1-1 몸을 접촉하였던 인연으로 즐거움을 받았던 자는 몇 종류의
죄를 범하는가? 몸을 접촉하였던 인연으로 즐거움을 받았던 자는 다섯
종류의 죄를 범하느니라. 비구니가 염심이 있었던 남자의 목뼈의 아래부
터 무릎의 위를 잡고서 어루만지면서 즐거움을 받는 자는 바라이이고,
비구가 비구니의 몸을 잡고서 어루만진다면 승잔이며, 몸으로서 몸에
부착한 물건을 접촉한다면 투란차이고, 몸에 부착한 물건으로서 몸에
부착한 물건을 접촉한다면 돌길라이고, 손가락으로 간지럽힌다면 바일제
이다.
　염심을 지녔던 비구니가 염심이 있었던 남자의 몸을 접촉하였던 인연으
로 즐거움을 받았던 죄는 네 종류의 깨트리는 것의 가운데에서 몇 종류의
깨트리는 것을 따라서 쫓는가? 염심을 지녔던 비구니가 염심이 있었던

남자의 몸을 접촉하였던 인연으로 즐거움을 받았던 죄는 일곱 종류의 죄목의 가운데에서 몇 종류의 죄목에 귀속되는가? 염심을 지녔던 비구니가 염심이 있었던 남자의 몸을 접촉하였던 인연으로 즐거움을 받았던 죄는 여섯 종류의 죄가 생겨나는 가운데에서 몇 종류를 의지하여 생겨나는가? 염심을 지녔던 비구니가 염심이 있었던 남자의 몸을 접촉하였던 인연으로 즐거움을 받았던 죄는 네 종류의 쟁사 가운데에서 무슨 쟁사인가? 염심을 지녔던 비구니가 염심이 있었던 남자의 몸을 접촉하였던 인연으로 즐거움을 받았던 죄는 일곱 종류의 멸쟁법 가운데에서 무슨 멸쟁법으로 소멸시키는가?

염심을 지녔던 비구니가 염심이 있었던 남자의 몸을 접촉하였던 인연으로 즐거움을 받았던 죄는 네 종류의 깨트리는 것의 가운데에서 두 종류의 깨트리는 것을 따라서 쫓나니, 계를 깨트리는 것이 있고 행을 깨트리는 것이 있느니라. 염심을 지녔던 비구니가 염심이 있었던 남자의 몸을 접촉하였던 인연으로 즐거움을 받았던 죄는 일곱 종류의 죄목의 가운데에서 다섯 종류의 죄목에 귀속되나니, 바라이·승잔·투란차·바일제·돌길라 죄에 귀속되느니라. 염심을 지녔던 비구니가 염심이 있었던 남자의 몸을 접촉하였던 인연으로 즐거움을 받았던 죄는 여섯 종류의 죄의 가운데에서 한 종류를 의지하여 생겨나나니, 몸과 뜻을 이유로 생겨나는 것이고, 입을 이유로 생겨나지 않느니라. 염심을 지녔던 비구니가 염심이 있었던 남자의 몸을 접촉하였던 인연으로 즐거움을 받았던 죄는 네 종류의 쟁사 가운데에서 범죄쟁사이니라. 염심을 지녔던 비구니가 염심이 있었던 남자의 몸을 접촉하였던 인연으로 즐거움을 받았던 죄는 세 종류의 멸쟁법에 의지하여 그것을 소멸시켜야 하느니라. 현전비니와 자언비니에 의지하는 것이 있고, 현전비니와 여초부지비니에 의지하는 것이 있느니라.

[이하의 내용은 생략한다.] …… 나아가 ……

16-5-8 락을 구걸하여 먹었던 죄는 몇 종류의 죄를 범하는가? 락을

구걸하여 먹었던 죄는 두 종류의 죄를 범하나니, '음식을 먹겠다.'라고 붙잡았다면 돌길라이고, 목으로 삼키는 것마다 바일제이니라.

락을 구걸하여 먹었던 죄는 네 종류의 깨트리는 것의 가운데에서 몇 종류의 깨트리는 것을 따라서 쫓는가? 락을 구걸하여 먹었던 죄는 일곱 종류의 죄목의 가운데에서 몇 종류의 죄목에 귀속되는가? 락을 구걸하여 먹었던 죄는 여섯 종류의 죄의 가운데에서 몇 종류를 의지하여 생겨나는가? 락을 구걸하여 먹었던 죄는 네 종류의 쟁사 가운데에서 무슨 쟁사인가? 락을 구걸하여 먹었던 죄는 멸쟁법 가운데에서 무슨 멸쟁법으로 소멸시키는가?

락을 구걸하여 먹었던 죄는 네 종류의 깨트리는 것의 가운데에서 한 종류의 깨트리는 것을 따라서 쫓나니, 행을 깨트리는 것이 있느니라. 락을 구걸하여 먹었던 죄는 일곱 종류의 죄목의 가운데에서 두 종류의 죄목에 귀속되나니, 바일제와 돌길라에 귀속되느니라. 락을 구걸하여 먹었던 죄는 여섯 종류의 죄의 가운데에서 네 종류가 일어나는 것을 의지하여 생겨났나니, 몸을 이유로 생겨나는 것이고, 말과 뜻을 이유로 생겨나는 것은 아니다. 몸과 말을 이유로 생겨나는 것이고, 뜻을 이유로 생겨나는 것은 아니다. 몸과 뜻을 이유로 생겨나는 것이고, 말을 이유로 생겨나는 것은 아니다. 몸과 말과 뜻을 이유로 생겨나는 것이다.

락을 구걸하여 먹었던 죄는 네 종류의 쟁사의 가운데에서 범죄쟁사이니라. 락을 구걸하여 먹었던 죄는 세 종류의 멸쟁법에 의지하여 그것을 소멸시켜야 하느니라. 현전비니와 자언비니에 의지하는 것이 있고, 현전비니와 여초부지비니에 의지하는 것이 있느니라.

○ 집합장을 마친다.

◎ 팔연장(八緣章)을 마친다.

◎ 비구니 분별(分別)의 대분해(大分解) 가운데에서 16장(章)을 마친다.

● 잡송을 마친다.

부수 제3권

제3장 연기섭송(緣起攝頌)[1]

1. 제1바라이[2] 등의 연기

1-1 제행(諸行)은 무상(無常)하고, 고(苦)·무아(無我)·유위(有爲)이며, 역시 열반(涅槃)과 시설(施設)은 무아(無我)가 결정한다네.

1-2 세존의 달이 나타나지 않았고, 세존의 해가 떠오르지 않았다면, 오히려 또한 함께 그 무상 등을 알지 못하여서 유위법으로써 명목(名目)으로 삼았네.

1-3 여러 종류의 고통을 행하여 바라밀(波羅蜜)[3]에 원만하고, 대웅자(大雄者)[4]이시며, 범천계(梵天界)를 포함하여 안목을 갖춘 자(眼者)[5]로 세상에

---

1) 팔리어 Samuṭṭhānasīsasaṅkhepa(사무따나시사산케파)의 번역이다.
2) 팔리어 Paṭhamapārājikasamuṭṭhāna(파타마파라지카사무따나)의 번역이다.
3) 팔리어 Pāramī(파라미)의 음사이다.
4) 팔리어 Mahāvīrā(마하비라)의 음사이다.

출현하셨네.

1-4 그분께서는 고통을 뽑아내고, 즐거움을 주셨으며, 정법(正法)6)을 널리 설하셨나니, 일체 유정(有情)7)의 자비롭고 애민하시며 세존8)이신 석가모니(釋迦牟尼)9)이라네.

1-5 최존자(最尊者)10)이시고 사자(獅子)11)로 광대한 공덕이 있는 삼장을 널리 설하셨는데 경장과 논장과 율장이라네.

1-6 경분별12)과 건도부13)의 두 분별부(分別部)의 계본(戒本)14)이 존재한다면 정법이 역시 여법하게 운용(運用)되리라.

1-7 경분별이 있는 부수(附隨)15)로 화만(華鬘)16)이 엮어졌고, 그 부수를 위하여 연기가 결정되었네.

---

5) 팔리어 Cakkhubhūtā(차꾸부타)의 음사이다.
6) 팔리어 Saddhamma(사땀마)의 음사이다.
7) 팔리어 Sabbabhūtānukampaka(사빠부타누캄파카)의 번역이고 sabba와 bhūtā와 anukampaka의 합성어이다. sabba는 '전체' 또는 '모두'의 뜻이고, Bhūta는 '존재', '요소'를 뜻하며 anukampaka는 '동정심' 또는 '동정심을 가진 사람'을 뜻한다.
8) 팔리어 Aṅgīrasa(안기라사)의 번역이고 '눈부신 자' 또는 '세존'을 뜻한다.
9) 팔리어 Sakyamuni(사캬무니)의 음사이다.
10) 팔리어 Sabbasattuttama(사빠사뚜따마)의 번역이고 sabba와 satta와 uttama의 합성어이다. ssabba는 '전체' 또는 '모두'의 뜻이고 satta는 '존재' 또는 '보편적 존재'의 뜻이며 uttama는 '최고', '제일', '훌륭한'의 뜻이다.
11) 팔리어 Sīha(시하)의 번역이다.
12) 팔리어 Vibhaṅgā(비반가)의 번역이다.
13) 팔리어 Khandhakā(칸다카)의 번역이다.
14) 팔리어 Mātikā(마티카)의 번역이다.
15) 팔리어 Parivāra(파리바라)의 번역이다.
16) 팔리어 Mālā(마라)의 번역이다.

1-8 경분별에는 일어났던 연기와 제정하였던 인연이 나타나 있으니, 지율의 비구는 부수를 배워야 하리라.

1-9 두 분별부에 제정된 계율은 포살에서 송출하는 것이고, 여법하게 일어난 법을 설하겠으니, 마땅히 내가 설하는 것을 들어라.

1-10 제1의 바라이와 제2의 바라이와 그 이하, 중매와 충고, 나아가 장의와 양털, 구법을 따르는 것, 실제 있는 법, 약속, 도둑, 설법, 적녀, 허락이 없는 열세 가지 등의 이것은 지자(智者)를 의지하여 사유되었던 열세 가지의 연기의 법이니라. 하나하나의 발생은 두 분별에서 서로 같은 것을 보여주는 것이다.

1-11 부정(바라이 1조), 출정(승잔 1조), 접촉(승잔 2조), 부정의 제일(부정 1조), 먼저 접촉하는 것(바일제 16조), 주선(바일제 29조), 비밀스럽게 비구니와 함께(바일제 30조), 음식을 먹는 것(바일제 43조), 은밀한 두 명(바일제 44조, 45조), 손가락(바일제 52조), 물속의 유희(바일제 53조), 때리는 것(바일제 74조), 손을 드는 것(바일제 75조), 53종류의 학법(學法)과

1-12 목의 아래(尼, 바라이 1조), 시정(尼, 승잔 2조), 염심(승잔 5조), 두드리는 것(尼, 바일제 3조), 수교(바일제 4조), 씻는 것(바일제 5조), 안거를 마친 것(바일제 40조), 교계(바일제 58조), 화상의 시봉(바일제 67조) 등의 이러한 76종류의 학처는 몸과 뜻의 행이고, 모두 제1바라이와 같으며, 한 종류로 일어나는 것이다.

[제1바라이 등의 연기를 마친다.]

2. 제2바라이[17] 등의 연기

2-1 주지 않은 것(바라이 2조), 신체(바라이 3조), 상인법(바라이 4조), 추악한 말(승잔 3조), 음욕의 공양(승잔 4조), 근거가 없는 것(승잔 8조), 다른 일(승잔 9조), 부정법의 두 번째(부정 2조), 옷을 빼앗은 것(사타 25조), 되돌리는 것(사타 30조), 망어(바일제 1조), 욕하는 것(바일제 2조), 인간질하는 것(바일제 3조), 거친 말(바일제 9조), 땅을 파는 것(바일제 10조), 초목(바일제 11조), 다른 말(바일제 12조), 원망하는 것(바일제 13조),

2-2 끌어내는 것(바일제 17조), 고의(바일제 20조), 이양(바일제 25조), 충분하게 먹은 것(바일제 16조), 오는 것(바일제 42조), 업신여김(바일제 54조), 두려움(바일제 55조), 덮어서 감추는 것(바일제 60조), 살생(바일제 61조), 벌레가 있는 물(바일제 62조), 갈마(바일제 63조), 채우지 않음(바일제 65조), 함께 머무르는 것(바일제 69조), 쫓겨난 것(바일제 70조), 여법한 것(바일제 71조), 의혹(바일제 72조), 무지(바일제 73조), 근거가 없음(바일제 76조), 고뇌하는 것(바일제 77조), 여법한 것(바일제 79조), 옷을 주는 것(바일제 81조), 보시물을 스스로에게 되돌리는 것(바일제 82조), 그대를 능히 어떻게 하겠는가?(尼, 승잔 6조), 때가 아닌 때(尼, 사타 2조), 빼앗는 것(尼, 사타 3조), 잘못 받아들이는 것(尼, 바일제 18조), 지옥주(尼, 바일제 19조),

2-3 대중 승가(尼, 바일제 26조), 분배(尼, 바일제 27조), 바라는 것(尼, 바일제 29조), 확실하지 않은 것(尼, 바일제 30조), 의혹(尼, 바일제 33조), 방사(尼, 바일제 35조), 욕하는 것(尼, 바일제 52조), 성내는 것(尼, 바일제

---

17) 팔리어 Dutiyapārājikasamuṭṭhāna(두티야파라지카사무따나)의 번역이다.

53조), 간탐하는 것(尼, 바일제 55조), 임산부(尼, 바일제 61조), 아이가 있는 여인(尼, 바일제 62조), 2년의 학법(尼, 바일제 63조), 학법을 승가가 인정하지 않은 것(尼, 바일제 64조), 일찍이 시집갔던 여인의 세 가지(尼, 바일제 65조~67조), 동녀의 세 가지(尼, 바일제 71조~73조), 12년을 채우지 않은 것(尼, 바일제 74조), 허락하지 않은 것(尼, 바일제 75조), 충분한 것(尼, 바일제 76조), 근심(尼, 바일제 77조), 욕을 주는 것(尼, 바일제 81조), 해마다(尼, 바일제 82조), 두 사람(尼, 바일제 83조) 등의 이것의 70종류는 세 종류로 일어나는 것이다.

2-4 제2의 바라이와 같이 몸과 뜻을 이유로 일어나는 것이고, 말을 이유로 일어나는 것이 아니며, 말과 뜻을 이유로 일어나는 것이고, 몸을 이유로 일어나는 것이 아니며, 오직 몸과 뜻과 말을 이유로 생겨나는 것이다.

[제2바라이 등의 연기를 마친다.]

3. 중매[18] 등의 연기

3-1 중매(승잔 5조), 방사(승잔 6조), 정사(승잔 7조), 세탁(사타 4조), 옷을 취하는 것(사타 5조), 옷이 걸식하는 것(사타 6조), 양을 넘기는 것(사타 7조), 옷을 구하는 것(사타 8조), 두 거사(사타 9조), 사자(사타 10조), 비단실(사타 11조), 순수한 흑색(사타 12조), 두 부분(사타 13조), 6년(사타 14조), 좌구(사타 15조), 해태(사타 17조), 금은(사타 18조), 두러 종류(사타 19조, 20조),

---

18) 팔리어 Sañcarittasamuṭṭhāna(산차리따무따나)의 번역이다.

3-2 다섯 번을 꿰매지 않음(사타 22조), 우욕의(사타 24조), 실(사타 26조), 시도한 것(사타 29조), 창호(바일제 19조), 옷을 주는 것(바일제 25조), 옷을 꿰맨 것(바일제 26조), 떡(바일제 34조), 생활용품(바일제 47조), 불을 피우는 것(바일제 56조),

3-3 재물(바일제 84조), 바늘(바일제 86조), 와상(바일제 87조), 솜(바일제 88조), 니사단(바일제 89조), 부창의(바일제 90조), 우욕의(바일제 91조), 세존의 옷(바일제 92조), 구걸하는 것(尼, 사타 4조), 교환하는 것(尼, 사타 5조),

3-4 승가의 물건 두 가지(尼, 사타 6조, 7조), 별중의 물건 두 가지(尼, 사타 8조, 9조), 개인의 물건(尼, 사타 10조), 무거운 옷(尼, 사타 11조), 가벼운 옷(尼, 사타 12조), 음식 찌꺼기의 두 가지(尼, 바일제 8조, 9조), 목욕의(尼, 바일제 22조), 사문의 옷(尼, 바일제 28조),

3-5 제2의 바라이와 같이 몸을 이유로 일어나는 것이고, 말과 뜻을 이유로 일어나는 것이 아니다. 말과 뜻을 이유로 일어나는 것이고, 몸을 이유로 일어나는 것이 아니다. 오로지 몸과 뜻과 말을 이유로 생겨나는 것이다.

[중매 등의 연기를 마친다.]

4. 충고[19] 등의 연기

4-1 파승사(승잔 10조), 수순하는 것(승잔 11조), 악구(승잔 12조), 염오(승잔 12조), 거친 죄(바일제 64조), 악한 견해(바일제 68조), 동의하지 않는 것(바일제 80조), 큰 웃음의 두 가지(중학 11조, 12조), 큰 소리의 두 가지(중학 13조, 14조), 말하지 않음(중학 34조), 좌상(중학 68조), 구부리고 앉음(중학 69조), 서 있는 것(중학 70조), 뒤에서(중학 71조), 악도(중학 72조), 죄를 덮는 것(尼, 바라이 2조), 수순하는 것(尼, 바라이 3조), 붙잡음(尼, 바라이 4조), 죄를 풀어주는 것(尼, 승잔 4조), 버리는 것(尼, 승잔 7조).

4-2 어떤 것(尼, 승잔 8조), 친근함의 두 가지(尼, 승잔 9조, 10조), 때리는 것(尼, 바일제 20조), 꿰매는 것(尼, 바일제 23조), 질병(尼, 바일제 34조), 서로가 친근한 것(尼, 바일제 36조), 멈추지 않음(尼, 바일제 45조), 승원(尼, 바일제 51조), 자자(尼, 바일제 57조),

4-3 보름(尼, 바일제 59조), 제자의 두 가지(尼, 바일제 68조, 70조), 옷(尼, 바일제 77조), 시봉(尼, 바일제 78조) 등의 이러한 37종류의 학처는 충고하는 계율에서와 같이 한 종류로 일어나나니, 모두가 몸과 말과 뜻으로 일어나는 것이다.

[충고 등의 연기를 마친다.]

---

19) 팔리어 Samanubhāsanāsamuṭṭhāna(사마누바사나사무따나)의 번역이다.

5. 가치나의[20] 등의 연기

5-1 가치나의의 세 가지(사타 1조, 2조, 3조), 첫째 발우와 약(사타 21조, 23조), 특별한 옷(사타 28조), 위험한 곳(사타 29조), 떠나는 것의 두 가지(바일제 14조, 15조),

5-2 주처(바일제 23조), 삭삭식(바일제 33조), 잔식이 아닌 것(바일제 38조), 청식(바일제 46조), 정시(바일제 59조), 왕의 내궁(바일제 83조), 때가 아닌 때(바일제 85조), 시도(제사니 2조), 아란야(제사니 4조), 소송(尼, 승잔 1조), 저축(尼, 사타 1조), 식전(尼, 바일제 15조), 식후(尼, 바일제 16조), 때가 아닌 것(尼, 바일제 17조), 5일(尼, 바일제 24조), 다른 사람의 옷(尼, 바일제 25조), 주처의 두 가지(尼, 바일제 47조, 48조),

5-3 하체(尼, 바일제 60조), 자리(尼, 바일제 94조) 등의 이러한 29종류의 학처는 가치나의의 계율에서와 같이 두 종류로 일어나나니, 몸과 말을 이유로 일어나는 것이고, 뜻을 이유로 일어나는 것이 아니다. 모두가 몸과 뜻과 말을 이유로 생겨나는 것이다.

[가치나의 등의 연기를 마친다.]

6. 양털[21] 등의 연기

6-1 양털(사타 16조), 같이 묶는 두 가지(바일제 5조, 6조), 탈각상(바일제

---

20) 팔리어 Kathinasamuṭṭhāna(카티나사무따나)의 번역이다.
21) 팔리어 Eḷakalomasamuṭṭhāna(에라카로마사무따나)의 번역이다.

8조), 음식을 베푸는 것(바일제 31조), 별중(바일제 32조), 때가 아닌 때에 먹는 것(바일제 37조), 저장(바일제 38조), 치목(바일제 40조), 나형인자(바일제 41조),

6-2 출전하는 군대(바일제 48조), 군진(바일제 49조), 군사훈련(바일제 50조), 술(바일제 51조), 목욕(바일제 57조), 괴색(바일제 58조), 제사니의 두 가지(제사니, 1조, 3조), 마늘(尼, 바일제 1조), 시봉(바일제 6조), 춤(바일제 10조),

6-3 목욕(바일제 21조), 부구(바일제 31조), 요(바일제 32조), 국내(바일제 37조), 국외(바일제 38조), 우기의 가운데(바일제 39조), 미술관(바일제 41조), 높은 평상(바일제 42조), 오감 짜는 것(바일제 43조), 집안일(바일제 44조), 스스로가 손으로(바일제 46조), 비구가 없는 주처(바일제 56조), 일산(바일제 84조), 탈 것(바일제 85조), 요포(바일제 86조), 장엄구(바일제 87조), 향(바일제 88조), 향유(바일제 89조), 비구니(바일제 90조), 식차마나(바일제 91조), 사미니(바일제 92조), 백의녀(바일제 93조), 승기지를 입지 않는 것(바일제 94조),

6-4 이러한 44종류의 학처는 양털의 계율에서와 같이 두 종류로 일어나니, 몸을 이유로 일어나는 것이고, 말과 뜻을 이유로 일어나는 것이 아니다. 몸과 뜻과 말을 이유로 생겨나는 것이고, 말을 이유로 생겨나는 것이 아니다.

[양털 등의 연기를 마친다.]

7. 구법(句法)[22] 등의 연기

7-1 구법(바일제 4조), 제외된 것(바일제 7조), 뽑히지 않은 것(바일제 21조), 일몰(바일제 22조), 축생주의 두 가지(尼, 바일제 49조, 50조), 허락받지 않고서 묻는 것(바일제 95조),

7-2 이러한 7종류의 학처는 구법의 계율에서와 같이 두 종류로 일어나나니, 말을 이유로 일어나는 것이고, 몸과 뜻을 이유로 일어나는 것이 아니다. 말과 뜻과 말을 이유로 생겨나는 것이고, 몸을 이유로 생겨나는 것이 아니다.

  [구법 등의 연기를 마친다.]

8. 도로(道路)[23] 등의 연기

8-1 도로(바일제 27조), 배(바일제 28조), 맛있는 것(바일제 39조), 여인과 함께(바일제 63조), 털을 깎는 것(尼, 바일제 2조), 날곡식(尼, 바일제 7조), 청식(尼, 바일제 54조), 제사니의 여덟 가지(尼, 제사니 1조, 2조, 3조, 4조, 5조, 6조, 7조, 8조),

8-2 이러한 15종류의 학처는 도로의 계율에서와 같이 불지(佛智)로 제정되었고 네 종류가 일어나는 것을 의지하여 생겨났나니, 몸을 이유로 생겨나는 것이고, 말과 뜻을 이유로 생겨나는 것은 아니다. 몸과 말을

---

22) 팔리어 Padasodhammasamuṭṭhāna(파다소담마사무따나)의 번역이다.
23) 팔리어 Addhānasamuṭṭhāna(아따나사무따나)의 번역이다.

이유로 생겨나는 것이고, 뜻을 이유로 생겨나는 것은 아니다. 몸과 뜻을 이유로 생겨나는 것이고, 말을 이유로 생겨나는 것은 아니다. 몸과 말과 뜻을 이유로 생겨나는 것이다."

[도로 등의 연기를 마친다.]

9. 도둑[24] 등의 연기

9-1 도둑(바일제 66조), 가려진 곳에서 엿듣는 것(바일제 67조), 국을 구걸하는 것(중학 37조), 밤(尼, 바일제 11조), 가려진 곳(尼, 바일제 12조), 드러난 곳(尼, 바일제 13조), 일곱째의 골목길(尼, 바일제 14조),

9-2 이러한 학처는 도둑의 계율에서와 같이 두 종류로 일어나나니, 몸과 뜻을 이유로 일어나는 것이고, 말을 이유로 일어나는 것이 아니다. 몸과 뜻과 말을 이유로 생겨나는 것이다.

[도둑 등의 연기를 마친다.]

10. 설법[25] 등의 연기

10-1 세존께서는 일산을 지닌 자를 마주하는 것(중학 57조), 지팡이를 지닌 자를 마주하는 것(중학 58조), 칼을 지닌 자를 마주하는 것(중학

---

24) 팔리어 Theyyasatthasamuṭṭhāna(테이야사따사무따나)의 번역이다.
25) 팔리어 Dhammadesanāsamuṭṭhāna(담마데사나사무따나)의 번역이다.

59조), 막대기를 지닌 자를 마주하는 것(중학 60조) 등은 모두 정법을 설할 수 없다.

10-2 신발을 신은 자(중학 61조), 샌들을 신은 자(중학 62조), 수레를 탔던 자(중학 63조), 와상에 누웠던 자(중학 64조), 자세가 흐트러진 자(중학 65조), 머리를 감쌌던 자(중학 66조), 복면한 자(중학 67조) 등의 열한 가지는 설법하지 않는다.

10-3 이러한 학처는 설법의 계율에서와 같이 한 종류로 일어나나니, 말과 뜻을 이유로 일어나는 것이고, 몸을 이유로 일어나는 것이 아니다.

　[설법 등의 연기를 마친다.]

11. 실유(實有)[26] 등의 연기

11-1 상인법[27](바일제 제8조) 등의 학처는 상인법에서 설하는 세 종류가 일어나는 것을 의지하여 생겨났나니, 곧 몸을 이유로 생겨나는 것이고, 말과 뜻을 이유로 생겨나는 것이 아니다. 말을 이유로 생겨나는 것이고, 몸을 이유로 생겨나는 것이 아니다. 몸과 말을 이유로 생겨나는 것이고, 뜻을 이유로 생겨나는 것이 아니다.

　[실유 등의 연기를 마친다.]

---

26) 팔리어 Bhūtārocanasamuṭṭhāna(부타로차나사무따나)의 번역이다.
27) Bhūta kāya(부타 카야)의 번역이고 Bhūta는 '존재'를 뜻하고 kāya는 '몸'을 뜻하므로, '상인법'으로 의역할 수 있겠다.

12. 적녀를 제도한 것[28] 등의 연기

12-1 적녀를 제도한 것(尼, 승잔 2조) 등의 학처는 적녀 계율의 법왕께서 스스로가 설하셨던 그것의 두 종류가 일어나는 것을 의지하여 생겨났나니, 곧 말과 뜻을 이유로 생겨나는 것이고, 몸을 이유로 생겨나는 것이 아니다. 몸과 말과 뜻을 이유로 생겨나는 것이다.

[적녀를 제도한 것 등의 연기를 마친다.]

13. 허락하지 않은 것[29] 등의 연기

13-1 허락하지 않은 것[30] 등의 학처는 스스로가 그것의 네 종류가 일어나는 것을 의지하여 생겨났나니, 말을 이유로 생겨나는 것이고, 몸과 뜻을 이유로 생겨나는 것은 아니다. 몸과 말을 이유로 생겨나는 것이고, 뜻을 이유로 생겨나는 것은 아니다. 말과 뜻을 이유로 생겨나는 것이고, 몸을 이유로 생겨나는 것은 아니다. 몸과 말과 뜻을 이유로 생겨나는 것이다.

[허락하지 않은 것 등의 연기를 마친다.]

---

28) 팔리어 Corivuṭṭhāpanasamuṭṭhāna(초리부따파나사무따나)의 번역이다.
29) 팔리어 Ananuññātasamuṭṭhāna(아나눈냐타사무따나)의 번역이다.
30) 비구니 바일제 80조를 참조하라.

14. 13사(事)의 연기

14-1 진실로 13종류의 일어나는 그것을 잘 요약하여 설한 것이다. 어리석음의 인연이 없게 하고, 학처를 의지하며, 율장을 인도에 수순하는 것이니, 지혜로운 자는 이것을 억념하고서 지녔으므로, 일어나는 범에 미혹되지 않느니라.

[13사의 연기를 마친다.]

○ 첫째의 섭송을 마친다.

◉ 연기섭송장을 마친다.

부수 제4권

제4장 복습장(復習章)¹⁾

1. 연속적인 반복장(反復章)

1) 문수장(問數章)²⁾

1-1 몇 종류의 죄가 있고, 몇 종류의 죄의 분류³⁾가 있으며, 몇 종류가
수습(修習)하는 일⁴⁾이고, 몇 종류를 공경하지 않으며, 몇 종류를 공경하고,
몇 종류가 수습하는 일이며, 몇 종류가 깨트리는 것이고, 몇 종류가
죄를 범하는 연기(緣起)⁵⁾이며, 몇 종류가 논쟁의 뿌리이고, 몇 종류가
비난의 뿌리이며, 몇 종류가 화경법(和敬法)⁶⁾이고, 몇 종류가 파승사이며,
몇 종류가 쟁사이고, 몇 종류가 멸쟁법인가?

---

1) 팔리어 Antarapeyyāla(안타라페이야라)의 번역이다.
2) 팔리어 Katipucchāvāra(카티푸짜바라)의 번역이다.
3) 팔리어 āpattikkhandhā(아파띠깐다)의 번역이다.
4) 팔리어 vinītavatthūni(비니타바뚜니)의 번역이다.
5) 팔리어 āpattisamuṭṭhānā(아파띠사무따나)의 번역이다.
6) 팔리어 Sāraṇīyā dhamma(사라니야 담마)의 번역이다.

다섯 종류의 죄가 있고, 다섯 종류의 죄의 분류가 있으며, 다섯 종류의 일을 수습해야 하고, 일곱 종류의 죄가 있고, 일곱 종류의 죄의 분류가 있으며, 다섯 종류의 일을 수습해야 하고, 여섯 종류를 공경하지 않으며, 여섯 종류를 공경하고, 여섯 종류의 일을 익혀야 하며, 네 종류를 깨트리는 것이고, 여섯 종류가 죄를 범하는 연기이며, 여섯 종류가 논쟁의 뿌리이고, 여섯 종류가 비난의 뿌리이며, 여섯 종류가 화경법이고, 열여덟 종류가 파승사이며, 네 종류가 쟁사이고, 일곱 종류가 멸쟁법이니라.

1-2 이 가운데에서 무엇이 다섯 종류의 죄인가? 바라이죄, 승잔죄, 바일제죄, 제사니죄, 악작죄이다. 이것이 다섯 종류의 죄이다.

1-3 이 가운데에서 무엇이 다섯 종류의 죄의 분류인가? 바라이죄의 분류, 승잔죄의 분류, 바일제의 분류, 제사니죄의 분류, 악작죄의 분류이다. 이것이 다섯 종류의 죄의 분류이다.

1-4 이 가운데에서 무엇의 다섯 종류를 수습해야 하는가? 다섯 종류의 죄의 분류를 벗어나고, 멀리 벗어나며 회피(回避)하면서 행하지 않고, 짓지 않으며 절제하고 범하지 않으면서 죄의 다리(橋)를 부수는 것이다. 이것이 다섯 종류의 수습이다.

1-5 이 가운데에서 무엇이 일곱 종류의 죄인가? 바라이죄, 승잔죄, 투란차죄, 바일제죄, 제사니죄, 악작죄, 악설죄이다. 이것이 일곱 종류의 죄이다.

1-6 이 가운데에서 무엇이 다섯 종류의 죄의 분류인가? 바라이죄의 분류, 승잔죄의 분류, 투란차죄의 분류, 바일제죄의 분류, 제사니죄의 분류, 악작죄의 분류, 악설죄의 분류이다. 이것이 일곱 종류의 죄의 분류이다.

1-7 이 가운데에서 무엇의 일곱 종류를 수습해야 하는가? 일곱 종류의 죄의 분류를 벗어나고, 멀리 벗어나며 회피하면서 행하지 않고, 짓지 않으며 절제하면서 범하지 않으며 죄의 다리를 부수는 것이다. 이것이 일곱 종류의 수습이다.

1-8 이 가운데에서 무엇이 여섯 종류의 공경하지 않는 것인가? 세존을 공경하지 않고, 법을 공경하지 않으며, 승가를 공경하지 않고, 계율을 공경하지 않으며, 방일(放逸)하지 않음을 공경하지 않고, 화경(和敬)을 공경하지 않는 것이다. 이것이 여섯 종류의 공경하지 않는 것이다.

1-9 이 가운데에서 무엇이 여섯 종류의 공경하는 것인가? 세존을 공경하고, 법을 공경하며, 승가를 공경하고, 계율을 공경하며, 방일하지 않음을 공경하고, 화경을 공경하는 것이다. 이것이 여섯 종류의 공경하는 것이다.

1-10 이 가운데에서 무엇의 일곱 종류를 수습해야 하는가? 여섯 종류의 죄의 분류를 벗어나고, 멀리 벗어나며 회피하면서 행하지 않고, 짓지 않으며 절제하면서 범하지 않으며 죄의 다리를 부수는 것이다. 이것이 여섯 종류의 수습이다.

1-11 이 가운데에서 무엇이 네 종류를 깨트리는 것인가? 계를 깨트리는 것, 행을 깨트리는 것, 견해를 깨트리는 것, 생활(命)을 깨트리는 것이니라. 이것이 네 종류를 깨트리는 것이다.

1-12 이 가운데에서 무엇이 여섯 종류의 죄를 범하고 일으키는가? 몸을 이유로 생겨나는 것이고, 말과 뜻을 이유로 생겨나는 것은 아니다. 말을 이유로 생겨나는 것이고, 몸과 뜻을 이유로 생겨나는 것은 아니다. 몸과 말을 이유로 생겨나는 것이고, 뜻을 이유로 생겨나는 것은 아니다. 몸과 뜻을 이유로 생겨나는 것이고, 말을 이유로 생겨나는 것은 아니다. 말과

뜻을 이유로 생겨나는 것이고, 몸을 이유로 생겨나는 것은 아니다. 몸과 말과 뜻을 이유로 생겨나는 것이다. 이것이 여섯 종류의 죄를 범하고 일으키는 것이다.

1-13 이 가운데에서 무엇이 여섯 종류 논쟁의 뿌리인가? 이 처소의 비구는 분노가 있고 원한이 있느니라. 여러 비구들이여. 그 비구는 분노가 있고 원한이 있는 때에 스승을 존중하지 않고 수순하지 않으면서 머무르며, 법을 존중하지 않고 수순하지 않으면서 머무르며, 승가를 존중하지 않고 수순하지 않으면서 머무르며, 계율에서 원만하지 않은 것이다.

여러 비구들이여. 그 비구가 스승을 존중하지 않고 수순하지 않으면서 머무르며, 법을 존중하지 않고 수순하지 않으면서 머무르며, 승가를 존중하지 않고 수순하지 않으면서 머무르며, 계율에서 원만하지 않는다면 승가에 논쟁이 생겨나고, 대중에게 이익이 없고 즐거움이 없으며 이익이 없으며, 천상과 인간에게 이익이 없는 고뇌를 주는 것이다.

여러 비구들이여. 그대들이 만약 이와 같은 까닭으로 안과 바깥에서 논쟁의 뿌리를 관찰해야 하고, 여러 비구들이여. 그대들은 마땅히 부지런하게 그 악한 논쟁의 뿌리를 잘라내야 하느니라. 여러 비구들이여. 그대들이 만약 이와 같은 까닭이라면 안과 바깥에서 논쟁의 뿌리를 관찰해야 하고, 여러 비구들이여. 그대들은 이 처소에서 마땅히 부지런하게 미래에 악한 논쟁의 뿌리가 생겨나지 않게 해야 하느니라. 이와 같이 이러한 악한 논쟁의 뿌리를 잘라내야 하고, 이와 같이 미래에 악한 논쟁의 뿌리가 생겨나지 않게 해야 한다.

여러 비구들이여. 다시 이 처소의 비구는 위선이 있고 고뇌가 있느니라. 여러 비구들이여. 그 비구는 위선이 있고 고뇌가 있는 때에 스승을 존중하지 않고 수순하지 않으면서 머무르며, …… 나아가 …… 여러 비구들이여. 다시 이 처소의 비구는 질투가 있고 간탐이 있느니라. 여러 비구들이여. 그 비구는 질투가 있고 간탐이 있는 때에 스승을 존중하지 않고 수순하지 않으면서 머무르며, …… 나아가 …… 여러 비구들이여. 다시 이 처소의 비구는 속임이 있고 험담이 있느니라. 여러 비구들이여. 그 비구는 속임이 있고 험담이 있는 때에 스승을 존중하지 않고 수순하지 않으면서 머무르며, …… 나아가 …… 여러 비구들이여. 다시 이 처소의 비구는 악한 욕망이 있고 삿된 견해가 있느니라.

　여러 비구들이여. 그 비구는 악한 욕망이 있고 삿된 견해가 있는 때에 스승을 존중하지 않고 수순하지 않으면서 머무르며, …… 나아가 …… 여러 비구들이여. 다시 이 처소의 비구는 현세에서 망령을 취하고 견고한 집착을 일으키고 버리는 것이 어려우니라. 여러 비구들이여. 그 비구는 현세에서 망령을 취하고 견고한 집착을 일으키고 버리는 것이 어려움이 있는 때에 스승을 존중하지 않고 수순하지 않으면서 머무르며, 법을 존중하지 않고 수순하지 않으면서 머무르며, 승가를 존중하지 않고 수순하지 않으면서 머무르며, 계율에서 원만하지 않은 것이다.

　…… 여러 비구들이여. 그대들이 만약 이와 같은 까닭이라면 안과 바깥의 논쟁의 뿌리를 관찰해야 하고, 여러 비구들이여. 그대들은 이 처소에서 마땅히 부지런하게 미래에 악한 논쟁의 뿌리가 생겨나지 않게 해야 하느니라. 이와 같이 이러한 악한 논쟁의 뿌리를 잘라내야 하고, 이와 같이 미래에 악한 논쟁의 뿌리가 생겨나지 않게 해야 하느니라. 이것이 여섯 종류 논쟁의 뿌리이다.

1-14 이 가운데에서 무엇이 여섯 종류 비난의 뿌리인가? 이 처소의 비구는 분노가 있고 원한이 있느니라. 여러 비구들이여. 그 비구는 분노가 있고 원한이 있는 때에 스승을 존중하지 않고 수순하지 않으면서 머무르며, 법을 존중하지 않고 수순하지 않으면서 머무르며, 승가를 존중하지 않고 수순하지 않으면서 머무르며, 계율에서 원만하지 않은 것이다.

　여러 비구들이여. 그 비구가 스승을 존중하지 않고 수순하지 않으면서 머무르며, 법을 존중하지 않고 수순하지 않으면서 머무르며, 승가를 존중하지 않고 수순하지 않으면서 머무르며, 계율에서 원만하지 않는다면 승가에 논쟁이 생겨나고, 대중에게 이익이 없고 즐거움이 없으며 이익이 없으며, 천상과 인간에게 이익이 없는 고뇌를 주는 것이다.

여러 비구들이여. 그대들이 만약 이와 같은 까닭으로 안과 바깥에서 비난의 뿌리를 관찰해야 하고, 여러 비구들이여. 그대들은 마땅히 부지런하게 그 악한 비난의 뿌리를 잘라내야 하느니라. 여러 비구들이여. 그대들이 만약 이와 같은 까닭이라면 안과 바깥에서 비난의 뿌리를 관찰해야 하고, 여러 비구들이여. 그대들은 이 처소에서 마땅히 부지런하게 미래에 악한 비난의 뿌리가 생겨나지 않게 해야 하느니라. 이와 같이 이러한 악한 비난의 뿌리를 잘라내야 하고, 이와 같이 미래에 악한 비난의 뿌리가 생겨나지 않게 해야 한다.

여러 비구들이여. 다시 이 처소의 비구는 위선이 있고 고뇌가 있느니라. 여러 비구들이여. 그 비구는 위선이 있고 고뇌가 있는 때에 스승을 존중하지 않고 수순하지 않으면서 머무르며, …… 나아가 …… 여러 비구들이여. 다시 이 처소의 비구는 질투가 있고 간탐이 있느니라. 여러 비구들이여. 그 비구는 질투가 있고 간탐이 있는 때에 스승을 존중하지 않고 수순하지 않으면서 머무르며, …… 나아가 …… 여러 비구들이여. 다시 이 처소의 비구는 속임이 있고 험담이 있느니라. 여러 비구들이여. 그 비구는 속임이 있고 험담이 있는 때에 스승을 존중하지 않고 수순하지 않으면서 머무르며, …… 나아가 …… 여러 비구들이여. 다시 이 처소의 비구는 악한 욕망이 있고 삿된 견해가 있느니라.

여러 비구들이여. 그 비구는 악한 욕망이 있고 삿된 견해가 있는 때에 스승을 존중하지 않고 수순하지 않으면서 머무르며, …… 나아가 …… 여러 비구들이여. 다시 이 처소의 비구는 현세에서 망령을 취하고 견고한 집착을 일으키고 버리는 것이 어려우니라. 여러 비구들이여. 그 비구는 현세에서 망령을 취하고 견고한 집착을 일으키고 버리는 것이 어려움이 있는 때에 스승을 존중하지 않고 수순하지 않으면서 머무르며, 법을 존중하지 않고 수순하지 않으면서 머무르며, 승가를 존중하지 않고 수순하지 않으면서 머무르며, 계율에서 원만하지 않은 것이다.

…… 여러 비구들이여. 그대들이 만약 이와 같은 까닭이라면 안과

바깥에서 비난의 뿌리를 관찰해야 하고, 여러 비구들이여. 그대들은
이 처소에서 마땅히 부지런하게 미래에 악한 비난의 뿌리가 생겨나지
않게 해야 하느니라. 이와 같이 이러한 악한 비난의 뿌리를 잘라내야
하고, 이와 같이 미래에 악한 비난의 뿌리가 생겨나지 않게 해야 하느니라.
이것이 여섯 종류 비난의 뿌리이다.

1-15 이 가운데에서 무엇이 여섯 종류의 억념(憶念)해야 할 법인가?
이 처소에 있는 비구는 같이 수습하는 범행자의 가운데에서 혹은 드러나거
나, 혹은 감추어졌어도 자비스러운 신업(身業)을 일으켜야 하느니라.
이것은 역시 억념해야 할 법으로 능히 사랑해야 하고 존중해야 하며
능히 섭수해야 하나니, 투쟁이 없이 화합하며 하나의 길로 나아가는
것이다.

　다시 다음으로 이 처소에 있는 비구는 같이 수습하는 범행자의 가운데에
서 혹은 드러나거나, 혹은 감추어졌어도 자비스러운 말의 행(行)을 일으켜
야 하느니라. 이것은 역시 억념해야 할 법으로 능히 사랑해야 하고 존중해
야 하며 능히 섭수해야 하나니, 투쟁이 없이 화합하며 하나의 길로 나아가
는 것이다.

　다시 다음으로 이 처소에 있는 비구는 같이 수습하는 범행자의 가운데에
서 혹은 드러나거나, 혹은 감추어졌어도 자비스러운 뜻의 행을 일으켜야
하느니라. 이것은 역시 억념해야 할 법으로 능히 사랑해야 하고 존중해야
하며 능히 섭수해야 하나니, 투쟁이 없이 화합하며 하나의 길로 나아가는
것이다.

　다시 다음으로 이 처소에 있는 비구는 일반적으로 여법하게 얻었거나,
법의 이익이거나, 나아가 아래로 발우의 가운데에 얻은 것이라도 구족계
를 받은 같이 수습하는 범행자와 함께 서로가 수용해야 하느니라. 이것은
역시 억념해야 할 법으로 능히 사랑해야 하고 존중해야 하며 능히 섭수해
야 하나니, 투쟁이 없이 화합하며 하나의 길로 나아가는 것이다.

　다시 다음으로 이 처소에 있는 비구는 그 일체에 손실이 없고 틈새가

없으며 잡스러움이 없고 번민이 없으며 자재(自在)하고 지혜로운 자가
찬탄하는 것이며 집착이 없고 능히 삼매의 계율을 일으키며 이와 같은
여러 계율에서 같이 수습하는 범행자와 함께 혹은 드러나거나, 혹은
감추어졌어도 계율의 성품 등에 머물러야 하느니라. 이것은 역시 억념해
야 할 법으로 능히 사랑해야 하고 존중해야 하며 능히 섭수해야 하나니,
투쟁이 없이 화합하며 하나의 길로 나아가는 것이다.

　다시 다음으로 이 처소에 있는 비구는 그들에게 성스러운 출리(出離)를
일으키고 그들에게 정견(正見)에 이르러 고통을 없애게 하며 이와 같은
견해에서 같이 수습하는 범행자와 함께 혹은 드러나거나, 혹은 감추어졌
어도 계율의 성품 등에 머물러야 하느니라. 이것은 역시 억념해야 할
법으로 능히 사랑해야 하고 존중해야 하며 능히 섭수해야 하나니, 투쟁이
없이 화합하며 하나의 길로 나아가는 것이다. 이것이 여섯 종류의 억념해
야 할 법이다.

1-16 이 가운데에서 무엇이 열여덟 종류의 파승사인가? 이 처소에 있는
비구가 비법을 법이라고 말하고 법을 비법이라고 말하며, 율이 아닌
것을 율이라고 말하고 율을 율이 아니라고 말하며, 여래가 설하지 않는
말씀을 여래가 설하였다고 말하고 여래가 설한 말씀을 여래가 설하지
않았다고 말하며, 여래가 항상 행하지 않는 법을 여래가 항상 행하였다고
말하고 여래가 항상 행한 법을 여래가 항상 행하지 않았다고 말하며,
여래가 제정하여 설하지 않는 것을 여래가 제정하여 설하였다고 말하고
여래가 제정하여 설한 법을 여래가 제정하여 설하지 않았다고 말하며,
무죄를 유죄라고 말하고 유죄를 무죄라고 말하며, 가벼운 죄를 무거운
죄라고 말하고 무거운 죄를 가벼운 죄라고 말하며, 남은 죄가 있어도
남은 죄가 없다고 말하고 남은 죄가 없어도 남은 죄가 있다고 말하며,
거친 죄를 거칠지 않은 죄라고 말하고 거칠지 않은 죄를 거친 죄라고
말하는 것이다. 이것이 열여덟 종류의 파승사이다.

1-17 이 가운데에서 무엇이 네 종류의 쟁사인가? 논쟁쟁사(論諍諍事)[7], 비난쟁사(非難諍事)[8], 범죄쟁사(犯罪諍事)[9], 사쟁사(事諍事)[10]이니라. 이 것이 네 종류의 쟁사이다.

1-18 이 가운데에서 무엇이 일곱 종류의 멸쟁인가? 현전비니(現前毘尼)[11], 억념비니(憶念毘尼)[12], 불치비니(不癡毘尼)[13], 자언비니(自言毘尼)[14], 다 인어(多人語)[15], 다멱상비니(覓罪相)[16], 여초부지비니(如草覆地)[17]이니 라. 이것이 네 종류의 쟁사이다.

[문수를 마친다.]

섭송으로 설하겠노라.

죄와 죄의 분류와
수습하는 것과 일곱 가지와
수습하는 것과 공경하지 않는 것과
공경하는 것과 뿌리와

---

7) 팔리어 Vivādādhikaraṇa(비바다디카라나)의 번역이다.
8) 팔리어 Anuvādādhikaraṇa(아누바다디카라나)의 번역이다.
9) 팔리어 Āpattādhikaraṇa(아파따디카라나)의 번역이다.
10) 팔리어 Kiccādhikaraṇa(키짜디카라나)의 번역이다.
11) 팔리어 Sammukhāvinaya(삼무카비나야)의 번역이다.
12) 팔리어 Sativinaya(사티비나야)의 번역이다.
13) 팔리어 Amūḷhavinaya(아무르하비나야)의 번역이다.
14) 팔리어 Paṭiññātakaraṇa(파틴나타카라나)의 번역이다.
15) 팔리어 Yebhuyyasikā(예부이야시카)의 번역이다.
16) 팔리어 Tassapāpiyasikā(타싸파피야시카)의 번역이다.
17) 팔리어 Tiṇavatthāraka(티나바따라카)의 번역이다.

다시 수습하는 것과 깨트리는 것과
일어나는 것과 논쟁과
비난과 화경과
나아가 파승사와
7멸쟁을 설하였으니
이것은 17구절이니라.

2) 육종범죄등기장(六種犯罪等起章)[18]

2-1 제1의 범한 죄가 일어난 것을 의지하여 바라이를 범할 수 있는가?
'진실이 아니다.'라고 말해야 한다. 승잔을 범할 수 있는가? '있다.'라고
말해야 한다. 투란차를 범할 수 있는가? '있다.'라고 말해야 한다. 제사니를
범할 수 있는가? '있다.'라고 말해야 한다. 바일제를 범할 수 있는가?
'있다.'라고 말해야 한다. 악작을 범할 수 있는가? '있다.'라고 말해야
한다. 악설을 범할 수 있는가? '진실이 아니다.'라고 말해야 한다.

2-2 제2의 범한 죄가 일어난 것을 의지하여 바라이를 범할 수 있는가?
'진실이 아니다.'라고 말해야 한다. 승잔을 범할 수 있는가? '있다.'라고
말해야 한다. 투란차를 범할 수 있는가? '있다.'라고 말해야 한다. 제사니를
범할 수 있는가? '있다.'라고 말해야 한다. 바일제를 범할 수 있는가?
'있다.'라고 말해야 한다. 악작을 범할 수 있는가? '있다.'라고 말해야
한다. 악설을 범할 수 있는가? '진실이 아니다.'라고 말해야 한다.

2-3 제3의 범한 죄가 일어난 것을 의지하여 바라이를 범할 수 있는가?
'진실이 아니다.'라고 말해야 한다. 승잔을 범할 수 있는가? '있다.'라고

---

18) 팔리어 Chaāpattisamuṭṭhānavāra(차아파띠사무따나바라)의 번역이다.

말해야 한다. 투란차를 범할 수 있는가? '있다.'라고 말해야 한다. 제사니를 범할 수 있는가? '있다.'라고 말해야 한다. 바일제를 범할 수 있는가? '있다.'라고 말해야 한다. 악작을 범할 수 있는가? '있다.'라고 말해야 한다. 악설을 범할 수 있는가? '진실이 아니다.'라고 말해야 한다.

2-4 제4의 범한 죄가 일어난 것을 의지하여 바라이를 범할 수 있는가? '있다.'라고 말해야 한다. 승잔을 범할 수 있는가? '있다.'라고 말해야 한다. 투란차를 범할 수 있는가? '있다.'라고 말해야 한다. 제사니를 범할 수 있는가? '있다.'라고 말해야 한다. 바일제를 범할 수 있는가? '있다.'라고 말해야 한다. 악작을 범할 수 있는가? '있다.'라고 말해야 한다. 악설을 범할 수 있는가? '진실이 아니다.'라고 말해야 한다.

2-5 제5의 범한 죄가 일어난 것을 의지하여 바라이를 범할 수 있는가? '있다.'라고 말해야 한다. 승잔을 범할 수 있는가? '있다.'라고 말해야 한다. 투란차를 범할 수 있는가? '있다.'라고 말해야 한다. 제사니를 범할 수 있는가? '있다.'라고 말해야 한다. 바일제를 범할 수 있는가? '있다.'라고 말해야 한다. 악작을 범할 수 있는가? '있다.'라고 말해야 한다. 악설을 범할 수 있는가? '있다.'라고 말해야 한다.

2-6 제6의 범한 죄가 일어난 것을 의지하여 바라이를 범할 수 있는가? '있다.'라고 말해야 한다. 승잔을 범할 수 있는가? '있다.'라고 말해야 한다. 투란차를 범할 수 있는가? '있다.'라고 말해야 한다. 제사니를 범할 수 있는가? '있다.'라고 말해야 한다. 바일제를 범할 수 있는가? '있다.'라고 말해야 한다. 악작을 범할 수 있는가? '있다.'라고 말해야 한다. 악설을 범할 수 있는가? '진실이 아니다.'라고 말해야 한다.

[육종범죄등기장을 마친다.]

3) 육종범죄등기수장(六種犯罪等起數章)[19]

3-1 제1의 범한 죄가 일어난 것을 의지한다면 몇 종류의 죄를 범하는가?
제1의 범한 죄가 일어난 것을 의지한다면 다섯 종류의 죄를 범하느니라.
비구가 논쟁이라고 생각하면서 스스로가 구걸하여 방사를 조성하였는데,
지시를 받지 않고 처소를 짓거나, 양을 넘겼거나, 어려움이 있거나, 다닐
수 없었다면, 조성하는 이전에는 돌길라이고, 마지막 하나의 진흙 덩어리
를 바르지 않았다면 투란차이며, 그 진흙 덩어리를 발랐다면 승잔이다.
비구가 청정하다고 생각하면서 때가 아닌 때에 취(取)하여 먹었다면
바일제이다. 비구가 청정하다고 생각하면서 시정에 들어가서 친족이
아닌 비구니의 손에서 스스로가 단단한 음식이거나, 혹은 부드러운 음식
을 받아서 먹었다면 제사니이다. 제1의 범한 죄가 일어난 것을 의지한다면
이러한 다섯 종류의 죄를 범한다.
    그 여러 죄는 네 종류의 깨트리는 것의 가운데에서 몇 종류를 깨트리는
것인가? 일곱 종류의 분류 가운데에서 몇 종류의 분류인가? 여섯 종류의
죄가 발생하는 가운데에서 몇 종류를 의지하여 일어나는가? 네 종류의
쟁사의 가운데에서 무슨 쟁사인가? 일곱 종류의 멸쟁법의 가운데에서
몇 종류의 멸쟁법으로 소멸시키는가? 그 여러 죄는 네 종류를 깨트리는
것의 가운데에서 두 종류이나니, 계를 깨트리는 것이고, 행을 깨트리는
것이다. 일곱 종류의 분류 가운데에서 다섯 종류로 분류하나니, 승잔의
분류, 투란차의 분류, 바일제의 분류, 제사니의 분류, 악작의 분류이니라.
여섯 종류의 죄가 발생하는 가운데에서 한 종류를 의지하여 일어나나니,
몸을 이유로 생겨나는 것이고, 말과 뜻을 이유로 생겨나는 것은 아니다.
네 종류의 쟁사의 가운데에서 범죄쟁사이다. 일곱 종류의 멸쟁법의 가운
데에서 세 종류의 멸쟁법으로 소멸시켜야 하나니, 현전비니와 자언치를
의지해야 하고, 현전비니와 여초부지를 의지해야 한다.

---

19) 팔리어   Chaāpattisamuṭṭhānakatāpattivāra(차아파띠사무따나카타파띠바라)의
    번역이다.

3-2 제2의 범한 죄가 일어난 것을 의지한다면 몇 종류의 죄를 범하는가?
제2의 범한 죄가 일어난 것을 의지한다면 다섯 종류의 죄를 범하느니라.
비구가 청정하다고 생각하면서, '그대는 나의 방사를 조성하시오.'라고
명령하였는데, 그의 방사를 조성하면서 지시를 받지 않고 처소를 짓거나,
양을 넘겼거나, 어려움이 있거나, 다닐 수 없었다면, 조성하는 이전에는
악작이고, 마지막 하나의 진흙 덩어리를 바르지 않았다면 투란차이며,
그 진흙 덩어리를 발랐다면 승잔이다. 비구가 청정하다고 생각하면서
구족계를 받지 않은 자에게 구절·구절을 송출하였다면 바일제이다. 제2의
범한 죄가 일어난 것을 의지한다면 이러한 네 종류의 죄를 범한다.
 …… 그 여러 죄는 네 종류를 깨트리는 가운데에서 두 종류이나니,
계를 깨트리는 것이고, 행을 깨트리는 것이다. 일곱 종류의 가운데에서
다섯 종류로 분류하나니, 승잔의 분류, 투란차의 분류, 바일제의 분류,
제사니의 분류, 악작의 분류이니라. 여섯 종류의 죄가 발생하는 가운데에
서 한 종류를 의지하여 일어나나니, 말을 이유로 생겨나는 것이고, 몸과
뜻을 이유로 생겨나는 것은 아니다. 네 종류의 쟁사의 가운데에서 범죄쟁
사이다. 일곱 종류의 멸쟁법의 가운데에서 세 종류의 멸쟁법으로 소멸시
켜야 하나니, 현전비니와 자언치를 의지해야 하고, 현전비니와 여초부지
를 의지해야 한다.

3-3 제3의 범한 죄가 일어난 것을 의지한다면 몇 종류의 죄를 범하는가?
제3의 범한 죄가 일어난 것을 의지한다면 다섯 종류의 죄를 범하느니라.
비구가 청정하다고 생각하면서 지정하여 방사를 조성하였는데, 지시를
받지 않고 처소를 짓거나, 양을 넘겼거나, 어려움이 있었거나, 다닐 수
없었다면, 조성하는 이전에는 돌길라이고, 마지막 하나의 진흙 덩어리를
바르지 않았다면 투란차이며, 그 진흙 덩어리를 발랐다면 승잔이다.
비구가 청정하다고 생각하면서 맛있는 음식을 구걸하여 먹었다면 바일제
이다. 비구가 청정하다고 생각하면서 비구니가 지시하였던 음식을 거부
하지 않고서 먹었다면 제사니이다. 제3의 범한 죄가 일어난 것을 의지한다

면 이러한 다섯 종류의 죄를 범한다.

…… 그 여러 죄는 네 종류의 깨트리는 가운데에서 두 종류이나니, 계를 깨트리는 것이고, 행을 깨트리는 것이다. 일곱 종류의 가운데에서 다섯 종류로 분류하나니, 승잔의 분류, 투란차의 분류, 바일제의 분류, 제사니의 분류, 악작의 분류이니라. 여섯 종류의 죄가 발생하는 가운데에서 한 종류를 의지하여 일어나나니, 몸을 이유로 생겨나는 것이고, 말과 뜻을 이유로 생겨나는 것은 아니다. 네 종류의 쟁사의 가운데에서 범죄쟁사이다. 일곱 종류의 멸쟁법의 가운데에서 세 종류의 멸쟁법으로 소멸시켜야 하나니, 현전비니와 자언치를 의지해야 하고, 현전비니와 여초부지를 의지해야 한다.

3-4 제4의 범한 죄가 일어난 것을 의지한다면 몇 종류의 죄를 범하는가? 제4의 범한 죄가 일어난 것을 의지한다면 여섯 종류의 죄를 범하느니라. 비구가 부정법을 행하는 자는 바라이이다. 비구가 부정하다고 생각하면서 스스로가 구걸하여 방사를 조성하였는데, 지시를 받지 않고 처소를 짓거나, 양을 넘겼거나, 어려움이 있거나, 다닐 수 없었다면, 조성하는 이전에는 돌길라이고, 마지막 하나의 진흙 덩어리를 바르지 않았다면 투란차이며, 그 진흙 덩어리를 발랐다면 승잔이다. 비구가 부정하다고 생각하면서 때가 아닌 때에 취하여 먹었다면 바일제이다. 비구가 부정하다고 생각하면서 시정에 들어가서 친족이 아닌 비구니의 손에서 스스로가 단단한 음식이거나, 혹은 부드러운 음식을 받아서 먹었다면 제사니이다. 제6의 범한 죄가 일어난 것을 의지한다면 이러한 여섯 종류의 죄를 범한다.

…… 그 여러 죄는 네 종류의 깨트리는 가운데에서 두 종류이나니, 계를 깨트리는 것이고, 행을 깨트리는 것이다. 일곱 종류의 가운데에서 다섯 종류로 분류하나니, 승잔의 분류, 투란차의 분류, 바일제의 분류, 제사니의 분류, 악작의 분류이니라. 여섯 종류의 죄가 발생하는 가운데에서 한 종류를 의지하여 일어나나니, 몸과 뜻을 이유로 생겨나는 것이고, 말을 이유로 생겨나는 것은 아니다. 네 종류의 쟁사의 가운데에서 범죄쟁

사이다. 일곱 종류의 멸쟁법의 가운데에서 세 종류의 멸쟁법으로 소멸시
켜야 하나니, 현전비니와 자언치를 의지해야 하고, 현전비니와 여초부지
를 의지해야 한다.

3-5 제5의 범한 죄가 일어난 것을 의지한다면 몇 종류의 죄를 범하는가?
제5의 범한 죄가 일어난 것을 의지한다면 여섯 종류의 죄를 범하느니라.
비구가 선하지 않은 희망을 지니고서 공허한 상인법을 주장하였다면
바라이이다. 비구가 부정하다고 생각하면서 '그대는 나의 방사를 조성하
시오.'라고 명령하였는데, 그의 방사를 조성하면서 지시를 받지 않고
처소를 짓거나, 양을 넘겼거나, 어려움이 있거나, 다닐 수 없었다면,
조성하는 이전에는 악작이고, 마지막 하나의 진흙 덩어리를 바르지 않았
다면 투란차이며, 그 진흙 덩어리를 발랐다면 승잔이다. 비구가 청정하다
고 생각하면서 구족계를 받지 않은 자에게 구절·구절을 송출하였다면
바일제이다. 악구가 없었고 경멸하는 뜻이 없었으며 곤혹스럽게 시키려
는 뜻이 없었으나, 희롱하기 위하여 비천(卑賤)하게 말하였다면 악설(惡說)
이다. 제5의 범한 죄가 일어난 것을 의지한다면 이러한 여섯 종류의
죄를 범한다.

 …… 그 여러 죄는 네 종류의 깨트리는 가운데에서 두 종류이나니,
계를 깨트리는 것이고, 행을 깨트리는 것이다. 일곱 종류의 가운데에서
다섯 종류로 분류하나니, 승잔의 분류, 투란차의 분류, 바일제의 분류,
제사니의 분류, 악작의 분류이니라. 여섯 종류의 죄가 발생하는 가운데에
서 한 종류를 의지하여 일어나나니, 말과 뜻을 이유로 생겨나는 것이고,
몸을 이유로 생겨나는 것은 아니다. 네 종류의 쟁사의 가운데에서 범죄쟁
사이다. 일곱 종류의 멸쟁법의 가운데에서 세 종류의 멸쟁법으로 소멸시
켜야 하나니, 현전비니와 자언치를 의지해야 하고, 현전비니와 여초부지
를 의지해야 한다.

3-6 제6의 범한 죄가 일어난 것을 의지한다면 몇 종류의 죄를 범하는가?

제6의 범한 죄가 일어난 것을 의지한다면 여섯 종류의 죄를 범하느니라. 비구가 부정하다고 생각하면서 물건을 가지고 떠났다면 바라이이다. 비구가 부정하다고 생각하면서 지정하여 방사를 조성하였는데, 지시를 받지 않고 처소를 짓거나, 양을 넘겼거나, 어려움이 있거나, 다닐 수 없었다면, 조성하는 이전에는 돌길라이고, 마지막 하나의 진흙 덩어리를 바르지 않았다면 투란차이며, 그 진흙 덩어리를 발랐다면 승잔이다. 비구가 부정하다고 생각하면서 맛있는 음식을 구걸하여 먹었다면 바일제이다. 비구가 부정하다고 생각하면서 비구니가 지시하였던 음식을 거부하지 않고서 먹었다면 제사니이다. 제6의 범한 죄가 일어난 것을 의지한다면 이러한 다섯 종류의 죄를 범한다.

　…… 그 여러 죄는 네 종류의 깨트리는 가운데에서 두 종류이나니, 계를 깨트리는 것이고, 행을 깨트리는 것이다. 일곱 종류의 분류 가운데에서 다섯 종류로 분류하나니, 승잔의 분류, 투란차의 분류, 바일제의 분류, 제사니의 분류, 악작의 분류이니라. 여섯 종류의 죄가 발생하는 가운데에서 한 종류를 의지하여 일어나나니, 몸을 이유로 생겨나는 것이고, 말과 뜻을 이유로 생겨나는 것은 아니다. 네 종류의 쟁사의 가운데에서 범죄쟁사이다. 일곱 종류의 멸쟁법의 가운데에서 세 종류의 멸쟁법으로 소멸시켜야 하나니, 현전비니와 자언치를 의지해야 하고, 현전비니와 여초부지를 의지해야 한다.

[육종범죄등기수를 마친다.]

4) 범죄등기론(犯罪等起論)[20]

4-1 "신업 등이 일어나는 것은

---

20) 팔리어 Āpattisamuṭṭhānagāthā(아파띠사무따나가타)의 번역이다.

무한자(無限者)21)이시고, 구세자(救世者)22)이시며
원리자(遠離者)23)에 의지하여 설해진 것인데,
이것을 이유로 죄가 생겨난 것은 몇 종류입니까?
나는 이것을 청하여 묻겠나니, 이것을 설하여 보여주십시오.
비방가(毘防伽)의 스승24)이시여!

신업 등이 일어나는 것은
무한자이시고, 구세자이시며
원리자에 의지하여 설해진 것인데,
이것을 이유로 다섯 종류의 죄가 생겨났습니다.
나를 위하여 그대는 이것을 설하여 보여주십시오.
비방가의 스승이시여!

어업 등이 일어나는 것은
무한자이시고, 구세자이시며
원리자에 의지하여 설해진 것인데,
이것을 이유로 죄가 생겨난 것은 몇 종류입니까?
나는 이것을 청하여 묻겠나니, 이것을 설하여 보여주십시오.
비방가의 스승이시여!

어업 등이 일어나는 것은
무한자이시고, 구세자이시며
원리자에 의지하여 설해진 것인데,
이것을 이유로 세 종류의 죄가 생겨났습니다.

---

21) 팔리어 Akkhātā(아까타)의 번역이다.
22) 팔리어 Lokahita(로카히타)의 번역이다.
23) 팔리어 Vivekadassinā(비베카다씨나)의 번역이다.
24) 팔리어 Vibhaṅgakovida(비반가코비다)의 번역이다.

나를 위하여 그대는 이것을 설하여 보여주십시오.
비방가의 스승이시여!

신·어업 등이 일어나는 것은
무한자이시고, 구세자이시며
원리자에 의지하여 설해진 것인데,
이것을 이유로 죄가 생겨난 것은 몇 종류입니까?
나는 이것을 청하여 묻겠나니, 이것을 설하여 보여주십시오.
비방가의 스승이시여!

신·어업 등이 일어나는 것은
무한자이시고, 구세자이시며
원리자에 의지하여 설해진 것인데,
이것을 이유로 다섯 종류의 죄가 생겨났습니다.
나를 위하여 그대는 이것을 설하여 보여주십시오.
비방가의 스승이시여!

신·의업 등이 일어나는 것은
무한자이시고, 구세자이시며
원리자에 의지하여 설해진 것인데,
이것을 이유로 죄가 생겨난 것은 몇 종류입니까?
나는 이것을 청하여 묻겠나니, 이것을 설하여 보여주십시오.
비방가의 스승이시여!

신·의업 등이 일어나는 것은
무한자이시고, 구세자이시며
원리자에 의지하여 설해진 것인데,
이것을 이유로 여섯 종류의 죄가 생겨났습니다.

나를 위하여 그대는 이것을 설하여 보여주십시오.
비방가의 스승이시여!

어·의업 등이 일어나는 것은
무한자이시고, 구세자이시며
원리자에 의지하여 설해진 것인데,
이것을 이유로 죄가 생겨난 것은 몇 종류입니까?
나는 이것을 청하여 묻겠나니, 이것을 설하여 보여주십시오.
비방가의 스승이시여!

어·의업 등이 일어나는 것은
무한자이시고, 구세자이시며
원리자에 의지하여 설해진 것인데,
이것을 이유로 여섯 종류의 죄가 생겨났습니다.
나를 위하여 그대는 이것을 설하여 보여주십시오.
비방가의 스승이시여!

신·어·의업 등이 일어나는 것은
무한자이시고, 구세자이시며
원리자에 의지하여 설해진 것인데,
이것을 이유로 죄가 생겨난 것은 몇 종류입니까?
나는 이것을 청하여 묻겠나니, 이것을 설하여 보여주십시오.
비방가의 스승이시여!

신·어·의업 등이 일어나는 것은
무한자이시고, 구세자이시며
원리자에 의지하여 설해진 것인데,
이것을 이유로 여섯 종류의 죄가 생겨났습니다.

나를 위하여 그대는 이것을 설하여 보여주십시오."

[범죄등기론을 마친다.]

5) 실괴연장(失壞緣章)[25]

5-1 계율을 깨트리는 인연으로 몇 종류의 죄를 범하는가? 계율을 깨트리는 인연을 의지한다면 네 종류의 죄를 범하느니라. 비구니가 다른 비구니가 바라이법을 범하였다고 알고서도 덮어서 감추었다면 바라이이고, 의심하면서 덮어서 감추었다면 투란차이다. 비구니가 다른 비구니가 승잔을 범하였다고 알고서도 덮어서 감추었다면 바일제이고, 스스로가 추죄(麤罪)를 덮어서 감추었다면 악작이다.

계율을 깨트리는 인연을 의지한다면 네 종류의 죄를 범하느니라. 그 여러 죄는 네 종류의 깨트리는 가운데에서 몇 종류를 깨트리는 것인가? 일곱 종류의 분류 가운데에서 몇 종류의 분류인가? 여섯 종류의 죄가 발생하는 가운데에서 몇 종류를 의지하여 일어나는가? 네 종류의 쟁사의 가운데에서 무슨 쟁사인가? 일곱 종류의 멸쟁법의 가운데에서 몇 종류의 멸쟁법으로 소멸시키는가?

그 여러 죄는 네 종류의 깨트리는 가운데에서 두 종류이나니, 계를 깨트리는 것이고, 행을 깨트리는 것이다. 일곱 종류의 가운데에서 다섯 종류로 분류하나니, 승잔의 분류, 투란차의 분류, 바일제의 분류, 제사니의 분류, 악작의 분류이니라. 여섯 종류의 죄가 발생하는 가운데에서 한 종류를 의지하여 일어나나니, 몸과 말과 뜻을 이유로 생겨나는 것이다. 네 종류의 쟁사의 가운데에서 범죄쟁사이다. 일곱 종류의 멸쟁법의 가운데에서 세 종류의 멸쟁법으로 소멸시켜야 하나니, 현전비니와 자언치를

---

25) 팔리어 Vipattipaccayavāra(비파띠파짜야바라)의 번역이다.

의지해야 하고, 현전비니와 여초부지를 의지해야 한다.

5-2 행을 깨트리는 인연으로 몇 종류의 죄를 범하는가? 행을 깨트리는
인연을 의지한다면 한 종류의 죄를 범하느니라. 행을 깨트리는 것을
덮어서 감추었다면 악작이다. 행이 무너지는 인연을 의지한다면 한 종류
의 죄를 범하느니라. …… 그 여러 죄는 네 종류의 깨트리는 것의 가운데에
서 한 종류이나니, 행을 깨트리는 것이다. 일곱 종류의 분류 가운데에서
한 종류로 분류하나니, 악작의 분류이니라.
    여섯 종류의 죄가 발생하는 가운데에서 한 종류를 의지하여 일어나나
니, 몸과 말과 뜻을 이유로 생겨나는 것이다. 네 종류의 쟁사의 가운데에서
범죄쟁사이다. 일곱 종류의 멸쟁법의 가운데에서 세 종류의 멸쟁법으로
소멸시켜야 하나니, 현전비니와 자언치를 의지해야 하고, 현전비니와
여초부지를 의지해야 한다.

5-3 견해를 깨트리는 인연으로 몇 종류의 죄를 범하는가? 행을 깨트리는
인연을 의지한다면 두 종류의 죄를 범하느니라. 악한 견해를 세 번째까지
충고를 받았으나 버리지 않았다면 아뢰는 것에 의지한다면 악작이고,
갈마를 마쳤다면 바일제이다. 견해를 깨트리는 인연을 의지한다면 두
종류의 죄를 범하느니라. …… 그 여러 죄는 네 종류의 깨트리는 것의
가운데에서 한 종류이나니, 행을 깨트리는 것이다. 일곱 종류의 분류
가운데에서 두 종류로 분류하나니, 바일제의 분류이고, 악작의 분류이니
라. 여섯 종류의 죄가 발생하는 가운데에서 한 종류를 의지하여 일어나나
니, 몸과 말과 뜻을 이유로 생겨나는 것이다. 네 종류의 쟁사의 가운데에서
범죄쟁사이다. 일곱 종류의 멸쟁법의 가운데에서 세 종류의 멸쟁법으로
소멸시켜야 하나니, 현전비니와 자언치를 의지해야 하고, 현전비니와
여초부지를 의지해야 한다.

5-4 생활(命)을 깨트리는 인연으로 몇 종류의 죄를 범하는가? 생활을

깨트리는 인연을 의지한다면 여섯 종류의 죄를 범하느니라. 생활을 인연으로, 생활을 헤아리고서 선하지 않은 희망을 지니고 탐욕의 성품으로 공허한 상인법을 주장한다면 바라이이고, 생활을 인연으로, 생활을 헤아리고서, 중매를 행한다면 승잔이며, 생활을 인연으로, 생활을 헤아리고서 '그대의 정사에 머무르는 비구는 아라한이다.'라고 마주하고서 말하였는데 이해하였다면 투란차이고, 생활을 인연으로, 생활을 헤아리고서 스스로를 위하여 맛있는 음식을 구걸하여 먹었다면 바일제이며, 생활을 인연으로, 생활을 헤아리고서 비구니가 스스로를 위하여 맛있는 음식을 구걸하여 먹었다면 제사니이고, 생활을 인연으로, 생활을 헤아리고서 병이 없었으나 스스로를 위하여 국이거나, 혹은 밥을 구걸하여 먹었다면 악작이다. 생활을 깨트리는 인연을 의지한다면 두 종류의 죄를 범하느니라.

  …… 그 여러 죄는 네 종류의 깨트리는 것의 가운데에서 두 종류이나니, 계를 깨트리는 것이고 행을 깨트리는 것이다. 일곱 종류의 분류 가운데에서 여섯 종류로 분류하나니, 바라이·승잔·투란차·바일제·제사니·악작의 분류이니라. 여섯 종류의 죄가 발생하는 가운데에서 여섯 종류를 의지하여 일어나나니, 여섯 종류가 일어나는 것을 의지하여 생겨났나니, 몸을 이유로 생겨나는 것이고, 말과 뜻을 이유로 생겨나는 것은 아니다. 말을 이유로 생겨나는 것이고, 몸과 뜻을 이유로 생겨나는 것은 아니다. 몸과 말을 이유로 생겨나는 것이고, 뜻을 이유로 생겨나는 것은 아니다. 몸과 뜻을 이유로 생겨나는 것이고, 말을 이유로 생겨나는 것은 아니다. 말과 뜻을 이유로 생겨나는 것이고, 몸을 이유로 생겨나는 것은 아니다. 몸과 말과 뜻을 이유로 생겨나는 것이다. 일곱 종류의 멸쟁법의 가운데에서 세 종류의 멸쟁법으로 소멸시켜야 하나니, 현전비니와 자언치를 의지해야 하고, 현전비니와 여초부지를 의지해야 한다.

  [실괴연장을 마친다.]

6) 쟁사연장(諍事緣章)[26]

6-1 논쟁쟁사를 인연으로 몇 종류의 죄를 범하는가? 논쟁쟁사를 인연을 의지한다면 두 종류의 죄를 범하느니라. 구족계를 받은 자를 욕하였다면 바일제이고, 구족계를 받지 않은 자를 욕하였다면 돌길라이다. 논쟁쟁사를 인연을 의지한다면 네 종류의 죄를 범하느니라. 그 여러 죄는 네 종류의 깨트리는 것의 가운데에서 몇 종류를 깨트리는 것인가? 일곱 종류의 분류 가운데에서 몇 종류의 분류인가? 여섯 종류의 죄가 발생하는 가운데에서 몇 종류를 의지하여 일어나는가? 네 종류의 쟁사의 가운데에서 무슨 쟁사인가? 일곱 종류의 멸쟁법의 가운데에서 몇 종류의 멸쟁법으로 소멸시키는가?

그 여러 죄는 네 종류의 깨트리는 것의 가운데에서 한 종류이나니, 행을 깨트리는 것이다. 일곱 종류의 분류 가운데에서 두 종류로 분류하나니, 바일제의 분류, 악작의 분류이니라. 여섯 종류의 죄가 발생하는 가운데에서 세 종류를 의지하여 일어나나니, 세 종류가 일어나는 것을 의지하여 생겨났나니, 곧 몸과 뜻을 이유로 생겨나는 것이고, 말을 이유로 생겨나는 것이 아니다. 말과 뜻을 이유로 생겨나는 것이고, 몸을 이유로 생겨나는 것이 아니다. 몸과 말과 뜻을 이유로 생겨나는 것이다. 네 종류의 쟁사의 가운데에서 범죄쟁사이다. 일곱 종류의 멸쟁법의 가운데에서 세 종류의 멸쟁법으로 소멸시켜야 하나니, 현전비니와 자언치를 의지해야 하고, 현전비니와 여초부지를 의지해야 한다.

6-2 비난쟁사를 인연으로 몇 종류의 죄를 범하는가? 비난쟁사를 인연을 의지한다면 세 종류의 죄를 범하느니라. 근거가 없는 바라이로써 비구를 비방하였다면 승잔이고, 근거가 없는 승잔으로써 비구를 비방하였다면 바일제이고, 근거가 없는 행을 깨트리는 것으로써 비구를 비방하였다면

---

26) 팔리어 Adhikaraṇapaccayavāra(아디카라나파짜냐바라)의 번역이다.

돌길라이다. 비난쟁사를 인연을 의지한다면 세 종류의 죄를 범하느니라.
…… 그 여러 죄는 네 종류의 깨트리는 것의 가운데에서 두 종류이나니,
계를 깨트리는 것이고 행을 깨트리는 것이다. 일곱 종류의 분류 가운데에
서 세 종류로 분류하나니, 승잔·바일제·악작의 분류이니라. 여섯 종류의
죄가 발생하는 가운데에서 세 종류를 의지하여 일어나나니, 세 종류가
일어나는 것을 의지하여 생겨났나니, 곧 몸과 뜻을 이유로 생겨나는
것이고, 말을 이유로 생겨나는 것이 아니다. 말과 뜻을 이유로 생겨나는
것이고, 몸을 이유로 생겨나는 것이 아니다. 몸과 말과 뜻을 이유로
생겨나는 것이다. 네 종류의 쟁사의 가운데에서 범죄쟁사이다. 일곱
종류의 멸쟁법의 가운데에서 세 종류의 멸쟁법으로 소멸시켜야 하나니,
현전비니와 자언치를 의지해야 하고, 현전비니와 여초부지를 의지해야
한다.

6-3 범죄쟁사를 인연으로 몇 종류의 죄를 범하는가? 범죄쟁사를 인연을
의지한다면 네 종류의 죄를 범하느니라. 비구니가 다른 비구니가 바라이
법을 범한 것을 알고서도 덮어서 감추었다면 바라이이고, 의심이 있었으
나 덮어서 감추었다면 투란차이고, 비구가 덮어서 감추었다면 바일제이
고, 의심이 없는 행을 깨트리는 것을 덮어서 감추었다면 돌길라이다.
범죄쟁사를 인연을 의지한다면 세 종류의 죄를 범하느니라. …… 그
여러 죄는 네 종류의 깨트리는 것의 가운데에서 두 종류이나니, 계를
깨트리는 것이고 행을 깨트리는 것이다.

　일곱 종류의 분류 가운데에서 네 종류로 분류하나니, 바라이·투란차·바
일제·악작의 분류이니라. 여섯 종류의 죄가 발생하는 가운데에서 한
종류를 의지하여 일어나나니, 몸과 말과 뜻을 이유로 생겨나는 것이다.
네 종류의 쟁사의 가운데에서 범죄쟁사이다. 일곱 종류의 멸쟁법의 가운
데에서 세 종류의 멸쟁법으로 소멸시켜야 하나니, 현전비니와 자언치를
의지해야 하고, 현전비니와 여초부지를 의지해야 한다.

6-4 사쟁사를 인연으로 몇 종류의 죄를 범하는가? 사쟁사를 인연을 의지한다면 다섯 종류의 죄를 범하느니라. 비구니가 빈출된 비구니를 따르면서 세 번을 충고하였어도 버리지 않았고 아뢰는 것을 의지하였다면 악작이고, 두 번을 갈마하여 말하였다면 투란차이고, 갈마를 마쳤다면 바라이다. 파승사를 도왔던 비구를 세 번을 충고하였어도 버리지 않았다면 승잔이고, 악한 견해를 인연으로 세 번을 충고하였어도 버리지 않았다면 바일제이다. 사쟁사를 인연을 의지한다면 다섯 종류의 죄를 범하느니라.

…… 그 여러 죄는 네 종류의 깨트리는 것의 가운데에서 두 종류이나니, 계를 깨트리는 것이고 행을 깨트리는 것이다. 일곱 종류의 분류 가운데에서 다섯 종류로 분류하나니, 바라이·승잔·투란차·바일제·악작의 분류이니라. 여섯 종류의 죄가 발생하는 가운데에서 한 종류를 의지하여 일어나나니, 몸과 말과 뜻을 이유로 생겨나는 것이다. 네 종류의 쟁사의 가운데에서 범죄쟁사이다. 일곱 종류의 멸쟁법의 가운데에서 세 종류의 멸쟁법으로 소멸시켜야 하나니, 현전비니와 자언치를 의지해야 하고, 현전비니와 여초부지를 의지해야 한다.

6-5 일곱 종류의 죄에서 일곱 분류를 제외한다면 그 나머지의 죄는 네 종류의 깨트리는 것의 가운데에서 무슨 종류를 깨트리는 것인가? 일곱 종류의 분류 가운데에서 몇 종류의 분류인가? 여섯 종류의 죄가 발생하는 가운데에서 몇 종류를 의지하여 일어나는가? 네 종류의 쟁사의 가운데에서 무슨 쟁사인가? 일곱 종류의 멸쟁법의 가운데에서 몇 종류의 멸쟁법으로 소멸시키는가?

일곱 종류의 죄에서 일곱 분류를 제외한다면 그 나머지의 죄는 무슨 종류로 깨트리는 것이 아니다. 일곱 종류의 분류 가운데에 무슨 종류에도 포함되지 않는다. 여섯 종류의 죄가 발생하는 가운데에서 무슨 종류를 의지하여 생겨나지도 않는다. 네 종류의 쟁사의 가운데에서 무슨 쟁사도 아니다. 일곱 종류의 멸쟁법의 가운데에서 무슨 멸쟁법도 의지하

지 않는다. 왜 그러한가? 일곱 종류의 분류를 제외하면 다른 죄가 없는
까닭이니라.

[쟁사연장을 마친다.]

○ **연속적인 반복을 마친다.**

섭송으로 설하겠노라.

문수와 등기와 동죄수와
등기와 깨트리는 것과 동쟁사가 있다.

2. 멸쟁의 분석(分析)[27]

7) 방편장(方便章)[28]

7-1 무엇이 논쟁쟁사의 이전의 행인가? 몇 종류가 있는가? 몇 종류의
일인가? 무엇이 기초(基礎)[29]인가? 무엇을 인연하였는가? 몇 종류가
뿌리인가? 몇 종류의 행하는 모습이 논쟁쟁사인가? 논쟁쟁사는 몇 종류의
멸쟁법을 의지하여 멸쟁하는가?
　무엇이 비난쟁사의 이전의 행인가? 몇 종류가 있는가? 몇 종류의
일인가? 무엇이 기초인가? 무엇을 인연하였는가? 몇 종류가 뿌리인가?

---

27) 팔리어 Samathabheda(사마타베다)의 번역이다.
28) 팔리어 Adhikaraṇapariyāyavāra(아디카라나파리야야바라)의 번역이다.
29) 팔리어 Bhūmi(부미)의 번역이다.

몇 종류의 행하는 모습이 비난쟁사인가? 비난쟁사는 몇 종류의 멸쟁법을 의지하여 멸쟁하는가?

무엇이 범죄쟁사의 이전의 행인가? 몇 종류가 있는가? 몇 종류의 일인가? 무엇이 기초인가? 무엇을 인연하였는가? 몇 종류가 뿌리인가? 몇 종류의 행하는 모습이 범죄쟁사인가? 범죄쟁사는 몇 종류의 멸쟁법을 의지하여 멸쟁하는가?

무엇이 사쟁사의 이전의 행인가? 몇 종류가 있는가? 몇 종류의 일인가? 무엇이 기초인가? 무엇을 인연하였는가? 몇 종류가 뿌리인가? 몇 종류의 행하는 모습이 사쟁사인가? 사쟁사는 몇 종류의 멸쟁법을 의지하여 멸쟁하는가?

7-2 무엇이 논쟁쟁사의 이전의 행인가? 탐내는 것이 이전의 행이고, 성내는 것이 이전의 행이며, 어리석음이 이전의 행이다. 탐내는 것이 아닌 것이 이전의 행이고, 성내는 것이 아닌 것이 이전의 행이며, 어리석음이 아닌 것이 이전의 행이다. 몇 종류가 있는가? 18종류의 파승사가 있다. 몇 종류의 일인가? 18종류의 파승사의 일이다. 무엇이 기초인가? 18종류의 파승사가 기초이다. 무엇을 인연하는가? 9종류의 원인이 있나니, 세 종류가 선한 인연이고 세 종류가 악한 인연이며 세 종류가 무기의 인연이다.

몇 종류가 뿌리인가? 12종류가 뿌리이다. 논쟁쟁사는 몇 종류의 행하는 모습을 의지하는가? 논쟁쟁사는 두 종류의 모습을 의지하나니, 여법한 견해이거나, 혹은 비법의 견해이다. 논쟁쟁사는 몇 종류의 멸쟁법을 의지하여 그것을 멸쟁하는가? 논쟁쟁사는 현전비니와 다인어를 의지해야 하느니라.

7-3 무엇이 비난쟁사의 이전의 행인가? 탐역이 이전의 행이고, 성내는 것이 이전의 행이며, 어리석음이 이전의 행이다. 탐욕이 아닌 것이 이전의 행이고, 성내는 것이 아닌 것이 이전의 행이며, 어리석음이 아닌 것이

이전의 행이다. 몇 종류가 있는가? 4종류의 파승사가 있다. 몇 종류의 일인가? 4종류의 파승사의 일이다. 무엇이 기초인가? 4종류의 파승사가 기초이다. 무엇을 인연하는가? 9종류의 원인이 있나니, 세 종류가 선한 인연이고 세 종류가 악한 인연이며 세 종류가 무기의 인연이다.

　몇 종류가 뿌리인가? 14종류가 뿌리이다. 비난쟁사는 몇 종류의 행하는 모습을 의지하는가? 비난쟁사는 두 종류의 모습을 의지하나니, 일을 의지하거나, 혹은 죄를 의지한다. 비난쟁사는 몇 종류의 멸쟁법을 의지하여 그것을 멸쟁하는가? 비난쟁사는 현전비니와 억념비니를 의지해야 하고, 불치비니와 멱죄상비니를 의지하여 그것을 소멸시킨다.

7-4 무엇이 범죄쟁사의 이전의 행인가? 탐욕이 이전의 행이고, 성내는 것이 이전의 행이며, 어리석음이 이전의 행이다. 탐욕이 아닌 것이 이전의 행이고, 성내는 것이 아닌 것이 이전의 행이며, 어리석음이 아닌 것이 이전의 행이다. 몇 종류가 있는가? 7종류의 죄의 분류이다. 몇 종류의 일인가? 7종류의 죄의 일이다. 무엇이 기초인가? 7종류의 죄가 기초이다. 무엇을 인연하는가? 9종류의 원인이 있나니, 세 종류가 선한 인연이고 세 종류가 악한 인연이며 세 종류가 무기의 인연이다. 몇 종류가 뿌리인가? 6종류가 범죄 등이 일어나는 뿌리이다.

　범죄쟁사는 몇 종류의 행하는 모습을 의지하는가? 범죄쟁사는 여섯 종류의 범죄의 모습을 의지하나니, 부끄러움이 없음을 의지하거나, 무지(無知)를 의지하거나, 악한 성품을 짓는 것을 의지하거나, 부정을 청정하다고 생각하는 것을 의지하거나, 청정을 부정하다고 생각하는 것을 의지하거나, 생각을 잊어버린 것을 의지한다. 범죄쟁사는 몇 종류의 멸쟁법을 의지하여 그것을 멸쟁하는가? 범죄쟁사는 세 종류의 멸쟁법인 현전비니와 자언치비니와 여초부지비니를 의지하여 그것을 소멸시킨다.

7-5 무엇이 사쟁사의 이전의 행인가? 탐욕이 이전의 행이고, 성내는 것이 이전의 행이며, 어리석음이 이전의 행이다. 탐욕이 아닌 것이 이전의

행이고, 성내는 것이 아닌 것이 이전의 행이며, 어리석음이 아닌 것이
이전의 행이다. 몇 종류가 있는가? 4종류의 갈마이다. 몇 종류의 일인가?
4종류의 갈마의 일이다. 무엇이 기초인가? 4종류의 갈마가 기초이다.
무엇을 인연하는가? 9종류의 원인이 있나니, 세 종류가 선한 인연이고
세 종류가 악한 인연이며 세 종류가 무기의 인연이다.

　　몇 종류가 뿌리인가? 한 뿌리이나니, 승가이다. 사쟁사는 몇 종류의
행하는 모습을 의지하는가? 범죄쟁사는 두 종류의 모습을 의지하나니,
아뢰는 것을 의지하거나, 구청갈마를 의지한다. 사쟁사는 몇 종류의
멸쟁법을 의지하여 그것을 멸쟁하는가? 사쟁사는 한 종류의 멸쟁법을
의지하나니, 현전비니를 의지하여 그것을 소멸시킨다.

7-6 몇 종류의 멸쟁법이 있는가? 7종류의 멸쟁법이 있나니, 현전비니(現前
毘尼), 역념비니(憶念毘尼), 불치비니(不癡毘尼), 자언치(自言治), 다인어(多
人語), 멱죄상(覓罪相), 여초부지(如草覆地) 등이다. 이것이 7종류의 멸쟁법
이다.

　[방편장을 마친다.]

　　8) 부합장(符合章)[30]

8-1 몇 종류의 멸쟁법이 논쟁쟁사에 부합(符合)하는가? 몇 종류의 멸쟁법
이 논쟁쟁사에 부합하지 않는가? 몇 종류의 멸쟁법이 비난쟁사에 부합하
는가? 몇 종류의 멸쟁법이 비난쟁사에 부합하지 않는가? 몇 종류의
멸쟁법이 범죄쟁사에 부합하는가? 몇 종류의 멸쟁법이 범죄쟁사에 부합
하지 않는가? 몇 종류의 멸쟁법이 사쟁사에 부합하는가? 몇 종류의

---

30) 팔리어 Sādhāraṇavāra(사다라나바라)의 번역이다.

멸쟁법이 사쟁사에 부합하지 않는가?

8-2 두 종류의 멸쟁법이 논쟁쟁사에 부합하나니, 현전비니와 다인어이다. 다섯 종류의 멸쟁법이 비난쟁사에 부합하지 않나니, 억념비니·불치비니· 자언치·멱죄상·여초부지이다.

8-3 네 종류의 멸쟁법이 논쟁쟁사에 부합하나니, 현전비니·억념비니·불 치비니·멱죄상이다. 세 종류의 멸쟁법이 비난쟁사에 부합하지 않나니, 다인어·자언치·여초부지이다.

8-4 세 종류의 멸쟁법이 범죄쟁사에 부합하나니, 현전비니·자언치·여초 부지이다. 네 종류의 멸쟁법이 범죄쟁사에 부합하지 않나니, 다인어·억념 비니·불치비니·멱죄상이다.

8-5 한 종류의 멸쟁법이 사쟁사에 부합하나니, 현전비니이다. 여섯 종류 의 멸쟁법이 사쟁사에 부합하지 않나니, 다인어·억념비니·불치비니·자 언치·멱죄상·여초부지이다.

 [부합장을 마친다.]

  9) 동분장(同分章)31)

9-1 몇 종류의 멸쟁법이 논쟁쟁사에 동분(同分)32)인가? 몇 종류의 멸쟁법 이 논쟁쟁사에 이분(異分)33)인가? 몇 종류의 멸쟁법이 비난쟁사에 동분인

---

31) 팔리어 Samathā samathassa tabbhāgiyavāra(사마타 사마타싸 타빠기야바라)의 번역이다.
32) 팔리어 tabbhāgiyā(타빠기야)의 번역이다.

가? 몇 종류의 멸쟁법이 비난쟁사에 이분인가? 몇 종류의 멸쟁법이
범죄쟁사에 동분인가? 몇 종류의 멸쟁법이 범죄쟁사에 이분인가? 몇
종류의 멸쟁법이 사쟁사에 동분인가? 몇 종류의 멸쟁법이 사쟁사에 이분
인가?

9-2 두 종류의 멸쟁법이 논쟁쟁사에 동분이니, 현전비니와 다인어이다.
다섯 종류의 멸쟁법이 비난쟁사에 이분이니, 억념비니·불치비니·자언치
·멱죄상·여초부지이다.

9-3 네 종류의 멸쟁법이 논쟁쟁사에 동분이니, 현전비니·억념비니·불치
비니·멱죄상이다. 세 종류의 멸쟁법이 비난쟁사에 이분이니, 다인어·자
언치·여초부지이다.

9-4 세 종류의 멸쟁법이 범죄쟁사에 동분이니, 현전비니·자언치·여초부
지이다. 네 종류의 멸쟁법이 범죄쟁사에 이분이니, 다인어·억념비니·불
치비니·멱죄상이다.

9-5 한 종류의 멸쟁법이 사쟁사에 동분이니, 현전비니이다. 여섯 종류의
멸쟁법이 사쟁사에 이분이니, 다인어·억념비니·불치비니·자언치·멱죄
상·여초부지이다.

　[동분장을 마친다.]

---

33) 팔리어 aññabhāgiyā(안냐바기야)의 번역이다.

10) 멸쟁법부합장(滅諍法符合章)[34]

10-1 멸쟁법은 멸쟁법에 부합하는가? 멸쟁법은 멸쟁법에 부합하지 않는가? 멸쟁법은 멸쟁법에 부합할 수 있고, 멸쟁법은 멸쟁법에 부합하지 않을 수 있다. 멸쟁법은 어떻게 멸쟁법에 부합하는가? 멸쟁법은 어떻게 멸쟁법에 부합하지 않는가?

다인어는 현전비니에 부합하고, 억념비니·불치비니·자언치·멱죄상·여초부지에 부합하지 않는다. 억념비니는 현전비니에 부합하고, 자언치·멱죄상·여초부지·다인어에 부합하지 않는다. 불치비니는 현전비니에 부합하고, 자언치·멱죄상·여초부지·다인어·억념비니에 부합하지 않는다.

자언치는 현전비니에 부합하고, 멱죄상·여초부지·다인어·억념비니·불치비니에 부합하지 않는다. 멱죄상은 현전비니에 부합하고, 여초부지·다인어·억념비니·불치비니·자언치에 부합하지 않는다. 여초부지는 현전비니에 부합하고, 다인어·억념비니·불치비니·자언치·멱죄상에 부합하지 않는다.

[멸쟁법부합장을 마친다.]

11) 멸쟁법동분장(滅諍法同分章)[35]

11-1 멸쟁법은 멸쟁법에 동분(同分)인가? 멸쟁법은 멸쟁법에 이분(異分)인가? 멸쟁법은 멸쟁법에 동분일 수 있고, 멸쟁법은 멸쟁법에 이분일 수 있다. 멸쟁법은 어떻게 멸쟁법에 부합하는가? 멸쟁법은 어떻게 멸쟁법

---

34) 팔리어 Sādhāraṇavāra(사다라나바라)의 번역이다.
35) 팔리어 Samathā samathassa tabbhāgiyavāra(사마타 사마타싸 타빠기야바라)의 번역이다.

에 부합하지 않는가?

다인어는 현전비니에 동분이고, 억념비니·불치비니·자언치·멱죄상·여초부지에 이분이다. 억념비니는 현전비니에 동분이고, 자언치·멱죄상·여초부지·다인어에 이분이다. 불치비니는 현전비니에 동분이고, 자언치·멱죄상·여초부지·다인어·억념비니에 이분이다.

자언치는 현전비니에 동분이고, 멱죄상·여초부지·다인어·억념비니·불치비니에 이분이다. 멱죄상은 현전비니에 동분이고, 여초부지·다인어·억념비니·불치비니·자언치에 이분이다. 여초부지는 현전비니에 동분이고, 다인어·억념비니·불치비니·자언치·멱죄상에 이분이다.

[멸쟁법동분장을 마친다.]

12) 멸쟁법현전비니장(滅諍法現前毘尼章)[36]

12-1 멸쟁법은 현전비니이고, 현전비니는 멸쟁법이다. 멸쟁법은 다인어이고, 다인어는 멸쟁법이다. 멸쟁법은 억념비니이고, 억념비니는 멸쟁법이다. 멸쟁법은 불치비니이고, 불치비니는 멸쟁법이다. 멸쟁법은 자언치이고, 자언치는 멸쟁법이다. 멸쟁법은 멱죄상이고, 멱죄상은 멸쟁법이다. 멸쟁법은 여초부지이고, 여초부지는 멸쟁법이다.

12-2 다인어·억념비니·불치비니·자언치·멱죄상·여초부지 등의 이러한 멸쟁법은 현전비니가 아니고, 현전비니의 멸쟁법이 아니다. 현전비니가 멸쟁법이고 또한 이것은 현전비니이다. 억념비니·불치비니·자언치·멱죄상·여초부지·현전비니 등의 이러한 멸쟁법은 멸쟁법이 아니고, 다인어가 아니다. 다인어가 멸쟁법이고 또한 이것은 다인어이다.

---

36) 팔리어 Samathasammukhāvinayavāra(사마타삼무카비나야바라)의 번역이다.

불치비니·자언치·멱죄상·여초부지·현전비니·다인어 등의 이러한 멸쟁법은 억념비니가 아니고, 억념비니의 멸쟁법이 아니다. 억념비니가 멸쟁법이고 또한 이것은 억념비니이다. 자언치·멱죄상·여초부지·현전비니·다인어·억념비니 등의 이러한 멸쟁법은 불치비니가 아니고, 불치비니의 멸쟁법이 아니다. 불치비니가 멸쟁법이고 또한 이것은 불치비니이다.

멱죄상·여초부지·현전비니·다인어·억념비니·불치비니 등의 이러한 멸쟁법은 자언치가 아니고, 자언치의 멸쟁법이 아니다. 자언치가 멸쟁법이고 또한 이것은 자언치이다. 여초부지·현전비니·다인어·억념비니·불치비니·자언치 등의 이러한 멸쟁법은 멱죄상이 아니고, 멱죄상의 멸쟁법이 아니다. 멱죄상이 멸쟁법이고 또한 이것은 멱죄상이다.

현전비니·다인어·억념비니·불치비니·자언치·멱죄상 등의 이러한 멸쟁법은 여초부지가 아니고, 여초부지의 멸쟁법이 아니다. 여초부지가 멸쟁법이고 또한 이것은 여초부지이다.

[멸쟁법현전비니장을 마친다.]

13) 비니장(毘尼章)[37]

13-1 비니는 현전비니이고, 현전비니는 비니이다. 비니는 다인어이고, 다인어는 비니이다. 비니는 억념비니이고, 억념비니는 비니이다. 비니는 불치비니이고, 불치비니는 비니이다. 비니는 자언치이고, 자언치는 비니이다. 비니는 멱죄상이고, 멱죄상은 비니이다. 비니는 여초부지이고, 여초부지는 비니이다.

---

37) 팔리어 Vinayavāra(비나야바라)의 번역이다.

13-2 비니는 현전비니가 있고, 현전비니가 아닌 것이 있다. 현전비니는 비니이고, 또한 현전비니이다. 비니는 다인어가 있고, …… 억념비니가 있고, …… 불치비니가 있고, …… 자언치가 있고, …… 멱죄상이 있고, …… 여초부지가 있고, 여초부지가 아닌 것이 있다. 여초부지는 비니이고, 또한 여초부지이다.

[비니장을 마친다.]

14) 선악장(善惡章)[38]

14-1 현전비니는 선(善)한 것인가? 악(惡)한 것인가? 무기(無記)인 것인가? 다인어는 선한 것인가? 악한 것인가? 무기인 것인가? 억념비니는 선한 것인가? 악한 것인가? 무기인 것인가? 불치비니는 선한 것인가? 악한 것인가? 무기인 것인가? 자언치는 선한 것인가? 악한 것인가? 무기인 것인가? 멱죄상은 선한 것인가? 악한 것인가? 무기인 것인가? 여초부지는 선한 것인가? 악한 것인가? 무기인 것인가?

14-2 현전비니는 선한 것이 있고 무기인 것이 있으며, 악한 것은 없다. 다인어는 선한 것이 있고 악한 것이 있으며 무기인 것이 있다. 억념비니는 선한 것이 있고 무기인 것이 있으며, 악한 것은 없다. 불치비니는 선한 것이 있고 무기인 것이 있으며, 악한 것은 없다. 자언치는 선한 것이 있고 무기인 것이 있으며, 악한 것은 없다. 멱죄상은 선한 것이 있고 무기인 것이 있으며, 악한 것은 없다. 여초부지는 선한 것이 있고 악한 것이 있으며 무기인 것이 있다.

---

38) 팔리어 Kusalavāra(쿠사라바라)의 번역이다.

14-3 논쟁쟁사는 선한 것인가? 악한 것인가? 무기인 것인가? 비난쟁사는 …… 범죄쟁사는 …… 사쟁사는 선한 것인가? 악한 것인가? 무기인 것인가? 논쟁쟁사는 선한 것이 있고 악한 것이 있으며 무기인 것이 있다. 비난쟁사는 선한 것이 있고 악한 것이 있으며 무기인 것이 있다. 범죄쟁사는 악한 것이 있고, 무기인 것이 있으며, 선한 것이 없다. 사쟁사는 선한 것이 있고 악한 것이 있으며 무기인 것이 있다.

[선악장을 마친다.]

15) 처장(處章)[39]

15-1 다인어를 수용하는 처소에서 현전비니를 수용할 수 있고, 현전비니를 수용하는 처소에서 다인어를 수용할 수 있다. 그 처소에서는 억념비니를 수용할 수 없고, 그 처소에서는 불치비니를 수용할 수 없으며, 그 처소에서는 자언치를 수용할 수 없고, 그 처소에서는 멱죄상을 수용할 수 없으며, 그 처소에서는 여초부지를 수용할 수 없다.

　억념비니를 수용하는 처소에서 현전비니를 수용할 수 있고, 현전비니를 수용하는 처소에서 억념비니를 수용할 수 있다. 그 처소에서는 불치비니를 수용할 수 없으며, 그 처소에서는 자언치를 수용할 수 없고, 그 처소에서는 멱죄상을 수용할 수 없으며, 그 처소에서는 여초부지를 수용할 수 없고, 그 처소에서 다인어를 수용할 수 없다.

　불치비니를 수용하는 처소에서 현전비니를 수용할 수 있고, 현전비니를 수용하는 처소에서 불치비니를 수용할 수 있다. 그 처소에서는 자언치를 수용할 수 없고, …… 멱죄상을 …… 여초부지를 …… 다인어를 …… 억념비니를 수용할 수 없다.

---

39) 팔리어 Yatthavāra(야따바라)의 번역이다.

자언치를 수용하는 처소에서 현전비니를 수용할 수 있고, 현전비니를 수용하는 처소에서 자언치를 수용할 수 있다. 그 처소에서는 멱죄상을 …… 여초부지를 …… 다인어를 …… 억념비니를 …… 불치비니를 수용할 수 없다.

여초부지를 수용하는 처소에서 현전비니를 수용할 수 있고, 현전비니를 수용하는 처소에서 여초부지를 수용할 수 있다. 그 처소에서는 다인어를 …… 억념비니를 …… 불치비니를 …… 자언치를 …… 멱죄상을 수용할 수 없다.

15-2 다인어의 처소는 현전비니의 처소이고, 현전비니의 처소는 다인어의 처소이다. 그 처소는 억념비니의 처소가 아니고, …… 불치비니의 …… 자언치의 …… 멱죄상의 …… 여초부지의 처소가 아니다.

억념비니의 처소는 현전비니의 처소이고, 현전비니의 처소는 억념비니의 처소이다. 그 처소는 …… 불치비니의 …… 자언치의 …… 멱죄상의 …… 여초부지의 …… 자언치의 처소가 아니다.

…… 나아가 …… [이하 부분은 앞에서와 같아서 생략한다]

여초부지의 처소는 현전비니의 처소이고, 현전비니의 처소는 여초부지의 처소이다. 그 처소는 다인어의 …… 억념비니의 …… 불치비니의 …… 자언치의 …… 멱죄상의 처소가 아니다.

[처장을 마친다.]

16) 멸쟁장(滅諍章)[40]

16-1 현전비니와 다인어를 의지하여 일을 멸쟁시킬 때에는 다인어를

___
40) 팔리어 Samathavāra(사마타바라)의 번역이다.

수용하는 처소에서 현전비니를 수용할 수 있고, 현전비니를 수용하는 처소에서 다인어를 수용할 수 있다. 그 처소에서는 억념비니를 수용할 수 없고, 그 처소에서는 불치비니를 수용할 수 없으며, 그 처소에서는 자언치를 수용할 수 없고, 그 처소에서는 멱죄상을 수용할 수 없으며, 그 처소에서는 여초부지를 수용할 수 없다.

16-2 현전비니와 억념비니를 의지하여 일을 멸쟁시키는 때에는 억념비니를 수용하는 처소에서 현전비니를 수용할 수 있고, 현전비니를 수용하는 처소에서 억념비니를 수용할 수 있다. 그 처소에서는 불치비니를 …… 자언치를 …… 멱죄상을 …… 여초부지를 …… 다인어를 수용할 수 없다.

…… 나아가 …… [이하 부분은 앞에서와 같아서 생략한다]

현전비니와 여초부지를 의지하여 일을 멸쟁시키는 때에는 여초부지를 수용하는 처소에서 현전비니를 수용할 수 있고, 현전비니를 수용하는 처소에서 여초부지를 수용할 수 있다. 그 처소에서는 다인어를 …… 억념비니를 …… 불치비니를 …… 자언치를 …… 멱죄상을 수용할 수 없다.

[멸쟁장을 마친다.]

17) 관련장(關聯章)[41]

17-1 쟁사라고 말하고, 혹은 멸쟁법을 말하는데, 이러한 법 등은 관련된 것인가? 관련되지 않은 것인가? 또한 이러한 법 등은 서로를 분리하여 얻을 수 있는가? 쟁사라고 말하고, 혹은 멸쟁법을 말하는데, 이러한

---

41) 팔리어 Saṃsaṭṭhavāra(삼사따바라)의 번역이다.

법 등은 관련되지 않았고, 관련되지 않은 것도 아니다. 또한 이러한 법 등은 만약 서로를 분리하여 얻을 수 있다고 말하였다면 마땅히 "진실로 이와 같다."라고 말할 수 없다.

쟁사라고 말하고, 혹은 멸쟁법을 말하는데, 이러한 법 등은 관련된 것이고, 관련되지 않은 것이 아니다. 또한 이러한 법 등의 모습은 분리하여 얻을 수 없는 것이 아니다. 왜 그러한가? 세존께서 어찌 설하지 않으셨던가?

"여러 비구들이여. 이 네 종류의 쟁사와 일곱 종류의 멸쟁법은 쟁사는 멸쟁법에 의지하여 소멸시킬 수 있고, 멸쟁법은 쟁사에 의지하여 소멸시킬 수 있느니라. 이와 같아서 이러한 법 등은 관련된 것이고, 관련되지 않은 것은 아니고, 이러한 법 등은 서로를 분리하여 얻을 수 없는 것이 아니니라."

[관련장을 마친다.]

18) 멸쟁법장(滅諍法章)[42]

18-1 논쟁쟁사는 몇 종류의 멸쟁법에 의지하여 멸쟁시킬 수 있는가? 비난쟁사는 몇 종류의 멸쟁법에 의지하여 멸쟁시킬 수 있는가? 범죄쟁사는 몇 종류의 멸쟁법에 의지하여 멸쟁시킬 수 있는가? 사쟁사는 몇 종류의 멸쟁법에 의지하여 멸쟁시킬 수 있는가?

18-2 논쟁쟁사는 두 종류의 멸쟁법에 의지하여 멸쟁시킬 수 있나니, 현전비니와 다인어를 의지해야 한다. 비난쟁사는 두 종류의 멸쟁법에 의지하여 멸쟁시킬 수 있나니, 현전비니, 억념비니, 불치비니, 멱죄상을

---

42) 팔리어 Sammativāra(삼마티바라)의 번역이다.

의지해야 한다. 범죄쟁사는 세 종류의 멸쟁법에 의지하여 멸쟁시킬 수
있나니, 현전비니, 자언치, 여초부지를 의지해야 한다. 사쟁사는 한 종류의
멸쟁법에 의지하여 멸쟁시킬 수 있나니, 현전비니를 의지해야 한다.

18-3 논쟁쟁사와 비난쟁사는 몇 종류의 멸쟁법에 의지하여 멸쟁시킬
수 있는가? 논쟁쟁사와 비난쟁사는 다섯 종류의 멸쟁법에 의지하여 멸쟁
시킬 수 있나니, 현전비니, 다인어, 억념비니, 불치비니, 멱죄상을 의지해
야 한다. 논쟁쟁사와 범죄쟁사는 몇 종류의 멸쟁법에 의지하여 멸쟁시킬
수 있는가? 논쟁쟁사와 범죄쟁사는 네 종류의 멸쟁법에 의지하여 멸쟁시
킬 수 있나니, 현전비니, 다인어, 자언치, 여초부지를 의지해야 한다.
논쟁쟁사와 사쟁사는 몇 종류의 멸쟁법에 의지하여 멸쟁시킬 수 있는가?
논쟁쟁사와 사쟁사는 두 종류의 멸쟁법에 의지하여 멸쟁시킬 수 있나니,
현전비니, 다인어를 의지해야 한다.

18-4 비난쟁사와 범죄쟁사는 몇 종류의 멸쟁법에 의지하여 멸쟁시킬
수 있는가? 비난쟁사와 범죄쟁사는 여섯 종류의 멸쟁법에 의지하여 멸쟁
시킬 수 있나니, 현전비니, 억념비니, 불치비니, 자언치, 멱죄상, 여초부지
를 의지해야 한다. 비난쟁사와 사쟁사는 몇 종류의 멸쟁법에 의지하여
멸쟁시킬 수 있는가? 비난쟁사와 사쟁사는 네 종류의 멸쟁법에 의지하여
멸쟁시킬 수 있나니, 현전비니, 억념비니, 불치비니, 멱죄상을 의지해야
한다. 범죄쟁사와 사쟁사는 몇 종류의 멸쟁법에 의지하여 멸쟁시킬 수
있는가? 범죄쟁사와 사쟁사는 세 종류의 멸쟁법에 의지하여 멸쟁시킬
수 있나니, 현전비니, 자언치, 여초부지를 의지해야 한다.

18-5 논쟁쟁사와 비난쟁사와 범죄쟁사는 몇 종류의 멸쟁법에 의지하여
멸쟁시킬 수 있는가? 논쟁쟁사와 비난쟁사와 범죄쟁사는 일곱 종류의
멸쟁법에 의지하여 멸쟁시킬 수 있나니, 현전비니, 다인어, 억념비니,
불치비니, 자언치, 멱죄상, 여초부지를 의지해야 한다. 논쟁쟁사와 비난쟁

사와 사쟁사는 몇 종류의 멸쟁법에 의지하여 멸쟁시킬 수 있는가? 논쟁쟁
사와 비난쟁사와 사쟁사는 다섯 종류의 멸쟁법에 의지하여 멸쟁시킬
수 있나니, 현전비니, 다인어, 억념비니, 불치비니, 멱죄상을 의지해야
한다.

논쟁쟁사와 범죄쟁사와 사쟁사는 몇 종류의 멸쟁법에 의지하여 멸쟁시
킬 수 있는가? 논쟁쟁사와 범죄쟁사와 사쟁사는 여섯 종류의 멸쟁법에
의지하여 멸쟁시킬 수 있나니, 현전비니, 억념비니, 불치비니, 자언치,
멱죄상, 여초부지를 의지해야 한다. 논쟁쟁사와 비난쟁사와 범죄쟁사와
사쟁사는 몇 종류의 멸쟁법에 의지하여 멸쟁시킬 수 있는가? 논쟁쟁사와
비난쟁사와 범죄쟁사와 사쟁사는 일곱 종류의 멸쟁법에 의지하여 멸쟁시
킬 수 있나니, 현전비니, 다인어, 억념비니, 불치비니, 자언치, 멱죄상,
여초부지를 의지해야 한다.

[멸쟁법장을 마친다.]

19) 멸불멸장(滅不滅章)[43]

19-1 논쟁쟁사는 몇 종류의 멸쟁법에 의지하여 멸쟁시킬 수 있는가?
몇 종류의 멸쟁법에 의지하여도 멸쟁시킬 수 없는가? 비난쟁사는 몇
종류의 멸쟁법에 의지하여 멸쟁시킬 수 있는가? 몇 종류의 멸쟁법에
의지하여도 멸쟁시킬 수 없는가? 범죄쟁사는 몇 종류의 멸쟁법에 의지하
여 멸쟁시킬 수 있는가? 몇 종류의 멸쟁법에 의지하여도 멸쟁시킬 수
없는가? 사쟁사는 몇 종류의 멸쟁법에 의지하여 멸쟁시킬 수 있는가?
몇 종류의 멸쟁법에 의지하여도 멸쟁시킬 수 없는가?

---

43) 팔리어 Sammanti na sammantivāra(삼만티 나 삼만티바라)의 번역이다.

19-2 논쟁쟁사는 두 종류의 멸쟁법에 의지한다면 멸쟁시킬 수 있나니, 현전비니와 다인어이고, 다섯 종류의 멸쟁법에 의지하여도 멸쟁시킬 수 없나니, 억념비니, 불치비니, 자언치, 멱죄상, 여초부지이다. 비난쟁사는 네 종류의 멸쟁법에 의지한다면 멸쟁시킬 수 있나니, 현전비니, 억념비니, 불치비니, 멱죄상이고, 세 종류의 멸쟁법에 의지하여도 멸쟁시킬 수 없나니, 다인어, 자언치, 여초부지이다.

범죄쟁사는 세 종류의 멸쟁법에 의지한다면 멸쟁시킬 수 있나니, 현전비니, 자언치, 여초부지이고, 네 종류의 멸쟁법에 의지하여도 멸쟁시킬 수 없나니, 다인어, 억념비니, 불치비니, 멱죄상이다. 사쟁사는 한 종류의 멸쟁법에 의지한다면 멸쟁시킬 수 있나니, 현전비니이고, 여섯 종류의 멸쟁법에 의지하여도 멸쟁시킬 수 없나니, 다인어, 억념비니, 불치비니, 자언치, 멱죄상, 여초부지이다.

19-3 논쟁쟁사와 비난쟁사는 몇 종류의 멸쟁법에 의지한다면 멸쟁시킬 수 있는가? 몇 종류의 멸쟁법에 의지하여도 멸쟁시킬 수 없는가? 논쟁쟁사와 비난쟁사는 다섯 종류의 멸쟁법에 의지하여 멸쟁시킬 수 있나니, 현전비니, 다인어, 억념비니, 불치비니, 멱죄상이고, 두 종류의 멸쟁법에 의지하여도 멸쟁시킬 수 없나니, 자언치, 여초부지이다.

논쟁쟁사와 범죄쟁사는 몇 종류의 멸쟁법에 의지한다면 멸쟁시킬 수 있는가? 몇 종류의 멸쟁법에 의지하여도 멸쟁시킬 수 없는가? 논쟁쟁사와 범죄쟁사는 네 종류의 멸쟁법에 의지하여 멸쟁시킬 수 있나니, 현전비니, 다인어, 자언치, 여초부지이고, 세 종류의 멸쟁법에 의지하여도 멸쟁시킬 수 없나니, 억념비니, 불치비니, 멱죄상이다.

논쟁쟁사와 사쟁사는 몇 종류의 멸쟁법에 의지한다면 멸쟁시킬 수 있는가? 몇 종류의 멸쟁법에 의지하여도 멸쟁시킬 수 없는가? 논쟁쟁사와 사쟁사는 두 종류의 멸쟁법에 의지하여 멸쟁시킬 수 있나니, 현전비니, 다인어이고, 다섯 종류의 멸쟁법에 의지하여 멸쟁시킬 수 없나니, 억념비니, 불치비니, 자언치, 멱죄상, 여초부지이다.

19-4 비난쟁사와 범죄쟁사는 몇 종류의 멸쟁법에 의지한다면 멸쟁시킬 수 있는가? 몇 종류의 멸쟁법에 의지하여도 멸쟁시킬 수 없는가? 비난쟁사와 범죄쟁사는 여섯 종류의 멸쟁법에 의지하여 멸쟁시킬 수 있나니, 현전비니, 억념비니, 불치비니, 자언치, 멱죄상, 여초부지이고, 한 종류의 멸쟁법에 의지하여 멸쟁시킬 수 없나니, 다인어이다.

　비난쟁사와 사쟁사는 몇 종류의 멸쟁법에 의지한다면 멸쟁시킬 수 있는가? 몇 종류의 멸쟁법에 의지하여도 멸쟁시킬 수 없는가? 비난쟁사와 사쟁사는 네 종류의 멸쟁법에 의지하여 멸쟁시킬 수 있나니, 현전비니, 억념비니, 불치비니, 멱죄상이고, 세 종류의 멸쟁법에 의지하여 멸쟁시킬 수 없나니, 다인어, 자언치, 여초부지이다.

　범죄쟁사와 사쟁사는 몇 종류의 멸쟁법에 의지한다면 멸쟁시킬 수 있는가? 몇 종류의 멸쟁법에 의지하여도 멸쟁시킬 수 없는가? 범죄쟁사와 사쟁사는 세 종류의 멸쟁법에 의지하여 멸쟁시킬 수 있나니, 현전비니, 자언치, 여초부지이고, 네 종류의 멸쟁법에 의지하여 멸쟁시킬 수 없나니, 다인어, 억념비니, 불치비니. 멱죄상이다.

19-5 논쟁쟁사와 비난쟁사와 범죄쟁사는 몇 종류의 멸쟁법에 의지한다면 멸쟁시킬 수 있는가? 몇 종류의 멸쟁법에 의지하여도 멸쟁시킬 수 없는가? 논쟁쟁사와 비난쟁사와 범죄쟁사는 일곱 종류의 멸쟁법에 의지하여 멸쟁시킬 수 있나니, 현전비니, 다인어, 억념비니. 불치비니. 자언치. 멱죄상. 여초부지이다.

　논쟁쟁사와 비난쟁사와 사쟁사는 몇 종류의 멸쟁법에 의지한다면 멸쟁시킬 수 있는가? 몇 종류의 멸쟁법에 의지하여도 멸쟁시킬 수 없는가? 논쟁쟁사와 비난쟁사와 사쟁사는 다섯 종류의 멸쟁법에 의지하여 멸쟁시킬 수 있나니, 현전비니, 다인어, 억념비니, 불치비니, 멱죄상이고, 두 종류의 멸쟁법에 의지하여 멸쟁시킬 수 없나니, 자언치와 여초부지이다.

　논쟁쟁사와 범죄쟁사와 사쟁사는 몇 종류의 멸쟁법에 의지한다면 멸쟁시킬 수 있는가? 몇 종류의 멸쟁법에 의지하여도 멸쟁시킬 수 없는가?

논쟁쟁사와 범죄쟁사와 사쟁사는 여섯 종류의 멸쟁법에 의지하여 멸쟁시킬 수 있나니, 현전비니, 억념비니, 불치비니, 자언치, 멱죄상, 여초부지를 의지해야 한다.

논쟁쟁사와 비난쟁사와 범죄쟁사와 사쟁사는 몇 종류의 멸쟁법에 의지한다면 멸쟁시킬 수 있는가? 몇 종류의 멸쟁법에 의지하여도 멸쟁시킬 수 없는가? 논쟁쟁사와 비난쟁사와 범죄쟁사와 사쟁사는 일곱 종류의 멸쟁법에 의지하여 멸쟁시킬 수 있나니, 현전비니, 다인어, 억념비니, 불치비니, 자언치. 멱죄상. 여초부지이다.

[멸불멸장을 마친다.]

20) 멸쟁쟁사장(滅諍諍事章)[44]

20-1 멸쟁법은 멸쟁법에 의지하여 멸쟁시킬 수 있는가? 멸쟁법은 쟁사에 의지하여 멸쟁시킬 수 있는가? 쟁사는 멸쟁법에 의지하여 멸쟁시킬 수 있는가? 쟁사는 쟁사에 의지하여 멸쟁시킬 수 있는가? 멸쟁법은 멸쟁법에 의지하여 멸쟁시킬 수 있는 것이 있고, 멸쟁법은 멸쟁법에 의지하여 멸쟁시킬 수 없는 것이 있다. 멸쟁법은 쟁사에 의지하여 멸쟁시킬 수 있는 것이 있고, 멸쟁법은 쟁사에 의지하여 멸쟁시킬 수 없는 것이 있다. 쟁사는 멸쟁법에 의지하여 멸쟁시킬 수 있는 것이 있고, 쟁사는 멸쟁법에 의지하여 멸쟁시킬 수 없는 것이 있다. 쟁사는 쟁사에 의지하여 멸쟁시킬 수 있는 것이 있고, 쟁사는 쟁사에 의지하여 멸쟁시킬 수 없는 것이 있다.

20-2 무엇이 멸쟁법을 멸쟁법에 의지한다면 멸쟁시킬 수 있는 것인가?

---

44) 팔리어 Samathādhikaraṇavāra(사마타디카라나바라)의 번역이다.

무엇이 멸쟁법을 멸쟁법에 의지하여도 멸쟁시킬 수 없는 것인가? 다인어
는 나아가 현전비니에 의지하여 소멸시킬 수 있으나, 억념비니에 의지하
여 소멸시킬 수 없으며, 불치비니에 의지하여 소멸시킬 수 없고, 자언치에
의지하여 소멸시킬 수 없으며, 멱죄상에 의지하여 소멸시킬 수 없고,
여초부지에 의지하여 소멸시킬 수 없다.

억념비니는 나아가 현전비니에 의지하여 소멸시킬 수 있으나, 불치비
니에 의지하여 소멸시킬 수 없고, …… 자언치에 의지하여 소멸시킬
수 없다. 불치비니는 나아가 현전비니에 의지하여 소멸시킬 수 있으나,
자언치에 의지하여 소멸시킬 수 없고, …… 억념에 의지하여 소멸시킬
수 없다. 불치비니는 나아가 현전비니에 의지하여 소멸시킬 수 있으나,
자언치에 의지하여 소멸시킬 수 없고, …… 억념비니에 의지하여 소멸시킬
수 없다. 불치비니는 나아가 현전비니에 의지하여 소멸시킬 수 있으나,
멱죄상에 의지하여 소멸시킬 수 없고, …… 불치비니에 의지하여 소멸시킬
수 없다.

멱죄상은 나아가 현전비니에 의지하여 소멸시킬 수 있으나, 여초부지
에 의지하여 소멸시킬 수 없고, …… 자언치에 의지하여 소멸시킬 수
없다. 여초부지는 나아가 현전비니에 의지하여 소멸시킬 수 있으나,
다인어에 의지하여 소멸시킬 수 없고, …… 멱죄상에 의지하여 소멸시킬
수 없다. 이와 같이 멸쟁법을 멸쟁법에 의지한다면 멸쟁시킬 수 있는
것이 있고, 이와 같이 멸쟁법을 멸쟁법에 의지하여도 멸쟁시킬 수 없는
것이 있다.

20-3 무엇이 멸쟁법을 쟁사에 의지한다면 멸쟁시킬 수 있는 것인가?
무엇이 멸쟁법을 쟁사에 의지하여도 멸쟁시킬 수 없는 것인가? 현전비니
는 나아가 논쟁쟁사에 의지하여 소멸시킬 수 있으나, 비난쟁사에 의지하
여 소멸시킬 수 없으며, 범죄쟁사에 의지하여 소멸시킬 수 없고, 사쟁사에
의지하여 소멸시킬 수 없다. 다인어는 나아가 논쟁쟁사에 의지하여 소멸
시킬 수 있으나, 비난쟁사에 의지하여 소멸시킬 수 없으며, 범죄쟁사에

의지하여 소멸시킬 수 없고, 사쟁사에 의지하여 소멸시킬 수 없다.

억념비니는 나아가 논쟁쟁사에 의지하여 소멸시킬 수 있으나, 비난쟁사에 의지하여 소멸시킬 수 없으며, 범죄쟁사에 의지하여 소멸시킬 수 없고, 사쟁사에 의지하여 소멸시킬 수 없다. 불치비니는 나아가 논쟁쟁사에 의지하여 소멸시킬 수 있으나, 비난쟁사에 의지하여 소멸시킬 수 없으며, 범죄쟁사에 의지하여 소멸시킬 수 없고, 사쟁사에 의지하여 소멸시킬 수 없다. 자언치는 나아가 논쟁쟁사에 의지하여 소멸시킬 수 있으나, 비난쟁사에 의지하여 소멸시킬 수 없으며, 범죄쟁사에 의지하여 소멸시킬 수 없고, 사쟁사에 의지하여 소멸시킬 수 없다.

멱죄상은 나아가 논쟁쟁사에 의지하여 소멸시킬 수 있으나, 비난쟁사에 의지하여 소멸시킬 수 없으며, 범죄쟁사에 의지하여 소멸시킬 수 없고, 사쟁사에 의지하여 소멸시킬 수 없다. 여초부지는 나아가 논쟁쟁사에 의지하여 소멸시킬 수 있으나, 비난쟁사에 의지하여 소멸시킬 수 없으며, 범죄쟁사에 의지하여 소멸시킬 수 없고, 사쟁사에 의지하여 소멸시킬 수 없다. 이와 같이 멸쟁법을 쟁사에 의지한다면 멸쟁시킬 수 있는 것이 있고, 이와 같이 멸쟁법을 쟁사에 의지하여도 멸쟁시킬 수 없는 것이 있다.

20-4 무엇이 쟁사를 멸쟁법에 의지한다면 멸쟁시킬 수 있는 것인가? 무엇이 쟁사를 멸쟁법에 의지하여도 멸쟁시킬 수 없는 것인가? 논쟁쟁사는 나아가 현전비니에 의지하여 소멸시킬 수 있으나, 다인어·억념비니·불치비니·자언치·멱죄상·여초부지에 의지하여 소멸시킬 수 없다. 비난쟁사는 나아가 현전비니·억념비니·불치비니·멱죄상에 의지하여 소멸시킬 수 있으나, 다인어·자언치·여초부지에 의지하여 소멸시킬 수 없다.

범죄쟁사는 나아가 현전비니·자언치·여초부지에 의지하여 소멸시킬 수 있으나, 다인어·억념비니·불치비니·멱죄상에 의지하여 소멸시킬 수 없다. 사쟁사는 나아가 현전비니에 의지하여 소멸시킬 수 있으나, 다인어·억념비니·불치비니·자언치·멱죄상·여초부지에 의지하여 소멸시킬 수 없다. 이와 같이 쟁사를 멸쟁법에 의지한다면 멸쟁시킬 수 있는 것이 있고, 이와 같이 쟁사를 멸쟁법에 의지하여도 멸쟁시킬 수 없는 것이 있다.

20-5 무엇이 쟁사를 쟁사에 의지한다면 멸쟁시킬 수 있는 것인가? 무엇이 쟁사를 쟁사에 의지하여도 멸쟁시킬 수 없는 것인가? 논쟁쟁사는 논쟁쟁사에 의지하여 소멸시킬 수 없고, 비난쟁사에 의지하여 소멸시킬 수 없으며, 범죄쟁사에 의지하여 소멸시킬 수 없고, 사쟁사에 의지하여 소멸시킬 수 있다. 비난쟁사는 논쟁쟁사에 의지하여 소멸시킬 수 없고, 비난쟁사에 의지하여 소멸시킬 수 없으며, 범죄쟁사에 의지하여 소멸시킬 수 없고, 사쟁사에 의지하여 소멸시킬 수 있다. 범죄쟁사는 논쟁쟁사에 의지하여 소멸시킬 수 없고, 비난쟁사에 의지하여 소멸시킬 수 없으며, 범죄쟁사에 의지하여 소멸시킬 수 없고, 사쟁사에 의지하여 소멸시킬 수 있다.

사쟁사는 논쟁쟁사에 의지하여 소멸시킬 수 없고, 비난쟁사에 의지하여 소멸시킬 수 없으며, 범죄쟁사에 의지하여 소멸시킬 수 없고, 사쟁사에 의지하여 소멸시킬 수 있다. 이와 같이 쟁사를 쟁사에 의지한다면 멸쟁시킬 수 있는 것이 있고, 이와 같이 쟁사를 쟁사에 의지하여도 멸쟁시킬 수 없는 것이 있다.

20-6 여섯 종류의 멸쟁법과 네 종류의 쟁사도 나아가 현전비니로써 소멸시킬 수 있다. 현전비니는 이것에 의지한다면 무엇도 소멸시킬 수 있다.

　[멸쟁쟁사장을 마친다.]

21) 등기장(等起章)[45]

21-1 논쟁쟁사는 네 종류 쟁사의 가운데에서 몇 종류의 쟁사를 일으키는 가? 논쟁쟁사는 네 종류 쟁사의 가운데에서 무슨 쟁사라도 일으키지 않는다. 논쟁쟁사를 인연하는 까닭으로 네 종류의 쟁사가 일어난다. 이 일은 무엇과 같은가? 이 처소에서 여러 비구들이 "이것은 여법하고 이것은 비법이며, 이것은 율이고 이것은 율이 아니며, 이것은 여래가 설한 것이고 여래가 설한 것이 아니며, 이것은 여래의 상법(常法)이 고 여래의 상법이 아니며, 이것은 여래께서 제정하셨고 혹은 여래께서 제정하시지 않았으며, 이것은 유죄이고 무죄이며, 이것은 가벼운 죄이고 혹은 무거운 죄이며, 이것은 유잔죄이고 무잔죄이며, 이것은 거친 죄이고 거칠지 않은 죄이다."라고 논쟁하는 것이다. 논쟁쟁사에서 승가는 소송하 고 투쟁하며 논쟁하고 담론(談論)하며 이론(異論)하고 별론(別論)하며 반대로 저항하며 말하면서 논의(論議)하였다면, 이것을 논쟁쟁사라고 이름한다.

논쟁쟁사에서 승가가 논쟁한다면 논쟁쟁사이고, 논쟁하면서 비난하는 때에는 비난쟁사이며, 비난하면서 죄를 범하는 때에 범죄쟁사이고, 이러 한 죄를 마주하고서 승가가 갈마를 행한다면 사쟁사이다. 이와 같이 논쟁쟁사를 인연하는 까닭으로 네 종류의 쟁사가 일어난다.

21-2 비난쟁사는 네 종류 쟁사의 가운데에서 몇 종류의 쟁사를 일으키는 가? 비난쟁사는 네 종류 쟁사의 가운데에서 무슨 쟁사를 일으키지 않는다. 비난쟁사를 인연하는 까닭으로 네 종류의 쟁사가 일어난다. 이 일은 무엇과 같은가? 이 처소에서 여러 비구들이 "계를 깨트리는 것, 행을 깨트리는 것, 견해를 깨트리는 것, 생활(命)을 깨트리는 것이다."라고 비구를 비난하는 것이다. 이것에서 비난하였고 힐난하였으며 꾸짖었고

---

45) 팔리어 Samuṭṭhāpanavāra(사무따파나바라)의 번역이다.

충고하고 변명하며 희롱하였다면, 이것을 비난쟁사라고 이름한다.

　비난쟁사에서 승가가 논쟁한다면 논쟁쟁사이고, 논쟁하면서 비난하는 때에는 비난쟁사이며, 비난하면서 죄를 범하는 때에 범죄쟁사이고, 이러한 죄를 마주하고서 승가가 갈마를 행한다면 사쟁사이다. 이와 같이 비난쟁사를 인연하는 까닭으로 네 종류의 쟁사가 일어난다.

21-3 범죄쟁사는 네 종류 쟁사의 가운데에서 몇 종류의 쟁사를 일으키는가? 범죄쟁사는 네 종류 쟁사의 가운데에서 무슨 쟁사라도 일으키지 않는다. 이 일은 무엇과 같은가? 이 처소에서 여러 비구들이 다섯 종류의 죄가 쌓여서 범죄쟁사가 되고, 일곱 종류의 죄가 쌓여서 범죄쟁사를 하는 것이니, 이것을 범죄쟁사라고 이름한다.

　범죄쟁사에서 승가가 논쟁한다면 논쟁쟁사이고, 논쟁하면서 비난하는 때에는 비난쟁사이며, 비난하면서 죄를 범하는 때에는 범죄쟁사이고, 이러한 죄를 마주하고서 승가가 갈마를 행한다면 사쟁사이다. 이와 같이 범죄쟁사를 인연하는 까닭으로 네 종류의 쟁사가 일어난다.

21-4 사쟁사는 네 종류 쟁사의 가운데에서 몇 종류의 쟁사를 일으키는가? 사쟁사는 네 종류 쟁사의 가운데에서 무슨 쟁사라도 일으키지 않는다. 이 일은 무엇과 같은가? 이 처소에서 승가의 지을 것, 해야 할 것, 구청갈마(求聽羯磨), 단백갈마(單白羯磨), 백이갈마(白二羯磨), 백사갈마(白四羯磨) 등이니, 이것을 사쟁사라고 이름한다.

　사쟁사에서 승가가 논쟁한다면 논쟁쟁사이고, 논쟁하면서 비난하는 때에는 비난쟁사이며, 비난하면서 죄를 범하는 때에는 범죄쟁사이고, 이러한 죄를 마주하고서 승가가 갈마를 행한다면 사쟁사이다. 이와 같이 사쟁사를 인연하는 까닭으로 네 종류의 쟁사가 일어난다.

　[등기장을 마친다.]

22) 수반장(隨伴章)46)

22-1 논쟁쟁사는 네 종류의 쟁사 가운데에서 무슨 종류의 쟁사를 따르고, 무슨 종류의 쟁사를 의지하며, 무슨 종류의 쟁사에 귀속되고, 무슨 종류의 쟁사를 포함하는가? 비난쟁사는 네 종류의 쟁사 가운데에서 무슨 종류의 쟁사를 따르고, 무슨 종류의 쟁사를 의지하며, 무슨 종류의 쟁사에 귀속되고, 무슨 종류의 쟁사를 포함하는가? 범죄쟁사는 네 종류의 쟁사 가운데에서 무슨 종류의 쟁사를 따르고, 무슨 종류의 쟁사를 의지하며, 무슨 종류의 쟁사에 귀속되고, 무슨 종류의 쟁사를 포함하는가? 사쟁사는 네 종류의 쟁사 가운데에서 무슨 종류의 쟁사를 따르고, 무슨 종류의 쟁사를 의지하며, 무슨 종류의 쟁사에 귀속되고, 무슨 종류의 쟁사를 포함하는가?

22-2 논쟁쟁사는 네 종류의 쟁사 가운데에서 논쟁쟁사를 따르고, 논쟁쟁사를 의지하며, 논쟁쟁사에 귀속되고, 논쟁쟁사에 포함된다. 비난쟁사는 네 종류의 쟁사 가운데에서 비난쟁사를 따르고, 비난쟁사를 의지하며, 비난쟁사에 귀속되고, 비난쟁사에 포함된다. 범죄쟁사는 네 종류의 쟁사 가운데에서 범죄쟁사를 따르고, 범죄쟁사를 의지하며, 범죄쟁사에 귀속되고, 범죄쟁사에 포함된다. 사쟁사는 네 종류의 쟁사 가운데에서 사쟁사를 따르고, 사쟁사를 의지하며, 사쟁사에 귀속되고, 사쟁사에 포함된다.

22-3 논쟁쟁사는 일곱 종류의 멸쟁법의 가운데에서 무슨 종류의 멸쟁법을 따르고, 무슨 종류의 멸쟁법을 의지하며, 무슨 종류의 멸쟁법에 귀속되고, 무슨 종류의 멸쟁법을 포함하며, 무슨 종류의 멸쟁법으로써 소멸시켜야 하는가? 비난쟁사는 일곱 종류의 멸쟁법의 가운데에서 무슨 종류의 멸쟁법을 따르고, 무슨 종류의 멸쟁법을 의지하며, 무슨 종류의 멸쟁법에

---

46) 팔리어 Bhajativāra(바자티바라)의 번역이다.

귀속되고, 무슨 종류의 멸쟁법을 포함하며, 무슨 종류의 멸쟁법으로써
소멸시켜야 하는가?

범죄쟁사는 일곱 종류의 멸쟁법의 가운데에서 무슨 종류의 멸쟁법을
따르고, 무슨 종류의 멸쟁법을 의지하며, 무슨 종류의 멸쟁법에 귀속되고,
무슨 종류의 멸쟁법을 포함하며, 무슨 종류의 멸쟁법으로써 소멸시켜야
하는가? 사쟁사는 일곱 종류의 멸쟁법의 가운데에서 무슨 종류의 멸쟁법
을 따르고, 무슨 종류의 멸쟁법을 의지하며, 무슨 종류의 멸쟁법에 귀속되
고, 무슨 종류의 멸쟁법을 포함하며, 무슨 종류의 멸쟁법으로써 소멸시켜
야 하는가?

22-4 논쟁쟁사는 일곱 종류의 멸쟁법의 가운데에서 두 종류의 멸쟁법을
따르고, 두 종류의 멸쟁법을 의지하며, 두 종류의 멸쟁법에 귀속되고,
두 종류의 멸쟁법을 포함하며, 두 종류의 멸쟁법으로써 소멸시켜야 하나
니, 나아가 현전비니와 다인어이다.

비난쟁사는 일곱 종류의 멸쟁법의 가운데에서 네 종류의 멸쟁법을
따르고, 네 종류의 멸쟁법을 의지하며, 네 종류의 멸쟁법에 귀속되고,
네 종류의 멸쟁법을 포함하며, 네 종류의 멸쟁법으로써 소멸시켜야 하나
니, 나아가 현전비니, 억념비니, 불치비니, 멱죄상이다.

범죄쟁사는 일곱 종류의 멸쟁법의 가운데에서 세 종류의 멸쟁법을
따르고, 세 종류의 멸쟁법을 의지하며, 세 종류의 멸쟁법에 귀속되고,
세 종류의 멸쟁법을 포함하며, 세 종류의 멸쟁법으로써 소멸시켜야 하나
니, 나아가 현전비니, 자언치, 여초부지이다.

사쟁사는 일곱 종류의 멸쟁법의 가운데에서 한 종류의 멸쟁법을 따르
고, 한 종류의 멸쟁법을 의지하며, 한 종류의 멸쟁법에 귀속되고, 한
종류의 멸쟁법을 포함하며, 한 종류의 멸쟁법으로써 소멸시켜야 하나니,
나아가 현전비니이다.

[수반장을 마친다.]

섭송으로 설하겠노라.

쟁사의 방편에서
결합한 것과 동분과
멸쟁법에서
결합한 것과 동분과

멸쟁법에서 현전비니와 선품과
처소와 시간과 관련과
소멸과 소멸하지 않는 것과
멸쟁과 쟁사와
일어남과 수반하는 것이 있다.

○ 문수장을 마친다.

부수 제5권

제5장 문건도장(問犍度章)[1]

1. 구족계(具足戒)[2]

1-1 나는 구족계에 대하여 인연을 갖추었고, 해석을 갖추었으며, "그 존귀한 구절에 몇 종류의 죄가 있는가?"라고 물었다.

나는 구족계에 대하여 인연을 갖추었고, 해석을 갖추었으며, "그 존귀한 구절에 두 종류의 죄가 있다."라는 대답을 들었다.

2. 포살(布薩)[3]

2-1 나는 포살에 대하여 인연을 갖추었고, 해석을 갖추었으며, "그 존귀한

---

1) 팔리어 Khandhakapucchāvāra(칸다카푸짜바라)의 번역이다.
2) 팔리어 Upasampada(우파삼파다)의 번역이다.
3) 팔리어 Uposatha(우포사타)의 번역이다.

구절에 몇 종류의 죄가 있는가?"라고 물었다.

　나는 포살에 대하여 인연을 갖추었고, 해석을 갖추었으며, "그 존귀한 구절에 세 종류의 죄가 있다."라는 대답을 들었다.

3. 우안거(雨安居)[4]

3-1 나는 우안거에 대하여 인연을 갖추었고, 해석을 갖추었으며, "그 존귀한 구절에 몇 종류의 죄가 있는가?"라고 물었다.

　나는 우안거에 대하여 인연을 갖추었고, 해석을 갖추었으며, "그 존귀한 구절에 한 종류의 죄가 있다."라는 대답을 들었다.

4. 자자(自恣)[5]

4-1 나는 자자에 대하여 인연을 갖추었고, 해석을 갖추었으며, "그 존귀한 구절에 몇 종류의 죄가 있는가?"라고 물었다.

　나는 자자에 대하여 인연을 갖추었고, 해석을 갖추었으며, "그 존귀한 구절에 세 종류의 죄가 있다."라는 대답을 들었다.

---

4) 팔리어 Vassūpanāyika의(바쑤파나이카) 번역이다.
5) 팔리어 Pavāraṇa(파바라나)의 번역이다.

5. 가죽(皮革)[6]

5-1 나는 가죽과 관련하여 인연을 갖추었고, 해석을 갖추었으며, "그 존귀한 구절에 몇 종류의 죄가 있는가?"라고 물었다.

나는 가죽에 대하여 인연을 갖추었고, 해석을 갖추었으며, "그 존귀한 구절에 세 종류의 죄가 있다."라는 대답을 들었다.

6. 약(藥)[7]

6-1 나는 약에 대하여 인연을 갖추었고, 해석을 갖추었으며, "그 존귀한 구절에 몇 종류의 죄가 있는가?"라고 물었다.

나는 약에 대하여 인연을 갖추었고, 해석을 갖추었으며, "그 존귀한 구절에 세 종류의 죄가 있다."라는 대답을 들었다.

7. 가치나의(迦締那衣)

7-1 나는 가치나의에 대하여 인연을 갖추었고, 해석을 갖추었으며, "그 존귀한 구절에 몇 종류의 죄가 있는가?"라고 물었다.

나는 가치나의에 대하여 인연을 갖추었고, 해석을 갖추었으며, "그 존귀한 구절에 무슨 죄도 없다."라는 대답을 들었다.

---

6) 팔리어 Cammasaññutta(짬마산누따)의 번역이다.
7) 팔리어 Bhesajja(베사짜)의 번역이다.

8. 옷(衣)[8]

8-1 나는 옷과 관련하여 인연을 갖추었고, 해석을 갖추었으며, "그 존귀한 구절에 몇 종류의 죄가 있는가?"라고 물었다.

나는 옷과 관련하여 인연을 갖추었고, 해석을 갖추었으며, "그 존귀한 구절에 세 종류의 죄가 있다."라는 대답을 들었다.

9. 첨파국(瞻波國)[9]

9-1 나는 첨파국에 대하여 인연을 갖추었고, 해석을 갖추었으며, "그 존귀한 구절에 몇 종류의 죄가 있는가?"라고 물었다.

나는 첨파국에 대하여 인연을 갖추었고, 해석을 갖추었으며, "그 존귀한 구절에 한 종류의 죄가 있다."라는 대답을 들었다.

10. 구섬미국(拘睒彌國)[10]

10-1 나는 구섬미국에 대하여 인연을 갖추었고, 해석을 갖추었으며, "그 존귀한 구절에 몇 종류의 죄가 있는가?"라고 물었다.

나는 구섬미국에 대하여 인연을 갖추었고, 해석을 갖추었으며, "그 존귀한 구절에 한 종류의 죄가 있다."라는 대답을 들었다.

---

8) 팔리어 Cīvarasaññutta(치바라산누따)의 번역이다.
9) 팔리어 Campa(참파)의 번역이다.
10) 팔리어 Kosambī(코삼비)의 번역이다.

11. 갈마건도(羯磨揵度)[11]

11-1 나는 갈마건도에 대하여 인연을 갖추었고, 해석을 갖추었으며, "그 존귀한 구절에 몇 종류의 죄가 있는가?"라고 물었다.

나는 갈마건도에 대하여 인연을 갖추었고, 해석을 갖추었으며, "그 존귀한 구절에 한 종류의 죄가 있다."라는 대답을 들었다.

12. 별주(別住)

12-1 나는 별주에 대하여 인연을 갖추었고, 해석을 갖추었으며, "그 존귀한 구절에 몇 종류의 죄가 있는가?"라고 물었다.

나는 별주에 대하여 인연을 갖추었고, 해석을 갖추었으며, "그 존귀한 구절에 한 종류의 죄가 있다."라는 대답을 들었다.

13. 쌓임(集)[12]

13-1 나는 쌓임에 대하여 인연을 갖추었고, 해석을 갖추었으며, "그 존귀한 구절에 몇 종류의 죄가 있는가?"라고 물었다.

나는 쌓임에 대하여 인연을 갖추었고, 해석을 갖추었으며, "그 존귀한 구절에 한 종류의 죄가 있다."라는 대답을 들었다.

---

11) 팔리어 Kammakkhandhaka(깜마깐다카)의 번역이다.
12) 팔리어 Samuccaya(사무짜야)의 번역이다.

14. 멸쟁(滅諍)[13)

14-1 나는 멸쟁에 대하여 인연을 갖추었고, 해석을 갖추었으며, "그 존귀한 구절에 몇 종류의 죄가 있는가?"라고 물었다.

나는 멸쟁에 대하여 인연을 갖추었고, 해석을 갖추었으며, "그 존귀한 구절에 두 종류의 죄가 있다."라는 대답을 들었다.

15. 작은 일(小事)[14)

15-1 나는 작은 일에 대하여 인연을 갖추었고, 해석을 갖추었으며, "그 존귀한 구절에 몇 종류의 죄가 있는가?"라고 물었다.

나는 작은 일에 대하여 인연을 갖추었고, 해석을 갖추었으며, "그 존귀한 구절에 세 종류의 죄가 있다."라는 대답을 들었다.

16. 좌와처(坐臥處)[15)

16-1 나는 좌·와처에 대하여 인연을 갖추었고, 해석을 갖추었으며, "그 존귀한 구절에 몇 종류의 죄가 있는가?"라고 물었다.

나는 좌·와처에 대하여 인연을 갖추었고, 해석을 갖추었으며, "그 존귀한 구절에 세 종류의 죄가 있다."라는 대답을 들었다.

---

13) 팔리어 Samatha(사마타)의 번역이다.
14) 팔리어 Khuddakavatthuka(쿠따카바뚜카)의 번역이다.
15) 팔리어 Senāsana(세나사나)의 번역이다.

17. 파승사(破僧事)¹⁶⁾

17-1 나는 파승사에 대하여 인연을 갖추었고, 해석을 갖추었으며, "그 존귀한 구절에 몇 종류의 죄가 있는가?"라고 물었다.

나는 파승사에 대하여 인연을 갖추었고, 해석을 갖추었으며, "그 존귀한 구절에 두 종류의 죄가 있다."라는 대답을 들었다.

18. 위의(威儀)¹⁷⁾

18-1 나는 위의에 대하여 인연을 갖추었고, 해석을 갖추었으며, "그 존귀한 구절에 몇 종류의 죄가 있는가?"라고 물었다.

나는 위의에 대하여 인연을 갖추었고, 해석을 갖추었으며, "그 존귀한 구절에 한 종류의 죄가 있다."라는 대답을 들었다.

19. 차설계(遮說戒)¹⁸⁾

19-1 나는 차설계에 대하여 인연을 갖추었고, 해석을 갖추었으며, "그 존귀한 구절에 몇 종류의 죄가 있는가?"라고 물었다.

나는 차설계에 대하여 인연을 갖추었고, 해석을 갖추었으며, "그 존귀한 구절에 한 종류의 죄가 있다."라는 대답을 들었다.

---

16) 팔리어 Saṅghabheda(산가베다)의 번역이다.
17) 팔리어 Samācāra(사마차라)의 번역이다.
18) 팔리어 Ṭhapana(타파나)의 번역이다.

20. 비구니건도(比丘尼犍度)[19]

20-1 나는 비구니건도에 대하여 인연을 갖추었고, 해석을 갖추었으며, "그 존귀한 구절에 몇 종류의 죄가 있는가?"라고 물었다.

　나는 비구니건도에 대하여 인연을 갖추었고, 해석을 갖추었으며, "그 존귀한 구절에 두 종류의 죄가 있다."라는 대답을 들었다.

21. 오백결집(五百結集)[20]

21-1 나는 오백결집에 대하여 인연을 갖추었고, 해석을 갖추었으며, "그 존귀한 구절에 몇 종류의 죄가 있는가?"라고 물었다.

　나는 오백결집에 대하여 인연을 갖추었고, 해석을 갖추었으며, "그 존귀한 구절에 무슨 죄도 없다."라는 대답을 들었다.

22. 칠백결집(七百結集)[21]

22-1 나는 칠백결집에 대하여 인연을 갖추었고, 해석을 갖추었으며, "그 존귀한 구절에 몇 종류의 죄가 있는가?"라고 물었다.

　나는 칠백결집에 대하여 인연을 갖추었고, 해석을 갖추었으며, "그 존귀한 구절에 무슨 죄도 없다."라는 대답을 들었다.

---

19) 팔리어 Bhikkhunikkhandhaka(비꾸니깐다카)의 번역이다.
20) 팔리어 Pañcasatika(빤차사티카)의 번역이다.
21) 팔리어 Sattasatika(사따사티카)의 번역이다.

섭송으로 설하겠노라.

구족계와 포살과
우안거와 자자와
가죽과 가치나의와
약과 옷과 첨파국과

구섬미국과
갈마와 별주와 쌓임과
멸쟁과 사소한 일과
파승사와 위의와

차설계와
비구니 건도와
오백결집과
칠백결집이 있다.

부수 제6권

제6장 증일법(增一法)[1]

1. 1법(一法)[2]

1-1 유죄가 생겨나는 법을[3] 알아야 하고, 무죄가 생겨나는 것을[4] 알아야
하며, 유죄를 알아야 하고, 무죄를 알아야 하며, 가벼운 죄를 알아야
하고 무거운 죄를 알아야 한다. 유잔죄(有殘罪)를 알아야 하고, 무잔죄(無殘
罪)를[5] 알아야 하며, 추죄(麤罪)를[6] 알아야 하고, 추죄가 아닌 죄를 알아야
하며, 참회하여 없앨 수 있는 죄를 알아야 하고, 참회하여 없앨 수 없는
죄를 알아야 하며, 교계(敎誡)할 수 있는 죄를 알아야 하고, 교계할 수
없는 죄를 알아야 하며, 장애하는 죄를[7] 알아야 하고 장애하지 않는

---

1) 팔리어 Khandhakapucchāvāra(칸다카푸짜바라)의 번역이다.
2) 팔리어 Upasampada(우파삼파다)의 번역이다.
3) 여섯 분류의 죄를 가리킨다.
4) 7멸쟁법을 가리킨다.
5) 바라이를 가리킨다.
6) 바라이와 승잔을 가리킨다.
7) 고의로 범한 죄를 가리킨다.

죄를 알아야 하며, 교계(敎誡)할 수 있는 죄를 알아야 하고, 교계할 수
없는 죄를 알아야 하며, 비난받는 죄를[8] 알아야 하고 비난받지 않는
죄를 알아야 하며, 지은 업에서 일어나는 죄를 알아야 하고, 짓지 않은
업에서 일어나는 죄를 알아야 하며, 지은 업과 짓지 않은 업에서 일어나는
죄를 알아야 한다.

1-2 이전의 죄를 알아야 하고, 뒤의 죄를 알아야 하며, 이전의 부수적인
죄를 알아야 하고, 뒤의 부수적인 죄를 알아야 하며, 참회하여 이를
수 있는 수량(數量)의 죄를 알아야 하고, 참회하여 이를 수 없는 수량의
죄를 알아야 하며, 제정된 죄를 알아야 하고, 따라서 제정된 죄를 알아야
하며, 따라서 제정되지 않은 죄를 알아야 하고, 보편적으로 제정된 것을
알아야 하며, 제한적으로 제정된 것을 알아야 하고, 공통적으로 제정된
것을 알아야 하며, 공통적으로 제정되지 않은 것을 알아야 하고, 일부중(一
部衆)에게 제정된 것을 알아야 하며, 이부중(二部衆)에게 제정된 것을
알아야 하고, 추죄를 알아야 하며, 추죄가 아닌 것을 알아야 하고, 재가인과
관련된 죄를 알아야 하며, 재가인과 관련되지 않은 죄를 알아야 하고,
결정된 죄를 알아야 하며, 결정되지 않은 죄를 알아야 한다.

1-3 최초로 지은 자를 알아야 하고, 최초로 짓지 않은 자를 알아야
하며, 일시적으로 죄를 범한 자를 알아야 하고, 상습적으로 죄를 범한
자를 알아야 하며, 꾸짖었던 자를 알아야 하고, 꾸짖음을 받았던 자를
알아야 하며, 비법으로 꾸짖었던 자를 알아야 하고, 비법으로 꾸짖음을
받았던 자를 알아야 하며, 여법하게 꾸짖었던 자를 알아야 하고, 여법하게
꾸짖음을 받았던 자를 알아야 하며, 단사인(斷事人)[9]을 알아야 하고,
단사인이 아닌 자를 알아야 하며, 죄가 불가능한 자를[10] 알아야 하고,

---

8) 세간의 죄를 가리킨다.
9) 팔리어 Niyata(니야타)의 번역이다.
10) 불·보살을 가리킨다.

죄가 가능한 자를11) 알아야 하며, 거론된 자를 알아야 하고, 거론되지
않은 자를 알아야 하며, 멸빈된 자를 알아야 하고, 멸빈되지 않은 자를
알아야 하며, 함께 머무르는 자를 알아야 하고, 함께 머무르지 않은
자를 알아야 하며, 설계의 차단을 알아야 하느니라.

[1법을 마친다.]

섭송으로 설하겠노라.

제정과 죄와 가벼움과
유잔죄와 추죄와
참회와 교계와 장애와
범한 것과 지은 것과

지었고 짓지 않은 것과
이전과 부수적인 것과
헤아린 것과 제정과
따라서 제정하지 않은 것과

보편적인 것과 공통적인 것과
일부중과 추죄와 재가인과
결정된 것과 최초와
일시적인 것과 상습적인 것과

꾸짖는 것과 비법과 여법과

---

11) 연각과 성문을 가리킨다.

단사인과 단사인이 아닌 자와
불가능한 것과 거론된 것과
멸빈된 것과 함께 머무르는 것과
설계를 막은 이것이 일법의 섭송이라네.

2. 2법(二法)12)

2-1 죄를 생각하는 출리(出離)가 있고13), 죄를 생각하지 않는 출리가
있다. 성취되면 죄를 얻는 것이 있고14), 성취되지 않아도 죄를 얻는
것이 있다.15) 죄가 정법(正法)과 관련된 것이 있고16), 죄가 정법과 관련되
지 않은 것이 있다.17) 죄가 스스로의 자구(資具)와 관련된 것이 있고,
죄가 다른 사람의 자구와 관련된 것이 있으며, 죄가 스스로의 몸과 관련된
것이 있고, 죄가 다른 사람의 몸과 관련된 것이 있다.

　진실을 말하여도 무거운 죄에 떨어지는 것이 있고, 거짓을 말하여도
가벼운 죄에 떨어지는 것이 있으며, 거짓을 말하여도 무거운 죄에 떨어지
는 것이 있고, 진실을 말하여도 가벼운 죄에 떨어지는 것이 있다. 땅
위에서는 죄를 범하는 것이 있고, 공중에서는 죄를 범하지 않는 것이
있으며, 허공에서는 죄를 범하는 것이 있고, 땅 위에서는 죄를 범하지
않는 것이 있다. 떠나가는 때에 들어가지 않았다면 죄를 범하는 것이
있고, 들어가는 때에 떠나가지 않았다면 죄를 범하는 것이 있다. 집어넣으
면서 죄를 범하는 것이 있고18), 집어넣지 않으면서 죄를 범하는 것이

---

12) 팔리어 Dukavāra(두카바라)의 번역이다.
13) 고의로 범한 죄를 가리킨다.
14) 바일제 제8조를 참고하라.
15) 바라이 제4조를 참고하라.
16) 바일제 제4조를 참고하라.
17) 승잔 제3조를 참고하라.

있다.19)

스스로가 행하여 범하는 것이 있고, 스스로가 행하여 범하지 않는 것이 있으며, 지으면서 범하는 것이 있고, 지으면서 범하지 않는 것이 있으며, 주어도 범하는 것이 있고, 주어도 범하지 않는 것이 있다. 취하면서 범하는 것이 있고, 취하면서 범하지 않는 것이 있으며, 수용(受用)하면서 범하는 것이 있고, 수용하면서 범하지 않는 것이 있다. 낮에는 범하지 않으나 밤에는 범하는 것이 있고, 밤에는 범하지 않으나 낮에는 범하는 것이 있으며, 일출(日出)에 범하는 것이 있고, 일출에 범하지 않는 것이 있다. 자르면서 범하는 것이 있고, 자르면서 범하지 않는 것이 있으며, 덮어서 감추었으므로 범하는 것이 있고, 덮어서 감추었어도 범하지 않는 것이 있으며, 착용한다면 범하는 것이 있고, 착용하여도 범하지 않는 것이 있다.

2-2 두 종류의 포살이 있나니, 14일의 포살과 15일의 포살이다. 두 종류의 갈마가 있나니, 구청갈마(求聽羯磨)와 단백갈마(單白羯磨)이다. 다시 두 종류의 갈마가 있나니, 백이갈마(白二羯磨)와 백사갈마(白四羯磨)이다. 두 종류의 갈마사(羯磨事)가 있나니, 구청갈마사와 단백갈마사이다. 다시 두 종류의 갈마사가 있나니, 백이갈마사와 백사갈마사이다. 두 종류의 갈마가 성립되지 않나니, 구청갈마가 성립되지 않고 단백갈마가 성립되지 않는다. 다시 두 종류의 갈마가 성립되지 않나니, 백이갈마가 성립되지 않고 백사갈마가 성립되지 않는다. 두 종류의 갈마가 성립되나니, 구청갈마가 성립되고 단백갈마가 성립된다. 다시 두 종류의 갈마가 성립되나니, 백이갈마가 성립되고 백사갈마가 성립된다.

두 종류의 다른 주처(住處)가 있나니, 스스로가 다른 주처로 삼은 것이 있고, 화합승가가 그 비구의 죄를 알지 못하였고 참회하지 않았으며 죄를 버리지 않은 것을 의지하여 그 비구를 거론한 것이다. 두 종류의

---

18) 바일제 제5조를 참고하라.
19) 사타 제15조를 참고하라.

같은 주처가 있나니, 스스로가 같은 주처로 삼은 것이 있고, 화합승가가 그 비구의 죄를 알지를 못하였고 참회하지 않았으며 죄를 버리지 않았으나 거론하였으나 해제한 것이다.

두 종류의 바라이가 있나니, 비구와 비구니이다. 두 종류의 승잔이 있고, 두 종류의 투란차가 있으며, 두 종류의 바일제가 있고, 두 종류의 제사니가 있으며, 두 종류의 악작이 있고, 두 종류의 악설이 있나니, 비구와 비구니이다. 일곱 종류의 죄와 일곱 종류의 죄의 분류가 있다. 두 종류의 형태로 승가가 분열하나니, 갈마를 의지하거나, 산가지를 의지하는 것이다.

2-3 두 종류의 사람은 구족계를 받을 수 없나니, 나이가 적었거나, 신체가 불완전한 자이다. 다시 두 종류의 사람은 구족계를 받을 수 없나니, 근본이 부족하거나, 행이 악한 자이다. 다시 두 종류의 사람은 구족계를 받을 수 없나니, 옷과 발우를 구족하지 않았거나 구족하였어도 애원하지 않은 자이다. 두 종류의 사람을 의지하여 머무를 수 없나니, 부끄러움이 없거나, 무지(無知)한 자이다. 두 종류의 사람에게 의지를 줄 수 없나니, 부끄러움이 없거나 부끄러움이 있어도 애원하지 않는 자이다. 두 종류의 사람에게 의지를 줄 수 있나니, 부끄러움이 있거나 애원하는 자이다. 두 부류는 죄를 범하지 않나니, 세존과 벽지불(辟支佛)[20]이고, 두 부류는 죄를 범하나니, 비구와 비구니이다. 두 부류는 고의로 죄를 범하지 않나니, 성스러운 계위(階位)[21]의 비구와 비구니이다. 두 부류는 고의로 죄를 범하나니, 범부의 비구와 비구니이다.

2-4 두 부류는 고의로 어긋나고 범하는 일을 행하지 않나니, 성스러운 계위의 비구와 비구니이다. 두 부류는 고의로 어긋나고 범하는 일을 행하나니, 범부의 비구와 비구니이다. 두 종류의 저항(抵抗)[22]이 있나니,

---

20) 팔리어 paccekabuddhā(파쩨카부따)의 번역이다.
21) 팔리어 ariyapuggalā(아리야푸까라)의 번역이다.

몸을 의지하여 저항하거나, 말을 의지하여 저항하는 것이다. 두 종류의
빈출(擯出)이 있나니, 아직 빈출하지 않았고 승가가 그를 빈출하는 때에
한 부류는 선하게 빈출하는 것이고, 한 부류는 악하게 빈출하는 것이다.
두 종류의 죄를 해제하는 것이 있나니, 아직 죄를 해제하지 않았고 승가가
그를 해제하는 때에 한 부류는 선하게 해제하는 것이고, 한 부류는 악하게
해제하는 것이다.

　두 종류의 허락이23) 있나니, 몸으로 허락하거나, 말로 허락하는 것이다.
두 종류의 수용이 있나니, 몸으로 수용하거나, 몸에 착용한 물건으로
수용하는 것이다. 두 종류로 없애는 것이24) 있나니, 몸으로 없애거나,
말로 없애는 것이다. 두 종류의 손상(損傷)25)이 있나니, 계율의 손상이거
나, 수용한 물건의 손상이다. 두 종류의 꾸짖음26)이 있나니, 몸으로 꾸짖거
나, 입으로 꾸짖는 것이다.

2-5 두 종류의 가치나의(迦絺那衣)의 장애가 있나니, 처소의 장애와 옷의
장애이다. 두 종류의 가치나의의 장애가 없나니, 처소의 장애가 없거나
옷의 장애가 없는 것이다. 두 종류의 옷이 있나니, 보시받은 옷과 분소의(糞
掃衣)27)이다. 두 종류의 발우(鉢盂)28)가 있나니, 철 발우와 진흙 발우이다.
두 종류의 발우 받침대가29) 있나니, 주석으로 만든 것과 납으로 만든
것이다. 두 종류의 발우를 개인의 소유로 결정할 수 있나니, 몸으로
결정하거나 말로 결정하는 것이다. 두 종류의 옷을 개인의 소유로 결정할
수 있나니, 몸으로 결정하거나 말로 결정하는 것이다. 두 종류로 정시(淨

---

22) 팔리어 paṭikkosā(파티꼬사)의 번역이다.
23) 팔리어 paṭiggahā(파티까하)의 번역이다.
24) 팔리어 paṭikkhepā(파티께파)의 번역이다.
25) 팔리어 upaghātikā(우파가티카)의 번역이다.
26) 팔리어 codanā(초다나)의 번역이다.
27) 팔리어 paṃsukūla(팜수쿠라)의 번역이다.
28) 팔리어 pattā(파따)의 번역이다.
29) 팔리어 maṇḍalā(만다라)의 번역이다.

施)할 수 있나니, 마주하고서 정시하거나 전전(展轉)하여 정시하는 것이
다.

2-6 두 종류의 계율이 있나니, 비구의 계율과 비구니의 계율이다. 두
종류의 계율의 부류가 있나니, 제정된 것과 따라서 제정된 것이 있다.
두 종류의 계율에서 제어할 것이 있나니, 부정한 것을 행하지 않고 청정한
것을 헤아려서 행하는 것이다. 두 종류의 행하는 모습으로 죄를 범하나니,
몸으로 범하거나, 말로 범하는 것이다. 두 종류의 행하는 모습으로 죄를
벗어나나니, 몸으로 벗어나거나, 말로 벗어나는 것이다.

　두 종류의 별주(別住)[30]가 있나니, 덮어서 감추었으므로 별주하거나
덮어서 감추지 않았어도 별주하는 것이다. 다시 두 종류의 별주가 있나니,
청정변별주(淸淨邊別住)[31]와 합일별주(合一別住)[32]이다. 두 종류의 마나
타(摩那埵)[33]가 있나니, 덮어서 감추었던 마나타이거나 덮어서 감추지
않았던 마나타이다. 다시 두 종류의 마나타가 있나니, 보름의 마나타와[34]
합일마나타(合一摩那埵)[35]이다. 두 부류의 사람은 차단하나니, 별주하는
자와 마나타를 행하는 자이다. 두 부류의 사람은 공경하지 않나니, 사람을
공경하지 않는 자와 법을 공경하지 않는 자이다.

2-7 두 종류의 소금이 있나니, 자연적인 소금과 제조한 소금이다. 다시
두 종류의 소금이 있나니, 해염(海鹽)[36]과 흑염(黑鹽)[37]이다. 다시 두
종류의 소금이 있나니, 암염(岩鹽)[38]과 두방염(廚房鹽)[39]이다. 다시 두

---

30) 팔리어 Parivāsā(파리바사)의 번역이다.
31) 팔리어 Suddhantaparivāsā(수딴타파리바사)의 번역이다.
32) 팔리어 Samodhānaparivāsā(사모다나파리바사)의 번역이다.
33) 팔리어 Mānattā(마나따)의 음사이다.
34) 팔리어 Pakkhamānatta(파까마나따)의 음사이다.
35) 팔리어 Samodhānamānatta(사모다나마나따)의 번역이다.
36) 팔리어 Sāmudda(삼부따)의 번역이다.
37) 팔리어 Kāḷaloṇa(카라로나)의 번역이다.

종류의 소금이 있나니, 마두가염(羅馬伽鹽)40)과 발라가라염(跋伽羅伽鹽)41)이다.

두 종류의 수용이 있나니, 내부에서 수용하거나, 외부에서 수용하는 것이다. 두 종류의 모욕(侮辱)이 있나니, 저열한 모욕과 고귀한 모욕이다. 두 종류의 모습으로 이간질을 하나니, 사랑을 얻고자 하였거나 이간질을 시키려는 것이다. 두 종류의 모습으로 별중식(別衆食)을 하나니, 청을 받았거나, 걸식하는 것이다. 두 종류의 안거가 있나니, 전안거(前安居)와 후안거이다.

2-8 두 종류의 비법(非法)으로 바라제목차(波羅提木叉)를 막는 것이 있고 두 종류의 여법(如法)하게 바라제목차를 막는 것이 있다. 두 부류의 어리석은 사람이 있나니, 오지 않은 책무를 짓는 자와 이미 왔던 책무를 짓지 않는 자이다. 두 부류의 지혜로운 사람이 있나니, 오지 않은 책무를 짓지 않는 것과 이미 왔던 책무를 짓는 것이다. 다시 두 부류의 어리석은 사람이 있나니, 부정(不淨)을 청정(淸淨)하다고 생각을 짓는 것과 청정을 부정하다고 생각을 짓는 것이다. 두 부류의 지혜로운 사람이 있나니, 부정을 부정하다고 생각을 짓는 것과 청정을 청정하다고 생각을 짓는 것이다.

다시 두 부류의 어리석은 사람이 있나니, 무죄를 유죄라고 생각을 짓는 것과 유죄를 무죄라고 생각을 짓는 것이다. 두 부류의 지혜로운 사람이 있나니, 유죄를 유죄라고 생각을 짓는 것과 무죄를 무죄라고 생각을 짓는 것이다. 다시 두 부류의 어리석은 사람이 있나니, 비법을 여법하다고 생각을 짓는 것과 여법을 비법이라고 생각을 짓는 것이다.

---

38) 팔리어 Sindhava(신다바)의 번역이다.
39) 팔리어 Ubbhida(우삐다)의 번역이고, 부엌 소금을 가리킨다.
40) 팔리어 Romaka(로마카)의 음사이고, 식염수 흙의 일종과 그것에서 추출한 소금을 가리킨다.
41) 팔리어 Pakkālaka(파까라카)의 음사이다.

두 부류의 지혜로운 사람이 있나니, 비법을 비법이라고 생각을 짓는 것과 여법을 여법하다고 생각을 짓는 것이다. 다시 두 부류의 어리석은 사람이 있나니, 율이 아닌 것을 율이라고 생각을 짓는 것과 율을 율이 아니라고 생각을 짓는 것이다. 두 부류의 지혜로운 사람이 있나니, 율이 아닌 것을 율이 아니라고 생각을 짓는 것과 율을 율이라고 생각을 짓는 것이다.

2-9 두 부류의 사람은 번뇌가 증장하나니, 두려움이 없는데 두려워하는 자와 두려움이 있어도 두려워하지 않는 자이다. 두 부류의 사람은 번뇌가 증장하지 않나니, 두려움이 없으면 두려워하지 않는 자와 두려움이 있으면 두려워하는 자이다. 다시 두 부류의 사람은 번뇌가 증장하나니, 부정을 청정하다고 생각을 짓는 것과 청정을 부정하다고 생각을 짓는 것이다. 두 부류의 사람은 번뇌가 증장하지 않나니, 부정을 부정하다고 생각을 짓는 것과 청정을 청정하다고 생각을 짓는 것이다.

다시 두 부류의 사람은 번뇌가 증장하나니, 무죄를 유죄라고 생각을 짓는 것과 유죄를 무죄라고 생각을 짓는 것이다. 두 부류의 사람은 번뇌가 증장하지 않나니, 유죄를 유죄라고 생각을 짓는 것과 무죄를 무죄라고 생각을 짓는 것이다. 다시 두 부류의 사람은 번뇌가 증장하나니, 비법을 여법하다고 생각을 짓는 것과 여법을 비법이라고 생각을 짓는 것이다. 두 부류의 사람은 번뇌가 증장하지 않나니, 비법을 비법이라고 생각을 짓는 것과 여법을 여법하다고 생각을 짓는 것이다.

다시 두 부류의 사람은 번뇌가 증장하나니, 율이 아닌 것을 율이라고 생각을 짓는 것과 율을 율이 아니라고 생각을 짓는 것이다. 두 부류의 사람은 번뇌가 증장하지 않나니, 율이 아닌 것을 율이 아니라고 생각을 짓는 것과 율을 율이라고 생각을 짓는 것이다.

[2법을 마친다.]

섭송으로 설하겠노라.

아는 것과 얻는 것과 정법과
자구와 몸과 진실과
땅과 출리와 떠나가는 것과
집어넣는 것과 짓는 것과 주는 것과

취하는 것과 수용과 밤과 일출과
자르는 것과 감추었던 것과
착용한 것과 포살과
자자와 갈마와

다른 근원과 다른 일과 다른 성취와
다시 두 종류의 성취와
다른 주처와 동일 주처와
바라이와 승잔과

투란차와 바일제와
제사니와 악작과
악설과 죄의 일곱 부류와
분열과 구족계와

두 부류의 사람과 머무를 수 없는 것과
줄 수 없는 것과 불가능한 사람과
가능한 사람과 고의와 범한 것과
가책과 빈출과 죄의 해제와

동의와 허락과 수지와 저항과

없애는 것과 손상과
가치나의의 두 종류와
옷과 발우와 받침대와

개인 소유의 두 종류와
정시와 계율과 계율의 귀속과
제어와 범한 것과 일어나는 것과
별주와 다시 두 종류와

마나타와 다시 두 종류와
다시 두 종류와 막는 것과
공경하지 않는 것과
두 종류의 소금과

소금의 세 종류와 수용과
모욕과 이간질과 별중식과
우안거와 설계를 막는 것과
책무와 청정과 무죄와
비법과 여법과 율과 번뇌가 있다.

3. 3법(三法)[42]

3-1 죄를 세존께서 세상에 머무르셨는데 범한 것이 있고, 입멸(入滅)하신 뒤에 범한 것이 있으며, 세존께서 입멸하신 뒤에 범한 것이 있고, 세상에

---

42) 팔리어 Tikavāra(티카바라)의 번역이다.

머무르셨어도 범한 것은 없으며, 세존께서 세상에 머무르셨고 입멸하신 뒤에 범한 것이 있다. 때의 가운데에서 범하였고 때가 아닌 때에 범하지 않은 것이 있으며, 때가 아닌 때에 범하였고 때의 가운데에서 범하지 않은 것이 있으며, 때의 가운데에서 범하였고 때가 아닌 때에 범한 것이 있다. 밤의 가운데에서 범하였고 낮에 범하지 않은 것이 있으며, 낮에 범하였고 밤에 범하지 않은 것이 있으며, 낮에 범하였고 밤에 범한 것이 있다.

법랍의 10년을 채우고서 범하였고 10년의 미만에서 범하지 않은 것이 있으며, 10년의 미만에서 범하였고 10년을 채우고서 범하지 않은 것이 있으며, 10년을 채우고서 범하였고 10년의 미만에서 범한 것이 있다. 법랍의 5년을 채우고서 범하였고 5년의 미만에서 범하지 않은 것이 있으며, 5년의 미만에서 범하였고 5년을 채우고서 범하지 않은 것이 있으며, 5년을 채우고서 범하였고 5년의 미만에서 범한 것이 있다. 선한 마음에서 범하였고 선하지 않은 마음에서 범하였으며, 무기의 마음에서 범한 것이 있다. 즐거움을 받으려고 범하였고 괴로움을 받으려고 범하였으며, 즐거움도 아니고 괴로움도 아닌 것을 받으려고 범한 것이 있다.

3-2 세 종류의 꾸짖는 일이 있나니, 보았던 일이거나, 들었던 일이거나, 의심하였던 일이다. 세 종류의 산가지를 취하는 일이 있나니, 비밀스럽거나, 공개하거나, 귓속으로 말하는 것이다. 세 종류를 제한해야 하나니, 욕망이 많고 만족을 알지 못하며, 번뇌가 줄지 않는 것이다. 세 종류를 허락해야 하나니, 욕망이 적고 만족을 알며, 번뇌가 주는 것이다. 세 종류의 계목이 있나니, 계목, 보충적인 계목, 예비적인 계목이다.

다시 세 종류의 조목이 있나니, 보편적인 조목, 제한적인 조목, 공통적인 조목이다. 다시 세 종류의 조목이 있나니, 고유적인 조목, 일부중(一部衆)의 조목, 이부중의 조목이다. 어리석은 자는 죄를 범하고 지혜로운 자는 죄를 범하지 않는 것이 있고, 지혜로운 자는 죄를 범하고 어리석은 자는 죄를 범하지 않은 것이 있다. 흑월(黑月)⁴³⁾의 가운데에서 죄를 범하였고 백월(白月)⁴⁴⁾의 가운데에서 죄를 범하지 않은 것이 있고, 백월의 가운데에서 죄를 범하였고 흑월의 가운데에서 죄를 범하지 않은 것이 있으며, 흑월과 백월의 가운데에서 모두 죄를 범한 것이 있다.

흑월의 가운데에서 청정하고 백월의 가운데에서 청정하지 않은 것이 있고, 백월의 가운데에서 청정하고 흑월의 가운데에서 청정하지 않은 것이 있으며, 흑월과 백월의 가운데에서 모두 청정한 것이 있다. 추운 계절에서 죄를 범하였고 더운 계절에서 죄를 범하지 않은 것이 있고, 더운 계절에서 죄를 범하였고 추운 계절에서 죄를 범하지 않은 것이 있으며, 추운 계절과 더운 계절에서 모두 죄를 범하지 않은 것이 있다.

3-3 승가가 죄를 범하였고 별중이 죄를 범하지 않았으며 개인이 범하지 않은 것이 있고, 별중이 죄를 범하였고 승가가 죄를 범하지 않았으며 개인이 범하지 않은 것이 있고, 개인이 죄를 범하였고 승가가 죄를 범하지 않았으며 별중이 범하지 않은 것이 있다. 승가가 청정하고 별중이 부정하며 개인이 부정한 것이 있고, 별중이 청정하고 승가가 부정하며 개인이 부정한 것이 있고, 개인이 청정하고 승가가 부정하며 별중이 부정한 것이 있다. 세 종류의 덮어서 감추는 것이 있나니, 일을 덮어서 감추었고 죄를 덮어서 감추지 않았거나, 죄를 덮어서 감추었고 일을 덮어서 감추지 않았거나, 일을 덮어서 감추었고 죄를 덮어서 감추었던 것이다.

세 종류의 덮는 물건이 있나니, 목욕탕을 덮는 물건이 있고, 물속을 덮는 물건이 있으며, 옷으로 덮는 물건이 있다. 세 종류는 감추어지면 공능(功能)이 드러나지 않나니, 여인은 감추어지면 공능이 드러나지 않는 것이고, 바라문의 주문(呪語)⁴⁵⁾은 감추어지면 공능이 드러나지 않는 것이며, 삿된 견해는 감추어지면 공능이 드러나지 않는 것이다. 세 종류는 드러나면 빛나고 감추어지면 빛나지 않나니, 달은 드러나면 빛나고 감추

---

43) 팔리어 kāla(카라)의 번역이다.
44) 팔리어 juṇha(준하)의 번역이다.
45) 팔리어 mantā(만타)의 번역이다.

어지면 빛나지 않는 것이고, 해는 드러나면 빛나고 감추어지면 빛나지 않는 것이며, 세존의 밥과 율은 드러나면 빛나고 감추어지면 빛나지 않는 것이다.

　세 종류의 처소를 분배하는 것이 있나니, 이전에 분배하거나, 뒤에 분배하거나, 중간에 분배하는 것이다. 병이 있는 자는 죄를 범하고 병이 없는 자는 죄를 범하지 않는 것이 있고, 병이 없는 자는 죄를 범하고 병이 있는 자는 죄를 범하지 않은 것이 있으며, 병이 있는 자도 범하고 병이 없는 자도 범하는 것이 있다.

3-4 세 종류의 비법으로 바라제목차를 막는 것이 있고, 세 종류의 여법하게 바라제목차를 막는 것이 있다. 세 종류의 별주가 있나니, 부장별주(覆藏別住)[46], 불부장별주(不覆藏別住)[47], 청정변별주(淸淨邊別住)[48]이다. 세 종류의 마나타가 있나니, 부장마나타(覆藏摩那埵)[49], 불부장마나타(不覆藏摩那埵)[50], 반월마나타(半月摩那埵)[51]이다. 세 종류의 별주하는 비구를 차단하는 것이 있나니, 함께 머무는 것, 혼자 머무는 것, 알리지 않는 것이다. 안에서 범하고 밖에서 범하지 않는 것이 있으며[52], 밖에서 범하고 안에서 범하지 않는 것이 있으며[53], 안에서도 범하고 밖에서도 모두 범하는 것이 있다.

　경계의 안에서 범하고 밖에서 범하지 않는 것이 있으며, 경계의 밖에서 범하고 안에서 범하지 않는 것이 있으며, 경계의 안에서도 범하고 밖에서도 모두 범하는 것이 있다. 세 종류의 형상에 의지하여 죄를 범하나니,

---

46) 팔리어 Paṭicchannaparivāsa(파티짠나파리바사)의 번역이다.
47) 팔리어 Appaṭicchannaparivāsa(아파티짠나파리바사)의 번역이다.
48) 팔리어 Suddhantaparivāsa(수딴타파리바사)의 번역이다.
49) 팔리어 Paṭicchannamānatta(파티짠나마나타)의 번역이다.
50) 팔리어 Appaṭicchannamānatta(아빠티짠나마나따)의 번역이다.
51) 팔리어 Pakkhamānatta(파까마나따)의 번역이다.
52) 바일제 제16조를 참조하라.
53) 바일제 제14조를 참조하라.

몸으로 범하고 말로 범하는 것이며, 몸과 말로 범하는 것이다. 세 종류의 형상에 의지하여 죄를 범하나니, 승가의 가운데에서 범하고, 별중의 가운데에서 범하며, 개인의 앞에서 범하는 것이다.

세 종류의 형상에 의지하여 출죄시키나니, 몸으로 출죄시키고 말로 출죄시키며, 몸과 말로 출죄시키는 것이다. 세 종류의 형상에 의지하여 죄를 출죄시키나니, 승가의 가운데에서 출죄시키고, 별중의 가운데에서 출죄시키며, 개인의 앞에서 출죄시키는 것이다. 세 종류의 비법으로 불치비니(不癡毘尼)[54]를 주는 것이 있고, 세 종류의 여법하게 불치비니를 주는 것이 있다.

3-5 세 종류를 갖춘 비구를 마주하고서 승가는 마땅히 가책갈마(呵責羯磨)[55]를 행할 수 있나니, 승가의 가운데에서 투쟁·분란·논쟁·언쟁·쟁사를 일으킨 자이거나, 어리석고 총명하지 못하여 죄가 많은데 충고를 받아들이지 않은 자이거나, 재가인과 친근하고 재가인을 수순하지 않으면서 교류하고 머무르는 자이다. 세 종류를 갖춘 비구를 마주하고서 승가는 마땅히 의지갈마(依止羯磨)[56]를 행할 수 있나니, 승가의 가운데에서 투쟁·분란·논쟁·언쟁·쟁사를 일으킨 자이거나, 어리석고 총명하지 못하여 죄가 많은데 충고를 받아들이지 않은 자이거나, 재가인과 친근하고 재가인을 수순하지 않으면서 교류하고 머무르는 자이다.

세 종류를 갖춘 비구를 마주하고서 승가는 마땅히 구출갈마(驅出羯磨)[57]를 행할 수 있나니, 승가의 가운데에서 투쟁·분란·논쟁·언쟁·쟁사를 일으킨 자이거나, 어리석고 총명하지 못하여 죄가 많은데 충고를 받아들이지 않은 자이거나, 속가를 염오시키는 악행이 있고 또한 그 악행이 보였고 들렸던 자이다. 세 종류를 갖춘 비구를 마주하고서 승가는

---

54) 팔리어 Amūlhavinaya(아무르하비니야)의 번역이다.
55) 팔리어 Tajjanīyakamma(타짜니야캄마)의 번역이다.
56) 팔리어 Niyassakamma(니야싸캄마)의 번역이다.
57) 팔리어 Pabbājanīyakamma(파빠자니야캄마)의 번역이다.

마땅히 하의갈마(下意羯磨)58)를 행할 수 있나니, 승가의 가운데에서 투쟁·분란·논쟁·언쟁·쟁사를 일으킨 자이거나, 어리석고 총명하지 못하여 죄가 많은데 충고를 받아들이지 않은 자이거나, 악구(惡口)로 재가자를 모욕하는 자이다.

세 종류를 갖춘 비구를 마주하고서 승가는 죄를 인정하지 않는 때에 마땅히 거죄갈마(舉罪羯磨)59)를 행할 수 있나니, 승가의 가운데에서 투쟁·분란·논쟁·언쟁·쟁사를 일으킨 자이거나, 어리석고 총명하지 못하여 죄가 많은데 충고를 받아들이지 않은 자이거나, 범한 죄를 인정하지 않으려는 자이다. 세 종류를 갖춘 비구를 마주하고서 승가는 죄를 참회하지 않는 때에 마땅히 거죄갈마를 행할 수 있나니, 승가의 가운데에서 투쟁·분란·논쟁·언쟁·쟁사를 일으킨 자이거나, 어리석고 총명하지 못하여 죄가 많은데 충고를 받아들이지 않은 자이거나, 범한 죄를 참회하지 않으려는 자이다.

세 종류를 갖춘 비구를 마주하고서 승가는 악한 견해를 버리지 않는 때에 마땅히 거죄갈마를 행할 수 있나니, 승가의 가운데에서 투쟁·분란·논쟁·언쟁·쟁사를 일으킨 자이거나, 어리석고 총명하지 못하여 죄가 많은데 충고를 받아들이지 않은 자이거나, 악한 견해를 버리지 않으려는 자이다. 세 종류를 갖춘 비구를 마주하고서 승가는 마땅히 강(强)하게 사유(思惟)시킬 수 있나니, 승가의 가운데에서 투쟁·분란·논쟁·언쟁·쟁사를 일으킨 자이거나, 어리석고 총명하지 못하여 죄가 많은데 충고를 받아들이지 않은 자이거나, 재가인과 친근하고 재가인을 수순하지 않으면서 교류하고 머무르는 자이다.

3-6 세 종류를 갖춘 비구를 마주하였다면 마땅히 갈마해야 하나니, 부끄러움이 없고, 어리석으며, 악행이 있는 자이다. 다시 세 종류를 갖춘 비구를 마주하였다면 마땅히 갈마해야 하나니, 증상계(增上戒)에서 계를 깨트렸

58) 팔리어 Paṭisāraṇīyakamma(파티사라니야캄마)의 번역이다.
59) 팔리어 Ukkhepanīyakamma(우께파니야캄마)의 번역이다.

거나, 증상행(增上行)에서 행을 깨트렸거나, 수승한 견해(勝見)에서 견해를 깨트리는 것이다. 다시 세 종류를 갖춘 비구를 마주하였다면 마땅히 갈마해야 하나니, 몸에 탐착(貪着)하거나, 말에 탐착하거나, 몸과 말에 탐착하는 것이다. 다시 세 종류를 갖춘 비구를 마주하였다면 마땅히 갈마해야 하나니, 몸에 비행(非行)이 있거나, 말에 비행이 있거나, 몸과 말에 비행이 있는 것이다.

다시 세 종류를 갖춘 비구를 마주하였다면 마땅히 갈마해야 하나니, 몸으로 위협하였거나, 말로 위협하였거나, 몸과 말로 위협하는 것이다. 다시 세 종류를 갖춘 비구를 마주하였다면 마땅히 갈마해야 하나니, 몸으로 삿되게 생활하거나, 말로 삿되게 생활하거나, 몸과 말로 삿되게 생활하는 것이다. 다시 세 종류를 갖춘 비구를 마주하였다면 마땅히 갈마해야 하나니, 죄를 범하여 갈마를 행하였는데, 구족계를 주었고 의지를 주었으며 사미를 양육하는 것이다.

다시 세 종류를 갖춘 비구를 마주하였다면 마땅히 갈마해야 하나니, 그 죄를 의지하여 승가가 갈마를 행하였는데, 그 죄와 같은 죄를 범하였고, 그 죄와 다른 죄를 범하였으며, 그것과 비교하여 더 악한 죄를 지은 자이다. 다시 세 종류를 갖춘 비구를 마주하였다면 마땅히 갈마해야 하나니, 세존을 비방하였고, 법을 비방하였으며, 승가를 비방한 자이다.

3-7 세 종류를 갖춘 비구가 승가의 가운데에서 포살(布薩)을 막는 것을 마주하였다면, 승가는 "비구여. 멈추시오. 투쟁하지 말고 분쟁하지 말며 언쟁하지 말고 논쟁하지 마시오."라고 마땅히 제지하고서 포살해야 하나니, 부끄러움이 없고 어리석으며 악행이 있는 자이다. 세 종류를 갖춘 비구가 승가의 가운데에서 자자(自恣)를 막는 것을 마주하였다면 승가는 "비구여. 멈추시오. 투쟁하지 말고 분쟁하지 말며 언쟁하지 말고 논쟁하지 마시오."라고 마땅히 제지하고서 자자해야 하나니, 부끄러움이 없고 어리석으며 악행이 있는 자이다.

세 종류를 갖춘 비구라면 어느 승가에서도 뽑힐 수 없나니, 부끄러움이 없고 어리석으며 악행이 있는 자이다. 세 종류를 갖춘 비구라면 승가에서 죄를 판결할 수 없나니, 부끄러움이 없고 어리석으며 악행이 있는 자이다. 세 종류를 갖춘 비구라면 어느 처소도 차지할 수 없나니, 부끄러움이 없고 어리석으며 악행이 있는 자이다. 세 종류를 갖춘 비구라면 의지하여 머무를 수 없나니, 부끄러움이 없고 어리석으며 악행이 있는 자이다. 세 종류를 갖춘 비구라면 의지를 줄 수 없나니, 부끄러움이 없고 어리석으며 악행이 있는 자이다. 세 종류를 갖춘 비구라면 갈마하는 때에 갈마를 인정할 수 없나니, 부끄러움이 없고 어리석으며 악행이 있는 자이다.

세 종류를 갖춘 비구를 마주하였다면 함께 같이 말할 수 없나니, 부끄러움이 없고 어리석으며 악행이 있는 자이다. 세 종류를 갖춘 비구라면 계율을 물을 수 없나니, 부끄러움이 없고 어리석으며 악행이 있는 자이다. 세 종류를 갖춘 비구를 마주하였다면 계율을 물을 수 없나니, 부끄러움이 없고 어리석으며 악행이 있는 자이다. 세 종류를 갖춘 비구를 마주하였다면 계율을 대답할 수 없나니, 부끄러움이 없고 어리석으며 악행이 있는 자이다. 세 종류를 갖춘 비구라면 계율을 대답할 수 없나니, 부끄러움이 없고 어리석으며 악행이 있는 자이다.

세 종류를 갖춘 비구를 마주하였다면 물을 수 없나니, 부끄러움이 없고 어리석으며 악행이 있는 자이다. 세 종류를 갖춘 비구를 마주하였다면 함께 계율을 논의할 수 없나니, 부끄러움이 없고 어리석으며 악행이 있는 자이다. 세 종류를 갖춘 비구라면 구족계를 줄 수 없나니, 부끄러움이 없고 어리석으며 악행이 있는 자이다. 세 종류를 갖춘 비구라면 의지를 줄 수 없나니, 부끄러움이 없고 어리석으며 악행이 있는 자이다. 세 종류를 갖춘 비구라면 사미를 양육할 수 없나니, 부끄러움이 없고 어리석으며 악행이 있는 자이다.

3-8 세 종류의 포살이 있나니, 14일의 포살, 15일의 포살, 화합한 포살이다. 다시 세 종류의 포살이 있나니, 승가의 포살, 별중의 포살, 개인의 포살이다. 다시 세 종류의 포살이 있나니, 독송(讀誦)의 포살, 청정(淸淨)의 포살,

수지(受持)의 포살이다. 세 종류의 자자(自恣)가 있나니, 14일의 자자,
15일의 자자, 화합한 자자이다. 다시 세 종류의 자자가 있나니, 승가의
자자, 별중의 자자, 개인의 자자이다. 다시 세 종류의 자자가 있나니,
삼설(三設)의 자자, 이설(二設)의 자자, 함께 안거하는 자의 자자이다.

이와 같은 세 종류를 벗어나지 못한다면 악취(惡趣)인 지옥에 떨어지나
니, 여러 범행이 아닌 것을 거짓으로 범행을 행하거나, 여러 범행이
청정하지 않은 자가 근거가 없는 범행이 아닌 것으로 청정한 범행자를
비방하거나, "욕정(欲情)에 장애가 없다."라고 말하면서 이와 같이 말하였
고 이와 같은 견해를 지녔다면 그 욕정이라는 것에 빠지는 것이다. 세
종류의 선하지 않은 뿌리가 있나니, 탐욕의 선하지 않은 뿌리가 있고,
성내는 것의 선하지 않은 뿌리가 있고, 어리석음의 선하지 않은 뿌리가
있다.

세 종류의 선한 뿌리가 있나니, 탐욕이 아닌 선한 뿌리가 있고, 성내는
것이 아닌 선한 뿌리가 있고, 어리석음이 아닌 선한 뿌리가 있다. 세
종류의 악행(惡行)이 있나니, 몸의 악행이 있고, 말의 악행이 있고, 뜻의
악행이 있다. 세 종류의 선행(善行)이 있나니, 몸의 선행이 있고, 말의
선행이 있고, 선의 악행이 있다.

3-9 세존께서는 세 종류의 이익을 의지하여 속가에 세 종류의 음식의
계율을 제정하셨나니, 악한 사람을 조복하여 선한 비구를 안락하게 하기
위하여, 악하고 탐욕스러운 자들이 붕당(朋黨)으로 파승사를 일으키지
않게 하기 위하여, 속가를 애민하게 하기 위한 것이다. 마음에 집착하여
세 종류의 비법을 받아들이고 지었던 제바달다(提婆達多)는[60] 악취인
지옥에 떨어져서 1겁을 머물더라도 구제될 수 없나니, 사악한 욕망이
있었고 악한 반려가 있었으며, 현세에 작은 일의 이익을 얻었던 인연으로
중도 수행을 그만두었던 것이 있다.

---

60) 팔리어 Devadatta(데바다따)의 음사이다.

세 종류의 허락된 것이 있나니, 지팡이를 허락하셨고, 걸망을 허락하셨으며, 지팡이와 걸망을 허락하신 것이 있다. 세 종류의 신발은 고정되어 전용(轉用)할 수 없나니, 대변의 신발, 소변의 신발, 세정(洗淨)의 신발이다. 세 종류의 발을 마찰하는 물건이 있나니, 돌, 자갈, 가벼운 돌이니라.

[3법을 마친다.]

섭송으로 설하겠노라.

재세시와 시간의 중간과 밤과
10년과 5년과 선한 것과
받는 것과 가책의 일과 산가지와
두 종류의 제한과

제정과 다시 두 가지와 어리석음과
보름과 청정과 겨울과
승가와 승가에 허락된 것과
덮어서 감춘 것과 감추는 물건과

감추어진 것과 드러난 것과
처소와 병자와 바라제목차와
별주와 마나타와 별주 비구와
안과 결계의 안과

범한 것과 다시 범한 것과
일어난 것과 불치비니의 두 가지와
가책갈마와 의지갈마와

구출갈마와 하의갈마와

불인죄갈마와 불사견갈마와
강하게 사유시키는 갈마와
증장계와 즐거움과
비행과 위협과 삿된 생활과

유죄와 비슷한 죄와 비방과
포살과 자자와 뽑혔던 것과
머무를 수 없는 것과
줄 수 없는 것과 허락할 수 없는 것과

명령할 수 없는 것과
함께 말할 수 없는 두 가지와
물을 수 없는 두 가지와
설명할 수 없는 것과

논쟁과 구족계와 의지와
사미와 포살의 세 가지와
자자의 세 가지와 지옥과
선하지 않은 뿌리와

선한 뿌리와 행위의 두 가지와
식당의 비법 세 가지와
허락과 신발과 발 마찰구 등의
이것은 3법의 섭송이니라.

4. 4법(四法)[61]

4-1 스스로의 말을 의지하여 범하고 다른 사람의 말을 의지하여 출죄(出罪)하는 죄가 있으며, 다른 사람의 말을 의지하여 범하고, 스스로의 말을 의지하여 출죄하는 죄가 있으며, 스스로의 말을 의지하여 범하고 스스로의 말을 의지하여 출죄하는 죄가 있으며, 다른 사람의 말을 의지하여 범하고 다른 사람의 말을 의지하여 출죄하는 죄가 있다. 몸을 의지하여 죄를 범하고 말을 의지하여 출죄하는 죄가 있으며, 말을 의지하여 죄를 범하고 몸을 의지하여 출죄하는 죄가 있으며, 몸을 의지하여 죄를 범하고 몸을 의지하여 출죄하는 죄가 있으며, 말을 의지하여 죄를 범하고 말을 의지하여 출죄하는 죄가 있다.

　잠자는 때에 죄를 범하고 깨어있는 때에 출죄하는 죄가 있으며, 깨어있는 때에 죄를 범하고 잠자는 때에 출죄하는 죄가 있으며, 잠자는 때에 죄를 범하고 잠자는 때에 출죄하는 죄가 있으며, 깨어있는 때에 죄를 범하고 깨어있는 때에 출죄하는 죄가 있다. 의식이 없으면서 죄를 범하고, 의식이 있으면서 출죄하는 죄가 있으며, 의식이 있으면서 죄를 범하고, 의식이 없으면서 출죄하는 죄가 있으며, 의식이 없으면서 죄를 범하고, 의식이 없으면서 출죄하는 죄가 있으며, 의식이 있으면서 죄를 범하고, 의식이 있으면서 출죄하는 죄가 있다.

　죄를 범하고서 참회하는 죄가 있으며, 참회하고서 범하는 죄가 있으며, 죄를 범하고서 출죄하는 죄가 있으며, 출죄하고서 범하는 죄가 있다. 갈마를 의지하여 죄를 범하고 갈마가 아닌 것을 의지하여 출죄하는 죄가 있으며, 갈마가 아닌 것을 의지하여 죄를 범하고 갈마를 의지하여 출죄하는 죄가 있으며, 갈마를 의지하여 죄를 범하고 갈마를 의지하여 출죄하는 죄가 있으며, 갈마가 아닌 것을 의지하여 죄를 범하고 갈마가 아닌 것을

---

61) 팔리어 Catukkavāra(차투까바라)의 번역이다.

의지하여 출죄하는 죄가 있다.

4-2 네 종류의 성스럽지 않은 말이 있나니, 보지 못하였으나 보았다고 말하였거나, 듣지 못하였으나 들었다고 말하였거나, 생각하지 못하였으나 생각하였다고 말하였거나, 알지 못하였으나 알았다고 말하는 것이다. 다시 네 종류의 성스럽지 않은 말이 있나니, 보았으나 보지 못하였다고 말하였거나, 들었으나 듣지 못하였다고 말하였거나, 생각하였으나 생각하지 못하였다고 말하였거나, 알았으나 알지 못하였다고 말하는 것이다.

 네 종류의 바라이는 비구와 비구니에게 공통(共通)의 것이고, 네 종류의 바라이는 비구니와 비구에게 공통의 것이 아니다. 네 종류의 자구(資具)가 있나니, 자구가 마땅히 보호되어야 하고 마땅히 지켜져야 하며 마땅히 사랑받아야 하고 마땅히 수용되어야 하는 것이 있고,[62] 자구가 마땅히 보호되어야 하고 마땅히 지켜져야 하며 마땅히 사랑받지 않아야 하고 마땅히 수용되어야 하는 것이 있으며,[63] 자구가 마땅히 보호되어야 하고 마땅히 지켜져야 하며 마땅히 사랑받지 않아야 하고 마땅히 수용되지 않아야 하는 것이 있고,[64] 자구가 마땅히 보호되지 않아야 하고 마땅히 지켜지지 않아야 하며 마땅히 사랑받지 않아야 하고 마땅히 수용되지 않아야 하는 것이 있다.[65]

4-3 (승가의) 현전(現前)에서 죄를 범하고 부재(不在)에서 출죄하는 죄가 있으며, 부재에서 죄를 범하고 현전에서 출죄하는 죄가 있으며, 현전에서 죄를 범하고 현전에서 출죄하는 죄가 있으며, 부재에서 죄를 범하고, 부재에서 출죄하는 죄가 있다. 알지 못하고서 죄를 범하고, 알고서 출죄하는 죄가 있으며, 알고서 죄를 범하고, 현전에서 출죄하는 죄가 있으며,

---

62) 개인의 자구(생활용품)를 가리킨다.
63) 승가의 자구를 가리킨다.
64) 탑의 자구를 가리킨다.
65) 거사의 자구를 가리킨다.

알지 못하고서 죄를 범하고, 알지 못하고서 출죄하는 죄가 있으며, 알고서 죄를 범하고, 알고서 출죄하는 죄가 있다.

　네 종류의 형상으로 죄를 범하나니, 몸을 의지하여 범하거나, 입을 의지하여 범하거나, 몸과 입을 의지하여 범하거나, 갈마를 의지하여 범하는 것이다. 다시 네 종류의 형상으로 죄를 범하나니, 승가의 가운데에서 범하거나, 별중의 가운데에서 범하거나, 사람의 앞에서 범하거나, (남녀의) 근(根)의 모습이 드러나는 것을 의지하여 범하는 것이다. 네 종류의 형상으로 죄를 출죄하나니, 몸을 의지하여 출죄하거나, 입을 의지하여 출죄하거나, 몸과 입을 의지하여 출죄하거나, 갈마를 의지하여 출죄하는 것이다.

　다시 네 종류의 형상으로 죄를 출죄하나니, 승가의 가운데에서 출죄하였거나, 별중의 가운데에서 출죄하였거나, 사람의 앞에서 범하였거나, (남녀의) 근(根)의 모습이 드러나는 것을 의지하여 출죄하는 것이다. 함께 얻은 것에서 전위(前位)[66]를 버리고 후위(後位)[67]를 세워서 표시하면 무효(無效)이고, 가명(假名)은 파괴(破壞)된다. 함께 얻은 것에서 후위를 버리고 전위를 세워서 표시하면 무효이고, 가명은 파괴된다.

4-4 네 종류의 꾸짖음이 있나니, 계를 깨트리는 것을 꾸짖거나, 행을 깨트리는 것을 꾸짖거나, 견해를 깨트리는 것을 꾸짖거나, 생활을 깨트리는 것을 꾸짖는 것이다. 네 종류의 별주가 있나니, 부장별주, 비부장별주, 청정변별주, 합일별주(合一別住)[68]이니라. 네 종류의 마나타가 있나니, 부장마나타, 비부장마나타, 반월마나타, 합일마나타(合一摩那埵)[69]이니라. 네 종류의 별주하는 비구를 차단하는 것이 있나니, 함께 머무는 것, 혼자 머무는 것, 알리지 않는 것, 부족한 대중의 가운데에서 행하는

66) 남근(男根)을 가리킨다.
67) 여근(女根)을 가리킨다.
68) 팔리어 Samodhānaparivāsa(사모다나파리바사)의 번역이다.
69) 팔리어 Samodhānamānatta(사모다나마나따)의 번역이다.

것이다. 네 종류의 고양(高揚)하는 법이[70) 있다.

네 종류의 약을 수용할 수 있나니, 시약(時藥)[71), 시분약(時分藥)[72),
칠일약(七日藥)[73), 진형수약(盡形壽藥)[74)이다. 네 종류의 오물이 있나니,
똥(屎灰)[75), 오줌(尿)[76), 재(灰)[77), 점토(粘土)[78)이다. 네 종류의 갈마가
있나니, 구청갈마(求聽羯磨)[79), 단백갈마(單白羯磨)[80), 백이갈마(白二羯
磨)[81), 백사갈마(白四羯磨)[82)이다. 다시 네 종류의 갈마가 있나니, 비법별
중갈마(非法別衆羯磨)[83), 비법화합중갈마(非法和合衆羯磨)[84), 여법별중
갈마(如法別衆羯磨)[85), 여법화합중갈마(如法和合衆羯磨)[86)이다.

네 종류의 깨트리는 것이 있나니, 계를 깨트리는 것, 행을 깨트리는
것, 견해를 깨트리는 것, 생활을 깨트리는 것이다. 네 종류의 쟁사가
있나니, 논쟁쟁사, 비난쟁사, 범죄쟁사, 사쟁사이다. 네 종류의 별중의
염오(染汚)가 있나니, 비구의 계를 깨트렸고 악법(惡法)이었던 별중의
염오이고, 비구니의 계를 깨트렸고 악법이었던 별중의 염오이며, 우바새
(優婆塞)[87)의 계를 무너트리고 악법이었던 별중의 염오이고, 우바이(優婆

---

70) 사성제를 가리킨다.
71) 팔리어 Yāvakālika(야바카리카)의 번역이다.
72) 팔리어 Yāmakālika(야마카리카)의 번역이다.
73) 팔리어 Sattāhakālika(사따하카리카)의 번역이다.
74) 팔리어 Yāvajīvika(야바지비카)의 번역이다.
75) 팔리어 Gūtha(구타)의 번역이다.
76) 팔리어 Mutta(무따)의 번역이다.
77) 팔리어 Chārikā(차리카)의 번역이다.
78) 팔리어 Mattikā(마띠카)의 번역이다.
79) 팔리어 Apalokanakamma(아파로카나캄마)의 번역이다.
80) 팔리어 Ñattikamma(나띠캄마)의 번역이다.
81) 팔리어 Ñattidutiyakamma(나띠두티야캄마)의 번역이다.
82) 팔리어 Ñatticatutthakamma(나띠차투따캄마)의 번역이다.
83) 팔리어 Adhammena vaggakamma(아담메나 바까캄마)의 번역이다.
84) 팔리어 Adhammena samaggakamma(아담메나 사마까캄마)의 번역이다.
85) 팔리어 Dhammena vaggakamma(담메나 바까캄마)의 번역이다.
86) 팔리어 Dhammena samaggakamma(담메나 사마까캄마)의 번역이다.

夷)88)의 계를 깨트렸고 악법이었던 별중의 염오이다.

네 종류의 별중의 장엄(莊嚴)이 있나니, 비구의 지계(持戒)이고 선법(善法)이었던 별중의 장엄이고, 비구니의 지계이고 선법이었던 별중의 장엄이며, 우바새의 지계이고 선법이었던 별중의 장엄이고, 지계이고 선법이었던 별중의 장엄이다.

4-5 객비구(客比丘)가 죄를 범하고 구주비구(舊住比丘)가 죄를 범하지 않은 것이 있으며, 구주비구가 죄를 범하고 객비구가 죄를 범하지 않은 것이 있으며, 객비구와 구주비구가 죄를 범한 것이 있고, 객비구와 구주비구가 죄를 범하지 않은 것이 있다. 원행비구(遠行比丘)가 죄를 범하고 구주비구가 죄를 범하지 않은 것이 있으며, 구주비구가 죄를 범하고 원행비구가 죄를 범하지 않은 것이 있으며, 원행비구와 구주비구가 죄를 범한 것이 있고, 원행비구와 구주비구가 죄를 범하지 않은 것이 있다.

일에는 차이가 있으나 죄에는 차이가 없는 것이 있고, 죄에는 차이가 있으나 일에는 차이가 없는 것이 있으며, 일과 죄가 모두 차이가 있는 것이 있고, 일과 죄가 모두 차이가 없는 것이 있다. 일은 동분(同分)이고 죄는 동분이 아닌 것이 있고, 죄는 동분이고 일은 동분이 아닌 것이 있으며, 일과 죄가 모두 동분인 것이 있고, 일과 죄가 모두 동분이 아닌 것이 있다.

제자는 죄를 범하고 화상(和尙)89)은 죄를 범하지 않은 것이 있으며, 화상은 죄를 범하고 제자는 죄를 범하지 않은 것이 있으며, 제자와 화상이 죄를 범한 것이 있고, 제자와 화상이 죄를 범하지 않은 것이 있다. 제자는 죄를 범하고 아사리(阿闍梨)90)는 죄를 범하지 않은 것이 있으며, 화상은 죄를 범하고 제자는 죄를 범하지 않은 것이 있으며, 제자와 화상이 죄를

---

87) 팔리어 Upāsakā(우파사카)의 음사이다.
88) 팔리어 Upāsikā(우파시카)의 음사이다.
89) 팔리어 upajjhāya(우파짜야)의 번역이다.
90) 팔리어 ācariya(아차리야)의 음사이다.

범한 것이 있고, 제자와 화상이 죄를 범하지 않은 것이 있다.

  네 종류를 의지한다면 안거를 깨트렸어도 무죄이나니, 혹은 승가가 분열하였거나, 혹은 승가를 분열시키려는 자가 있었거나, 혹은 생명에 위험이 있었거나, 혹은 범행에 어려움이 있는 것이다. 네 종류의 악한 말이 있나니, 망어(妄語), 이간질(兩舌), 욕설(惡口), 꾸며대는 말(綺語)이다. 네 종류의 선한 말이 있나니, 진실한 말, 이간질하지 않는 말, 부드러운 말, 지혜로운 말이다.

4-6 스스로가 취하는 때에 무거운 죄를 범하고 다른 사람을 시켜서 사용하는 때에 가벼운 죄가 있으며, 스스로가 취하는 때에 가벼운 죄를 범하고 다른 사람을 시켜서 사용하는 때에 무거운 죄가 있으며, 취하는 때와 사용하는 때에 무거운 죄가 있고, 취하는 때와 사용하는 때에 가벼운 죄가 있다. 문신(問訊)하면 합당하고 서 있으며 예배하면 합당하지 않는 자가 있고, 서 있으며 예배하면 합당하고 문신하면 합당하지 않는 자가 있으며, 문신하거나 서 있으며 예배하여도 합당한 자가 있고, 문신하거나 서 있으며 예배하면 합당하지 않은 자가 있다. 자리를 주었다면 합당하고 문신하면 합당하지 않는 자가 있고, 문신하면 합당하고 자리를 주었다면 합당하지 않는 자가 있으며, 자리를 주었거나 문신하여도 합당한 자가 있고, 자리를 주었거나 문신하여도 합당하지 않은 자가 있다.

  때의 가운데에서 범하고 때가 아닌 때에 범하지 않은 것이 있으며, 때가 아닌 때에 범하고 때의 가운데에서 범하지 않은 것이 있으며, 때의 가운데와 때가 아닌 때에 범한 것이 있고, 때의 가운데와 때가 아닌 때에 범하지 않은 것이 있다. 때의 가운데에서 받으면 청정하고 때가 아닌 때에 받으면 청정하지 않은 것이 있으며, 때가 아닌 때에 받으면 청정하고 때의 가운데에서 청정하지 않은 것이 있으며, 때의 가운데와 때가 아닌 때에 받아도 청정한 것이 있고, 때의 가운데와 때가 아닌 때에 받아도 청정하지 않은 것이 있다.

  변방(邊方)에서 범하고 중국(中國)에서 범하지 않은 것이 있으며, 중국

에서 범하고 변방에서 범하지 않은 것이 있으며, 변방과 중국에서 모두
범한 것이 있고, 변방과 중국에서 모두 범하지 않은 것이 있다. 변방에서는
청정하고 중국에서는 청정하지 않은 것이 있으며, 중국에서는 청정하고
변방에서는 청정하지 않은 것이 있으며, 변방과 중국에서 청정한 것이
있고, 변방과 중국에서도 역시 청정하지 않은 것이 있다.

승방(僧房)의 안에서 범하고 승방의 밖에서 범하지 않은 것이 있으며,
승방의 밖에서 범하고 승방의 안에서 범하지 않은 것이 있으며, 승방의
안과 승방의 밖에서 모두 범한 것이 있고, 승방의 안과 승방의 밖에서
모두 범하지 않은 것이 있다. 경계(經界)의 안에서 범하고 경계의 밖에서
범하지 않은 것이 있으며, 경계의 밖에서 범하고 경계의 안에서 범하지
않은 것이 있으며, 경계의 안과 경계의 밖에서 모두 범한 것이 있고,
경계의 안과 경계의 밖에서 모두 범하지 않은 것이 있다.

취락의 가운데에서 범하고 한적한 처소에서 범하지 않은 것이 있으며,
한적한 처소에서 범하고 취락의 가운데에서 범하지 않은 것이 있으며,
취락의 가운데와 한적한 처소에서 모두 범한 것이 있고, 취락의 가운데와
한적한 처소에서 모두 범하지 않은 것이 있다.

4-7 네 종류의 꾸짖음이 있나니, 일을 보여주거나, 죄를 보여주거나,
함께 머무는 것을 제한하거나, 여법하게 행하는 것을 제한하는 것이다.
네 종류의 먼저 행할 일이 있다. 네 종류의 옳은 일이 있다. 네 종류의
'다른 일이 아니라면'의 바일제가 있다.[91] 네 종류의 '비구가 허락하는'의
계율이 있다.[92] 네 종류의 마땅히 행하지 않을 행이 있나니, 탐욕으로
마땅히 행하지 않을 것이 있고, 성내는 것으로 마땅히 행하지 않을 것이
있으며, 어리석음으로 마땅히 행하지 않을 것이 없고, 두려움으로 마땅히
행하지 않을 것이 있다.

네 종류를 갖춘 부끄러움이 없는 비구가 승가를 파괴하나니, 탐욕으로

91) 바일제 42조를 참조하라.
92) 사타 2조를 참조하라.

마땅히 행하고, 성내는 것으로 마땅히 행하며, 어리석음으로 마땅히 행하고, 두려움으로 마땅히 행하는 자이다. 네 종류를 구족한 선한 비구가 분열된 승가를 화합시키나니, 탐욕으로 마땅히 행하지 않고, 성내는 것으로 마땅히 행하지 않으며, 어리석음으로 마땅히 행하지 않고, 두려움으로 마땅히 행하지 않는 자이다. 네 종류를 갖춘 비구는 계율을 물을 수 없나니, 탐욕으로 마땅히 행하고, 성내는 것으로 마땅히 행하며, 어리석음으로 마땅히 행하고, 두려움으로 마땅히 행하는 자이다. 네 종류를 갖춘 비구에게 의지하여 계율을 물을 수 없나니, 탐욕으로 마땅히 행하고, 성내는 것으로 마땅히 행하며, 어리석음으로 마땅히 행하고, 두려움으로 마땅히 행하는 자이다.

네 종류를 갖춘 비구는 계율을 대답할 수 없나니, 탐욕으로 마땅히 행하고, 성내는 것으로 마땅히 행하며, 어리석음으로 마땅히 행하고, 두려움으로 마땅히 행하는 자이다. 네 종류를 갖춘 비구에게 의지하여 계율을 대답할 수 없나니, 탐욕으로 마땅히 행하고, 성내는 것으로 마땅히 행하며, 어리석음으로 마땅히 행하고, 두려움으로 마땅히 행하는 자이다. 네 종류를 갖춘 비구에게 계율을 해설할 수 없나니, 탐욕으로 마땅히 행하고, 성내는 것으로 마땅히 행하며, 어리석음으로 마땅히 행하고, 두려움으로 마땅히 행하는 자이다.

네 종류를 갖춘 비구에게 계율을 토론할 수 없나니, 탐욕으로 마땅히 행하고, 성내는 것으로 마땅히 행하며, 어리석음으로 마땅히 행하고, 두려움으로 마땅히 행하는 자이다. 병이 있는 자가 죄를 범하고 병이 없는 자가 죄를 범하지 않은 것이 있으며, 병이 없는 자가 죄를 범하고 병이 있는 자가 죄를 범하지 않은 것이 있으며, 병이 있는 자와 병이 있는 자가 죄를 범한 것이 있고, 병이 있는 자와 병이 있는 자가 역시 죄를 범하지 않은 것이 있다. 네 종류의 비법으로 차단하는 바라제목차가 있고, 네 종류의 여법하게 차단하는 바라제목차가 있느니라.

[4법을 마친다.]

섭송으로 설하겠노라.

스스로의 말과 몸에 의지하는 것과
수면과 무의식과 범하는 때와
갈마의 네 가지 말에 의지하는 것과
비구와 비구니와

자구와 현전하는 것과
무지와 가운데와 출죄와
두 종류로 나타나는 것과
얻은 것과 꾸지람과

별주라고 말하는 것과
마나타를 행하는 자와
고양과 수용하는 물건과
오물과 갈마와

다시 갈마와 깨트리는 것과
쟁사와 파계와
장엄과 객비구와
멀리 가는 것과 여러 종류의 일과

비슷한 일과 화상과
아사리와 인연과
악행과 선행과
취하는 때와 합당한 사람과

자리를 주는 것과 합당한 때와

청정과 변방의 청정과
안과 경계의 안과 취락과
꾸짖음과 해야 할 일과

옳은 일과 다르지 않은 것과 허락과
합당한 것과 합당하지 않은 것과
부끄러움이 없는 것과 선한 비구와
두 가지의 질문과 두 가지의 대답과
설명과 토론과 병과 차단 등이 있다.

5. 5법(五法)[93]

5-1 다섯 종류의 죄가 있다. 다섯 종류의 죄의 분류가 있다. 다섯 종류의
수습(修習)하는 일이 있다. 다섯 종류의 무간업(無間業)이 있다. 다섯
종류의 단사인(斷事人)이 있다. 다섯 종류의 끊어내야 할 죄가 있다.
다섯 종류의 형상을 의지하여 죄를 범한다. 망어를 인연하는 다섯 종류가
있다.

　다섯 종류의 형상을 의지하였다면 갈마가 성립되지 않나니, 스스로가
갈마를 행하지 않거나, 혹은 다른 사람에게 애원하지 않았거나, 혹은
정정한 욕을 주지 않았거나, 갈마를 행하는 때에 논의가 없었거나, 또한
갈마를 행하면서 비법인 것을 보았던 것이다. 다섯 종류의 형상을 의지하
였다면 갈마가 성립되나니, 스스로가 갈마를 행하였거나, 혹은 다른 사람
에게 애원하였거나, 혹은 정정한 욕을 주었거나, 갈마를 행하는 때에
논의하였거나, 또한 갈마를 행하면서 여법한 것을 보았던 것이다.

---

93) 팔리어 Pañcakavāra(판차카바라)의 번역이다.

항상 걸식하는 비구는 5사(五事)가 허락된다. 부촉(付屬)하지 않고서 취락에 들어갈 수 있고, 별중으로 먹을 수 있으며, 자주자주 먹을 수 있고, 수지(受持)하지 않으며 정시(淨施)하지 않는 것이다. 다섯 부류의 비구는 비록 부동법(不動法)이 있더라도 역시 악한 비구라고 의심을 받나니, 음녀(淫女)[94]와 함께 교류하거나, 과부(寡婦)[95]와 함께 교류하거나, 연장의 동녀(童女)[96]와 함께 교류하거나, 황문(黃門)[97]과 함께 교류하거나, 비구니와 함께 교류하는 자이다.

5-2 다섯 종류의 기름(油)이 있나니, 호마유(胡麻油)[98], 개자유(芥子油)[99], 밀수유(蜜樹油)[100], 비마유(蓖蔴油)[101], 수유(獸油)[102]이다. 다섯 종류의 지방(脂肪)이 있나니, 곰의 지방(熊脂)[103], 생선의 지방(魚脂)[104], 악어의 지방(鱷脂)[105], 돼지의 지방(豬脂)[106], 나귀의 지방(驢脂)[107]이다. 다섯 종류의 상실(喪失)이 있나니, 친족의 상실, 재산의 상실, 건강의 상실, 계율의 상실, 견해의 상실이다. 다섯 종류의 성취(成就)가 있나니, 친족의 성취, 재산의 성취, 건강의 성취, 계율의 성취, 견해의 성취이다.

화상으로부터 다섯 종류의 의지(依止)가 해제되나니, 화상이 떠나갔거

---

94) 팔리어 vesiyā(베시야)의 번역이다.
95) 팔리어 vidhavā(비다바)의 번역이다.
96) 팔리어 thullakumāri(투라쿠마리)의 번역이다.
97) 팔리어 paṇḍaka(판다카)의 음사이다.
98) 팔리어 Tilatela(티라테라)의 번역이고, 합성어이다. tila는 참깨를 가리키고 tela는 기름을 뜻한다.
99) 팔리어 Sāsapatela(사사파테라)의 번역이고, 겨자를 가리킨다.
100) 팔리어 Madhukatela(마두카테라)의 번역이다.
101) 팔리어 Eraṇḍakatela(에란다카테라)의 번역이다.
102) 팔리어 Vasātela(바사테라)의 번역이다.
103) 팔리어 Acchavasa(아짜바사)의 번역이다.
104) 팔리어 Macchavasa(마짜바사)의 번역이다.
105) 팔리어 Susukāvasa(수수카바사)의 번역이다.
106) 팔리어 Sūkaravasa(수카라바사)의 번역이다.
107) 팔리어 Gadrabhavasa(가드라바바사)의 번역이다.

나, 혹은 환속(還俗)하였거나, 혹은 입적(入寂)하였거나, 혹은 외도(外道)
에 들어갔거나, 혹은 화상이 명령한 것이다. 다섯 부류의 사람은 구족계를
받을 수 없나니, 나이를 채우지 못하였거나, 몸이 불완전하거나, 일이
무너졌거나, 악행(惡行)하였거나, 옷과 발우를 갖추지 못한 것이다.

다섯 종류의 분소의(糞掃衣)[108]가 있나니, 무덤의 옷(塚間衣)[109], 시장
의 옷(市場衣)[110], 쥐가 씹은 옷(鼠嚙衣)[111], 개미가 씹은 옷(蟻嚙衣)[112],
불에 탄 옷(火燒衣)[113]이다. 다시 다섯 종류의 분소의가 있나니, 소가
씹은 옷(牛嚼衣)[114], 산양이 씹은 옷(山羊嚼衣)[115], 탑의 옷(塔衣)[116], 관정
한 옷(灌頂衣)[117], 왕래하면서 버린 옷(往來衣)[118]이다.

5-3 다섯 종류의 취하는 것이 있나니, 훔쳐서 취하거나, 빼앗아서 취하거
나, 모의하여 취하거나, 감추어서 취하거나, 추첨(抽籤)[119]하여 취하는
것이다. 다섯 종류의 큰 도둑이 세간에 있다. 다섯 종류의 버릴 수 없는
물건이 있다. 다섯 종류의 분배할 수 없는 물건이 있다. 다섯 종류의
죄는 몸을 이유로 일어나고 말과 뜻을 이유로 일어나지 않는다. 다섯
종류의 죄는 몸과 말을 이유로 일어나고 뜻을 이유로 일어나지 않는다.

---

108) 팔리어 Paṃsukūlāni(팜수쿠라니)의 번역이다.
109) 팔리어 Sosānika(소사니카)의 번역이다.
110) 팔리어 Pāpaṇika(파파니카)의 번역이다.
111) 팔리어 Undūrakkhāyika(운두라까이카)의 번역이다.
112) 팔리어 Upacikakkhāyika(우파치카까이카)의 번역이다.
113) 팔리어 Aggidaḍḍha(아끼다따)의 번역이다.
114) 팔리어 Gokhāyika(고카이카)의 번역이다.
115) 팔리어 Ajakkhāyika(아자까이카)의 번역이다.
116) 팔리어 Thūpacīvara(투파치바라)의 번역이다.
117) 팔리어 Ābhisekika(아비세키카)의 번역이다.
118) 팔리어 Gatapaṭiyāgata(가타파티야가타)의 번역이다.
119) 팔리어 kusāvahāra(쿠사바라하)의 번역이고, kusā는 다년생 풀의 한종류로 90㎝
     의 높이까지 자라는 날카로운 뾰족한 잎을 가지고 있다. 이 문장에서의 의미는
     도둑들이 kusā(쿠사)로 표시하여 교환하는 것을 가리킨다.

다섯 종류의 죄는 마땅히 참회시켜야 한다.

다섯 종류의 승가가 있다. 다섯 종류의 바라제목차(波羅提木叉)[120]의 독송법(讀誦法)이 있다. 일체 변방의 나라에서는 지율자의 다섯 명의 승가에서 구족계를 줄 수 있다. 가치나의에는 다섯 종류의 공덕이 있다. 다섯 종류의 갈마가 있다. 세 번째에 이르렀다면 범하는 다섯 종류의 죄가 있다. 다섯 종류의 형상에 의지하여 주지 않았는데 취한다면 바라이이다. 다섯 종류의 형상에 의지하여 주지 않았는데 취한다면 투란차이다. 다섯 종류의 형상에 의지하여 주지 않았는데 취한다면 돌길라이다.

5-4 다섯 종류의 부정(不淨)한 물건은 수용할 수 없나니, 주지 않은 물건이거나, 알지 못하는 물건이거나, 부정한 물건이거나, 받지 않은 물건이거나, 잔식법(殘食法)을 짓지 않은 물건이다. 다섯 종류의 청정(淸淨)한 물건은 수용할 수 있나니, 주었던 물건이거나, 아는 물건이거나, 청정한 물건이거나, 받은 물건이거나, 잔식법을 지었던 물건이다. 다섯 종류를 보시하여 주었다면 복덕의 행이 아닐지라도 세간에서는 복덕의 행이라고 생각되나니, 술을 보시하여 주었거나, 향연(饗宴)을 보시하여 주었거나, 여인을 보시하여 주었거나, 암소(牝牛)를 보시하여 주었거나, 장엄구(莊嚴具)를 보시하여 주었던 것이다.

다섯 종류가 생겨났다면 없애는 것이 어렵나니, 이미 생겨난 탐욕은 없애기 어렵고, 이미 생겨난 성내는 것은 없애기 어려우며, 이미 생겨난 어리석음은 없애기 어렵고, 이미 생겨난 변지(辯知)[121]는 없애기 어려우며, 이미 생겨난 떠나간 마음[122]은 없애기 어렵다. 청소는 다섯 종류의 공덕이 있나니, 스스로의 마음을 환희하게 하고, 다른 사람의 마음을 환희하게 하며, 여러 천인(天人)들을 환희하게 하고, 선하고 즐거운 업을 쌓도록 인도하며, 목숨을 마치고서 선취(善趣)[123]인 천계(天界)[124]에 태어

---

120) 팔리어 Pāṭimokkha(파티모까)의 음사이다.
121) 팔리어 Paṭibhāna(파티바나)의 번역이고, '이해', '지능', '재치' 등의 뜻이다.
122) 팔리어 Gamiyacitta(가미야치따)의 번역이다.

나는 것이다.

　다시 청소는 다섯 종류의 공덕이 있나니, 스스로의 마음을 환희하게 하고, 다른 사람의 마음을 환희하게 하며, 여러 천인들을 환희하게 하고, 스승[125]의 가르침을 행하는 것이며, 후대의 사람들이 같은 견해를 품는 것이다.

5-5 다섯 종류를 갖춘 지율자(持律者)는 진실로 어리석은 자이나니, 스스로가 말의 한계를 알지 못하고, 다른 사람의 말의 한계를 알지 못하며, 스스로가 말의 한계를 알게 시키지 못하고, 다른 사람에게 말의 한계를 알게 시키지 못하며, 스스로가 아뢰는 것을 행하지 않고 비법을 의지하는 것이다. 다섯 종류를 갖춘 지율자는 진실로 지혜로운 자이나니, 스스로가 말의 한계를 알고, 다른 사람의 말의 한계를 알며, 스스로가 말의 한계를 알게 시키고, 다른 사람에게 말의 한계를 알게 시키며, 스스로가 아뢰는 것을 행하고 법을 의지하는 것이다.

　다시 다섯 종류를 갖춘 지율자는 진실로 어리석은 자이나니, 죄를 알지 못하고, 죄의 뿌리를 알지 못하며, 죄가 일어나는 것을 알지 못하고, 죄를 소멸시키는 것을 알지 못하며, 죄의 소멸에 이르는 길을 알지 못하는 것이다. 다시 다섯 종류를 갖춘 지율자는 진실로 지혜로운 자이나니, 죄를 알고, 죄의 뿌리를 알며, 죄가 일어나는 것을 알고, 죄를 소멸시키는 것을 알며, 죄의 소멸에 이르는 길을 아는 것이다.

　다시 다섯 종류를 갖춘 지율자는 진실로 어리석은 자이나니, 쟁사를 알지 못하고, 쟁사의 뿌리를 알지 못하며, 쟁사가 일어나는 것을 알지 못하고, 쟁사를 소멸시키는 것을 알지 못하며, 쟁사의 소멸에 이르는 길을 알지 못하는 것이다. 다시 다섯 종류를 갖춘 지율자는 진실로 지혜로운 자이나니, 쟁사를 알고, 쟁사의 뿌리를 알며, 쟁사가 일어나는 것을

123) 팔리어 Sugata(수가타)의 번역이다.
124) 팔리어 Saggaṃ loka(사깜 로카)의 번역이다.
125) 세존을 가리킨다.

알고, 쟁사를 소멸시키는 것을 알며, 죄의 소멸에 이르는 길을 아는 것이다.

다시 다섯 종류를 갖춘 지율자는 진실로 어리석은 자이나니, 일을 알지 못하고, 인연을 알지 못하며, 제정을 알지 못하고, 보충적인 조목을 알지 못하며, 적용하는 어법(語法)을 알지 못하는 것이다. 다시 다섯 종류를 갖춘 지율자는 진실로 지혜로운 자이나니, 일을 알고, 인연을 알며, 제정을 알고, 보충적인 조목을 알며, 적용하는 어법을 아는 것이다.

다시 다섯 종류를 갖춘 지율자는 진실로 어리석은 자이나니, 아뢰는 것을 알지 못하고, 아뢰면서 행하는 것을 알지 못하며, 일의 앞을 잘 분별하지 못하고, 일의 뒤를 잘 분별하지 못하며, 적당한 때를 알지 못하는 것이다. 다시 다섯 종류를 갖춘 지율자는 진실로 지혜로운 자이나니, 아뢰는 것을 알고, 아뢰면서 행하는 것을 알며, 일의 앞을 잘 분별하고, 일의 뒤를 잘 분별하며, 적당한 때를 아는 것이다.

다시 다섯 종류를 갖춘 지율자는 진실로 어리석은 자이나니, 유죄와 무죄를 알지 못하고, 가볍고 무거운 죄를 알지 못하며, 유잔죄와 무잔죄를 알지 못하고, 거칠고 거칠지 않은 죄를 알지 못하며, 아사리의 가르침을 잘 받아들이지 않고 잘 사유하지 않으며 잘 알지 못하는 것이다. 다시 다섯 종류를 갖춘 지율자는 진실로 지혜로운 자이나니, 유죄와 무죄를 알고, 가볍고 무거운 죄를 알며, 유잔죄와 무잔죄를 알고, 거칠고 거칠지 않은 죄를 알며, 아사리의 가르침을 잘 받아들이고 잘 사유하며 잘 아는 것이다.

다시 다섯 종류를 갖춘 지율자는 진실로 어리석은 자이나니, 유죄와 무죄를 알지 못하고, 가볍고 무거운 죄를 알지 못하며, 유잔죄와 무잔죄를 알지 못하고, 거칠고 거칠지 않은 죄를 알지 못하며, 널리 2부중의 바라제목차를 암송(暗誦)하지 못하고 계목을 따라서 잘 분별하지 못하며 잘 설하여 보여주지 못하고 잘 판결하지 못하는 것이다.

다시 다섯 종류를 갖춘 지율자는 진실로 지혜로운 자이나니, 유죄와 무죄를 알고, 가볍고 무거운 죄를 알며, 유잔죄와 무잔죄를 알고, 거칠고 거칠지 않은 죄를 알며, 널리 2부중의 바라제목차를 암송하고 계목을 따라서 잘 분별하며 잘 설하여 보여주고 잘 판결하는 것이다.

다시 다섯 종류를 갖춘 지율자는 진실로 어리석은 자이나니, 유죄와 무죄를 알지 못하고, 가볍고 무거운 죄를 알지 못하며, 유잔죄와 무잔죄를 알지 못하고, 거칠고 거칠지 않은 죄를 알지 못하며, 쟁사를 잘 판결하지 못하는 것이다. 다시 다섯 종류를 갖춘 지율자는 진실로 지혜로운 자이나니, 유죄와 무죄를 알고, 가볍고 무거운 죄를 알며, 유잔죄와 무잔죄를 알고, 거칠고 거칠지 않은 죄를 알며, 쟁사를 잘 판결하는 것이다.

5-6 다섯 부류의 아란야(阿蘭若)에 머무르는 자[126]가 있나니, 우둔하고 어리석음을 까닭으로 아란야에 머무르는 자가 있고, 탐욕을 구하는 악한 성품을 까닭으로 아란야에 머무르는 자가 있으며, 미쳤던 까닭으로 아란야에 머무르는 자가 있고, 제불(諸佛)과 제불의 제자들에게 찬탄받는 까닭으로 아란야에 머무르는 자가 있으며, 오직 욕심이 적고 만족을 알며 (욕망을) 버렸고 벗어났으며 덕을 구하면서 아란야에 머무르는 자가 있다.

다섯 부류의 걸식을 행하는 자[127]가 있나니, …… 나아가 …… 다섯 부류의 분소의인 자(糞掃衣)[128]가 있나니, …… 나아가 …… 다섯 부류의 나무의 아래에 머무르는 자(樹下住者)[129]가 있나니, …… 나아가 …… 다섯 부류의 무덤 사이에 머무르는 자(塚間住者)[130]가 있나니, …… 나아가 …… 다섯 부류의 노지에 머무르는 자(露地住者)[131]가 있나니, …… 나아가 …… 다섯 부류의 삼의인 자(三衣者)[132]가 있나니, …… 나아가 …… 다섯

---

126) 팔리어 Āraññikā(아란니카)의 번역이다.
127) 팔리어 Piṇḍapātikā(핀다파티카)의 번역이다.
128) 팔리어 Paṃsukūlikā(팜수쿠리카)의 번역이다.
129) 팔리어 Rukkhamūlikā(루까무리카)의 번역이다.
130) 팔리어 Sosānikā(소사니카)의 번역이다.
131) 팔리어 Abbhokāsikā(아뽀카시카)의 번역이다.
132) 팔리어 Tecīvarikā(테치바리카)의 번역이다.

부류의 차례로 걸식하는 자(次第乞食者)[133]가 있나니, …… 나아가 ……
다섯 부류의 항상 앉아 있고 눕지 않는 자(常坐不臥者)[134]가 있나니, ……
나아가 …… 다섯 부류의 처소를 따라서 머무르는 자(隨得住者)[135]가
있나니, …… 나아가 …… 다섯 부류의 한곳에서 먹는 자(一座食者)[136]가
있나니, …… 나아가 …… 다섯 부류의 때를 넘기면 먹지 않는 자(時後不食
者)[137]가 있나니, …… 나아가 …… 다섯 부류의 한 발우에 먹는 자(一鉢食
者)[138]가 있나니, 우둔하고 어리석음을 까닭으로 한 발우에 먹는 자가
있고, 탐욕을 구하는 악한 성품을 까닭으로 한 발우에 먹는 자가 있으며,
미쳤던 까닭으로 한 발우에 먹는 자가 있고, 제불과 제불의 제자들에게
찬탄받는 까닭으로 한 발우에 먹는 자가 있으며, 오직 욕심이 적고 만족을
알며 (욕망을) 버렸고 벗어났으며 덕을 구하면서 한 발우에 먹는 자가
있다.

5-7 다섯 부류의 비구는 의지가 없다면 머무를 수 없나니, 포살을 알지
못하고, 포살갈마를 알지 못하며, 바라제목차를 알지 못하고, 바라제목차
의 독송을 알지 못하며, (법랍이) 5년의 미만인 자이다. 다섯 부류의
비구는 의지가 없어도 머무를 수 있나니, 포살을 알고, 포살갈마를 알며,
바라제목차를 알고, 바라제목차의 독송을 알며, (법랍이) 5년의 이상인
자이다.

다시 다섯 부류의 비구는 의지가 없다면 머무를 수 없나니, 자자를
알지 못하고, 자자갈마를 알지 못하며, 바라제목차를 알지 못하고, 바라제
목차의 독송을 알지 못하며, (법랍이) 5년의 미만인 자이다. 다시 다섯
부류의 비구는 의지가 없어도 머무를 수 있나니, 자자를 알고, 자자갈마를

---

133) 팔리어 Sapadānacārikā(사파다나차리카)의 번역이다.
134) 팔리어 Nesajjikā(네사찌카)의 번역이다.
135) 팔리어 Yathāsanthatikā(야타산타티카)의 번역이다.
136) 팔리어 Ekāsanikā(에카사니카)의 번역이다.
137) 팔리어 Khalupacchābhattikā(카루파짜바띠카)의 번역이다.
138) 팔리어 Pattapiṇḍikā(파따삔디카)의 번역이다.

알며, 바라제목차를 알고, 바라제목차의 독송을 알며, (법랍이) 5년의 이상인 자이다.

다시 다섯 부류의 비구는 의지가 없다면 머무를 수 없나니, 유죄와 무죄를 알지 못하고, 가볍고 무거운 죄를 알지 못하며, 유잔죄와 무잔죄를 알지 못하고, 거칠고 거칠지 않은 죄를 알지 못하며, (법랍이) 5년의 미만인 자이다. 다시 다섯 부류의 비구는 의지가 없어도 머무를 수 있나니, 유죄와 무죄를 알고, 가볍고 무거운 죄를 알며, 유잔죄와 무잔죄를 알고, 거칠고 거칠지 않은 죄를 알며, (법랍이) 5년의 이상인 자이다.

5-8 다섯 부류의 비구니는 의지가 없다면 머무를 수 없나니, 포살을 알지 못하고, 포살갈마를 알지 못하며, 바라제목차를 알지 못하고, 바라제목차의 독송을 알지 못하며, (법랍이) 5년의 미만인 자이다. 다섯 부류의 비구니는 의지가 없어도 머무를 수 있나니, 포살을 알고, 포살갈마를 알며, 바라제목차를 알고, 바라제목차의 독송을 알며, (법랍이) 5년의 이상인 자이다.

다시 다섯 부류의 비구니는 의지가 없다면 머무를 수 없나니, 자자를 알지 못하고, 자자갈마를 알지 못하며, 바라제목차를 알지 못하고, 바라제목차의 독송을 알지 못하며, (법랍이) 5년의 미만인 자이다. 다시 다섯 부류의 비구니는 의지가 없어도 머무를 수 있나니, 자자를 알고, 자자갈마를 알며, 바라제목차를 알고, 바라제목차의 독송을 알며, (법랍이) 5년의 이상인 자이다.

다시 다섯 부류의 비구니는 의지가 없다면 머무를 수 없나니, 유죄와 무죄를 알지 못하고, 가볍고 무거운 죄를 알지 못하며, 유잔죄와 무잔죄를 알지 못하고, 거칠고 거칠지 않은 죄를 알지 못하며, (법랍이) 5년의 미만인 자이다. 다시 다섯 부류의 비구니는 의지가 없어도 머무를 수 있나니, 유죄와 무죄를 알고, 가볍고 무거운 죄를 알며, 유잔죄와 무잔죄를 알고, 거칠고 거칠지 않은 죄를 알며, (법랍이) 5년의 이상인 자이다.

5-9 친절하지 않은 자는 다섯 종류의 허물이 있나니, 스스로가 자기를 꾸짖고, 지혜로운 자들이 알고서 꾸짖으며, 악한 이름이 유포되고, 미혹되어 죽으며, 목숨을 마치고 악취(惡趣)[139]인 지옥(地獄)[140]에 떨어지는 것이다. 친절한 자는 다섯 종류의 공덕이 있나니, 스스로가 자기를 꾸짖지 않고, 지혜로운 자들이 알고서 찬탄하며, 선한 이름이 유포되고, 미혹되어 죽지 않으며, 목숨을 마치고 선취인 천계에 태어나는 것이다.

다시 친절하지 않은 자는 다섯 종류의 허물이 있나니, 믿지 않는 자가 환희하지 않고, 이미 믿었던 자들을 다른 곳으로 떠나가게 하며, 스승의 가르침을 행하지 않고, 내세의 사람들이 같은 견해를 품지 않으며, 그들의 마음이 기쁘지 않은 것이다. 다시 친절한 자는 다섯 종류의 공덕이 있나니, 믿지 않는 자가 환희하고, 이미 믿었던 자들은 증장하며, 스승의 가르침을 행하고, 내세의 사람들이 같은 견해를 품으며, 그들의 마음이 기쁜 것이다.

단월가(檀越家)[141]를 의지하여 머무르는 자는 다섯 종류의 허물이 있나니, 청하지 않았는데 기다리는 것이고, 비밀스러운 곳에 앉는 것이며, 가려진 곳에 앉는 것이고, 여인을 위하여 다섯·여섯 마디의 이상을 설법하는 것이며, 많은 쾌락의 욕념(欲念)[142]으로 머무르는 것이다. 속가(俗家)에서 너무 많이 교류하면서 머무르는 자는 다섯 종류의 허물이 있나니, 항상 여인과 함께 서로를 보는 것이고, 보는 까닭으로 교류하는 것이며, 교류하므로 친근함이 있고, 친근함이 있으므로 빠져드는 것이며, 비구가 이러한 욕정(欲情)에 빠져든다면 혹은 범행이 즐겁지 않거나, 혹은 무슨 염오의 죄를 범하거나, 혹은 계율을 버리고서 환속하는 것이다.

5-10 다섯 종류의 종자로 씨를 뿌리나니, 뿌리 종자, 줄기 종자, 마디

---

139) 팔리어 Duggati(두까티)의 번역이다.
140) 팔리어 Niraya(니라야)의 번역이다.
141) 팔리어 Kulūpaka(쿠루파카)의 번역이다.
142) 팔리어 kāmasaṅkappabahula(카마산카빠바후라) 번역이고, kāmasaṅkappa와 bahula의 합성어이다. kāmasaṅkapp는 '쾌락을 쫓는 열망'을 뜻하고, Bahula는 '풍부한' 또는 '빈번한'의 뜻이다.

종자, 가지 종자, 다섯째는 종자로써 뿌리는 것이다. 사문은 다섯 종류의 작정(作淨)에 의지하여 과일을 먹나니, 불로 손상(損傷)하거나, 칼로 손상하거나, 손톱으로 손상하거나, 씨앗이 없는 것, 다섯째는 씨앗을 없앤 것이다.

다섯 종류의 청정한 설계가 있나니, 서분을 송출하고서 그 나머지는 마땅히 들었던 것과 같다고 창언하는 것이니 이것이 첫째의 청정이다. 서분을 송출하고 4바라이를 송출하고서 그 나머지는 마땅히 들었던 것과 같다고 창언하는 것이니 이것이 둘째의 청정이다. 서분을 송출하고 4바라이를 송출하며 13승잔을 송출하고서 그 나머지는 마땅히 들었던 것과 같다고 창언하는 것이니 이것이 셋째의 청정이다. 서분을 송출하고 4바라이를 송출하며 13승잔을 송출하고 2부정을 송출하고서 그 나머지는 마땅히 들었던 것과 같다고 창언하는 것이니 이것이 넷째의 청정이다. 널리 송출하는 것이 다섯째의 청정이다.

다섯 종류의 청정이 있나니, 계경(戒經)의 송출, 청정한 포살, 포살의 수지(受持), 자자, 다섯째는 화합한 포살이다. 지율자는 다섯 종류의 공덕이 있나니, 스스로가 계율을 잘 수호(守護)하고 잘 호지(護持)하는 것이며, 악한 성품을 행하는 자를 수호하는 처소이고, 승가의 가운데에서 두려움이 없이 판결하는 것이며, 상대[143]를 마주한다면 마땅히 법에서 잘 절복(折伏)시키는 것이며, 정법(正法)[144]에 들어가서 머무르는 것이다. 다섯 종류의 비법으로 차단하는 바라제목차가 있고, 다섯 종류의 여법하게 차단하는 바라제목차가 있느니라.

[5법을 마친다.]

---

143) 팔리어 paccatthika(파짜띠카)의 번역이고, '적(敵)', '상대', '반대'의 뜻이다.
144) 팔리어 saddhammaṭṭhitiyā(사땀마띠티야))의 번역이다.

섭송으로 설하겠노라.

죄와 죄의 부류와 수습과
무간죄와 사람과
자르는 것과 죄를 범하는 것과
인연과 성립하는 것과

성립하지 않는 것과 허락과
청정과 의심과 기름과
지방과 상실과 갖춘 것과
해제와 사람과 무덤과 씹은 것과

취하는 것과 도둑과
버릴 수 없는 것과 나눌 수 없는 것과
몸을 의지하는 것과
몸과 뜻을 의지하는 것과

참회와 승가와 독송과 변방과
가치나의와 갈마와 세 번째와
바라이와 투란차와 돌길라와
부정한 물건과 청정한 물건과

복이 아닌 것과
없애기 어려운 것과
청소와 다른 말과 말의 죄와
쟁사와 일과 아뢰는 것과

2부중과 가벼운 여덟 가지와

흑백을 마땅히 아는 것과
아란야와 걸식과 분소의와
나무 아래와 무덤 사이와 노지와

옷과 차례로 걸식하는 것과
앉아서 눕지 않는 것과
처소와 한 곳에서 먹는 것과
한 발우로 먹는 것과

포살과 자자와
유죄와 무죄와
이러한 흑백의 구절은
비구니에게도 역시 같은 것과

친절한 것과 친절하지 않은 것과
서로 같은 모양의 두 가지와
단월가와 친근한 자와 오래 머무르는 것과
종자와 사문의 작정과

청정한 것과 부정한 것과
지율자와 비법과 여법한 것은
이와 같이 송출되었다.
아름다운 5법을 마친다.

6. 6법(六法)[145]

6-1 여섯 종류의 공경하지 않는 것이 있다. 여섯 종류의 공경하는 것이 있다. 여섯 종류의 수습하는 일이 있다. 여섯 종류의 여법한 행이 있다. 여섯 종류의 죄가 일어나는 법이 있다. 여섯 종류의 죄를 판결하는 것이 있다. 지율자는 여섯 종류의 공덕이 있다. 여섯 종류가 최대인 계목이 있다. 6일 밤을 3의(衣)를 벗어나서 묵는 것이 있다. 여섯 종류의 옷이 있다. 여섯 종류의 염료가 있다. 여섯 종류의 죄가 있나니, 몸과 뜻을 이유로 생겨나는 것이고, 말을 이유로 생겨나는 것은 아니다. 여섯 종류의 죄가 있나니, 몸과 말과 뜻을 이유로 생겨나는 것이다.

  여섯 종류의 갈마가 있다. 여섯 종류의 논쟁의 뿌리가 있다. 여섯 종류의 비난의 뿌리가 있다. 길이가 세존의 손으로 여섯 뼘인 것이 있고 넓이가 여섯 뼘인 것이 있다. 여섯 종류의 아사리가 의지를 해제하는 것이 있다. 목욕의 계율에 여섯 종류의 조목이 있다. 완성되지 않은 옷을 취하고서 떠나가는 것이 있다. 완성되지 않은 옷을 받고서 떠나가는 것이 있다. 여섯 종류를 갖춘 비구는 구족계를 줄 수 있고, 의지를 줄 수 있으며, 사미를 양육할 수 있나니 이를테면, 무학계온(無學戒蘊)[146]을 구족하였고, 무학정온(無學定蘊)[147]을 구족하였으며, 무학혜온(無學慧蘊)[148]을 구족하였고, 무학해탈온(無學解脫蘊)[149]을 구족하였으며, 무학해탈지견온(無學解脫智見蘊)[150]을 구족하였고 법랍이 10년을 채웠거나, 혹은 10년을 넘긴 자이다.

---

145) 팔리어 Chakkavāra(차까바라)의 번역이다.
146) 팔리어 Asekkhena sīlakkhandhena(아세께나 시리깐데나)의 번역이다.
147) 팔리어 Asekkhena samādhikkhandhena(아세께나 사마디깐데나)의 번역이다.
148) 팔리어 Asekkhena paññākkhandhena(아세께나 판냐깐데나)의 번역이다.
149) 팔리어 Asekkhena vimuttikkhandhena(아세께나 비무띠깐데나)의 번역이다.
150) 팔리어 Aasekkhena vimuttiñāṇadassanakkhandhena(아세께나 비무띠냐나다싸나깐데나)의 번역이다.

다시 여섯 종류를 갖춘 비구는 구족계를 줄 수 있고, 의지를 줄 수 있으며, 사미를 양육할 수 있나니 이를테면, 스스로가 무학계온을 구족하였고 역시 다른 사람에게 무학계온을 구족시킬 수 있으며, 스스로가 무학정온을 구족하였고 역시 다른 사람에게 무학정온을 구족시킬 수 있으며, 스스로가 무학혜온을 구족하였고 역시 다른 사람에게 무학혜온을 구족시킬 수 있으며, 스스로가 무학해탈온을 구족하였고 역시 다른 사람에게 무학해탈온을 구족시킬 수 있으며, 스스로가 무학해탈지견온을 구족하였고 역시 다른 사람에게 무학해탈지견온을 구족시킬 수 있으며, 법랍이 10년을 채웠거나, 혹은 10년을 넘긴 자이다.

다시 여섯 종류를 갖춘 비구는 구족계를 줄 수 있고, 의지를 줄 수 있으며, 사미를 양육할 수 있나니 이를테면, 믿음이 없고, 스스로에게 부끄러움이 있으며, 다른 사람에게 부끄러움이 있고, 정진하며, 사념(思念)을 잃지 않았고, 법랍이 10년을 채웠거나, 혹은 10년을 넘긴 자이다. 다시 여섯 종류를 갖춘 비구는 구족계를 줄 수 있고, 의지를 줄 수 있으며, 사미를 양육할 수 있나니 이를테면, 증상계에서 계를 깨트리지 않았고, 증상행에서 행을 깨트리지 않았으며, 증상견에서 견을 깨트리지 않았고, 들은 것이 많으며, 지혜를 갖추었고, 법랍이 10년을 채웠거나, 혹은 10년을 넘긴 자이다.

다시 여섯 종류를 갖춘 비구는 구족계를 줄 수 있고, 의지를 줄 수 있으며, 사미를 양육할 수 있나니 이를테면, 시자(侍子)이거나, 혹은 제자가 병들었다면 능히 스스로가 가까이서 보살피거나 혹은 사람을 시켜서 보살피거나, 불만이 생겨났다면 능히 스스로가 없앴고 다른 사람을 시켜서 없앴거나, 악작이 생겨났다면 법에 의지하여 능히 스스로가 없앴고 다른 사람을 시켜서 없앴거나, 범한 것을 알거나, 출죄를 알거나, 법랍이 10년을 채웠거나, 혹은 10년을 넘긴 자이다.

다시 여섯 종류를 갖춘 비구는 구족계를 줄 수 있고, 의지를 줄 수 있으며, 사미를 양육할 수 있나니 이를테면, 시자이거나, 혹은 제자로 능히 증상행의 위의를 배울 수 있거나, 능히 기본적인 범행을 수순하여 배울 수 있거나, 능히 증상법을 수순하여 배울 수 있거나, 능히 증상율을 수순하여 배울 수 있거나, 능히 법에 의지하여 스스로가 벗어날 수 있고 다른 사람을 벗어나게 하거나, 법랍이 10년을 채웠거나, 혹은 10년을 넘긴 자이다.

다시 여섯 종류를 갖춘 비구는 구족계를 줄 수 있고, 의지를 줄 수 있으며, 사미를 양육할 수 있나니 이를테면, 범하는 것을 알고 범하지 않는 것을 알거나, 가벼운 죄를 범하는 것을 알고 무거운 죄를 범하는 것을 알거나, 2부중의 바라제목차를 자세하게 알아서 잘 분별하거나, 잘 적용하거나, 계목의 내용을 잘 판결하거나, 법랍이 10년을 채웠거나, 혹은 10년을 넘긴 자이다. 여섯 종류의 비법으로 차단하는 바라제목차가 있고, 여섯 종류의 여법하게 차단하는 바라제목차가 있느니라.

[6법을 마친다.]

섭송으로 설하겠노라.

공경과 불경과
수습과 여법한 행과
일어나는 법과 판결과
유형과 공덕과

최대로 여섯과 6일 밤과
옷과 염료와
몸·말·뜻의 여섯 종류와
말·뜻의 여섯 종류와

몸·말·뜻의 이유와

갈마와 논쟁과

비난과 길이와

넓이와 의지와

조목과 지니는 것과

같은 모습으로 지니는 것과 무학과

완성되지 않은 것을 얻는 것과

믿음과 증상계와

병과 증상행의 위의와

죄와 비법과 여법한 것이 있다.

7. 7법(七法)[151]

7-1 일곱 종류의 죄가 있다. 일곱 종류의 죄의 부류가 있다. 일곱 종류의 수습하는 일이 있다. 일곱 종류의 여법한 행이 있다. 일곱 종류의 비법을 스스로가 아뢰는 것이 있다. 일곱 종류의 여법을 스스로가 아뢰는 것이 있다. 일곱 종류의 사람은 7일간에 행하였던 것의 무죄인 것이 있다. 지율자는 일곱 종류의 공덕이 있다. 일곱 종류가 최대인 계목이 있다. 7일 밤의 날이 밝아오는 때에는 사타이다. 일곱 종류의 멸쟁법이 있다.

  일곱 종류의 갈마가 있다. 일곱 종류의 날곡식이 있다. 넓이가 일곱 뼘이 있다. 별중식에 일곱의 조목이 있다. 약을 손으로 받았다면 최대로 7일을 저축하고 7일안에 먹을 수 있다. 완성된 옷을 취하고서 떠나가는 것이 있다. 완성된 옷을 받고서 떠나가는 것이 있다. 비구가 마땅히 인지(認知)할 죄가 없다. 비구가 마땅히 인지할 죄가 있다. 비구가 마땅히

---

151) 팔리어 Sattakavāra(사따카바라)의 번역이다.

참회할 죄가 있다. 일곱 종류의 비법으로 차단하는 바라제목차가 있고, 일곱 종류의 여법하게 차단하는 바라제목차가 있다.

7-2 일곱 종류를 갖추었던 비구는 지율자이나니, 죄를 알고, 무죄를 알며, 가벼운 죄를 알고, 무거운 죄를 알며, 지계자는 바라제목차의 율의(律儀)를 의지하여 몸을 섭수하여 머무르고 정행(正行)을 구족하며 비록 작은 죄를 보았더라도 두려워하고 학처를 받으면 수학(修學)하며 현법(現法)에서 즐거이 머무르고 사정려(四靜慮)152)의 증상심(增上心)153)에 어려움이 없고 장애가 없이 얻고자 하며 여러 번뇌를 없애서 번뇌가 없는 심해탈(心解脫)154)과 혜해탈(慧解脫)155)을 현법에서 스스로가 알고 증득하며 구족하고 머무르는 것이다.

다시 일곱 종류를 갖추었던 비구는 지율자이나니, 죄를 알고, 무죄를 알며, 가벼운 죄를 알고, 무거운 죄를 알며, 많이 듣고서 들었던 것을 억념(憶念)하고 들었던 것을 모아두며 여러 법에서 처음도 좋고 중간도 좋으며 끝도 좋고 뜻을 갖추고 문장을 갖추며 널리 순일하고 원만하며 청정한 범행을 보여주고 그 비구는 이와 같은 여러 법을 많이 듣고 기억하며 독송하고 뜻을 사유하며 견해를 잘 통달하며 사정려의 증상심에 어려움이 없고 장애가 없이 얻고자 하며 여러 번뇌를 없애서 번뇌가 없는 심해탈과 혜해탈을 현법에서 스스로가 알고 증득하며 구족하고 머무르는 것이다.

다시 일곱 종류를 갖추었던 비구는 지율자이나니, 죄를 알고, 무죄를 알며, 가벼운 죄를 알고, 무거운 죄를 알며, 널리 2부중의 바라제목차를 암송하고 계목을 따라서 잘 분별하며 잘 설하여 보여주고 잘 판결하며 사정려의 증상심에 어려움이 없고 장애가 없이 얻고자 하며 여러 번뇌를

---

152) 팔리어 Catunna jhānāna(차툰나 자나나)의 번역이다.
153) 팔리어 Ābhicetasikā(아비체타시카)의 번역이다.
154) 팔리어 Cetovimutti(체토비무띠)의 번역이다.
155) 팔리어 Paññāvimutti(판나비무티)의 번역이다.

없애서 번뇌가 없는 심해탈과 혜해탈을 현법에서 스스로가 알고 증득하며 구족하고 머무르는 것이다.

다시 일곱 종류를 갖추었던 비구는 지율자이나니, 죄를 알고, 무죄를 알며, 가벼운 죄를 알고, 무거운 죄를 알며, 이 세계에 머무르면서 전생의 여러 종류의 주처를 억념한다면 1생(生)·2생·3생3·4생·5생·10생·20생·30생·40생·50생·100생·1000생·10만생·괴겁(壞劫)·생겁(生劫)·성괴겁(成壞劫)에서 그곳에서 태어났고 이와 같이 이름하며 이와 같은 종족(種族)이고 이와 같은 성씨(姓)이며 이와 같은 음식을 먹었고, 이와 같은 괴로움과 즐거움을 받았으며 이와 같이 목숨을 마쳤고 그곳을 까닭으로 죽어서 다른 곳에 태어났으며 그 비구는 그곳에서는 또한 이와 같이 이름하였고 이와 같은 모습이었으며 이러한 음식을 먹었고 이와 같은 괴로움과 즐거움을 받았으며 이와 같이 목숨을 마쳤고 그곳을 까닭으로 죽어서 다른 곳에 태어났으며 나는 그곳에서 죽어서 이곳에 태어난 것을 억념하고 이와 같이 전생의 주처와 여러 종류의 모습과 지방의 처소를 억념하며 청정하여 그 인간세계를 초월하여 천안으로써 유정의 생멸(生滅)을 보았고 그 유정 등이 그 업에 따른 귀천(貴賤)·아름다움·추루함·선취·악취를 알며, 여러 번뇌를 없애서 번뇌가 없는 심해탈과 혜해탈을 현법에서 스스로가 알고 증득하며 구족하고 머무르는 것이다.

7-3 다시 일곱 종류를 갖추었던 비구는 지율자로 빛나나니, 죄를 알고, 무죄를 알며, 가벼운 죄를 알고, 무거운 죄를 알며, 지계자는 바라제목차의 율의를 의지하여 몸을 섭수하여 머무르고 정행을 구족하며 비록 작은 죄를 보았더라도 두려워하고 학처를 받으면 수학하며 현법에서 즐거이 머무르고 사정려의 증상심에 어려움이 없고 장애가 없이 얻고자 하며 여러 번뇌를 없애서 번뇌가 없는 심해탈과 혜해탈을 현법에서 스스로가 알고 증득하며 구족하고 머무르는 것이다.

다시 일곱 종류를 갖추었던 비구는 지율자로 빛나나니, 죄를 알고, 무죄를 알며, 가벼운 죄를 알고, 무거운 죄를 알며, 많이 듣고서 들었던 것을 억념하고 들었던 것을 모아두며 여러 법에서 처음도 좋고 중간도 좋으며 끝도 좋고 뜻을 갖추고 문장을 갖추며 널리 순일하고 원만하며 청정한 범행을 보여주고 그 비구는 이와 같은 여러 법을 많이 듣고 기억하며 독송하고 뜻을 사유하며 견해를 잘 통달하며 사정려의 증상심에 어려움이 없고 장애가 없이 얻고자 하며 여러 번뇌를 없애서 번뇌가 없는 심해탈과 혜해탈을 현법에서 스스로가 알고 증득하며 구족하고 머무르는 것이다.

  다시 일곱 종류를 갖추었던 비구는 지율자로 빛나나니, 죄를 알고, 무죄를 알며, 가벼운 죄를 알고, 무거운 죄를 알며, 널리 2부중의 바라제목차를 암송하고 계목을 따라서 잘 분별하며 잘 설하여 보여주고 잘 판결하며 사정려의 증상심에 어려움이 없고 장애가 없이 얻고자 하며 여러 번뇌를 없애서 번뇌가 없는 심해탈과 혜해탈을 현법에서 스스로가 알고 증득하며 구족하고 머무르는 것이다.

  다시 일곱 종류를 갖추었던 비구는 지율자로 빛나나니, 죄를 알고, 무죄를 알며, 가벼운 죄를 알고, 무거운 죄를 알며, 이 세계에 머무르면서 전생의 여러 종류의 주처를 억념한다면 1생·2생·3생3·4생·5생·10생·20생·30생·40생·50생·100생·1000생·10만생·괴겁·생겁·성괴겁에서 그곳에서 태어났고 이와 같이 이름하며 이와 같은 종족이고 이와 같은 성씨이며 이와 같은 음식을 먹었고, 이와 같은 괴로움과 즐거움을 받았으며 이와 같이 목숨을 마쳤고 그곳을 까닭으로 죽어서 다른 곳에 태어났으며 그 비구는 그곳에서는 또한 이와 같이 이름하였고 이와 같은 모습이었으며 이러한 음식을 먹었고 이와 같은 괴로움과 즐거움을 받았으며 이와 같이 목숨을 마쳤고 그곳을 까닭으로 죽어서 다른 곳에 태어났으며 나는 그곳에서 죽어서 이곳에 태어난 것을 억념하고 이와 같이 전생의 주처와 여러 종류의 모습과 지방의 처소를 억념하며 청정하여 그 인간세계를 초월하여 천안으로써 유정의 생멸을 보았고 그 유정 등이 그 업에 따른 귀천·아름다움·추루함·선취·악취를 알며, 여러 번뇌를 없애서 번뇌가 없는 심해탈과 혜해탈을 현법에서 스스로가 알고 증득하며 구족하고 머무르는 것이다.

7-4 일곱 종류의 부정법(不正法)이 있나니, 믿지 않는 것(不信), 부끄러움이 없는 것(無慚)[156], 부끄러움이 없는 것(無愧)[157], 적게 들은 것(少聞), 게으른 것(懈怠), 많이 잊은 것(多忘), 지혜가 없는 것(無慧)이다. 일곱 종류의 정법(正法)이 있나니, 믿는 것(有信), 부끄러움이 있는 것(有慚), 부끄러움이 있는 것(有愧), 많이 들은 것(多聞), 부지런함(精勤), 기억하는 것(念現前), 지혜가 있는 것(具慧)이다.

[7법을 마친다.]

섭송으로 설하겠노라.

죄와 죄의 부류와
수습과 여법한 행과
비법과 여법과
무죄와 7일과

공덕과 최대와
일출과 멸쟁법과
갈마와 날곡식과
넓이와 별중식과

최대의 7일과
취하는 것과 받는 것과

---

156) 팔리어 ahirika(아히리카)의 번역이고, '뻔뻔함' 또는 '양심이 없는'의 뜻이고, 스스로에게 부끄러움이 없는 것을 가리킨다.
157) 팔리어 anottappa(아노따빠)의 번역이고, '두려움이 없는' 또는 '무서움이 없는'의 뜻이고, 다른 사람에게 부끄러움이 없는 것을 가리킨다.

무죄와 유죄와
비법과 여법과

네 부류의 지율자와
네 부류의 빛나는 자와
일곱 부류의 비구와
일곱 종류의 부정법과
일곱 종류의 정법이 있다.

8. 8법(八法)[158]

8-1 여덟 종류의 공덕의 사유(思惟)를 인연으로 비구가 인지하지 못한
죄를 거론할 수 없다. 여덟 종류의 공덕인 사유를 인연으로 서로가 다른
사람을 믿었더라도 그의 죄는 마땅히 참회해야 한다. 여덟 종류의 '세
번째에 이르렀다면'의 계율이 있다. 여덟 종류의 형상을 의지하여 속가를
염오시키는 것이[159] 있다. 옷의 일을 까닭으로 여덟 종류의 일이 있다.
가치나의를 버리는 여덟 종류의 일이 있다.

여덟 종류의 음료(飮料)가 있다. 여덟 종류의 비법에 억눌린 제바달다는
악취인 지옥에 떨어져서 마땅히 1겁을 머물러야 하고 구제될 수 없다.
여덟 종류의 세간법(世間法)이 있다. 비구니는 여덟 종류의 공경법(恭敬法)
이 있다. 여덟 종류의 제사니가 있다. 여덟 종류의 망어인 분류(分類)가
있다. 여덟 종류의 포살의 분류가 있다. 여덟 종류의 사명(使命)인 분류가
있다.

---

158) 팔리어 Aṭṭhakavāra(아따카바라)의 번역이다.
159) 승잔 10조를 참조하라.

8-2 여덟 종류의 외도의 행이 있다. 대해(大海)에는 여덟 종류의 희유한 무증유(未曾有)의 법이 있다. 이 법과 율에는 여덟 종류의 희유한 무증유의 법이 있다. 여덟 종류의 잔식이 아닌 것이 있다. 여덟 종류의 잔식이 있다. 8일째의 날이 밝았다면 사타이다. 여덟 종류의 바라이가 있다. 8사(事)가 성립된 때라면 마땅히 멸빈해야 한다. 8사(事)가 성립된 때라면 마땅히 참회하더라도 역시 참회가 성립되지 않는다.

　여덟 종류의 말을 의지하는 구족계가 있다. 여덟 부류의 사람을 마주하였다면 마땅히 자리에서 일어서야 한다. 여덟 부류의 사람에게는 자리를 주어야 한다. 우바이는 여덟 종류의 발원160)을 구한다. 마땅히 여덟 가지를 갖춘 비구를 비구니의 교계사(教誡師)로 뽑아야 한다. 지율자는 여덟 종류의 공덕이 있다. 여덟 종류가 '최대'인 계목이 있다. 멱죄상갈마를 받은 비구는 여덟 종류의 법에서 바른 몸으로 행해야 한다. 여덟 종류의 비법으로 차단하는 바라제목차가 있고, 여덟 종류의 여법하게 차단하는 바라제목차가 있느니라.

[8법을 마친다.]

　섭송으로 설하겠노라.

　그 비구를 거론하지 않는 것과
　다른 비구와 세 번째와
　속가를 염오시킨 것과
　가치나의를 버리는 것과

　음료와 억눌린 것과

---

160) 팔리어 Varāni(바라니)의 번역이다.

세간법과 공경법과
제사니와 망어와
포살과 사명과

외도와 대해와
희유와 잔식이 아닌 것과
잔식과 사타와
바라이와 8사와

참회가 성립되지 않는 것과
구족계와 일어나는 것과
자리와 발원과 교계와
공덕과 최대와
여덟 법을 행하는 것과
비법과 여법과
8법을 설하는 것이 있다.

9. 9법(九法)[161]

9-1 아홉 종류의 원한(怨恨)의 일이 있다. 아홉 종류의 원한을 억제하는 것이 있다. 아홉 종류의 일을 수습하는 것이 있다. 처음부터 범한다면 죄인 계율이 아홉 종류가 있다. 아홉 명에 의지하여 승가를 파괴한다. 아홉 종류의 맛있는 음식이 있다. 아홉 종류의 고기(肉)를 의지하는 악작이 있다. 아홉 종류의 바라제목차의 독송법이 있다. 아홉 종류가 '최대'인

---

161) 팔리어 Navakavāra(나바카바라)의 번역이다.

계목이 있다. 아홉 종류가 욕망의 뿌리인 법이 있다. 아홉 종류의 교만이 있다.

9-2 아홉 종류의 옷은 마땅히 수지할 수 있다. 아홉 종류의 옷은 마땅히 정시할 수 없다. 길이가 세존의 아홉 뼘인 옷이 있다. 아홉 종류의 비법으로 보시하여 주는 것이 있다. 아홉 종류의 비법으로 수용하는 것이 있다. 세 종류의 여법하게 보시하여 주는 것이 있고, 세 종류의 여법하게 취하는 것이 있으며 세 종류의 여법하게 수용하는 것이 있다. 아홉 종류의 비법으로 해제하는 것이 있다. 아홉 종류의 여법하게 해제하는 것이 있다. 비법갈마에 두 종류의 9법이 있다. 여법갈마에 두 종류의 9법이 있다. 아홉 종류의 비법으로 차단하는 바라제목차가 있고, 아홉 종류의 여법하게 차단하는 바라제목차가 있느니라.

[9법을 마친다.]

섭송으로 설하겠노라.

원한과 원한의 억제와
수습과 처음과 파괴와
맛있는 것과 고기와
송출과 최대의 계목과

욕망과 교만과 수지와
정시와 세존의 뼘과 보시와
취하는 것과 수용하는 것과
다시 세 종류의 여법한 행과

비법과 여법과
두 종류의 9법과
비법과 여법의
바라제목차가 있다.

10. 10법(十法)[162]

10-1 열 종류의 원한(怨恨)의 일이 있다. 열 종류의 원한을 억제하는 것이 있다. 열 종류의 일을 수습하는 것이 있다. 열 종류의 사견(邪見)[163]의 일이 있다. 열 종류의 정견(正見)[164]의 일이 있다. 열 종류의 변집견(邊執見)[165]의 일이 있다. 열 종류의 사악(邪惡)[166]함이 있다. 열 종류의 올바름(正善)[167]이 있다. 열 종류의 악한 갈마의 법이 있다. 열 종류의 선한 갈마의 법이 있다. 열 종류의 비법의 산가지의 법이 있다. 열 종류의 여법한 산가지의 법이 있다. 사미에게 열 종류의 학처가 있다. 열 종류를 갖춘 사미는 마땅히 멸빈시켜야 한다.

열 종류를 갖춘 지율자는 진실로 어리석은 자라고 찬탄하나니, 스스로가 말의 한계를 알지 못하고, 다른 사람의 말의 한계를 알지 못하며, 스스로가 말의 한계를 알게 시키지 못하고, 다른 사람의 말의 한계를 알게 시키지 못하며, 비법을 의지하여 스스로가 아뢰지 않았는데 갈마를 행하게 시키고, 죄를 알지 못하며, 죄의 뿌리를 알지 못하고, 죄가 일어남을 알지 못하며, 죄의 소멸을 알지 못하고, 죄의 소멸의 길을 알지 못하는

---

162) 팔리어 Dasakavāra(다사카바라)의 번역이다.
163) 팔리어 Micchādiṭṭhi(미짜디띠)의 번역이다.
164) 팔리어 Sammādiṭṭhi(삼마디띠)의 번역이다.
165) 팔리어 Antaggāhikā diṭṭhi(안타까히카 디띠)의 번역이다.
166) 팔리어 Micchattā(미짜따)의 번역이다.
167) 팔리어 Sammattā(삼마타)의 번역이다.

것이다.

열 종류를 갖춘 지율자는 진실로 현명한 자라고 찬탄하나니, 스스로가 말의 한계를 알고, 다른 사람의 말의 한계를 알며, 스스로의 말의 한계를 알게 시키고, 다른 사람의 말의 한계를 알게 시키며, 비법을 의지하여 스스로가 아뢰고서 갈마를 행하게 시키고, 죄를 알며, 죄의 뿌리를 알고, 죄가 일어남을 알며, 죄의 소멸을 알고, 죄의 소멸의 길을 아는 것이다.

10-2 열 종류를 갖춘 지율자는 진실로 어리석은 자라고 찬탄하나니, 쟁사를 알지 못하고, 쟁사의 일어남을 알지 못하며, 쟁사의 소멸을 알지 못하고, 쟁사의 소멸의 길을 알지 못하며, 일을 알지 못하고, 인연을 알지 못하며, 제정을 알지 못하고, 따라서 제정된 조목을 알지 못하며, 따라서 제정된 예비적 조목을 알지 못하고, 적용할 계목을 알지 못하는 것이다.

열 종류를 갖춘 지율자는 진실로 지혜로운 자라고 찬탄하나니, 쟁사를 알고, 쟁사의 일어남을 알며, 쟁사의 소멸을 알고, 쟁사의 소멸의 길을 알며, 일을 알고, 인연을 알며, 제정을 알고, 따라서 제정된 조목을 알며, 따라서 제정된 예비적 조목을 알고, 적용할 계목을 아는 것이다.

열 종류를 갖춘 지율자는 진실로 어리석은 자라고 찬탄하나니, 아뢰는 것을 알지 못하고, 아뢰는 일의 행하는 것을 알지 못하며, 선행하는 일을 알지 못하고, 뒤의 일을 알지 못하며, 때를 알지 못하고, 유죄와 무죄를 알지 못하며, 죄의 가볍고 무거움을 알지 못하고, 유잔죄와 무잔죄를 알지 못하며, 죄의 거친 것과 거칠지 않은 것을 알지 못하고, 아사리의 전통을 잘 받아들이지 않고 잘 사유하지 않으며 잘 알지 못하는 것이다.

열 종류를 갖춘 지율자는 진실로 지혜로운 자라고 찬탄하나니, 아뢰는 것을 알고, 아뢰는 일의 행하는 것을 알며, 선행하는 일을 알고, 뒤의 일을 알며, 때를 알고, 유죄와 무죄를 알며, 죄의 가볍고 무거움을 알고, 유잔죄와 무잔죄를 알며, 죄의 거친 것과 거칠지 않은 것을 알고, 아사리의 전통을 잘 받아들이고 잘 사유하며 잘 아는 것이다.

10-3 열 종류를 갖춘 지율자는 진실로 어리석은 자라고 찬탄하나니, 유죄와 무죄를 알지 못하고, 죄의 가볍고 무거움을 알지 못하며, 유잔죄와 무잔죄를 알지 못하고, 죄의 거친 것과 거칠지 않은 것을 알지 못하며, 널리 2부중의 바라제목차를 암송하지 못하고 조문을 따라서 잘 분별하지 못하며 잘 설하여 보여주지 못하고 잘 판결하지 못하며, 유죄와 무죄를 알지 못하고, 죄의 가볍고 무거움을 알지 못하며, 유잔죄와 무잔죄를 알지 못하고, 죄의 거친 것과 거칠지 않은 것을 알지 못하며, 쟁사를 잘 판결하지 못하는 것이다.

열 종류를 갖춘 지율자는 진실로 지혜로운 자라고 찬탄하나니, 유죄와 무죄를 알고, 죄의 가볍고 무거움을 알며, 유잔죄와 무잔죄를 알고, 죄의 거친 것과 거칠지 않은 것을 알며, 널리 2부중의 바라제목차를 암송하고 조문을 따라서 잘 분별하며 잘 설하여 보여주고 잘 판결하는 것이며, 유죄와 무죄를 알고, 죄의 가볍고 무거움을 알며, 유잔죄와 무잔죄를 알고, 죄의 거친 것과 거칠지 않은 것을 알며, 쟁사를 잘 판결하지 못하는 것이다.

10-4 열 종류를 갖춘 비구는 마땅히 단사인(斷事人)[168]으로 뽑힐 수 있다. 열 종류의 이익을 의지하여 세존께서는 여러 성문(聲聞)[169]들을 위하여 학처(學處)[170]를 제정하셨다. 왕의 후궁(後宮)을 들어가는 자는 열 가지의 허물이 있다. 열 종류의 보시가 있다. 열 종류의 보물이 있다. 열 사람의 대중이 비구승가이다. 열 사람의 승가대중은 구족계를 줄 수 있다. 열 종류의 분소의가 있다. 열 종류의 옷을 착용할 수 있다. 여분의 못을 저축하더라도 최대로 10일이다. 열 종류의 백법(白法)이 있다. 열 종류의 여인이 있다. 열 종류의 아내가 있다. 비사리(毘舍離)에서

---

168) 팔리어 Ubbāhikā(우빠히카)의 번역이고, 비구의 빈출을 결정하는 비구를 가리킨다.
169) 팔리어 Sāvakā(사바카)의 번역이다.
170) 팔리어 Sikkhāpada(시까파다)의 번역이다.

10사(事)를 설하였다. 열 부류의 사람에게 예배할 수 없다. 열 종류의 꾸짖는 일이 있다. 열 종류의 현상으로 중매한다. 열 종류의 와구와 좌구가 있다. 열 종류의 구하는 발원이 있다.

열 종류의 비법으로 차단하는 바라제목차가 있고, 열 종류의 여법하게 차단하는 바라제목차가 있다. 죽(粥)은 열 가지의 이익이 있다. 열 종류의 고기는 부정한 것이다. 열 종류의 '최대인' 계목이 있다. 총명하고 능력있는 10년의 비구는 마땅히 다른 사람을 출가시킬 수 있고, 구족계를 줄 수 있으며, 의지를 줄 수 있고, 사미를 양육할 수 있다. 총명하고 능력있는 10년의 비구니는 마땅히 다른 사람을 출가시킬 수 있고, 구족계를 줄 수 있으며, 의지를 줄 수 있고, 사미니를 양육할 수 있다. 총명하고 능력있는 10년의 비구니는 구족계를 주는 것을 허락할 수 있다. 일찍이 시집갔던 10년의 여인에게는 학계(學戒)를 줄 수 있다.

[10법을 마친다.]

섭송으로 설하겠노라.

원한과 억제와 일과
삿된 것과 사악함과 올바름과
악한 것과 선한 것과
악하고 바르지 않은 것과

산가지와 비법과 여법과
사미의 멸빈과 말과 쟁사와
아뢰는 것과 가벼운 것과
가벼운 죄와 무거운 죄와

마땅히 흑백을 아는 것과
단사인과 학처와 후궁과
일과 보물과 열 명과
구족계를 줄 수 있는 것과

착용과 분소의와 10일과
백법과 여인과 아내와
10사와 예배하지 않는 것과
꾸짖는 것과 중매와

좌·와구와 발원과 비법과
여법과 죽과 고기와
최대와 비구와 비구니와
구족계를 주는 것과
시집갔던 여인 등의
10법을 설하여 보여주었네.

11. 11법(十一法)[171]

11-1 열한 종류의 구족계를 받지 않았던 사람은 구족계를 주지 않아야 하고, 이미 받았던 자라면 마땅히 멸빈시켜야 한다. 열한 종류의 신발은 허락되지 않는다.? 열한 종류의 발우는 허락되지 않는다. 열한 종류의 옷은 허락되지 않는다. 열한 종류의 신발은 허락되지 않는다. 열한 종류의 '세 번째에 이른다면'의 계율이 있다. 비구니는 마땅히 열한 종류의 장애법

---

171) 팔리어 Ekādasakavāra(에카다사카바라)의 번역이다.

을 물어야 한다.

열한 종류의 옷은 허락된다. 열한 종류의 옷은 정시할 수 없다. 11일째의 일출의 때라면 사타이다. 열한 종류의 묶는 끈이 허락된다. 열한 종류의 구자(扣子)[172]는 허락된다. 열한 종류의 땅은 허락되지 않는다. 열한 종류의 땅은 허락된다. 열한 종류의 의지는 해제할 수 있다. 열한 종류의 사람은 예배를 받을 수 없다. 열한 종류의 '최대한'의 조목이 있다. 열한 종류의 애원하며 구하는 발원이 있다. 열한 종류의 결계는 성립되지 않는다, 악구로 욕설하는 사람은 마땅히 열한 종류의 허물이 있다고 알아야 한다.

11-2 자애로운[173] 자이고, 마음이 해탈한[174] 자이며, 행을 수습하는[175] 자이고, 수습하는 자이며[176], 증장(增長)하는[177] 자이고, 수습하여 연습하는[178] 자이며, 수습하여 익히는[179] 자이고, 확실히 수습하는[180] 자이며, 수습이 쌓인[181] 자이고, 잘 정근(精勤)하는[182] 자라면, 마땅히 열한 종류의 공덕이 있다고 알아야 하나니, 잠자는 것이 안락하고 깨어나도 안락하며 악몽을 꾸지 않고 여러 사람들이 사랑하며 공경하고 여러 비인(非人)[183]들이 사랑하며 공경하고 여러 천인들이 수호하며 불(火)·독(毒)·칼(刀) 등이 능히 해지지 못하고 마음이 빠르게 삼매(三昧)[184]를 얻으며 안색이 아름답

---

172) 옷과 물건을 고정하면서 사용하는 '매듭' 또는 '단추', '버클'을 가리킨다.
173) 팔리어 Mettā(메타)의 번역이다.
174) 팔리어 cetovimutti(세토비무띠)의 번역이다.
175) 팔리어 āsevitā(아세비타)의 번역이다.
176) 팔리어 bhāvitā(바비타)의 번역이다.
177) 팔리어 bahulīkatā(바후리카타)의 번역이다.
178) 팔리어 yānīkatā(야니카타)의 번역이다.
179) 팔리어 vatthukatā(바뚜카타)의 번역이다.
180) 팔리어 anuṭṭhitā(아누띠타)의 번역이다.
181) 팔리어 paricitā(파리치타)의 번역이다.
182) 팔리어 susamāraddhā(수사마라따)의 번역이다.
183) 팔리어 Amanussā(아마누싸)의 번역이다.

고 죽으면서 혼미(昏迷)하지 않고 최상의 계위에 이르지 못하여도 역시 범천계(梵天界)에 태어나는 것이다.[185]

자애로운 자이고, 마음이 해탈한 자이며, 행을 수습하는 자이고, 수습하는 자이며, 증장하는 자이고, 수습하여 연습하는 자이며, 수습하여 익히는 자이고, 확실히 수습하는 자이며, 수습이 쌓인 자이고, 잘 정근하는 자라면, 마땅히 열한 종류의 공덕이 있다고 알아야 하느니라.

[11법을 마친다.]

섭송으로 설하겠노라.

멸빈과 신발과 발우와
세 번째까지와 묻는 것과
정시하고서 수지하는 것과
일출과 묶는 끈과

구자와 허락된 것과
허락되지 않은 것과
의지하는 것과
예배하지 않는 것과

최대와 발원과
성립되지 않는 것과
욕설과 자애와
이러한 열한 종류로 설하였다네.

---

184) 팔리어 samādhi(삼마디)의 번역이다.
185) 팔리어 Brahmalokūpaga(브라마로쿠파가)의 번역이다.

총괄하여 섭송으로 설하겠노라.

1법과 2법과 3법과
4법과 5법과 6법과
7법과 8법과 9법과
10법과 11법은

일체 중생들의 이익을 위하여
그 법을 아셨던 자인
대웅(大雄)186)께서 자비로써
설하여 보여주셨던
하나씩 증가하였던 법이라네.

---

186) 팔리어 Mahāvīra(마하비라)의 번역이다.

부수 제7권

제7장 포살문답장(布薩問答章)[1]

1. 문답(問答)[2]

1) 질문(質問)

1-1 포살갈마의 처음은 무엇이고 중간은 무엇이며 끝은 무엇인가? 자자갈마의 처음은 무엇이고 중간은 무엇이며 끝은 무엇인가? 가책갈마의 처음은 무엇이고 중간은 무엇이며 끝은 무엇인가? 의지갈마의 처음은 무엇이고 중간은 무엇이며 끝은 무엇인가? 하의갈마의 처음은 무엇이고 중간은 무엇이며 끝은 무엇인가? 거죄갈마의 처음은 무엇이고 중간은 무엇이며 끝은 무엇인가?

1-2 별주의 처음은 무엇이고 중간은 무엇이며 끝은 무엇인가? 본일치의 처음은 무엇이고 중간은 무엇이며 끝은 무엇인가? 마나타의 처음은 무엇

---

1) 팔리어 Uposathādipucchāvissajjanā(포사타디뿟짜비싸지나)의 번역이다.
2) 팔리어 Ādimajjhantapucchana(아디맛짠타뿟짜나)의 번역이다.

이고 중간은 무엇이며 끝은 무엇인가? 출죄의 처음은 무엇이고 중간은 무엇이며 끝은 무엇인가? 구족계갈마의 처음은 무엇이고 중간은 무엇이며 끝은 무엇인가?

1-3 가책갈마의 해제의 처음은 무엇이고 중간은 무엇이며 끝은 무엇인가? 의지갈마 해제의 처음은 무엇이고 중간은 무엇이며 끝은 무엇인가? 하의갈마 해제의 처음은 무엇이고 중간은 무엇이며 끝은 무엇인가? 거죄갈마 해제의 처음은 무엇이고 중간은 무엇이며 끝은 무엇인가?

1-4 억념비니 해제의 처음은 무엇이고 중간은 무엇이며 끝은 무엇인가? 불치비니 해제의 처음은 무엇이고 중간은 무엇이며 끝은 무엇인가? 멱죄상 해제의 처음은 무엇이고 중간은 무엇이며 끝은 무엇인가? 여초부지 해제의 처음은 무엇이고 중간은 무엇이며 끝은 무엇인가?

1-5 비구니를 교계하는 자를 뽑는 것의 처음은 무엇이고 중간은 무엇이며 끝은 무엇인가? 3의를 벗어나서 묵는 것을 허락하는 것의 처음은 무엇이고 중간은 무엇이며 끝은 무엇인가? 와구를 분배하는 것의 처음은 무엇이고 중간은 무엇이며 끝은 무엇인가? 금·은을 버리는 것의 처음은 무엇이고 중간은 무엇이며 끝은 무엇인가? 목욕의를 분배하는 것의 처음은 무엇이고 중간은 무엇이며 끝은 무엇인가? 발우를 분배하는 것의 처음은 무엇이고 중간은 무엇이며 끝은 무엇인가? 지팡이를 허락하는 것의 처음은 무엇이고 중간은 무엇이며 끝은 무엇인가? 걸망을 허락하는 것의 처음은 무엇이고 중간은 무엇이며 끝은 무엇인가? 지팡이와 걸망을 허락하는 것의 처음은 무엇이고 중간은 무엇이며 끝은 무엇인가?

2) 대답

2-1 포살갈마의 처음은 무엇이고 중간은 무엇이며 끝은 무엇인가? 포살갈마의 처음은 화합이고 중간은 진행이며 끝은 갈마를 마치는 것이다. 자자갈마의 처음은 무엇이고 중간은 무엇이며 끝은 무엇인가? 자자갈마의 처음은 화합이고 중간은 진행이며 끝은 갈마를 마치는 것이다. 가책갈마의 처음은 무엇이고 중간은 무엇이며 끝은 무엇인가? 가책갈마의 처음은 일과 사람이고 중간은 아뢰는 것이며 끝은 판결하는 것이다.
　의지갈마의 처음은 무엇이고 중간은 무엇이며 끝은 무엇인가? 의지갈마의 처음은 일과 사람이고 중간은 아뢰는 것이며 끝은 판결하는 것이다. 하의갈마의 처음은 무엇이고 중간은 무엇이며 끝은 무엇인가? 하의갈마의 처음은 일과 사람이고 중간은 아뢰는 것이며 끝은 판결하는 것이다. 거죄갈마의 처음은 무엇이고 중간은 무엇이며 끝은 무엇인가? 거죄갈마의 처음은 일과 사람이고 중간은 아뢰는 것이며 끝은 판결하는 것이다.

2-2 별주의 처음은 무엇이고 중간은 무엇이며 끝은 무엇인가? 별주의 처음은 일과 사람이고 중간은 아뢰는 것이며 끝은 판결하는 것이다. 본일치의 처음은 무엇이고 중간은 무엇이며 끝은 무엇인가? 본일치의 처음은 일과 사람이고 중간은 아뢰는 것이며 끝은 판결하는 것이다. 마나타의 처음은 무엇이고 중간은 무엇이며 끝은 무엇인가? 마나타의 처음은 일과 사람이고 중간은 아뢰는 것이며 끝은 판결하는 것이다. 출죄의 처음은 무엇이고 중간은 무엇이며 끝은 무엇인가? 출죄의 처음은 일과 사람이고 중간은 아뢰는 것이며 끝은 판결하는 것이다. 구족계갈마의 처음은 무엇이고 중간은 무엇이며 끝은 무엇인가? 구족계갈마의 처음은 일과 사람이고 중간은 아뢰는 것이며 끝은 판결하는 것이다.

2-3 가책갈마 해제의 처음은 무엇이고 중간은 무엇이며 끝은 무엇인가? 가책갈마 해제의 처음은 바르게 행하는 것이고 중간은 아뢰는 것이며

끝은 갈마의 말을 마치는 것이다. 의지갈마 해제의 처음은 무엇이고
중간은 무엇이며 끝은 무엇인가? 의지갈마 해제의 처음은 바르게 행하는
것이고 중간은 아뢰는 것이며 끝은 갈마의 말을 마치는 것이다. 하의갈마
해제의 처음은 무엇이고 중간은 무엇이며 끝은 무엇인가? 하의갈마 해제
의 처음은 바르게 행하는 것이고 중간은 아뢰는 것이며 끝은 갈마의
말을 마치는 것이다. 거죄갈마 해제의 처음은 무엇이고 중간은 무엇이며
끝은 무엇인가? 거죄갈마 해제의 처음은 바르게 행하는 것이고 중간은
아뢰는 것이며 끝은 갈마의 말을 마치는 것이다.

2-4 억념비니 해제의 처음은 무엇이고 중간은 무엇이며 끝은 무엇인가?
억념비니 해제의 처음은 일과 사람이고 중간은 아뢰는 것이며 끝은 판결하
는 것이다. 불치비니 해제의 처음은 무엇이고 중간은 무엇이며 끝은
무엇인가? 불치비니 해제의 처음은 일과 사람이고 중간은 아뢰는 것이며
끝은 판결하는 것이다. 멱죄상 해제의 처음은 무엇이고 중간은 무엇이며
끝은 무엇인가? 멱죄상 해제의 처음은 일과 사람이고 중간은 아뢰는
것이며 끝은 판결하는 것이다. 여초부지 해제의 처음은 무엇이고 중간은
무엇이며 끝은 무엇인가? 여초부지 해제의 처음은 일과 사람이고 중간은
아뢰는 것이며 끝은 판결하는 것이다.

2-5 비구니를 교계하는 자를 뽑는 것의 처음은 무엇이고 중간은 무엇이며
끝은 무엇인가? 비구니를 교계하는 자를 뽑는 것의 처음은 일과 사람이고
중간은 아뢰는 것이며 끝은 판결하는 것이다. 3의를 벗어나서 묵는 것을
허락하는 것의 처음은 무엇이고 중간은 무엇이며 끝은 무엇인가? 3의를
벗어나서 묵는 것의 처음은 일과 사람이고 중간은 아뢰는 것이며 끝은
판결하는 것이다. 와구를 분배하는 것의 처음은 무엇이고 중간은 무엇이
며 끝은 무엇인가? 와구를 분배하는 것의 처음은 일과 사람이고 중간은
아뢰는 것이며 끝은 판결하는 것이다.
　금·은을 버리는 것의 처음은 무엇이고 중간은 무엇이며 끝은 무엇인가?

금·은을 버리는 것의 처음은 일과 사람이고 중간은 아뢰는 것이며 끝은 판결하는 것이다. 목욕의를 분배하는 것의 처음은 무엇이고 중간은 무엇이며 끝은 무엇인가? 목욕의를 분배하는 것의 처음은 일과 사람이고 중간은 아뢰는 것이며 끝은 판결하는 것이다. 발우를 분배하는 것의 처음은 무엇이고 중간은 무엇이며 끝은 무엇인가? 발우를 분배하는 것의 처음은 일과 사람이고 중간은 아뢰는 것이며 끝은 판결하는 것이다.

지팡이를 허락하는 것의 처음은 무엇이고 중간은 무엇이며 끝은 무엇인가? 지팡이를 허락하는 것의 처음은 일과 사람이고 중간은 아뢰는 것이며 끝은 판결하는 것이다. 걸망을 허락하는 것의 처음은 무엇이고 중간은 무엇이며 끝은 무엇인가? 걸망을 허락하는 것의 처음은 일과 사람이고 중간은 아뢰는 것이며 끝은 판결하는 것이다. 지팡이와 걸망을 허락하는 것의 처음은 무엇이고 중간은 무엇이며 끝은 무엇인가? 지팡이와 걸망을 허락하는 것의 처음은 일과 사람이고 중간은 아뢰는 것이며 끝은 판결하는 것이다.

2. 계율의 의리론(義利論)[3]

1-1 열 가지의 이익을 까닭으로 세존께서는 여러 성문들을 위하여 학착처를 제정하셨나니, 승가를 섭수하기 위하여, 승가의 안락을 위하여, 악인을 조복하기 위하여, 선한 비구를 안락하게 머물게 하기 위하여, 현세의 번뇌를 끊기 위하여, 후세의 번뇌를 소멸하기 위하여, 믿지 않는 자에게 신심이 생겨나게 하기 위하여, 이미 믿었던 자를 증장시키기 위하여, 정법이 오래 머무르게 하기 위하여, 계율을 공경하고 존중하기 위한 것이다.

---

3) 팔리어 Atthavasapakaraṇa(아따바사파카라나)의 번역이다.

승가를 섭수한다면 곧 승가가 안락한 것이고, 승가를 섭수한다면 곧 악인을 조복하는 것이며, 승가를 섭수한다면 곧 선한 비구를 안락하게 머물게 하는 것이고, 승가를 섭수한다면 곧 현세의 번뇌를 끊는 것이며, 승가를 섭수한다면 후세의 번뇌를 소멸하는 것이고, 승가를 섭수한다면 믿지 않는 자에게 신심이 생겨나게 하는 것이며, 승가를 섭수한다면 이미 믿었던 자를 증장시키는 것이며, 승가를 섭수한다면 정법이 오래 머무르게 하는 것이고, 승가를 섭수한다면 계율을 공경하고 존중하는 것이다.

승가를 섭수한다면 곧 승가가 안락한 것이고, 승가를 섭수한다면 곧 악인을 조복하는 것이며, 승가를 섭수한다면 곧 선한 비구를 안락하게 머물게 하는 것이고, 승가를 섭수한다면 곧 현세의 번뇌를 끊는 것이며, 승가를 섭수한다면 후세의 번뇌를 소멸하는 것이고, 승가를 섭수한다면 믿지 않는 자에게 신심이 생겨나게 하는 것이며, 승가를 섭수한다면 이미 믿었던 자를 증장시키는 것이며, 승가를 섭수한다면 정법이 오래 머무르게 하는 것이고, 승가를 섭수한다면 계율을 공경하고 존중하는 것이다.

1-2 승가를 섭수한다면 곧 승가가 안락한 것이고, 승가를 섭수한다면 곧 악인을 조복하는 것이며, 승가를 섭수한다면 곧 선한 비구를 안락하게 머물게 하는 것이고, 승가를 섭수한다면 곧 현세의 번뇌를 끊는 것이며, 승가를 섭수한다면 후세의 번뇌를 소멸하는 것이고, 승가를 섭수한다면 믿지 않는 자에게 신심이 생겨나게 하는 것이며, 승가를 섭수한다면 이미 믿었던 자를 증장시키는 것이고, 승가를 섭수한다면 정법이 오래 머무르게 하는 것이며, 승가를 섭수한다면 계율을 공경하고 존중하는 것이다.

승가가 안락하다면 곧 악인을 조복하는 것이고, 승가가 안락하다면 곧 선한 비구를 안락하게 머물게 하는 것이며, 승가가 안락하다면 곧 현세의 번뇌를 끊는 것이고, 승가가 안락하다면 후세의 번뇌를 소멸하는 것이며, 승가가 안락하다면 믿지 않는 자에게 신심이 생겨나게 하는 것이고, 승가가 안락하다면 이미 믿었던 자를 증장시키는 것이며, 승가가 안락하다면 정법이 오래 머무르게 하는 것이고, 승가가 안락하다면 계율을 공경하고 존중하는 것이며, 승가가 안락하다면 곧 승가를 섭수하는 것이다.

곧 선한 비구를 안락하게 머물게 하는 것이고, 악인을 조복한다면 곧 현세의 번뇌를 끊는 것이며, 악인을 조복한다면 후세의 번뇌를 소멸하는 것이고, 악인을 조복한다면 믿지 않는 자에게 신심이 생겨나게 하는 것이며, 악인을 조복한다면 이미 믿었던 자를 증장시키는 것이고, 악인을 조복한다면 정법이 오래 머무르게 하는 것이며, 악인을 조복한다면 계율을 공경하고 존중하는 것이고, 악인을 조복한다면 곧 승가를 섭수하는 것이며, 악인을 조복한다면 곧 승가가 안락한 것이다.

선한 비구를 안락하게 머물게 한다면 곧 현세의 번뇌를 끊는 것이고, 선한 비구를 안락하게 머물게 한다면 후세의 번뇌를 소멸하는 것이며, …… 선한 비구를 안락하게 머물게 한다면 곧 승가가 안락한 것이며, 선한 비구를 안락하게 머물게 한다면 악인을 조복하는 것이다.

현세의 번뇌를 끊는다면 후세의 번뇌를 소멸하는 것이고, 현세의 번뇌를 끊는다면 믿지 않는 자에게 신심이 생겨나게 하는 것이며, …… 승가를 섭수한다면 곧 악인을 조복하는 것이며, 승가를 섭수한다면 곧 선한 비구를 안락하게 머물게 하는 것이다.

후세의 번뇌를 소멸한다면 믿지 않는 자에게 신심이 생겨나게 하는 것이고, 후세의 번뇌를 소멸한다면 이미 믿었던 자를 증장시키는 것이고, …… 후세의 번뇌를 소멸한다면 곧 선한 비구를 안락하게 머물게 하는 것이며, 후세의 번뇌를 소멸한다면 곧 현세의 번뇌를 끊는 것이다.

믿지 않는 자에게 신심이 생겨나게 한다면 이미 믿었던 자를 증장시키는 것이고, 믿지 않는 자에게 신심이 생겨나게 한다면 정법이 오래 머무르게 하는 것이며, …… 믿지 않는 자에게 신심이 생겨나게 한다면 곧 현세의 번뇌를 끊는 것이며, 믿지 않는 자에게 신심이 생겨나게 한다면 후세의 번뇌를 소멸하는 것이다.

이미 믿었던 자를 증장시킨다면 정법이 오래 머무르게 하는 것이며, 이미 믿었던 자를 증장시킨다면 계율을 공경하고 존중하는 것이며, …… 이미 믿었던 자를 증장시킨다면 후세의 번뇌를 소멸하는 것이고, 이미 믿었던 자를 증장시킨다면 믿지 않는 자에게 신심이 생겨나게 하는 것이다.

정법이 오래 머무르게 한다면 계율을 공경하고 존중하는 것이고, 정법이 오래 머무르게 한다면 승가를 섭수하는 것이며, …… 정법이 오래 머무르게 한다면 믿지 않는 자에게 신심이 생겨나게 하는 것이며, 이미 믿었던 자를 증장시키는 것이다.

계율을 공경하고 존중한다면 승가를 섭수하는 것이고, 계율을 공경하고 존중한다면 곧 승가가 안락한 것이며, …… 계율을 공경하고 존중한다면 믿지 않는 자에게 신심이 생겨나게 하는 것이며, 계율을 공경하고 존중한다면 정법이 오래 머무르게 하는 것이다.

○ (또한) 1백 가지의 뜻과 1백 가지의 법이 있는 2백의 논증(論證)이 있고, 뜻의 이익에는 4백 가지의 논증이 있다.

섭송으로 설하겠노라.

처음의 질문 여덟 종류와
인연이 역시 여덟 종류이고
이것들은 비구에게
합하면 열여섯 종류이며
이것들은 비구니에게
합하면 열여섯 종류이라네.

연속적인 반복과 논증과
이것으로 증가하는 법은
자아와 의리장의 논증은
대품에 모두 포함되었다네.

부수 제8권

제8장 가타집(伽陀集)[1]

1. 계율의 학습(學習)[2]

1-1 옷으로써 한쪽의 어깨를 덮고서 합장(合掌)하고 원하며 구하는 것과 같은데, 그대는 무엇을 위하여 이곳에 왔는가? 포살에서 송출하는 2부중에게 제정된 계율은 몇 종류의 학처가 있는가? 그 계율은 어느 성읍과 시정들에서 제정되었는가? 그대의 질문은 매우 합리적이고 이치와 같이 널리 질문하였다. 나는 모두를 뛰어난 방편으로 진실하게 그대에게 설명하여 보여주리라.

1-2 포살에서 송출하는 2부중에게 제정된 계율은 30종류이고, 그들은 7개의 성읍과 시정에서 제정되었다. 지금 우리에게 해설하여 주시어, 이 말을 잘 듣고서 우리들에게 이익되게 하십시오. 비사리(毘舍離), 왕사성

---

1) 팔리어 Gāthāsaṅgaṇika(가타산가니카)의 번역이다.
2) 팔리어 Sattanagaresu paññattasikkhāpada(사따나가레수 판나따시까파다)의 번역이다.

(王舍城), 사위성(舍衛城), 아라비(阿羅毘), 구섬미(俱睒彌), 석가국(釋迦國), 바기국(婆祇國)에서 계율을 제정하셨다.

1-3 비사리에서 무슨 계목을 제정하셨고, 왕사성에서 무슨 계목을 제정하셨으며, 사위성에서 무슨 계목을 제정하셨고, 아라비에서 무슨 계목을 제정하셨으며, 구섬미에서 무슨 계목을 제정하셨고, 석가국에서 무슨 계목을 제정하셨으며, 발기국에서 무슨 계목을 제정하셨습니까? 이것을 청하여 묻사오니, 우리들을 위하여 설하여 보여주십시오.

　비사리에서 10계목을 제정하셨고, 왕사성에서 21계목을 제정하셨으며, 사위성에서 294계목을 제정하셨고, 아라비에서 6계목을 제정하셨으며, 구섬미에서 8계목을 제정하셨고, 석가국에서 8계목을 제정하셨으며, 발기국에서 3계목을 제정하셨다.

1-4 비사리에서 제정하신 계목을 그대들은 마땅히 여실(如實)하게 들어라. 부정법, 인체, 상인법, 장의(長衣), 검은색의 양털, 실유(實有), 삭삭식, 치목, 나형이 있고, 비구니의 욕설하였던 계율의 이러한 10종류는 비사리에서 제정되었다.

1-5 왕사성에서 제정하신 계목을 그대들은 마땅히 여실하게 들어라. 주지 않았으나 취하는 것, 두 가지의 비방하는 것, 두 가지의 파승사, 안타회, 금·은, 실, 원한, 주선한 음식, 별중식, 비시식(非時食), 방문, 목욕, 20세의 미만, 옷을 주고서 불평하는 것, 산상제, 동일한 것, 여욕 등의 이러한 21종류는 왕사성에서 제정되었다.

1-6 사위성에서 제정하신 계목을 그대들은 마땅히 여실하게 들어라. 바라이의 4종류, 승잔의 16종류, 부정의 2종류, 사타의 34종류, 소소한 계율의 156종류, 비난법의 10종류, 중학법의 72종류 등의 이러한 294종류는 사위성에서 제정되었다.

1-7 아라비에서 제정하신 계목을 그대들은 마땅히 여실하게 들어라. 방사, 비단실, 함께 묶는 것, 땅을 파는 것, 수신(樹神), 벌레가 있는 물 등의 이러한 6종류는 아라비에서 제정되었다.

1-8 구섬미에서 제정하신 계목을 그대들은 마땅히 여실하게 들어라. 큰 정사, 악구, 다른 말, 창문, 술, 업신여김, 여법한 것, 마시는 것으로 우유 등이 있다.

1-9 석가국에서 제정하신 계목을 그대들은 마땅히 여실하게 들어라. 양털, 발우, 교계하는 것, 약, 바늘, 아란야에서 머무는 자 등의 이러한 6종류는 가비라위성에서 제정되었고, 비구니 계율에서는 물로 씻는 것과 교계를 설하는 것이 있다.

1-10 바기국에서 제정하신 계목을 그대들은 마땅히 여실하게 들어라. 불로 몸을 데운 것, 음식, 밥알갱이가 섞인 것이 있다.

1-11 4바라이, 7승잔, 8사타, 32소소계, 2비방법, 56삼학법(三學法) 등을 여섯의 성안에서 태양의 종족3)인 불타(佛陀)를 의지하여 제정되었다. 일반적으로 296계목은 사위성에서 구담(瞿曇)4)의 휘광(輝光)을 의지하여 제정되었다.

---

3) 팔리어 adiccabandhuna(아디짜반두나)의 번역이고, adicca와 bandhuna의 합성어이다. adicca는 '태양'을 뜻하고, bandha는 '유지하다.'는 뜻이 있으므로 후예로 번역할 수 있겠다.
4) 팔리어 Gotama(고타마)의 번역이다.

2. 네 종류의 실괴(四失壞)5)

2-1 우리들이 존사(尊師)께 물었던 것을 우리들을 위하여 설하여 보여주셨으며, 그 하나하나에 오류가 없이 설하셨습니다. 우리들은 다른 것을 묻사오니, 유잔죄와 무잔죄, 거친 죄와 거칠지 않은 죄, 세 번째에 이르면 성립되는 죄, 공통의 죄와 공통이 아닌 죄, 깨트리는 것(失壞), 멸쟁법으로 소멸시키는 것 등의 원하건대 이것을 설하여 주십시오. 다시 이것의 일체를 대답하신다면 우리들은 존사의 말씀을 듣겠습니다.

2-2 31종류의 무거운 죄가 있고, 이 가운데에서 8종류는 무잔죄이다. 무거운 죄는 곧 거친 죄이고, 거친 죄는 곧 계율을 깨트리는 것이다. 바라이와 승잔은 계율을 깨트렸다고 말한다. 투란차, 바일제, 제사니, 악작, 희롱을 위한 악설 등의 이러한 죄는 행을 깨트리는 것이다. 전도(顚倒)된 견해를 지니고 정법이 아닌 것을 존중하며 정각자(正覺者)를 비방하고 무지(無智)하며 어리석음에 덮인 이러한 죄는 견해를 깨트리는 것이다.

2-3 생활을 인연으로 생활하려는 까닭으로 악을 구하고 지니면서 성품이 탐욕스럽고 공허한 상인법을 주장하였거나, 생활을 인연으로 생활하려는 까닭으로 중매하였거나, 생활을 인연으로 생활하려는 까닭으로 "그대의 정사에 머무르는 비구는 아라한이다."라고 말하였거나, 생활을 인연으로 생활하려는 까닭으로 비구가 스스로를 위하여 맛있는 음식을 구걸하여 먹었거나, 생활을 인연으로 생활하려는 까닭으로 비구니가 스스로를 위하여 맛있는 음식을 구걸하여 먹었거나, 생활을 인연으로 생활하려는 까닭으로 병이 없었는데 스스로를 위하여 밥과 국을 구걸하여 먹었다면, 이러한 죄는 생활을 깨트리는 것이다.

---

5) 팔리어 Catuvipatti(차투비파띠)의 번역이다.

2-4 11종류는 세 번째에 이른다면 죄가 되는바 그 계율들을 그대들은 마땅히 잘 들어야 하나니, 빈출된 자를 따르고 여덟 종류는 세 번째에 이른다면 죄가 되며, 아리타(阿利吒)의 계율과 전단가리(旃達加利)의 계율 등의 이러한 것은 세 번째에 이른다면 죄이다.

3. 여섯 종류의 절단(六切斷)[6]

3-1 마땅히 잘라내야 하는 죄는 무엇이 있는가? 마땅히 깨트려야 하는 죄는 무엇이 있는가? 마땅히 없애야 하는 죄는 무엇이 있는가? 다르지 않은 바일제는 무엇이 있는가? 비구가 허락하는 것은 무엇이 있는가? 여법한 행은 무엇이 있는가? 최대라고 결정되는 계율은 무엇이 있는가? 태양의 종족인 불타께서 인지하고서 제정하셨던 계목은 무엇이 있는가?

3-2 여섯 종류의 마땅히 잘라내야 하는 계율이 있다. 한 종류의 마땅히 깨트려야 하는 계율이 있다. 한 종류의 마땅히 없애야 하는 계율이 있다. 네 종류의 다르지 않은 바일제는 계율이 있다. 네 종류의 비구가 허락하는 계율이 있다. 일곱 종류의 여법한 행이 있다. 네 종류의 최대라고 결정되는 계율이 있다. 열여섯 종류의 태양의 종족인 불타께서 인지하고서 제정하셨던 계율이 있다.

---

6) 팔리어 Chedanakādi(체다나카디)의 번역이다.

4. 공통되지 않는 것(不共通)[7]

4-1 비구의 220학처가 포살에서 송출되고, 비구니의 340학처가 포살에서 송출된다. 비구의 46계목은 비구와 공통되지 않고, 비구니의 130계목은 비구와 공통되지 않는다. 176의 계목은 2부중에게 공통되지 않고, 174의 계목은 2부중에게 공통된다.

　비구의 220학처가 설계(說戒)에서 송출되나니, 이것을 그대는 마땅히 잘 들을지니라. 4바라이, 13승잔, 2부정, 30사타, 92바일제, 4제사니, 75중학이고, 비구의 학처는 220계목을 설계에서 송출하느니라. 비구니의 340학처가 설계(說戒)에서 송출되나니, 이것을 그대는 마땅히 잘 들을지니라. 8바라이, 17승잔, 2부정, 30사타, 166바일제, 8제사니, 75중학이고, 비구의 학처는 340계목을 설계에서 송출하느니라.

4-2 비구의 46계목은 비구니와 공통되지 않나니, 이것을 그대는 마땅히 잘 들을지니라. 6승잔, 2부정, 12사타가 있고, 이것을 합친다면 20계목이 있다. 22바일제, 4제사니가 있고, 비구계의 가운데에서 46계목은 비구니와 공통되지 않는다. 비구니의 130계목은 비구와 공통되지 않나니, 이것을 그대는 마땅히 잘 들을지니라. 4바라이, 10승잔, 12사타, 96바일제, 8제사니가 있고, 비구니계의 가운데에서 130계목은 비구니와 공통되지 않는다.

　176계목은 2부중이 공통되지 않나니, 이것을 그대는 마땅히 잘 들을지니라. 4바라이, 16승잔, 2부정, 14사타, 118바일제, 12제사니가 있고, 이러한 176계목은 2부중이 공통되지 않는다. 174계목은 2부중이 공통되나니, 이것을 그대는 마땅히 잘 들을지니라. 4바라이, 7승잔, 2부정, 18사타, 70바일제, 75중학법이 있고, 이러한 174계목은 2부중이 공통된

---

7) 팔리어 Asādhāraṇādi(아사다라나디)의 번역이다.

다.

4-3 8바라이는 치유하기 어려운 그루터기가 잘린 다라수(陀羅樹)와 같고, 그것을 범한 자는 시들은 나뭇잎과 같으며, 쪼개진 바위와 같고, 머리가 잘린 다라수와 같아서 자라날 수 없다. 23승잔, 2부정, 42사타, 188바일제, 12제사니, 75중학법은 세 종류의 멸쟁법에 의지하여 죄를 소멸시킬 수 있나니, 현전비니, 자언비니, 여초부지이다.

  2종류의 설계와 2종류의 자자와 4종류의 갈마는 승리자[8]에 의하여 설하여진 것이다. 5종류의 송출이 있고[9], 4종류의 송출이 있으며[10], 기타는 없다. 7종류의 죄의 부류가 있다. 4종류의 쟁사는 7종류의 멸쟁법에 의지하여 그것을 소멸시키나니, 2종류[11], 4종류[12], 3종류[13], 1종류[14]에 의지하여 그것을 소멸시킨다.

5. 빈출하는 것(擯出等)[15]

5-1 바라이라고 말하는 것을 그대들은 마땅히 잘 들어야 하느니라. 정법을 의지하는 것을 소멸시키고 견해를 소멸시키며 타락하고 버리는 자이니, 그는 함께 머무를 수 없는 까닭으로 이와 같이 말하는 것이다. 승잔이라고 하는 것을 그대들은 마땅히 잘 들어야 하느니라. 승가와

---

8) 팔리어 jina(지나)의 번역이다.
9) 비구 승가의 송출이다.
10) 비구니 승가의 송출이다.
11) 논쟁쟁사를 가리킨다.
12) 비난쟁사를 가리킨다.
13) 범죄쟁사를 가리킨다.
14) 사쟁사를 가리킨다.
15) 팔리어 Pārājikādiāpatti(파라지카디아파띠)의 번역이다.

별주하고 본일치를 행하며 마나타를 주고 출죄하는 까닭으로 이와 같이 말하는 것이다. 부정이라고 말하는 것을 그대들은 마땅히 잘 들어야 하느니라. 부정은 결정되지 않아서 확실하지 않다고 말한다. 세 가지가[16] 결정되지 않았으나, 그 가운데에서 하나인 까닭으로 부정이라고 말하는 것이다.

투란차라고 말하는 것을 그대들은 마땅히 잘 들어야 하느니라. 스스로 가 하나의 죄의 뿌리를 참회하였고 받아들여졌더라도 그 죄는 사라지지 않는 까닭으로 이와 같이 말하는 것이다.

사타라고 말하는 것을 그대들은 마땅히 잘 들어야 하느니라. 승가의 가운데에서, 별중의 가운데에서, 혹은 한 사람을 마주하고서 한 사람을 의지하고 버리고서 스스로가 참회해야 하는 까닭으로 이와 같이 말하는 것이다. 바일제라고 말하는 것을 그대들은 마땅히 잘 들어야 하느니라. 선법을 깨트리고 성도를 손상시키며 마음을 악하고 어리석게 하는 까닭으로 이와 같이 말하는 것이다.

제사니라고 말하는 것을 그대들은 마땅히 잘 들어야 하느니라. 비구가 친족이 아닌 비구니가 어렵게 얻은 음식을 스스로가 취하여 먹은 자는 마땅히 비난을 받는 까닭으로 이와 같이 말하는 것이다. 청을 받은 비구가 그 처소에 있었던 비구니가 마음대로 지시하였으나 거부하지 않고 그 음식을 먹었다면 마땅히 비난을 받는 까닭으로 이와 같이 말하는 것이다. 가난한 신도의 집에 이르렀고 병이 없었으나 그 처소에서 음식을 먹었다면 마땅히 비난을 받는 까닭으로 이와 같이 말하는 것이다. 위험과 두려움이 있는 아란야에 머물렀으나 알리지 않고서 그 처소에서 음식을 먹었다면 마땅히 비난을 받는 까닭으로 이와 같이 말하는 것이다. 비구니가 친족이 아니었는데 그 다른 사람들이 좋아하는 것인 소(酥), 기름(油), 꿀(蜜), 사탕(砂糖), 물고기(魚), 고기(肉), 우유(牛乳), 락(酪) 등을 스스로가 구걸하여 먹었다면, 비구니는 선서(善逝)[17]의 가르침에서 비난받을 죄에 떨어진

16) 바라이, 승잔, 바일제를 가리킨다.
17) 팔리어 Sugata(수가타)의 번역이다.

것이다.

악작이라고 말하는 것을 그대들은 마땅히 잘 들어야 하느니라. 허물이고 실패이며 악행이 곧 악작이다. 사람이 만약 은밀하게, 혹은 드러내어서 악을 행하는 자는 악작인 까닭으로 이와 같이 말하는 것이다. 악설이라고 말하는 것을 그대들은 마땅히 잘 들어야 하느니라. 악하게 말하는 것이고 악한 말 등을 말하는 것이다. 지혜로운 자가 그것을 꾸짖는 까닭으로 이와 같이 말하는 것이다. 중학이라고 말하는 것을 그대들은 마땅히 잘 들어야 하느니라. 배우는 자는 올바른 길에 의지해야 하나니, 유학(有學)의 학법(學法)을 수습하는 것이다. 이것은 최초의 행이고, 또한 최초로 금지하여 제정한 율의이다. 이와 같은 학법이 없는 까닭으로 이와 같이 말하는 것이다.

덮인 것은 비가 세차게 내리고 열린 것은 비가 세차게 내리지 않나니, 이러한 까닭으로 덮였던 것을 열었다면 비가 세차게 내리지 않을 것이다. 숲속에는 짐승이 나아가는 것이고 허공에는 새들이 나아가는 것이니, 멸하는 이러한 법에 나아간다면 열반(涅槃)[18]은 아라한(阿羅漢)[19]이 나아가는 곳이다.

[가타집을 마친다.]

섭송으로 설하겠노라.

일곱 성안에서 제정한 것과
네 종류의 깨트리는 것과
비구와 비구니와
공통과 공통이 아닌 것의

18) 팔리어 Nibbāna(니빠나)의 번역이다.
19) 팔리어 Arahata(아라하타)의 번역이다.

이것은 자비이고 교법(敎法)을
위한 것이고 가타집이라네.

부수 제9권

제9장 쟁사분석(諍事分析)[1]

1. 네 종류의 쟁사(諍事)[2]

1-1 네 종류의 쟁사가 있나니, 논쟁쟁사(諍論諍事), 교계쟁사(敎誡諍事), 범죄쟁사(犯罪諍事), 사쟁사(事諍事)이다. 이것이 네 종류의 쟁사이다. 네 종류의 쟁사는 몇 종류로 일어나는 것이 있는가? 네 종류의 쟁사는 10종류로 일어나는데, 논쟁쟁사는 2종류로 일어나고, 교계쟁사는 4종류로 일어나며, 범죄쟁사는 3종류로 일어나고, 사쟁사는 1종류로 일어난다. 네 종류의 쟁사는 이렇게 10종류로 일어나는 것이 있다.

논쟁쟁사가 일어나는 때에 몇 종류의 멸쟁이 일어나는가? 교계쟁사가 일어나는 때에 몇 종류의 멸쟁이 일어나는가? 범죄쟁사가 일어나는 때에 몇 종류의 멸쟁이 일어나는가? 사쟁사가 일어나는 때에 몇 종류의 멸쟁이 일어나는가? 논쟁쟁사가 일어나는 때에 2종류의 멸쟁이 일어나고, 교계쟁사가 일어나는 때에 4종류의 멸쟁이 일어나며, 범죄쟁사가 일어나는

---

1) 팔리어 Adhikaraṇabheda(아디카라나베다)의 번역이다.
2) 팔리어 Ukkoṭanabhedādi(우꼬타나베다디)의 번역이다.

때에 3종류의 멸쟁이 일어나고, 사쟁사가 일어나는 때에 1종류의 멸쟁이 일어난다.

1-2 몇 종류의 쟁사가 있는가? 몇 종류의 형상을 의지하여 일어나는가? 몇 종류의 특성을 갖추었던 사람이 쟁사를 일으키는가? 몇 종류의 사람이 쟁사를 일으키면서 죄를 범하는가? 12종류로 일어나는 것이다. 10종류의 형상에 의지하여 일어나는 것이다. 네 부류의 사람이 쟁사를 일으키면서 죄를 범한다.

1-3 무엇의 12종류가 일어나는가? 갈마가 성립하지 않고, 갈마가 선하지 않으며, 마땅히 다시 갈마를 지어야 하고, 판결이 성립하지 않으며, 판결이 선하지 않고, 마땅히 다시 판결해야 하며, 다시 판결이 성립하지 않고, 다시 판결이 선하지 않으며, 마땅히 다시 판결해야 하고, 멸쟁이 성립하지 않으며, 멸쟁이 선하지 않고, 마땅히 다시 멸쟁시켜야 하는 것이다. 이것이 12종류가 일어나는 것이다.

　무엇의 10종류의 형상을 의지하여 일어나는가? 그것에서 쟁사가 생겨난다면 일어나는 것이고, 그것에서 쟁사가 멈춘다면 일어나는 것이며, 쟁사의 도중에 일어나는 것이고, 쟁사가 멈추었던 도중에 일어나는 것이며, 그것에 이른다면 쟁사가 일어나는 것이고, 그것에 이르러 쟁사가 멈춘다면 일어나는 것이며, 억념비니로 일어나는 것이고, 불치비니로 일어나는 것이며, 멱죄상으로 일어나는 것이고, 여초비니로 일어나는 것이다. 이러한 10종류의 형상을 의지하여 일어나는 것이다.

　무엇의 4종류를 갖춘 사람이 쟁사를 일으키는가? 욕망을 마땅히 행하지 않을 자가 행한다면 쟁사를 일으킨다. 성내는 것을 마땅히 행하지 않을 자가 행한다면 쟁사를 일으킨다. 어리석음을 마땅히 행하지 않을 자가 행한다면 쟁사를 일으킨다. 두려움을 마땅히 행하지 않을 자가 행한다면 쟁사를 일으킨다.

　무엇의 4종류를 갖춘 사람이 쟁사를 일으켜서 죄를 범하는가? 만약 그날에 구족계를 받은 사람이 다음 날에 쟁사를 일으켰다면 일으킨 자는 바일제를 범한다. 객비구가 쟁사를 일으켰다면 일으킨 자는 바일제를 범한다. 갈마를 행하는 사람이 쟁사를 일으켰다면 일으킨 자는 바일제를 범한다. 욕을 주었던 사람이 쟁사를 일으켰다면 일으킨 자는 바일제를 범한다. 이러한 4종류를 갖춘 사람이 쟁사를 일으켜서 죄를 범하는 것이다.

2. 쟁사의 발생(發生)[3]

2-1 논쟁쟁사는 무엇으로써 인연을 삼는가? 무엇이 일어나는 원인인가? 무엇으로써 수량(數量)을 삼는가? 무엇으로써 근원을 삼는가? 무엇으로써 자양을 삼는가? 무엇으로써 일어나는가? 교계쟁사는 무엇으로써 인연을 삼는가? 무엇이 일어나는 원인인가? 무엇으로써 수량을 삼는가? 무엇으로써 근원을 삼는가? 무엇으로써 자양을 삼는가? 무엇으로써 일어나는가?

범죄쟁사는 무엇으로써 인연을 삼는가? 무엇이 일어나는 원인인가? 무엇으로써 수량을 삼는가? 무엇으로써 근원을 삼는가? 무엇으로써 자양을 삼는가? 무엇으로써 일어나는가? 사쟁사는 무엇으로써 인연을 삼는가? 무엇이 일어나는 원인인가? 무엇으로써 수량을 삼는가? 무엇으로써 근원을 삼는가? 무엇으로써 자양을 삼는가? 무엇으로써 일어나는가?

2-2 논쟁쟁사는 논쟁으로써 인연을 삼고, 논쟁이 일어나는 원인이며, 논쟁으로써 수량을 삼고, 논쟁으로써 근원을 삼으며, 논쟁으로써 자양을

---

3) 팔리어 Adhikaraṇanidānādi(아디카라나니다나디)의 번역이다.

삼고, 논쟁으로써 일어나는 것이다. 교계쟁사는 교계로써 인연을 삼고, 교계가 일어나는 원인이며, 교계로써 수량을 삼고, 교계로써 근원을 삼으며, 교계로써 자양을 삼고, 교계로써 일어나는 것이다.

　범죄쟁사는 범죄로써 인연을 삼고, 범죄가 일어나는 원인이며, 범죄로써 수량을 삼고, 범죄로써 근원을 삼으며, 범죄로써 자양을 삼고, 범죄로써 일어나는 것이다. 사쟁사는 행하는 일로써 인연으로 삼고, 행하는 일이 일어나는 원인이며, 행하는 일로써 수량을 삼고, 행하는 일로써 근원을 삼으며, 행하는 일로써 자양을 삼고, 행하는 일로써 일어나는 것이다.

2-3 논쟁쟁사는 무엇으로써 인연을 삼는가? 무엇이 일어나는 원인인가? 무엇으로써 수량을 삼는가? 무엇으로써 근원을 삼는가? 무엇으로써 자양을 삼는가? 무엇으로써 일어나는가? 교계쟁사는 무엇으로써 인연을 삼는가? 무엇이 일어나는 원인인가? 무엇으로써 수량을 삼는가? 무엇으로써 근원을 삼는가? 무엇으로써 자양을 삼는가? 무엇으로써 일어나는가?

　범죄쟁사는 무엇으로써 인연을 삼는가? 무엇이 일어나는 원인인가? 무엇으로써 수량을 삼는가? 무엇으로써 근원을 삼는가? 무엇으로써 자양을 삼는가? 무엇으로써 일어나는가? 사쟁사는 무엇으로써 인연을 삼는가? 무엇이 일어나는 원인인가? 무엇으로써 수량을 삼는가? 무엇으로써 근원을 삼는가? 무엇으로써 자양을 삼는가? 무엇으로써 일어나는가?

2-4 논쟁쟁사는 원인(因)으로써 인연을 삼고, 원인이 일어나는 원인이며, 원인으로써 수량을 삼고, 원인으로써 근원을 삼으며, 원인으로써 자양을 삼고, 논쟁으로써 일어나는 것이다. 교계쟁사는 원인으로써 인연으로 삼고, 원인이 일어나는 원인이며, 원인으로써 수량을 삼고, 원인으로써 근원을 삼으며, 원인으로써 자양을 삼고, 원인으로써 일어나는 것이다.

　범죄쟁사는 원인으로써 인연을 삼고, 원인이 일어나는 원인이며, 원인으로써 수량을 삼고, 원인으로써 근원을 삼으며, 원인으로써 자양을 삼고, 원인으로써 일어나는 것이다. 사쟁사는 원인으로써 인연을 삼고, 원인이 일어나는 원인이며, 원인으로써 수량을 삼고, 원인으로써 근원을 삼으며, 원인으로써 자양을 삼고, 원인으로써 일어나는 것이다.

2-5 논쟁쟁사는 무엇으로써 인연을 삼는가? 무엇이 일어나는 원인인가? 무엇으로써 수량을 삼는가? 무엇으로써 근원을 삼는가? 무엇으로써 자양을 삼는가? 무엇으로써 일어나는가? 교계쟁사는 무엇으로써 인연을 삼는가? 무엇이 일어나는 원인인가? 무엇으로써 수량을 삼는가? 무엇으로써 근원을 삼는가? 무엇으로써 자양을 삼는가? 무엇으로써 일어나는가?

범죄쟁사는 무엇으로써 인연을 삼는가? 무엇이 일어나는 원인인가? 무엇으로써 수량을 삼는가? 무엇으로써 근원을 삼는가? 무엇으로써 자양을 삼는가? 무엇으로써 일어나는가? 사쟁사는 무엇으로써 인연을 삼는가? 무엇이 일어나는 원인인가? 무엇으로써 수량을 삼는가? 무엇으로써 근원을 삼는가? 무엇으로써 자양을 삼는가? 무엇으로써 일어나는가?

2-6 논쟁쟁사는 인과(緣)로써 인연을 삼고, 인과가 일어나는 원인이며, 인과로써 수량을 삼고, 인과로써 근원을 삼으며, 인과로써 자양을 삼고, 논쟁으로써 일어나는 것이다. 교계쟁사는 인과로써 인연을 삼고, 인과가 일어나는 원인이며, 인과로써 수량을 삼고, 인과로써 근원을 삼으며, 인과로써 자양을 삼고, 인과로써 일어나는 것이다.

범죄쟁사는 인과로써 인연을 삼고, 인과가 일어나는 원인이며, 인과로써 수량을 삼고, 인과로써 근원을 삼으며, 인과로써 자양을 삼고, 인과로써 일어나는 것이다. 사쟁사는 인과로써 인연을 삼고, 인과가 일어나는 원인이며, 인과로써 수량을 삼고, 인과로써 근원을 삼으며, 인과로써 자양을 삼고, 인과로써 일어나는 것이다.

3. 쟁사의 뿌리[4]

3-1 네 종류의 쟁사는 몇 종류의 뿌리가 있는가? 몇 종류로 일어나는 것이 있는가? 네 종류의 쟁사는 33종류의 뿌리가 있고, 33종류로 일어난다. 무엇이 네 종류의 쟁사의 33종류의 뿌리인가? 논쟁쟁사에 12종류의 뿌리가 있고, 교계쟁사에 14종류의 뿌리가 있으며, 범죄쟁사에 6종류의 뿌리가 있고, 사쟁사에 1종류의 뿌리가 있나니 곧 승가이다. 네 종류의 쟁사는 33종류의 뿌리가 있다.

3-2 네 종류의 쟁사에서 무엇이 33종류로 일어나는 것인가? 논쟁쟁사에는 18종류의 파승사가 일어나는 것이 있고, 교계쟁사에는 4종류의 깨트리는 것이 일어나는 것이 있으며, 범죄쟁사에는 7종류의 죄가 일어나는 것이 있고, 사쟁사에는 4종류의 갈마가 일어나는 것이 있다. 네 종류의 쟁사에서 이러한 33종류로 일어나는 것이 있느니라.

4. 쟁사의 조연(助緣)[5]

4-1 논쟁쟁사는 유죄인가? 무죄인가? 논쟁쟁사는 무죄이다. 그렇다면 논쟁쟁사로써 인연을 삼아서 죄를 범할 수 있는가? 그렇다. 논쟁쟁사를 인연을 삼아서 죄를 범할 수 있다. 그렇다면 논쟁쟁사로써 인연을 삼아서 몇 종류의 죄를 범할 수 있는가? 그렇다면 논쟁쟁사를 인연을 삼아서 두 종류의 죄를 범할 수 있나니 이를테면, 구족계를 받은 자를 욕설한다면 바일제이고, 구족계를 받지 않은 자를 욕설한다면 돌길라이다. 논쟁쟁사

---

4) 팔리어 Adhikaraṇamūlādi(아디카라나무라디)의 번역이다.
5) 팔리어 Adhikaraṇapaccayāpatti(아디카라나파짜야파띠)의 번역이다.

로써 인연으로 삼아서 이러한 두 종류의 죄를 범한다.

그 죄는 네 종류의 깨트리는 것에서 몇 종류의 깨트리는 것을 수반(隨伴)하는가? 네 종류의 쟁사의 가운데에서 몇 종류의 쟁사인가? 일곱 종류의 죄의 부류 가운데에서 몇 종류의 죄에 귀속되는가? 여섯 종류의 죄를 범하는 가운데에서 무슨 종류를 의지하여 일어나는가? 몇 종류의 쟁사에 의지하는가? 어느 처소에서, 몇 종류의 멸쟁법을 의지하여 소멸시키는가?

그 죄는 네 종류의 깨트리는 것에서 한 종류의 깨트리는 것을 수반하나니, 행을 깨트리는 것이다. 네 종류의 쟁사의 가운데에서 범죄쟁사이다. 일곱 종류의 죄의 분류 가운데에서 두 종류의 죄에 귀속되나니, 바일제죄의 분류에 귀속되거나, 돌길라죄의 분류에 귀속된다. 여섯 종류의 죄를 범하는 가운데에서 세 종류를 의지하여 일어난다. 한 종류의 쟁사인 사쟁사를 의지한다. 세 종류의 처소이나니, 대중 승가의 가운데이거나 별중의 가운데이거나 개인의 앞에서 세 종류의 멸쟁법을 의지하여 소멸시키나니 이를테면, 현전비니와 자언치를 의지하거나, 현전비니와 여초부지를 의지하는 것이 있다.

4-2 교계쟁사는 유죄인가? 무죄인가? 교계쟁사는 무죄이다. 그렇다면 교계쟁사로써 인연을 삼아서 죄를 범할 수 있는가? 그렇다. 교계쟁사를 인연으로 삼아서 죄를 범할 수 있다. 그렇다면 교계쟁사로써 인연을 삼아서 몇 종류의 죄를 범할 수 있는가? 그렇다면 교계쟁사를 인연으로 삼아서 세 종류의 죄를 범할 수 있나니 이를테면, 근거가 없는 바라이법으로써 비구를 비방한다면 승잔이고, 근거가 없는 승잔으로써 비구를 비방한다면 바일제이며, 근거가 없는 행을 깨트리는 것으로써 비구를 비방한다면 돌길라이다. 교계쟁사로써 인연을 삼아서 이러한 세 종류의 죄를 범한다.

그 죄는 네 종류의 깨트리는 것에서 몇 종류의 깨트리는 것을 수반하는가? 네 종류의 쟁사의 가운데에서 몇 종류의 쟁사인가? 일곱 종류의 죄의 분류 가운데에서 몇 종류의 죄에 귀속되는가? 여섯 종류의 죄를 범하는 가운데에서 무슨 종류를 의지하여 일어나는가? 몇 종류의 쟁사에 의지하는가? 어느 처소에서, 몇 종류의 멸쟁법을 의지하여 소멸시키는가?

그 죄는 네 종류의 깨트리는 것에서 두 종류의 깨트리는 것을 수반하나니, 계를 깨트리는 것과 행을 깨트리는 것이다. 네 종류의 쟁사의 가운데에서 범죄쟁사이다. 일곱 종류의 죄의 분류 가운데에서 세 종류의 죄에 귀속되나니, 승잔죄·바일제·돌길라죄에 귀속된다. 여섯 종류의 죄를 범하는 가운데에서 세 종류를 의지하여 일어난다. 그 죄가 무겁다면 한 종류의 쟁사이나니, 사쟁사를 의지한다. 한 종류의 처소이나니, 대중 승가의 가운데에서 두 종류의 멸쟁법을 의지하여 소멸시키나니 이를테면, 현전비니와 자언치를 의지하는 것이다. 그 죄가 가볍다면 한 종류의 쟁사이나니, 사쟁사를 의지한다. 세 종류의 처소이나니, 대중 승가의 가운데이거나 별중의 가운데이거나 개인의 앞에서 세 종류의 멸쟁법을 의지하여 소멸시키나니 이를테면, 현전비니와 자언치를 의지하거나, 현전비니와 여초부지를 의지하는 것이 있다.

4-3 범죄쟁사는 유죄인가? 무죄인가? 범죄쟁사는 유죄이다. 그렇다면 범죄쟁사로써 인연을 삼아서 죄를 범할 수 있는가? 그렇다. 교계쟁사를 인연으로 삼아서 죄를 범할 수 있다. 그렇다면 교계쟁사로써 인연을 삼아서 몇 종류의 죄를 범할 수 있는가? 그렇다면 교계쟁사를 인연으로 삼아서 네 종류의 죄를 범할 수 있나니 이를테면, 비구니가 바라이법이라고 알았으나 덮어서 감추었다면 바라이죄이고, 의심하면서 덮어서 감추었다면 투란차이며, 비구가 승잔을 덮어서 감추었다면 바일제이고, 행을 깨트리는 것을 감추었다면 돌길라이다. 범죄쟁사로써 인연을 삼아서 이러한 네 종류의 죄를 범한다.

그 죄는 네 종류의 깨트리는 것에서 몇 종류의 깨트리는 것을 수반하는가? 네 종류의 쟁사의 가운데에서 몇 종류의 쟁사인가? 일곱 종류의 죄의 분류 가운데에서 몇 종류의 죄에 귀속되는가? 여섯 종류의 죄를 범하는 가운데에서 무슨 종류를 의지하여 일어나는가? 몇 종류의 쟁사에 의지하는가? 어느 처소에서, 몇 종류의 멸쟁법을 의지하여 소멸시키는가?

그 죄는 네 종류의 깨트리는 것에서 두 종류의 깨트리는 것을 수반하나니, 계를 깨트리는 것과 행을 깨트리는 것이다. 네 종류의 쟁사의 가운데에서 범죄쟁사이다. 일곱 종류의 죄의 분류 가운데에서 네 종류의 죄에 귀속되나니, 바라이죄·투란차죄·바일제죄·돌길라죄에 귀속된다. 여섯 종류의 죄를 범하는 가운데에서 한 종류를 의지하여 일어나나니 이를테면, 몸과 말과 뜻을 의지하여 일어난다.

그 죄가 무잔죄라면 무슨 쟁사라도 의지하더라도, 어느 처소일지라도, 무슨 멸쟁법에 의지하더라도 능히 소멸시킬 수 없다. 그 죄가 가볍다면 한 종류의 쟁사이나니, 사쟁사를 의지한다. 세 종류의 처소이나니, 세 종류의 처소이나니, 대중 승가의 가운데이거나 별중의 가운데이거나 개인의 앞에서 세 종류의 멸쟁법을 의지하여 소멸시키나니 이를테면, 현전비니와 자언치를 의지하거나, 현전비니와 여초부지를 의지하는 것이 있다.

4-4 사쟁사는 유죄인가? 무죄인가? 사쟁사는 무죄이다. 그렇다면 사쟁사로써 인연을 삼아서 죄를 범할 수 있는가? 그렇다. 사쟁사를 인연으로 삼아서 죄를 범할 수 있다. 그렇다면 사쟁사로써 인연을 삼아서 몇 종류의 죄를 범할 수 있는가? 그렇다면 사쟁사를 인연으로 삼아서 다섯 종류의 죄를 범할 수 있나니, 거론되었던 비구니를 수순하였으므로 충고하였고 세 번에 이르렀는데 버리지 않았으며 아뢰는 것을 의지한다면 돌길라이고, 두 번을 갈마하여 말하였다면 투란차이며, 갈마를 마쳤다면 바라이이다.

파승사를 도왔으므로 충고하였고 세 번에 이르렀는데 버리지 않았다면 투란차이고, 악한 견해를 마주하고서 충고하였고 세 번에 이르렀는데 버리지 않았다면 바일제이며, 갈마를 마쳤다면 바라이이다. 사쟁사로써 인연을 삼아서 이러한 다섯 종류의 죄를 범한다.

그 죄는 네 종류의 깨트리는 것에서 몇 종류의 깨트리는 것을 수반하는가? 네 종류의 쟁사의 가운데에서 몇 종류의 쟁사인가? 일곱 종류의 죄의 분류 가운데에서 몇 종류의 죄에 귀속되는가? 여섯 종류의 죄를 범하는 가운데에서 무슨 종류를 의지하여 일어나는가? 몇 종류의 쟁사에 의지하는가? 어느 처소에서, 몇 종류의 멸쟁법을 의지하여 소멸시키는가?

그 죄는 네 종류의 깨트리는 것에서 두 종류의 깨트리는 것을 수반하나니, 계를 깨트리는 것과 행을 깨트리는 것이다. 네 종류의 쟁사의 가운데에서 범죄쟁사이다. 일곱 종류의 죄의 분류 가운데에서 다섯 종류의 죄에 귀속되나니, 바라이죄·승잔죄·투란차죄·바일제죄·돌길라죄에 귀속된다. 여섯 종류의 죄를 범하는 가운데에서 세 종류를 의지하여 일어난다.

그 죄가 무잔죄라면 무슨 쟁사라도 의지하더라도, 어느 처소일지라도, 무슨 멸쟁법에 의지하더라도 능히 소멸시킬 수 없다. 그 죄가 무겁다면 한 종류의 쟁사이나니, 사쟁사를 의지한다. 한 종류의 처소이나니, 대중 승가의 가운데에서 두 종류의 멸쟁법을 의지하여 소멸시키나니 이를테면, 현전비니와 자언치를 의지하는 것이다. 그 죄가 가볍다면 한 종류의 쟁사이나니, 사쟁사를 의지한다. 세 종류의 처소이나니, 대중 승가의 가운데이거나 별중의 가운데이거나 개인의 앞에서 세 종류의 멸쟁법을 의지하여 소멸시키나니 이를테면, 현전비니와 자언치를 의지하거나, 현전비니와 여초부지를 의지하는 것이 있다.

5. 쟁사의 분석[6]

5-1 논쟁쟁사는 교계쟁사가 되고 범죄쟁사가 되며 사쟁사가 되는가? 논쟁쟁사는 교계쟁사가 되지 않고 범죄쟁사가 되지 않으며 사쟁사가 되지 않는다. 논쟁쟁사의 인연으로써 교계쟁사가 되고 범죄쟁사가 되며 사쟁사가 되는가? 논쟁쟁사의 인연으로써 교계쟁사가 되고 범죄쟁사가

6) 팔리어 Adhikaraṇādhippāya(아디카라나디빠야)의 번역이다.

되며 사쟁사가 된다. 이 일은 어찌 이와 같은가? 이 처소에 있는 비구가 "이것은 여법하고 이것은 비법이며, 이것은 율이고 이것은 율이 아니며, 이것은 여래가 설한 것이고 이것은 여래가 설한 것이 아니며, 이것은 여래의 상법이고 여래의 상법이 아니며, 이것은 여래께서 제정하셨고 혹은 여래께서 제정하시지 않았으며, 이것은 유죄이고 무죄이며, 이것은 가벼운 죄이고 혹은 무거운 죄이며, 이것은 유잔죄이고 무잔죄이며, 이것은 거친 죄이고 거칠지 않은 죄이다."라고 논쟁하는 것이다. 논쟁쟁사에서 승가는 소송하고 투쟁하며 논쟁하고 담론하며 이론하고 별론하며 반대로 저항하며 말하면서 논의하였다면, 이것을 논쟁쟁사라고 이름한다.

　　논쟁쟁사에서 승가가 논쟁한다면 논쟁쟁사이고, 논쟁하면서 비난하는 때에는 비난쟁사이며, 비난하면서 죄를 범하는 때에 범죄쟁사이고, 이러한 죄를 마주하고서 승가가 갈마를 행한다면 사쟁사이다. 이와 같이 논쟁쟁사를 인연하는 까닭으로 교계쟁사가 있고 범죄쟁사가 있으며 사쟁사가 있다.

5-2 교계쟁사는 범죄쟁사가 되고 사쟁사가 되며 논쟁쟁사가 되는가? 교계쟁사는 범죄쟁사가 되지 않고 사쟁사가 되지 않으며 논쟁쟁사가 되지 않는다. 교계쟁사의 인연으로써 범죄쟁사가 되고 사쟁사가 되며 논쟁쟁사가 되는가? 교계쟁사의 인연으로써 범죄쟁사가 되고 사쟁사가 되며 논쟁쟁사가 된다. 이 일은 어찌 이와 같은가? 이 처소에서 비구가 "계를 깨트리는 것, 행을 깨트리는 것, 견해를 깨트리는 것, 생활을 깨트리는 것이다."라고 비구를 비난하는 것이다. 이것에서 비난하였고 힐난하였으며 꾸짖었고 충고하고 변명하며 희롱하였다면, 이것을 비난쟁사라고 이름한다.

　　교계쟁사에서 승가가 논쟁한다면 논쟁쟁사이고, 논쟁하면서 비난하는 때에는 비난쟁사이며, 비난하면서 죄를 범하는 때에 범죄쟁사이고, 이러한 죄를 마주하고서 승가가 갈마를 행한다면 사쟁사이다. 이와 같이 교계쟁사를 인연하는 까닭으로 범죄쟁사가 있고 사쟁사가 있으며 논쟁쟁사가 있다.

5-3 범죄쟁사는 사쟁사가 되고 논쟁쟁사가 되며 교계쟁사가 되는가? 범죄쟁사는 사쟁사가 되지 않고 논쟁쟁사가 되지 않으며 교계쟁사가 되지 않는다. 범죄쟁사의 인연으로써 사쟁사가 되고 논쟁쟁사가 되며 교계쟁사가 되는가? 범죄쟁사의 인연으로써 사쟁사가 되고 논쟁쟁사가 되며 교계쟁사가 된다. 이 일은 어찌 이와 같은가? 이 처소에서 비구가 다섯 종류의 죄가 쌓여서 범죄쟁사가 되고, 일곱 종류의 죄가 쌓여서 범죄쟁사를 하는 것이니, 이것을 범죄쟁사라고 이름한다.

   범죄쟁사에서 승가가 논쟁한다면 논쟁쟁사이고, 논쟁하면서 비난하는 때에는 비난쟁사이며, 비난하면서 죄를 범하는 때에 범죄쟁사이고, 이러한 죄를 마주하고서 승가가 갈마를 행한다면 사쟁사이다. 이와 같이 범죄쟁사를 인연하는 까닭으로 사쟁사가 있고 논쟁쟁사가 있으며 교계쟁사가 있다.

5-4 사쟁사는 논쟁쟁사가 되고 교계쟁사가 되며 범죄쟁사가 되는가? 사쟁사는 논쟁쟁사가 되지 않고 교계쟁사가 되지 않으며 범죄쟁사가 되지 않는다. 사쟁사의 인연으로써 논쟁쟁사가 되고 교계쟁사가 되며 범죄쟁사가 되는가? 사쟁사의 인연으로써 논쟁쟁사가 되고 교계쟁사가 되며 범죄쟁사가 된다. 이 일은 어찌 이와 같은가? 이 처소에서 승가의 지을 것, 해야 할 것, 구청갈마, 단백갈마, 백이갈마, 백사갈마 등이니, 이것을 사쟁사라고 이름한다.

   사쟁사에서 승가가 논쟁한다면 논쟁쟁사이고, 논쟁하면서 비난하는 때에는 비난쟁사이며, 비난하면서 죄를 범하는 때에 범죄쟁사이고, 이러한 죄를 마주하고서 승가가 갈마를 행한다면 사쟁사이다. 이와 같이 사쟁사를 인연하는 까닭으로 논쟁쟁사가 있고 교계쟁사가 있으며 범죄쟁사가 있다.

6. 질문[7]

6-1 억념비니가 있는 처소에 현전비니가 있고, 현전비니가 있는 처소에 억념비니가 있다. 불치비니가 있는 처소에 현전비니가 있고, 현전비니가 있는 처소에 불치비니가 있다. 자언치가 있는 처소에 현전비니가 있고, 현전비니가 있는 처소에 자언치가 있다. 다인어가 있는 처소에 현전비니가 있고, 현전비니가 있는 처소에 다인어가 있다. 멱죄상이 있는 처소에 현전비니가 있고, 현전비니가 있는 처소에 멱죄상이 있다. 여초부지가 있는 처소에 현전비니가 있고, 현전비니가 있는 처소에 여초부지가 있다.

6-2 현전비니와 억념비니에 의지하여 일을 멸쟁시키는 때에, 억념비니가 있는 처소에 현전비니가 있었고, 현전비니가 있는 처소에 억념비니가 있었다면, 그 처소에는 불치비니가 없고, 자언치가 없으며, 다인어가 없고, 멱죄상이 없으며, 여초부지가 없는 것이다. 현전비니와 불치비니에 의지하여 일을 멸쟁시키는 때에, 불치비니가 있는 처소에 현전비니가 있었고, 현전비니가 있는 처소에 불치비니가 있었다면, 그 처소에는 자언치가 없고, 다인어가 없으며, 멱죄상이 없고, 여초부지가 없으며, 억념비니가 없는 것이다.

　현전비니와 자언치에 의지하여 일을 멸쟁시키는 때에, 자언치가 있는 처소에 현전비니가 있었고, 현전비니가 있는 처소에 자언치가 있었다면, 그 처소에는 다인어가 없고, 멱죄상이 없으며, 여초부지가 없고, 억념비니가 없으며, 불치비니가 없는 것이다. 현전비니와 다인어에 의지하여 일을 멸쟁시키는 때에, 다인어가 있는 처소에 현전비니가 있었고, 현전비니가 있는 처소에 다인어가 있었다면, 그 처소에는 멱죄상이 없고, 여초부지가 없으며, 억념비니가 없고, 불치비니가 없으며, 자언치가 없고, 다인어

---

[7] 팔리어 Pucchāvāra(푸짜바라)의 번역이다.

가 없는 것이다.

현전비니와 멱죄상에 의지하여 일을 멸쟁시키는 때에, 멱죄상이 있는 처소에 현전비니가 있었고, 현전비니가 있는 처소에 멱죄상이 있었다면, 그 처소에는 여초부지가 없고, 억념비니가 없으며, 불치비니가 없고, 자언치가 없으며, 다인어가 없는 것이다. 현전비니와 여초부지에 의지하여 일을 멸쟁시키는 때에, 여초부지가 있는 처소에 현전비니가 있었고, 현전비니가 있는 처소에 여초부지가 있었다면, 그 처소에는 억념비니가 없고 불치비니가 없으며, 자언치가 없고, 다인어가 없고, 멱죄상이 없는 것이다.

7. 대답[8]

7-1 현전비니라고 말하고, 혹은 억념비니라고 말하는 때에, 이러한 법은 관련이 있는가? 이러한 법은 관련이 없는가? 이러한 법의 차이를 구별하여 보여줄 수 있는가? 현전비니라고 말하고, 혹은 불치비니라고 말하는 때에, 이러한 법은 관련이 있는가? 이러한 법은 관련이 없는가? 이러한 법의 차이를 구별하여 보여줄 수 있는가?

현전비니라고 말하고, 혹은 자언치라고 말하는 때에, 이러한 법은 관련이 있는가? 이러한 법은 관련이 없는가? 이러한 법의 차이를 구별하여 보여줄 수 있는가? 현전비니라고 말하고, 혹은 다인어라고 말하는 때에, 이러한 법은 관련이 있는가? 이러한 법은 관련이 없는가? 이러한 법의 차이를 구별하여 보여줄 수 있는가?

현전비니라고 말하고, 혹은 멱죄상이라고 말하는 때에, 이러한 법은 관련이 있는가? 이러한 법은 관련이 없는가? 이러한 법의 차이를 구별하여

---

8) 팔리어 Vissajjanāvāra(비싸짜나바라)의 번역이다.

보여줄 수 있는가? 현전비니라고 말하고, 혹은 여초부지라고 말하는
때에, 이러한 법은 관련이 있는가? 이러한 법은 관련이 없는가? 이러한
법의 차이를 구별하여 보여줄 수 있는가?

7-2 현전비니라고 말하고, 혹은 억념비니라고 말하는 때에, 이러한 법은
관련이 있는 것이고, 관련이 없는 것이 아니다. 이러한 법의 차이를
구별하여 보여줄 수 없다. 현전비니라고 말하고, 혹은 불치비니라고
말하는 때에, 이러한 법은 관련이 있는 것이고, 관련이 없는 것이 아니다.
이러한 법의 차이를 구별하여 보여줄 수 없다.

　현전비니라고 말하고, 혹은 자언치라고 말하는 때에, 이러한 법은
관련이 있는 것이고, 관련이 없는 것이 아니다. 이러한 법의 차이를
구별하여 보여줄 수 없다. 현전비니라고 말하고, 혹은 다인어라고 말하는
때에, 이러한 법은 관련이 있는 것이고, 관련이 없는 것이 아니다. 이러한
법의 차이를 구별하여 보여줄 수 없다.

　현전비니라고 말하고, 혹은 멱죄상이라고 말하는 때에, 이러한 법은
관련이 있는 것이고, 관련이 없는 것이 아니다. 이러한 법의 차이를
구별하여 보여줄 수 없다. 현전비니라고 말하고, 혹은 여초부지라고
말하는 때에, 이러한 법은 관련이 있는 것이고, 관련이 없는 것이 아니다.
이러한 법의 차이를 구별하여 보여줄 수 없다.

8. 멸쟁의 발생[9]

8-1 현전비니는 무엇으로써 인연을 삼는가? 무엇이 일어나는 원인인가?
무엇으로써 수량을 삼는가? 무엇으로써 근원을 삼는가? 무엇으로써

---

9) 팔리어 Saṃsaṭṭhavāra(삼사따바라)의 번역이다.

자양을 삼는가? 무엇으로써 일어나는가? 억념비니는 무엇으로써 인연을
삼는가? 무엇이 일어나는 원인인가? 무엇으로써 수량을 삼는가? 무엇으
로써 근원을 삼는가? 무엇으로써 자양을 삼는가? 무엇으로써 일어나는
가?

　불치비니는 무엇으로써 인연을 삼는가? 무엇이 일어나는 원인인가?
무엇으로써 수량을 삼는가? 무엇으로써 근원을 삼는가? 무엇으로써
자양을 삼는가? 무엇으로써 일어나는가? 자언치는 무엇으로써 인연을
삼는가? 무엇이 일어나는 원인인가? 무엇으로써 수량을 삼는가? 무엇으
로써 근원을 삼는가? 무엇으로써 자양을 삼는가? 무엇으로써 일어나는
가?

　다인어는 무엇으로써 인연을 삼는가? 무엇이 일어나는 원인인가?
무엇으로써 수량을 삼는가? 무엇으로써 근원을 삼는가? 무엇으로써
자양을 삼는가? 무엇으로써 일어나는가? 멱죄상은 무엇으로써 인연을
삼는가? 무엇이 일어나는 원인인가? 무엇으로써 수량을 삼는가? 무엇으
로써 근원을 삼는가? 무엇으로써 자양을 삼는가? 무엇으로써 일어나는
가?

　여초부지는 무엇으로써 인연을 삼는가? 무엇이 일어나는 원인인가?
무엇으로써 수량을 삼는가? 무엇으로써 근원을 삼는가? 무엇으로써
자양을 삼는가? 무엇으로써 일어나는가?

8-2 현전비니는 인연으로써 인연을 삼고, 인연이 일어나는 원인이며,
인연으로써 수량을 삼고, 인연으로써 근원을 삼으며, 인연으로써 자양을
삼고, 인연으로써 일어나는 것이다. 억념비니는 인연으로써 인연을 삼고,
인연이 일어나는 원인이며, 인연으로써 수량을 삼고, 인연으로써 근원을
삼으며, 인연으로써 자양을 삼고, 인연으로써 일어나는 것이다.

　불치비니는 인연으로써 인연을 삼고, 인연이 일어나는 원인이며, 인연
으로써 수량을 삼고, 인연으로써 근원을 삼으며, 인연으로써 자양을 삼고,
인연으로써 일어나는 것이다. 자언치는 인연으로써 인연을 삼고, 인연이

일어나는 원인이며, 인연으로써 수량을 삼고, 인연으로써 근원을 삼으며, 인연으로써 자양을 삼고, 인연으로써 일어나는 것이다.

다인어는 인연으로써 인연을 삼고, 인연이 일어나는 원인이며, 인연으로써 수량을 삼고, 인연으로써 근원을 삼으며, 인연으로써 자양을 삼고, 인연으로써 일어나는 것이다. 멱죄상은 인연으로써 인연을 삼고, 인연이 일어나는 원인이며, 인연으로써 수량을 삼고, 인연으로써 근원을 삼으며, 인연으로써 자양을 삼고, 인연으로써 일어나는 것이다.

여초부지는 인연으로써 인연을 삼고, 인연이 일어나는 원인이며, 인연으로써 수량을 삼고, 인연으로써 근원을 삼으며, 인연으로써 자양을 삼고, 인연으로써 일어나는 것이다.

8-3 현전비니는 무엇으로써 인연을 삼는가? 무엇이 일어나는 원인인가? 무엇으로써 수량을 삼는가? 무엇으로써 근원을 삼는가? 무엇으로써 자양을 삼는가? 무엇으로써 일어나는가? 억념비니는 무엇으로써 인연을 삼는가? 무엇이 일어나는 원인인가? 무엇으로써 수량을 삼는가? 무엇으로써 근원을 삼는가? 무엇으로써 자양을 삼는가? 무엇으로써 일어나는가?

불치비니는 무엇으로써 인연을 삼는가? 무엇이 일어나는 원인인가? 무엇으로써 수량을 삼는가? 무엇으로써 근원을 삼는가? 무엇으로써 자양을 삼는가? 무엇으로써 일어나는가? 자언치는 무엇으로써 인연을 삼는가? 무엇이 일어나는 원인인가? 무엇으로써 수량을 삼는가? 무엇으로써 근원을 삼는가? 무엇으로써 자양을 삼는가? 무엇으로써 일어나는가?

다인어는 무엇으로써 인연을 삼는가? 무엇이 일어나는 원인인가? 무엇으로써 수량을 삼는가? 무엇으로써 근원을 삼는가? 무엇으로써 자양을 삼는가? 무엇으로써 일어나는가? 멱죄상은 무엇으로써 인연을 삼는가? 무엇이 일어나는 원인인가? 무엇으로써 수량을 삼는가? 무엇으로써 근원을 삼는가? 무엇으로써 자양을 삼는가? 무엇으로써 일어나는가?

여초부지는 무엇으로써 인연을 삼는가? 무엇이 일어나는 원인인가? 무엇으로써 수량을 삼는가? 무엇으로써 근원을 삼는가? 무엇으로써 자양을 삼는가? 무엇으로써 일어나는가?

8-4 현전비니는 원인으로써 인연을 삼고, 원인이 일어나는 원인이며, 원인으로써 수량을 삼고, 원인으로써 근원을 삼으며, 원인으로써 자양을 삼고, 논쟁으로써 일어나는 것이다. 억념비니는 원인으로써 인연을 삼고, 원인이 일어나는 원인이며, 원인으로써 수량을 삼고, 원인으로써 근원을 삼으며, 원인으로써 자양을 삼고, 원인으로써 일어나는 것이다.

불치비니는 원인으로써 인연을 삼고, 원인이 일어나는 원인이며, 원인으로써 수량을 삼고, 원인으로써 근원을 삼으며, 원인으로써 자양을 삼고, 논쟁으로써 일어나는 것이다. 자언치는 원인으로써 인연을 삼고, 원인이 일어나는 원인이며, 원인으로써 수량을 삼고, 원인으로써 근원을 삼으며, 원인으로써 자양을 삼고, 원인으로써 일어나는 것이다.

다인어는 원인으로써 인연을 삼고, 원인이 일어나는 원인이며, 원인으로써 수량을 삼고, 원인으로써 근원을 삼으며, 원인으로써 자양을 삼고, 논쟁으로써 일어나는 것이다. 멱죄상은 원인으로써 인연을 삼고, 원인이 일어나는 원인이며, 원인으로써 수량을 삼고, 원인으로써 근원을 삼으며, 원인으로써 자양을 삼고, 원인으로써 일어나는 것이다.

여초부지는 원인으로써 인연을 삼고, 원인이 일어나는 원인이며, 원인으로써 수량을 삼고, 원인으로써 근원을 삼으며, 원인으로써 자양을 삼고, 논쟁으로써 일어나는 것이다.

8-5 7멸쟁법은 몇 종류의 뿌리가 있는가? 몇 종류로 일어나는 것이 있는가? 7멸쟁법은 26종류의 뿌리가 있고, 36종류로 일어난다. 무엇이 26종류의 뿌리인가? 현전비니에 4종류의 뿌리가 있나니, 승현전(僧現前)[10]·법현전(法現前)[11]·율현전(律現前)[12]·인현전(人現前)[13]이다. 억념

비니에 4종류의 뿌리가 있고, 불치비니에 4종류의 뿌리가 있다. 자언치에 2종류의 뿌리가 있나니, 스스로가 사람들에게 아뢰는 것과 스스로가 아뢰는 사람에게 받는 것이 있다. 다인어에 4종류의 뿌리가 있고, 멱죄상에 4종류의 뿌리가 있다. 여초부지에 4종류의 뿌리가 있나니, 승현전·법현전·율현전·인현전이다.

8-6 7멸쟁법에서 무엇이 36종류로 일어나는 것인가? 억념비니의 갈마에는 집행(執行), 수행(遂行), 착수(著手), 진행(進行), 승인(承認), 허락(許諾) 등이 있고, 불치비니의 갈마에는 …… 자언치의 갈마에는 …… 다인어의 갈마에는 …… 멱죄상의 갈마에는 …… 여초부지의 갈마에는 집행, 수행, 착수, 진행, 승인, 허락 등이 있다. 7멸쟁법에는 이렇게 36종류로 일어나는 것이 있다.

9. 현전비니[14]

9-1 현전비니라고 말하고, 혹은 억념비니라고 말하는 때에, 이러한 법은 다른 뜻이고 다른 말인가? 혹은 같은 뜻이고 오직 다른 말인가? 현전비니라고 말하고, 혹은 불치비니라고 말하는 때에, 이러한 법은 다른 뜻이고 다른 말인가? 혹은 같은 뜻이고 오직 다른 말인가? 현전비니라고 말하고, 혹은 자언치라고 말하는 때에, 이러한 법은 다른 뜻이고 다른 말인가? 혹은 같은 뜻이고 오직 다른 말인가?

---

10) 팔리어 Saṅghasammukhatā(산가사무카타)의 번역이다.
11) 팔리어 dhammasammukhatā(담마사무카타)의 번역이다.
12) 팔리어 vinayasammukhatā(비나야사무카타)의 번역이다.
13) 팔리어 puggalasammukhatā(푸까라사무카타)의 번역이다.
14) 팔리어 Sattasamathanidāna(사따사마타니다나)의 번역이다.

현전비니라고 말하고, 혹은 다언치라고 말하는 때에, 이러한 법은
다른 뜻이고 다른 말인가? 혹은 같은 뜻이고 오직 다른 말인가? 현전비니
라고 말하고, 혹은 멱죄상이라고 말하는 때에, 이러한 법은 다른 뜻이고
다른 말인가? 혹은 같은 뜻이고 오직 다른 말인가? 현전비니라고 말하고,
혹은 여초부지라고 말하는 때에, 이러한 법은 다른 뜻이고 다른 말인가?
혹은 같은 뜻이고 오직 다른 말인가?

9-2 현전비니라고 말하고, 혹은 억념비니라고 말하는 때에, 이러한 법은
다른 뜻이고 또한 다른 말이다. 현전비니라고 말하고, 혹은 불치비니라고
말하는 때에, 이러한 법은 다른 뜻이고 또한 다른 말이다. 현전비니라고
말하고, 혹은 자언치라고 말하는 때에, 이러한 법은 다른 뜻이고 또한
다른 말이다.

현전비니라고 말하고, 혹은 다언치라고 말하는 때에, 이러한 법은
다른 뜻이고 또한 다른 말이다. 현전비니라고 말하고, 혹은 멱죄상이라고
말하는 때에, 이러한 법은 다른 뜻이고 또한 다른 말이다. 현전비니라고
말하고, 혹은 여초부지라고 말하는 때에, 이러한 법은 다른 뜻이고 또한
다른 말이다.

10. 멸쟁의 의미[15)

10-1 "논쟁이고 논쟁쟁사인 것이 있으며, 논쟁이고 쟁사가 아닌 것이
있으며, 쟁사이고 논쟁이 아닌 것이 있으며, 쟁사이고 역시 논쟁이 아닌
것이 있으며, 혹은 논쟁이고 논쟁쟁사인 것이 있으며, 혹은 논쟁이고
쟁사가 아닌 것이 있으며, 혹은 쟁사이고 논쟁이 아닌 것이 있으며,

15) 팔리어 Sattasamathanānatthādi(사따사마타나나따디)의 번역이다.

혹은 쟁사이고 역시 논쟁이었던 것이 있다.

이 처소에서 무엇이 논쟁이고 논쟁쟁사를 하는 것인가? 법이고 혹은 비법으로 논쟁하였거나, 율이고 혹은 율이 아닌 것으로 논쟁하였거나, 여래께서 설하신 말씀이고 혹은 여래께서 설하신 말씀이 아닌 것으로 논쟁하였거나, 여래의 상법이고 여래의 상법이 아닌 것으로 논쟁하였거나, 여래께서 제정하셨고 혹은 여래께서 제정하지 않으신 것으로 논쟁하였거나, 유죄이고 혹은 무죄인 것으로 논쟁하였거나, 가벼운 죄이고 혹은 무거운 죄인 것으로 논쟁하였거나, 유잔죄이고 혹은 무잔죄인 것으로 논쟁하였거나, 거친 죄이고 혹은 거칠지 않은 죄인 것으로 논쟁하는 것이다. 이 처소에서 소송하고 투쟁하며 논쟁하고 담론하며 이론하고 별론하며 반대로 저항하며 말하면서 논쟁하였다면, 이것은 논쟁이고 논쟁쟁사를 하는 것이다.

이 처소에서 무엇이 논쟁이고 쟁사가 아닌가? 어머니와 아들이 논쟁하였거나, 아들과 어머니가 논쟁하였거나, 아버지와 아들이 논쟁하였거나, 아들과 아버지가 논쟁하였거나, 형제와 형제가 논쟁하였거나, 형제와 자매가 논쟁하였거나, 자매와 형제가 논쟁하였거나, 벗과 벗이 논쟁하였다면, 이것은 논쟁이고 쟁사가 아니다. 이 처소에서 무엇이 쟁사이고 논쟁이 아닌가? 교계쟁사, 범죄쟁사, 사쟁사의 이것은 쟁사이고 논쟁이 아니다. 이 처소에서 무엇이 쟁사이고 역시 논쟁인가? 논쟁쟁사를 쟁사하고 역시 논쟁하는 것이다."

10-2 "교계이고 교계쟁사인 것이 있으며, 교계이고 쟁사가 아닌 것이 있으며, 쟁사이고 교계가 아닌 것이 있으며, 쟁사이고 역시 교계인 것이 있으며, 혹은 교계이고 교계쟁사인 것이 있으며, 혹은 교계이고 쟁사가 아닌 것이 있으며, 혹은 쟁사이고 교계가 아닌 것이 있으며, 혹은 쟁사이고 역시 교계인 것이 있다.

이 처소에서 무엇이 교계이고 교계쟁사를 하는 것인가? 법이고 혹은 비법으로 교계하였거나, 율이고 혹은 율이 아닌 것으로 교계하였거나,

여래께서 설하신 말씀이고 혹은 여래께서 설하신 말씀이 아닌 것으로 교계하였거나, 여래의 상법이고 여래의 상법이 아닌 것으로 교계하였거나, 여래께서 제정하셨고 혹은 여래께서 제정하지 않으신 것으로 교계하였거나, 유죄이고 혹은 무죄인 것으로 교계하였거나, 가벼운 죄이고 혹은 무거운 죄인 것으로 교계하였거나, 유잔죄이고 혹은 무잔죄인 것으로 교계하였거나, 거친 죄이고 혹은 거칠지 않은 죄인 것으로 논쟁하는 것이다. 이 처소에서 소송하고 투쟁하며 논쟁하고 담론하며 이론하고 별론하며 반대로 저항하며 말하면서 교계하였다면, 이것은 교계이고 교계쟁사를 하는 것이다.

이 처소에서 무엇이 교계이고 쟁사가 아닌 것인가? 어머니가 아들을 교계하였거나, 아들이 어머니를 교계하였거나, 아버지가 아들을 교계하였거나, 아들이 아버지를 교계하였거나, 형제가 형제를 교계하였거나, 형제가 자매를 교계하였거나, 자매가 형제를 교계하였거나, 벗이 벗을 교계하였다면, 이것은 교계이고 쟁사가 아닌 것이다. 이 처소에서 무엇이 쟁사이고 교계가 아닌 것인가? 범죄쟁사, 사쟁사, 논쟁쟁사의 이것은 쟁사이고 교계가 아닌 것이다. 이 처소에서 무엇이 쟁사이고 역시 교계하는 것인가? 교계쟁사를 쟁사하고 역시 교계하는 것이다."

10-3 범죄이고 범죄쟁사인 것이 있으며, 범죄이고 쟁사가 아닌 것이 있으며, 쟁사이고 범죄가 아닌 것이 있으며, 쟁사이고 역시 범죄인 것이 있으며, 혹은 범죄이고 범죄쟁사인 것이 있으며, 혹은 범죄이고 쟁사가 아닌 것이 있으며, 혹은 쟁사이고 범죄가 아닌 것이 있으며, 혹은 쟁사가 있고 역시 범죄인 것이 있다. 이 처소에서 무엇이 범죄이고 범죄쟁사를 하는 것인가? 다섯 종류가 범죄가 쌓였고 범죄쟁사를 하였거나, 다섯 종류가 범죄가 쌓였고 범죄쟁사를 하였다면, 이것은 범죄이고 범죄쟁사를 하는 것이다.

이 처소에서 무엇이 범죄이고 쟁사가 아닌가? 예류(預流)이거나, 등지(等至)라면, 이것은 범죄이고 쟁사가 아니다. 이 처소에서 무엇이 쟁사이고 범죄가 아닌가? 사쟁사, 논쟁쟁사, 교계쟁사의 이것은 쟁사이고 범죄가 아니다. 이 처소에서 무엇이 쟁사이고 역시 범죄인가? 범죄쟁사를 쟁사하고 역시 죄를 범하는 것이다.

10-4 사이고 사쟁사인 것이 있으며, 사이고 쟁사가 아닌 것이 있으며, 쟁사이고 사가 아닌 것이 있으며, 쟁사이고 역시 사인 것이 있으며, 혹은 사이고 사쟁사인 것이 있으며, 혹은 사이고 쟁사가 아닌 것이 있으며, 혹은 쟁사이고 사가 아닌 것이 있으며, 혹은 쟁사가 있고 역시 사인 것이 있다. 이 처소에서 무엇이 사이고 사쟁사를 하는 것인가? 승가가 지을 것, 해야 할 것, 구청갈마, 단백갈마, 백이갈마, 백사갈마 등이니, 이것은 사이고 사쟁사인 것이다.

　이 처소에서 무엇이 사이고 쟁사가 아닌가? 아사리를 마주하는 일이거나, 화상을 마주하는 일이거나, 같은 화상을 마주하는 일이거나, 같은 아사리를 마주하는 일이라면, 이것은 범죄이고 쟁사가 아니다. 이 처소에서 무엇이 쟁사이고 사가 아닌가? 논쟁쟁사, 교계쟁사, 범죄쟁사의 이것은 쟁사이고 사가 아니다. 이 처소에서 무엇이 쟁사이고 역시 사인가? 사쟁사를 쟁사하고 역시 일을 하는 것이다.

[쟁사분석장을 마친다.]

섭송으로 설하겠노라.

쟁사와 발생과
방편과 사람과
인연과 원인과 인과와
뿌리와 발생과

죄와 그것과 처소와
관계와 기원과
원인과 인과와 뿌리와
발생과 말과
논쟁은 쟁사인가?
이것이 쟁사의 분석이다.

부수 제10권

제10장 별가타집(別伽陀集)¹⁾

1. 별가타(別伽陀)²⁾

1-1 가책(呵責)³⁾은 무엇을 위한 것인가?

억념(憶念)⁴⁾은 무엇을 위한 것인가?

대중 승가는 무엇을 위한 것인가?

심념(心念)⁵⁾은 무엇을 위한 것인가?

가책은 죄를 기억시키려는 것이다.

억념은 절복(折伏)시키려는 것이다.

승가는 판결하려는 것이다.

심념은 각자가 결단(決斷)하는 것이다.

---

1) 팔리어 Aparagāthāsaṅgaṇika(아파라가타산가니카)의 번역이다.
2) 팔리어 Codanādipucchāvissajjanā(코다나디뿌짜비싸짜나)의 번역이다.
3) 팔리어 Codanā(초다나)의 번역이다.
4) 팔리어 saraṇa(사라나)의 번역이다.
5) 팔리어 matikamma(마티캄마)의 번역이다.

그대가 만약 검문자(撿問者)라면
성급하게 말하지 말고
화를 내며 말하지 말며
분노하면서 행하지 말라.

경에서[6], 율장에서[7], 따르는 법에서[8],
제정된 것에서[9],
수순하는 법에서[10], 경솔하고
이익이 없는 논쟁으로 말하지 말라.

깨달았던 자가 지었던 매우 교묘하게
검문하는 위의법을 의지하고
선설(善說)하는 학처에서 수순하며
수용하는 뜻을 따르며
미래의 길을 파괴하지 말라.

다른 사람을 이익되게 하려면
마땅한 때에 이익이 있는가를 검문하고
꾸짖음을 받는 자와 꾸짖는 자의
말을 성급하게 취하지 말라.

가책하는 자가 유죄라고 말하고
가책받는 자는 무죄라고 말한다면

---

6) 팔리어 Sutta(수따)의 번역이다.
7) 팔리어 Vinaya(비나야)의 번역이다.
8) 팔리어 Anuloma(아누로마)의 번역이다.
9) 팔리어 paññatta(판냐따)의 번역이다.
10) 팔리어 anulomika(아누로미카)의 번역이다.

마땅히 두 가지의 말을 수용하지 말고
스스로가 아뢰었던 말에 의지하여 판결하라.

스스로가 아뢰고 행한다면 부끄러움이 있고
부끄러움이 없다면 그렇지 않나니
부끄러움이 없는 자는 말이 많은 까닭으로
마땅히 그의 행을 의지하여 판결해야 한다.

부끄러움이 없는 자는 스스로 아뢰지 않나니
어느 사람과 같습니까?
나는 이와 같이 묻겠나니
어느 사람이라면 부끄러움이 없다고 말합니까?

그는 고의로 죄를 범하고 죄를 숨기고
마땅히 행하지 않을 것을 행하나니
이와 같은 사람은
부끄러움이 없는 사람이라고 말한다.

'진실로 나도 역시 안다.'라는 이와 같은 사람은
부끄러움이 없는 사람이라고 말한다.
나는 다시 그대에게 묻겠나니
어느 사람과 같다면 부끄러움이 있다고 말합니까?

그는 고의로 죄를 범하지 않고 죄를 숨기지 않으며
마땅히 행할 것을 행하나니
이와 같은 사람은
부끄러움이 있는 사람이라고 말한다.

'진실로 나도 역시 안다.'라는 이와 같은 사람은
부끄러움이 있는 사람이라고 말한다.
나는 다시 그대에게 묻겠나니
어느 사람이라면 비법으로 가책하였다고 말합니까?

때가 아닌 때에, 사실이 아닌 것으로, 거친 것으로,
이익이 없이, 성내는 마음으로,
자비심이 없는 것으로, 이와 같은 자라면
비법으로 가책하였다고 말한다.

'진실로 나도 역시 안다.'라는 이와 같은 사람은
비법으로 가책하는 사람이라고 말한다.
나는 다시 그대에게 묻겠나니
어느 사람이라면 여법하게 가책하였다고 말합니까?

적당한 때에, 사실인 것으로, 유연한 것으로,
이익이 있게, 성내지 않는 마음으로,
자비심이 있는 것으로, 이와 같은 자라면
여법하게 가책하였다고 말한다.

'진실로 나도 역시 안다.'라는 이와 같은 사람은
여법하게 가책하는 사람이라고 말한다.
나는 다시 그대에게 묻겠나니
어느 사람이라면 무지하게 가책하였다고 말합니까?

앞의 일을 알지 못하고, 뒤의 일을 알지 못하며,
앞과 뒤의 일을 알지 못하고, 적용할 어법을 알지 못하며,
적용할 말을 알지 못하는 이와 같은 자라면

무지하게 가책하였다고 말한다.

'진실로 나도 역시 안다.'라는 이와 같은 사람은
무지하게 가책하는 사람이라고 말한다.
나는 다시 그대에게 묻겠나니
어느 사람이라면 지혜가 있게 가책하였다고 말합니까?

앞의 일을 알고, 뒤의 일을 알며,
앞과 뒤의 일을 알고, 적용할 어법을 알며,
적용할 말을 아는 이와 같은 자라면
지혜가 있게 가책하였다고 말한다.

'진실로 나도 역시 안다.'라는 이와 같은 사람은
지혜가 있게 가책하는 사람이라고 말한다네.
나는 다시 그대에게 묻겠나니
무엇을 가책하는 것이라고 말합니까?

계율을 깨트리는 것을 가책하고
행과 견해를 깨트리는 것을 가책하며
생활을 깨트리는 것을 가책한다.
이것을 의지한다면 가책이라고 말한다.

[별가타집을 마친다.]

부수 제11권

제11장 가책장(呵責章)[1]

1. 가책(呵責)[2]

1-1 검문자는 마땅히 가책하는 자에게 "장로여. 그대는 이 비구를 가책하면서 무엇을 의지하여 그를 가책합니까? 계를 깨트리는 것에 의지하여 가책합니까? 행을 깨트리는 것에 의지하여 가책합니까? 견해를 깨트리는 것에 의지하여 가책합니까?"라고 물어야 한다.

만약 그 비구가 "나는 계를 깨트리는 것에 의지하여 가책합니다. 행을 깨트리는 것에 의지하여 가책합니다. 견해를 깨트리는 것에 의지하여 가책합니다."라고 말하였다면, 그 비구를 마주하고서 "장로여. 계율을 깨트리는 것을 알았습니까? 행을 깨트리는 것을 알았습니까? 견해를 깨트리는 것을 알았습니까?"라고 이와 같이 말해야 한다. 만약 그 비구가 "계율을 깨트리는 것을 알았고 행을 깨트리는 것을 알았으며 견해를 깨트리는 것을 알았습니다."라고 말하였다면, 그 비구에게 "무슨 계율을

---

1) 팔리어 Codanākaṇḍa(초다나칸다)의 번역이다.
2) 팔리어 Anuvijjakaanuyoga(아누비짜카아누요가)의 번역이다.

깨트렸습니까? 무슨 행을 깨트렸습니까? 무슨 견해를 깨트렸습니까?"라고 이와 같이 말해야 한다.

1-2 만약 그 비구가 "4바라이와 13승잔의 계율을 깨트리는 것이고, 투란차, 바일제, 바라제제사니, 악작, 악설 등으로 행을 깨트리는 것이며, 사견과 변집견이 견해를 깨트리는 것입니다."라고 말하였다면, 그는 그 비구에게 "장로여. 이 비구를 가책하였는데, 이것을 보았던 까닭으로 금지시켰습니까? 이것을 들었던 까닭으로 금지시켰습니까? 이것을 의심하였던 까닭으로 금지시켰습니까?"라고 이와 같이 말해야 한다.

1-3 만약 그 비구가 "나는 이것을 보았던 까닭으로 금지시켰고, 이것을 들었던 까닭으로 금지시켰으며, 이것을 의심하였던 까닭으로 금지시켰습니다."라고 말하였다면, 그는 그 비구에게 "장로여. 이 비구를 보았던 인연으로 금지시켰는데, 그대가 보았던 것은 무엇입니까? 무엇을 위하여 보았습니까? 어느 때에 보았습니까? 어디에서 보았습니까? 바라이를 범하는 것을 보았습니까? 승잔을 범하는 것을 보았습니까? 투란차를 범하는 것을 보았습니까? 바일제, 바라제제사니, 악작, 악설 등을 범하는 것을 보았습니까? 그대는 어디에 있었습니까? 이 비구는 어디에 있었습니까? 그대는 무슨 일을 하였습니까? 이 비구는 무슨 일을 하였습니까?"라고 이와 같이 말해야 한다.

1-4 만약 그 비구가 "나는 이 비구에게 그것을 보았던 까닭으로 가책하였던 인연이 아니고 그것을 들었던 까닭으로 가책하였던 인연입니다."라고 말하였다면, 그는 그 비구에게 "장로여. 이 비구를 들었던 까닭으로 금지시켰는데, 그대가 들었던 것은 무엇입니까? 무엇을 위하여 들었습니까? 어느 때에 들었습니까? 어디에서 들었습니까? 바라이를 범하는 것을 들었습니까? 승잔을 범하는 것을 들었습니까? 투란차를 범하는 것을 들었습니까? 바일제, 바라제제사니, 악작, 악설 등을 범하는 것을 들었습

니까? 비구를 까닭으로 들었습니까? 비구니를 까닭으로 들었습니까?
식차마나를 까닭으로 들었습니까? 사미를 까닭으로 들었습니까? 사미니
를 까닭으로 들었습니까? 우바새를 까닭으로 들었습니까? 우바이를
까닭으로 들었습니까? 국왕을 까닭으로 들었습니까? 왕의 대신을 까닭으
로 들었습니까? 외도를 까닭으로 들었습니까? 외도의 제자를 까닭으로
들었습니까?"라고 이와 같이 말해야 한다.

1-5 만약 그 비구가 "나는 이 비구에게 그것을 들었던 까닭으로 가책하였
던 인연이 아니고 그것을 의심하였던 까닭으로 가책하였습니다."라고
말하였다면, 그는 그 비구에게 "장로여. 이 비구를 의심하였던 까닭으로
가책하였는데, 그대가 의심하였던 것은 무엇입니까? 무엇을 위하여 의심
하였습니까? 어느 때에 의심하였습니까? 어디에서 의심하였습니까?
바라이를 범하는 것을 의심하였습니까? 승잔을 범하는 것을 의심하였습
니까? 투란차를 범하는 것을 의심하였습니까? 바일제, 바라제제사니,
악작, 악설 등을 범하는 것을 의심하였습니까? 비구를 까닭으로 의심하였
습니까? 비구니를 까닭으로 의심하였습니까? …… 외도의 제자를 까닭으
로 의심하였습니까?"라고 이와 같이 말해야 한다.

1-6 보였던 것이 보았던 것과 일치(一致)하고
　보였던 것이 보았던 것과 합치(合致)하며
　보았던 원인에 동의하지 않았다면
　청정하지 않다고 의심하는 자이니
　그 사람이 스스로가 (청정하다고) 아뢰는 것에
　의지하여 마땅히 그와 함께 포살해야 한다.

　들렸던 것이 들었던 것과 일치하고
　들렸던 것이 들었던 것과 합치하며
　보았던 원인에 동의하지 않았다면

청정하지 않다고 의심하는 자이니
그 사람이 스스로가 (청정하다고) 아뢰는 것에
의지하여 마땅히 그와 함께 포살해야 한다.

알려졌던 것이 알았던 것과 일치하고
알려졌던 것이 알았던 것과 합치하며
알려졌던 원인에 동의하지 않았다면
청정하지 않다고 의심하는 자이니
그 사람이 스스로가 (청정하다고) 아뢰는 것에
의지하여 마땅히 그와 함께 포살해야 한다.

1-7 무엇이 가책의 처음이고 무엇이 가책의 중간이며 무엇이 가책의 끝인가? 구청갈마(求聽羯磨)[3]가 가책의 처음이고, 갈마를 행하는 것이 중간이며, 멸쟁(滅諍)이 가책의 끝이다. 가책에는 몇 종류의 뿌리가 있고, 몇 종류의 일이 있으며, 몇 종류의 기초가 있고, 몇 종류의 형상이 있는가? 가책에는 2종류의 뿌리가 있고, 3종류의 일이 있으며, 5종류의 기초[4]가 있고, 2종류의 형상을 의지하는 것이 있다. 무엇이 가책의 2종류의 뿌리인가? 근거가 있거나, 혹은 근거가 없는 것이다. 가책에는 이러한 2종류의 뿌리가 있다.

무엇이 가책의 2종류의 일인가? 보았거나, 들었거나, 의심하였던 것이다. 가책에는 이러한 2종류의 뿌리가 있다. 무엇이 가책의 5종류의 기초인가? 때에 말하고 때가 아닌 때에 말하지 않는 것, 진실로 말하고 진실이 아니라면 말하지 않는 것, 부드럽게 말하고 거칠게 말하지 않는 것, 이익되게 말하고 이익되지 않게 말하지 않는 것, 자비의 마음으로 말하고 성내는 마음으로 말하지 않는 것이다. 가책에는 이러한 2종류의 기초가 있다. 무엇이 가책의 2종류의 형상인가? 몸으로써 가책하거나, 말로써

---

3) 팔리어 Okāsakamma(오카사캄마)의 번역이다.
4) 팔리어 Bhūmi(부미)의 번역이다.

가책하는 것이다. 가책에는 이러한 2종류의 형상을 의지하는 것이 있다.

2. 여법행(如法行)[5]

2-1 가책하는 자는 마땅히 어떻게 행해야 하는가? 가책받는 자는 마땅히 어떻게 행해야 하는가? 승가 대중은 마땅히 어떻게 행해야 하는가? 검문하는 자는 마땅히 어떻게 행해야 하는가?

가책하는 자는 마땅히 어떻게 행해야 하는가? 가책하는 자는 마땅히 5법을 세워서 가책해야 하나니, 때에 말하고 때가 아닌 때에 말하지 않으며, 진실로 말하고 진실이 아니라면 말하지 않으며, 부드럽게 말하고 거칠게 말하지 않으며, 이익되게 말하고 이익되지 않게 말하지 않으며, 자비의 마음으로 말하고 성내는 마음으로 말하지 않는 것이다. 가책하는 자는 마땅히 이와 같이 행해야 한다.

가책받는 자는 마땅히 어떻게 행해야 하는가? 가책받는 자는 마땅히 2법을 세워서 가책받아야 하나니, 진실하게 받아들이고 성내지 않는 것이다. 가책받는 자는 마땅히 이와 같이 행해야 한다. 승가 대중은 마땅히 어떻게 행해야 하는가? 승가 대중은 욕망이 있거나 욕망이 없는 것을 알아야 한다. 승가 대중은 마땅히 이와 같이 행해야 한다. 검문하는 자는 마땅히 어떻게 행해야 하는가? 검문하는 자는 법에 의지하고 율에 의지하며, 스승의 가르침에 의지하여 그 쟁사를 소멸시켜야 한다. 검문자는 마땅히 이와 같이 행해야 하느니라.

2-2 포살은 무엇을 위한 것인가? 자자는 무엇을 위한 것인가? 별주는 무엇을 위한 것인가? 본일치는 무엇을 위한 것인가? 마나타는 무엇을

---

5) 팔리어 Codakādipaṭipatti(초다카디파티파띠)의 번역이다.

위한 것인가? 출죄는 무엇을 위한 것인가? 포살은 화합하기 위한 것이고,
자자는 청정하기 위한 것이며, 별주는 마나타를 위한 것이고, 본일치는
절복을 위한 것이며, 마나타는 출죄를 위한 것이고, 출죄는 청정을 위한
것이다.

　　탐욕·성내는 것·두려움·어리석음을 이유로
　　장로를 비난하는 자는 몸이 무너진 뒤에
　　지혜가 없고 상해를 입으며,
　　어리석고 학자(學者)를 공경하지 않으므로
　　몸이 무너지면 지옥에 떨어지느니라.

　　이양(利養)을 의지하지 않고
　　사람을 의지하지 않으며
　　이것을 함께 버리면서
　　마땅히 여법하게 행할지니라.

3. 소망자기(燒亡自己)[6]

3-1 분노가 있고 원한이 있으며
　　잔인하고 욕설하는 자는
　　무죄인 자를 마주하고서 유죄라고 거론하나니
　　이와 같이 가책하는 자는 스스로를 불태우는 것이다.

　　귓속말하고 사악하게 구하고

---

6) 팔리어 Codakassaattajhāpana(초다카싸아따자파나)의 번역이다.

교류하며 삿된 길을 따르는 자는
무죄인 자를 마주하고서 유죄라고 거론하나니
이와 같이 가책하는 자는 스스로를 불태우는 것이다.

때가 아닌 때에 가책하고, 진실이 아닌 것으로,
거친 것으로, 이익되지 않는 것으로,
성내는 마음으로서 가책하는 자는
무죄인 자를 마주하고서 유죄라고 거론하나니
이와 같이 가책하는 자는 스스로를 불태우는 것이다.

법을 알지 못하고 비법을 알지 못하며
대법(對法)을 알지 못하고 비법에 밝지 못하는 자는
무죄인 자를 마주하고서 유죄라고 거론하나니
이와 같이 가책하는 자는 스스로를 불태우는 것이다.

율을 알지 못하고 율이 아닌 것을 알지 못하며
율에 밝지 못하고 율이 아닌 것에 밝지 못하는 자는
무죄인 자를 마주하고서 유죄라고 거론하나니
이와 같이 가책하는 자는 스스로를 불태우는 것이다.

설해진 것을 알지 못하고 설해지지 않은 것을 알지 못하며
설해진 것에 밝지 못하고 설해지지 않은 것에 밝지 못하는 자는
무죄인 자를 마주하고서 유죄라고 거론하나니
이와 같이 가책하는 자는 스스로를 불태우는 것이다.

상법(常法)인 것을 알지 못하고 상법이 아닌 것을 알지 못하며
상법에 밝지 못하고 상법이 아닌 것에 밝지 못하는 자는
무죄인 자를 마주하고서 유죄라고 거론하나니

이와 같이 가책하는 자는 스스로를 불태우는 것이다.

제정된 것을 알지 못하고 제정되지 않은 것을 알지 못하며
제정된 것에 밝지 못하고 제정되지 않은 것에 밝지 못하는 자는
무죄인 자를 마주하고서 유죄라고 거론하나니
이와 같이 가책하는 자는 스스로를 불태우는 것이다.

유죄를 알지 못하고 무죄를 알지 못하며
유죄에 밝지 못하고 무죄에 밝지 못하는 자는
무죄인 자를 마주하고서 유죄라고 거론하나니
이와 같이 가책하는 자는 스스로를 불태우는 것이다.

가벼운 죄를 알지 못하고 무거운 죄를 알지 못하며
가벼운 죄에 밝지 못하고 무거운 죄에 밝지 못하는 자는
무죄인 자를 마주하고서 유죄라고 거론하나니
이와 같이 가책하는 자는 스스로를 불태우는 것이다.

유잔죄를 알지 못하고 무잔죄를 알지 못하며
유잔죄에 밝지 못하고 무잔죄에 밝지 못하는 자는
무죄인 자를 마주하고서 유죄라고 거론하나니
이와 같이 가책하는 자는 스스로를 불태우는 것이다.

거친 죄를 알지 못하고 거칠지 않은 죄를 알지 못하며
거친 죄에 밝지 못하고 거칠지 않은 죄에 밝지 못하는 자는
무죄인 자를 마주하고서 유죄라고 거론하나니
이와 같이 가책하는 자는 스스로를 불태우는 것이다.

앞에서 설하는 것을 알지 못하고 뒤에서 설하는 것을 알지 못하며

앞에서 설하는 것에 밝지 못하고 뒤에서 설하는 것에 밝지 못하는 자는
무죄인 자를 마주하고서 유죄라고 거론하나니
이와 같이 가책하는 자는 스스로를 불태우는 것이다.

적용할 계목을 알지 못하고
적용할 계목에 밝지 못하는 자는
무죄인 자를 마주하고서 유죄라고 거론하나니
이와 같이 가책하는 자는 스스로를 불태우는 것이다.

[가책장을 마친다.]

섭송으로 설하겠노라.

가책과 검문과 최초와
포살의 뿌리와
가책품에서 나아가는 것은
교설(敎說)[7]을 확립하는 것이다.

---

7) 팔리어 Sāsana(사사나)의 번역이다.

부수 제12권

제12장 작은 쟁사(小諍)¹⁾

1. 검문(檢問)²⁾

1-1 쟁사를 판결하는 비구는 승가에 이른 때에 겸손하고 마땅히 마음의
티끌을 닦는 것과 같이 승가의 가운데에 이르러야 한다. 마땅히 자리를
잘 분별하고서 앉아야 하고, 장로 비구의 사이를 밀치지 않아야 하고,
젊은 비구의 자리를 밀어서 열지 않아야 하며, 마땅히 적당한 자리에
앉고. 앞과 뒤의 말이 어긋나게 말하지 않으며, 마땅히 이익이 없게
말하지 않아야 하고, 혹은 마땅히 스스로가 법을 설해야 하며, 혹은
성자의 묵연(默然)함을 업신여길 수 없느니라.

1-2 대중 승가에서 검문하는 자로 허락받은 사람은 검문하려는 때에
화상에게 물을 수 없고, 아사리에게 물을 수 없으며, 화상의 제자에게
물을 수 없고, 아사리의 제자에게 물을 수 없으며, 화상을 시봉하는

---

1) 팔리어 Cūḷasaṅgāma(추라산가마)의 번역이다.
2) 팔리어 Anuvijjakassapaṭipatti(아누비짜카싸파티파띠)의 번역이다.

자에게 물을 수 없고, 아사리를 시봉하는 자에게 물을 수 없으며, 종족을
물을 수 없고, 이름을 물을 수 없으며, 족성을 물을 수 없고, 아함(阿含)[3]을
물을 수 없으며, 가문의 계급을 물을 수 없고, 이름을 물을 수 없으며,
태어난 곳을 물을 수 없다. 이것은 왜 그러한가? 그에게 사랑과 미움이
있는 까닭이다. 사랑이 있고 혹은 미움이 있는 때라면 마땅히 행하지
않을 것을 탐욕으로 행하고 마땅히 행하지 않을 것을 성내는 것으로
행하며 마땅히 행하지 않을 것을 어리석음으로 행하고 마땅히 행하지
않을 것을 두려움으로 행하는 것이다.

1-3 대중 승가에서 검문하는 자로 허락받은 사람이 검문하려고 하는
자는 마땅히 승가를 중시하며 행해야 하고 마땅히 사람을 중시하여 행하면
아니된다. 마땅히 정법을 중시하며 행해야 하고 마땅히 이양을 중시하여
행하면 아니된다. 마땅히 이치를 따라서 행해야 하고 마땅히 대중의
허락에 의지하면 아니된다. 마땅히 검문하려는 때에는 마땅한 때라면
검문해야 하고 마땅히 때가 아니라면 검문하지 않아야 하며, 마땅히
진실하게 검문해야 하고 마땅히 진실하지 않게 검문하지 않으며, 마땅히
부드럽게 검문해야 하고 마땅히 거칠게 검문하지 않으며, 마땅히 이익되
게 검문해야 하고 마땅히 이익되지 않게 검문하지 않으며, 마땅히 자비로
운 마음으로 검문해야 하고 마땅히 성내는 마음으로 검문하지 않아야
한다.

　마땅히 귀를 대고서 속삭이지 않아야 하고 마땅히 악하게 구하지
않아야 하며 마땅히 눈을 감지 않아야 하고 마땅히 눈썹을 치켜올리지
않아야 하며 마땅히 머리를 치켜올리지 않아야 하며 마땅히 손을 흔들지
않아야 하고 마땅히 손짓하지 않아야 한다

1-4 자리는 앞을 자리를 마땅히 잘 알아야 하고 오직 눈앞의 하나를

3) 팔리어 Āgama(아가마)의 번역이다.

찾으면서 바라보아야 하며 마땅히 일을 판결해야 한다면 마땅히 정해진 자리에 앉아야 한다. 자리에서 일어나지 않아야 하고 판결하면서 옆 사람을 바라보지 않아야 하며 죄를 주장하지 않아야 하고 애매하게 말하지 않아야 하며 서두르지 않아야 하고 거칠지 않아야 하며 마땅히 성내지 않아야 하고 마땅히 부드럽게 말해야 하며 자비심이 있어야 하고 마땅히 연민이 있어야 하고 연민으로 행해야 한다.

마땅히 연민으로 행하면서 꾸며서 말하지 않아야 하고 한정하여 말하면서 친절한 마음을 의지해야 하며 선하지 않은 말은 없어야 한다. 마땅히 스스로가 점검(點檢)해야 하고 다른 사람을 점검해야 하며 마땅히 가책할 자를 점검해야 하고 마땅히 가책받을 자를 점검해야 하며 마땅히 비법으로 가책하는 자를 점검해야 하고 마땅히 비법으로 가책받는 자를 점검해야 하고 마땅히 여법하게 가책하는 자를 점검해야 하고 마땅히 여법하게 가책받는 자를 점검해야 한다.

1-5 말하였던 것을 생략하지 않아야 하고 말하지 않은 것은 설하지 않아야 하며 말하였던 문구를 잘 알고서 다른 사람에게 반대로 물어서 마땅히 자백(自白)하였던 것으로써 그것을 판결해야 한다. 게을렀다면 자극해야 하고, 두려워하였다면 감싸야 하며 거칠었다면 절복시켜야 하고 정직하였다면 부드러워야 하며 부정하였다면 마땅히 없애야 한다.

욕망으로 행하였다면 마땅히 행하지 않아야 하고 성내는 것으로 행하였다면 마땅히 행하지 않아야 하며 어리석음으로 행하였다면 마땅히 행하지 않아야 하고 두려움으로 행하였다면 마땅히 행하지 않아야 하며 법과 사람에게 평등해야 한다. 검문하는 자는 이와 같이 검문하는 때에 큰 스승의 가르침을 따르는 지혜로운 자이어야 하고, 범행자들을 마주하고서 사랑받고 공경받으며 존중받아야 한다.

1-6 경(經)⁴⁾은 적용을 위한 것이고, 비유(譬喩)⁵⁾는 설명을 위한 것이다. 의미⁶⁾는 명료하게 해설을 위한 것이고, 반대로 묻는 것은 멈추는 것을

위한 것이다. 구청갈마는 가책을 위한 것이고, 가책은 억념을 위한 것이다. 억념은 함께 말하기 위한 것이고, 함께 말하는 것은 장애를 위한 것이며, 장애는 판결을 위한 것이고, 판결은 별도로 분별(分別)하기 위한 것이며, 분별은 범한 행과 범하지 않은 행을 위한 것이고, 범한 행과 범하지 않은 행은 악인을 조복시키고 선한 비구를 수호하기 위한 것이며, 승가는 (범한 죄와 진행된 상태의) 합의를 위한 것이고, 승가가 허락한 사람은 진실한 믿음 속에서 존재하는 것이다.

계율은 인욕(忍辱)을[7] 위한 것이고, 인욕은 부끄러움이 없는 것을 위한 것이며, 부끄러움이 없는 것은 희열(喜悅)을[8] 위한 것이며, 희열은 환희(歡喜)를[9] 위한 것이고, 환희는 경안(輕安)을[10] 위한 것이며, 경안은 안락(安樂)을[11] 위한 것이고, 안락은 등지(等持)를[12] 위한 것이며, 등지는 여실지견(如實知見)을[13] 위한 것이고, 여실지견은 염리(厭離)[14]를 위한 것이며, 염리는 이욕(離欲)을[15] 위한 것이고, 이욕은 해탈(解脫)을[16] 위한 것이며, 해탈은 해탈지견(解脫知見)을[17] 위한 것이고, 해탈지견은 무착반열반(無著般涅槃)을[18] 위한 것이다.

---

4) 팔리어 Sutta(수따)의 번역이다.

5) 팔리어 Opamma(오팜마)의 번역이다.

6) 팔리어 Attha(아따)의 번역이다.

7) 팔리어 saṃvarattha(삼바라따)의 번역이고, saṃvara와 atthāya의 번역이다. saṃvara는 '인욕', '자제'의 뜻이고, attha는 '~을 위한'의 뜻이므로 '인욕을 위하다.'라고 번역할 수 있겠다.

8) 팔리어 pāmujja(파무짜)의 번역이다.

9) 팔리어 pīti(피티)의 번역이다.

10) 팔리어 passaddhi(파싸띠)의 번역이다.

11) 팔리어 sukha(수카)의 번역이다.

12) 팔리어 samādhi(사마디)의 번역이다.

13) 팔리어 yathābhūtañāṇadassana(야타부타냐나다싸나)의 번역이다.

14) 팔리어 nibbidā(니삐다)의 번역이다.

15) 팔리어 virāga(비라가)의 번역이다.

16) 팔리어 vimutti(비무띠)의 번역이다.

17) 팔리어 vimuttiñāṇadassana(비무띠냐나다싸나)의 번역이다.

이것을 위하여 논(論)[19]이 있고, 이것을 위하여 논의(論議)가[20] 있으며 이것을 위하여 수습(修習)이[21] 있고, 이것을 위하여 경청(傾聽)이[22] 있나니, 즉 이것은 집착이 없는 심해탈(無執著心解脫)[23]이니라.

2. 게송(伽陀)[24]

2-1 밝게 이해한 지혜로운 자가
  행하였던 검문하는 법을 의지하라.
  학처의 수순하는 뜻을 수용하였나니
  내세로 나아가는 길을 무너트리지 않는다.

  일, 깨트리는 것, 죄, 인연,
  형상에 무지하다면
  앞과 뒤의 일을 바르게 알지 못하고
  일어났거나, 일어나지 않은 것을 알지 못한다.

  갈마와 쟁사와 멸쟁에도
  역시 무지하고

---

18) 팔리어 anupādāparinibbānattha(아누빠다빠리니빠나따)의 번역이다.
19) 팔리어 kathā(카타)의 번역이다.
20) 팔리어 mantanā(만타나)의 번역이다.
21) 팔리어 upanisā(우빠니사)의 번역이다.
22) 팔리어 sotāvadhāna(소타바다나)의 번역이고, sota와 avadhāna의 합성어이다. Sota는 귀와 관련된 것을 뜻하고, avadhāna는 '주의', '자각', '마음을 품다.'는 뜻이므로 '귀를 기울여서 듣다.'는 뜻으로 해석할 수 있겠다.
23) 팔리어 anupādācittassa vimokkha(아누빠다치따싸 비모까)의 번역이다.
24) 원문에는 없으나 번역을 위해 삽입하였다.

염오되고 어리석으며 두려워하고
의심하면서 행한다.

제정하셨던 것을 알지 못하고 처리에 무지하며
당파를 얻고 부끄러움이 없으며
흑업(黑業)을[25] 짓고 공경함이 없다면
이와 같은 비구는 공경할 수 없는 자라고 말한다.

일, 깨트리는 것, 죄, 인연,
형상에 지혜롭다면
앞과 뒤의 일을 바르게 알고
일어났거나, 일어나지 않은 것을 안다.

갈마와 쟁사와 멸쟁에도
역시 지혜가 있고 염오되지 않고
어리석지 않으며 두려워하지 않는다면
의심하면서 행하지 않는다.

제정하셨던 것을 알고 처리에 지혜가 있으며
붕당을 얻어도 부끄러움이 있으며
백업(白業)을[26] 짓고 공경함이 있다면
이와 같은 비구는 공경할 수 있는 자라고 말한다.

[작은 쟁사를 마친다.]

---

25) 팔리어 kaṇhakamma(칸하캄마)의 번역이다.
26) 팔리어 sukkakamma(수까캄마)의 번역이다.

섭송으로 설하겠노라.

겸손한 마음과 묻는 것과
존중과 승가와 개인이 아닌 것과
경전은 작용하는 것이고
계율은 조복하는 것이며
작은 쟁사의 섭송은
이것은 하나의 송출로 이루어졌네.

부수 제13권

제13장 큰 쟁사(大諍)[1]

1. 쟁사를 알아야 하는 것[2]

1-1 승가에서 쟁사를 판결하는 비구가 말하는 때에는 마땅히 일을 알아야 하고, 마땅히 깨뜨린 것을 알아야 하며, 마땅히 범한 죄를 알아야 하고, 마땅히 인연을 알아야 하며, 마땅히 행하였던 모습을 알아야 하고, 마땅히 앞의 일과 뒤의 일을 알아야 하며, 마땅히 지을 것과 짓지 않을 것을 알아야 하고, 마땅히 갈마를 알아야 하며, 마땅히 쟁사를 알아야 하고, 마땅히 멸쟁을 알아야 한다.

　마땅히 행하지 않을 것을 욕망으로 행하지 않아야 하고, 마땅히 행하지 않을 것을 성내는 것으로 행하지 않아야 하며, 마땅히 행하지 않을 것을 어리석음으로 행하지 않아야 하고, 마땅히 행하지 않을 것을 두려움으로 행하지 않아야 한다. 마땅히 그 일을 알리고자 하였다면 마땅히 알려야 하고, 마땅히 그 일을 해제하고자 하였다면 마땅히 해제해야 하며, 마땅히

---

1) 팔리어 Mahāsaṅgāma(마하산가마)의 번역이다.
2) 팔리어 Voharantena jānitabbādi(보하란테나 자니타빠디)의 번역이다.

그 일을 살피고자 하였다면 마땅히 살펴야 하고, 마땅히 그 일을 적정(寂靜)하게 하고자 하였다면 마땅히 적정하게 해야 한다.

"나는 붕당을 얻었다."라고 말하면서 다른 붕당을 업신여기지 않아야 하고, "나는 많이 들었다."라고 적게 들었던 자를 업신여기지 않아야 하며, 내가 상좌(上座)의[3] 장로(長老)일지라도 하좌(下座)[4]를 업신여기지 않아야 한다. 마땅히 성취하지 못한 것을 말하지 않아야 하고, 계율로 이미 없었던 것을 의지하지 않아야 하며, 멸쟁시키는 일은 마땅히 법에 의지하고 율에 의지하며 스승의 가르침에 의지하여 그 쟁사를 소멸시켜야 하느니라.

1-2 '마땅히 일을 안다.'는 것은 마땅히 8바라이의 일을 아는 것이고, 13승잔의 일을 아는 것이며, 2부정의 일을 아는 것이고, 42사타의 일을 아는 것이며, 188바일제의 일을 아는 것이고, 12제사니의 일을 아는 것이며, 악작의 일을 아는 것이며, 악설의 일을 아는 것이다. '마땅히 깨뜨린 것을 안다.'는 것은 마땅히 계를 깨트리는 것을 아는 것이고 행을 깨트리는 것을 아는 것이며 견해를 깨트리는 것을 아는 것이다.

'마땅히 범한 죄를 안다.'는 것은 마땅히 바라이를 범한 것을 아는 것이고, 승잔을 범한 것을 아는 것이며, 부정을 범한 것을 아는 것이고, 사타를 범한 것을 아는 것이며, 바일제를 범한 것을 아는 것이고, 제사니를 범한 것을 아는 것이며, 악작을 범한 것을 아는 것이고, 악설을 범한 것을 아는 것이다.

'마땅히 인연을 안다.'는 것은 8바라이의 인연을 아는 것이고, 13승잔의 인연을 아는 것이며, 2부정의 인연을 아는 것이고, 42사타의 인연을 아는 것이며, 188바일제의 인연을 아는 것이고, 12제사니의 인연을 아는 것이며, 악작의 인연을 아는 것이고, 악설의 인연을 아는 것이다.

---

3) 팔리어 Theratara(테라타라)의 번역이다.
4) 팔리어 Navakatara(나바카타라)의 번역이다.

1-3 '마땅히 행하였던 모습을 안다.'는 것은 마땅히 행하였던 모습을 의지하여 승가를 아는 것이고, 마땅히 행하였던 모습을 의지하여 여러 사람을 아는 것이며, 마땅히 행하였던 모습을 의지하여 대중을 아는 것이고, 마땅히 행하였던 모습을 의지하여 사람을 아는 것이며, 마땅히 행하였던 모습을 의지하여 가책하는 사람을 아는 것이고, 마땅히 행하였던 모습을 의지하여 가책받는 사람을 아는 것이다.

'행하였던 모습을 의지하여 승가를 안다.'는 것은 이 승가가 능히 법과 율과 스승의 가르침을 의지하여 이러한 멸쟁을 소멸시킬 수 있는가? 없는가를 이와 같은 행하는 모습을 의지하여 승가를 아는 것이다. '행하였던 모습을 의지하여 대중을 안다.'는 것은 이 승가가 능히 법과 율과 스승의 가르침을 의지하여 이러한 멸쟁을 소멸시킬 수 있는가? 없는가를 이와 같은 행하는 모습을 의지하여 승가를 아는 것이다.

'행하였던 모습을 의지하여 사람을 안다.'는 것은 이 승가가 능히 법과 율과 스승의 가르침을 의지하여 이러한 멸쟁을 소멸시킬 수 있는가? 없는가를 이와 같은 행하는 모습을 의지하여 승가를 아는 것이다. '행하였던 모습을 의지하여 가책하는 사람을 안다.'는 것은 이 승가가 능히 법과 율과 스승의 가르침을 의지하여 이러한 멸쟁을 소멸시킬 수 있는가? 없는가를 이와 같은 행하는 모습을 의지하여 승가를 아는 것이다.

'행하였던 모습을 의지하여 가책받는 사람을 안다.'는 것은 이 승가가 능히 법과 율과 스승의 가르침을 의지하여 이러한 멸쟁을 소멸시킬 수 있는가? 없는가를 이와 같은 행하는 모습을 의지하여 승가를 아는 것이다.

1-4 '마땅히 앞의 일과 뒤의 일을 안다.'는 것은 이 비구가 이 일에서 저 일을 따르는 것을 아는 것이고, 혹은 깨트렸던 것에서 깨트리는 것을 따르는 것을 아는 것이며, 혹은 죄를 범한 것에서 죄를 범하는 것을 따르는 것을 아는 것이고, 혹은 앞에서 부정(否定)하고 뒤에서 긍정(肯定)하는 것을 아는 것이며, 혹은 긍정하고서 다른 말로 부정하면서 그것을 회피하는 것의 이와 같은 앞의 일과 뒤의 일을 아는 것이다.

'마땅히 지을 것과 짓지 않을 것을 안다.'는 것은 마땅히 부정법(不淨法)을 알고, 마땅히 부정법을 수순하는 것을 알며, 마땅히 부정법의 앞부분을 아는 것이다. '마땅히 부정법을 안다.'는 것은 마땅히 오직 두 사람이 성취한 법을 아는 것이다. '마땅히 부정법을 수순하는 것을 안다.'는 것은 장차 다른 비구의 생지(生支)가 비구 자신의 입으로 들어오는 것을 아는 것이다. '마땅히 부정법의 앞부분을 안다.'는 것은 다양한 색깔, 신체의 접촉, 거친 말, 스스로를 위한 음욕의 공양, 재물의 증여(贈與)를 아는 것이다.

1-5 '마땅히 갈마를 안다.'는 것은 16종류의 갈마를 아는 것이니, 4종류의 구청갈마(求聽羯磨)를 아는 것이고, 4종류의 단백갈마(單白羯磨)를 아는 것이며, 4종류의 백이갈마(白二羯磨)를 아는 것이고, 4종류의 백사갈마(白四羯磨)를 아는 것이다.

'마땅히 쟁사를 안다.'는 것은 4종류의 갈마를 아는 것이니, 마땅히 논쟁쟁사를 아는 것이고, 마땅히 교계쟁사를 아는 것이며, 마땅히 범죄쟁사를 아는 것이고, 마땅히 사쟁사를 아는 것이다. '마땅히 멸쟁을 안다.'는 것은 7종류의 갈마를 아는 것이니, 현전비니를 아는 것이고, 억념비니를 아는 것이며, 불치비니를 아는 것이고, 다인어를 아는 것이며, 자언치를 아는 것이고, 멱죄상을 아는 것이며, 여초부지를 아는 것이다.

2. 파법(破法)[5]

2-1 '마땅히 행하지 않을 것을 욕망으로 행하지 않는다.'는 것은 욕망으로 행하지 않을 것을 마땅히 행하는 때에 무엇이 욕망으로 행하지 않을

5) 팔리어 Agatiagantabba(아가티아간타빠)의 번역이다.

것을 마땅히 행하는 것인가? 이곳에 한 사람이 있는데, 이 사람은 나의 화상이거나, 혹은 이 사람은 나의 아사리이거나, 제자이거나, 문도의 제자이거나, 화상이 같은 자이거나, 아사리가 같은 자이거나, 알았던 자이거나, 친한 벗이거나, 친족이라고 그를 동정(同情)하고 그를 수호하면서, 비법을 여법하다고 말하고 여법을 비법이라고 말하며, 율이 아닌 것을 율이라고 말하고 율을 율이 아니라고 말하며, 여래가 설하지 않는 말씀을 여래가 설하였다고 말하고 여래가 설한 말씀을 여래가 설하지 않았다고 말하며, 여래가 항상 행하지 않는 법을 여래가 항상 행하였다고 말하고 여래가 항상 행한 법을 여래가 항상 행하지 않았다고 말하며, 여래가 제정하여 설하지 않는 것을 여래가 제정하여 설하였다고 말하고 여래가 제정하여 설한 법을 여래가 제정하여 설하지 않았다고 말하며, 무죄를 유죄라고 말하고 유죄를 무죄라고 말하며, 가벼운 죄를 무거운 죄라고 말하고 무거운 죄를 가벼운 죄라고 말하며, 유잔죄를 무잔죄라고 말하고 무잔죄를 유잔죄라고 말하며, 거친 죄를 거칠지 않은 죄라고 말하고 거칠지 않은 죄를 거친 죄라고 말하며, 이와 같은 18사를 의지하여 마땅히 행하지 않을 것을 욕망으로 행하였다면, 많은 사람을 위한 이익이 없고, 많은 사람을 위한 즐거움이 없으며, 많은 사람들이 불행하고, 천인과 사람들이 고통받고 이익이 없는 것이다.

이와 같은 18사를 의지하여 마땅히 행하지 않을 것을 욕망으로 행하는 때라면, 스스로를 돌보더라도 손상되고 비난받으며 유죄이고 지혜로운 자들이 가책하며 많은 생(生)에 복덕이 없느니라. 마땅히 행하지 않을 것을 욕망으로 행하는 때라면, 이와 같이 마땅히 행하지 않을 것을 욕망으로 행하느니라.

2-2 '마땅히 행하지 않을 것을 성내는 것으로 행하지 않는다.'는 것은 성내는 것으로 행하지 않을 것을 마땅히 행하는 때에 무엇이 성내는 것으로 행하지 않을 것을 마땅히 행하는 것인가? 이곳에 한 사람이 있는데, '그는 나에게 불이익을 행하였다.'라고 성내는 것을 품었거나,

'그는 나에게 불이익을 행한다.'라고 성내는 것을 품었거나, '그는 나에게
불이익을 행할 것이다.'라고 성내는 것을 품었거나, '내가 애락(愛樂)하는
자에게 불이익을 행하였다.'라고 성내는 것을 품었거나, '내가 애락하는
자에게 불이익을 행한다.'라고 성내는 것을 품었거나, '내가 애락하는
자에게 불이익을 행할 것이다.'라고 성내는 것을 품었거나, '내가 애락하
지 않는 자에게 불이익을 행하였다.'라고 성내는 것을 품었거나, '내가 애락하
지 않는 자에게 불이익을 행한다.'라고 성내는 것을 품었거나, '내가 애락하
지 않는 자에게 불이익을 행할 것이다.'라고 성내는 것을 품었으며, 이러한
아홉 종류의 일에 의지하여 성내는 것과 원망과 분노에 사로잡혀서,
비법을 여법하다고 말하고 여법을 비법이라고 말하며, 율이 아닌 것을
율이라고 말하고 율을 율이 아니라고 말하며, …… 유잔죄를 무잔죄라고
말하고 무잔죄를 유잔죄라고 말하며, 거친 죄를 거칠지 않은 죄라고
말하고 거칠지 않은 죄를 거친 죄라고 말하며, 이와 같은 18사를 의지하여
마땅히 행하지 않을 것을 욕망으로 행하였다면, 많은 사람을 위한 이익이
없고, 많은 사람을 위한 즐거움이 없으며, 많은 사람들이 불행하고, 천인과
사람들이 고통받고 이익이 없는 것이다.

이와 같은 18사를 의지하여 마땅히 행하지 않을 것을 성내는 것으로
행하는 때라면, 스스로를 돌보더라도 손상되고 비난받으며 유죄이고
지혜로운 자들이 가책하며 많은 생에 복덕이 없느니라. 마땅히 행하지
않을 것을 성내는 것으로 행하는 때라면, 이와 같이 마땅히 행하지 않을
것을 성내는 것으로 행하느니라.

2-3 '마땅히 행하지 않을 것을 어리석음으로 행하지 않는다.'는 것은
어리석음으로 마땅히 행하지 않을 것을 행하는 때에, 무엇이 어리석음으
로 행하지 않을 것을 마땅히 행하는 것인가? 염오된 자는 욕망을 따라서
행하고, 염오된 자는 성내는 것을 따라서 행하며, 어리석은 자는 어리석음
을 따라서 행하고, 집착하는 자는 집착하는 견해를 의지하여 행하는데,
어리석은 자와 의심하는 자는 어리석음에 사로잡혀서, 비법을 여법하다고

말하고 여법을 비법이라고 말하며, 율이 아닌 것을 율이라고 말하고
율을 율이 아니라고 말하며, …… 유잔죄를 무잔죄라고 말하고 무잔죄를
유잔죄라고 말하며, 거친 죄를 거칠지 않은 죄라고 말하고 거칠지 않은
죄를 거친 죄라고 말하며, 이와 같은 18사를 의지하여 마땅히 행하지
않을 것을 어리석음으로 행하였다면, 많은 사람을 위한 이익이 없고,
많은 사람을 위한 즐거움이 없으며, 많은 사람들이 불행하고, 천인과
사람들이 고통받고 이익이 없는 것이다.

　이와 같은 18사를 의지하여 마땅히 행하지 않을 것을 어리석음으로
행하는 때라면, 스스로를 돌보더라도 손상되고 비난받으며 유죄이고
지혜로운 자들이 가책하며 많은 생에 복덕이 없느니라. 마땅히 행하지
않을 것을 어리석음으로 행하는 때라면, 이와 같이 마땅히 행하지 않을
것을 어리석음으로 행하느니라.

2-4 '마땅히 행하지 않을 것을 두려움으로 행하지 않는다.'는 것은 두려움
으로 마땅히 행하지 않을 것을 행하는 때에, 무엇이 두려움으로 행하지
않을 것을 마땅히 행하는 것인가? 이곳에 한 사람이 있는데, 그는 위험을
의지하거나, 혹은 숲속의 처소를[6] 의지하거나, 혹은 강한 힘에 의지하여
포악하고 목숨을 위협하거나, 혹은 범행을 위협한다는 그러한 두려움에
사로잡혀서, 비법을 여법하다고 말하고 여법을 비법이라고 말하며, 율이
아닌 것을 율이라고 말하고 율을 율이 아니라고 말하며, …… 유잔죄를
무잔죄라고 말하고 무잔죄를 유잔죄라고 말하며, 거친 죄를 거칠지 않은
죄라고 말하고 거칠지 않은 죄를 거친 죄라고 말하며, 이와 같은 18사를
의지하여 마땅히 행하지 않을 것을 어리석음으로 행하였다면, 많은 사람
을 위한 이익이 없고, 많은 사람을 위한 즐거움이 없으며, 많은 사람들이
불행하고, 천인과 사람들이 고통받고 이익이 없는 것이다.

---

6) 팔리어 gahananissita(가하나니씨타)의 번역이고, gahana와 nissita의 합성어이다.
　gahana는 '덤불', '정글', '뚫을 수 없는 장소' 등을 뜻하고, nissita는 '의존하다.',
　'~를 통해 생활하다.'의 뜻이므로 숲속의 처소로 번역할 수 있겠다.

이와 같은 18사를 의지하여 마땅히 행하지 않을 것을 두려움으로 행하는 때라면, 스스로를 돌보더라도 손상되고 비난받으며 유죄이고 지혜로운 자들이 가책하며 많은 생에 복덕이 없느니라. 마땅히 행하지 않을 것을 두려움으로 행하는 때라면, 이와 같이 마땅히 행하지 않을 것을 두려움으로 행하느니라.

2-5 욕망, 성내는 것, 두려움,
　　어리석음은 법을 무너트리고
　　그것은 명성을 감소시키는데
　　흑분(黑分)[7]의 달과 같다네.

3. 불파법(不破法)[8]

3-1 마땅히 행하지 않을 것을 욕망으로 행하지 않는다는 것은 무엇인가? 비법을 비법이라고 말하고 여법을 여법하다고 말하며, 율이 아닌 것을 율이 아니라고 말하고 율을 율이라고 말하며, 여래가 설하지 않는 말씀을 여래가 설하지 않았다고 말하고 여래가 설한 말씀을 여래가 설하였다고 말하며, 여래가 항상 행하지 않는 법을 여래가 항상 행하지 않았다고 말하고 여래가 항상 행한 법을 여래가 항상 행하였다고 말하며, 여래가 제정하여 설하지 않는 것을 여래가 제정하여 설하지 않았다고 말하고 여래가 제정하여 설한 법을 여래가 제정하여 설하였다고 말하며, 무죄를 무죄라고 말하고 유죄를 유죄라고 말하며, 가벼운 죄를 가벼운 죄라고 말하고 무거운 죄를 무거운 죄라고 말하며, 유잔죄를 유잔죄라고 말하고 무잔죄를 무잔죄라고 말하며, 거친 죄를 거친 죄라고 말하고 거칠지

---

7) 팔리어 kālapakkha(카라파까)의 번역이고, ‘어두운 부분’의 뜻이다.
8) 팔리어 Agatiagamana(아가티아가마나)의 번역이다.

않은 죄를 거칠지 않은 죄라고 말하며, 이와 같은 18사를 의지하여 마땅히 행하지 않을 것을 욕망으로 행하지 않는 것이다. 이와 같이 마땅히 행하지 않을 것을 욕망으로 행하지 않는 것이니라.

3-2 마땅히 행하지 않을 것을 성내는 것으로 행하지 않는다는 것은 무엇인가? 비법을 비법이라고 말하고 여법을 여법하다고 말하며, 율이 아닌 것을 율이 아니라고 말하고 율을 율이라고 말하며, …… 유잔죄를 유잔죄라고 말하고 무잔죄를 무잔죄라고 말하며, 거친 죄를 거친 죄라고 말하고 거칠지 않은 죄를 거칠지 않은 죄라고 말하며, 이와 같은 18사를 의지하여 마땅히 행하지 않을 것을 성내는 것으로 행하지 않는 것이다. 이와 같이 마땅히 행하지 않을 것을 성내는 것으로 행하지 않는 것이니라.

3-3 마땅히 행하지 않을 것을 어리석음으로 행하지 않는다는 것은 무엇인가? 비법을 비법이라고 말하고 여법을 여법하다고 말하며, 율이 아닌 것을 율이 아니라고 말하고 율을 율이라고 말하며, …… 유잔죄를 유잔죄라고 말하고 무잔죄를 무잔죄라고 말하며, 거친 죄를 거친 죄라고 말하고 거칠지 않은 죄를 거칠지 않은 죄라고 말하며, 이와 같은 18사를 의지하여 마땅히 행하지 않을 것을 어리석음으로 행하지 않는 것이다. 이와 같이 마땅히 행하지 않을 것을 어리석음으로 행하지 않는 것이니라.

3-4 마땅히 행하지 않을 것을 두려움으로 행하지 않는다는 것은 무엇인가? 비법을 비법이라고 말하고 여법을 여법하다고 말하며, 율이 아닌 것을 율이 아니라고 말하고 율을 율이라고 말하며, …… 유잔죄를 유잔죄라고 말하고 무잔죄를 무잔죄라고 말하며, 거친 죄를 거친 죄라고 말하고 거칠지 않은 죄를 거칠지 않은 죄라고 말하며, 이와 같은 18사를 의지하여 마땅히 행하지 않을 것을 두려움으로 행하지 않는 것이다. 이와 같이 마땅히 행하지 않을 것을 두려움으로 행하지 않는 것이니라.

3-5 욕망, 성내는 것, 두려움,
어리석음은 법을 무너트리고
그것은 명성을 감소시키는데
흑분(黑分)9)의 달과 같다네.

4. 응령오(應令悟)10)

4-1 마땅히 그 일을 알리고자 하였다면 마땅히 알려야 하는 것은 무엇인가? 비법을 비법이라고 말하고 여법을 여법하다고 말하며, 율이 아닌 것을 율이 아니라고 말하고 율을 율이라고 말하며, …… 유잔죄를 유잔죄라고 말하고 무잔죄를 무잔죄라고 말하며, 거친 죄를 거친 죄라고 말하고 거칠지 않은 죄를 거칠지 않은 죄라고 말하며, 마땅히 그 일을 알리고자 하였다면 마땅히 알리는 것이다. 이와 같이 마땅히 그 일을 알리고자 하였다면 마땅히 알리는 것이니라.

　마땅히 그 일을 해제하고자 하였다면 마땅히 해제해야 하는 것은 무엇인가? 비법을 비법이라고 말하고 여법을 여법하다고 말하며, 율이 아닌 것을 율이 아니라고 말하고 율을 율이라고 말하며, …… 유잔죄를 유잔죄라고 말하고 무잔죄를 무잔죄라고 말하며, 거친 죄를 거친 죄라고 말하고 거칠지 않은 죄를 거칠지 않은 죄라고 말하며, 마땅히 그 일을 해제하고자 하였다면 마땅히 해제해야 하는 것을 해제하는 것이다. 이와 같이 마땅히 그 일을 해제하고자 하였다면 마땅히 해제해야 하는 것을 해제하는 것이니라.

4-2 마땅히 그 일을 살피고자 하였다면 마땅히 살펴야 하는 것은 무엇인

---

9) 팔리어 Kālapakkha(카라파까)의 번역이고, '어두운 부분'의 뜻이다.
10) 팔리어 Saññāpanīyādi(산냐파니야디)의 번역이다.

가? 비법을 비법이라고 말하고 여법을 여법하다고 말하며, 율이 아닌
것을 율이 아니라고 말하고 율을 율이라고 말하며, …… 유잔죄를 유잔죄
라고 말하고 무잔죄를 무잔죄라고 말하며, 거친 죄를 거친 죄라고 말하고
거칠지 않은 죄를 거칠지 않은 죄라고 말하며, 마땅히 그 일을 살피고자
하였다면 마땅히 살펴야 하는 것을 살피는 것이다. 이와 같이 마땅히
그 일을 살피고자 하였다면 마땅히 살펴야 하는 것을 살피는 것이니라.

　마땅히 그 일을 적정하게 하고자 하였다면 마땅히 적정하게 해야
하는 것은 무엇인가? 비법을 비법이라고 말하고 여법을 여법하다고 말하
며, 율이 아닌 것을 율이 아니라고 말하고 율을 율이라고 말하며, ……
유잔죄를 유잔죄라고 말하고 무잔죄를 무잔죄라고 말하며, 거친 죄를
거친 죄라고 말하고 거칠지 않은 죄를 거칠지 않은 죄라고 말하며, 마땅히
그 일을 적정하게 하고자 하였다면 마땅히 적정하게 해야 하는 것을
적정하게 하는 것이다. 이와 같이 마땅히 그 일을 적정하게 하고자 하였다
면 마땅히 적정하게 해야 것을 적정하게 하는 것이니라.

5. 당우(黨友)[11]

5-1 "나는 붕당을 얻었다."라고 말하면서 다른 붕당을 업신여기는 것은
무엇인가? 이곳에 한 사람이 있는데, 붕당을 얻었고, 따르는 도중(徒衆)을
얻었으며, 붕당이 있고 친족이 있었다. 그 비구가 붕당을 얻지 못하였고,
따르는 도중을 얻지 못하였으며, 붕당이 없고 친족이 없었던 그를 마주하
고 업신여기면서, 비법을 여법하다고 말하고 여법을 비법이라고 말하며,
율이 아닌 것을 율이라고 말하고 율을 율이 아니라고 말하며, …… 유잔죄
를 무잔죄라고 말하고 무잔죄를 유잔죄라고 말하며, 거친 죄를 거칠지

---

11) 팔리어 Parapakkhādiavajānana(파라파까디아바자나나)의 번역이다.

않은 죄라고 말하고 거칠지 않은 죄를 거친 죄라고 말하며, 이와 같이 나는 붕당을 얻었다고 다른 붕당을 업신여기는 것이다.

"나는 많이 들었다."라고 적게 들었던 자를 업신여기지 않아야 하는 것은 무엇인가? 이곳에 한 사람이 있는데, 다문(多聞)으로 들었던 것을 기억하였고, 들었던 것을 저장하였다. 그 비구가 들었던 것이 적어서 지혜가 적고 저장한 것이 적은 자를 마주하고 업신여기면서, 비법을 여법하다고 말하고 여법을 비법이라고 말하며, 율이 아닌 것을 율이라고 말하고 율을 율이 아니라고 말하며, …… 유잔죄를 무잔죄라고 말하고 무잔죄를 유잔죄라고 말하며, 거친 죄를 거칠지 않은 죄라고 말하고 거칠지 않은 죄를 거친 죄라고 말하며, 이와 같이 나는 많이 들었다고 적게 들었던 자를 업신여기는 것이다.

5-2 내가 상좌의 장로일지라도 하좌를 업신여기지 않아야 하는 것은 무엇인가? 이곳에 한 사람이 있는데, 출가하여 법랍이 많았고, 경험이 풍부한 장로였다. 이 비구가 새롭게 출가하여 경험이 적고 은혜를 알지 못하여서 그의 말에 효과가 없었으므로, 그 비구를 마주하고 업신여기면서, 비법을 여법하다고 말하고 여법을 비법이라고 말하며, 율이 아닌 것을 율이라고 말하고 율을 율이 아니라고 말하며, …… 유잔죄를 무잔죄라고 말하고 무잔죄를 유잔죄라고 말하며, 거친 죄를 거칠지 않은 죄라고 말하고 거칠지 않은 죄를 거친 죄라고 말하며, 이와 같이 상좌의 장로가 하좌를 업신여기는 것이다.

5-3 마땅히 성취하지 못한 것을 말하지 않아야 하는 것은 마땅히 내려놓을 짐은 내려놓게 할 수 없다는 것이다. 계율로 이미 없앴던 것을 마땅히 의지하지 않아야 하는 것은 무엇인가? 승가가 목적으로 모여서 없앤다면 마땅히 법과 율을 의지하지 말라는 것이다. 법을 의지한다는 것은 실제로 있었던 일을 의지하는 것이다. 법을 의지한다는 것은 가책하고 억념시키는 것이다. 스승의 가르침을 의지한다는 것은 아뢰는 성취에 의지하고

창언하는 성취에 의지하는 것이다.

6. 검문자의 조사[12]

6-1 멸쟁시키는 일은 마땅히 법에 의지하고 율에 의지하며 스승의 가르침에 의지하여 그 쟁사를 소멸시켜야 하는 것은 검문하는 자는 마땅히 꾸짖는 자에게 물어야 하나니, "그대가 이 비구의 자자를 금지하였는데, 이것은 무슨 인연으로 금지하였습니까? 계율을 깨트리는 인연으로 금지하였습니까? 행을 깨트리는 인연으로 금지하였습니까? 견해를 깨트리는 인연으로 금지하였습니까?"라고 말해야 한다.

만약 그 비구가 "나는 곧 계율을 깨트리는 인연으로 금지시켰고, 행을 깨트리는 인연으로 금지시켰으며, 견해를 깨트리는 인연으로 금지시켰습니다."라고 말하였다면, 그때에 그를 향하여 "장로여. 계율을 깨트리는 것을 알았습니까? 행을 깨트리는 것을 알았습니까? 견해를 깨트리는 것을 알았습니까?"라고 말해야 하고, 만약 그 비구가 "계율을 깨트리는 것을 알았고 행을 깨트리는 것을 알았으며 견해를 깨트리는 것을 알았습니다."라고 말하였다면, 그때에 마땅히 그를 향하여 '무슨 계율을 깨트렸습니까? 무슨 행을 깨트렸습니까? 무슨 견해를 깨트리는 것을 알았습니까?'라고 말해야 한다.

6-2 만약 그 비구가 "4바라이와 13승잔의 계율을 깨트리는 것이고, 투란차, 바일제, 바라제제사니, 악작, 악설 등으로 행을 깨트리는 것이며, 사견과 변집견이 견해를 깨트리는 것입니다."라고 말하였다면, 그때에 마땅히 그를 향하여 "그대가 이 비구의 자자를 금지시켰는데, 이것을

---

12) 팔리어 Anuvijjakassa anuyoga(아누비짜카싸 아누요가)의 번역이다.

보았던 까닭으로 금지시켰습니까? 이것을 들었던 까닭으로 금지시켰습니까? 이것을 의심하였던 까닭으로 금지시켰습니까?"라고 말해야 한다.

만약 그 비구가 "나는 이것을 보았던 까닭으로 금지시켰고, 이것을 들었던 까닭으로 금지시켰으며, 이것을 의심하였던 까닭으로 금지시켰습니다."라고 말하였다면, 그때에 마땅히 그를 향하여 "그대가 이 비구의 자자를 보았던 인연으로 금지시켰는데, 그대가 보았던 것은 무엇입니까? 무엇을 위하여 보았습니까? 어느 때에 보았습니까? 어디에서 보았습니까? 바라이를 범하는 것을 보았습니까? 승잔을 범하는 것을 보았습니까? 투란차를 범하는 것을 보았습니까? 바일제, 바라제제사니, 악작, 악설 등을 범하는 것을 보았습니까? 그대는 어디에 있었습니까? 이 비구는 어디에 있었습니까? 그대는 무슨 일을 하였습니까? 이 비구는 무슨 일을 하였습니까?"라고 말해야 한다.

6-3 만약 그 비구가 "나는 이 비구에게 그것을 보았던 까닭으로 자자를 금지시켰던 인연이 아니고, 그것을 들었던 까닭으로 자자를 금지시켰던 인연입니다."라고 말하였다면, 그때에 마땅히 그를 향하여 "그대가 이 비구의 자자를 들었던 까닭으로 금지시켰는데, 그대가 들었던 것은 무엇입니까? 무엇을 위하여 들었습니까? 어느 때에 들었습니까? 어디에서 들었습니까? 바라이를 범하는 것을 들었습니까? 승잔을 범하는 것을 들었습니까? 투란차를 범하는 것을 들었습니까? 바일제, 바라제제사니, 악작, 악설 등을 범하는 것을 들었습니까? 비구를 까닭으로 들었습니까? 비구니를 까닭으로 들었습니까? 식차마나를 까닭으로 들었습니까? 사미를 까닭으로 들었습니까? 사미니를 까닭으로 들었습니까? 우바새를 까닭으로 들었습니까? 우바이를 까닭으로 들었습니까? 국왕을 까닭으로 들었습니까? 왕의 대신을 까닭으로 들었습니까? 외도를 까닭으로 들었습니까? 외도의 제자를 까닭으로 들었습니까?"라고 말해야 한다.

6-4 만약 그 비구가 "나는 이 비구에게 그것을 들었던 까닭으로 자자를

금지시켰던 인연이 아니고, 그것을 의심하였던 까닭으로 자자를 금지시켰습니다."라고 말하였다면, 그때에 마땅히 그를 향하여 "그대가 이 비구의 자자를 의심하였던 까닭으로 금지시켰는데, 그대가 의심하였던 것은 무엇입니까? 무엇을 위하여 의심하였습니까? 어느 때에 의심하였습니까? 어디에서 의심하였습니까? 바라이를 범하는 것을 의심하였습니까? 승잔을 범하는 것을 의심하였습니까? 투란차를 범하는 것을 의심하였습니까? 바일제, 바라제제사니, 악작, 악설 등을 범하는 것을 의심하였습니까? 비구를 까닭으로 의심하였습니까? 비구니를 까닭으로 의심하였습니까? …… 외도의 제자를 까닭으로 의심하였습니까?"라고 말해야 한다.

6-5 보였던 것이 보았던 것과 일치하고
보였던 것이 보았던 것과 합치(合致)하며
보였던 인연으로 의심받지 않았고
그 사람의 부정이 의심스러워도
그 사람의 스스로의 말에 의지하여
마땅히 그와 함께 자자해야 한다.

들렸던 것이 들었던 것과 일치하고
들렸던 것이 들었던 것과 합치하며
들렸던 인연으로 의심받지 않았고
그 사람의 부정이 의심스러워도
그 사람의 스스로의 말에 의지하여
마땅히 그와 함께 자자해야 한다.

알려졌던 것이 알았던 것과 일치하고
알려졌던 것이 알았던 것과 합치하며
알려졌던 인연으로 의심받지 않았고
그 사람의 부정이 의심스러워도

그 사람의 스스로의 말에 의지하여
마땅히 그와 함께 자자해야 한다.

7. 하소견(何所見)[13]

7-1 그대에게 무엇이 보여졌던 것인가? 그대가 무엇을 들었던 것인가? 그대가 무엇을 보았던 것인가? 무엇을 질문하였는가? 그대는 어느 때에 보았는가? 그대는 어느 곳에서 보았는가? 그대는 무엇을 질문하였는가?

7-2 '그대에게 무엇이 보여졌던 것인가?'는 일을 묻거나, 깨트리는 것을 묻거나, 범한 죄를 묻거나, 부정행을 묻는 것이다. 일을 묻는 것은 8바라이의 일을 묻는 것이고, 13승잔의 일을 묻는 것이며, 2부정의 일을 묻는 것이고, 42사타의 일을 묻는 것이며, 188바일제의 일을 묻는 것이고, 12제사니의 일을 묻는 것이며, 악작의 일을 묻는 것이고, 악설의 일을 묻는 것이다.
　깨트리는 것을 묻는 것은 계를 깨트리는 것을 묻는 것이고, 행을 깨트리는 것을 묻는 것이며, 생활을 깨트리는 것을 묻는 것이다. 범한 죄를 묻는 것은 바라이를 범한 것을 묻는 것이고, 승잔을 범한 것을 묻는 것이며, 부정을 범한 것을 묻는 것이고, 사타를 범한 것을 묻는 것이며, 바일제를 범한 것을 묻는 것이고, 제사니를 범한 것을 묻는 것이며, 악작을 범한 것을 묻는 것이고, 악설을 범한 것을 묻는 것이다. 부정행을 묻는 것은 오직 두 사람이 성취한 법을 묻는 것이다.

7-3 '그대가 무엇을 보았던 것인가?'는 특징을 묻거나, 위의를 묻거나,

---

13) 팔리어 Pucchāvibhāga(푸짜비바가)의 번역이다.

형상을 묻거나, 변화를 묻는 것이다. 특징을 묻는 것은 혹은 크고 작거나, 혹은 검고 하얀 것을 묻는 것이다. 위의를 묻는 것은 가는 것(行)이거나, 혹은 머무르는 것(住)이거나, 혹은 앉는 것(坐)이거나, 혹은 눕는 것(臥)을 묻는 것이다. 형상을 묻는 것은 거사의 특징을 묻거나, 혹은 외도의 특징을 묻거나, 혹은 출가자의 특징을 묻는 것이다. 변화를 묻는 것은 가는 것이거나, 혹은 머무르는 것이거나, 혹은 앉는 것이거나, 혹은 눕는 것을 묻는 것이다.

7-4 '그대가 어느 때에 보았는가?'는 시간을 묻거나, 하루의 시간을 묻거나, 시분(時分)을 묻거나, 계절을 묻는 것이다. 시간을 묻는 것은 아침의 때이거나, 일중(日中)의 때이거나, 저녁의 때를 묻는 것이다. 하루의 시간을 묻는 것은 아침의 시간이거나, 낮의 시간이거나, 저녁의 시간을 묻는 것이다. 시분을 묻는 것은 식전(食前)이거나, 식후이거나, 혹은 밤이거나, 혹은 일중이거나, 혹은 흑월(黑月)[14]이거나, 혹은 백월(白月)[15]을 묻는 것이다. 계절을 묻는 것은 추운 계절이거나, 더운 계절이거나, 비가 오는 계절을 묻는 것이다.

7-5 '그대가 어느 곳에서 보았는가?'는 처소[16]를 묻거나, 지대(地臺)를 묻거나, 장소를 묻거나, 경계(經界)[17]를 묻는 것이다. 처소를 묻는 것은 처소[18]를 묻거나, 토지[19]를 묻거나, 구역(區域)[20]을 묻거나, 지역(地域)[21]을 묻는 것이다. 지대를 묻는 것은 토지[22]를 묻거나, 산(山)[23]을 묻거나,

14) 팔리어 kāle vā(카레 바)의 번역이다.
15) 팔리어 juṇhe vā(준헤 바)의 번역이다.
16) 팔리어 Ṭhāna(타나)의 번역이다.
17) 팔리어 padesa(파데사)의 번역이다.
18) 팔리어 bhūmi(부미)의 번역이다.
19) 팔리어 pathavi(파타비)의 번역이다.
20) 팔리어 dharaṇi(다라니)의 번역이다.
21) 팔리어 jagati(자가티)의 번역이다.

바위의 위24)를 묻거나, 누각의 위25)를 묻는 것이다. 장소를 묻는 것은
동쪽26)의 장소이거나, 서쪽27)의 장소이거나, 북쪽28)의 장소이거나, 남
쪽29)의 장소를 묻는 것이다. 경계를 묻는 것은 동쪽의 경계이거나, 서쪽의
경계이거나, 북쪽의 경계이거나, 남쪽의 경계를 묻는 것이다.

[큰 쟁사를 마친다.]

섭송으로 설하겠노라.

일과 인연과 보여진 모습과
앞뒤의 일과 짓거나 짓지 않을 것과
갈마와 쟁사와 멸쟁과
욕망으로 행하지 않을 것과

성내는 것과 어리석음과
두려움으로 행하지 않을 것과
알게 하는 것과 해제하는 것과
살피는 것과 적정하게 하는 것과

당파를 얻은 것과 많이 들은 것과

---

22) 팔리어 pathavi(파타비)의 번역이다.
23) 팔리어 pabbata(파빠타)의 번역이다.
24) 팔리어 pāsāṇa(파사나)의 번역이다.
25) 팔리어 pāsāda(파사다)의 번역이다.
26) 팔리어 puratthima(푸라띠마)의 번역이다.
27) 팔리어 pacchima(파찌마)의 번역이다.
28) 팔리어 uttara(우따라)의 번역이다.
29) 팔리어 dakkhiṇa(다끼나)의 번역이다.

상좌의 장로와 성취하지 못한 것과
성취한 것과 법과 율과 스승의
가르침에 의지한 것은
이것은 큰 쟁사에서 설해진 것이다.

부수 제14권

제14장 가치나의의 분석(分析)[1]

1. 가치나의의 성립[2]

1-1 어느 사람은 가치나의를 수지(受持)하여도 성립하지 않는가? 어느 사람은 가치나의를 수지하여도 성립하는가? 무엇이 가치나의를 수지하여도 성립하지 않는가? 무엇이 가치나의를 수지한다면 성립하는가? 어느 사람은 가치나의를 수지하여도 성립하지 않는가? 두 종류의 사람은 가치나의를 수지하여도 성립하지 않나니, 가치나의의 작법을 행하지 않았고, 가치나의의 작법을 따라서 기뻐하지 않는 자이다. 이러한 두 부류의 사람은 가치나의를 수지하여도 성립하지 않는다.

　어느 사람은 가치나의를 수지하여도 성립하는가? 두 부류의 사람은 가치나의를 수지한다면 성립하나니, 가치나의의 작법을 행하였고, 가치나의의 작법을 따라서 기뻐하는 자이다. 이러한 두 부류의 사람은 가치나의를 수지하여도 성립한다.

---

1) 팔리어 Kathinabheda(카티나베다)의 번역이다.
2) 팔리어 Kathinaatthatādi(카티나아따타디)의 번역이다.

1-2 무엇이 가치나의를 수지하여도 성립하지 않는가? 24종류의 형상에 의지한다면 가치나의가 성립하지 않나니, 오직 표시하였던 것은 가치나의가 성립되지 않는다. 오직 세탁하였던 것은 가치나의가 성립되지 않는다. 오직 치수를 재었던 것은 가치나의가 성립되지 않는다. 오직 재단하였던 것은 가치나의가 성립되지 않는다. 오직 임시로 꿰매었던 것은 가치나의가 성립되지 않는다. 오직 옷조각을 합하여 꿰매었던 것은 가치나의가 성립되지 않는다. 오직 튼튼하게 바느질하였던 것은 가치나의가 성립되지 않는다.

오직 거듭하여 바느질하였던 것은 가치나의가 성립되지 않는다. 오직 뒷부분을 바느질하였던 것은 가치나의가 성립되지 않는다. 오직 합하여 바느질하였던 것은 가치나의가 성립되지 않는다. 오직 한 번을 염색하였거나, 미리 기다려서 가치나의를 짓고자 결정하였거나, 가치나의를 준다면 짓겠다고 말하였던 것은 가치나의가 성립되지 않는다. 오직 잠시의 물건으로 지었다면 가치나의가 성립되지 않는다. 만약 연기(延期)하였던 것은 가치나의가 성립되지 않는다.

하룻밤이 지나서 버렸던 것은 가치나의가 성립되지 않는다. 상응하지 않는 것은 가치나의가 성립되지 않는다. 승가리(僧伽梨)[3]가 없는 때라면 가치나의가 성립되지 않는다. 울다라승(鬱多羅僧)[4]이 없는 때라면 가치나의가 성립되지 않는다. 안타회(安陀會)[5]가 없는 때라면 가치나의가 성립되지 않는다.

5조(條)이거나, 혹은 5조를 넘겼어도 그날에 재단하여 짓지 않은 때라면 가치나의가 성립되지 않는다. 다른 비구가 지은 때라면 가치나의가 성립되지 않는다. 비록 곧 가치나의를 받았더라도 다만 경계 밖의 사람을 따라서 기뻐하였다면 가치나의가 성립되지 않는다. 만약 이와 같은 24종류의 형상에 의지한다면 가치나의를 수지하여도 성립하지 않는다.

---

3) 팔리어 Saṅghāṭi(산가티)의 음사이다.
4) 팔리어 Uttarāsaṅga(우따라산가)의 음사이다.
5) 팔리어 Antaravāsaka(안타라바사카)의 음사이다.

'업상(業相)[6]'은 이 이 옷감으로 가치나의를 수지하는 것이고, 선택하는 모습이다. '예언(豫言)[7]'은 이 예언에 의지하여 가치나의의 옷감을 얻는 것이고, 사람을 마주하고 예언을 짓는 것이다. '잠시(暫時)[8]'는 취할 수 없는 보시를 말한다. '연기(延期)[9]'는 두 종류의 연기가 있나니, 옷을 짓는 것을 연기하는 것과 소유하는 것을 연기하는 것이다. '사타(捨墮)[10]'는 옷을 짓는 때에 날이 밝는 것이다. 이 24종류의 일에 의지한다면 가치나의가 성립되지 않는다.

1-3 무엇이 가치나의를 수지한다면 성립하는가? 17종류의 형상에 의지한다면 가치나의가 성립하나니, 새로운 옷으로써 지었던 것은 가치나의가 성립된다. 새로운 옷 등으로써 지었던 것은 가치나의가 성립된다. 옷감 조각으로써 지었던 것은 가치나의가 성립된다. 분소의로써 지었던 것은 가치나의가 성립된다. 시장에 떨어졌던 옷감 조각으로써 지었던 것은 가치나의가 성립된다.

미리 기다려서 가치나의를 짓고자 결정하지 않았던 것은 가치나의가 성립된다. 가치나의를 준다면 짓겠다고 말하지 않았던 것은 가치나의가 성립된다. 잠시의 물건이 아닌 것으로 지었다면 가치나의가 성립된다. 만약 연기하지 않았던 것은 가치나의가 성립된다. 하룻밤이 지나서 버리지 않았던 것은 가치나의가 성립된다. 상응하는 것은 가치나의가 성립된다.

승가리가 있는 때라면 가치나의가 성립된다. 울다라승이 있는 때라면 가치나의가 성립된다. 안타회가 있는 때라면 가치나의가 성립된다. 5조(條)이거나, 혹은 5조를 넘겼어도 그날에 재단하여 지은 때라면 가치나의

---

6) 팔리어 Nimittakamma(니미따캄마)의 번역이고, 몸짓으로 대상을 지정하여 무엇을 이해시키는 것이다.
7) 팔리어 Parikathā(파리카타)의 번역이다.
8) 팔리어 Kukkukata(쿠꾸카타)의 번역이다.
9) 팔리어 Sannidhi(산니디)의 번역이다.
10) 팔리어 Nissaggiya(니싸끼야)의 번역이다.

가 성립된다. 그 사람이 지은 때라면 가치나의가 성립된다. 비록 곧 가치나의를 받았더라도 다만 경계 안의 사람을 따라서 기뻐하였다면 가치나의가 성립된다. 만약 이와 같은 17종류의 형상에 의지하고 가치나의를 수지한다면 성립하느니라.

2. 무간(無間)의 조건[11]

2-1 가치나의를 받았다면 몇 종류의 법이 생겨나는가? 가치나의를 받았다면 15종류의 법이 생겨나나니 이를테면, 버리는 8종류의 일(事), 2종류의 장애(障礙)[12], 5종류의 공덕(功德)[13]이다.

　무슨 법 등이 이전 방편의 무간(無間)의 조건에 의지하는 조건[14]이 되고, 등무간(等無間)의 조건[15]에 의지하는 조건이 되며, 의지(依止)의 조건[16]에 의지하는 조건이 되고, 확실(確實)한 조건[17]에 의지하는 조건이 되며, 전생(前生)의 조건[18]에 의지하는 조건이 되고, 후생(後生)의 조건[19]에 의지하는 조건이 되며, 함께 태어나는 조건[20]에 의지하는 조건이 되는가?

　무슨 법 등이 전행(前行)하는[21] 무간의 조건에 의지하는 조건이 되고,

---

11) 팔리어 anantarapaccaya(아나타라파짜야)의 번역이고, antara는 '무간(無間)'의 뜻이고, paccaya는 '조건'의 뜻이다.
12) 팔리어 palibodha(파리보다)의 번역이다.
13) 팔리어 ānisaṃsā(아니삼사)의 번역이다.
14) 팔리어 anantarapaccaya(아난타라파짜야)의 번역이다.
15) 팔리어 samanantarapaccaya(사마난타라파짜야)의 번역이다.
16) 팔리어 nissayapaccaya(니싸야파짜야)의 번역이다.
17) 팔리어 upanissayapaccaya(우파니싸야파짜야)의 번역이다.
18) 팔리어 purejātapaccaya(프레자타파짜야)의 번역이다.
19) 팔리어 pacchājātapaccaya(파짜자타파짜야)의 번역이다.
20) 팔리어 sahajātapaccaya(사하자타파짜야)의 번역이다.

등무간의 조건에 의지하는 조건이 되며, 의지의 조건에 의지하는 조건이
되고, 확실한 조건에 의지하는 조건이 되며, 전생의 조건에 의지하는
조건이 되고, 후생의 조건에 의지하는 조건이 되며, 함께 태어나는 조건에
의지하는 조건이 되는가?

2-2 무슨 법 등이 주었던 것에 의지하는 조건의 …… 나아가 …… 무슨
법 등이 개인의 것으로 결정하였던 것에 의지하는 조건의 …… 나아가
…… 무슨 법 등이 옷을 수지하는 것에 의지하는 조건의 …… 나아가
…… 무슨 법 등이 버리는 일과 장애인 것에 의지하는 조건의 …… 나아가
…… 무슨 법 등이 일에 의지하는 조건에서 무간의 조건에 의지하는
조건이 되고, 등무간의 조건에 의지하는 조건이 되며, 의지의 조건에
의지하는 조건이 되고, 확실한 조건에 의지하는 조건이 되며, 전생의
조건에 의지하는 조건이 되고, 후생의 조건에 의지하는 조건이 되며,
함께 태어나는 조건에 의지하는 조건이 되는가?

2-3 전행은 무간의 조건에 의지하는 조건이 되고, 등무간의 조건에 의지하
는 조건이 되며, 의지의 조건에 의지하는 조건이 되고, 확실한 조건에
의지하는 조건이 되며, 전생의 조건에 의지하는 조건이 되고, 후생의
조건에 의지하는 조건이 되며, 15종류의 법은 이것이 함께 태어나는
조건의 조건이 된다.

2-4 주었던 전행은 무간의 조건에 의지하는 조건이 되고, 등무간의 조건에
의지하는 조건이 되며, 의지의 조건에 의지하는 조건이 되고, 확실한
조건에 의지하는 조건이 되며, 전생의 조건에 의지하는 조건이 되고,
후생의 조건에 의지하는 조건이 되며, 15종류의 법은 이것이 함께 태어나
는 조건의 조건이 된다.

---

21) 팔리어 Pubbakaraṇa(푸빠카라나)의 번역이고, Pubba와 karaṇa의 합성어이다.
Pubba는 '이전'의 뜻이고, karaṇa는 '수행하다.', '짓다.', '일으키다.'는 뜻이다.

2-5 개인의 것으로 결정하였던 전행은 무간의 조건에 의지하는 조건이 되고, 등무간의 조건에 의지하는 조건이 되며, 의지의 조건에 의지하는 조건이 되고, 확실한 조건에 의지하는 조건이 되며, 전생의 조건에 의지하는 조건이 되고, 후생의 조건에 의지하는 조건이 되며, 15종류의 법은 이것이 함께 태어나는 조건의 조건이 된다.

2-6 옷을 수지하는 전행은 무간의 조건에 의지하는 조건이 되고, 등무간의 조건에 의지하는 조건이 되며, 의지의 조건에 의지하는 조건이 되고, 확실한 조건에 의지하는 조건이 되며, 전생의 조건에 의지하는 조건이 되고, 후생의 조건에 의지하는 조건이 되며, 15종류의 법은 이것이 함께 태어나는 조건의 조건이 된다.

2-7 버리는 일의 전행은 무간의 조건에 의지하는 조건이 되고, 등무간의 조건에 의지하는 조건이 되며, 의지의 조건에 의지하는 조건이 되고, 확실한 조건에 의지하는 조건이 되며, 수지하는 이것은 버리는 일과 장애하는 전생의 조건에 의지하는 조건이 되고, 수지하는 이것은 버리는 일과 장애하는 후생의 조건에 의지하는 조건이 되며, 15종류의 법은 이것이 함께 태어나는 조건의 조건이 된다.

2-8 일에 의지하는 전행은 무간의 조건에 의지하는 조건이 되고, 등무간의 조건에 의지하는 조건이 되며, 의지의 조건에 의지하는 조건이 되고, 확실한 조건에 의지하는 조건이 되며, 일의 이것은 희망하는 것과 희망하지 않는 전생의 조건에 의지하는 조건이 되고, 일의 이것은 희망하는 것과 희망하지 않는 후생의 조건에 의지하는 조건이 되며, 15종류의 법은 이것이 함께 태어나는 조건의 조건이 된다.

3. 전행(前行)[22]

3-1 전행은 무엇으로써 인연을 삼고, 무엇으로써 원인을 삼으며, 무엇으로써 종류를 삼고, 무엇으로써 생겨나며, 무엇으로써 자양(滋養)을 삼고, 무엇으로써 발생하는가?

주었던 것은 …… 나아가 …… 개인의 것으로 결정하였던 것은 …… 나아가 …… 수지하는 것은 …… 나아가 ……버리는 일과 장애는 …… 나아가 …… 일의 희망하는 것과 희망하지 않는 것은, 무엇으로써 인연을 삼고, 무엇으로써 원인을 삼으며, 무엇으로써 종류를 삼고, 무엇으로써 생겨나며, 무엇으로써 자양을 삼고, 무엇으로써 발생하는가?

전행은 이전의 방편으로써 인연을 삼고, 이전의 방편으로써 원인을 삼으며, 이전의 방편으로써 종류를 삼고, 이전의 방편으로써 생겨나며, 이전의 방편으로써 자양을 삼고, 이전의 방편으로써 발생한다.

주었던 것은 …… 나아가 …… 개인의 것으로 결정하였던 것은 …… 나아가 …… 수지하는 것은 …… 나아가 ……버리는 일과 장애는 …… 나아가 …… 일의 희망하는 것과 희망하지 않는 것은, 이전의 방편으로써 인연을 삼고, 이전의 방편으로써 원인을 삼으며, 이전의 방편으로써 종류를 삼고, 이전의 방편으로써 생겨나며, 이전의 방편으로써 자양을 삼고, 이전의 방편으로써 발생한다.

3-2 이전의 방편은 무엇으로써 인연을 삼고, 무엇으로써 원인을 삼으며, 무엇으로써 종류를 삼고, 무엇으로써 생겨나며, 무엇으로써 자양을 삼고, 무엇으로써 발생하는가?

전행은 …… 나아가 …… 주었던 것은 …… 나아가 …… 개인의 것으로 결정하였던 것은 …… 나아가 …… 수지하는 것은 …… 나아가 ……버리는

22) 팔리어 Pubbakaraṇanidānādivibhāga(푸빠카라나니다나디비바가)의 번역이다.

일과 장애는 …… 나아가 …… 일의 희망하는 것과 희망하지 않는 것은, 무엇으로써 인연을 삼고, 무엇으로써 원인을 삼으며, 무엇으로써 종류를 삼고, 무엇으로써 생겨나며, 무엇으로써 자양을 삼고, 무엇으로써 발생하는가?

이전의 방편은 원인(因)으로써 인연을 삼고, 원인으로써 원인을 삼으며, 원인으로써 종류를 삼고, 원인으로써 생겨나며, 원인으로써 자양을 삼고, 원인으로써 발생한다.

전행은 …… 나아가 …… 주었던 것은 …… 나아가 …… 개인의 것으로 결정하였던 것은 …… 나아가 …… 수지하는 것은 …… 나아가 ……버리는 일과 장애는 …… 나아가 …… 일의 희망하는 것과 희망하지 않는 것은, 원인으로써 인연을 삼고, 원인으로써 원인을 삼으며, 원인으로써 종류를 삼고, 원인으로써 생겨나며, 원인으로써 자양을 삼고, 원인으로써 발생한다.

3-3 이전의 방편은 무엇으로써 인연을 삼고, 무엇으로써 원인을 삼으며, 무엇으로써 종류를 삼고, 무엇으로써 생겨나며, 무엇으로써 자양을 삼고, 무엇으로써 발생하는가?

전행은 …… 나아가 …… 주었던 것은 …… 나아가 …… 개인의 것으로 결정하였던 것은 …… 나아가 …… 수지하는 것은 …… 나아가 ……버리는 일과 장애는 …… 나아가 …… 일의 희망하는 것과 희망하지 않는 것은, 무엇으로써 인연을 삼고, 무엇으로써 원인을 삼으며, 무엇으로써 종류를 삼고, 무엇으로써 생겨나며, 무엇으로써 자양을 삼고, 무엇으로써 발생하는가?

이전의 방편은 인과(緣)로써 인연을 삼고, 인과로써 원인을 삼으며, 인과로써 종류를 삼고, 인과로써 생겨나며, 인과로써 자양을 삼고, 인과로써 발생한다.

전행은 …… 나아가 …… 주었던 것은 …… 나아가 …… 개인의 것으로 결정하였던 것은 …… 나아가 …… 수지하는 것은 …… 나아가 …… 버리는

일과 장애는 …… 나아가 …… 일의 희망하는 것과 희망하지 않는 것은,
인과로써 인연을 삼고, 인과로써 원인을 삼으며, 인과로써 종류를 삼고,
인과로써 생겨나며, 인과로써 자양을 삼고, 인과로써 발생한다.

3-4 전행은 몇 종류의 법을 의지하여 섭수(攝受)하는가? 전행은 7종류의
법을 의지하여 섭수하나니 이를테면, 세탁, 계량(計量), 재단, 임시로
꿰매는 것, 꿰매는 것, 염색, 작정(作淨)을 의지하는 것이다. 옷을 주는
것은 몇 종류의 법을 의지하여 섭수하는가? 옷을 주는 것은 3종류의
법을 의지하여 섭수하나니 이를테면, 승가리, 울다라승, 안타회의 옷을
의지하는 것이다.

  옷을 개인의 것으로 결정하였던 것은 몇 종류의 법을 의지하여 섭수하는
가? 옷을 개인의 것으로 결정하였던 것은 3종류의 법을 의지하여 섭수하나
니 이를테면, 승가리, 울다라승, 안타회의 옷을 의지하는 것이다. 옷을
수지하는 것은 몇 종류의 법을 의지하여 섭수하는가? 옷을 수지하는
것은 1종류의 법을 의지하여 섭수하나니 이를테면, 말하는 것을 의지하는
것이다.

3-5 가치나의는 몇 종류의 뿌리가 있고, 몇 종류의 일이 있으며, 몇
종류의 재료가 있는가? 가치나의는 1종류의 뿌리가 있나니, 승가리이다.
가치나의는 3종류의 일이 있나니, 승가리·울다라승·안타회이다. 가치나
의는 6종류의 재료가 있나니, 마포(麻布)[23], 면포(綿布)[24], 연포(絹布)[25],
모포(毛布)[26], 조마포(粗麻布)[27], 대마포(大麻布)[28] 등이다.

---

23) 팔리어 Khoma(코마)의 번역이고 아마(亞麻)를 가리킨다.
24) 팔리어 Kappāsika(카빠시카)의 번역이다.
25) 팔리어 Koseyya(코세이야)의 번역이다.
26) 팔리어 Kambala(캄바라)의 번역이다.
27) 팔리어 Sāṇa(사나)의 번역이다.
28) 팔리어 Bhaṅga(반가)의 번역이다.

3-6 무엇이 가치나의의 처음이고 중간이며 끝마치는 것인가? 전행이 가치나의 처음이고, 옷을 짓는 것이 중간이며, 수지하는 것이 끝마치는 것이다.

3-7 몇 종류를 갖춘 사람은 가치나의를 수지할 수 없는가? 몇 종류를 갖춘 사람은 가치나의를 수지할 수 있는가? 8종류를 갖춘 사람은 가치나의를 수지할 수 없다. 8종류를 갖춘 사람은 가치나의를 수지할 수 있다.

무슨 8종류를 갖춘 사람은 가치나의를 수지할 수 없는가? 이를테면, 전행을 알지 못하고, ······ 나아가 ······ 주는 것을 알지 못하고, ······ 나아가 ······ 개인의 것으로 결정하는 것을 알지 못하고, ······ 나아가 ······ 수지하는 것을 알지 못하고, ······ 나아가 ······ 버리는 일을 알지 못하고, ······ 나아가 ······ 장애를 알지 못하고, ······ 나아가 ······ 해제하는 것을 알지 못하고, ······ 나아가 ······공덕을 알지 못하는 것이다. 이러한 8종류를 갖춘 사람은 가치나의를 수지할 수 없다.

무슨 8종류를 갖춘 사람은 가치나의를 수지할 수 있는가? 이를테면, 전행을 알고, ······ 나아가 ······ 주는 것을 알고, ······ 나아가 ······ 개인의 것으로 결정하는 것을 알고, ······ 나아가 ······ 수지하는 것을 알고, ······ 나아가 ······ 버리는 일을 알고, ······ 나아가 ······ 장애를 알고, ······ 나아가 ······ 해제하는 것을 알고, ······ 나아가 ······공덕을 아는 것이다. 이러한 8종류를 갖춘 사람은 가치나의를 수지할 수 있다.

3-8 몇 종류의 사람은 가치나의를 성취할 수 없는가? 몇 종류의 사람은 가치나의를 성취할 수 있는가? 3종류의 사람은 가치나의를 수지할 수 없다. 3종류를 갖춘 사람은 가치나의를 수지할 수 있다. 무슨 3종류의 사람은 가치나의를 수지할 수 없는가? 이를테면, 경계 밖의 사람을 따라서 기뻐하고, 경계 안에서 기뻐하면서 말로 표현하지 않으며, 비록 말하였어도 다른 사람에게 알리지 않는 것이다. 이러한 3종류의 사람은 가치나의를 성취할 수 없다.

무슨 3종류의 사람은 가치나의를 수지할 수 있는가? 이를테면, 경계 밖의 사람을 따라서 기뻐하지 않고, 경계 안에서 기뻐하면서 말로 표현하며, 말하면서 다른 사람에게 알리는 것이다. 이러한 3종류의 사람은 가치나의를 성취할 수 있다.

3-9 몇 종류의 사람은 가치나의를 수지하여도 성취할 수 없는가? 몇 종류의 사람은 가치나의를 수지한다면 성취할 수 있는가? 3종류의 사람은 가치나의를 수지하여도 성취할 수 없다. 3종류를 갖춘 사람은 가치나의를 수지한다면 성취할 수 있다. 무슨 3종류의 사람은 가치나의를 수지하여도 성취할 수 없는가? 이를테면, 일이 비법(非法)이고, 때가 비법이며, 작법(作法)이 비법인 것이다. 이러한 3종류의 사람은 가치나의를 수지하여도 성취할 수 없다.

무슨 3종류의 사람은 가치나의를 수지한다면 성취할 수 있는가? 이를테면, 일이 여법(如法)하고, 때가 여법하며, 작법이 여법한 것이다. 이러한 3종류의 사람은 가치나의를 수지한다면 성취할 수 있다.

4. 알아야 할 것(應知)[29]

4-1 마땅히 가치나의를 알아야 하고, 마땅히 가치나의를 알고서 수지해야 하며, 마땅히 가치나의를 수지하는 개월을 알아야 하고, 마땅히 가치나의를 수지하지 않는 것을 알아야 하며, 마땅히 가치나의를 수지하면 성취되는 것을 알아야 하며, 마땅히 업상을 알아야 하고, 예언을 알아야 하며, 잠시의 물건을 알아야 하고, 연기를 알아야 하며, 사타를 알아야 한다.

---

29) 팔리어 Kathinādijānitabbavibhāga(카티나디자니타빠비방가)의 번역이다.

4-2 마땅히 가치나의를 알아야 하는 것은 그러한 법 등의 분류(分類)[30], 결합(結合)[31], 명칭(名稱)[32], 명명(命名)[33], 수명(授名)[34], 언어(詞)[35], 문장(文)[36], 선언(宣言)[37] 등을 아는 것이다. 이것이 곧 마땅히 가치나의를 알아야 하는 것이다.

마땅히 가치나의를 수지하는 개월을 알아야 하는 것은 마땅히 우기의 최후의 1개월을 아는 것이다. 마땅히 가치나의를 수지하지 않는 것을 알아야 하는 것은 24종류의 행하는 모습은 마땅히 가치나의를 수지하더라도 성립되지 않는 것을 아는 것이다. 마땅히 가치나의를 수지하면 성취되는 것을 알아야 하는 것은 17종류의 행하는 모습은 마땅히 가치나의를 수지한다면 성립되는 것을 아는 것이다.

마땅히 업상을 알아야 하는 것은 이 옷감으로 가치나의를 수지하는 것을 표시하는 것이다. 예언을 알아야 하는 것은 이러한 예언에서 가치나의의 옷감을 얻겠다고 예언하는 것이다. 잠시의 물건을 알아야 하는 것은 마땅히 보시하더라도 취하지 않는 것을 아는 것이다. 연기를 알아야 하는 것은 마땅히 두 가지의 연기를 알아야 하나니, 옷을 짓는 것을 연기하거나, 옷감을 쌓아두는 것을 연기하는 것이다. 사타를 알아야 하는 것은 옷을 지었던 때가 밝은 모습이 나타나는 것이다.

4-3 마땅히 가치나의를 짓는 것을 알아야 하는 것은 만약 승가가 가치나의의 물건을 얻은 때라면 승가는 마땅히 어떻게 행해야 하는가? 옷을 짓는 때라면 마땅히 어떻게 행해야 하는가? 따라서 기뻐하는 자는 마땅히

---

30) 팔리어 saṅgaha(산가하)의 번역이다.
31) 팔리어 samavāya(사마바야)의 번역이다.
32) 팔리어 nāma(나마)의 번역이다.
33) 팔리어 nāmakamma(나마캄마)의 번역이다.
34) 팔리어 nāmadheyya(나마데이야)의 번역이다.
35) 팔리어 nirutti(니루띠)의 번역이다.
36) 팔리어 byañjana(비안자나)의 번역이다.
37) 팔리어 abhilāpa(아비라파)의 번역이다.

어떻게 행해야 하는가? 승가는 백이갈마를 의지하여 비구들에게 가치나의를 주어야 하고, 그 가치나의를 짓는 비구들은 곧 그날에 세탁하고 펼쳐서 늘이며 계량하고 재단하며 꿰매고 염색하며 작정하고서 가치나의를 지어야 한다.

만약 승가리를 의지하여 가치나의를 짓고자 하였다면, 마땅히 이전의 승가리를 주고서 마땅히 새로운 승가리를 결정해야 하고, 또한 마땅히 말해야 한다.

"나는 이 승가리를 의지하여 가치나의를 짓겠습니다."

만약 울다라승을 의지하여 가치나의를 짓고자 하였다면, 마땅히 이전의 울다라승을 주고서 마땅히 새로운 울다라승을 결정해야 하고, 또한 마땅히 말해야 한다.

"나는 이 울다라승을 의지하여 가치나의를 짓겠습니다."

만약 안타회를 의지하여 가치나의를 짓고자 하였다면, 마땅히 이전의 안타회를 주고서 마땅히 새로운 안타회를 결정해야 하고, 또한 마땅히 말해야 한다.

"나는 이 안타회를 의지하여 가치나의를 짓겠습니다."

그 가치나의를 짓는 비구는 승가에 이르러 오른쪽 어깨를 드러내고 합장하고서 마땅히 이와 같이 말해야 한다.

"여러 대덕들이여. 승가를 위하여 가치나의를 지었습니다. 여법하게 가치나의를 지었으니, 마땅히 기뻐하십시오."

그 기뻐하는 비구들은 합장하고서 마땅히 이와 같이 말해야 한다.

"장로들이여. 승가를 위하여 가치나의를 지었고, 여법하게 가치나의를 지었으니, 우리들은 기뻐합니다."

그 가치나의를 짓는 비구는 비구 대중의 처소에 이르러 오른쪽 어깨를 드러내고 합장하고서 마땅히 이와 같이 말해야 한다.

"여러 대덕들이여. 승가를 위하여 가치나의를 지었습니다. 여법하게 가치나의를 지었으니, 마땅히 기뻐하십시오."

그 기뻐하는 비구들은 합장하고서 마땅히 이와 같이 말해야 한다.

"장로들이여. 승가를 위하여 가치나의를 지었고, 여법하게 가치나의를
지었으니, 우리들은 기뻐합니다."

그 가치나의를 짓는 비구는 한 비구의 처소에 이르러 오른쪽 어깨를
드러내고 합장하고서 마땅히 이와 같이 말해야 한다.

"장로여. 승가를 위하여 가치나의를 지었습니다. 여법하게 가치나의를
지었으니, 마땅히 기뻐하십시오."

그 기뻐하는 비구는 합장하고서 마땅히 이와 같이 말해야 한다.

"장로들이여. 승가를 위하여 가치나의를 지었고, 여법하게 가치나의를
지었으니, 나는 기뻐합니다."

5. 개인(個人)[38]

5-1 승가는 가치나의를 지을 수 있고, 별중도 가치나의를 지을 수 있으며,
한 사람도 가치나의를 지을 수 있다. 승가는 가치나의를 짓지 않을 수
있고, 별중도 가치나의를 짓지 않을 수 있으며, 한 사람도 가치나의를
짓지 않을 수 있다. 만약 승가가 가치나의를 짓지 않았고 별중도 가치나의
를 짓지 않았으나, 한 사람이 가치나의를 지었다면 가치나의는 승가에게
성립되지 않고 별중에게도 성립되지 않으며, 한 사람은 성립되므로 가치
나의를 받을 수 있다.

5-2 승가는 바라제목차를 송출할 수 있고, 별중도 바라제목차를 송출할
수 있으며, 한 사람도 바라제목차를 송출할 수 있다. 승가는 바라제목차를
송출하지 않을 수 있고, 별중도 바라제목차를 송출하지 않을 수 있으며,
한 사람도 바라제목차를 송출하지 않을 수 있다. 만약 승가가 바라제목차

---

38) 팔리어 Puggalassevakathinatthāra(푸까라쎄바카티나따라)의 번역이다.

를 송출하지 않았고 별중도 바라제목차를 송출하지 않았으나, 한 사람이
바라제목차를 송출하였다면 바라제목차의 송출은 승가에게 성립되지
않고 별중에게도 성립되지 않으며, 한 사람은 성립되므로 바라제목차를
송출할 수 있다.

5-3 완전히 화합하는 승가에 의지해야 하고, 완전히 화합하는 별중에
의지해야 한다면 한 사람이 송출할 수 있고, 승가가 바라제목차를 송출하
는 것이 성립되며, 별중이 바라제목차를 송출하는 것이 성립되고, 한사람
이 바라제목차를 송출하는 것이 성립된다.

   이와 같이 승가가 가치나의를 짓지 않았고, 별중이 가치나의를 짓지
않았으나, 한 사람이 지었는데, 승가가 기뻐하는 것을 의지하고 별중이
기뻐하는 것을 의지한다면 한 사람이 지었어도, 승가의 가치나의는 성립
되고 별중의 가치나의도 성립되며, 한 사람은 성립된다.

6. 사의(捨衣)[39]

6-1 떠나가는 때에는 가치나의를 버리는 것이라는
   태양의 종족[40]께서 설한 것에 의지하여
   이것을 내가 그대에게 묻겠나니
   무슨 장애가 먼저 끊어지는가?

   떠나가는 때에는 가치나의를 버리는 것이라는
   태양의 종족께서 설한 것에 의지하여

---

39) 팔리어 Palibodhapañhābyākaraṇa(파리보다판하비아카라나)의 번역이다.
40) 팔리어 Ādiccabandha(아디짜반다)의 번역이고, Ādicca는 태양을 뜻하고, Bandhu
   는 '종족', '친족'을 뜻하며, 세존을 가리킨다.

이것을 내가 그대에게 대답하겠나니
옷의 장애가 먼저 끊어지고
경계를 나간다면 곧 그 주처의
장애가 끊어지느니라.

6-2 성립되는 때에는 가치나의를 버리는 것이라는
태양의 종족께서 설한 것에 의지하여
이것을 내가 그대에게 묻겠나니
무슨 장애가 처음으로 끊어지는가?

성립되는 때에는 가치나의를 버리는 것이라는
태양의 종족께서 설한 것에 의지하여
이것을 내가 그대에게 대답하겠나니
옷의 장애가 처음으로 끊어지고
옷이 성립되는 때에 곧 그 주처의
장애가 끊어지느니라.

6-3 마음을 일으키는 때에는 가치나의를 버리는 것이라는
태양의 종족께서 설한 것에 의지하여
이것을 내가 그대에게 묻겠나니
무슨 장애가 처음으로 끊어지는가?

마음을 일으키는 때에는 가치나의를 버리는 것이라는
태양의 종족께서 설한 것에 의지하여
이것을 내가 그대에게 대답하겠나니
두 종류의 장애가 동시에 끊어지느니라.

6-4 잃어버린 때라면 가치나의를 버리는 것이라는

태양의 종족께서 설한 것에 의지하여
이것을 내가 그대에게 묻겠나니
무슨 장애가 처음으로 끊어지는가?

잃어버린 때라면 가치나의를 버리는 것이라는
태양의 종족께서 설한 것에 의지하여
이것을 내가 그대에게 대답하겠나니
주처의 장애가 처음으로 끊어지고
옷을 잃어버린 때에 옷의 장애가 끊어지느니라.

6-5 들었던 때라면 가치나의를 버리는 것이라는
태양의 종족께서 설한 것에 의지하여
이것을 내가 그대에게 묻겠나니
무슨 장애가 처음으로 끊어지는가?

잃어버린 때라면 가치나의를 버리는 것이라는
태양의 종족께서 설한 것에 의지하여
이것을 내가 그대에게 대답하겠나니
옷의 장애가 처음으로 끊어지고
들었던 때에 그 주처의 장애가 함께 끊어지느니라.

6-6 희망이 끊어진 때라면
가치나의를 버리는 것이라는
태양의 종족께서 설한 것에 의지하여
이것을 내가 그대에게 묻겠나니
무슨 장애가 처음으로 끊어지는가?

희망이 끊어진 때라면 가치나의를 버리는 것이라는

태양의 종족께서 설한 것에 의지하여
이것을 내가 그대에게 대답하겠나니
주처의 장애가 처음으로 끊어지고
희망이 끊어진 때에 옷의 장애가 끊어지느니라.

6-7 경계의 밖으로 떠나가는 때라면
가치나의를 버리는 것이라는
태양의 종족께서 설한 것에 의지하여
이것을 내가 그대에게 묻겠나니
무슨 장애가 처음으로 끊어지는가?

경계의 밖으로 떠나가는 때라면
가치나의를 버리는 것이라는
태양의 종족께서 설한 것에 의지하여
이것을 내가 그대에게 대답하겠나니
옷의 장애가 처음으로 끊어지고
경계의 안에서 나가는 때에 옷의 장애가 끊어지느니라.

6-8 함께 (승가에) 버리는 때라면
가치나의를 버리는 것이라는
태양의 종족께서 설한 것에 의지하여
이것을 내가 그대에게 묻겠나니
무슨 장애가 처음으로 끊어지는가?

함께 (승가에) 버리는 때라면
가치나의를 버리는 것이라는
태양의 종족께서 설한 것에 의지하여
이것을 내가 그대에게 대답하겠나니

두 종류의 장애가 동시에 끊어지느니라.

6-9 몇 종류의 가치나의를 버리는 것이 승가를 의지하는가? 몇 종류의 가치나의를 버리는 것이 한 사람을 의지하는가? 몇 종류의 가치나의를 버리는 것이 승가를 의지하지도 않고, 몇 종류의 가치나의를 버리는 것이 한 사람을 의지하지도 않는가?

1종류의 가치나의를 버리는 것은 승가를 의지하나니, 중간에 버리는 것이다. 4종류의 가치나의를 버리는 것은 한 사람을 의지하나니, 떠나가는 것, 성립한 것, 마음을 일으킨 것, 경계 밖으로 떠나간 것이니라. 4종류의 가치나의를 버리는 것은 승가를 의지하지 않고 한 사람을 의지하지 않나니, 잃어버린 것, 들었던 것, 희망이 끊어진 것과 함께 버린 것이니라.

6-10 몇 종류의 가치나의를 버리는 것이 결계의 안에서 버리는 것인가? 몇 종류의 가치나의를 버리는 것이 결계의 밖에서 버리는 것인가? 몇 종류의 가치나의를 버리는 것이 결계의 안에서 버리는 것이고, 몇 종류의 가치나의를 버리는 것이 결계의 밖에서 버리는 것인가?

2종류의 가치나의를 버리는 것은 결계의 안에서 버리는 것이니, 중간에 버리거나, 함께 버리는 것이다. 3종류의 가치나의를 버리는 것은 결계의 밖에서 버리는 것이니, 떠나가는 것, 들었던 것, 경계 밖으로 떠나간 것이니라. 4종류의 가치나의를 버리는 것은 결계의 안에서 버리는 것이니, 경계의 밖에서 버린 것, 성립된 것, 마음을 일으킨 것, 버린 것과 희망이 끊어진 것이니라.

6-11 몇 종류의 가치나의를 버리는 것이 함께 생겨나는 것이고, 함께 소멸하는 것인가? 몇 종류의 가치나의를 버리는 것이 함께 생겨나는 것이고, 함께 소멸하는 것인가? 2종류의 가치나의를 버리는 것이 함께 생겨나는 것이고, 함께 소멸하나니, 중간에 버리거나, 함께 버리는 것이다. 나머지의 가치나의를 버리는 것이 함께 생겨나는 것이고, 다르게 소멸하

는 것이다.

[가치나의의 분석을 마친다.]

섭송으로 설하겠노라.

누구와 무엇과 열다섯과
법과 인연과 원인과
인과와 섭수와 뿌리와 최초와
여덟 부류의 사람과

세 종류의 파괴와 성립하지 않는 것과
마땅히 알아야 할 것과 수지와 송출과
장애와 의지와 경계와
일어나는 것과 소멸하는 것이 있다.

부수 제15권

제15장 우바리 질문의 5법(五法)[1]

1. 의지(依止)[2]

1-1 그때 세존께서는 사위성의 기수급고독원(祇樹給孤獨園)[3]에 머무르셨다. 이때 장로 우바리는 세존의 주처로 나아갔고, 나아가서 세존께 예경하고서 한쪽에 앉았다. 한쪽에 앉았으므로 장로 우바리는 이와 같이 세존께 아뢰었다.

"세존이시여. 몇 종류를 구족한 비구는 목숨을 마치도록 의지하지 않는다면 머무를 수 없습니까?"

"우바리여. 5종류를 구족한 비구는 목숨을 마치도록 의지하지 않는다면 머무를 수 없느니라. 무엇이 5종류인가? 이를테면, 포살(布薩)을 알지 못하고, 포살갈마를 알지 못하며, 바라제목차를 알지 못하고, 바라제목차의 송출을 알지 못하며, 다섯 하안거의 미만인 자이다. 우바리여. 5종류를

---

1) 팔리어 Upālipañcaka(우파리판차카)의 번역이다.
2) 팔리어 Anissitavagga(아니씨타바까)의 번역이다.
3) 팔리어 Jetavane anāthapiṇḍika ārāma(제타바네 아나타핀디카 아라마)의 번역이다.

구족한 비구는 목숨을 마치도록 의지하지 않는다면 머무를 수 없느니라.

우바리여. 5종류를 구족한 비구는 목숨을 마치도록 의지하지 않고서 머무를 수 있느니라. 무엇이 5종류인가? 이를테면, 포살을 알고, 포살갈마를 알며, 바라제목차를 알고, 바라제목차의 송출을 알며, 다섯 하안거의 이상인 자이다. 우바리여. 5종류를 구족한 비구는 목숨을 마치도록 의지하지 않고서 머무를 수 있느니라."

1-2 "우바리여. 다시 5종류를 구족한 비구는 목숨을 마치도록 의지하지 않는다면 머무를 수 없느니라. 무엇이 5종류인가? 이를테면, 자자(自恣)를 알지 못하고, 자자갈마를 알지 못하며, 바라제목차를 알지 못하고, 바라제목차의 송출을 알지 못하며, 다섯 하안거의 미만인 자이다. 우바리여. 5종류를 구족한 비구는 목숨을 마치도록 의지하지 않는다면 머무를 수 없느니라.

우바리여. 5종류를 구족한 비구는 목숨을 마치도록 의지하지 않고서 머무를 수 있느니라. 무엇이 5종류인가? 이를테면, 자자를 알고, 자자갈마를 알며, 바라제목차를 알고, 바라제목차의 송출을 알며, 다섯 하안거의 이상인 자이다. 우바리여. 5종류를 구족한 비구는 목숨을 마치도록 의지하지 않고서 머무를 수 있느니라."

1-3 "우바리여. 다시 5종류를 구족한 비구는 목숨을 마치도록 의지하지 않는다면 머무를 수 없느니라. 무엇이 5종류인가? 이를테면, 유죄와 무죄를 알지 못하고, 가벼운 죄와 무거운 죄를 알지 못하며, 유잔죄와 무잔죄를 알지 못하고, 거친 죄와 거칠지 않은 죄를 알지 못하며, 다섯 하안거의 미만인 자이다. 우바리여. 5종류를 구족한 비구는 목숨을 마치도록 의지하지 않는다면 머무를 수 없느니라.

우바리여. 5종류를 구족한 비구는 목숨을 마치도록 의지하지 않고서 머무를 수 있느니라. 무엇이 5종류인가? 이를테면, 유죄와 무죄를 알고, 가벼운 죄와 무거운 죄를 알며, 유잔죄와 무잔죄를 알고, 거친 죄와 거칠지 않은 죄를 알며, 다섯 하안거의 이상인 자이다. 우바리여. 5종류를 구족한 비구는 목숨을 마치도록 의지하지 않고서 머무를 수 있느니라."

1-4 "세존이시여. 몇 종류를 구족한 비구는 다른 사람에게 구족계를 줄 수 없고, 다른 사람에게 의지를 줄 수 없으며, 사미를 양육할 수 없습니까?"

"우바리여. 5종류를 구족한 비구는 다른 사람에게 구족계를 줄 수 없고, 다른 사람에게 의지를 줄 수 없으며, 사미를 양육할 수 없느니라. 무엇이 5종류인가? 이를테면, 제자이거나, 혹은 문도의 제자를 능히 간병(看病)할 수 없고 능히 간병하게 시킬 수 없거나, 생겨난 근심을 없애줄 수 있고 능히 근심을 없애게 시킬 수 없거나, 생겨난 의혹을 법에 의지하여 없애줄 수 없고 능히 근심을 없애게 시킬 수 없거나, 능히 아비달마를 교계할 수 없거나, 능히 아비비니를 교계할 수 없는 것이다. 우바리여. 5종류를 구족한 비구는 다른 사람에게 구족계를 줄 수 없고, 다른 사람에게 의지를 줄 수 없으며, 사미를 양육할 수 없느니라.

우바리여. 5종류를 구족한 비구는 다른 사람에게 구족계를 줄 수 있고, 다른 사람에게 의지를 줄 수 있으며, 사미를 양육할 수 있느니라. 무엇이 5종류인가? 이를테면, 제자이거나, 혹은 문도의 제자를 능히 간병할 수 있고 능히 간병하게 시킬 수 있거나, 생겨난 근심을 없애줄 수 있고 능히 근심을 없애게 시킬 수 있거나, 생겨난 의혹을 법에 의지하여 없애줄 수 있고 능히 근심을 없애게 시킬 수 있거나, 능히 아비달마를 교계할 수 있거나, 능히 아비비니를 교계할 수 있는 것이다. 우바리여. 5종류를 구족한 비구는 다른 사람에게 구족계를 줄 수 있고, 다른 사람에게 의지를 줄 수 있으며, 사미를 양육할 수 있느니라."

1-5 "세존이시여. 몇 종류를 구족한 비구는 다른 사람에게 구족계를 줄 수 없고, 다른 사람에게 의지를 줄 수 없으며, 사미를 양육할 수 없습니까?"

"우바리여. 5종류를 구족한 비구는 다른 사람에게 구족계를 줄 수 없고, 다른 사람에게 의지를 줄 수 없으며, 사미를 양육할 수 없느니라. 무엇이 5종류인가? 이를테면, 제자이거나, 혹은 문도의 제자를 증상행(增上行)의 위의를 능히 배우게 할 수 없고 능히 배우게 시킬 수 없거나, 처음의 범행(梵行)을 능히 배우게 할 수 없고 능히 배우게 시킬 수 없거나, 증상계(增上戒)를 능히 배우게 할 수 없고 능히 배우게 시킬 수 없거나, 증상심(增上心)을 능히 배우게 할 수 없고 능히 배우게 시킬 수 없거나, 증상혜(增上慧)를 능히 배우게 할 수 없고 능히 배우게 시킬 수 없는 것이다. 우바리여. 5종류를 구족한 비구는 다른 사람에게 구족계를 줄 수 없고, 다른 사람에게 의지를 줄 수 없으며, 사미를 양육할 수 없느니라.

우바리여. 5종류를 구족한 비구는 다른 사람에게 구족계를 줄 수 있고, 다른 사람에게 의지를 줄 수 있으며, 사미를 양육할 수 있느니라. 무엇이 5종류인가? 이를테면, 제자이거나, 혹은 문도의 증상행의 위의를 능히 배우게 할 수 있고 능히 배우게 시킬 수 있거나, 처음의 범행을 능히 배우게 할 수 있고 능히 배우게 시킬 수 있거나, 증상계를 능히 배우게 할 수 있고 능히 배우게 시킬 수 있거나, 증상심을 능히 배우게 할 수 있고 능히 배우게 시킬 수 있거나, 증상혜를 능히 배우게 할 수 있고 능히 배우게 시킬 수 있는 것이다. 우바리여. 5종류를 구족한 비구는 다른 사람에게 구족계를 줄 수 있고, 다른 사람에게 의지를 줄 수 있으며, 사미를 양육할 수 있느니라."

1-6 "세존이시여. 몇 종류를 구족한 비구에게 갈마를 행할 수 있습니까?"

"우바리여. 5종류를 구족한 비구에게 갈마를 행할 수 있느니라. 무엇이 5종류인가? 이를테면, 부끄러움이 없는 것, 어리석은 것, 청정하지 않은 것, 악한 견해가 있는 것, 염오되게 생활하는 것이니라. 우바리여. 이러한 5종류를 구족한 비구를 마주한다면 갈마를 행할 수 있느니라."

1-7 "우바리여. 다시 5종류를 구족한 비구에게 갈마를 행할 수 있느니라.

무엇이 5종류인가? 이를테면, 증상계에서 계를 깨트렸거나, 증상행에서 행을 깨트렸거나, 증상견에서 견해를 깨트렸거나, 악한 견해가 있거나, 염오되게 생활하는 것이니라. 우바리여. 이러한 5종류를 구족한 비구를 마주한다면 갈마를 행할 수 있느니라."

1-8 "우바리여. 다시 5종류를 구족한 비구에게 갈마를 행할 수 있느니라. 무엇이 5종류인가? 이를테면, 몸으로 오락(娛樂)을 갖추었거나, 말로 오락을 갖추었거나, 몸과 말로 오락을 갖추었거나, 악한 견해가 있거나, 염오되게 생활하는 것이니라. 우바리여. 이러한 5종류를 구족한 비구를 마주한다면 갈마를 행할 수 있느니라."

1-9 "우바리여. 다시 5종류를 구족한 비구에게 갈마를 행할 수 있느니라. 무엇이 5종류인가? 이를테면, 몸으로 부정행(不正行)을 갖추었거나, 말로 부정행을 갖추었거나, 몸과 말로 부정행을 갖추었거나, 악한 견해가 있거나, 염오되게 생활하는 것이니라. 우바리여. 이러한 5종류를 구족한 비구를 마주한다면 갈마를 행할 수 있느니라."

1-10 "우바리여. 다시 5종류를 구족한 비구에게 갈마를 행할 수 있느니라. 무엇이 5종류인가? 이를테면, 몸으로 폭력(暴力)을 갖추었거나, 말로 폭력을 갖추었거나, 몸과 말로 폭력을 갖추었거나, 악한 견해가 있거나, 염오되게 생활하는 것이니라. 우바리여. 이러한 5종류를 구족한 비구를 마주한다면 갈마를 행할 수 있느니라."

1-11 "우바리여. 다시 5종류를 구족한 비구에게 갈마를 행할 수 있느니라. 무엇이 5종류인가? 이를테면, 몸으로 삿된 생활(邪命)을 갖추었거나, 말로 삿된 생활을 갖추었거나, 몸과 말로 삿된 생활을 갖추었거나, 악한 견해가 있거나, 염오되게 생활하는 것이니라. 우바리여. 이러한 5종류를 구족한 비구를 마주한다면 갈마를 행할 수 있느니라."

1-12 "우바리여. 다시 5종류를 구족한 비구에게 갈마를 행할 수 있느니라. 무엇이 5종류인가? 이를테면, 죄를 범하고서 갈마를 받았으나 구족계를 주었거나, 의지를 주었거나, 사미를 양육하였거나, 비구니를 교계하는 자로 뽑혔거나, 뽑혀서 비구니를 교계하는 것이니라. 우바리여. 이러한 5종류를 구족한 비구를 마주한다면 갈마를 행할 수 있느니라."

1-13 "우바리여. 다시 5종류를 구족한 비구에게 갈마를 행할 수 있느니라. 무엇이 5종류인가? 이를테면, 죄를 범하고서 승가를 의지하여 갈마를 받았으나 그러한 죄를 범하였거나, 동일한 종류의 다른 죄를 범하였거나, 그것보다 악한 죄를 범하였거나, 갈마를 꾸짖었거나, 갈마자를 꾸짖는 것이니라. 우바리여. 이러한 5종류를 구족한 비구를 마주한다면 갈마를 행할 수 있느니라."

1-14 "우바리여. 다시 5종류를 구족한 비구에게 갈마를 행할 수 있느니라. 무엇이 5종류인가? 이를테면, 세존을 비방하였거나, 법을 비방하였거나, 승가를 비방하였거나, 악한 견해가 있거나, 염오되게 생활하는 것이니라. 우바리여. 이러한 5종류를 구족한 비구를 마주한다면 갈마를 행할 수 있느니라."

　[의지를 마친다.]

　섭송으로 설하겠노라.

　포살과 자자와
　죄를 범한 것과
　병자와 증상행의 위의와
　부끄러움이 없는 것과 증상계와

오락과 부정행과
폭력과 삿된 생활과
죄를 범한 것과 세존의
이것은 제1품에 결집된 것이다.

2. 갈마의 불해제(不解制)[4]

2-1 "세존이시여. 몇 종류를 구족한 비구를 마주하였다면 갈마를 해제할 수 없습니까?"

"우바리여. 5종류를 구족한 비구를 마주하였다면 갈마를 해제할 수 없느니라. 무엇이 5종류인가? 이를테면, 죄를 범하고서 갈마를 받았으나 구족계를 주었거나, 의지를 주었거나, 사미를 양육하였거나, 비구니를 교계하는 자로 뽑혔거나, 뽑혀서 비구니를 교계하는 것이니라. 이러한 5종류를 구족한 비구를 마주하였다면 갈마를 해제할 수 없느니라."

2-2 "우바리여. 다시 5종류를 구족한 비구를 마주하였다면 갈마를 해제할 수 없느니라. 무엇이 5종류인가? 이를테면, 죄를 범하고서 승가를 의지하여 갈마를 받았으나 그러한 죄를 범하였거나, 동일한 종류의 다른 죄를 범하였거나, 그것보다 악한 죄를 범하였거나, 갈마를 꾸짖었거나, 갈마자를 꾸짖는 것이니라. 이러한 5종류를 구족한 비구를 마주하였다면 갈마를 해제할 수 없느니라."

2-3 "우바리여. 다시 5종류를 구족한 비구를 마주하였다면 갈마를 해제할 수 없느니라. 무엇이 5종류인가? 이를테면, 세존을 비방하였거나, 법을

---

4) 팔리어 Nappaṭippassambhanavagga(나빠티빠쌈바나바까)의 번역이다.

비방하였거나, 승가를 비방하였거나, 악한 견해가 있거나, 염오되게 생활하는 것이니라. 이러한 5종류를 구족한 비구를 마주하였다면 갈마를 해제할 수 없느니라.”

2-4 “우바리여. 다시 5종류를 구족한 비구를 마주하였다면 갈마를 해제할 수 없느니라. 무엇이 5종류인가? 이를테면, 부끄러움이 없는 것, 어리석은 것, 청정하지 않은 것, 여러 일을 행하면서 거칠고 폭력적으로 행하는 것, 배우면서 학습을 마치지 못하는 것이니라. 우바리여. 이러한 5종류를 구족한 비구를 마주하였다면 갈마를 해제할 수 없느니라.”

2-5 “세존이시여. 분쟁을 판결하는 비구는 승가에 이르는 때에 마음속에 마땅히 몇 종류의 법을 지니고서 승가에 이르러야 합니까?”
　“우바리여. 분쟁을 판결하는 비구는 승가에 이르는 때에 마음속으로 마땅히 이러한 5종류의 법을 지니고서 승가에 이르러야 하느니라. 무엇이 5종류인가? 우바리여. 분쟁을 판결하는 비구는 승가에 이르는 때에 마땅히 겸손하게 불자(拂子)로 마음의 먼지를 털어내는 것과 같이 승가에 이르러야 하고, 앉은 자리에서 마땅히 선한 마음을 지니고서 장로 비구의 사이를 밀치지 않아야 하고, 혹은 젊은 비구의 자리를 밀치지 않아야 하며, 마땅히 적당한 자리에 앉아야 한다. 앞과 뒤의 말이 서로가 어긋나지 않아야 하고 헛되고 이익이 없게 말하지 않아야 한다. 마땅히 스스로가 법을 설하거나, 혹은 다른 사람에게 물어야 하며 성자의 침묵을 업신여겨서는 아니된다.
　우바리여. 만약 승가가 화합하여 마땅히 갈마를 행하는 때에 한 비구가 역시 인정하지 않는 것을 마주하였다면, 역시 반드시 다른 의견을 제시하게 하고 하나로 화합시켜야 한다. 왜 그러한가? 나와 승가가 별도로 다르지 않게 하려는 것이다. 우바리여. 분쟁을 판결하는 비구는 승가에 이르는 때에 마음속으로 마땅히 이러한 5종류의 법을 지니고서 승가에 이르러야 하느니라.”

2-6 "세존이시여. 몇 종류를 구족한 비구가 승가에서 판결하는 때에 대중들이 기쁘지 않게 하는 것이고, 대중들이 사랑하지 않게 하는 것이며, 또한 대중들이 즐거워하지 않게 하는 것입니까?"

"우바리여. 5종류를 구족한 비구가 승가에서 판결하는 때에 대중들이 기뻐하지 않는 것이고, 대중들이 사랑하지 않는 것이며, 또한 대중들이 즐거워하지 않느니라. 무엇이 5종류인가? 번뇌와 악심(惡心)에 의지하여 말하는 자이고, 다른 사람에게 의지하여 말하는 자이며, 선하지 않은 말을 사용하는 자이고, 법에 의지하고 율에 의지하며 마땅히 죄를 꾸짖지 않는 자이며, 법에 의지하고 율에 의지하여 판결하지 않는 자이다. 우바리여. 이러한 5종류를 구족한 비구가 승가에서 판결하는 때에 대중들이 기뻐하지 않는 것이고, 대중들이 사랑하지 않는 것이니라.

우바리여. 5종류를 구족한 비구가 승가에서 판결하는 때에 대중들이 기뻐하는 것이고, 대중들이 사랑하는 것이며, 또한 대중들이 즐거워하느니라. 무엇이 5종류인가? 번뇌와 악심에 의지하여 말하지 않는 자이고, 다른 사람에게 의지하여 말하지 않는 자이며, 선하지 않은 말을 사용하지 않는 자이고, 법에 의지하고 율에 의지하며 마땅히 죄를 꾸짖는 자이며, 법에 의지하고 율에 의지하여 판결하는 자이다. 우바리여. 이러한 5종류를 구족한 비구가 승가에서 판결하는 때에 대중들이 기뻐하는 것이고, 대중들이 사랑하는 것이며, 또한 대중들이 즐거워하느니라."

2-7 "우바리여. 5종류를 구족한 비구가 승가에서 판결하는 때에 대중들이 기뻐하지 않는 것이고, 대중들이 사랑하지 않는 것이며, 또한 대중들이 즐거워하지 않느니라. 무엇이 5종류인가? 찬탄하는 자이고, 배척하는 자이며 비법인 것을 집착하고 여법한 것을 거절하며 잡스럽고 추악하게 많이 말하는 자이다. 우바리여. 이러한 5종류를 구족한 비구가 승가에서 판결하는 때에 대중들이 기뻐하지 않는 것이고, 대중들이 사랑하지 않는 것이니라.

우바리여. 5종류를 구족한 비구가 승가에서 판결하는 때에 대중들이 기뻐하는 것이고, 대중들이 사랑하는 것이며, 또한 대중들이 즐거워하느니라. 무엇이 5종류인가? 찬탄하지 않는 자이고, 배척하지 않는 자이며 비법인 것을 집착하지 않고 여법한 것을 거절하지 않으며 잡스럽고 추악하게 많이 말하지 않는 자이다. 우바리여. 이러한 5종류를 구족한 비구가 승가에서 판결하는 때에 대중들이 기뻐하는 것이고, 대중들이 사랑하는 것이며, 또한 대중들이 즐거워하느니라."

2-8 "우바리여. 5종류를 구족한 비구가 승가에서 판결하는 때에 대중들이 기뻐하지 않는 것이고, 대중들이 사랑하지 않는 것이며, 또한 대중들이 즐거워하지 않느니라. 무엇이 5종류인가? 강한 힘에 의지하여 행하는 자이고 허락하지 않았어도 행하는 자이며 법에 의지하고 율에 의지하며 마땅히 죄를 꾸짖지 않는 자이고 법에 의지하고 율에 의지하여 처벌하지 않는 자이며 (스스로의) 견해에 의지하여 마땅하지 않게 말하는 자이다. 우바리여. 이러한 5종류를 구족한 비구가 승가에서 판결하는 때에 대중들이 기뻐하지 않는 것이고, 대중들이 사랑하지 않는 것이니라.

　우바리여. 5종류를 구족한 비구가 승가에서 판결하는 때에 대중들이 기뻐하는 것이고, 대중들이 사랑하는 것이며, 또한 대중들이 즐거워하느니라. 무엇이 5종류인가? 강한 힘에 의지하여 행하지 않는 자이고, 허락하지 않았다면 행하지 않는 자이며, 법에 의지하고 율에 의지하며 마땅히 죄를 꾸짖는 자이고, 법에 의지하고 율에 의지하여 처벌하는 자이며, (스스로의) 견해에 의지하여 마땅하게 말하는 자이다. 우바리여. 이러한 5종류를 구족한 비구가 승가에서 판결하는 때에 대중들이 기뻐하는 것이고, 대중들이 사랑하는 것이며, 또한 대중들이 즐거워하느니라."

2-9 "세존이시여. 계율에 통달하였다면 몇 종류의 공덕이 있습니까?"
　"우바리여. 계율에 통달하였다면 5종류의 공덕이 있느니라. 무엇이 5종류인가? 자신의 계온(戒蘊)이 잘 수호되고, 악한 성품으로 행하는 자를 위한 수호의 처소이며, 승가의 가운데에서 두려움이 없이 판결을 행하고 적(敵)들을 마땅한 법으로 잘 절복시키며 묘한 법에 머무르는 것이다. 우바리여. 계율에 통달하였다면 5종류의 공덕이 있느니라."

[갈마의 불해제를 마친다.]

섭송으로 설하겠노라.

범한 것과 마주하는 것과
비방과 부끄러움이 없는 것과
분쟁과 악한 것과 찬탄과
강한 힘과 통달이 있다.

3. 판결(判決)5)

3-1 "세존이시여. 몇 종류를 구족한 비구는 승가의 가운데에서 (죄를) 판결할 수 없습니까?"

"우바리여. 5종류를 구족한 비구는 승가의 가운데에서 (죄를) 판결할 수 없느니라. 무엇이 5종류인가? 죄를 알지 못하고 죄의 발생을 알지 못하며 죄의 전행(前行)을 알지 못하고 죄의 소멸(消滅)6)을 알지 못하며 죄를 바르게 판결하지 못하는 것이다. 우바리여. 이러한 5종류를 구족한 비구는 승가의 가운데에서 (죄를) 판결할 수 없느니라.

우바리여. 5종류를 구족한 비구는 승가의 가운데에서 (죄를) 판결할 수 있느니라. 무엇이 5종류인가? 죄를 알고 죄의 발생을 알며 죄의 전행을

---

5) 팔리어 Vohāravagga(보하라바까)의 번역이다.

6) 팔리어 vūpasama(부파사마)의 번역이고, '완화', '억제', '중단'을 뜻한다.

알고 죄의 소멸을 알며 죄를 바르게 판결하는 것이다. 우바리여. 이러한 5종류를 구족한 비구는 승가의 가운데에서 (죄를) 판결할 수 있느니라."

3-2 "우바리여. 다시 5종류를 구족한 비구는 승가의 가운데에서 (죄를) 판결할 수 없느니라. 무엇이 5종류인가? 쟁사를 알지 못하고 쟁사의 발생을 알지 못하며 쟁사의 전행을 알지 못하고 쟁사의 소멸을 알지 못하며 쟁사를 바르게 판결하지 못하는 것이다. 우바리여. 이러한 5종류를 구족한 비구는 승가의 가운데에서 (죄를) 판결할 수 없느니라.

　우바리여. 5종류를 구족한 비구는 승가의 가운데에서 (죄를) 판결할 수 있느니라. 무엇이 5종류인가? 쟁사를 알고 쟁사의 발생을 알며 쟁사의 전행을 알고 쟁사의 소멸을 알며 쟁사를 바르게 판결하는 것이다. 우바리여. 이러한 5종류를 구족한 비구는 승가의 가운데에서 (쟁사를) 판결할 수 있느니라."

3-3 "우바리여. 다시 5종류를 구족한 비구는 승가의 가운데에서 (죄를) 판결할 수 없느니라. 무엇이 5종류인가? 강한 힘에 의지하여 행하는 자이고, 허락하지 않았어도 행하는 자이며 법에 의지하고 율에 의지하며 마땅히 죄를 꾸짖지 않는 자이고 법에 의지하고 율에 의지하여 갈마하지 않는 자이며 (스스로의) 견해에 의지하여 마땅하지 않게 말하는 자이다. 우바리여. 이러한 5종류를 구족한 비구는 승가의 가운데에서 (죄를) 판결할 수 없느니라.

　우바리여. 5종류를 구족한 비구는 승가의 가운데에서 (죄를) 판결할 수 있느니라. 무엇이 5종류인가? 강한 힘에 의지하여 행하지 않는 자이고, 허락하지 않았다면 행하지 않는 자이며 법에 의지하고 율에 의지하며 마땅히 죄를 꾸짖는 자이고 법에 의지하고 율에 의지하여 갈마하는 자이며 (스스로의) 견해에 의지하여 마땅하지 않게 말하지 않는 자이다. 우바리여. 이러한 5종류를 구족한 비구는 승가의 가운데에서 (죄를) 판결할 수 있느니라."

3-4 "우바리여. 다시 5종류를 구족한 비구는 승가의 가운데에서 (죄를) 판결할 수 없느니라. 무엇이 5종류인가? 범하고 범하지 않는 것을 알지 못하고, 가벼운 것을 범하고 무거운 것을 범한 것을 알지 못하며, 유잔죄를 범하고 무잔죄를 범한 것을 알지 못하고, 거친 것을 범하고 거칠지 않은 것을 범한 것을 알지 못하며, 범한 것을 참회한 것과 참회하지 않은 것을 알지 못하는 것이다. 우바리여. 이러한 5종류를 구족한 비구는 승가의 가운데에서 (죄를) 판결할 수 없느니라.

우바리여. 5종류를 구족한 비구는 승가의 가운데에서 (죄를) 판결할 수 있느니라. 무엇이 5종류인가? 범하고 범하지 않는 것을 알고, 가벼운 것을 범하고 무거운 것을 범한 것을 알며, 유잔죄를 범하고 무잔죄를 범한 것을 알고, 거친 것을 범하고 거칠지 않은 것을 범한 것을 알며, 범하고서 참회한 것과 참회하지 않은 것을 아는 것이다. 우바리여. 이러한 5종류를 구족한 비구는 승가의 가운데에서 (죄를) 판결할 수 있느니라."

3-5 "우바리여. 다시 5종류를 구족한 비구는 승가의 가운데에서 (죄를) 판결할 수 없느니라. 무엇이 5종류인가? 갈마를 알지 못하고, 갈마의 인연을 알지 못하며, 갈마의 일을 알지 못하고, 갈마의 행법을 알지 못하며, 갈마의 종결(終決)을 알지 못하는 것이다. 우바리여. 이러한 5종류를 구족한 비구는 승가의 가운데에서 (죄를) 판결할 수 없느니라.

우바리여. 5종류를 구족한 비구는 승가의 가운데에서 (죄를) 판결할 수 있느니라. 무엇이 5종류인가? 갈마를 알고, 갈마의 인연을 알며, 갈마의 일을 알고, 갈마의 행법을 알며, 갈마의 종결을 아는 것이다. 우바리여. 이러한 5종류를 구족한 비구는 승가의 가운데에서 (죄를) 판결할 수 있느니라."

3-6 "우바리여. 다시 5종류를 구족한 비구는 승가의 가운데에서 (죄를) 판결할 수 없느니라. 무엇이 5종류인가? 일을 알지 못하고, 인연을 알지 못하며, 제정을 알지 못하고, 구절의 송출법을 알지 못하며, 적용할 계목을

알지 못하는 것이다. 우바리여. 이러한 5종류를 구족한 비구는 승가의 가운데에서 (죄를) 판결할 수 없느니라.

우바리여. 5종류를 구족한 비구는 승가의 가운데에서 (죄를) 판결할 수 있느니라. 무엇이 5종류인가? 일을 알고, 인연을 알며, 제정을 알고, 구절의 송출법을 알며, 적용할 계목을 아는 것이다. 우바리여. 이러한 5종류를 구족한 비구는 승가의 가운데에서 (죄를) 판결할 수 있느니라.”

3-7 “우바리여. 다시 5종류를 구족한 비구는 승가의 가운데에서 (죄를) 판결할 수 없느니라. 무엇이 5종류인가? 애욕을 따라서 마땅히 행하지 않을 것을 행하고, 성내는 것을 따라서 마땅히 행하지 않을 것을 행하며, 어리석음을 따라서 마땅히 행하지 않을 것을 행하고, 두려움을 따라서 마땅히 행하지 않을 것을 행하며, 부끄러움이 없는 것이다. 우바리여. 이러한 5종류를 구족한 비구는 승가의 가운데에서 (죄를) 판결할 수 없느니라.

우바리여. 5종류를 구족한 비구는 승가의 가운데에서 (죄를) 판결할 수 있느니라. 무엇이 5종류인가? 애욕을 따라서 마땅히 행하지 않을 것을 행하지 않고, 성내는 것을 따라서 마땅히 행하지 않을 것을 행하지 않으며, 어리석음을 따라서 마땅히 행하지 않을 것을 행하지 않고, 두려움을 따라서 마땅히 행하지 않을 것을 행하지 않으며, 부끄러움이 있는 것이다. 우바리여. 이러한 5종류를 구족한 비구는 승가의 가운데에서 (죄를) 판결할 수 있느니라.”

3-8 “우바리여. 다시 5종류를 구족한 비구는 승가의 가운데에서 (죄를) 판결할 수 없느니라. 무엇이 5종류인가? 애욕을 따라서 마땅히 행하지 않을 것을 행하고, 성내는 것을 따라서 마땅히 행하지 않을 것을 행하며, 어리석음을 따라서 마땅히 행하지 않을 것을 행하고, 두려움을 따라서 마땅히 행하지 않을 것을 행하며, 계율에 밝지 않는 것이다. 우바리여. 이러한 5종류를 구족한 비구는 승가의 가운데에서 (죄를) 판결할 수

없느니라.

우바리여. 5종류를 구족한 비구는 승가의 가운데에서 (죄를) 판결할 수 있느니라. 무엇이 5종류인가? 애욕을 따라서 마땅히 행하지 않을 것을 행하지 않고, 성내는 것을 따라서 마땅히 행하지 않을 것을 행하지 않으며, 어리석음을 따라서 마땅히 행하지 않을 것을 행하지 않고, 두려움을 따라서 마땅히 행하지 않을 것을 행하지 않으며, 계율에 밝은 것이다. 우바리여. 이러한 5종류를 구족한 비구는 승가의 가운데에서 (죄를) 판결할 수 있느니라."

3-9 "우바리여. 다시 5종류를 구족한 비구는 승가의 가운데에서 (죄를) 판결할 수 없느니라. 무엇이 5종류인가? 아뢰는 것을 알지 못하고, 아뢰는 것의 인연을 알지 못하며, 아뢰는 것의 창언(唱言)을 알지 못하고, 아뢰는 것의 멸쟁법을 알지 못하며, 아뢰는 것의 소멸을 알지 못하는 것이다. 우바리여. 이러한 5종류를 구족한 비구는 승가의 가운데에서 (죄를) 판결할 수 없느니라.

우바리여. 5종류를 구족한 비구는 승가의 가운데에서 (죄를) 판결할 수 있느니라. 무엇이 5종류인가? 아뢰는 것을 알고, 아뢰는 것의 인연을 알며, 아뢰는 것의 창언을 알고, 아뢰는 것의 멸쟁법을 알며, 아뢰는 것의 소멸을 아는 것이다. 우바리여. 이러한 5종류를 구족한 비구는 승가의 가운데에서 (죄를) 판결할 수 있느니라."

3-10 "우바리여. 다시 5종류를 구족한 비구는 승가의 가운데에서 (죄를) 판결할 수 없느니라. 무엇이 5종류인가? 경(經)[7]을 알지 못하고, 부수적인 경[8]을 알지 못하며, 율(律)[9]를 알지 못하고, 부수적인 율[10]을 알지 못하며,

---

7) 2부 승가의 경분별(vibhanga)를 가리킨다.
8) 경분별과 관련된 네 가지의 정통성을 가리킨다.
9) 율장과 부수를 가리킨다.
10) 율장과 관련된 네 가지의 정통성을 가리킨다.

처소와 처소가 아닌 것을 알지 못하는 것이다. 우바리여. 이러한 5종류를
구족한 비구는 승가의 가운데에서 (죄를) 판결할 수 없느니라.

우바리여. 5종류를 구족한 비구는 승가의 가운데에서 (죄를) 판결할
수 있느니라. 무엇이 5종류인가? 계목을 알고, 부수적인 조목을 알며,
건도를 알고, 건도의 부수를 알며, 처소와 처소가 아닌 것을 아는 것이다.
우바리여. 이러한 5종류를 구족한 비구는 승가의 가운데에서 (죄를)
판결할 수 있느니라."

3-11 "우바리여. 다시 5종류를 구족한 비구는 승가의 가운데에서 (죄를)
판결할 수 없느니라. 무엇이 5종류인가? 계목을 알지 못하고, 부수적인
조목을 알지 못하며, 건도를 알지 못하고, 건도의 부수를 알지 못하며,
앞의 일과 뒤의 일을 알지 못하는 것이다. 우바리여. 이러한 5종류를
구족한 비구는 승가의 가운데에서 (죄를) 판결할 수 없느니라.

우바리여. 5종류를 구족한 비구는 승가의 가운데에서 (죄를) 판결할
수 있느니라. 무엇이 5종류인가? 계목을 알고, 부수적인 조목을 알며,
건도를 알고, 건도의 부수를 알며, 앞의 일과 뒤의 일을 아는 것이다.
우바리여. 이러한 5종류를 구족한 비구는 승가의 가운데에서 (죄를)
판결할 수 있느니라."

[판결을 마친다.]

섭송으로 설하겠노라.

죄와 쟁사와 강한 힘과
죄를 아는 것과 갈마와
일과 부끄러움이 없는 것과
밝지 못한 것과 아뢰는 것과

경과 율을 알지 못하는 것은
제3품의 결집이다.

4. 이견(異見)의 제시(提示)[11]

4-1 "세존이시여. 몇 종류의 비법(非法)인 다른 견해의 제시가 있습니까?"

"우바리여. 이러한 5종류의 비법인 다른 견해의 제시가 있느니라.
무엇이 5종류인가? 범하지 않은 것으로써 다른 견해를 제시하고, 교계하지 않은 죄로써 다른 견해를 제시하며, 드러내었던 죄로써 다른 견해를
제시하고, 네 명·다섯 명을 의지하여 다른 견해를 제시하며, 의도적으로
다른 견해를 제시하는 것이다. 우바리여. 이러한 5종류의 비법인 다른
견해의 제시가 있느니라.

우바리여. 이러한 5종류의 여법한 다른 견해의 제시가 있느니라. 무엇
이 5종류인가? 범한 것으로써 다른 견해를 제시하고, 교계하였던 죄로써
다른 견해를 제시하며, 드러내지 않았던 죄로써 다른 견해를 제시하고,
네 명·다섯 명을 의지하여 다른 견해를 제시하지 않으며, 의도적으로
다른 견해를 제시하지 않는 것이다. 우바리여. 이러한 5종류의 비법인
다른 견해의 제시가 있느니라."

4-2 "세존이시여. 몇 종류의 비법(非法)인 다른 견해의 제시가 있습니까?"

"우바리여. 이러한 5종류의 비법인 다른 견해의 제시가 있느니라.
무엇이 5종류인가? 주처가 다른 자의 앞에서 다른 견해를 제시하고,
경계가 다른 자의 앞에서 다른 견해를 제시하며, 청정하지 않은 자의
앞에서 다른 견해를 제시하고, 네 명·다섯 명을 의지하여 다른 견해를

---

11) 팔리어 Diṭṭhāvikammavagga(디따비캄마바까)의 번역이다.

제시하며, 의도적으로 다른 견해를 제시하는 것이다. 우바리여. 이러한
5종류의 비법인 다른 견해의 제시가 있느니라.

　우바리여. 이러한 5종류의 여법한 다른 견해의 제시가 있느니라. 무엇
이 5종류인가? 주처가 같은 자의 앞에서 다른 견해를 제시하고, 경계가
같은 자의 앞에서 다른 견해를 제시하며, 청정한 자의 앞에서 다른 견해를
제시하고, 네 명·다섯 명을 의지하여 다른 견해를 제시하지 않으며, 의도적
으로 다른 견해를 제시하지 않는 것이다. 우바리여. 이러한 5종류의
여법한 다른 견해의 제시가 있느니라.”

4-3 “세존이시여. 몇 종류의 비법인 수용이 있습니까?”
　“우바리여. 이러한 5종류의 비법인 수용이 있느니라. 무엇이 5종류인
가? 몸을 의지하여 주었는데 몸을 의지하여 수용하지 않았고, 몸을 의지하
여 주었는데 몸을 부착한 물건을 의지하여 수용하지 않았으며, 몸과
연결된 물건을 의지하여 주었는데 몸을 의지하여 수용하지 않았고, 몸과
연결된 물건을 의지하여 주었는데 몸과 연결된 물건을 의지하여 수용하지
않았으며, 버리는 것을 의지하여 주었는데 몸을 의지하지 않거나 혹은
몸과 연결된 물건을 의지하여 수용하지 않은 것이다. 우바리여. 이러한
5종류의 비법인 수용이 있느니라.

　우바리여. 이러한 5종류의 여법한 수용이 있느니라. 무엇이 5종류인가?
몸을 의지하여 주었는데 몸을 의지하여 수용하였고, 몸을 의지하여 주었
는데 몸을 부착한 물건을 의지하여 수용하였으며, 몸과 연결된 물건을
의지하여 주었는데 몸을 의지하여 수용하였고, 몸과 연결된 물건을 의지
하여 주었는데 몸과 연결된 물건을 의지하여 수용하였으며, 버리는 것을
의지하여 주었는데 몸을 의지하였거나 혹은 몸과 연결된 물건을 의지하여
수용한 것이다. 우바리여. 이러한 5종류의 여법한 수용이 있느니라.”

4-4 “세존이시여. 몇 종류의 잔식(殘食)은 성취되지 않는 법입니까?”
　“우바리여. 이러한 5종류의 잔식은 성취되지 않는 법이니라. 무엇이

5종류인가? 부정식(不淨食)으로 행해졌고, 손으로써 받은 음식이 아니며, 개인의 것으로 결정되지 않았고, 손을 뻗을 수 있는 거리가 아니며, '이 음식은 모두 필요하지 않습니다.'라고 말하지 않은 것이다. 우바리여. 이러한 5종류의 잔식은 성취되지 않는 법이니라.

　우바리여. 이러한 5종류의 잔식은 성취되는 법이니라. 무엇이 5종류인가? 정식(淨食)으로 행해졌고, 손으로써 받은 음식이며, 개인의 것으로 결정되었고, 손을 뻗을 수 있는 거리이며, '이 음식은 모두 필요하지 않습니다.'라고 말하였던 것이다. 우바리여. 이러한 5종류의 잔식은 성취되는 법이니라."

4-5 "세존이시여. 몇 종류의 행하는 모습에 의지하여 족식(足食)[12]을 알 수 있습니까?"

　"우바리여. 5종류의 행하는 모습에 의지하여 족식을 알 수 있느니라. 무엇이 5종류인가? 식사로 알 수 있고, 음식물로 알 수 있으며, 손을 뻗을 수 있는 거리에 서 있고, 음식을 가지고 와서 주는 것이며, 거절하는 것으로 알 수 있는 것이다. 우바리여. 이러한 5종류의 행하는 모습에 의지하여 족식을 알 수 있느니라."

4-6 "세존이시여. 몇 종류의 비법인 자언치(自言治)가 있습니까?"

　"우바리여. 이러한 5종류의 비법인 자언치가 있느니라. 무엇이 5종류인가? 비구가 바라이를 범하였고 바라이로써 힐난을 받았는데, 스스로가 승잔죄를 범하였다고 말하였으며 승가는 승잔으로써 그를 처벌하였다면, 이것은 비법의 자언치이다. 비구가 바라이를 범하였고 바라이로써 힐난을 받는 때에, 스스로가 바일제·제사니·악작을 범하였다고 말하였으며, 승가는 악작으로써 그를 처벌하였다면, 이것은 비법의 자언치이다.

　비구가 승잔·바일제·제사니·악작을 범하였고 악작으로써 힐난을 받는

---

12) 팔리어 pavāraṇā(파바라나)의 번역이다.

때에, 스스로가 바라이를 범하였다고 말하였으며, 승가는 바라이로써 그를 처벌하였다면, 이것은 비법의 자언치이다. 비구가 악작을 범하였고 악작으로써 힐난을 받는 때에, 스스로가 바라이를 범하였다고 말하였으며, 승가는 바라이로써 그를 처벌하였다면, 이것은 비법의 자언치이다. 비구가 악작을 범하였고 악작으로써 힐난을 받는 때에, 스스로가 승잔·바일제·제사니를 범하였다고 말하였으며, 승가는 제사니로써 그를 처벌하였다면, 이것은 비법의 자언치이다. 우바리여. 이러한 5종류의 비법인 자언치가 있느니라.

우바리여. 이러한 5종류의 여법한 자언치가 있나니, 무엇이 5종류인가? 비구가 바라이를 범하였고 바라이로써 힐난을 받았는데, 스스로가 바라이를 범하였다고 말하였으며 승가는 바라이로써 그를 처벌하였다면, 이것은 여법한 자언치이다. 비구가 승잔을 범하였고 승잔으로써 힐난을 받는 때에, 스스로가 승잔을 범하였다고 말하였으며, 승가는 승잔으로써 그를 처벌하였다면, 이것은 여법한 자언치이다.

비구가 바일제를 범하였고 바일제로써 힐난을 받는 때에, 스스로가 바일제를 범하였다고 말하였으며, 승가는 바일제로써 그를 처벌하였다면, 이것은 여법한 자언치이다. 비구가 제사니를 범하였고 제사니로써 힐난을 받는 때에, 스스로가 제사니를 범하였다고 말하였으며, 승가는 제사니로써 그를 처벌하였다면, 이것은 여법한 자언치이다. 비구가 악작을 범하였고 악작으로써 힐난을 받는 때에, 스스로가 악작을 범하였다고 말하였으며, 승가는 악작으로써 그를 처벌하였다면, 이것은 여법한 자언치이다. 우바리여. 이러한 5종류의 여법한 자언치가 있느니라."

4-7 "세존이시여. 몇 종류를 구족한 비구는 청허갈마(聽許羯磨)[13]를 행하는 때에 청허갈마를 행할 수 없습니까?"

"우바리여. 5종류를 구족한 비구는 청허갈마를 행하는 때에 청허갈마를

---

13) 팔리어 Okāsakamma(오카사캄마)의 번역이다.

행할 수 없느니라. 무엇이 5종류인가? 부끄러움이 없고 어리석으며 청정하지 않고 (법을) 배척하는 뜻이 있으며 출죄의 뜻이 없는 것이다. 우바리여. 이러한 5종류를 구족한 비구는 청허갈마를 행하는 때에 청허갈마를 행할 수 없느니라.

우바리여. 5종류를 구족한 비구는 청허갈마를 행하는 때에 청허갈마를 행할 수 있느니라. 무엇이 5종류인가? 부끄러움이 있고 현명하고 능력이 있으며 청정하고 (법을) 배척하는 뜻이 없으며 출죄의 뜻이 있는 것이다. 우바리여. 이러한 5종류를 구족한 비구는 청허갈마를 행하는 때에 청허갈마를 행할 수 있느니라.”

4-8 “세존이시여. 몇 종류를 구족한 비구와 함께 율을 논의할 수 없습니까?”

“우바리여. 5종류를 구족한 비구와 함께 율을 논의할 수 없느니라. 무엇이 5종류인가? 일을 알지 못하고, 인연을 알지 못하며, 제정을 알지 못하고, 구절의 송출법을 알지 못하며, 적용할 계목을 알지 못하는 것이다. 우바리여. 이러한 5종류를 구족한 비구와 함께 율을 논의할 수 없느니라.

우바리여. 5종류를 구족한 비구와 함께 율을 논의할 수 있나니, 무엇이 5종류인가? 일을 알고, 인연을 알며, 제정을 알고, 구절의 송출법을 알며, 적용할 계목을 아는 것이다. 우바리여. 이러한 5종류를 구족한 비구와 함께 율을 논의할 수 있느니라.”

4-9 “세존이시여. 몇 종류의 질문이 있습니까?”

“우바리여. 이러한 5종류의 질문이 있느니라. 무엇이 5종류인가? 우둔(愚鈍)함을 인연으로 질문하고, 악한 욕망과 탐욕으로 구하는 성품을 인연으로 질문하며, 업신여기는 인연으로 질문하고, 지혜의 욕망으로 질문하며, ‘만약 나의 질문에 의지하여 그가 정확하게 대답한다면 옳은 것이고, 만약 나의 질문에 의지하여 그가 정확하게 대답하지 못한다면 내가 그에게 정확하게 말할 것이다.’라고 질문하는 것이다. 우바리여.

이러한 5종류의 질문이 있느니라.”

4-10 “세존이시여. 몇 종류의 다른 대답이 있습니까?”

　“우바리여. 이러한 5종류의 다른 대답이 있느니라. 무엇이 5종류인가? 우둔함을 인연으로 다르게 대답하고, 악한 욕망과 탐욕으로 구하는 성품을 인연으로 다르게 대답하며, 미쳐서 정신을 잃어버린 인연으로 다르게 대답하고, 증상만(增上慢)을 인연으로 다르게 대답하며, ‘만약 나의 대답에 의지하여 그가 정확하게 대답한다면 옳은 것이고, 만약 나의 대답에 의지하여 그가 정확하게 대답하지 못한다면 내가 그에게 정확하게 말할 것이다.’라고 대답하는 것이다. 우바리여. 이러한 5종류의 대답이 있느니라.”

4-11 “세존이시여. 몇 종류의 청정(淸淨)함이 있습니까?”

　“우바리여. 이러한 5종류의 청정함이 있느니라. 무엇이 5종류인가? 서분을 송출하고서 나머지는 마땅히 항상 들었던 것과 같다고 창언해야 하나니, 이것이 첫째의 청정이다. 서분을 송출하고 4바라이를 송출하고서 그 나머지는 마땅히 항상 들었던 것과 같다고 창언하는 것이니 이것이 둘째의 청정이다. 서분을 송출하고 4바라이를 송출하며 13승잔을 송출하고서 그 나머지는 마땅히 항상 들었던 것과 같다고 창언하는 것이니 이것이 셋째의 청정이다. 서분을 송출하고 4바라이를 송출하며 13승잔을 송출하고 2부정을 송출하고서 그 나머지는 마땅히 항상 들었던 것과 같다고 창언하는 것이니 이것이 넷째의 청정이다. 널리 송출하는 것이 다섯째의 청정이다. 우바리여. 이러한 5종류의 청정함이 있느니라.”

4-12 “세존이시여. 몇 종류의 담식(噉食)[14]이 있습니까?”

　“우바리여. 이러한 5종류의 담식이 있느니라. 무엇이 5종류인가? 밥(

---

14) 팔리어 bhojana(보자나)의 번역이다.

飯)¹⁵⁾, 죽(粥)¹⁶⁾, 미숫가루(麨)¹⁷⁾, 물고기(魚)¹⁸⁾, 고기(肉)¹⁹⁾이다. 우바리
여. 이러한 5종류의 담식이 있느니라,"

[이견의 제시를 마친다.]

섭송으로 설하겠노라.

이견의 제시와 다시 하는 것과
수용과 성립하지 않는 것과
잔식법과 족식과
자언치와 청허갈마와 논의와
질문과 대답과
청정과 담식이 있다.

5. 자취사(自取事)²⁰⁾

5-1 "세존이시여. 가책하는 비구가 다른 사람을 가책하고자 하였다면
몇 종류의 법을 안으로 수습하고서 다른 사람을 가책해야 합니까?"
  "우바리여. 가책하는 비구가 다른 사람을 가책하고자 하였다면 5종류의
법을 마음속으로 수습하고서 다른 사람을 가책해야 하느니라. 무엇이

---

15) 팔리어 Odana(오다나)의 번역이다.
16) 팔리어 Kummāsa(쿰마사)의 번역이다.
17) 팔리어 Sattu(사뚜)의 번역이다.
18) 팔리어 Maccha(마짜)의 번역이다.
19) 팔리어 Maṃsa(맘사)의 번역이다.
20) 팔리어 Attādānavagga(아따다나바까)의 번역이다.

5종류인가? 우바리여. 힐난하려는 비구가 다른 비구를 힐난하고자 하였다면, 마땅히 '내가 몸의 청정한 행을 구족하였는가? 청정을 구족하였다면 과실(過失)이 없고 허물이 없는 몸의 행인가? 나는 이러한 법이 있는가?'라고 이와 같이 관찰해야 하느니라. 우바리여. 만약 비구가 몸의 청정하지 않은 행을 구족하였는가? 청정함을 구족하지 않았어도 과실이 없고 허물이 없는 몸의 행이라면 어느 사람이 그에게 '장로여. 만약 원한다면 또한 몸의 행을 배우십시오.'라고 말할 것이다.

우바리여. 또한 가책하는 비구가 다른 비구를 가책하고자 하였다면, 마땅히 '내가 같은 범행자인가? 장애가 없는 자비심을 닦았는가? 나는 이러한 법이 있는가?'라고 이와 같이 관찰해야 하느니라. 우바리여. 만약 비구가 같은 범행자이고 장애가 없는 자비심을 닦지 않은 자라면 어느 사람이 그에게 '장로여. 만약 원한다면 또한 같은 범행자의 자비심을 닦으십시오.'라고 말할 것이다.

우바리여. 또한 가책하는 비구가 다른 비구를 가책하고자 하였다면, 마땅히 '내가 다문이고 듣고서 수지하였으며 듣고서 모아두었는가? 처음에도 좋고 중간도 좋으며 끝도 좋고 문구의 뜻은 구족되었으며 순일(純一)하고 청정하며 원만한 행을 찬탄하면서, 다문으로 법을 수지하였고 억념으로써 말하였으며, 관찰로써 생각하였고, 견해로써 잘 통달하였는가? 나는 이러한 법이 있는가?'라고 이와 같이 관찰해야 하느니라. 우바리여. 만약 비구가 다문이 아니고 듣고서 수지하지 않았으며 듣고서 모아두지 않았고, 처음에도 좋지 않고 중간도 좋지 않으며 끝도 좋지 않고 문구의 뜻은 구족되지 않았으며 순일하지 않고 청정하지 않으며 원만한 행을 찬탄하지 않으면서, 다문으로 법을 수지하지 않았고 억념으로써 말하지 않았으며, 관찰로써 생각하지 않았고, 견해로써 잘 통달하지 않은 자라면 어느 사람이 그에게 '장로여. 만약 원한다면 또한 같은 아함(阿含)을 익히십시오.'라고 말할 것이다.

우바리여. 또한 가책하는 비구가 다른 비구를 가책하고자 하였다면, 마땅히 '내가 자세하게 잘 알았고 잘 분별하며 잘 적용시키고 경문(經文)에 잘 의지하며 2부(部)의 바라제목차를 잘 판결하는가? 나는 이러한 법이 있는가?'라고 이와 같이 관찰해야 하느니라. 우바리여. 만약 비구가 자세하게 잘 알지 못하였고 잘 분별하지 못하였으며 잘 적용시키지 못하였고 경문(經文)에 잘 의지하지 못하였으며 2부의 바라제목차를 잘 판결하지 못하는 자라면 어느 사람이 그에게 '장로여. 만약 원한다면 또한 계율을 익히십시오.'라고 말할 것이다.

5-2 "세존이시여. 가책하는 비구가 다른 비구를 힐난하고자 하였다면, 안으로 무슨 법을 관찰한 뒤에 다른 사람을 가책해야 합니까?"

"우바리여. 가책하는 비구가 다른 비구를 가책하고자 하였다면, 마음속으로 5법을 닦은 뒤에 다른 사람을 가책해야 하느니라. 무엇이 5종류인가? 나는 때로써 가책하겠고 때가 아닌 것으로써 가책하지 않겠으며, 진실로써 가책하겠고 진실이 아닌 것으로써 가책하지 않겠으며, 유연한 것으로써 가책하겠고 거친 것으로써 가책하지 않겠으며, 이익이 있는 것으로써 가책하겠고 이익이 없는 것으로써 가책하지 않겠으며, 자비심이 있는 마음으로 가책하고 성내는 마음으로써 가책하지 않는 것이다."

5-3 "세존이시여. 가책하는 비구가 다른 사람을 가책하고자 하였다면 몇 종류의 법을 마음속으로 수습하고서 다른 사람을 가책해야 합니까?"

"우바리여. 힐난하려는 비구가 다른 비구를 힐난하고자 하였다면, 5법을 닦은 뒤에 다른 사람을 힐난해야 하느니라. 무엇이 5종류인가? 자비가 있고 이익을 구해야 하며 애민(哀愍)함이 있고 죄를 벗어났으며 율을 존중하는 것이니라. 우바리여. 힐난하려는 비구가 다른 비구를 힐난하고자 하였다면, 마음속으로 5법을 닦은 뒤에 다른 사람을 힐난해야 하느니라."

5-4 "세존이시여. 몇 종류를 구족한 비구는 청허갈마를 행하는 때에 청허갈마를 행할 수 없습니까?"

"우바리여. 5종류를 구족한 비구는 청허갈마를 행하는 때에 청허갈마를 행할 수 없느니라. 무엇이 5종류인가? 신업(身業)이 청정하지 않고 구업(口業)이 청정하지 않으며 생활이 청정하지 않고 어리석어서 총명하지 않으며 검문을 받는 때에 능히 전심(專心)할 수 없는 것이다. 우바리여. 이러한 5종류를 구족한 비구는 청허갈마를 행하는 때에 청허갈마를 행할 수 없느니라.

우바리여. 5종류를 구족한 비구는 청허갈마를 행하는 때에 청허갈마를 행할 수 있느니라. 무엇이 5종류인가? 신업이 청정하고 구업이 청정하며 생활이 청정하고 어리석지 않아서 총명하며 검문을 받는 때에 능히 전심할 수 있는 것이다. 우바리여. 이러한 5종류를 구족한 비구는 청허갈마를 행하는 때에 청허갈마를 행할 수 있느니라."

5-5 "세존이시여. 스스로가 비구의 일을 취하고자 하였다면 몇 종류를 구족한 자는 스스로가 일을 취할 수 있습니까?"

"우바리여. 스스로가 비구의 일을 취하고자 하였다면 5종류를 구족한 자는 스스로가 일을 취할 수 있느니라. 무엇이 5종류인가? 우바리여. 스스로가 비구의 일을 취하고자 원하였다면, 이와 같이 '내가 스스로 일을 취하고자 원하는데, 이것이 스스로가 일을 취하는 때인가? 때가 아닌가?'를 마땅히 관찰해야 하느니라. 우바리여. 만약 비구가 관찰해야 하는 때에 '스스로가 일을 취하다면, 이것은 잘못된 때이고 때가 아니다.'라고 알았다면, 우바리여. 스스로가 그 일을 취할 수 없느니라.

우바리여. 만약 비구가 관찰해야 하는 때에 '스스로가 일을 취하다면, 이것은 때이고, 때가 아닌 것이 아니다.'라고 이와 같이 알았다면, 우바리여. 그 비구는 다시 '내가 스스로 일을 취하고자 원하는데, 이것이 스스로가 일을 취하는 때인가? 때가 아닌가?'를 마땅히 관찰해야 하고, 우바리여. 만약 비구가 관찰해야 하는 때에 '스스로가 일을 취하다면, 이것은 허망한 것이고, 진실이 아니다.'라고 이와 같이 알았다면, 스스로가 일을 취할 수 없느니라.

우바리여. 만약 비구가 관찰해야 하는 때에 '스스로가 일을 취하다면, 이것은 진실한 것이고, 허망한 것이 아니다.'라고 이와 같이 알았다면, 우바리여. 그 비구는 다시 '내가 스스로 일을 취하고자 원하는데, 스스로가 일을 취하면서 이익이 있는가? 이익이 없는가?'를 마땅히 관찰해야 하고, 우바리여. 만약 비구가 관찰해야 하는 때에 '스스로가 일을 취한다면 이익이 없고 이익이 있는 것이 아니다.'라고 이와 같이 알았다면, 스스로가 일을 취할 수 없느니라.

우바리여. 만약 비구가 관찰해야 하는 때에 '스스로가 일을 취한다면 이익이 있고 이익이 없는 것이 아니다.'라고 이와 같이 알았다면, 우바리여. 그 비구는 다시 '내가 스스로 일을 취하다면, 여법하고 율과 같으며 같은 견해의 서로가 친근하게 여러 비구들이 나를 위하여 붕당(朋黨)이 될 것인가?'를 마땅히 관찰해야 하고, 우바리여. 만약 비구가 관찰해야 하는 때에 '내가 스스로 일을 취하다면, 여법하고 율과 같으며 같은 견해의 서로가 친근하게 여러 비구들이 나를 위하여 붕당이 되지 않을 것이다.'라고 이와 같이 알았다면, 스스로가 일을 취할 수 없느니라.

우바리여. 만약 비구가 관찰해야 하는 때에 '내가 스스로 일을 취하다면, 여법하고 율과 같으며 같은 견해의 서로가 친근하게 여러 비구들이 나를 위하여 붕당이 될 것이다.'라고 이와 같이 알았다면, 우바리여. 그 비구는 다시 '내가 스스로 일을 취하다면, 이것을 인연으로 승가에 쟁송, 투쟁, 분쟁, 논쟁, 파승사, 승가의 번민, 승가의 별주, 승가의 차별이 생겨나겠는가?'를 마땅히 관찰해야 하고, 우바리여. 만약 비구가 관찰해야 하는 때에 '내가 스스로 일을 취하다면, 이것을 인연으로 승가에 쟁송, 투쟁, 분쟁, 논쟁, 파승사, 승가의 번민, 승가의 별주, 승가의 차별이 생겨날 것이다.'라고 이와 같이 알았다면, 스스로가 일을 취할 수 없느니라.

우바리여. 만약 비구가 관찰해야 하는 때에 '내가 스스로 일을 취하다면, 이것을 인연으로 승가에 쟁송, 투쟁, 분쟁, 논쟁, 파승사, 승가의 번민, 승가의 별주, 승가의 차별이 생겨나지 않을 것이다.'라고 이와 같이 알았다면, 스스로가 일을 취할 수 있느니라. 우바리여. 이와 같이 5가지를 구족하엿고, 스스로가 일을 취하였다면 그러한 뒤에 후회가 생겨나지 않느니라."

5-6 "세존이시여. 몇 종류를 구족한 비구는 여러 비구들의 쟁사가 생겨난 것을 의지하더라도 큰 이익이 있습니까?"

"우바리여. 이러한 5종류를 구족한 비구는 여러 비구들의 쟁사가 생겨난 것을 의지하더라도 큰 이익이 있느니라. 무엇이 5종류인가? 지계자가 바라제목차의 율의(律儀)를 의지하여 몸을 섭수하여 머무르고 정행(正行)을 구족하며 미세한 죄에도 역시 두려움이 있고 학처를 받고서 수습하는 것이며, 다문으로 들었던 것을 기억하고 들었던 것을 모아두며 제법(諸法)에서 처음도 좋고 중간도 좋으며 끝도 좋고 뜻을 갖추었고 문장을 갖추었으며 순일(純一)하고 원만(圓滿)한 범행을 널리 설하면서 이와 같이 다문으로 들었던 것을 기억하고 제법을 독송하며 뜻에서 사유하면서 잘 관찰하여 통달하며, 널리 2부중의 바라제목차를 이해하고 게목을 밝게 이해하여 잘 분별하며 잘 설하여 보여주고 잘 판결하며, 스스로와 다른 사람의 부류를 화합시키고 화합하게 설득하며 보살피게 시키고 관찰하게 시키며 적정하게 시키는 것이다. 이러한 5종류를 구족한 비구는 여러 비구들의 쟁사가 생겨난 것을 의지하더라도 큰 이익이 있느니라."

5-7 "우바리여. 다시 이러한 5종류를 구족한 비구는 여러 비구들의 쟁사가 생겨난 것을 의지하더라도 큰 이익이 있느니라. 무엇이 5종류인가? 신업이 청정하고 구업이 청정하며 생활이 청정하고 지혜롭고 총명하며 검문을 받는 때에 능히 전심(專心)할 수 있는 것이다. 우바리여. 다시 이러한 5종류를 구족한 비구는 여러 비구들의 쟁사가 생겨난 것을 의지하더라도 큰 이익이 있느니라."

5-8 "우바리여. 다시 이러한 5종류를 구족한 비구는 여러 비구들의 쟁사가 생겨난 것을 의지하더라도 큰 이익이 있느니라. 무엇이 5종류인가? 일을 알고, 인연을 알며, 제정을 알고, 구절의 송출법을 알며, 적용할

계목을 아는 것이다. 우바리여. 다시 이러한 5종류를 구족한 비구는 여러 비구들의 쟁사가 생겨난 것을 의지하더라도 큰 이익이 있느니라."

5-9 "우바리여. 다시 5종류를 구족한 비구는 승가의 가운데에서 (죄를) 검문(檢問)할 수 없느니라. 무엇이 5종류인가? 경을 알지 못하고, 부수적인 경을 알지 못하며, 율을 알지 못하고, 부수적인 율을 알지 못하며, 처소와 처소가 아닌 것을 알지 못하는 것이다. 우바리여. 이러한 5종류를 구족한 비구는 승가의 가운데에서 (죄를) 검문할 수 없느니라.

우바리여. 5종류를 구족한 비구는 승가의 가운데에서 (죄를) 검문할 수 있느니라. 무엇이 5종류인가? 계목을 알고, 부수적인 조목을 알며, 건도를 알고, 건도의 부수를 알며, 처소와 처소가 아닌 것을 아는 것이다. 우바리여. 이러한 5종류를 구족한 비구는 승가의 가운데에서 (죄를) 검문할 수 있느니라."

5-10 "우바리여. 다시 5종류를 구족한 비구는 승가의 가운데에서 (죄를) 판결할 수 없느니라. 무엇이 5종류인가? 계목을 알지 못하고, 부수적인 조목을 알지 못하며, 건도를 알지 못하고, 건도의 부수를 알지 못하며, 앞의 일과 뒤의 일을 알지 못하는 것이다. 우바리여. 이러한 5종류를 구족한 비구는 승가의 가운데에서 (죄를) 판결할 수 없느니라.

우바리여. 5종류를 구족한 비구는 승가의 가운데에서 (죄를) 판결할 수 있느니라. 무엇이 5종류인가? 계목을 알고, 부수적인 조목을 알며, 건도를 알고, 건도의 부수를 알며, 앞의 일과 뒤의 일을 아는 것이다. 우바리여. 이러한 5종류를 구족한 비구는 승가의 가운데에서 (죄를) 판결할 수 있느니라."

5-11 "우바리여. 다시 5종류를 구족한 비구는 (죄를) 검문할 수 없느니라. 무엇이 5종류인가? 일을 알지 못하고, 인연을 알지 못하며, 제정을 알지 못하고, 구절의 송출법을 알지 못하며, 적용할 계목을 알지 못하는 것이다.

우바리여. 이러한 5종류를 구족한 비구는 (죄를) 검문할 수 없느니라.

우바리여. 5종류를 구족한 비구는 (죄를) 검문할 수 있느니라. 무엇이 5종류인가? 일을 알고, 인연을 알며, 제정을 알고, 구절의 송출법을 알며, 적용할 계목을 아는 것이다. 우바리여. 이러한 5종류를 구족한 비구는 (죄를) 검문할 수 있느니라."

5-12 "우바리여. 다시 5종류를 구족한 비구는 (죄를) 검문할 수 없나니, 무엇이 5종류인가? 죄를 알지 못하고 죄의 발생을 알지 못하며 죄의 전행을 알지 못하고 죄의 소멸을 알지 못하며 죄를 바르게 판결하지 못하는 것이다. 우바리여. 이러한 5종류를 구족한 비구는 검문할 수 없느니라.

우바리여. 5종류를 구족한 비구는 승가의 가운데에서 (죄를) 검문할 수 있느니라. 무엇이 5종류인가? 죄를 알고 죄의 발생을 알며 죄의 전행을 알고 죄의 소멸을 알며 죄를 바르게 판결하는 것이다. 우바리여. 이러한 5종류를 구족한 비구는 승가의 가운데에서 (죄를) 검문할 수 있느니라."

5-13 "우바리여. 다시 5종류를 구족한 비구는 검문할 수 없느니라. 무엇이 5종류인가? 쟁사를 알지 못하고 쟁사의 발생을 알지 못하며 쟁사의 전행을 알지 못하고 쟁사의 소멸을 알지 못하며 쟁사를 바르게 판결하지 못하는 것이다. 우바리여. 이러한 5종류를 구족한 비구는 (쟁사를) 검문할 수 없느니라.

우바리여. 5종류를 구족한 비구는 검문할 수 있느니라. 무엇이 5종류인가? 쟁사를 알고 쟁사의 발생을 알며 쟁사의 전행을 알고 쟁사의 소멸을 알며 쟁사를 바르게 판결하는 것이다. 우바리여. 이러한 5종류를 구족한 비구는 (쟁사를) 검문할 수 있느니라."

[자취사를 마친다.]

섭송으로 설하겠노라.

청정과 적당한 때와
자비와 청허갈마와
스스로 취하는 것과 쟁사와
또 다시와 일과 경과 법과
일과 죄와 쟁사가 있다.

6. 두타행(頭陀行)[21]

6-1 "세존이시여. 몇 종류의 숲속에 머무르는 자가 있습니까?"

"우바리여. 이러한 5종류의 숲속에 머무르는 자가 있느니라. 무엇이 5종류인가? 어리석음이 있는 까닭으로 숲에 머무르는 자가 있고, 악하게 구하면서 탐욕이 있는 까닭으로 숲속에 머무르는 자가 있으며, 광기가 있고 상심(喪心)이 있는 까닭으로 숲속에 머무르는 자가 있고, 제불과 제불의 제자들이 찬탄하는 까닭으로 숲속에 머무르는 자가 있으며, 오직 욕망이 적고 만족을 알며 멀리 벗어나고 공덕을 구하면서 머무르는 자가 있다. 우바리여. 이러한 5종류의 숲속에 머무르는 자가 있느니라."

6-2 "세존이시여. 몇 종류의 항상 걸식하는 자가 있습니까?"

"우바리여. 이러한 5종류의 항상 걸식하는 자가 있느니라. 무엇이 5종류인가? 어리석음이 있는 까닭으로 항상 걸식하는 자가 있고, 악하게 구하면서 탐욕이 있는 까닭으로 항상 걸식하는 자가 있으며, 광기가 있고 상심이 있는 까닭으로 항상 걸식하는 자가 있고, 제불과 제불의

---

21) 팔리어 Dhutaṅgavagga(두탄가바까)의 번역이다.

제자들이 찬탄하는 까닭으로 항상 걸식하는 자가 있으며, 오직 욕망이 적고 만족을 알며 멀리 벗어나고 공덕을 구하면서 항상 걸식하는 자가 있다. 우바리여. 이러한 5종류의 항상 걸식하는 자가 있느니라."

6-3 "세존이시여. 몇 종류의 분소의를 입는 자가 있습니까?"

"우바리여. 이러한 5종류의 분소의를 입는 자가 있느니라. 무엇이 5종류인가? 어리석음이 있는 까닭으로 분소의를 입는 자가 있고, …… 오직 욕망이 적고 만족을 알며 멀리 벗어나고 공덕을 구하면서 분소의를 입는 자가 있다. 우바리여. 이러한 5종류의 분소의를 입는 자가 있느니라."

6-4 "세존이시여. 몇 종류의 나무 아래에 머무르는 자가 있습니까?"

"우바리여. 이러한 5종류의 나무 아래에 머무르는 자가 있느니라. 무엇이 5종류인가? 어리석음이 있는 까닭으로 나무 아래에 머무르는 자가 있고, …… 오직 욕망이 적고 만족을 알며 멀리 벗어나고 공덕을 구하면서 나무 아래에 머무르는 자가 있다. 우바리여. 이러한 5종류의 나무 아래에 머무르는 자가 있느니라."

6-5 "세존이시여. 몇 종류의 무덤 사이에 머무르는 자가 있습니까?"

"우바리여. 이러한 5종류의 무덤 사이에 머무르는 자가 있느니라. 무엇이 5종류인가? 어리석음이 있는 까닭으로 무덤 사이에 머무르는 자가 있고, …… 오직 욕망이 적고 만족을 알며 멀리 벗어나고 공덕을 구하면서 무덤 사이에 머무르는 자가 있다. 우바리여. 이러한 5종류의 무덤 사이에 머무르는 자가 있느니라."

6-6 "세존이시여. 몇 종류의 노지(露地)에 머무르는 자가 있습니까?"

"우바리여. 이러한 5종류의 노지에 머무르는 자가 있느니라. 무엇이 5종류인가? 어리석음이 있는 까닭으로 노지에 머무르는 자가 있고, …… 오직 욕망이 적고 만족을 알며 멀리 벗어나고 공덕을 구하면서 노지에 머무르는 자가 있다. 우바리여. 이러한 5종류의 노지에 머무르는 자가 있느니라."

6-7 "세존이시여. 몇 종류의 3의(三衣)인 자가 있습니까?"
"우바리여. 이러한 5종류의 3의인 자가 있느니라. 무엇이 5종류인가? 어리석음이 있는 까닭으로 3의인 자가 있고, …… 오직 욕망이 적고 만족을 알며 멀리 벗어나고 공덕을 구하면서 3의인 자가 있다. 우바리여. 이러한 5종류의 3의인 자가 있느니라."

6-8 "세존이시여. 몇 종류의 차례로 걸식하는 자가 있습니까?"
"우바리여. 이러한 5종류의 차례로 걸식하는 자가 있느니라. 무엇이 5종류인가? 어리석음이 있는 까닭으로 차례로 걸식하는 자가 있고, …… 오직 욕망이 적고 만족을 알며 멀리 벗어나고 공덕을 구하면서 차례로 걸식하는 자가 있다. 우바리여. 이러한 5종류의 차례로 걸식하는 자가 있느니라."

6-9 "세존이시여. 몇 종류의 항상 앉아서 눕지 않는 자가 있습니까?"
"우바리여. 이러한 5종류의 항상 앉아서 눕지 않는 자가 있느니라. 무엇이 5종류인가? 어리석음이 있는 까닭으로 항상 앉아서 눕지 않는 자가 있고, …… 오직 욕망이 적고 만족을 알며 멀리 벗어나고 공덕을 구하면서 항상 앉아서 눕지 않는 자가 있다. 우바리여. 이러한 5종류의 항상 앉아서 눕지 않는 자가 있느니라."

6-10 "세존이시여. 몇 종류의 자리를 따라서 먹는 자가 있습니까?"
"우바리여. 이러한 5종류의 자리를 따라서 먹는 자가 있느니라. 무엇이 5종류인가? 어리석음이 있는 까닭으로 자리를 따라서 먹는 자가 있고, …… 오직 욕망이 적고 만족을 알며 멀리 벗어나고 공덕을 구하면서 한 자리에서 먹는 자가 있다. 우바리여. 이러한 5종류의 자리를 따라서 먹는 자가 있느니라."

6-11 "세존이시여. 몇 종류의 한 자리에서 먹는 자가 있습니까?"
"우바리여. 이러한 5종류의 한 자리에서 먹는 자가 있느니라. 무엇이 5종류인가? 어리석음이 있는 까닭으로 한 자리에서 먹는 자가 있고, …… 오직 욕망이 적고 만족을 알며 멀리 벗어나고 공덕을 구하면서 한 자리에서 먹는 자가 있다. 우바리여. 이러한 5종류의 한 자리에서 먹는 자가 있느니라."

6-12 "세존이시여. 몇 종류의 때가 지났다면 먹지 않는 자가 있습니까?"
"우바리여. 이러한 5종류의 때가 지났다면 먹지 않는 자가 있느니라. 무엇이 5종류인가? 어리석음이 있는 까닭으로 때가 지났다면 먹지 않는 자가 있고, …… 오직 욕망이 적고 만족을 알며 멀리 벗어나고 공덕을 구하면서 때가 지났다면 먹지 않는 자가 있다. 우바리여. 이러한 5종류의 때가 지나면 먹지 않는 자가 있느니라."

6-13 "세존이시여. 몇 종류의 하나인 발우로 먹는 자가 있습니까?"
"우바리여. 이러한 5종류의 하나인 발우로 먹는 자가 있느니라. 무엇이 5종류인가? 어리석음이 있는 까닭으로 하나인 발우로 먹는 자가 있고, …… 오직 욕망이 적고 만족을 알며 멀리 벗어나고 공덕을 구하면서 하나인 발우로 먹는 자가 있다. 우바리여. 이러한 5종류의 하나인 발우로 먹는 자가 있느니라."

[두타행을 마친다.]

섭송으로 설하겠노라.

숲속에 머무는 것과 걸식하는 것과
분소의와 나무 아래와
다섯째의 무덤과
노지와 삼의와 차례로 걸식하는 것과
항상 앉는 것과 자리를 따르는 것과
한 자리에서 먹는 것과
시간의 이후와 한 발우로 먹는 것이 있다.

7. 망어품(妄語品)[22]

7-1 "세존이시여. 몇 종류의 망어(妄語)가 있습니까?"

"우바리여. 이러한 5종류의 망어가 있느니라. 무엇이 5종류인가? 바라이인 망어가 있고 승잔인 망어가 있으며 투란차인 망어가 있고 바일제인 망어가 있으며 악작인 망어가 있다. 우바리여. 이러한 5종류의 망어가 있느니라."

7-2 "세존이시여. 몇 종류를 구족한 비구는 승가의 가운데에서 포살을 막거나, 혹은 자자를 막는 때에 승가는 그 비구를 '비구여 멈추시오. 투쟁하지 말고 분쟁하지 말며 소란스럽게 하지 마십시오.'라고 제지하고서 포살이거나, 혹은 자자를 행해야 합니까?"

"우바리여. 이러한 5종류를 구족한 비구는 승가의 가운데에서 포살을 막거나, 혹은 자자를 막는 때에 승가는 그 비구에게 '비구여 멈추시오. 투쟁하지 말고 분쟁하지 말며 소란스럽게 하지 마십시오.'라고 제지하고서 포살이거나, 혹은 자자를 행해야 하느니라. 무엇이 5종류인가? 부끄러

---

22) 팔리어 Musāvādavagga(무사바다바까)의 번역이다.

움이 없고 어리석으며 청정하지 않고 (법을) 배척하는 뜻이 있으며 출죄의
뜻이 없는 것이다. 우바리여. 이러한 5종류를 구족한 비구는 승가의
가운데에서 포살을 막거나, 혹은 자자를 막는 때에 승가는 그 비구에게
'비구여 멈추시오. 투쟁하지 말고 분쟁하지 말며 소란스럽게 하지 마십시
오.'라고 제지하고서 포살이거나, 혹은 자자를 행해야 하느니라."

7-3 "세존이시여. 몇 종류를 구족한 비구는 승가의 가운데에서 포살을
막거나, 혹은 자자를 막는 때에 승가는 그 비구를 '비구여 멈추시오.
투쟁하지 말고 분쟁하지 말며 소란스럽게 하지 마십시오.'라고 제지하고
서 포살이거나, 혹은 자자를 행해야 합니까?"

"우바리여. 이러한 5종류를 구족한 비구는 승가의 가운데에서 포살을
막거나, 혹은 자자를 막는 때에 승가는 그 비구에게 '비구여 멈추시오.
투쟁하지 말고 분쟁하지 말며 소란스럽게 하지 마십시오.'라고 제지하고
서 포살이거나, 혹은 자자를 행해야 하느니라. 무엇이 5종류인가? 신업이
청정하지 않고 구업이 청정하지 않으며 생활이 청정하지 않고 어리석어서
총명하지 않으며 투쟁하고 분란을 일으키는 것이다. 우바리여. 이러한
5종류를 구족한 비구는 승가의 가운데에서 포살을 막거나, 혹은 자자를
막는 때에 승가는 그 비구에게 '비구여 멈추시오. 투쟁하지 말고 분쟁하지
말며 소란스럽게 하지 마십시오.'라고 제지하고서 포살이거나, 혹은 자자
를 행해야 하느니라."

7-4 "세존이시여. 몇 종류를 구족한 비구는 함께 검문할 수 없습니까?"

"우바리여. 이러한 다시 5종류를 구족한 비구는 함께 검문할 수 없느니
라. 무엇이 5종류인가? 범하고 범하지 않는 것을 알지 못하고, 가벼운
것을 범하고 무거운 것을 범한 것을 알지 못하며, 유잔죄를 범하고 무잔죄
를 범한 것을 알지 못하고, 거친 것을 범하고 거칠지 않은 것을 범한
것을 알지 못하며, 범한 것을 참회하는 것과 참회하지 않은 것을 알지
못하는 것이다. 우바리여. 이러한 5종류를 구족한 비구는 함께 검문할

수 없느니라.

우바리여. 5종류를 구족한 비구는 함께 검문할 수 있느니라. 무엇이 5종류인가? 범하고 범하지 않는 것을 알고, 가벼운 것을 범하고 무거운 것을 범한 것을 알며, 유잔죄를 범하고 무잔죄를 범한 것을 알고, 거친 것을 범하고 거칠지 않은 것을 범한 것을 알며, 범하고서 참회한 것과 참회하지 않은 것을 아는 것이다. 우바리여. 이러한 5종류를 구족한 비구는 함께 검문할 수 있느니라."

7-5 "세존이시여. 몇 종류의 행상에 의지하여 죄를 범합니까?"

"우바리여. 5종류의 행상에 의지하여 비구는 죄를 범하느니라. 무엇이 5종류인가? 부끄러움이 없는 것이고 무지한 것이며 악하게 행하는 성품이고 청정하지 않는데 청정하다고 생각하는 것이며 청정한데 청정하진 않다고 생각하는 것이다. 우바리여. 이러한 5종류의 행상에 의지하여 비구는 죄를 범하느니라.

우바리여. 다시 5종류의 행상에 의지하여 비구는 죄를 범하느니라. 무엇이 5종류인가? 보는 것을 의지하지 않는 것이고 듣는 것을 의지하지 않는 것이며 수면(睡眠)을 의지하지 않는 것이고 어긋나게 생각하고 방심 (放心)하는 것이다. 우바리여. 이러한 5종류의 행상에 의지하여 비구는 죄를 범하느니라."

7-6 "세존이시여. 몇 종류의 범함이 있습니까?"

"우바리여. 이러한 5종류의 범함이 있느니라. 무엇이 5종류인가? 살생하는 것, 주지 않았는데 취하는 것, 사음을 행하는 것, 망어하는 것, 음주(飮酒)이니라. 우바리여. 이러한 5종류의 범함이 있느니라."

7-7 "세존이시여. 몇 종류의 벗어남(離)23)이 있습니까?"

---

23) 팔리어 veramaṇa(베라마나)의 번역이고, '금욕', '잠시 멈춤'을 뜻한다.

"우바리여. 이러한 5종류의 벗어남이 있느니라. 무엇이 5종류인가? 살생의 벗어남, 주지 않았는데 취하는 것의 벗어남, 사음의 벗어남, 망어의 벗어남, 음주의 벗어남이니라. 우바리여. 이러한 5종류의 벗어남이 있느니라."

7-8 "세존이시여. 몇 종류의 상실(喪失)이 있습니까?"

"우바리여. 이러한 5종류의 상실이 있느니라. 무엇이 5종류인가? 친족의 상실, 재물의 상실, 질병의 상실, 계율의 상실, 견해의 상실이니라. 우바리여. 이러한 5종류의 상실이 있느니라."

7-9 "세존이시여. 몇 종류의 성취(成就)가 있습니까?"

"우바리여. 이러한 5종류의 성취가 있느니라. 무엇이 5종류인가? 친족의 성취, 재물의 성취, 질병의 성취, 계율의 성취, 견해의 성취이니라. 우바리여. 이러한 5종류의 성취가 있느니라."

[망어품을 마친다.]

섭송으로 설하겠노라.

망어와 제지와 또 다시와 검문과
범하는 것과 또 다시와 원한과
벗어남과 상실과 성취는
제7품의 결집(聚集)이라네.

8. 비구니교계품(比丘尼教誡品)[24]

8-1 "세존이시여. 몇 종류를 구족한 비구를 마주하였다면 비구니의 승가가 갈마를 행할 수 있습니까?"

"우바리여. 이러한 다시 5종류를 구족한 비구를 마주하였다면 비구니의 승가가 갈마를 행할 수 있고, 그 비구는 비구니 대중의 예를 받을 수 없느니라. 무엇이 5종류인가? 여러 비구니들에게 몸을 드러내어 보여주었고, 허벅지를 보여주었으며, 생지(生支)[25]를 보여주었고, 두 어깨를 보여주었으며, 재가자[26]와 함께 거친 말로 다투는 것이다. 우바리여. 이러한 다시 5종류를 구족한 비구를 마주하였다면 비구니의 승가가 갈마를 행할 수 있고, 그 비구는 비구니 대중의 예를 받을 수 없느니라."

8-2 "우바리여. 이러한 다시 5종류를 구족한 비구를 마주하였다면 비구니의 승가가 갈마를 행할 수 있고, 그 비구는 비구니 대중의 예를 받을 수 없느니라. 무엇이 5종류인가? 여러 비구니들이 얻을 것이 없게 시도하고, 여러 비구니들의 이익이 없게 시도하고, 여러 비구니들의 주처가 없게 시도하고, 여러 비구니들을 욕설하고 비방하며, 여러 비구들과 여러 비구니들을 이간질하는 것이다. 우바리여. 이러한 다시 5종류를 구족한 비구를 마주하였다면 비구니의 승가가 갈마를 행할 수 있고, 그 비구는 비구니 대중의 예를 받을 수 없느니라."

8-3 "우바리여. 이러한 다시 5종류를 구족한 비구를 마주하였다면 비구니의 승가가 갈마를 행할 수 있고, 그 비구는 비구니 대중의 예를 받을 수 없느니라. 무엇이 5종류인가? 여러 비구니들이 얻을 것이 없게 시도하

---

24) 팔리어 Bhikkhunovādavagga(비꾸노바다바까)의 번역이다.
25) 팔리어 aṅgajāta(안가자타)의 번역이다.
26) 팔리어 gihī(기히)의 번역이다.

고, 여러 비구니들의 이익이 없게 시도하고, 여러 비구니들의 주처가 없게 시도하고, 여러 비구니들을 욕설하고 비방하며, 여러 비구들과 여러 비구니들을 다투게 시키는 것이다. 우바리여. 이러한 다시 5종류를 구족한 비구를 마주하였다면 비구니의 승가가 갈마를 행할 수 있고, 그 비구는 비구니 대중의 예를 받을 수 없느니라."

8-4 "세존이시여. 몇 종류를 구족한 비구니를 마주하였다면 갈마를 행할 수 있습니까?"

"우바리여. 이러한 다시 5종류를 구족한 비구니를 마주하였다면 갈마를 행할 수 있느니라. 무엇이 5종류인가? 몸을 드러내어 보여주었고, 허벅지를 보여주었으며, 음부(陰部)[27]를 보여주었고, 두 어깨를 보여주었으며, 재가자와 함께 거친 말로 다투는 것이다. 우바리여. 이러한 다시 5종류를 구족한 비구를 마주하였다면 갈마를 행할 수 있느니라."

8-5 "우바리여. 이러한 다시 5종류를 구족한 비구니를 마주하였다면 갈마를 행할 수 있느니라. 무엇이 5종류인가? 여러 비구니들이 얻을 것이 없게 시도하고, 여러 비구들의 이익이 없게 시도하고, 여러 비구들의 주처가 없게 시도하고, 여러 비구들을 욕설하고 비방하며, 여러 비구들과 여러 비구니들을 이간질하는 것이다. 우바리여. 이러한 5종류를 구족한 비구를 마주하였다면 갈마를 행할 수 있느니라."

8-6 "우바리여. 이러한 다시 5종류를 구족한 비구니를 마주하였다면 갈마를 행할 수 있느니라. 무엇이 5종류인가? 여러 비구들이 얻을 것이 없게 시도하고, 여러 비구들의 이익이 없게 시도하고, 여러 비구들의 주처가 없게 시도하고, 여러 비구들을 욕설하고 비방하며, 여러 비구들과 여러 비구니들을 다투게 시키는 것이다. 우바리여. 이러한 5종류를 구족한

---

27) 팔리어 aṅgajāta(안가자타)의 번역이다.

비구니를 마주하였다면 갈마를 행할 수 있느니라."

8-7 "세존이시여. 몇 종류를 구족한 비구는 비구니들을 마주하고서 교계를 막을 수 있습니까?"

"우바리여. 다시 5종류를 구족한 비구는 비구니들을 마주하고서 교계를 막을 수 있느니라. 무엇이 5종류인가? 부끄러움이 없고 어리석으며 청정하지 않고 (법을) 배척하는 뜻이 있으며 출죄의 뜻이 없는 것이다. 우바리여. 이러한 다시 5종류를 구족한 비구는 비구니들을 마주하고서 교계를 막을 수 있느니라."

8-8 "우바리여. 다시 5종류를 구족한 비구는 비구니들을 마주하고서 교계를 막을 수 있느니라. 무엇이 5종류인가? 몸이 비행(非行)을 갖추었고 말이 비행을 갖추었으며 몸과 말이 비행을 갖추었고 어리석고 총명하지 않으며 검문을 받는 때에 능히 전심일 수 없는 것이다. 우바리여. 이러한 5종류를 구족한 비구는 비구니들을 마주하고서 교계를 막을 수 있느니라."

8-9 "우바리여. 다시 5종류를 구족한 비구는 비구니들을 마주하고서 교계를 막을 수 있느니라. 무엇이 5종류인가? 신업이 청정하지 않고 구업이 청정하지 않으며 생활이 청정하지 않고 비구니들에게 욕설하고 비방하며 비구니와 친근하면서 수순하지 않게 교류하는 것이다. 우바리여. 이러한 5종류를 구족한 비구는 비구니들을 마주하고서 교계를 막을 수 있느니라."

8-10 "우바리여. 다시 5종류를 구족한 비구는 비구니들을 마주하고서 교계를 막을 수 없느니라. 무엇이 5종류인가? 부끄러움이 없고 어리석으며 청정하지 않고 투쟁을 일으키며 분쟁을 일으키는 자이다. 우바리여. 이러한 5종류를 구족한 비구는 비구니들을 마주하고서 교계를 막을 수 없느니라."

8-11 "세존이시여. 몇 종류를 구족한 비구는 비구니들을 교계할 수 없습니까?"

"우바리여. 다시 5종류를 구족한 비구는 비구니들을 교계할 수 없느니라. 무엇이 5종류인가? 몸이 비행(非行)을 갖추었고 말이 비행을 갖추었으며 몸과 말이 비행을 갖추었고 비구니들을 욕설하고 비방하며 비구니와 친근하면서 수순하지 않게 교류하는 것이다. 우바리여. 이러한 5종류를 구족한 비구는 비구니들을 교계할 수 없느니라."

8-12 "우바리여. 다시 5종류를 구족한 비구는 비구니들을 교계할 수 없느니라. 무엇이 5종류인가? 부끄러움이 없고 어리석으며 청정하지 않고 멀리 떠나가는 자이며 병든 자이다. 우바리여. 이러한 5종류를 구족한 비구는 비구니들을 교계할 수 없느니라."

8-13 "세존이시여. 몇 종류를 구족한 비구와 함께 말할 수 없습니까?"

"우바리여. 다시 5종류를 구족한 비구와 함께 말할 수 없느니라. 무엇이 5종류인가? 무학계온(無學戒蘊)을 갖추지 못하였고 무학정온(無學定蘊)을 갖추지 못하였으며 무학혜온(無學慧蘊)을 갖추지 못하였고 무학해탈온(無學解脫蘊)을 갖추지 못하였으며 해탈지견온(解脫智見蘊)[28]을 갖추지 못한 것이다. 우바리여. 이러한 5종류를 구족한 비구와 함께 말할 수 없느니라."

8-14 "우바리여. 다시 5종류를 구족한 비구와 함께 말할 수 없느니라. 무엇이 5종류인가? 의무애해(義無礙解)[29]를 얻지 못하였고 법무애해(法無礙解)[30]를 얻지 못하였으며 사무애해(辭無礙解)[31]를 얻지 못하였고 변

---

28) 팔리어 asekkhena vimuttiñāṇadassanakkhandhena(아세께나 비무띠냐나다싼나깐데나)의 번역이다.
29) 팔리어 atthapaṭisambhidāpatta(아따파티삼비다파따)의 번역이다.
30) 팔리어 dhammapaṭisambhidāpatta(담마파티삼비다파따)의 번역이다.

무애해(辯無礙解)32)를 얻지 못하였으며 심여해탈(心如解脫)33)을 관찰(觀察)하지 못한 것이다. 우바리여. 이러한 5종류를 구족한 비구와 함께 말할 수 없느니라.

우바리여. 다시 5종류를 구족한 비구와 함께 말할 수 있느니라. 무엇이 5종류인가? 의무애해를 얻었고 법무애해를 얻었으며 사무애해를 얻었고 변무애해를 얻었으며 심여해탈을 관찰한 것이다. 우바리여. 이러한 5종류를 구족한 비구와 함께 말할 수 있느니라."

[비구니교계품을 마친다.]

섭송으로 설하겠노라.

비구니가 행할 것과 다른 두 가지와
비구니들을 마주하는 세 종류의 갈마와
막을 수 없는 2가지의 두 종류와
교계할 수 없는 두 종류를 말한 것과
말할 수 있는 2가지의 두 종류가 있다.

9. 단사인품(斷事人品)34)

9-1 "세존이시여. 몇 종류를 구족한 비구는 단사인으로 뽑힐 수 없습니

---

31) 팔리어 niruttipaṭisambhidāpatta(니루띠파티삼비다파따)의 번역이다.
32) 팔리어 paṭibhānapaṭisambhidāpatta(파티바나파티삼비다파따)의 번역이다.
33) 팔리어 yathāvimuttaṃ citta(야타비무땀 시따)의 번역이다.
34) 팔리어 Ubbāhikavagga(우빠히카바까)의 번역이다.

까?"

　"우바리여. 다시 5종류를 구족한 비구는 단사인으로 뽑힐 수 없느니라. 무엇이 5종류인가? 뜻을 잘 분별하지 못하고 법을 잘 분별하지 못하며 말을 잘 분별하지 못하고 계목을 잘 분별하지 못하며 앞과 뒤의 일을 잘 분별하지 못하는 것이다. 우바리여. 이러한 5종류를 구족한 비구는 단사인으로 뽑힐 수 없느니라.

　우바리여. 다시 5종류를 구족한 비구는 단사인으로 뽑힐 수 있느니라. 무엇이 5종류인가? 뜻을 잘 분별하고 법을 잘 분별하며 말을 잘 분별하고 계목을 잘 분별하며 앞과 뒤의 일을 잘 분별하는 것이다. 우바리여. 이러한 5종류를 구족한 비구는 단사인으로 뽑힐 수 있느니라."

9-2 "우바리여. 다시 5종류를 구족한 비구는 단사인으로 뽑힐 수 없느니라. 무엇이 5종류인가? 분노가 있고 분노에 사로잡혀 있으며, 위선(僞善)이 있고 위선에 사로잡혀 있으며, 번뇌가 있고 번뇌에 사로잡혀 있으며, 질투가 있고 질투에 사로잡혀 있으며, 현세의 집착하고 스스로의 견해를 고집하며 버리기 어려운 것이다. 우바리여. 이러한 5종류를 구족한 비구는 단사인으로 뽑힐 수 없느니라.

　우바리여. 다시 5종류를 구족한 비구는 단사인으로 뽑힐 수 있느니라. 무엇이 5종류인가? 분노가 없고 분노에 사로잡혀 있지 않으며, 위선(僞善)이 없고 위선에 사로잡혀 있지 않으며, 번뇌가 없고 번뇌에 사로잡혀 있지 않으며, 질투가 없고 질투에 사로잡혀 있지 않으며, 현세의 집착하지 않고 스스로 견해를 고집하지 않으며 버리기 쉬운 것이다. 우바리여. 이러한 5종류를 구족한 비구는 단사인으로 뽑힐 수 있느니라."

9-3 "우바리여. 다시 5종류를 구족한 비구는 단사인으로 뽑힐 수 없느니라. 무엇이 5종류인가? 동요(動搖)하고 악의(惡意)가 있으며 저항적이고 분노를 일으키며 교계를 받아들지 못하면서 인욕(忍辱)하지 못하는 것이다. 우바리여. 이러한 5종류를 구족한 비구는 단사인으로 뽑힐 수 없느니라.

우바리여. 다시 5종류를 구족한 비구는 단사인으로 뽑힐 수 있느니라. 무엇이 5종류인가? 동요하지 않고 악의가 없으며 저항적이지 않고 분노를 일으키지 않으며 교계를 받아들이면서 인욕하는 것이다. 우바리여. 이러한 5종류를 구족한 비구는 단사인으로 뽑힐 수 있느니라."

9-4 "우바리여. 다시 5종류를 구족한 비구는 단사인으로 뽑힐 수 없느니라. 무엇이 5종류인가? 마음이 혼란되어서 기억하지 못하고 허락을 받지 않고 말하며 법과 율에 의지하여 가책하지 못하고 법과 율에 의거하여 처벌하지 못하며 견해를 따라서 말하지 못하는 것이다. 우바리여. 이러한 5종류를 구족한 비구는 단사인으로 뽑힐 수 없느니라.

우바리여. 다시 5종류를 구족한 비구는 단사인으로 뽑힐 수 있느니라. 무엇이 5종류인가? 마음이 혼란되지 않아서 기억하고 허락을 받고서 말하며 법과 율에 의지하여 가책하고 법과 율에 의거하여 처벌하며 견해를 따라서 말하는 것이다. 우바리여. 이러한 5종류를 구족한 비구는 단사인으로 뽑힐 수 있느니라."

9-5 "우바리여. 다시 5종류를 구족한 비구는 단사인으로 뽑힐 수 없느니라. 무엇이 5종류인가? 마땅히 행하지 않을 것을 욕망으로 행하고 마땅히 행하지 않을 것을 성내는 것으로 행하며 마땅히 행하지 않을 것을 어리석음으로 행하고 마땅히 행하지 않을 것을 두려움으로 행하며 부끄러움이 없는 것이다. 우바리여. 이러한 5종류를 구족한 비구는 단사인으로 뽑힐 수 없느니라.

우바리여. 다시 5종류를 구족한 비구는 단사인으로 뽑힐 수 있느니라. 무엇이 5종류인가? 마땅히 행하지 않을 것을 욕망으로 행하지 않고 마땅히 행하지 않을 것을 성내는 것으로 행하지 않으며 마땅히 행하지 않을 것을 어리석음으로 행하지 않고 마땅히 행하지 않을 것을 두려움으로 행하지 않으며 부끄러움이 있는 것이다. 우바리여. 이러한 5종류를 구족한 비구는 단사인으로 뽑힐 수 있느니라."

9-6 "우바리여. 다시 5종류를 구족한 비구는 단사인으로 뽑힐 수 없느니라. 무엇이 5종류인가? 마땅히 행하지 않을 것을 욕망으로 행하고 마땅히 행하지 않을 것을 성내는 것으로 행하며 마땅히 행하지 않을 것을 어리석음으로 행하고 마땅히 행하지 않을 것을 두려움으로 행하며 계율을 잘 분별하지 못하는 것이다. 우바리여. 이러한 5종류를 구족한 비구는 단사인으로 뽑힐 수 없느니라.

우바리여. 다시 5종류를 구족한 비구는 단사인으로 뽑힐 수 있느니라. 무엇이 5종류인가? 마땅히 행하지 않을 것을 욕망으로 행하지 않고 마땅히 행하지 않을 것을 성내는 것으로 행하지 않으며 마땅히 행하지 않을 것을 어리석음으로 행하지 않고 마땅히 행하지 않을 것을 두려움으로 행하지 않으며 계율을 잘 분별하는 것이다. 우바리여. 이러한 5종류를 구족한 비구는 단사인으로 뽑힐 수 있느니라."

9-7 "세존이시여. 몇 종류를 구족한 비구는 진실로 어리석은 자라고 말할 수 있습니까?"

"우바리여. 다시 5종류를 구족한 비구는 진실로 어리석은 자라고 말할 수 있느니라. 무엇이 5종류인가? 경전을 알지 못하고 부수적인 경전을 알지 못하며 율장을 알지 못하고 부수적인 율장을 알지 못하며 분별할 것과 분별하지 않을 것을 잘 알지 못하는 것이다. 우바리여. 이러한 5종류를 구족한 비구는 진실로 어리석은 자라고 말할 수 있느니라.

우바리여. 다시 5종류를 구족한 비구는 진실로 지혜로운 자라고 말할 수 있느니라. 무엇이 5종류인가? 경전을 알고 부수적인 경전을 알며 율장을 알고 부수적인 율장을 알며 분별할 것과 분별하지 않을 것을 잘 아는 것이다. 우바리여. 이러한 5종류를 구족한 비구는 진실로 지혜로운 자라고 말할 수 있느니라."

9-8 "우바리여. 다시 5종류를 구족한 비구는 진실로 어리석은 자라고 말할 수 있느니라. 무엇이 5종류인가? 경전을 알지 못하고 부수적인

경전을 알지 못하며 율장을 알지 못하고 부수적인 율장을 알지 못하며 앞과 뒤의 일을 잘 분별하지 못하는 것이다. 우바리여. 이러한 5종류를 구족한 비구는 진실로 어리석은 자라고 말할 수 있느니라.

　우바리여. 다시 5종류를 구족한 비구는 진실로 지혜로운 자라고 말할 수 있느니라. 무엇이 5종류인가? 경전을 알고 부수적인 경전을 알며 율장을 알고 부수적인 율장을 알며 앞과 뒤의 일을 잘 분별하는 것이다. 우바리여. 이러한 5종류를 구족한 비구는 진실로 지혜로운 자라고 말할 수 있느니라."

9-9 "우바리여. 다시 5종류를 구족한 비구는 진실로 어리석은 자라고 말할 수 있느니라. 무엇이 5종류인가? 일을 알지 못하고 일의 인연을 알지 못하며 제정한 것을 알지 못하고 문구의 송출법을 알지 못하며 적용할 계목을 잘 알지 못하는 것이다. 우바리여. 이러한 5종류를 구족한 비구는 진실로 어리석은 자라고 말할 수 있느니라.

　우바리여. 다시 5종류를 구족한 비구는 진실로 지혜로운 자라고 말할 수 있느니라. 무엇이 5종류인가? 일을 알고 일의 인연을 알며 제정한 것을 알고 문구의 송출법을 알며 적용할 계목을 잘 아는 것이다. 우바리여. 이러한 5종류를 구족한 비구는 진실로 지혜로운 자라고 말할 수 있느니라."

9-10 "우바리여. 다시 5종류를 구족한 비구는 진실로 어리석은 자라고 말할 수 있느니라. 무엇이 5종류인가? 죄를 알지 못하고 죄의 발생을 알지 못하며 죄의 전행을 알지 못하고 죄의 소멸을 알지 못하며 죄를 바르게 판결하지 못하는 것이다. 우바리여. 이러한 5종류를 구족한 비구는 진실로 어리석은 자라고 말할 수 있느니라.

　우바리여. 다시 5종류를 구족한 비구는 진실로 지혜로운 자라고 말할 수 있느니라. 무엇이 5종류인가? 죄를 알고 죄의 발생을 알며 죄의 전행을 알고 죄의 소멸을 알며 죄를 바르게 판결하는 것이다. 우바리여. 이러한 5종류를 구족한 비구는 진실로 지혜로운 자라고 말할 수 있느니라."

9-11 "우바리여. 다시 5종류를 구족한 비구는 진실로 어리석은 자라고 말할 수 있느니라. 무엇이 5종류인가? 쟁사를 알지 못하고 쟁사의 발생을 알지 못하며 쟁사의 전행을 알지 못하고 쟁사의 소멸을 알지 못하며 쟁사를 바르게 판결하지 못하는 것이다. 우바리여. 이러한 5종류를 구족한 비구는 진실로 어리석은 자라고 말할 수 있느니라.

우바리여. 다시 5종류를 구족한 비구는 진실로 지혜로운 자라고 말할 수 있느니라. 무엇이 5종류인가? 쟁사를 알고 쟁사의 발생을 알며 쟁사의 전행을 알고 쟁사의 소멸을 알며 쟁사를 바르게 판결하는 것이다. 우바리여. 이러한 5종류를 구족한 비구는 진실로 지혜로운 자라고 말할 수 있느니라."

[단사인품을 마친다.]

섭송으로 설하겠노라.

뜻을 잘 분별하지 못하고 분노하는 것과
동요하는 것과 분노하는 것과
욕망으로 마땅히 행하지 않을 것과
모두가 같이 선하지 않는 것과
계목과 법과 일과 죄와 쟁사와
각자가 대비(對比)하여 설해졌으니
흑백(黑白)35)을 구분할지니라.

---

35) 팔리어 kaṇhasukka(칸하수까)의 번역이고, kaṇha와 sukka의 합성어이다. kaṇha
는 '어두운', '검은 색'을 뜻하고, sukka는 '순수한', '밝은', '흰색'을 뜻이다.

10. 멸쟁품(滅諍品)[36]

10-1 "세존이시여. 몇 종류를 구족한 비구는 멸쟁사(滅諍事)를 소멸시킬 수 없습니까?"

"우바리여. 다시 5종류를 구족한 비구는 멸쟁사를 소멸시킬 수 없느니라. 무엇이 5종류인가? 죄를 알지 못하고 죄의 발생을 알지 못하며 죄의 전행을 알지 못하고 죄의 소멸을 알지 못하며 죄를 바르게 판결하지 못하는 것이다. 우바리여. 이러한 5종류를 구족한 비구는 멸쟁사를 소멸시킬 수 없느니라.

우바리여. 다시 5종류를 구족한 비구는 멸쟁사를 소멸시킬 수 있느니라. 무엇이 5종류인가? 죄를 알고 죄의 발생을 알며 죄의 전행을 알고 죄의 소멸을 알며 죄를 바르게 판결하는 것이다. 우바리여. 이러한 5종류를 구족한 비구는 멸쟁사를 소멸시킬 수 있느니라."

10-2 "우바리여. 다시 5종류를 구족한 비구는 쟁사를 소멸시킬 수 없느니라. 무엇이 5종류인가? 쟁사를 알지 못하고 쟁사의 발생을 알지 못하며 쟁사의 전행을 알지 못하고 쟁사의 소멸을 알지 못하며 쟁사를 바르게 판결하지 못하는 것이다. 우바리여. 이러한 5종류를 구족한 비구는 쟁사를 소멸시킬 수 없느니라.

우바리여. 다시 5종류를 구족한 비구는 쟁사를 소멸시킬 수 있느니라. 무엇이 5종류인가? 쟁사를 알고 쟁사의 발생을 알며 쟁사의 전행을 알고 쟁사의 소멸을 알며 쟁사를 바르게 판결하는 것이다. 우바리여. 이러한 5종류를 구족한 비구는 쟁사를 소멸시킬 수 있느니라."

10-3 "우바리여. 다시 5종류를 구족한 비구는 쟁사를 소멸시킬 수 없느니

---

36) 팔리어 Adhikaraṇavūpasamavagga(아디카라나부파사마바까)의 번역이다.

라. 무엇이 5종류인가? 마땅히 행하지 않을 것을 욕망으로 행하고 마땅히 행하지 않을 것을 성내는 것으로 행하며 마땅히 행하지 않을 것을 어리석음으로 행하고 마땅히 행하지 않을 것을 두려움으로 행하며 계율을 잘 분별하지 못하는 것이다. 우바리여. 이러한 5종류를 구족한 비구는 쟁사를 소멸시킬 수 없느니라.

우바리여. 다시 5종류를 구족한 비구는 쟁사를 소멸시킬 수 있느니라. 무엇이 5종류인가? 마땅히 행하지 않을 것을 욕망으로 행하지 않고 마땅히 행하지 않을 것을 성내는 것으로 행하지 않으며 마땅히 행하지 않을 것을 어리석음으로 행하지 않고 마땅히 행하지 않을 것을 두려움으로 행하지 않으며 계율을 잘 분별하는 것이다. 우바리여. 이러한 5종류를 구족한 비구는 쟁사를 소멸시킬 수 있느니라."

10-4 "우바리여. 다시 5종류를 구족한 비구는 쟁사를 소멸시킬 수 없느니라. 무엇이 5종류인가? 마땅히 행하지 않을 것을 욕망으로 행하고 마땅히 행하지 않을 것을 성내는 것으로 행하며 마땅히 행하지 않을 것을 어리석음으로 행하고 마땅히 행하지 않을 것을 두려움으로 행하며 들었던 것이 적은 것이다. 우바리여. 이러한 5종류를 구족한 비구는 쟁사를 소멸시킬 수 없느니라.

우바리여. 다시 5종류를 구족한 비구는 멸쟁사를 소멸시킬 수 있느니라. 무엇이 5종류인가? 마땅히 행하지 않을 것을 욕망으로 행하지 않고 마땅히 행하지 않을 것을 성내는 것으로 행하지 않으며 마땅히 행하지 않을 것을 어리석음으로 행하지 않고 마땅히 행하지 않을 것을 두려움으로 행하지 않으며 들었던 것이 많은 것이다. 우바리여. 이러한 5종류를 구족한 비구는 쟁사를 소멸시킬 수 있느니라."

10-5 "우바리여. 다시 5종류를 구족한 비구는 쟁사를 소멸시킬 수 없느니라. 무엇이 5종류인가? 일을 알지 못하고 일의 인연을 알지 못하며 제정한 것을 알지 못하고 문구의 송출법을 알지 못하며 적용할 계목을 잘 알지

못하는 것이다. 우바리여. 이러한 5종류를 구족한 비구는 쟁사를 소멸시킬 수 없느니라.

우바리여. 다시 5종류를 구족한 비구는 쟁사를 소멸시킬 수 있느니라. 무엇이 5종류인가? 일을 알고 일의 인연을 알며 제정한 것을 알고 문구의 송출법을 알며 적용할 계목을 잘 아는 것이다. 우바리여. 이러한 5종류를 구족한 비구는 쟁사를 소멸시킬 수 있느니라."

10-6 "우바리여. 다시 5종류를 구족한 비구는 쟁사를 소멸시킬 수 없느니라. 무엇이 5종류인가? 마땅히 행하지 않을 것을 욕망으로 행하고 마땅히 행하지 않을 것을 성내는 것으로 행하며 마땅히 행하지 않을 것을 어리석음으로 행하고 마땅히 행하지 않을 것을 두려움으로 행하며 계율을 잘 분별하지 못하는 것이다. 우바리여. 이러한 5종류를 구족한 비구는 쟁사를 소멸시킬 수 없느니라.

우바리여. 다시 5종류를 구족한 비구는 쟁사를 소멸시킬 수 있느니라. 무엇이 5종류인가? 마땅히 행하지 않을 것을 욕망으로 행하지 않고 마땅히 행하지 않을 것을 성내는 것으로 행하지 않으며 마땅히 행하지 않을 것을 어리석음으로 행하지 않고 마땅히 행하지 않을 것을 두려움으로 행하지 않으며 계율을 잘 분별하는 것이다. 우바리여. 이러한 5종류를 구족한 비구는 쟁사를 소멸시킬 수 있느니라."

10-7 "우바리여. 다시 5종류를 구족한 비구는 쟁사를 소멸시킬 수 없느니라. 무엇이 5종류인가? 마땅히 행하지 않을 것을 욕망으로 행하고 마땅히 행하지 않을 것을 성내는 것으로 행하며 마땅히 행하지 않을 것을 어리석음으로 행하고 마땅히 행하지 않을 것을 두려움으로 행하며 사람을 존중하지 않고 승가를 존중하지 않는 것이다. 우바리여. 이러한 5종류를 구족한 비구는 쟁사를 소멸시킬 수 없느니라.

우바리여. 다시 5종류를 구족한 비구는 쟁사를 소멸시킬 수 있느니라. 무엇이 5종류인가? 마땅히 행하지 않을 것을 욕망으로 행하지 않고 마땅히 행하지 않을 것을 성내는 것으로 행하지 않으며 마땅히 행하지 않을 것을 어리석음으로 행하지 않고 마땅히 행하지 않을 것을 두려움으로 행하지 않으며 사람을 존중하고 승가를 존중하는 것이다. 우바리여. 이러한 5종류를 구족한 비구는 쟁사를 소멸시킬 수 있느니라."

10-8 "우바리여. 다시 5종류를 구족한 비구는 쟁사를 소멸시킬 수 없느니라. 무엇이 5종류인가? 마땅히 행하지 않을 것을 욕망으로 행하고 마땅히 행하지 않을 것을 성내는 것으로 행하며 마땅히 행하지 않을 것을 어리석음으로 행하고 마땅히 행하지 않을 것을 두려움으로 행하며 이양(利養)을 존중하지 않고 정법(正法)을 존중하지 않는 것이다. 우바리여. 이러한 5종류를 구족한 비구는 쟁사를 소멸시킬 수 없느니라.

우바리여. 다시 5종류를 구족한 비구는 쟁사를 소멸시킬 수 있느니라. 무엇이 5종류인가? 마땅히 행하지 않을 것을 욕망으로 행하지 않고 마땅히 행하지 않을 것을 성내는 것으로 행하지 않으며 마땅히 행하지 않을 것을 어리석음으로 행하지 않고 마땅히 행하지 않을 것을 두려움으로 행하지 않으며 이양을 존중하고 정법을 존중하는 것이다. 우바리여. 이러한 5종류를 구족한 비구는 쟁사를 소멸시킬 수 있느니라."

10-9 "세존이시여. 몇 종류의 행상을 의지하여 승가가 분열합니까?"
"우바리여. 다시 5종류의 행상을 의지하여 승가가 분열하느니라. 무엇이 5종류인가? 갈마에 의지하고, (바라제목차의) 송출에 의하며, 판결을 행하고, (비법의) 창언에 의지하며, 산가지를 취하는 것을 의지한다. 우바리여. 이러한 5종류의 행상을 의지하여 승가는 분열하느니라."

10-10 "세존이시여. 승가의 분쟁, 승가의 분쟁이라고 말하는 것은 세존이시여. 무엇을 승가의 분쟁이고 파승사가 아니라고 말합니까? 무엇을 승가의 분쟁이고 파승사라고 말합니까?"
"우바리여. 나는 객비구를 위하여 이러한 객비구의 위의법을 제정하였는데, 우바리여. 이와 같이 내가 잘 제정하였던 학처에서 왔던 객비구가 이러한 위의법을 행하지 않았으며, 이와 같다면 승가의 분쟁이고 파승사는 아니다. 우바리여. 나는 구주비구를 위하여 이러한 구주비구의 위의법을 제정하였는데, 우바리여. 이와 같이 내가 잘 제정하였던 학처에서 구주비구가 이러한 위의법을 행하지 않았으며, 이와 같다면 승가의 분쟁이고 파승사는 아니다.

우바리여. 나는 여러 비구를 위하여 식당에서 마땅히 장유(長幼)를 따라서, 노약(老弱)을 따라서, 적당하게 최초의 자리, 최초의 물, 최초의 음식을 취하지 못하게 식당의 위의법을 제정하였는데, 우바리여. 이와 같이 내가 잘 제정하였던 학처에서 젊은 비구가 장로 비구의 앉고 눕는 처소를 빼앗았다면 이러한 위의법을 행하지 않았으며, 우바리여. 이와 같다면 승가의 분쟁이고 파승사는 아니다.

우바리여. 나는 여러 비구를 위하여 동일한 경계 안에서 하나로 포살하고, 하나로 자자하며, 하나로 갈마하고, 여러 갈마를 하나로 행하게 제정하였는데, 우바리여. 이와 같이 내가 잘 제정하였던 학처에서 결계 안에서 별도로 존재하면서 별중을 맺고서 별도로 포살하고 별도로 자자하며 별도로 갈마하고 별도로 여러 갈마를 행하였으며, 우바리여. 이와 같다면 승가의 분쟁이고 파승사이니라.”

[멸쟁품을 마친다.]

섭송으로 설하겠노라.

죄와 쟁사와 욕망과 적게 들은 것과
일과 선하지 않은 것과
사람과 이양과 분열과
승가의 분쟁과 파승사가 있다.

11. 파승사품(破僧事品)[37]

11-1 "세존이시여. 몇 종류를 갖춘 파승사는 악취인 지옥에 떨어져서 1겁을 머무르며 구제될 수 없습니까?"

"우바리여. 이러한 5종류를 갖춘 파승사는 악취인 지옥에 떨어져서 1겁을 머무르며 구제될 수 없느니라. 무엇이 5종류인가? 우바리여. 이곳에 있는 비구가 비법을 법이라고 설하고, 법을 비법이라고 설하며, 율이 아닌 것을 율이라고 설하고, 율을 율이 아니라고 설하며, 다른 스스로의 견해를 의지하여 갈마하는 것이다. 우바리여. 이러한 5종류를 갖춘 파승사는 악취인 지옥에 떨어져서 1겁을 머무르며 구제될 수 없느니라."

11-2 "우바리여. 다시 5종류를 갖춘 파승사는 악취인 지옥에 떨어져서 1겁을 머무르며 구제될 수 없느니라. 무엇이 5종류인가? 우바리여. 이곳에 있는 비구가 비법을 법이라고 설하고, 법을 비법이라고 설하며, 율이 아닌 것을 율이라고 설하고, 율을 율이 아니라고 설하며, 다른 스스로의 견해를 의지하여 송출하는 것이다. 우바리여. 이러한 5종류를 갖춘 파승사는 악취인 지옥에 떨어져서 1겁을 머무르며 구제될 수 없느니라."

11-3 "우바리여. 다시 5종류를 갖춘 파승사는 악취인 지옥에 떨어져서 1겁을 머무르며 구제될 수 없느니라. 무엇이 5종류인가? 우바리여. 이곳에 있는 비구가 비법을 법이라고 설하고, 법을 비법이라고 설하며, 율이 아닌 것을 율이라고 설하고, 율을 율이 아니라고 설하며, 다른 스스로의 견해를 의지하여 판결하는 것이다. 우바리여. 이러한 5종류를 갖춘 파승사는 악취인 지옥에 떨어져서 1겁을 머무르며 구제될 수 없느니라."

---

37) 팔리어 Saṅghabhedakavagga(산가베다카바까)의 번역이다.

11-4 "우바리여. 다시 5종류를 갖춘 파승사는 악취인 지옥에 떨어져서 1겁을 머무르며 구제될 수 없느니라. 무엇이 5종류인가? 우바리여. 이곳에 있는 비구가 비법을 법이라고 설하고, 법을 비법이라고 설하며, 율이 아닌 것을 율이라고 설하고, 율을 율이 아니라고 설하며, 다른 스스로의 견해를 의지하여 창언하는 것이다. 우바리여. 이러한 5종류를 갖춘 파승사는 악취인 지옥에 떨어져서 1겁을 머무르며 구제될 수 없느니라."

11-5 "우바리여. 다시 5종류를 갖춘 파승사는 악취인 지옥에 떨어져서 1겁을 머무르며 구제될 수 없느니라. 무엇이 5종류인가? 우바리여. 이곳에 있는 비구가 비법을 법이라고 설하고, 법을 비법이라고 설하며, 율이 아닌 것을 율이라고 설하고, 율을 율이 아니라고 설하며, 다른 스스로의 견해를 의지하여 산가지를 취하는 것이다. 우바리여. 이러한 5종류를 갖춘 파승사는 악취인 지옥에 떨어져서 1겁을 머무르며 구제될 수 없느니라."

11-6 "우바리여. 다시 5종류를 갖춘 파승사는 악취인 지옥에 떨어져서 1겁을 머무르며 구제될 수 없느니라. 무엇이 5종류인가? 우바리여. 이곳에 있는 비구가 비법을 법이라고 설하고, 법을 비법이라고 설하며, 율이 아닌 것을 율이라고 설하고, 율을 율이 아니라고 설하며, 다른 관용(寬容)38)을 의지하여 갈마하고, …… 나아가 …… 다른 관용을 의지하여 송출하고, …… 나아가 …… 다른 관용을 의지하여 판결하고, …… 나아가 …… 다른 관용을 의지하여 창언하고, …… 나아가 …… 다른 관용을 산가지를 취하는 것이다. 우바리여. 이러한 5종류를 갖춘 파승사는 악취인 지옥에 떨어져서 1겁을 머무르며 구제될 수 없느니라."

11-7 "우바리여. 다시 5종류를 갖춘 파승사는 악취인 지옥에 떨어져서 1겁을 머무르며 구제될 수 없느니라. 무엇이 5종류인가? 우바리여. 이곳

---

38) 팔리어 Khanti(칸티)의 번역이고, '인내심' 또는 '관용'을 가리킨다.

에 있는 비구가 비법을 법이라고 설하고, 법을 비법이라고 설하며, 율이
아닌 것을 율이라고 설하고, 율을 율이 아니라고 설하며, 다른 즐거움[39]을
의지하여 갈마하고, …… 나아가 …… 다른 즐거움을 의지하여 송출하고,
…… 나아가 …… 다른 즐거움을 의지하여 판결하고, …… 나아가 ……
다른 즐거움을 의지하여 창언하고, …… 나아가 …… 다른 즐거움을 산가지
를 취하는 것이다. 우바리여. 이러한 5종류를 갖춘 파승사는 악취인
지옥에 떨어져서 1겁을 머무르며 구제될 수 없느니라.”

11-8 “우바리여. 다시 5종류를 갖춘 파승사는 악취인 지옥에 떨어져서
1겁을 머무르며 구제될 수 없느니라. 무엇이 5종류인가? 우바리여. 이곳
에 있는 비구가 비법을 법이라고 설하고, 법을 비법이라고 설하며, 율이
아닌 것을 율이라고 설하고, 율을 율이 아니라고 설하며, 다른 사유(思
惟)[40]를 의지하여 갈마하고, …… 나아가 …… 다른 사유를 의지하여
송출하고, …… 나아가 …… 다른 사유를 의지하여 판결하고, …… 나아가
…… 다른 사유를 의지하여 창언하고, …… 나아가 …… 다른 사유를
산가지를 취하는 것이다. 우바리여. 이러한 5종류를 갖춘 파승사는 악취인
지옥에 떨어져서 1겁을 머무르며 구제될 수 없느니라.”

   [파승사품을 마친다.]

   섭송으로 설하겠노라.

   다른 견해에 의지하여 갈마하는 것과
   송출하는 것과 판결하는 것과
   창언하는 것과 산가지를 취하는 것과

---

39) 팔리어 Ruci(루시)의 번역이고, ‘즐거움’ 또는 ‘성향’을 뜻한다.
40) 팔리어 Saññā(산냐)의 번역이고, ‘감각’, ‘의식’, ‘지각’을 가리킨다.

이러한 다섯 견해를 의지하는 것과
관용, 즐거움, 사유의 이러한 세 가지도
역시 다섯 가지의 거듭하는 법이니라.

12. 두 번째의 파승사품[41]

12-1 "세존이시여. 몇 종류를 갖춘 파승사는 악취인 지옥에 떨어지지
않고 1겁을 머무르지 않으며 구제될 수 있습니까?"

"우바리여. 이러한 5종류를 갖춘 파승사는 악취인 지옥에 떨어지지
않고 1겁을 머무르지 않으며 구제될 수 있느니라. 무엇이 5종류인가?
우바리여. 이곳에 있는 비구가 비법을 법이라고 설하고, 법을 비법이라고
설하며, 율이 아닌 것을 율이라고 설하고, 율을 율이 아니라고 설하였으나,
다른 스스로의 견해를 의지하여 갈마하지 않는 것이다. 우바리여. 이러한
5종류를 갖춘 파승사는 악취인 지옥에 떨어지지 않고 1겁을 머무르지
않으며 구제될 수 있느니라."

12-2 "우바리여. 다시 5종류를 갖춘 파승사는 악취인 지옥에 떨어지지
않고 1겁을 머무르지 않으며 구제될 수 있느니라. 무엇이 5종류인가?
우바리여. 이곳에 있는 비구가 비법을 법이라고 설하고, 법을 비법이라고
설하며, 율이 아닌 것을 율이라고 설하고, 율을 율이 아니라고 설하였으나,
다른 스스로의 견해를 의지하여 송출하지 않는 것이다. 우바리여. 이러한
5종류를 갖춘 파승사는 악취인 지옥에 떨어지지 않고 1겁을 머무르지
않으며 구제될 수 있느니라."

---

41) 팔리어 Dutiya Saṅghabhedakavagga(두티야 산가베다카바까)의 번역이다.

12-3 "우바리여. 다시 5종류를 갖춘 파승사는 악취인 지옥에 떨어지지 않고 1겁을 머무르지 않으며 구제될 수 있느니라. 무엇이 5종류인가? 우바리여. 이곳에 있는 비구가 비법을 법이라고 설하고, 법을 비법이라고 설하며, 율이 아닌 것을 율이라고 설하고, 율을 율이 아니라고 설하였으나, 다른 스스로의 견해를 의지하여 판결하지 않는 것이다. 우바리여. 이러한 5종류를 갖춘 파승사는 악취인 지옥에 떨어지지 않고 1겁을 머무르지 않으며 구제될 수 있느니라."

12-4 "우바리여. 다시 5종류를 갖춘 파승사는 악취인 지옥에 떨어지지 않고 1겁을 머무르지 않으며 구제될 수 있느니라. 무엇이 5종류인가? 우바리여. 이곳에 있는 비구가 비법을 법이라고 설하고, 법을 비법이라고 설하며, 율이 아닌 것을 율이라고 설하고, 율을 율이 아니라고 설하였으나, 다른 스스로의 견해를 의지하여 창언하지 않는 것이다. 우바리여. 이러한 5종류를 갖춘 파승사는 악취인 지옥에 떨어지지 않고 1겁을 머무르지 않으며 구제될 수 있느니라."

12-5 "우바리여. 다시 5종류를 갖춘 파승사는 악취인 지옥에 떨어지지 않고 1겁을 머무르지 않으며 구제될 수 있느니라. 무엇이 5종류인가? 우바리여. 이곳에 있는 비구가 비법을 법이라고 설하고, 법을 비법이라고 설하며, 율이 아닌 것을 율이라고 설하고, 율을 율이 아니라고 설하였으나, 다른 스스로의 견해를 의지하여 산가지를 취하지 않는 것이다. 우바리여. 이러한 5종류를 갖춘 파승사는 악취인 지옥에 떨어져서 1겁을 머무르며 구제될 수 없느니라."

12-6 "우바리여. 다시 5종류를 갖춘 파승사는 악취인 지옥에 떨어지지 않고 1겁을 머무르지 않으며 구제될 수 있느니라. 무엇이 5종류인가? 우바리여. 이곳에 있는 비구가 비법을 법이라고 설하고, 법을 비법이라고 설하며, 율이 아닌 것을 율이라고 설하고, 율을 율이 아니라고 설하였으나,

다른 관용을 의지하여 갈마하지 않고, …… 나아가 …… 다른 관용을
의지하여 송출하지 않고, …… 나아가 …… 다른 관용을 의지하여 판결하지
않고, …… 나아가 …… 다른 관용을 의지하여 창언하지 않고, …… 나아가
…… 다른 관용을 산가지를 취하지 않는 것이다. 우바리여. 이러한 5종류를
갖춘 파승사는 악취인 지옥에 떨어지지 않고 1겁을 머무르지 않으며
구제될 수 있느니라.”

12-7 “우바리여. 다시 5종류를 갖춘 파승사는 악취인 지옥에 떨어지지
않고 1겁을 머무르지 않으며 구제될 수 있느니라. 무엇이 5종류인가?
우바리여. 이곳에 있는 비구가 비법을 법이라고 설하고, 법을 비법이라고
설하며, 율이 아닌 것을 율이라고 설하고, 율을 율이 아니라고 설하였으나,
다른 즐거움을 의지하여 갈마하지 않고, …… 나아가 …… 다른 즐거움을
의지하여 송출하지 않고, …… 나아가 …… 다른 즐거움을 의지하여 판결하
지 않고, …… 나아가 …… 다른 즐거움을 의지하여 창언하지 않고, ……
나아가 …… 다른 즐거움을 산가지를 취하지 않는 것이다. 우바리여.
이러한 5종류를 갖춘 파승사는 악취인 지옥에 떨어지지 않고 1겁을 머무르
지 않으며 구제될 수 있느니라.”

12-8 “우바리여. 다시 5종류를 갖춘 파승사는 악취인 지옥에 떨어지지
않고 1겁을 머무르지 않으며 구제될 수 있느니라. 무엇이 5종류인가?
우바리여. 이곳에 있는 비구가 비법을 법이라고 설하고, 법을 비법이라고
설하며, 율이 아닌 것을 율이라고 설하고, 율을 율이 아니라고 설하였으나,
다른 사유를 의지하여 갈마하지 않고, …… 나아가 …… 다른 사유를
의지하여 송출하지 않고, …… 나아가 …… 다른 사유를 의지하여 판결하지
않고, …… 나아가 …… 다른 사유를 의지하여 창언하지 않고, …… 나아가
…… 다른 사유를 산가지를 취하지 않는 것이다. 우바리여. 이러한 5종류를
갖춘 파승사는 악취인 지옥에 떨어지지 않고 1겁을 머무르지 않으며
구제될 수 있느니라.”

[두 번째의 파승사품을 마친다.]

섭송으로 설하겠노라.

다른 견해에 의지하여 갈마하는 것과
송출하는 것과 판결하는 것과
창언하는 것과 산가지를 취하는 것과
이러한 다섯 견해를 의지하는 것과
관용, 즐거움, 사유의 이러한 세 가지도
역시 다섯 가지의 거듭하는 법이니라.

앞의 흑분(黑分)에서와 같이
같은 12법이 있으니
마땅히 이와 같이 백분도
역시 12법이 있다고 알아야 한다.

13. 구주품(舊住品)[42]

13-1 "세존이시여. 몇 종류를 구족한 구주비구(舊住比丘)는 던져지는 것과 같이 지옥에 떨어집니까?"

"우바리여. 이러한 5종류를 구족한 구주비구는 던져지는 것과 같이 지옥에 떨어지느니라. 무엇이 5종류인가? 우바리여. 마땅히 행하지 않을 것을 욕망으로 행하고 마땅히 행하지 않을 것을 성내는 것으로 행하며

---

42) 팔리어 Āvāsikavagga(아바시카바까)의 번역이다.

마땅히 행하지 않을 것을 어리석음으로 행하고 마땅히 행하지 않을 것을 두려움으로 행하며 승가에게 수용되었던 물건을 개인의 물건으로 수용하여 사용하는 것이다. 우바리여. 이러한 5종류를 구족한 구주비구는 던져지는 것과 같이 지옥에 떨어지느니라.

우바리여. 다시 5종류를 구족한 구주비구는 던져지는 것과 같이 천상(天上)에 태어나느니라. 무엇이 5종류인가? 우바리여. 마땅히 행하지 않을 것을 욕망으로 행하지 않고 마땅히 행하지 않을 것을 성내는 것으로 행하지 않으며 마땅히 행하지 않을 것을 어리석음으로 행하지 않고 마땅히 행하지 않을 것을 두려움으로 행하지 않으며 승가에게 수용되었던 물건을 개인의 물건으로 수용하여 사용하지 않는 것이다. 우바리여. 이러한 5종류를 구족한 구주비구는 던져지는 것과 같이 천상에 태어나느니라."

13-2 "세존이시여. 몇 종류의 비법으로 율을 해설하는 것이 있습니까?"

"우바리여. 이러한 5종류의 비법으로 율을 해설하는 것이 있느니라. 무엇이 5종류인가? 우바리여. 이곳에 있는 비구가 비법을 법이라고 설하고, 법을 비법이라고 설하며, 율이 아닌 것을 율이라고 설하고, 율을 율이 아니라고 설하며. 제정되지 않은 것을 제정하고 제정한 것을 폐기하는 것이다. 우바리여. 이러한 5종류의 비법으로 율을 해설하는 것이 있느니라.

우바리여. 이러한 5종류의 여법하게 율을 해설하는 것이 있느니라. 무엇이 5종류인가? 우바리여. 이곳에 있는 비구가 비법을 비법이라고 해설하고, 법을 법이라고 해설하며, 율이 아닌 것을 율이 아니라고 여법하게 설하고, 율을 율이라고 해설하며, 제정된 것을 제정하고 제정하지 않은 것을 폐기하는 것이다. 우바리여. 이러한 5종류의 여법하게 율을 해설하는 것이 있느니라."

13-3 "세존이시여. 몇 종류를 구족한 청식(請食)의 분배자는 던져지는 것과 같이 지옥에 떨어집니까?"

"우바리여. 이러한 5종류를 구족한 청식의 분배자는 던져지는 것과 같이 지옥에 떨어지느니라. 무엇이 5종류인가? 우바리여. 마땅히 행하지 않을 것을 욕망으로 행하고 마땅히 행하지 않을 것을 성내는 것으로 행하며 마땅히 행하지 않을 것을 어리석음으로 행하고 마땅히 행하지 않을 것을 두려움으로 행하며 분배할 사람과 분배하지 않을 사람을 알지 못하는 것이다. 우바리여. 이러한 5종류를 구족한 구주비구는 던져지는 것과 같이 지옥에 떨어지느니라.

우바리여. 다시 5종류를 구족한 청식의 분배자는 던져지는 것과 같이 천상에 태어나느니라. 무엇이 5종류인가? 우바리여. 마땅히 행하지 않을 것을 욕망으로 행하지 않고 마땅히 행하지 않을 것을 성내는 것으로 행하지 않으며 마땅히 행하지 않을 것은 어리석음으로 행하지 않고 마땅히 행하지 않을 것을 두려움으로 행하지 않으며 분배할 사람과 분배하지 않을 사람을 아는 것이다. 우바리여. 이러한 5종류를 구족한 청식의 분배자는 던져지는 것과 같이 천상에 태어나느니라."

13-4 "세존이시여. 몇 종류를 구족한 처소의 분배자는 던져지는 것과 같이 지옥에 떨어집니까?"

"우바리여. 이러한 5종류를 구족한 처소의 분배자는 던져지는 것과 같이 지옥에 떨어지느니라. 무엇이 5종류인가? 우바리여. 마땅히 행하지 않을 것을 욕망으로 행하고 …… 분배할 사람과 분배하지 않을 사람을 알지 못하는 것이다. 우바리여. 이러한 5종류를 구족한 구주비구는 던져지는 것과 같이 지옥에 떨어지느니라.

우바리여. 다시 5종류를 구족한 처소의 분배자는 던져지는 것과 같이 천상에 태어나느니라. 무엇이 5종류인가? 우바리여. 마땅히 행하지 않을 것을 욕망으로 행하지 않고 …… 분배할 사람과 분배하지 않을 사람을 아는 것이다. 우바리여. 이러한 5종류를 구족한 처소의 분배자는 던져지는 것과 같이 천상에 태어나느니라."

13-5 "세존이시여. 몇 종류를 구족한 창고의 관리자는 던져지는 것과 같이 지옥에 떨어집니까?"

"우바리여. 이러한 5종류를 구족한 창고의 관리자는 던져지는 것과 같이 지옥에 떨어지느니라. …… 저장할 것과 저장하지 않을 것을 알지 못하는 것이다. 우바리여. 이러한 5종류를 구족한 구주비구는 던져지는 것과 같이 지옥에 떨어지느니라.

…… 우바리여. 다시 5종류를 구족한 창고의 관리자는 던져지는 것과 같이 천상에 태어나느니라. ……저장할 것과 저장하지 않을 것을 아는 것이다. 우바리여. 이러한 5종류를 구족한 창고의 관리자는 던져지는 것과 같이 천상에 태어나느니라."

13-6 "세존이시여. 몇 종류를 구족한 옷을 수납하는 자는 던져지는 것과 같이 지옥에 떨어집니까?"

"우바리여. 이러한 5종류를 구족한 옷을 수납하는 자는 던져지는 것과 같이 지옥에 떨어지느니라. …… 수납할 것과 수납하지 않을 것을 알지 못하는 것이다. 우바리여. 이러한 5종류를 구족한 구주비구는 던져지는 것과 같이 지옥에 떨어지느니라.

…… 우바리여. 다시 5종류를 구족한 옷을 수납하는 자는 던져지는 것과 같이 천상에 태어나느니라. …… 수납할 것과 수납하지 않을 것을 아는 것이다. 우바리여. 이러한 5종류를 구족한 옷을 수납하는 자는 던져지는 것과 같이 천상에 태어나느니라."

13-7 "세존이시여. 몇 종류를 구족한 옷을 분배하는 자는 던져지는 것과 같이 지옥에 떨어집니까?"

"우바리여. 이러한 5종류를 구족한 옷을 분배하는 자는, …… 나아가 …… 죽(粥)을 분배하는 자는, …… 나아가 …… 과일을 분배하는 자는, …… 나아가 …… 작식(嚼食)을 분배하는 자, …… 나아가 …… 사소한 생활용품을 분배하는 자는, 던져지는 것과 같이 지옥에 떨어지느니라.

…… 분배할 것과 분배하지 않을 것을 알지 못하는 것이다. 우바리여. 이러한 5종류를 구족한 구주비구는 던져지는 것과 같이 지옥에 떨어지느니라.

　…… 우바리여. 이러한 5종류를 구족한 옷을 분배하는 자는, …… 나아가 …… 죽을 분배하는 자는, …… 나아가 …… 과일을 분배하는 자는, …… 나아가 …… 작식을 분배하는 자, …… 나아가 …… 사소한 생활용품을 분배하는 자는 …… 분배할 것과 분배하지 않을 것을 아는 것이다. 우바리여. 이러한 5종류를 구족한 옷을 수납하는 자는 던져지는 것과 같이 천상에 태어나느니라.”

13-8 “세존이시여. 몇 종류를 구족한 목욕의(沐浴衣)를 분배하는 자, …… 나아가 …… 발우를 분배하는 자는 던져지는 것과 같이 지옥에 떨어집니까?”

　“우바리여. 이러한 5종류를 구족한 목욕의를 분배하는 자, …… 나아가 …… 발우를 분배하는 자는 던져지는 것과 같이 지옥에 떨어지느니라. …… 분배할 것과 분배하지 않을 것을 알지 못하는 것이다. 우바리여. 이러한 5종류를 구족한 구주비구는 던져지는 것과 같이 지옥에 떨어지느니라.

　…… 우바리여. 다시 5종류를 구족한 목욕의(沐浴衣)를 분배하는 자, …… 나아가 …… 발우를 분배하는 자는 던져지는 것과 같이 천상에 태어나느니라. …… 분배할 것과 분배하지 않을 것을 아는 것이다. 우바리여. 이러한 5종류를 구족한 목욕의를 분배하는 자, …… 나아가 …… 발우를 분배하는 자는 …… 분배할 것과 분배하지 않을 것을 아는 것이다. 우바리여. 이러한 5종류를 구족한 옷을 수납하는 자는 던져지는 것과 같이 천상에 태어나느니라.”

13-9 “세존이시여. 몇 종류를 구족한 정인(淨人)을 관리하는 자, …… 나아가 …… 사미를 관리하는 자는 던져지는 것과 같이 지옥에 떨어집니

까?"

"우바리여. 이러한 5종류를 구족한 정인을 관리하는 자, …… 나아가 …… 사미를 관리하는 자는 던져지는 것과 같이 지옥에 떨어지느니라. …… 시켜야 할 것과 시키지 않을 것을 알지 못하는 것이다. 우바리여. 이러한 5종류를 구족한 구주비구는 던져지는 것과 같이 지옥에 떨어지느니라.

…… 우바리여. 다시 5종류를 구족한 정인을 관리하는 자, …… 나아가 …… 사미를 관리하는 자는 던져지는 것과 같이 천상에 태어나느니라. …… 시켜야 할 것과 시키지 않을 것을 아는 것이다. 우바리여. 이러한 5종류를 구족한 정인을 관리하는 자, …… 나아가 …… 사미를 관리하는 자는 …… 관리할 것과 관리하지 않을 것을 아는 것이다. 우바리여. 이러한 5종류를 구족한 옷을 수납하는 자는 던져지는 것과 같이 천상에 태어나느니라."

[구주품을 마친다.]

섭송으로 설하겠노라.

구주와 해설과
청식을 분배하는 것과
처소와 물건의 분배자와
옷의 수납자와 옷의 분배자와

죽과 과일과 작식과
사소한 생활용품의 분배자와
목욕과 발우의 분배자와
정인과 사미의 관리자가 있다.

14. 가치나의품(迦絺那衣品)[43)

14-1 "세존이시여. 가치나의를 수지하면 몇 종류의 공덕이 있습니까?"

"우바리여. 이러한 가치나의를 수지하면 5종류의 공덕이 있느니라. 무엇이 5종류인가? 허락받지 않고 취락에 들어갈 수 있고 옷을 벗어나서 묵을 수 있으며 별중식을 할 수 있고 필요한 옷으로 받을 수 있으며 얻은 옷을 지닐 수 있다. 우바리여. 이러한 가치나의를 수지하면 5종류의 공덕이 있느니라."

14-2 "세존이시여. 생각을 잊어버리고 의식이 어지럽게 잠을 잔다면 몇 종류의 허물이 있습니까?"

"우바리여. 생각을 잊어버리고 의식이 어지럽게 잠을 잔다면 이러한 5종류의 허물이 있느니라. 무엇이 5종류인가? 잠이 불쾌하고 깨어남이 불쾌하며 악몽(惡夢)을 보고 여러 천인들이 수호하지 않으며 부정(不淨)을 실정(失精)하는 것이다. 우바리여. 생각을 잊어버리고 의식이 어지럽게 잠을 잔다면 이러한 5종류의 허물이 있느니라.

우바리여. 생각이 있고 의식이 바르게 잠을 잔다면 이러한 5종류의 공덕이 있느니라. 무엇이 5종류인가? 잠이 편안하고 깨어남이 편안하며 악몽을 보지 않고 여러 천인들이 수호하며 부정을 실정하지 않는 것이다. 우바리여. 생각이 있고 의식이 바르게 잠을 잔다면 이러한 5종류의 공덕이 있느니라."

14-3 "우바리여. 다시 5종류의 사람은 예배를 받을 수 없느니라. 무엇이 5종류인가? 집안에 들어가는 자는 예배를 받을 수 없고 수레를 타는 자는 예배를 받을 수 없으며 어둠에 있는 자는 예배를 받을 수 없고

---

43) 팔리어 Kathinatthāravagga(카티나따라바까)의 번역이다.

부주의(不注意)한 자는 예배를 받을 수 없으며 잠자는 자는 예배를 받을 수 없다. 우바리여. 이러한 5종류의 사람은 예배를 받을 수 없느니라."

14-4 "우바리여. 다시 5종류의 사람은 예배를 받을 수 없느니라. 무엇이 5종류인가? 죽을 먹는 자는 예배를 받을 수 없고 식당의 가운데에서는 자는 예배를 받을 수 없으며 반대로 나아가는 자는 예배를 받을 수 없고 다른 일을 생각하는 자는 예배를 받을 수 없으며 나형(裸形)인 자는 예배를 받을 수 없으며 잠자는 자는 예배를 받을 수 없다. 우바리여. 이러한 5종류의 사람은 예배를 받을 수 없느니라."

14-5 "우바리여. 다시 5종류의 사람은 예배를 받을 수 없느니라. 무엇이 5종류인가? 작식을 먹는 자는 예배를 받을 수 없고 담식을 먹는 자는 예배를 받을 수 없으며 대변을 보는 자는 예배를 받을 수 없고 소변을 보는 자는 예배를 받을 수 없으며 죄가 거론되었던 자는 예배를 받을 수 없다. 우바리여. 이러한 5종류의 사람은 예배를 받을 수 없느니라."

14-6 "우바리여. 다시 5종류의 사람은 예배를 받을 수 없느니라. 무엇이 5종류인가? 뒤에 구족계를 받은 자는 이전에 구족계를 받은 자에게 예배를 받을 수 없고 구족계를 받지 않은 자는 구족계를 받은 자에게 예배를 받을 수 없으며 다른 주처의 장로가 비법으로 설하였다면 예배를 받을 수 없고 여인은 예배를 받을 수 없으며 황문(黃門)은 예배를 받을 수 없다. 우바리여. 이러한 5종류의 사람은 예배를 받을 수 없느니라."

14-7 "우바리여. 다시 5종류의 사람은 예배를 받을 수 없느니라. 무엇이 5종류인가? 별주하는 자는 예배를 받을 수 없고 본일치를 받아야 하는 자는 예배를 받을 수 없으며 마나타를 받아야 하는 자는 예배를 받을 수 없고 마나타를 행하는 자는 예배를 받을 수 없으며 출죄를 받아야 하는 자는 예배를 받을 수 없다. 우바리여. 이러한 5종류의 사람은 예배를

받을 수 없느니라."

14-8 "세존이시여. 몇 종류의 사람은 예배를 받을 수 있습니까?"

"우바리여. 이러한 5종류의 사람은 예배를 받을 수 있느니라. 무엇이 5종류인가? 앞에 구족계를 받은 자는 뒤에 구족계를 받은 자에게 예배를 받을 수 있고 다른 주처의 장로가 여법하게 설하였다면 예배를 받을 수 있으며 아사리는 예배를 받을 수 있고 화상은 예배를 받을 수 있으며 천계(天界)[44], 마계(魔界)[45], 범천계(梵天界)[46], 이 세계(世界)에서 사문(沙門)[47], 바라문(婆羅門)[48], 천인(天)[49], 인간(人間)[50], 여래(如來)[51], 응공(應供)[52], 정등각(等正覺)[53]은 예배를 받을 수 있다. 우바리여. 이러한 5종류의 사람은 예배를 받을 수 있느니라."

14-9 "세존이시여. 젊은 비구가 장로 비구의 발에 예배하는 때에는 몇 종류의 법을 마음속으로 갖추고 발에 예배해야 합니까?"

"우바리여. 젊은 비구가 장로 비구의 발에 예배하는 때에는 5종류의 법을 마음속으로 갖추고 발에 예배해야 하느니라. 무엇이 5종류인가? 우바리여. 젊은 비구가 장로 비구의 발에 예배하는 때에는 한쪽 어깨를 드러내고 합장하고 두 손으로써 발을 어루만지고 마땅히 사랑과 공경을 갖추고서 발에 예배해야 하느니라. 우바리여. 젊은 비구가 장로 비구의

---

44) 팔리어 Sadevaka loka(사데바카 로카)의 번역이다.
45) 팔리어 Samāraka(사마라카)의 번역이다.
46) 팔리어 Sabrahmaka(사브라마카)의 번역이다.
47) 팔리어 Samaṇa(사마나)의 번역이다.
48) 팔리어 Brāhmaṇa(브라마나)의 번역이다.
49) 팔리어 Pajā(파자)의 번역이다.
50) 팔리어 Manussā(마누싸)의 번역이다.
51) 팔리어 Tathāgata(타타가타)의 번역이다.
52) 팔리어 Araha(아라하)의 번역이다.
53) 팔리어 Sammāsambuddha(삼마삼부따)의 번역이다.

발에 예배하는 때에는 5종류의 법을 마음속으로 갖추고 발에 예배해야
하느니라."

[가치나의품을 마친다.]

섭송으로 설하겠노라.

가치나의와 잠자는 것과
집안과 죽과 작식과
이전과 별주자와
예배를 받는 것과 예경법이 있다.

○ **우바리 질문의 5법을 마친다.**

모든 품을 섭송으로 설하겠노라.

의지가 없는 것과 갈마와
판결과 제시와
가책과 두타행과
망어와 비구니와

단사인과 쟁사와
이전 파승사의 5가지와
구주와 가치나의와
14품으로 잘 설해졌다네.

부수 제16권

제16장 발생(等起)[1]

1. 바라이(波羅夷)

1-1 죄를 무의식(無意識)[2]으로 범하고 의식[3]으로 출죄하는 것이 있고, 죄를 의식으로 범하고 무의식으로 출죄하는 것이 있으며, 죄를 무의식으로 범하고 무의식으로 출죄하는 것이 있고, 죄를 의식으로 범하고 의식으로 출죄하는 것이 있다.

죄를 선한 마음으로 범하고 선한 마음으로 출죄하는 것이 있고, 죄를 선한 마음으로 범하고 악한 마음으로 출죄하는 것이 있으며, 죄를 선한 마음으로 범하고 무기심(無記心)[4]으로 출죄하는 것이 있고, 죄를 악한 마음으로 범하고 선한 마음으로 출죄하는 것이 있으며, 죄를 악한 마음으로 범하고 악한 마음으로 출죄하는 것이 있으며, 죄를 악한 마음으로

---

1) 팔리어 Atthāpattisamuṭṭhāna(아따파띠사무따나)의 번역이다.
2) 팔리어 acittaka(아치따카)의 번역이다.
3) 팔리어 sacittaka(사치따카)의 번역이다.
4) 팔리어 abyākatacitta(아비아카타치따)의 번역이다.

범하고 무기심으로 출죄하는 것이 있다.

　죄를 무기심으로 범하고 선한 마음으로 출죄하는 것이 있고, 죄를 무기심으로 범하고 악한 마음으로 출죄하는 것이 있으며, 죄를 무기심으로 범하고 무기심으로 출죄하는 것이 있다.

1-2 제1의 바라이는 몇 종류의 발생을 의지하여 생겨나는가? 제1의 바라이는 한 종류의 발생을 의지하여 생겨나나니, 몸과 뜻을 이유로 생겨나는 것이고 입을 이유로 생겨나는 것은 아니다.

　제2의 바라이는 몇 종류의 발생을 의지하여 생겨나는가? 제2의 바라이는 세 종류의 발생을 의지하여 생겨나나니, 몸과 뜻을 이유로 생겨나는 것이고 입을 이유로 생겨나는 것은 아니며, 말과 뜻을 이유로 생겨나는 것이고 몸을 이유로 생겨나는 것은 아니며, 몸과 말과 뜻을 이유로 생겨나는 것이다.

　제3의 바라이는 몇 종류의 발생을 의지하여 생겨나는가? 제3의 바라이는 세 종류의 발생을 의지하여 생겨나나니, 몸과 뜻을 이유로 생겨나는 것이고 입을 이유로 생겨나는 것은 아니며, 말과 뜻을 이유로 생겨나는 것이고 몸을 이유로 생겨나는 것은 아니며, 몸과 말과 뜻을 이유로 생겨나는 것이다.

　제4의 바라이는 몇 종류의 발생을 의지하여 생겨나는가? 제4의 바라이는 세 종류의 발생을 의지하여 생겨나나니, 몸과 뜻을 이유로 생겨나는 것이고 입을 이유로 생겨나는 것은 아니며, 말과 뜻을 이유로 생겨나는 것이고 몸을 이유로 생겨나는 것은 아니며, 몸과 말과 뜻을 이유로 생겨나는 것이다.

　[4바라이를 마친다.]

2. 승잔(僧殘)

2-1 부정(不淨)을 출정(出精)하는 승잔은 몇 종류의 발생을 의지하여 생겨나는가? 부정을 출정하는 승잔은 한 종류의 발생을 의지하여 생겨나나니, 몸과 말과 뜻을 이유로 생겨나는 것이다.

여인과 함께 몸으로 서로가 접촉하는 승잔은 몇 종류의 발생을 의지하여 생겨나는가? 여인과 함께 몸으로 서로가 접촉하는 승잔은 한 종류의 발생을 의지하여 생겨나나니, 몸과 뜻을 이유로 생겨나는 것이고 말을 이유로 생겨나는 것은 아니다.

여인을 마주하고서 추악하게 말하는 승잔은 몇 종류의 발생을 의지하여 생겨나는가? 여인을 마주하고서 추악하게 말하는 승잔은 세 종류의 발생을 의지하여 생겨나나니, 몸과 뜻을 이유로 생겨나는 것이고 말을 이유로 생겨나는 것은 아니며, 말과 뜻을 이유로 생겨나는 것이고 몸을 이유로 생겨나는 것은 아니며, 몸과 말과 뜻을 이유로 생겨나는 것이다.

여인의 앞에서 스스로를 위하여 음욕법으로 공양하는 것을 찬탄하는 승잔은 몇 종류의 발생을 의지하여 생겨나는가? 여인의 앞에서 스스로를 위하여 음욕법으로 공양하는 것을 찬탄하는 승잔은 세 종류의 발생을 의지하여 생겨나나니, 몸과 뜻을 이유로 생겨나는 것이고 말을 이유로 생겨나는 것은 아니며, 말과 뜻을 이유로 생겨나는 것이고 몸을 이유로 생겨나는 것은 아니며, 몸과 말과 뜻을 이유로 생겨나는 것이다.

2-2 사람을 중매하는 승잔은 몇 종류의 발생을 의지하여 생겨나는가? 사람을 중매하는 승잔은 여섯 종류의 발생을 의지하여 생겨나나니, 몸을 이유로 생겨나는 것이고 말과 뜻을 이유로 생겨나는 것은 아니며, 말을 이유로 생겨나는 것이고 몸과 뜻을 이유로 생겨나는 것은 아니며, 몸과 말을 이유로 생겨나는 것이고 뜻을 이유로 생겨나는 것은 아니며, 몸과 뜻을 이유로 생겨나는 것이고 말을 이유로 생겨나는 것은 아니며, 말과

뜻을 이유로 생겨나는 것이고 몸을 이유로 생겨나는 것은 아니며, 몸과
말과 뜻을 이유로 생겨나는 것이다.

스스로가 구걸하여 방사를 조성하는 승잔은 몇 종류의 발생을 의지하여
생겨나는가? 스스로가 구걸하여 방사를 조성하는 승잔은 여섯 종류의
발생을 의지하여 생겨나나니, 몸을 이유로 생겨나는 것이고 말과 뜻을
이유로 생겨나는 것은 아니며, …… 몸과 말과 뜻을 이유로 생겨나는
것이다.

큰 방사를 조성하는 승잔은 몇 종류의 발생을 의지하여 생겨나는가?
큰 방사를 조성하는 승잔은 여섯 종류의 발생을 의지하여 생겨나나니,
몸을 이유로 생겨나는 것이고 말과 뜻을 이유로 생겨나는 것은 아니며,
…… 몸과 말과 뜻을 이유로 생겨나는 것이다.

근거가 없는 바라이로써 비구를 비방하는 승잔은 몇 종류의 발생을
의지하여 생겨나는가? 근거가 없는 바라이로써 비구를 비방하는 승잔은
세 종류의 발생을 의지하여 생겨나나니, 몸과 뜻을 이유로 생겨나는
것이고 입을 이유로 생겨나는 것은 아니며, 말과 뜻을 이유로 생겨나는
것이고 몸을 이유로 생겨나는 것은 아니며, 몸과 말과 뜻을 이유로 생겨나
는 것이다.

2-3 다른 일의 가운데에서 오직 한 가지의 비슷한 점을 취하여 바라이로써
비구를 비방하는 승잔은 몇 종류의 발생을 의지하여 생겨나는가? 다른
일의 가운데에서 오직 한 가지의 비슷한 점을 취하여 바라이로써 비구를
비방하는 승잔은 세 종류의 발생을 의지하여 생겨나나니, 몸과 뜻을
이유로 생겨나는 것이고 입을 이유로 생겨나는 것은 아니며, 말과 뜻을
이유로 생겨나는 것이고 몸을 이유로 생겨나는 것은 아니며, 몸과 말과
뜻을 이유로 생겨나는 것이다.

파승사의 비구에게 세 번에 이르도록 충고하였어도 버리지 않는 승잔은
몇 종류의 발생을 의지하여 생겨나는가? 파승사의 비구에게 세 번에
이르도록 충고하였어도 버리지 않는 승잔은 한 종류의 발생을 의지하여

생겨나나니, 몸과 뜻을 이유로 생겨나는 것이고 입을 이유로 생겨나는
것은 아니다.

파승사의 비구를 도왔으므로 세 번에 이르도록 충고하였어도 버리지
않는 승잔은 몇 종류의 발생을 의지하여 생겨나는가? 파승사의 비구를
도왔으므로 세 번에 이르도록 충고하였어도 버리지 않는 승잔은 한 종류의
발생을 의지하여 생겨나나니, 몸과 말과 뜻을 이유로 생겨나는 것이다.

악구(惡口)하는 비구에게 세 번에 이르도록 충고하였어도 버리지 않는
승잔은 몇 종류의 발생을 의지하여 생겨나는가? 악구하는 비구에게 세
번에 이르도록 충고하였어도 버리지 않는 승잔은 한 종류의 발생을 의지하
여 생겨나나니, 몸과 말과 뜻을 이유로 생겨나는 것이다.

속가를 염오시키는 비구에게 세 번에 이르도록 충고하였어도 버리지
않는 승잔은 몇 종류의 발생을 의지하여 생겨나는가? 속가를 염오시키는
비구에게 세 번에 이르도록 충고하였어도 버리지 않는 승잔은 한 종류의
발생을 의지하여 생겨나나니, 몸과 말과 뜻을 이유로 생겨나는 것이다.

[13승잔을 마친다.]

3. 바일제 – 중학법

[바일제부터 중학법까지는 앞에서 서술하였으므로 생략한다.] ……
나아가 ……

3-75 공경하지 않는 까닭으로 물 위에서 대·소변을 보았거나, 혹은
가래침을 뱉는 죄는 여섯 종류의 죄의 가운데에서 몇 종류를 의지하여
생겨나는가? 공경하지 않는 까닭으로 물 위에서 대·소변을 보았거나,
혹은 가래침을 뱉는 죄는 여섯 종류의 죄의 가운데에서 한 종류를 의지하

여 생겨나나니, 몸과 뜻을 이유로 생겨나는 것이고, 입을 이유로 생겨나지 않는 것이다.

[바일제 – 중학법을 마친다.]

4. 일어나는 법(等起法)

4-1 4바라이는 몇 종류의 발생을 의지하여 생겨나는가? 4바라이는 세 종류의 발생을 의지하여 생겨나나니 이를테면, 몸과 뜻을 이유로 생겨나는 것이고 말을 이유로 생겨나는 것은 아니며, 말과 뜻을 이유로 생겨나는 것이고 몸을 이유로 생겨나는 것은 아니며, 몸과 말과 뜻을 이유로 생겨나는 것이다.

4-2 13승잔은 몇 종류의 발생을 의지하여 생겨나는가? 13승잔은 여섯 종류의 발생을 의지하여 생겨나나니, 몸을 이유로 생겨나는 것이고 말과 뜻을 이유로 생겨나는 것은 아니며, 말을 이유로 생겨나는 것이고 몸과 뜻을 이유로 생겨나는 것은 아니며, 몸과 말을 이유로 생겨나는 것이고 뜻을 이유로 생겨나는 것은 아니며, 몸과 뜻을 이유로 생겨나는 것이고 말을 이유로 생겨나는 것은 아니며, 말과 뜻을 이유로 생겨나는 것이고 몸을 이유로 생겨나는 것은 아니며, 몸과 말과 뜻을 이유로 생겨나는 것이다.

4-3 2부정은 몇 종류의 발생을 의지하여 생겨나는가? 2부정은 세 종류의 발생을 의지하여 생겨나나니 이를테면, 몸과 뜻을 이유로 생겨나는 것이고 말을 이유로 생겨나는 것은 아니며, 말과 뜻을 이유로 생겨나는 것이고 몸을 이유로 생겨나는 것은 아니며, 몸과 말과 뜻을 이유로 생겨나는

것이다.

4-4 30사타는 몇 종류의 발생을 의지하여 생겨나는가? 30사타는 여섯 종류의 발생을 의지하여 생겨나나니 이를테면, 몸을 이유로 생겨나는 것이고 말과 뜻을 이유로 생겨나는 것은 아니며, 말을 이유로 생겨나는 것이고 몸과 뜻을 이유로 생겨나는 것은 아니며, 몸과 말을 이유로 생겨나는 것이고 뜻을 이유로 생겨나는 것은 아니며, 몸과 뜻을 이유로 생겨나는 것이고 말을 이유로 생겨나는 것은 아니며, 말과 뜻을 이유로 생겨나는 것이고 몸을 이유로 생겨나는 것은 아니며, 몸과 말과 뜻을 이유로 생겨나는 것이다.

4-5 92바일제는 몇 종류의 발생을 의지하여 생겨나는가? 92바일제는 여섯 종류의 발생을 의지하여 생겨나나니 이를테면, 몸을 이유로 생겨나는 것이고 말과 뜻을 이유로 생겨나는 것은 아니며, 말을 이유로 생겨나는 것이고 몸과 뜻을 이유로 생겨나는 것은 아니며, 몸과 말을 이유로 생겨나는 것이고 뜻을 이유로 생겨나는 것은 아니며, 몸과 뜻을 이유로 생겨나는 것이고 말을 이유로 생겨나는 것은 아니며, 말과 뜻을 이유로 생겨나는 것이고 몸을 이유로 생겨나는 것은 아니며, 몸과 말과 뜻을 이유로 생겨나는 것이다.

4-6 4제사니는 몇 종류의 발생을 의지하여 생겨나는가? 4제사니는 여섯 종류의 발생을 의지하여 생겨나나니 이를테면, 몸을 이유로 생겨나는 것이고 말과 뜻을 이유로 생겨나는 것은 아니며, 몸과 말을 이유로 생겨나는 것이고 뜻을 이유로 생겨나는 것은 아니며, 몸과 뜻을 이유로 생겨나는 것이고 말을 이유로 생겨나는 것은 아니며, 몸과 말과 뜻을 이유로 생겨나는 것이다.

4-7 75중학법은 몇 종류의 발생을 의지하여 생겨나는가? 75중학법은

세 종류의 발생을 의지하여 생겨나나니 이를테면, 몸과 뜻을 이유로 생겨나는 것이고 말을 이유로 생겨나는 것은 아니며, 말과 뜻을 이유로 생겨나는 것이고 몸을 이유로 생겨나는 것은 아니며, 몸과 말과 뜻을 이유로 생겨나는 것이다.

[일어나는 법을 마친다.]

섭송으로 설하겠노라.

무의식과 선한 것과
일체법의 일어남과
마땅히 법식과 같이
발생법을 명확히 알아야 하느니라.

부수 제17권

제17장 제2가타집(伽陀集)[1]

1. 죄(罪)[2]

1-1 몸의 죄는 몇 종류이고
　말의 죄는 몇 종류인가?
　감추는 것에는 몇 종류의 죄가 있고
　서로가 접촉하는 것은 몇 종류의 죄인가?

　6종류의 죄는 몸의 죄이고
　6종류의 죄는 말의 죄인가?
　감추는 것에는 3종류의 죄가 있고,
　서로가 접촉하는 것은 5종류의 죄이다.

1-2 일출에는 몇 종류의 죄가 있고,

---

1) 팔리어 Dutiyagāthāsaṅgaṇika(두티야가타산가니카)의 번역이다.
2) 팔리어 Kāyikādiāpatti(카이카디아파띠)의 번역이다.

세 번째에 이르면 몇 종류의 죄가 성립는가?
이것에서 몇 종류가 8일의 죄이고
몇 종류를 의지하면 일체가 포함하는가?

일출에는 3종류의 죄가 있고,
세 번째에 이르면 3종류의 죄가 성립되며
이것에서 1종류가 8일의 죄이고
1종류를 의지하면 일체가 포함한다.

1-3 몇 종류의 계율의 근본이 세존께서
　설하신 것을 의지하는 것인가?
　몇 종류의 계율이 무겁다고 말해지고
　몇 종류가 추죄를 감추었던 것인가?

　2종류의 계율의 근본이 세존께서
　설하신 것을 의지하는 것이고
　2종류의 계율이 무겁다고 말해지고
　2종류가 추죄를 감추었던 것이다.

1-4 취락의 안에서는 몇 종류의 죄가 있고
　강을 건너가는 인연으로 몇 종류의 죄가 있는가?
　몇 종류의 고기(肉)는 투란차이고
　몇 종류의 고기는 돌길라인가?

　취락의 안에서는 4종류의 죄가 있고
　강을 건너가는 인연으로 4종류의 죄가 있으며
　1종류의 고기는 투란차이고
　9종류의 고기는 돌길라이다.

1-5 몇 종류의 말이 죄를 밤에 범하고
몇 종류의 말이 죄를 낮에 범하는가?
주는 자는 몇 종류의 죄가 있고
받아서 취하는 자는 몇 종류의 죄가 있는가?

2종류의 말은 죄를 밤에 범하고
2종류의 말은 죄를 낮에 범한다.
주는 자는 3종류의 죄가 있고
받아서 취하는 자는 4종류의 죄가 있다.

2. 교계(敎誡)[3]

2-1 몇 종류가 교계하는 죄이고
몇 종류가 참회하는 죄가 있는가?
몇 종류가 태양의 종족인 세존께서
설하신 참회가 없는 죄인가?

5종류가 교계하는 죄이고
6종류의 참회하는 죄가 있으며
1종류가 태양의 종족인 세존께서
설하신 참회가 없는 죄이다.

2-2 몇 종류의 무거운 죄가 설하셨고
또한 몸과 말에 의지하는 죄는 몇 종류이며

---

3) 팔리어 Desanāgāminiyādiāpatti(데사나가미니야디아파띠)의 번역이다.

때가 아닌 곡식과 쌀은 몇 종류이고
몇 종류가 백사갈마의 허락을 의지하는가?

2종류의 무거운 죄가 설하셨고
일체가 몸과 말을 의지하는 죄이며
때가 아닌 곡식과 쌀은 1종류이고
1종류가 백사갈마의 허락을 의지한다.

2-3 몇 종류의 바라이는 몸의 죄이고
몇 종류의 함께 머무르는 처소가 있는가?
몇 종류의 사람은 단절(斷絕)해야 하고
몇 종류는 손가락 두 마디로 제정된 것인가?

2종류의 바라이는 몸의 죄이고
2종류의 함께 머무르는 처소가 있으며
2종류의 사람은 단절해야 하고
2종류는 손가락 두 마디로 제정된 것이다.

2-4 몇 종류의 스스로가 몸을 두드리는 것이 있고
몇 종류를 의지하여 승가가 분열하는가?
이것에서 몇 종류가 최초로 범하는 것이고
행하는 것을 아뢰는 것은 몇 종류가 있는가?

2종류의 스스로가 몸을 두드리는 것이 있고
2종류를 의지하여 승가가 분열하며
이것에서 2종류가 최초로 범하는 것이고
행하는 것을 아뢰는 것은 2종류가 있다.

2-5 살생에는 몇 종류의 죄가 있고
   말을 인연하는 바라이는 몇 종류인가?
   추악한 말로 범하는 죄는 몇 종류이고
   중매에 의지하는 몇 종류의 죄가 있는가?

   살생에는 3종류의 죄가 있고
   말을 인연하는 바라이는 3종류이며
   추악한 말로 범하는 죄는 3종류이고
   중매에 의지하는 3종류의 죄가 있다.

2-6 몇 종류의 사람은 구족계를 받을 수 없고
   몇 종류가 갈마에 포함되는가?
   멸빈된 자는 몇 종류라고 말하고
   몇 종류의 일설법(一說法)[4]이 있는가?

   3종류의 사람은 구족계를 받을 수 없고
   3종류가 갈마에 포함되는 것이 있으며
   멸빈된 자는 3종류라고 말하고
   3종류의 일설법이 있다.

2-7 주지 않았는데 취한다면 몇 종류의 죄가 있고
   부정행(不淨行)을 인연으로 몇 종류의 죄가 있는가?
   절단하는 자는 몇 종류의 죄가 있고
   포기한 자를 인연한다면 몇 종류의 죄인가?

   주지 않았는데 취한다면 3종류의 죄가 있고

---

4) 팔리어 ekavācika(에카바치카)의 번역이다.

부정행을 인연으로 4종류의 죄가 있으며
절단하는 자는 3종류의 죄가 있고
포기한 자를 인연으로 5종류의 죄가 있다.

2-8 비구니의 교계품에서 바일제와
돌길라가 있는데, 이것에서
몇 종류가 새로운 자에게 설해졌는가?
몇 종류의 사람을 인연으로
옷의 원인이 죄라고 설하는가?

비구니의 교계품에서 바일제와
돌길라가 있는데, 이것에서
4종류가 새로운 자에게 설해졌고
2종류의 사람을 인연으로
옷의 원인이 죄라고 설한다.

2-9 비구니를 위하여 설하신
제사니는 몇 종류인가?
날곡식을 먹는 때에 바일제와 함께
몇 종류의 돌길라를 범하는가?

비구니를 위하여 설하신
제사니는 8종류이고
날곡식을 먹는 때에 바일제와 함께
1종류의 돌길라를 범한다.

2-10 떠나가는 자에게 몇 종류의 죄가 있고
서 있는 자에게 몇 종류의 죄가 있는가?

앉아 있는 자에게 몇 종류의 죄가 있고
누워 있는 자에게 몇 종류의 죄가 있는가?

떠나가는 자에게 4종류의 죄가 있고
서 있는 자에게 4종류의 죄가 있으며
앉아 있는 자에게 4종류의 죄가 있고
누워있는 자에게 4종류의 죄가 있다.

3. 타락(墮落)[5]

3-1 몇 종류의 바일제는
　일체의 구별되는 다른 일의 죄에서
　앞과 뒤도 없이 일시에 범하는가?

　5종류의 바일제는
　일체의 구별되는 다른 일의 죄에서
　앞과 뒤도 없이 일시에 범한다.

3-2 몇 종류의 바일제는
　일체의 구별되는 다른 일의 죄에서
　앞과 뒤도 없이 일시에 범하는가?

　9종류의 바일제는
　일체의 구별되는 다른 일의 죄에서

---

5) 팔리어 Pācittiya(파치띠야)의 번역이다.

앞과 뒤도 없이 일시에 범한다.

3-3 몇 종류의 바일제는
일체의 구별되는 다른 일의 죄에서
몇 종류의 말에 의지하여 참회해야 한다고
태양의 종족께서 설하셨는가?

5종류의 바일제는
일체의 구별되는 다른 일의 죄에서
몇 종류의 말에 의지하여 참회해야 한다고
태양의 종족께서 설하셨다.

3-4 몇 종류의 바일제는
일체의 구별되는 다른 일의 죄에서
몇 종류의 말에 의지하여 참회해야 한다고
태양의 종족께서 설하셨는가?

9종류의 바일제는
일체의 구별되는 다른 일의 죄에서
몇 종류의 말에 의지하여 참회해야 한다고
태양의 종족께서 설하셨다.

3-5 몇 종류의 바일제는
일체의 구별되는 다른 일의 죄에서
무엇을 말하면서 참회해야 한다고
태양의 종족께서 설하셨는가?

5종류의 바일제는

일체의 구별되는 다른 일의 죄에서
일을 말하면서 참회해야 한다고
태양의 종족께서 설하셨다.

3-6 몇 종류의 바일제는
일체의 구별되는 다른 일의 죄에서
무엇을 말하면서 참회해야 한다고
태양의 종족께서 설하셨는가?

9종류의 바일제는
일체의 구별되는 다른 일의 죄에서
일을 말하면서 참회해야 한다고
태양의 종족께서 설하셨다.

3-7 세 번째에 이른다면 몇 종류의 죄가 있고
몇 종류의 인연으로 판결하는가?
작식에는 몇 종류의 죄가 있고
담식에는 몇 종류의 죄가 있는가?

세 번째에 이른다면 3종류의 죄가 있고
6종류의 인연으로 판결하며
작식에는 3종류의 죄가 있고
담식에는 5종류의 죄가 있다.

3-8 일체가 세 번째에 이르렀던 자라면
몇 종류로 처벌해야 하는가?
몇 종류의 사람은 유죄이고
몇 종류의 사람은 쟁사를 의지하는가?

일체가 세 번째에 이르렀던 자라면
5종류로 처벌해야 하고
5종류의 사람이 유죄이고
5종류의 사람이 쟁사가 있다.

3-9 몇 종류의 사람은 판결할 수 있고
　몇 종류의 사람은 쟁사를 소멸시킬 수 있는가?
　또한 몇 종류의 사람은 범하지 않고
　몇 종류의 인연을 의지하면 빛나는가?

　5종류의 사람은 판결할 수 있고
　5종류의 사람은 쟁사를 소멸시킬 수 있으며
　5종류의 사람은 범하지 않고
　3종류의 인연을 의지하면 빛난다.

3-10 몇 종류의 몸의 죄가 밤에 있고
　몇 종류의 몸의 죄가 낮에 있는가?
　사유한다면 몇 종류의 죄가 있고
　걸식하는 인연으로 몇 종류의 죄가 있는가?

　2종류의 몸의 죄가 밤에 있고
　2종류의 몸의 죄가 낮에 있으며
　사유한다면 1종류의 죄가 있고
　걸식하는 인연으로 1종류의 죄가 있다.

3-11 몇 종류의 공덕을 보면서
　신심으로 다른 사람에게 참회하는가?
　몇 종류를 빈출(擯出)이라고 말하고

몇 종류의 정행(正行)의 일이 있는가?

8종류의 공덕을 보면서
신심으로 다른 사람에게 참회하며
3종류를 빈출이라고 말하고
43종류의 정행의 일이 있다.

3-12 몇 종류의 망어(妄語)가 있고
몇 종류가 최대(最大)인가?
몇 종류의 참회가 있고
몇 종류의 사람이 참회하는가?

5종류의 망어가 있고
14종류가 최대이며
12종류의 참회가 있고
4종류의 사람이 참회한다.

3-13 망어는 몇 종류의 분류가 있고
포살은 몇 종류의 분류가 있으며
사자(使者)는 몇 종류의 부류가 있고
외도는 몇 종류의 일을 행하는가?

망어는 8종류의 분류가 있고
포살은 8종류의 분류가 있으며
사자는 8종류의 부류가 있고
외도는 8종류의 일을 행한다.

3-14 몇 종류의 창언으로 구족계를 받고

몇 종류의 사람을 마주하면 마땅히 일어나야 하는가?
몇 종류의 사람에게 마땅히 자리를 주어야 하고
몇 종류를 의지하면 비구니의 교계사(教誡師)인가?

8종류의 창언으로 구족계를 받고
8종류의 사람을 마주하면 마땅히 일어나야 하며
8종류의 사람에게 마땅히 자리를 주어야 하고
8종류를 의지하면 비구니의 교계사이다.

3-15 몇 사람에게 단두죄(斷頭罪)가 있고
몇 사람에게 투란차가 있는가?
몇 사람은 범하지 않고
일체의 사람에게 동일(同一)한 일인가?

한 사람에게 단두죄가 있고
네 사람에게 투란차가 있으며
네 사람은 범하지 않고
일체의 사람에게 동일한 일이다.

3-16 몇 종류의 분노의 일이 있고
몇 종류를 의지하여 승가가 파괴되는가?
이것에 몇 종류의 최초의 죄가 있고
아뢰는 것으로 행하는 것은 몇 종류인가?

9종류의 분노의 일이 있고
9종류를 의지하여 승가가 파괴되며
이것에 9종류의 최초의 죄가 있고
아뢰는 것으로 행하는 것은 9종류이다.

4. 예경(禮敬)[6]

4-1 몇 종류의 사람은 여법하게 합장하고
마땅히 공경하며 예배하지 않아야 하는가?
몇 종류의 사람은 돌길라가 있고
몇 일을 옷을 지닐 수 있는가?

10종류의 사람은 여법하게 합장하고
마땅히 공경하며 예배하지 않아야 하고
10종류의 사람은 돌길라가 있고
10일 동안 옷을 지닐 수 있다.

4-2 어느 부류의 우안거를 마친 자에게
이곳에서 마땅히 옷을 주어야 하는가?
어느 부류의 사람은 이곳에서 마땅히 주어야 하고
어느 부류의 사람은 주지 않아야 하는가?

5부류의 우안거를 마친 자에게
이곳에서 마땅히 옷을 주어야 하고
7부류의 사람은 마땅히 주어야 하고
16부류의 사람은 주지 않아야 한다.

4-3 몇 백가지의 죄를 몇 백가지의 일을 감추었어도
몇 일을 별주하면 벗어날 수 있는가?

---

6) 팔리어 Avandanīyapuggalādi(아반다니야푸까라디)의 번역이다.

1천 가지의 죄를 1천 일을 감추었어도
10일을 별주하면 벗어날 수 있다.

4-4 몇 종류의 갈마는 태양의 종족인
불타(佛陀)[7]께 의지한다면 성립하지 않는데,
첨파국 계율의 가운데 설해진 것은
몇 종류가 대체로 비법(非法)인가?

12종류의 갈마는 태양의 종족인
불타께 의지한다면 성립하지 않는데,
첨파국 계율의 가운데 설해진 것은
모두가 비법인 것이다.

4-5 몇 종류의 갈마는 태양의 종족인
불타께 의지한다면 성립하지 않는데,
첨파국 계율의 가운데에서 설해진 것은
몇 종류가 모두 여법(如法)한가?

4종류의 갈마는 태양의 종족인
불타께 의지한다면 성립하는데,
첨파국 계율의 가운데에서 설해진 것은
모두가 여법한 것이다.

4-6 몇 종류의 갈마는 태양의 종족인
불타께 의지하고 있는데,
첨파국 계율의 가운데에서 설해진 것은

---

7) 팔리어 buddha(부따)의 음사이다.

몇 종류가 여법하고, 몇 종류가 비법인가?

6종류의 갈마는 태양의 종족인
불타께 의지하고 있는데,
첨파국 계율의 가운데에서 설해진 것의
그 가운데에서 1종류는 여법하고
5종류는 비법이며 태양의 종족인
불타께 의지하여 설해지고 있다.

4-7 몇 종류의 갈마는 태양의 종족인
불타께 의지하고 있는데,
첨파국 계율의 가운데에서 설해진 것은
몇 종류가 여법하고, 몇 종류가 비법인가?

4종류의 갈마는 태양의 종족인
불타께 의지하고 있는데,
첨파국 계율의 가운데에서 설해진 것의
그 가운데에서 1종류는 여법하고
3종류는 비법이며 태양의 종족인
불타께 의지하여 설해지고 있다.

4-8 그 무한(無限)의 수승한 자이고
염리자(厭離者)[8])의 견해에 의지하여
죄의 적취(積聚)를 설하여 보여주셨는데
그 가운데에서 몇 종류는 멸쟁법이 없이 소멸시켰는가를
나는 스승께 묻사오니 청하건대 설하여 주십시오.

---

8) 팔리어 Vivekadassinā(비베카다씨나)의 번역이다.

경분별의 논사이시여!9)

그 무한의 수승한 자이고
염리자의 견해에 의지하여
죄의 적취를 설하여 보여주셨는데
그 가운데에서 1종류는 멸쟁법이 없이 소멸시켰으니
스승께서는 나를 위하여 설하여 주십시오.
경분별의 논사이시여!

4-9 태양의 종족인 불타께서 설하신 것을 의지한다면
몇 부류는 악취(惡趣)에 떨어지는 자입니까?
율을 주석하는 스승께
우리들은 그것을 듣고자 합니다.

144부류는 악취에 떨어지는 자이고
파승사인 자는 악취인 지옥에 떨어져서
1겁을 머무른다고 나는 계율을 명료하게 주석하나니
그대들은 마땅히 들을지니라.

4-10 태양의 종족인 불타께서 설하신 것을 의지한다면
몇 부류는 악취에 떨어지지 않는 자입니까?
율을 주석하는 스승께
우리들은 그것을 듣고자 합니다.

태양의 종족인 불타께서 설하신 것을 의지한다면
18부류는 악취에 떨어지지 않는 자라고

---

9) 팔리어 Vibhaṅgakovida(비반가코비다)의 번역이다.

나는 계율을 명료하게 주석하나니
그대들은 마땅히 들을지니라.

4-11 태양의 종족인 불타께서 설하신 것을 의지한다면
몇 종류의 8부법(八部法)이 있습니까?
율을 주석하는 스승께
우리들은 그것을 듣고자 합니다.

태양의 종족인 불타께서 설하신 것을 의지한다면
18종류는 8부법이라고
나는 계율을 명료하게 주석하나니
그대들은 마땅히 들을지니라.

5. 갈마(羯磨)[10]

5-1 태양의 종족인 불타께서 설하신 것을 의지한다면
몇 종류의 갈마를 설하셨습니까?
율을 주석하는 스승께
우리들은 그것을 듣고자 합니다.

태양의 종족인 불타께서 설하신 것을 의지한다면
16종류는 갈마를 설하셨다고
나는 계율을 명료하게 주석하나니
그대들은 마땅히 들을지니라.

---

10) 팔리어 Soḷasakammādi(소라사캄마디)의 번역이다.

5-2 태양의 종족인 불타께서 설하신 것을 의지한다면
몇 종류는 갈마를 성취하지 못합니까?
율을 주석하는 스승께
우리들은 그것을 듣고자 합니다.

태양의 종족인 불타께서 설하신 것을 의지한다면
12종류는 갈마를 성취하지 못한다고
나는 계율을 명료하게 주석하나니
그대들은 마땅히 들을지니라.

5-3 태양의 종족인 불타께서 설하신 것을 의지한다면
몇 종류는 갈마를 성취합니까?
율을 주석하는 스승께
우리들은 그것을 듣고자 합니다.

태양의 종족인 불타께서 설하신 것을 의지한다면
4종류는 갈마를 성취한다고
나는 계율을 명료하게 주석하나니
그대들은 마땅히 들을지니라.

5-4 태양의 종족인 불타께서 설하신 것을 의지한다면
몇 종류의 갈마를 설하셨습니까?
율을 주석하는 스승께
우리들은 그것을 듣고자 합니다.

태양의 종족인 불타께서 설하신 것을 의지한다면
6종류의 갈마를 설하셨다고
나는 계율을 명료하게 주석하나니

그대들은 마땅히 들을지니라.

5-5 태양의 종족인 불타께서 설하신 것을 의지한다면
몇 종류의 갈마를 설하셨습니까?
율을 주석하는 스승께
우리들은 그것을 듣고자 합니다.

태양의 종족인 불타께서 설하신 것을 의지한다면
4종류의 갈마를 설하셨다고
나는 계율을 명료하게 주석하나니
그대들은 마땅히 들을지니라.

5-6 태양의 종족인 불타께서 설하신 것을 의지한다면
몇 종류의 바라이를 설하셨습니까?
율을 주석하는 스승께
우리들은 그것을 듣고자 합니다.

태양의 종족인 불타께서 설하신 것을 의지한다면
8종류의 바라이를 설하셨다고
나는 계율을 명료하게 주석하나니
그대들은 마땅히 들을지니라.

5-7 태양의 종족인 불타께서 설하신 것을 의지한다면
몇 종류의 승잔을 설하셨습니까?
율을 주석하는 스승께
우리들은 그것을 듣고자 합니다.

태양의 종족인 불타께서 설하신 것을 의지한다면

23종류의 승잔을 설하셨다고
나는 계율을 명료하게 주석하나니
그대들은 마땅히 들을지니라.

5-8 태양의 종족인 불타께서 설하신 것을 의지한다면
몇 종류의 부정을 설하셨습니까?
율을 주석하는 스승께
우리들은 그것을 듣고자 합니다.

태양의 종족인 불타께서 설하신 것을 의지한다면
2종류의 부정을 설하셨다고
나는 계율을 명료하게 주석하나니
그대들은 마땅히 들을지니라.

5-9 태양의 종족인 불타께서 설하신 것을 의지한다면
몇 종류의 사타를 설하셨습니까?
율을 주석하는 스승께
우리들은 그것을 듣고자 합니다.

태양의 종족인 불타께서 설하신 것을 의지한다면
42종류의 사타를 설하셨다고
나는 계율을 명료하게 주석하나니
그대들은 마땅히 들을지니라.

5-10 태양의 종족인 불타께서 설하신 것을 의지한다면
몇 종류의 바일제를 설하셨습니까?
율을 주석하는 스승께
우리들은 그것을 듣고자 합니다.

태양의 종족인 불타께서 설하신 것을 의지한다면
188종류의 바일제를 설하셨다고
나는 계율을 명료하게 주석하나니
그대들은 마땅히 들을지니라.

5-11 태양의 종족인 불타께서 설하신 것을 의지한다면
몇 종류의 제사니를 설하셨습니까?
율을 주석하는 스승께
우리들은 그것을 듣고자 합니다.

태양의 종족인 불타께서 설하신 것을 의지한다면
22종류의 제사니를 설하셨다고
나는 계율을 명료하게 주석하나니
그대들은 마땅히 들을지니라.

5-12 태양의 종족인 불타께서 설하신 것을 의지한다면
몇 종류의 중학법을 설하셨습니까?
율을 주석하는 스승께
우리들은 그것을 듣고자 합니다.

태양의 종족인 불타께서 설하신 것을 의지한다면
75종류의 중학법을 설하셨다고
나는 계율을 명료하게 주석하나니
그대들은 마땅히 들을지니라.

5-13 오직 스승에 의지하여 잘 질문하였고
오직 나를 의지하여 잘 대답하였으니
질문하고 대답한 것에서 어떠한 경전에

부합되지 않는 것도 없느니라.

[제2가타집을 마친다.]

부수 제18권

제18장 발한게(發汗偈)[1]

1. 혼자 머무는 것(獨住)[2]

1-1 비구와 비구니가 함께 머무르지 않는 자는
　이곳에서 함께 음식을 얻을 수 없으나
　혼자 머무르지 않는 자는 범함이 없나니
　이것은 수승한 자[3]의 사유와 질문인 것이다.

1-2 5종류는 버릴 수 없는 물건이고
　나눌 수 없는 물건이며 대선(大仙)[4]께서
　설하신 것에 의지한다면
　버리지 않고 수용한다면 범함이 없나니

---

1) 팔리어 Sedamocanagāthā(세다모차나가타)의 번역이다.
2) 팔리어 Avippavāsapañhā(아비빠바사판하)의 번역이다.
3) 팔리어 Kusalehi(쿠사레히)의 번역이다.
4) 팔리어 Mahesinā(마헤시나)의 번역이다.

이것은 수승한 자의 사유와 질문인 것이다.

1-3 나는 10부류의 사람에게 말하지 않고
11부류의 사람은 피하며
장로5)에게 예배한다면 죄가 있나니
이것은 수승한 자의 사유와 질문인 것이다.

1-4 빈출자가 아니고 또한 별주자가 아니며
파승인 자가 아니고 또한 외도에 귀의하지 않았으며
같은 주처의 땅에 서 있는 자인데
어찌 수학에서 함께 통하지 않겠는가?
이것은 수승한 자의 사유와 질문인 것이다.

1-5 질문하여 선교(善巧)로 법의 이치에 이른다면
태어남도 아니고 죽음도 아니며 열반도 아닌데
이것을 제불께서 어찌하여 설하셨는가?
이것은 수승한 자의 사유와 질문인 것이다.

1-6 목뼈의 위를 말하지 않고
무릎의 아래도 말하지 않는다면
부정법을 인연으로 어찌 바라이인가?
이것은 수승한 자의 사유와 질문인 것이다.

1-7 비구가 스스로 구걸하여 방사를 짓고
짓는 처소를 지시받지 않으며
양을 넘기고 어려움이 있으며

---

5) 팔리어 Vuḍḍha(붓따)의 번역이다.

다니는 곳이 없더라도 범하지 않는다.
이것은 수승한 자의 사유와 질문인 것이다.

1-8 비구가 스스로 구걸하여 방사를 짓고
짓는 처소를 지시받으며
양이 마땅하고 어려움이 없으며
다니는 곳이 있더라도 범한다.
이것은 수승한 자의 사유와 질문인 것이다.

1-9 어떠한 신업도 행하지 않고
또한 말로 다른 사람에게 말하지 않아도
단두(斷頭)의 무거운 죄를 범한다.
이것은 수승한 자의 사유와 질문인 것이다.

1-10 어떠한 신업도 행하지 않고
또한 말로 다른 사람에게 말하지 않았으며
또한 어떠한 뜻으로도 악을 행하지 않았는데
그가 빈출된다면 어찌 선한 빈출이겠는가?
이것은 수승한 자의 사유와 질문인 것이다.

1-11 누구를 마주하고서 말하지 않고
또한 다른 사람을 마주하고서 말하지 않았으나
말로 죄를 범하고 몸으로 죄를 범하지 않는다.
이것은 수승한 자의 사유와 질문인 것이다.

1-12 세존께서 찬탄한 학처에 의지한다면
네 종류의 승잔이 있고
한 종류를 행하다면 모두를 범하는 것이다.

이것은 수승한 자의 사유와 질문인 것이다.

1-13 두 사람이 구족계를 받고서
  두 사람이 손으로 옷을 받는다면
  각자가 별도로 죄가 있는 것이다.
  이것은 수승한 자의 사유와 질문인 것이다.

1-14 네 사람이 약속하고서
  무거운 물건을 취한다면
  세 사람은 바라이고
  한 사람은 바라이가 아니다.
  이것은 수승한 자의 사유와 질문인 것이다.

2. 구빈(驅擯)[6]

2-1 여인은 안에 있고 비구는 밖에 있으며
  그 집안에 구멍과 틈새가 없다면
  부정법을 인연하더라도 어찌 바라이를 얻겠는가?
  이것은 수승한 자의 사유와 질문인 것이다.

2-2 스스로가 기름, 꿀, 사탕, 소를 취하여 저축하였고
  7일을 넘기지 않았으며
  인연이 있어서 먹었더라도 유죄이다.
  이것은 수승한 자의 사유와 질문인 것이다.

---

6) 팔리어 Pārājikādipañhā(파라지카디판하)의 번역이다.

2-3 사타죄와 함께 죄가 있고
바일제죄와 죄가 있는데
함께 범하였다면 (무엇을 범하는가?)
이것은 수승한 자의 사유와 질문인 것이다.

2-4 20명의 비구가 함께 모여 있었고
화합하였다고 생각하고서 갈마를 행하였는데
한 비구가 12유순을 벗어났다면
별중의 이치로써 그 갈마는
불완전하다고 창언할 수 있는가?
이것은 수승한 자의 사유와 질문인 것이다.

2-5 한 걸음의 양의 사이에서 말하는 자는
모두 동시에 64종류의 유잔죄를 범할 수 있는가?
이것은 수승한 자의 사유와 질문인 것이다.

2-6 안타회를 입고서
두 겹의 승가리를 입었더라도
이것은 모두 사타인가?
이것은 수승한 자의 사유와 질문인 것이다.

2-7 아뢰었던 것이 아니고 또한 갈마의 말이 아니며
또한 수승한 자가 "잘 왔소. 비구여."라고 말하지 않았고
역시 그가 귀의하지 않았다면
그는 구족계를 받은 것이 확실한가?
이것은 수승한 자의 사유와 질문인 것이다.

2-8 어리석은 사람이 여인을 죽였고 어머니를 죽이지 않았으며

남자를 죽였고 아버지를 죽이지 않았으며
성자가 아닌 자를 죽였다면
이것을 인연으로 그는 무간업에 떨어지는가?
이것은 수승한 자의 사유와 질문인 것이다.

2-9 어머니인 여인을 죽였고
아버지인 남자를 죽였으며
부모를 죽였다면
이것을 인연으로 그는 무간업에 떨어지는가?
이것은 수승한 자의 사유와 질문인 것이다.

2-10 가책하지 않고 억념시키지 않았으며
현전하지 않은 자를 갈마하였다면
갈마는 잘 성취되었고 갈마한 자와
갈마한 승가는 범하지 않은 것인가?
이것은 수승한 자의 사유와 질문인 것이다.

2-11 가책하고 억념시키며
현전한 자를 갈마하였다면
갈마는 잘 성취되지 않았고 갈마한 자와
갈마한 승가는 범한 것인가?
이것은 수승한 자의 사유와 질문인 것이다.

2-12 절단하는 것에 범하는 것이 있고
절단하는 것에 범하지 않는 것이 있으며
덮어서 감추는 것에 범하는 것이 있고
덮어서 감추는 것에 범하지 않는 것이 있다.
이것은 수승한 자의 사유와 질문인 것이다.

2-13 진실을 말하는 것에 무거운 죄가 있고
거짓을 말하는 것에 가벼운 죄가 있으며
거짓을 말하는 것에 무거운 죄가 있고
진실을 말하는 것에 가벼운 죄가 있다.
이것은 수승한 자의 사유와 질문인 것이다.

3. 단타(單墮)[7]

3-1 염색하고서 수지할 수 있었고
염색하고 점정(點淨)하여서
수용하는 자라도 범하는 것이 있다.
이것은 수승한 자의 사유와 질문인 것이다.

3-2 일몰에서 비구가 고기를 먹었는데
미친 자도 아니고 상심(喪心)한 자도 아니며
그가 역시 번뇌로 고통받는 자가 아니어도 범한 것은 아니며
이것은 선서(善逝)께서 설하신 법을 의지하는 것이다.
이것은 수승한 자의 사유와 질문인 것이다.

3-3 염오된 마음도 아니고 훔친 것도 아니며
그가 역시 다른 사람이 죽였다고 생각하지 않으면서
단두의 죄가 있다고 산가지를 뽑았고
취하여 수용하는 자는 투란차이다.
이것은 수승한 자의 사유와 질문인 것이다.

---

7) 팔리어 Pārājikādipañhā(파라지카디판하)의 번역이다.

3-4 위험한 아란야에 머무르지 않고
또한 승가가 허락하지 않았으며
또한 그 비구가 가치나의를 수지하지 않았으나
그때 속가에 옷을 맡기고서 반유순(半由旬)을 갔으며
일출의 때이더라도 그는 범하지 않는다.
이것은 수승한 자의 사유와 질문인 것이다.

3-5 신업이 아니고 어업도 아니며
여러 일의 죄가 앞에 없었으나
뒤에 모두를 일시에 범하는 것이 있다.
이것은 수승한 자의 사유와 질문인 것이다.

3-6 어업이 아니고 신업도 아니며
여러 일의 죄가 앞에 없었으나
뒤에 모두를 일시에 범하는 것이 있다.
이것은 수승한 자의 사유와 질문인 것이다.

3-7 세 여인이 세 남자,
혹은 세 사람의 성자가 아닌 자,
세 사람의 황문과 부정행을 행하지 않았고
또한 서로가 부정행을 행하지 않았더라도
부정법을 인연하는 단두(斷頭)의 죄가 있다.
이것은 수승한 자의 사유와 질문인 것이다.

3-8 어머니를 향하여 옷을 구걸하고
승가의 물건을 되돌리지 않았는데
어찌하여 그것으로 죄가 있고
친족들은 범하지 않는가?

이것은 수승한 자의 사유와 질문인 것이다.

3-9 분노하는 자도 합당한 뜻이 있고
분노하는 자를 가책할 수 있다.
그러나 분노하는 자가
찬탄을 받는 법은 진실로 무엇인가?
이것은 수승한 자의 사유와 질문인 것이다.

3-10 희열(喜悅)이 충만한 자도 합당한 뜻이 있고
희열이 충만한 자를 가책할 수 있다.
그러나 희열이 충만한 자를
가책하는 것은 진실로 무엇인가?
이것은 수승한 자의 사유와 질문인 것이다.

3-11 동시에 승잔, 투란차, 바일제,
제사니, 돌길라를 범할 수 있는가?
이것은 수승한 자의 사유와 질문인 것이다.

3-12 두 사람이 20세를 채웠고
두 사람이 함께 동일하게 한 사람으로 화상을 삼았으며
동일하게 한 사람으로 아사리를 삼았고
동일하게 갈마하고 하나로 구족계를 받았다면
한 사람은 구족계가 성립하고
한 사람은 구족계가 성립하지 않는다.
이것은 수승한 자의 사유와 질문인 것이다.

3-13 점정하지 않았고 염색하지 않은 청정한 옷을
입고서 처소에 가고자 하였어도 그것은 범하지 않나니

이것은 선서께서 설하신 법을 의지하는 것이다.
이것은 수승한 자의 사유와 질문인 것이다.

3-14 주지 않았고 취하지 않았으며
그것을 인연으로 취한 것을 알지 못하였어도
수용하였던 인연이라면 무거운 죄를 범하고
가벼운 죄를 범하는 것은 아니다.
이것은 수승한 자의 사유와 질문인 것이다.

3-15 주지 않았고 취하지 않았으며
그것을 인연으로 취한 것을 알지 못하였어도
수용하였던 인연이라면 가벼운 죄를 범하고
무거운 죄를 범하는 것은 아니다.
이것은 수승한 자의 사유와 질문인 것이다.

3-16 유잔죄의 무거운 죄를 범하고서
공경하지 않은 까닭으로 덮어서 감추었다면
비구니가 아니므로 죄가 아니다.
이것은 수승한 자의 사유와 질문인 것이다.

[발한게를 마친다.]

섭송으로 설하겠노라.

함께 머물지 않는 것과
버리지 않는 물건과
10종류와 빈출하지 않은 것과

법에 이른 것과 목뼈의 위와

이른 것과 스스로 구걸하는 두 가지와
신업이 아닌 것과 의업이 아닌 것과
말하지 않는 것과 학처와
두 사람과 네 사람과

여인과 기름과 사타와
비구니와 한 걸음의 거리와
입는 것과 아뢰지 않은 것과
부모가 아닌 자를 죽인 것과

가책하지 않는 것과 가책하는 것과
절단한 자와 진실과
지닌 것과 일몰과 욕망이 없는 것과
아란야에 머무르지 않는 것과

신업과 의업과 세 여인과
어머니와 분노한 자가 뜻이 있는 것과
희열과 승잔과 사람과
점정하지 않은 것과 주지 않은 것과

주지 않은 것과 무거운 죄를 범한 것과
이것은 지자(智者)께서
설하신 것을 의지하는 발한게의 질문이다.

부수 제19권

제19장 5품(五品)[1]

1. 갈마(羯磨)[2]

1-1 네 종류의 갈마가 있나니, 구청갈마(求聽羯磨), 백일갈마(單白羯磨), 백이갈마(白二羯磨), 백사갈마(白四羯磨)이다. 이러한 네 종류의 갈마는 몇 종류의 행상(行相)으로 성취되지 않는가? 이러한 네 종류의 갈마는 5종류의 행상으로 성취되지 않나니, 혹은 일을 의지하거나, 혹은 아뢰는 것을 의지하거나, 혹은 창언을 의지하거나, 혹은 경계를 의지하거나, 혹은 대중을 의지하는 것이다.

1-2 무엇이 일에서 갈마가 성취되지 않는가? 이를테면, 마땅히 현전하는 갈마에서 현전하지 않았다면 이러한 일은 성취되지 않고 비법갈마이다. 마땅히 마주하고 묻는 갈마에서 묻지 않고 행하였다면 이러한 일은 성취되지 않고 비법갈마이다. 마땅히 스스로가 말하는 것을 의지하는 갈마에서

---

1) 팔리어 Pañcavagga(판차바까)의 번역이다.
2) 팔리어 Kammavagga(캄마바까)의 번역이다.

스스로의 말을 의지하지 않고 행하였다면 이러한 일은 성취되지 않고 비법갈마이다. 마땅히 서로를 억념시키는 갈마에서 불치비니를 주었다면 이러한 일은 성취되지 않고 비법갈마이다.

마땅히 불치비니를 행할 자에게 멱죄상갈마를 행하였다면 이러한 일은 성취되지 않고 비법갈마이다. 마땅히 멱죄상갈마를 행할 자에게 가책갈마를 행하였다면 이러한 일은 성취되지 않고 비법갈마이다. 마땅히 가책갈마를 행할 자에게 의지갈마를 행하였다면 이러한 일은 성취되지 않고 비법갈마이다. 마땅히 의지갈마를 행할 자에게 구출갈마를 행하였다면 이러한 일은 성취되지 않고 비법갈마이다.

마땅히 구출갈마를 행할 자에게 하의갈마를 행하였다면 이러한 일은 성취되지 않고 비법갈마이다. 마땅히 하의갈마를 행할 자에게 거죄갈마를 행하였다면 이러한 일은 성취되지 않고 비법갈마이다. 마땅히 거죄갈마를 행할 자에게 별주를 주었다면 이러한 일은 성취되지 않고 비법갈마이다. 마땅히 별주를 주어야 할 자에게 본일치를 행하였다면 이러한 일은 성취되지 않고 비법갈마이다.

마땅히 별주를 주어야 할 자에게 마나타를 주었다면 이러한 일은 성취되지 않고 비법갈마이다. 마땅히 마나타를 주어야 할 자에게 출죄를 시켰다면 이러한 일은 성취되지 않고 비법갈마이다. 마땅히 출죄를 시킬 자에게 구족계를 주었다면 이러한 일은 성취되지 않고 비법갈마이다.

포살일이 아닌데 포살을 행하였다면 이러한 일은 성취되지 않고 비법갈마이다. 자자일이 아닌데 자자를 행하였다면 이러한 일은 성취되지 않고 비법갈마이다. 이와 같은 일을 의지하였다면 이러한 일은 성취되지 않고 비법갈마이다.

1-3 무엇이 아뢰는 것을 의지하여도 갈마가 성취되지 않는가? 다섯 가지의 모습을 의지하면 갈마가 성취되지 않나니 이를테면, 일을 말하지 않았거나, 승가에게 말하지 않았거나, 사람에게 말하지 않았거나, 아뢰지 않았거나, 혹은 아뢰는 것을 뒤에 놓아두는 것이다. 이러한 다섯 가지의

상을 의지하면 갈마가 성취되지 않는다.

1-4 무엇이 창언하여도 갈마가 성취되지 않는가? 다섯 가지의 모습을 의지하여 창언한다면 갈마가 성취되지 않나니 이를테면, 일을 말하지 않았거나, 승가에게 말하지 않았거나, 사람에게 말하지 않았거나, 생략하고 창언하였거나, 혹은 때가 아닌데 창언하는 것이다. 이러한 다섯 가지의 상을 의지하여 창언한다면 갈마가 성취되지 않는다.

1-5 무엇이 경계를 의지하여도 갈마가 성취되지 않는가? 열한 가지의 모습을 의지하면 갈마가 성취되지 않나니, 너무 작은 경계를 결정하거나, 너무 큰 경계를 결정하거나, 연결이 없는 표식의 모습으로 경계를 결정하거나, 그림자의 모습으로 경계를 결정하거나, 표식이 없는 모습으로 경계를 결정하거나, 경계의 밖을 경계로 결정하거나, 물의 가운데를 경계로 결정하거나, 바다의 가운데를 경계로 결정하거나, 호수의 가운데를 경계로 결정하거나, 경계로서 경계로 합치거나, 경계의 안에 다시 경계를 짓는 것이다. 이러한 열한 가지의 모습을 의지하면 갈마가 성취되지 않는다.

1-6 무엇이 대중을 의지하여도 갈마가 성취되지 않는가? 열두 가지의 모습을 의지하면 갈마가 성취되지 않는다.
마땅히 4명의 대중이 갈마하였는데, 갈마에 필요한 비구가 오지 않았고 서로가 마땅히 욕을 주려는 자가 욕을 주지 않았으며 현전한 자가 의논하지 않은 것이다. 마땅히 4명의 대중이 갈마하였는데, 갈마에 필요한 비구가 왔으나 서로가 마땅히 욕을 주려는 자가 욕을 주지 않았거나, 현전한 자가 의논하지 않은 것이다. 마땅히 4명의 대중이 갈마하였는데, 갈마에 필요한 비구가 왔고 서로가 마땅히 욕을 주려는 자가 욕을 주었으나 현전한 자가 의논하지 않은 것이다.
마땅히 5명의 대중이 갈마하였는데, …… 나아가 …… 마땅히 10명의 대중이 갈마하였는데, …… 나아가 …… 마땅히 20명의 대중이 갈마하였는데, 갈마에 필요한 비구가 오지 않았고 서로가 마땅히 욕을 주려는 자가 욕을 주지 않았으며 현전한 자가 의논하지 않은 것이다. 마땅히 5명의 대중이 갈마하였는데, …… 나아가 …… 마땅히 10명의 대중이 갈마하였는데, …… 나아가 …… 마땅히 20명의 대중이 갈마하였는데, 갈마에 필요한 비구가 왔으나 서로가 마땅히 욕을 주려는 자가 욕을 주지 않았거나, 현전한 자가 의논하지 않은 것이다.

　마땅히 5명의 대중이 갈마하였는데, …… 나아가 …… 마땅히 10명의 대중이 갈마하였는데, …… 나아가 …… 마땅히 20명의 대중이 갈마하였는데, 갈마에 필요한 비구가 왔고 서로가 마땅히 욕을 주려는 자가 욕을 주었으나 현전한 자가 의논하지 않은 것이다. 이러한 열두 가지의 모습을 의지하면 갈마가 성취되지 않는다.

1-7 마땅히 4명의 대중이 갈마하였다면, 4명의 선한 비구들이 갈마하는 곳에서 필요하고 나머지의 선한 비구들은 서로가 마땅히 욕을 주어야 하며 승가가 그 갈마를 짓는다면 그 사람들은 갈마에 필요한 사람이 아니고 또한 서로가 마땅히 욕을 주어야 하는 자도 아닐지라도, 서로가 마땅히 갈마해야 한다.

　마땅히 5명의 대중이 갈마하였다면, 5명의 선한 비구들이 갈마하는 곳에서 필요하고 나머지의 선한 비구들은 서로가 마땅히 욕을 주어야 하며 승가가 그 갈마를 짓는다면 그 사람들은 갈마에 필요한 사람이 아니고 또한 서로가 마땅히 욕을 주어야 하는 자도 아닐지라도, 서로가 마땅히 갈마해야 한다.

　마땅히 10명의 대중이 갈마하였다면, 10명의 선한 비구들이 갈마하는 곳에서 필요하고 나머지의 선한 비구들은 서로가 마땅히 욕을 주어야 하며 승가가 그 갈마를 짓는다면 그 사람들은 갈마에 필요한 사람이 아니고 또한 서로가 마땅히 욕을 주어야 하는 자도 아닐지라도, 서로가 마땅히 갈마해야 한다.

마땅히 20명의 대중이 갈마하였다면, 20명의 선한 비구들이 갈마하는 곳에서 필요하고 나머지의 선한 비구들은 서로가 마땅히 욕을 주어야 하며 승가가 그 갈마를 짓는다면 그 사람들은 갈마에 필요한 사람이 아니고 또한 서로가 마땅히 욕을 주어야 하는 자도 아닐지라도, 서로가 마땅히 갈마해야 한다.

1-8 네 종류의 갈마가 있나니, 구청갈마·백일갈마·백이갈마·백사갈마이다. 이러한 네 종류의 갈마는 몇 종류의 행상으로 성취되는가? 이러한 네 종류의 갈마는 5종류의 행상으로 성취되나니, 혹은 일을 의지하거나, 혹은 아뢰는 것을 의지하거나, 혹은 창언을 의지하거나, 혹은 경계를 의지하거나, 혹은 대중을 의지하는 것이다.

1-9 무엇이 일에 의지하여 갈마한다면 성취되지 않는가? 황문(黃門)[3])에게 구족계를 받게 하였다면 이러한 일은 성취되지 않고 비법갈마이다. 적주자(賊住者)[4])에게 구족계를 받게 하였다면 이러한 일은 성취되지 않고 비법갈마이다. 외도에 귀의한 자[5])에게 …… 나아가 …… 축생[6])에게 …… 나아가 …… 어머니를 죽인 자[7])에게 …… 나아가 …… 아버지를 죽인 자[8])에게 …… 나아가 …… 아라한을 죽인 자[9])에게 …… 나아가 …… 비구니를 더럽혔던 자[10])에게 …… 나아가 …… 파승사 자[11])에게 …… 나아가 …… 세존의 몸에 피를 흘리게 한 자[12])에게 …… 나아가

---

3) 팔리어 Paṇḍaka(판다카)의 번역이다.
4) 팔리어 Theyyasaṃvāsaka(테이야삼바사카)의 번역이다.
5) 팔리어 Titthiyapakkantaka(티띠야파깐타카)의 번역이다.
6) 팔리어 Tiracchānagata(티라짜나가타)의 번역이다.
7) 팔리어 Mātughātaka(마투가타카)의 번역이다.
8) 팔리어 Pitughātaka(피투가타카)의 번역이다.
9) 팔리어 Arahantaghātaka(아라한타가타카)의 번역이다.
10) 팔리어 Bhikkhunīdūsaka(비꾸니두사카)의 번역이다.
11) 팔리어 Saṃghabhedaka(삼가베다카)의 번역이다.

…… 이근인의 자13)에게 …… 나아가 …… 20세 미만의 자14)에게 구족계를 받게 하였다면 이러한 일은 성취되지 않고 비법갈마이다. 이와 같은 일에 의지하여 갈마한다면 성취되지 않는다.

1-10 무엇이 아뢰는 것을 의지하여도 갈마가 성취되지 않는가? 다섯 가지의 모습을 의지하면 갈마가 성취되지 않나니 이를테면, 일을 말하지 않았거나, 승가에게 말하지 않았거나, 사람에게 말하지 않았거나, 아뢰지 않았거나, 혹은 아뢰는 것을 뒤에 놓아두는 것이다. 이러한 다섯 가지의 상을 의지하면 갈마가 성취되지 않는다.

1-11 무엇이 창언하여도 갈마가 성취되지 않는가? 다섯 가지의 모습을 의지하여 창언한다면 갈마가 성취되지 않나니 이를테면, 일을 말하지 않았거나, 승가에게 말하지 않았거나, 사람에게 말하지 않았거나, 생략하고 창언하였거나, 혹은 때가 아닌데 창언하는 것이다. 이러한 다섯 가지의 상을 의지하여 창언한다면 갈마가 성취되지 않는다.

1-12 무엇이 경계를 의지하여도 갈마가 성취되지 않는가? 열한 가지의 모습을 의지하면 갈마가 성취되지 않나니, 너무 작은 경계를 결정하거나, 너무 큰 경계를 결정하거나, 연결이 없는 표식의 모습으로 경계를 결정하거나, 그림자의 모습으로 경계를 결정하거나, 표식이 없는 모습으로 경계를 결정하거나, 경계의 밖을 경계로 결정하거나, 물의 가운데를 경계로 결정하거나, 바다의 가운데를 경계로 결정하거나, 호수의 가운데를 경계로 결정하거나, 경계로서 경계로 합치거나, 경계의 안에 다시 경계를 짓는 것이다. 이러한 열한 가지의 모습을 의지하면 갈마가 성취되지 않는다.

---

12) 팔리어 Lohituppādaka(루히투빠다카)의 번역이다.
13) 팔리어 Ubhatovyañjanaka(우바토비안자나카)의 번역이다.
14) 팔리어 Vatthuvipanna(바뚜비판나)의 번역이다.

1-13 무엇이 대중을 의지하여도 갈마가 성취되지 않는가? 열두 가지의 모습을 의지하면 갈마가 성취되지 않느니라.

마땅히 4명의 대중이 갈마하였는데, 갈마에 필요한 비구가 오지 않았고 서로가 마땅히 욕을 주려는 자가 욕을 주지 않았으며 현전한 자가 의논하지 않은 것이다. 마땅히 4명의 대중이 갈마하였는데, 갈마에 필요한 비구가 왔으나 서로가 마땅히 욕을 주려는 자가 욕을 주지 않았거나, 현전한 자가 의논하지 않은 것이다. 마땅히 4명의 대중이 갈마하였는데, 갈마에 필요한 비구가 왔고 서로가 마땅히 욕을 주려는 자가 욕을 주었으나 현전한 자가 의논하지 않은 것이다.

마땅히 5명의 대중이 갈마하였는데, …… 나아가 …… 마땅히 10명의 대중이 갈마하였는데, …… 나아가 …… 마땅히 20명의 대중이 갈마하였는데, 갈마에 필요한 비구가 오지 않았고 서로가 마땅히 욕을 주려는 자가 욕을 주지 않았으며 현전한 자가 의논하지 않은 것이다. 마땅히 5명의 대중이 갈마하였는데, …… 나아가 …… 마땅히 10명의 대중이 갈마하였는데, …… 나아가 …… 마땅히 20명의 대중이 갈마하였는데, 갈마에 필요한 비구가 왔으나 서로가 마땅히 욕을 주려는 자가 욕을 주지 않았거나, 현전한 자가 의논하지 않은 것이다.

마땅히 5명의 대중이 갈마하였는데, …… 나아가 …… 마땅히 10명의 대중이 갈마하였는데, …… 나아가 …… 마땅히 20명의 대중이 갈마하였는데, 갈마에 필요한 비구가 왔고 서로가 마땅히 욕을 주려는 자가 욕을 주었으나 현전한 자가 의논하지 않은 것이다. 이러한 열두 가지의 모습을 의지하면 갈마가 성취되지 않느니라.

1-14 구청갈마는 몇 종류의 일에서 행하는가? 백일갈마는 몇 종류의 일에서 행하는가? 백이갈마는 몇 종류의 일에서 행하는가? 백사갈마는 몇 종류의 일에서 행하는가? 구청갈마는 5종류의 일에서 행한다. 백일갈마는 9종류의 일에서 행한다. 백이갈마는 7종류의 일에서 행한다. 백사갈마는 7종류의 일에서 행한다.

1-15 구청갈마를 행하는 5종류의 일은 무엇인가? 이를테면, 죄의 해제[15], 빈출(擯出)[16], 삭발(削髮)[17], 범단(梵壇)[18], 다섯 번째의 갈마표상(羯磨標相)[19]이다. 구청갈마는 이러한 5종류의 일에서 행한다.

백일갈마를 행하는 7종류의 일은 무엇인가? 이를테면, 죄의 해제, 빈출, 포살, 자자, 허락[20], 수여(受與)[21], 수용(受容)[22], 버리는 것(捨)[23], 아홉 번째의 갈마표상이다. 백일갈마는 이러한 7종류의 일에서 행한다.

백이갈마를 행하는 7종류의 일은 무엇인가? 이를테면, 죄의 해제, 빈출, 허락, 수여, 버리는 것(捨)[24], 교계(敎誡)[25], 일곱 번째의 갈마표상이다. 백이갈마는 이러한 7종류의 일에서 행한다.

백사갈마를 행하는 7종류의 일은 무엇인가? 이를테면, 죄의 해제, 빈출, 허락, 수여, 절복(折伏)[26], 충고(諫告)[27], 일곱 번째의 갈마표상이다. 백사갈마는 이러한 7종류의 일에서 행한다.

1-16 마땅히 4명의 대중이 갈마하였다면, 4명의 선한 비구들이 갈마하는 곳에서 필요하고 나머지의 선한 비구들은 서로가 마땅히 욕을 주어야 하며 승가가 그 갈마를 짓는다면 그 사람들은 갈마에 필요한 사람이 아니고 또한 서로가 마땅히 욕을 주어야 하는 자도 아닐지라도, 서로가

---

15) 팔리어 Osāraṇa(오사라나)의 번역이다.
16) 팔리어 Nissāraṇa(니싸라나)의 번역이다.
17) 팔리어 Bhaṇḍukamma(반두캄마)의 번역이다.
18) 팔리어 Brahmadaṇḍa(브라마단다)의 번역이다.
19) 팔리어 Kammalakkhaṇaññeva(캄마라까난네바)의 번역이다.
20) 팔리어 Sammuti(삼무띠)의 번역이다.
21) 팔리어 Dāna(다나)의 번역이다.
22) 팔리어 Paṭiggaha(파티까하)의 번역이다.
23) 팔리어 Paccukkaḍḍhana(파쭈까따나)의 번역이다.
24) 팔리어 Uddharaṇa(우따라나)의 번역이다.
25) 팔리어 Desana(데사나)의 번역이다.
26) 팔리어 niggaha(니까하)의 번역이다.
27) 팔리어 samanubhāsana(사마누바사나)의 번역이다.

마땅히 갈마해야 한다.

　마땅히 5명의 대중이 갈마하였다면, 5명의 선한 비구들이 갈마하는 곳에서 필요하고 …… 서로가 마땅히 갈마해야 한다. 마땅히 10명의 대중이 갈마하였다면, 10명의 선한 비구들이 갈마하는 곳에서 필요하고 …… 서로가 마땅히 갈마해야 한다. 마땅히 20명의 대중이 갈마하였다면, 20명의 선한 비구들이 갈마하는 곳에서 필요하고 …… 서로가 마땅히 갈마해야 한다.

[갈마를 마친다.]

2. 의리품(義利品)[28]

2-1 두 종류의 합당한 이익에 의지하여 여래께서는 성문(聲聞)을 위하여 학처를 제정하셨나니 이를테면, 승가의 섭수를 위한 것이고, 중생들의 이익을 위한 것이다. 이러한 합당한 이익에 의지하여 여래께서는 성문(聲聞)을 위하여 학처를 제정하셨다.

　두 종류의 합당한 이익에 의지하여 여래께서는 성문을 위하여 학처를 제정하셨나니 이를테면, 악인의 조복을 위한 것이고, 선한 비구들이 안락하게 머무르게 하기 위한 것이다. 이러한 합당한 이익에 의지하여 여래께서는 성문을 위하여 학처를 제정하셨다.

2-2 두 종류의 합당한 이익에 의지하여 여래께서는 성문을 위하여 학처를 제정하셨나니 이를테면, 현세의 번뇌를 제어하기 위한 것이고, 미래의 번뇌를 없애기 위한 것이다. 이러한 합당한 이익에 의지하여 여래께서는

---

28) 팔리어 Atthavasavagga(아따바사바까)의 번역이다.

성문을 위하여 학처를 제정하셨다.

두 종류의 합당한 이익에 의지하여 여래께서는 성문을 위하여 학처를 제정하셨나니 이를테면, 현세의 원한을 제어하기 위한 것이고, 미래의 원한을 없애기 위한 것이다. 이러한 합당한 이익에 의지하여 여래께서는 성문을 위하여 학처를 제정하셨다.

2-3 두 종류의 합당한 이익에 의지하여 여래께서는 성문을 위하여 학처를 제정하셨나니 이를테면, 현세의 죄를 제어하기 위한 것이고, 미래의 죄를 없애기 위한 것이다. 이러한 합당한 이익에 의지하여 여래께서는 성문을 위하여 학처를 제정하셨다.

두 종류의 합당한 이익에 의지하여 여래께서는 성문을 위하여 학처를 제정하셨나니 이를테면, 현세의 두려움을 제어하기 위한 것이고, 미래의 두려움을 없애기 위한 것이다. 이러한 합당한 이익에 의지하여 여래께서는 성문을 위하여 학처를 제정하셨다.

2-4 두 종류의 합당한 이익에 의지하여 여래께서는 성문을 위하여 학처를 제정하셨나니 이를테면, 현세의 선하지 않은 법을 제어하기 위한 것이고, 미래의 선하지 않은 법을 없애기 위한 것이다. 이러한 합당한 이익에 의지하여 여래께서는 성문을 위하여 학처를 제정하셨다.

두 종류의 합당한 이익에 의지하여 여래께서는 성문을 위하여 학처를 제정하셨나니 이를테면, 재가자의 애민을 위한 것이고, 욕망의 붕당을 깨트리기 위한 것이다. 이러한 합당한 이익에 의지하여 여래께서는 성문을 위하여 학처를 제정하셨다.

2-5 두 종류의 합당한 이익에 의지하여 여래께서는 성문을 위하여 학처를 제정하셨나니 이를테면, 신심이 없는 자에게 신심이 생겨나게 하기 위한 것이고, 신심이 있는 자를 증장하기 위한 것이다. 이러한 합당한 이익에 의지하여 여래께서는 성문을 위하여 학처를 제정하셨다.

두 종류의 합당한 이익에 의지하여 여래께서는 성문을 위하여 학처를 제정하셨나니 이를테면, 정법을 오래 머무르게 하기 위한 것이고, 율을 사랑하고 존중하기 위한 것이다. 이러한 합당한 이익에 의지하여 여래께서는 성문을 위하여 학처를 제정하셨다.

[의리품을 마친다.]

3. 제계품(制戒品)[29]

3-1 두 종류의 합당한 이익에 의지하여 여래께서는 성문을 위하여 바라제목차를 제정하셨다. 두 종류의 합당한 이익에 의지하여 여래께서는 성문을 위하여 바라제목차의 송출을 제정하셨다. 두 종류의 합당한 이익에 의지하여 여래께서는 성문을 위하여 바라제목차의 금지를 제정하셨다.

두 종류의 합당한 이익에 의지하여 여래께서는 성문을 위하여 자자를 제정하셨고, …… 자자의 금지를 제정하셨다. 두 종류의 합당한 이익에 의지하여 여래께서는 성문을 위하여 가책갈마를 …… 의지갈마를 …… 구출갈마를 …… 하의갈마를 …… 거죄갈마를 제정하셨다.

두 종류의 합당한 이익에 의지하여 여래께서는 성문을 위하여 별주를 주는 것을 …… 본일치를 …… 마나타를 주는 것을 …… 출죄를 주는 것을 …… 빈출하는 것을 …… 구족계를 주는 것을 제정하셨다. 두 종류의 합당한 이익에 의지하여 여래께서는 성문을 위하여 구청갈마를 …… 백일갈마를 …… 백이갈마를 …… 백사갈마를 하는 것을 제정하셨다.

[제계품을 마친다.]

---

29) 팔리어 Paññattavagga(판냐따바까)의 번역이다.

4. 소제품(所制品)[30]

4-1 승가를 섭수하기 위하여, 대중승가의 안락을 위하여, 아직 제정하지 않은 것을 제정하기 위하여, 이미 제정한 것을 쫓아서 제정하기 위하여, 현전비니를 이미 제정하셨고, …… 억념비니를 이미 제정하셨고, …… 불치비니를 이미 제정하셨고, …… 자언치를 이미 제정하셨고, …… 다인 어를 이미 제정하셨고, …… 멱죄상을 이미 제정하셨고, …… 여초비니를 이미 제정하셨다.

4-2 두 종류의 합당한 이익에 의지하여 여래께서는 성문을 위하여 여초부 지를 제정하셨나니 이를테면, 승가의 섭수를 위한 것이고, 중생들의 이익 을 위한 것이며, …… 악인의 조복을 위한 것이고, 선한 비구들이 안락하게 머무르게 하기 위한 것이며, …… 현세의 번뇌를 제어하기 위한 것이고, 미래의 번뇌를 없애기 위한 것이며, …… 현세의 원한을 제어하기 위한 것이고, 미래의 원한을 없애기 위한 것이며, …… 현세의 죄를 제어하기 위한 것이고, 미래의 죄를 없애기 위한 것이며, …… 현세의 두려움을 제어하기 위한 것이고, 미래의 두려움을 없애기 위한 것이며, …… 현세의 선하지 않은 법을 제어하기 위한 것이고, 미래의 선하지 않은 법을 없애기 위한 것이며, …… 재가자의 애민을 위한 것이고, 욕망의 붕당을 깨트리기 위한 것이며, …… 신심이 없는 자에게 신심이 생겨나게 하기 위한 것이고, 신심이 있는 자를 증장하기 위한 것이며, …… 정법을 오래 머무르게 하기 위한 것이고, 율을 사랑하고 존중하기 위한 것이다. 이러한 합당한 이익에 의지하여 여래께서는 성문을 위하여 여초부지를 제정하셨다.

　[소제품을 마친다.]

---

30) 팔리어 Apaññatte paññattavagga(아판나테 판나따바까)의 번역이다.

5. 구중회품(九衆會品)[31]

5-1 아홉 종류의 분류가 있나니, 일의 분류, 깨트리는 것의 분류, 죄의 분류, 인연의 분류, 사람의 분류, 쌓인 것의 분류, 일어난 것의 분류, 쟁사의 분류, 멸쟁법의 분류이다.

5-2 쟁사가 일어난 때에 만약 적대적인 두 사람이 왔다면 마땅히 두 사람에게 알려야 한다. 두 사람에게도 일을 알리게 시키고, 또한 마땅히 두 사람이 자백(自白)하는 것을 들어야 하며, 자백을 들었던 자는 "우리들이 이 쟁사를 소멸시킨다면 마땅히 함께 만족할 것입니다."라고 마땅히 두 사람에게 말해야 한다. 만약 "함께 만족합니다."라고 말하였다면 승가는 마땅히 그 일어났던 쟁사를 거론해야 한다.

　만약 대중이 부끄러움이 없는 자가 많다면 단사인은 마땅히 그것을 없애야 한다. 만약 대중이 어리석은 자가 많다면 곧 마땅히 지율자를 구해야 한다. 법과 율과 스승의 가르침에 의지하여 그 쟁사를 멈추게 해야 하고, 마땅히 그 쟁사를 소멸시켜야 한다.

5-3 마땅히 일[32]이 알려져야 하고, 종류[33]가 알려져야 하며, 명칭[34]이 알려져야 하고, 죄[35]가 알려져야 한다.

5-4 음행은 일이고 동시에 종류이며, 바라이는 일이고 동시에 죄이다.
　불여취는 일이고 동시에 종류이며, 바라이는 일이고 동시에 죄이다.

---

31) 팔리어 Navasaṅgahavagga(나바사나가하바까)의 번역이다.
32) 팔리어 Vatthu(바뚜)의 번역이다.
33) 팔리어 gotta(고따)의 번역이다.
34) 팔리어 nāma(나마)의 번역이다.
35) 팔리어 āpatti(아파띠)의 번역이다.

단인명은 일이고 동시에 종류이며, 바라이는 일이고 동시에 죄이다.
망설상인법은 일이고 동시에 종류이며, 바라이는 일이고 동시에 죄이다.

5-5 고출정은 일이고 동시에 종류이며, 승잔은 명칭이고 동시에 죄이다.
촉녀는 일이고 동시에 종류이며, 승잔은 명칭이고 동시에 죄이다.
설비악어는 일이고 동시에 종류이며, 승잔은 명칭이고 동시에 죄이다.
색공양은 일이고 동시에 종류이며, 승잔은 명칭이고 동시에 죄이다.
매가는 일이고 동시에 종류이며, 승잔은 명칭이고 동시에 죄이다.
조소사는 일이고 동시에 종류이며, 승잔은 명칭이고 동시에 죄이다.
조대사는 일이고 동시에 종류이며, 승잔은 명칭이고 동시에 죄이다.
무근방은 일이고 동시에 종류이며, 승잔은 명칭이고 동시에 죄이다.
가근방은 일이고 동시에 종류이며, 승잔은 명칭이고 동시에 죄이다.
파승사간은 일이고 동시에 종류이며, 승잔은 명칭이고 동시에 죄이다.
조파승사는 일이고 동시에 종류이며, 승잔은 명칭이고 동시에 죄이다.
악성위간은 일이고 동시에 종류이며, 승잔은 명칭이고 동시에 죄이다.
오가는 일이고 동시에 종류이며, 승잔은 명칭이고 동시에 죄이다.

……	[이하의 내용은 생략한다.]	……

5-10 공경하지 않는 까닭으로 물 위에서 대·소변을 보았거나, 혹은
가래침을 뱉는 것은 일이고 동시에 종류이며, 승잔은 명칭이고 동시에
죄이다.

[구중회품을 마친다.]

섭송으로 설하겠노라.

구청갈마와 백일갈마와
백이갈마와 백사갈마와
일과 아뢰는 것과 창언과 결계와
대중과 현전과 묻는 것과

자언치와 비니와 마땅한 것과 일과
승가와 사람과 아뢰는 것과 뒤와
일과 승가와 사람과 창언과
때가 아닌데 의지하는 것과

너무 작은 것과 너무 큰 것과
관련이 없는 것과 그림자와
표식이 없는 것과 바깥과 강물과
바다와 호수와 결합하는 것과

결계 안의 결계와 네 명과 다섯 명과
열 명과 스무 명과
지니고 오지 않았던 것과 지니고 왔던 것과
갈마에 필요한 자와

욕을 주어야 하는 자와
갈마하는 자와
사람과 구청갈마의 다섯 가지와
백일갈마의 아홉 가지와

백이갈마의 일곱 가지와

백사갈마의 일곱 가지와
섭수와 안락과 악인과
선한 비구 대중과

번뇌와 원한과 죄와 선하지 않은 것과
재가자를 위한 것과 악한 욕망의 자와
믿지 않는 자와 믿는 자와
법이 오래 머무는 것과

율을 사랑하고 존중하는 것과
바라제목차의 송출과 금지와
바라제목차의 자자와 금지와
가책갈마와 의지갈마와

구출갈마와 하의갈마와
거죄갈마와 별주와 본일치와
마나타와 출죄와 해제와
빈출과 구족계와

구청갈마와 백일갈마와
백이갈마와 백사갈마와
제정하지 않은 것과
쫓아서 제정한 것과

현전비니와 억념비니와
불치비니와 자언치와
다인어와 멱죄상과
여초부지와 일과 깨트리는 것과

죄와 인연과 사람과
쌓인 것과 일어난 것과
쟁사와 소멸법과
같은 명칭과 죄가 있다.

◉ 부수를 마치겠노라.

◎ 후렴구(後斂句)

대지혜가 있었고 널리 들었으며
총명하였던 제바(提婆)[36] 대덕(大德)은
옛 스승들의 도(道)와 출송을
여러 처소에서 물었다.

중도(中道)의 도를 의지하였고
넓고 간략하게 사유하였으며
여러 제자들을 위하여
즐거이 필사(筆寫)하였다.

파리바라(Parivāra)라고 부르는 것은
일체의 일에서 형상을 갖춘 것이고
정법(正法)의 뜻을 의지하였고
설해진 법에서 뜻과 법을 의지하는 것이다.

바다가 염부제를 에워싼 것과 같이
성스러운 가르침을 에워싸고 있는데
파리바라를 알지 못하고서
어떻게 법을 판결하겠는가?

깨트리는 것, 일, 제정한 것, 따라서 제정한 것,
사람, 일부중에게 제정한 것,
세간을 이유로 죄를 제정한 것의

---

36) 팔리어 Dīpanāma(디파나마)의 번역이다.

이것에 의심이 생겨난 자는
파리바라를 의지하여 끊어야 한다네.

대군(大軍)의 가운데에서 전륜왕과 같고
짐승의 부류에서 사자와 같으며
흩어지는 빛의 가운데에서 태양과 같고
별들의 무리에서 달과 같으며

범천 대중의 가운데에서 범천왕과 같고
여러 대중의 가운데에서 도사(導師)와 같으며
정법과 계율은 이와 같은
파리바라를 의지하여 빛난다네.

國譯 | 釋 普雲(宋法燁)

대한불교조계종 제2교구본사 용주사에서 출가하였고, 문학박사이다. 현재 대한불교조계종 교육아사리(계율)이고, 제방의 율원 등에도 출강하고 있다.

논저 | 논문으로 「통합종단 이후 불교의례의 변천과 향후 과제」 등 다수. 저술로 『신편 승가의범』, 『승가의궤』가 있으며, 번역서로 『팔리율』(Ⅰ·Ⅱ·Ⅲ·Ⅳ), 『마하승기율』(상·중·하), 『십송율』(상·중·하), 『보살계본소』, 『근본설일체유부비나야』(상·하), 『근본설일체유부비나야약사』, 『근본설일체유부비나야파승사』, 『근본설일체유부비나야잡사』(상·하), 『근본설일체유부필추니비나야』, 『근본설일체유부백일갈마 외』, 『안락집』 등이 있다.

팔리율V PALI VINAYA V

釋 普雲 國譯

2023년 12월 30일 초판 1쇄 발행

펴낸이·오일주
펴낸곳·도서출판 혜안
등록번호·제22-471호
등록일자·1993년 7월 30일

주 소·⑦ 04052 서울시 마포구 와우산로 35길3(서교동) 102호
전 화·3141-3711~2 / 팩시밀리·3141-3710
E-Mail·hyeanpub@daum.net

ISBN 978-89-8494-709-2 93220

값 50,000 원